Studienbuch Informatik und Gesellschaft

Christian Fuchs
Wolfgang Hofkirchner
Studienbuch Informatik und Gesellschaft

Alle Rechte bei den Autoren
Herstellung: Books on Demand GmbH, Norderstedt
ISBN 3-8330-0252-2

Inhalt

Vorwort	9
I. Ansichten	10
1. Technik	10
1.1. Risiken: Die Verwundbarkeit der technischen Zivilisation (von Gerhard Knies)	10
1.2. Chancen: Telemedizin (von A Med-World AG)	14
2. Umwelt	18
2.1. Risiken: Ökobilanz des Computers (von Horst Junker und Corinna Lang)	18
2.2. Chancen: Elektro-Autobahnen (von Werner DePauli-Schimanovich-Göttig)	23
3. Gesellschaft	27
3.1. Risiken: Digital Divide (von Uwe Afemann)	27
3.2. Chancen: Global Villages (von Franz Nahrada)	33
4. Wirtschaft	40
4.1. Risiken: Das Monopol Microsoft (von Jörg Pflüger und Peter Purgathofer)	40
4.2. Chancen: Wissen als Erbe der Menschheit (von Mathias Greffrath)	45
5. Politik	52
5.1. Risiken: Infowar (von Georg Schöfbänker)	52
5.2. Chancen: Das Agora-Projekt (von Bela H. Banathy)	54
6. Kultur	59
6.1. Risiken: Afghanistan: Der Krieg und die Medien (von Jörg Becker)	59
6.2. Chancen: Die Noosphäre (von V. I. Vernadskij)	67
II. Einsichten	71
1. Informatik	71
1.1. Informatik	74
1.2. Informatik und Gesellschaft	78
1.3.1. Das Paradigma der Selbstorganisation	86
1.3.2. Vereinheitlichte Theorie der Information	94
2. Information	102
2.1. Objektivismus	107
2.1.1. Der nachrichtentechnische Informationsbegriff von Shannon und Weaver (1949)	107
2.1.2. Norbert Wiener	109
2.1.3. Die Urtheorie Carl Friedrich von Weizsäckers (um 1970)	110
2.1.4. Information in der Synergetik (1988)	111
2.2. Subjektivismus	113
2.2.1. Gregory Bateson	113
2.2.2. Heinz von Foerster	114
2.2.3. Information als selektierte Eigenschaft im Kommunikationsprozess bei Niklas Luhmann (1984)	114
2.3. Dialektik	116
2.3.1. Das semiotische Informationsmodell (1916/1938)	116
2.3.2. Das evolutionäre Verständnis der Information bei Klaus Fuchs-Kittowski	119
2.3.3. Information und Selbstorganisation	123
2.3.3.1. Kognition	129

2.3.3.2. Kommunikation	138
2.3.3.3. Kooperation	145
3. Gesellschaft	159
3.1. Objektivismus	159
3.1.1. Funktionalismus	159
3.1.2. Strukturalismus	163
3.2. Subjektivismus	167
3.3. Dialektik	170
3.3.1. Marxismus	172
3.3.2. Anthony Giddens	179
3.3.3. Pierre Bourdieu	179
4. Technik	186
4.1. Objektivismus	186
4.2. Subjektivismus	188
4.3. Dialektik	190
5. Informationstechnik	195
5.1. Objektivismus	195
5.2. Subjektivismus	199
5.3. Dualismus	205
5.4. Dialektik	209
5.4.1. Physikalische Medien	215
5.4.2. Biologische Medien	216
5.4.3. Gesellschaftliche Medien:	222
5.5. Medientypen	227
6. Technik und Gesellschaft	233
6.1. Das Verhältnis von Technik und Gesellschaft	233
6.1.1. Technikdeterminismus und Sozialkonstruktivismus	233
6.1.2. Technikoptimismus und Technikpessimismus	236
6.1.3. Die Dialektik von Technik und Gesellschaft	237
6.2. Technikgeneseforschung	243
6.3. Technikfolgenabschätzung	248
6.4. Methoden der Technikfolgenabschätzung	258
7. Informationsgesellschaft	268
7.1. Technikdeterminismus	270
7.1.1. Technische Theorien der Informationsgesellschaft	270
7.1.2. Biologische Theorien der Informationsgesellschaft	277
7.2. Sozialkonstruktivismus	285
7.2.1. Räumliche Theorien der Informationsgesellschaft	285
7.2.2. Ökonomische Theorien der Informationsgesellschaft	290
7.2.3. Politische Theorien der Informationsgesellschaft	302
7.2.4. Kulturelle Theorien der Informationsgesellschaft	308
7.3. Dialektik	316
8. Informationstechnik und Informationsgesellschaft	336
8.1. Optimismus: Herbert Marshall McLuhan	339
8.2. Pessimismus: Neil Postman und Paul Virilio	341
8.3. Dialektik	344
8.3.1. Ökonomie: Monopolisierung VS. Open Source	347
8.3.1.1. Die Tertiarisierung, Technisierung und Rationalisierung der Produktion	347
8.3.1.2. Flexible und dezentrale Produktion	356

8.3.1.3. Wissen in Gesellschaft und Produktion	363
8.3.2. Politik: Big Brother VS. E-Democracy	379
8.3.2.1. Die Veränderung des Staats: Vom Keynesianismus zum Neoliberalismus	379
8.3.2.2. Die neuen Technologien im Antagonismus zwischen politischer Partizipation und Kontrolle	387
8.3.3. Kultur: Falsches Bewusstsein VS. Noosphäre	401
8.3.3.1. Medienoptimismus, Medienpessimismus, Mediendialektik	401
8.3.3.2. Medienkultur und Politik	413
8.3.3.3. Die Globalisierung der Kultur im Spannungsfeld von Einheit und Vielfalt	425
8.3.3.4. Neue Technologien und die Globalisierung der Kultur	427
III. Absichten	439

Vorwort

Dem Fachgebiet „Informatik und Gesellschaft" wird zur Last gelegt, dass ihm eine eiheitliche wissenschaftliche Begründung fehlt. Mit diesem Buch legen wir den Versuch einer solchen Begründung vor.

Teil I beschäftigt sich mit Empirischem. Er enthält Ansichten unserer informationsgesellschaftlichen Realität aus unterschiedlichen Blickwinkeln. Diese Erscheinungen bilden zwar den Ausgangspunkt jeder Betrachtung, für sich genommen ergeben sie aber noch kein zusammenhängendes Bild.

Teil II beschäftigt sich mit Theoretischem. Er beansprucht, Einsichten in den Erkenntnisgegenstand zu entwickeln, indem er bei den abstraktesten theoretischen Bestimmungen beginnt (Information), Schritt für Schritt weniger abstrakte einführt und miteinander verknüpft (Gesellschaft – Technik – Informationstechnik – Technik und Gesellschaft – Informationsgesellschaft), um schließlich bei einem konkreten Verständnis des Zusammenhangs der empirischen Erscheinungen zu enden (Informationstechnik und Informationsgesellschaft).

Teil III beschäftigt sich mit Praktischem. Er gibt einen Ausblick auf Absichten, die in die Tat umgesetzt werden müssen, um den Weg in eine solidarische globale Informationsgesellschaft freizumachen.

Wir danken folgenden Personen und Institutionen für ihre Unterstützung: A MedWorld AG, Uwe Afemann, Bela H. Banathy, Jörg Becker, Werner DePauli-Schimanovich-Göttig, Patrick Goltzsch, Mathias Greffrath, Ralf Grötker, Horst Junker, Gerhard Knies, Corinna Lang, Peter Lang Verlag, Hans-Arthur Marsiske, Olivier Minkwitz, Franz Nahrada, Peter Nowak, Jörg Pflüger, Peter Purgathofer, Redaktion c't, Redaktion Telepolis, Janko Röttgers, Florian Rötzer, Rolf Sachsse, Georg Schöfbänker, Michaela Simon, Suhrkamp Verlag, Brigitte Zarzer.

Christian Fuchs, Wolfgang Hofkirchner
Wien, Jänner 2003

I. Ansichten

1. Technik

1.1. Risiken: Die Verwundbarkeit der technischen Zivilisation (von Gerhard Knies)

Aus: Wissenschaft & Frieden Nr. 1/2002 (Reuterstr. 44, D-53113 Bonn)
Mit freundlicher Genehmigung des Autors und der Zeitschrift

Leistungsfähigkeit und Stärke der Industriegesellschaften kommen zustande durch eine hochentwickelte zivile Infrastruktur. Fabriken, Kraftwerke, Kommunikationssysteme, Maschinen, Fahrzeuge, Verkehrswege, Bildungseinrichtungen, Dienstleistungsunternehmen, Ent- und Versorgungssysteme für Nahrung, Wasser und Gebrauchsgüter, Gerichte, Parlamente, Verwaltungen usw. bilden ein hoch entwickeltes und wirkungsvoll vernetztes System zur effizienten Realisierung unserer Lebensbedingungen. Diese zivile Infrastruktur ist im äußerst verletzbar.
Die Herausbildung einer zivilen Infrastruktur ist in unterschiedlichen Gesellschaften oder Kulturkreisen verschieden weit fort geschritten. Doch ihr Aufbau findet in Gesellschaften aller Kulturen statt, weltumspannend, kontinuierlich, Tag für Tag. Die technische Zivilisation hält weltweiten Einzug. Elektrifizierung und Alphabetisierung sind ihre Kennzeichen. Satelliten transportieren sie in jeden Winkel der Erde.

Mit der zivilen Infrastruktur verstärken wir unser Handeln, mit ihr versorgen wir unsere Lebensbedürfnisse. Jeder arbeitet zunehmend spezialisierter und effektiver. Jeder profitiert von den Fähigkeiten anderer. Das macht uns leistungsfähig, und voneinander abhängig - wie die Organe eines Körpers. Die Fähigkeit zur Selbstversorgung wird schon gar nicht mehr erlernt. Wozu auch? Wir wollen nicht zurück zur Entwicklungsstufe von Einzellern. Die zivile Infrastruktur verstärkt unsere Kommandos, gibt uns alles was wir brauchen, und alles ist in Ordnung.

Doch sie kann auch anders.
Zum ersten: Wenn sie ausfällt: Ohne Strom steht fast alles still. Verkehrsampeln, Tankstellen, Ladenkassen, Fernsehen, Küche und Computer... Zählen sie einmal nach, was an ihrem heutigen Tagesablauf ohne Elektrizität funktioniert hätte. Ohne die Funktionen der zivilen Infrastruktur ist die Gesellschaft paralysiert.
Zum zweiten: Wenn sie explodiert: Ich erinnere an Flugzeugabstürze, an den spektakulären Brand in der holländischen Feuerwerksfabrik, an den Unfall von Seveso oder den von Tschernobyl. Wir sind umgeben von Risikopotenzialen. Durch sie ist die Gesellschaft bis zur Letalität verwundbar.
Zum dritten: Wenn sie zur (Zer-)Störung missbraucht wird: Ich erinnere an den 11. September, an die Milzbrandbriefe. Dann sprechen wir von Terrorismus.

Stabilitätsbedingungen
Eine technologisch hochentwickelte Zivilisation erfordert 3 Betriebsvoraussetzungen:

1. Redundanzen und Notsysteme gegen Ausfälle
2. Frühwarnsysteme zur Vereitelung und Containment zur Schadensbegrenzung von Explosionen
3. Abwesenheit von Missbrauch

Die Betriebsvoraussetzungen 1 und 2 sind im wesentlichen technischer und organisatorischer Natur. Sie werden mit der zivilisatorischen Entwicklung ebenfalls weiter entwickelt. Der TÜV überprüft sie regelmäßig und sichert die Robustheit gegen betriebsbedingte Störungen wie Materialfehler. Im Verkehr helfen Leitplanken, Knautschzonen, Airbags, Gurte und Rettungshubschrauber bei menschlichem Versagen.
Solche Absicherungen sind jedoch nicht ausgelegt für die Einwirkung militärischer Gewalt. Das würde unerträglich teuer. Hochentwickelte Gesellschaften sind viel zu verwundbar, als dass sie sich den Einsatz militärischer Gewalt im eigenen Lande noch leisten könnten. Sie müssen ihre Konflikte und Rivalitäten anders austragen – es sei denn, sie sind zum Selbstmord bereit (wie Deutschland im 3. Reich). Also durch Verhandlungen, oder durch Stellvertreter Kriege. So ist der Kalte Krieg zwischen den militärischen Supermächten im Ost – West Konflikt geführt worden, bis einer aufgegeben hat.

Die Betriebsvoraussetzung 3 betrifft die Intention der Nutzer der zivilen Infrastruktur. Denn sie eröffnet ungeheure Missbrauchsmöglichkeiten für Terrorakte. Die Abwesenheit von Missbrauchsabsichten muss politisch hergestellt werden.

Abwesenheit von Terror durch Beherrschung von Terroristen?
Eine Abschreckung von Terroristen ist nicht verlässlich. Anders als im Kalten Krieg ist der Abzuschreckende vorher nicht direkt erkennbar. Ein geschickter Terrorist kann unerkannt in Deckung bleiben – wenn er es denn will. Und was soll einen Selbstmord Attentäter noch abschrecken? Reagieren auf vollzogenen Terror kommt zu spät. Systeme zur Schadensbegrenzung oder zur Tatvereitelung kann jeder halbwegs intelligente Terrorist bei der Auswahl seiner Methoden einkalkulieren und ebenfalls ausschalten. Nicht unsinnig ist eine Früherkennung von potenziellen Terroristen bzw. von geplanten Terrorakten. Doch Sicherheit gibt das nicht. Wenn die Anstrengungen zur Vereitelung von Anschlägen aber als Alternative für Anstrengungen zur Vermeidung terroristischer Motivierungen gesehen werden, könnte das sogar zum Gegenteil führen. Denn die Kunst des Containments von Risiken ist das Trojanische Pferd für dieselben. Ohne die mehrfachen Druckbehälter und Not-Abschaltsysteme wären Kernkraftwerke nicht genehmigungsfähig. Je mehr wir das Restrisiko verkleinern können, desto größere Primärrisiken leisten wir uns.

Abbau der Verwundbarkeit?
Einen Rückbau der zivilen Infrastruktur, die Rückkehr zur primitiven und armen Gesellschaft von Selbstversorgern wird es nicht geben. Eine »Härtung« der Gesellschaft gegen terroristischen Missbrauch ihrer Infrastruktur ist, wie das Beispiel der Milzbrandbriefe zeigt, ein vollständig aussichtsloses Unterfangen. Was nutzt eine Fähigkeit zur Abwehr von Raketen, wenn die eigene Post die Biobomben verteilt? Und

selbst wenn wie in diesem Falle die Verteilung von Briefen eingestellt würde, gibt es andere Wege wie z.B. Wasserleitungen.

Andere raten, die Abhängigkeit vom Ausland zu verringern, also den Prozess der globalen Vernetzung umzukehren. Doch ein Zurück in die nationale Selbstversorgung und Isolation gibt es nicht. Wo beginnt das Ausland? Außerdem: Terror muss nicht von außen kommen. Was würde denn der Abbau internationaler Verflechtungen bringen? Nationale Autarkie – besonders auf dem Sektor von Rohstoffen und Energie – war schon immer eine Vorbedingung für oder gar eine Vorbereitung von nationaler Aggressivität. Das wären falsche Signale an die Völkergemeinschaft.

Aufbau von Verflechtung?
Internationale Verflechtungen und Abhängigkeiten dagegen fördern wechselseitiges Wohlverhalten. Verbundsysteme verbinden. Beispielsweise bieten angesichts der globalen Bedrohung durch einen Klimawandel erneuerbare Energien hervorragende Möglichkeiten der globalen Kooperation zum Vorteil aller. Eine erdweite Kooperation zur optimalen Nutzung erneuerbarer Energien, so als ob es keine Grenzen gäbe, wäre wirkungsvoll gegen den Klimawandel, entwicklungsfördernd für viele strukturschwache Länder, und Völker verbindend. Natürlich kann man Terroristen die Nutzung einiger Optionen erschweren. Aber wer glaubt schon von sich sagen können, er könne die Phantasie entschlossener Terroristen im voraus erfassen? Ich glaube nicht, dass Terroranschläge wegen »einer« günstigen Gelegenheit verübt werden. Gelegenheiten gibt es wie Sand am Meer. Die Beispiele, die wir kennen, beruhen auf motiviertem und überlegtem Handeln. Entscheidend scheint mir, Motivierungen zu Terrorakten zu vermeiden oder zu vermindern.

Vermeidung von Terrorismus?
Hier muss man letztlich die Gründe kennen, die zu terroristischen Aktionen führen können. Da wird es keinen erschöpfenden Katalog geben. Aber sicherlich dürften solche Motivierungen provoziert werden durch krasse, ungerechte Unterschiede beim Zugang zu den natürlichen Lebensgrundlagen der Erde, oder durch Unterdrückung schwacher und kleiner Völker durch zivilisatorisch Starke. Wenn der westliche ökonomische Fundamentalismus die Globalisierung weiter als ökologische, soziale und kulturelle Brandrodung der Erde betreibt, um Vorteile für wenige durch Schäden für viele zu erzeugen, wird weltweit Verbitterung erzeugt. Ich glaube, dass die Reichen dieser Erde, seien es Individuen oder Völker, die ihren Wohlstand der verwundbaren Hochtechnologie Zivilisation und einigen globalen Ungerechtigkeiten verdanken, sich selbst etwas gutes tun, wenn sie globales Sozialverhalten entwickeln. Warum sollten sie nicht ein paar begrenzte Abstriche an ihren Privilegien vornehmen, wenn sie sich dafür eine sicherere Zukunft einhandeln? Globale Gerechtigkeit und globales Sozialverhalten scheinen mir die wichtigsten »Waffen« gegen Terrorismus zu sein. Doch beide kommen nicht von selbst. Es gilt, sie zu organisieren. Wenn die Anschläge des 11. September dazu die Bereitschaft herbei führen sollten, wären die 5.000 Menschen in den WTC Türmen nicht ganz umsonst gestorben.

Wie lassen sich globale Gerechtigkeit und globales Sozialverhalten organisieren?
Ich denke, dass die internationalen Klimakonferenzen dazu ein interessantes Muster abgeben. Es gibt mehrere Parallelen zwischen dem globalen Klimaterror Nord gegen Süd, und dem hier diskutierten Revancheterror Süd gegen Nord, oder Rest der Welt gegen die Dominanz des Westens:

1. Identifikation einer globalen Gefährdung
- Der globale Klimawandel gefährdet die natürlichen Lebensgrundlagen, z.B. durch Anstieg der Meeresspiegel.
- Globale Ungerechtigkeit gefährdet die zivilisatorischen Lebensbedingungen, z.B. durch terroristische (Re-)Aktionen.

2. Die Unmöglichkeit nationaler Absicherung
- Kein Land kann das Klima in seinem Souveränitätsgebiet autonom schützen.
- Kein Land kann sich gegen terroristische Attacken im Alleingang schützen, weder gegen deren Ausführung noch gegen deren Folgen.

3. Globale Organisation des Schutzes
- Klimaschutz-Allianz möglichst aller Völker mit vereinbarten Maßnahmen.
- Anti-Terror Allianz möglichst aller Völker mit vereinbarten Maßnahmen.

Die Klimaschutz-Allianz wird unter der Ägide der UNO auf internationalen Klimakonferenzen aufgebaut. Die neue Anti-Terror Allianz betreibt unter der Führung der USA in erster Linie eine Beseitigung der Täter vom 11. September – nach der Tat. Der Hydra wird der Kopf abgeschlagen, und die UNO übernimmt die Organisation einer neuen Regierung in Afghanistan. Das ist richtig, aber nicht genug, genau so wenig wie die geplante Trockenlegung einiger Geldkanäle. Dann geht das Geld andere Wege.
Was die Menschheit anpacken muss wird deutlicher bei einer Übertragung dieser Reaktion gegen den Terrorismus auf die Klimasituation: Wenn man den von der Versenkung durch ansteigenden Meeresspiegel bedrohten OASIS Staaten auf den Pazifik Inseln dasselbe Recht auf nationale Selbstverteidigung zubilligen würde, wie es die USA jetzt gegen die Taliban in Anspruch nehmen, dann wären die OASIS Länder jetzt aufgerufen, eine weltweite Allianz gegen den globalen Klimaterror zu organisieren, Sofortmaßnahmen zur Beseitigung des Klimaterroristen Nr.1, der USA-Regierung, zu ersinnen und zu vollziehen und die USA unter UNO-Verwaltung zu stellen.

Man sieht, wie weit wir noch von Gleichheit vor dem Recht, globaler Gerechtigkeit und globalem Sozialverhalten entfernt sind. Es gilt noch das Recht des Stärkeren, und nicht die Stärke des Rechts. An die Stelle der Solidarität mit den USA muss die Solidarität mit der Menschheit als ganzer treten.

Herstellung von globaler Gerechtigkeit und zwischenstaatlichem Sozialverhalten
Am 11. September wurde uns vor geführt, wie sehr wir Menschen auf »einer Erde« aber in »verschiedenen Welten« leben. Auszurichten wäre eine Konferenz möglichst aller Völker der Erde, auf der zu sprechen wäre über die Ursachen von Terror, über präventive Gegenmaßnahmen, über die friedliche Koexistenz von Völkern unterschiedlicher Kulturen und unterschiedlichen technologischen Entwicklungsstandes,

über Definition und Herstellung globaler Gerechtigkeit sowie über die Erzwingung von globalem Sozialverhalten. Eine solche globale Gerechtigkeitskonferenz würde sich sicherlich über viele Jahrzehnte hin ziehen. Sie muss sich auch befassen mit der Beschränkung nationaler Souveränität und dem Umgang mit Schurkenstaaten und mit Supermächten. Sie könnte aber der Anfang dafür sein, die Existenzvoraussetzungen für die Dauerhaftigkeit der technischen Zivilisation zu schaffen, denn: Unsere Hochtechnologie-Zivilisation ist wie Dynamit für Terrorismus – also sollten wir uns so organisieren, dass wir keinen provozieren.

1.2. Chancen: Telemedizin (von A Med-World AG)

http://www.m-ww.de/enzyklopaedie/diagnosen_therapien/telemedizin.html
Mit freundlicher Genehmigung der A Med-World AG

Definition Telemedizin

Unter Telemedizin versteht man die Tatsache, medizinische Daten, also Texte, Tabellen, Befunde sowie Bilder, über große Entfernungen hinweg elektronisch auszutauschen bzw. zu versenden, um eine diagnostische oder therapeutische Interaktion zu ermöglichen.

Man könnte annehmen, dass die Telemedizin eine Entwicklung der letzen Jahre sei, das aber ist so nicht richtig, beispielsweise hat der Kanadier Jutra bereits im Jahre 1959 zwei Krankenhäuser mit Hilfe eines Teleradiologiesystems verbunden.

Aufgrund der modernen Kommunikationstechnologien ist es mittlerweile möglich, Röntgenbilder, CT-Bilder, MRT-Bilder, Laborbefunde, EKG u.a. in sehr guter Qualität beispielsweise an andere Experten weltweit zu übermitteln, um sich mit ihnen interaktiv auszutauschen .

Anwendungsgebiete

Im folgenden werden einige typische Anwendungsgebiete der Telemedizin exemplarisch vorgestellt:

Gesundheitsinformationen
Ein sehr wichtiger Bereich der Gesundheitsinformationsbeschaffung stellt das Internet dar. Als Beispiel sei hier die Plattform Medicine Worldwide genannt. Es können medizinische Inhalte, auch für den Laien gut verständlich, mit zahlreichen Bildern angereichert, jederzeit 24 Stunden lang weltweit abgerufen werden. Die Informationen können außerdem in wenigen Minuten jederzeit aktualisiert werden. Sie, als interessierter Leser profitieren von den neuen Möglichkeiten des Mediums Internet ganz erheblich. So können Sie beliebig lange durch die Inhalte surfen und mit Hilfe von Links leicht zu den für Sie interessanten Themen gelangen.

Natürlich können nicht nur Patienten die Informationen des Internets nutzen, sondern auch Ärzte und Ärztinnen wie auch anderes medizinisches Personal. Darüber hinaus haben zahlreiche medizinische Einrichtungen, wie z.B. Krankenhäuser oder Versicherungen, zusätzlich eigene Intranet-Systeme geschaffen. Ein Intranet ist vergleichbar dem Internet aufgebaut, ist aber nur innerhalb der bestimmten Einrichtung und damit nur einer bestimmten Personengruppe zugänglich. Hier können Spezialisten rasch miteinander in Kontakt treten und Wissen untereinander austauschen. Streng genommen gehören Intranetsysteme jedoch nicht zur Telemedizin.

Enablingsysteme
Nicht nur die Möglichkeit der schnellen und jederzeit abrufbaren Informationsgewinnung hat sich durch das Internet geändert, sondern auch die Art des Wissenserwerbes. Ein "elektronisches Lehrbuch" eröffnet dem Lernenden völlig neue Möglichkeiten. Es ist dem Studierenden so z.B. möglich, sich interaktiv mit dem angebotenen Lehrstoff auseinander zu setzen und durch Stimulationen und Fallbeispiele kann der neue Lehrstoff erarbeitet werden. Durch automatisierte Tests, ist es möglich, dass er sein Wissen selbständig abrufen kann.

Chipkarte - Elektronische Krankengeschichte - Elektronisches Rezept
Die lebenslange elektronische Krankengeschichte kann als ein langfristiges Ziel der Telemedizin betrachtet werden. Eine vollständige Realisierung setzt jedoch entsprechende Rahmenbedingungen voraus. Auf der einen Seite sind alle datenschutz- und datensicherheitsrechtlichen Aspekte zu klären, um einen Missbrauch de facto unmöglich zu machen. Weiter ist die Frage zu klären, wo die Daten zu speichern sind. Sollen diese Daten auf einer Chipkarte gespeichert werden, oder beim jeweiligen Leistungserbringer und auf der Karte eine "Linkliste", oder in einem zentralen Datenpool. Wobei unter zentraler Datenpool nicht eine "Bundesweite Superdatenbank" zu verstehen ist, sondern vielmehr eine lokale Datenbank.

Als Beispiel wäre eine Stadt mit rund 30.000 Einwohner und einem Krankenhaus zu nennen. Das Krankenhaus und die niedergelassenen Ärzte und Apotheken betreiben ein gemeinsames Rechenzentrum, wo alle Daten abgelegt werden. Aufgrund dieser Konstellation stehen dem Krankenhaus alle Daten der Hausärzte und der Fachärzte zur Verfügung. Diese wiederum können in der Nachversorgung auf die Informationen des Krankenhauses zurückgreifen.

Verschreibt ein Krankenhaus oder ein niedergelassener Arzt ein bestimmtes Medikament, so kann die Apotheke nach Vorlage einer Patientenchipcard das Rezept elektronisch vom Server holen. In der Apotheke wird in der Lagerverwaltung automatisch der Lagerbestand abgebucht bzw., wenn das Medikament nicht vorrätig ist, wird es elektronisch bestellt. Die Abrechung mit der Krankenkasse erfolgt ebenfalls elektronisch. Weiterhin besteht die Möglichkeit, die Medikamente auf Ihre Inhaltsstoffe hin abzufragen und gegebenenfalls Unverträglichkeiten oder auch ein wirksameres oder besser verträgliches Medikament auszuwählen.

Nach einer Anonymisierung von Patientendaten, also den Daten der elektronisch gespeicherten Krankengeschichte, können zahlreiche statistische Auswerten durchgeführt werden. Wie bereits in der Definition ausgeführt, können diese Daten auch für Planungs- und Entscheidungsprozesse für allgemeine Gesundheitsfragen herangezogen werden.

Die Befunderstellung anhand der Krankengeschichte als Sammlung aller Befunde kann ebenfalls mittels telemedizinischer Verfahren erfolgen:

Telekonsultation

Teleradiologie
In der Teleradiologie können Röntgenbilder, CT-Bilder, US-Bilder MRT-Bilder u.a. an andere Spezialisten übermittelt werden, der sich, z.B. als Konsularius, zu einer Diagnose äußern kann.

Telepathologie
Bei Operationen ist es oft sehr wichtig, sehr schnell festzustellen, ob ein Gewebe bösartig oder gutartig ist. Steht in dem entsprechenden Krankenhaus kein Pathologe zur Verfügung, so kann die Gewebsprobe in ein ferngesteuertes Mikroskop eingelegt und der Pathologe aus einem anderen Krankenhaus bzw. einem anderen Labor kann die Untersuchung durchführen und das Ergebnis sofort übermitteln.

Teledermatologie, Teleophthalmologie
Ähnlich wie in der Telepathologie können hier Bilder vom Auge an einen anderen Spezialisten übermittelt werden, um z. B. eine unklare Diagnose bestätigen zu lassen oder andere Behandlungsmöglichkeiten zu erfahren.

Telechirurgie
Es ist mittlerweile sogar möglich, dass mittels eines ferngesteuerten Operationsroboters Operationen von einem Chirurgen von einem entfernt gelegenen Ort durchgeführt werden.

Die wenigen hier vorgestellten Anwendungsmöglichkeiten sollen Ihnen zeigen, welches Potential in der Telemedizin steckt. Weitere Anwendungsmöglichkeiten sind Telechirurgie, Management Systeme, Abrechnungssysteme und vieles mehr.

Vorteile für den Patienten

Durch das Internet beispielsweise besteht für ihn die Möglichkeit, sich rasch zu informieren und gegebenenfalls auch mit anderen Betroffenen in Kontakt zu treten. Es gibt viele Diskussionsforen, die die verschiedensten Bereiche der Medizin abdecken. Der Anwender sollte jedoch, sofern dies möglich ist, immer kritisch hinterfragen, wer Urheber der Informationen ist und ob diese über eine entsprechende Qualifikation verfügen?

Durch die elektronische Krankengeschichte können Doppeluntersuchungen vermieden werden. Dem behandelnden Arzt stehen alle notwendigen Informationen sofort zur Verfügung.

Durch die verschiedenen Telekonsultationssysteme ist es möglich, dass ein niedergelassener Arzt durch die second opinion sofort eine qualifizierte Diagnose erstellen kann. In Standardkrankenhäuser können akute Fälle Zentralkrankenhäuser vorgestellt werden. Aufgrund der Diagnose des entsprechenden Facharztes kann dann entschieden werden, ob der Patient im Krankenhaus behandelt werden muss, ob er sofort verlegt werden kann, oder ob er nicht transportfähig ist und ein Ärzteteam zu ihm reisen muss. Es gibt keine unnötigen Patiententransporte und Fehlleitungen von Patienten.

In Deutschland gibt es bereits einige Projekte in denen nachgewiesen wurde, dass telemedizinische Anwendungen die Patientenversorgung verbessern und auch die Kosten gesenkt werden können. In der Studie von Roland Berger & Partner GmbH - International Management Consultants Telematik im Gesundheitswesen - Perspektiven der Telemedizin in Deutschland für Bundesministerium für Bildung, Wissenschaft, Forschung und Technologie und Bundesministerium für Gesundheit, erschienen 1998! - wird das elektronische Rezept als erste Stufe zur Realisierung einer Gesundheitsplattform vorgeschlagen.

Diese Beispiele zeigen, dass die Vorteile zur Implementierung telemedizinischer Anwendungen auf der Hand liegen. Um jedoch eine Qualitätssteigerung und eine Kostensenkung zu erreichen bedarf es einer Vielzahl von Aufgaben, die vor dem Einsatz telemedizinischer Systeme erledigt sein müssen. Es scheint unumgänglich, einen runden Tisch einzuführen an dem Vertreter aller Interessensgruppen aus dem Gesundheitswesen teilnehmen. Optimierungen und Qualitätsverbesserungen wird es nur dann geben, wenn man Deutschland als eine Versorgungseinheit im internationalen Kontext sieht und eine gemeinsame Gesundheitsplattform schafft, die deutschlandweit alle Projekte im europäischen Kontext koordiniert. Die Aufgabe dieses Ausschusses muss es sein - in Kooperation mit den anderen EU - Staaten - die Basis für telemedizinische Anwendungen zu schaffen. Hier geht es nicht um softwaretechnische Umsetzungen, sondern um die grundsätzliche Frage, WAS soll in WELCHER zeitlichen Abfolge WIE umgesetzt werden. Das WAS ist genau zu definieren, Schnittstellen zu normieren und Standards festzulegen.

Wichtig ist es, keine Technologien und Anbieter zu bevorzugen und so eine Monopolstellung einzelner Leistungsanbieter zu ermöglichen. [modifiziert nach Oeser98]

Quellen:

[Oeser] Oeser R. Vortrag "Telemedizin" für die plattform gesundheitsökonomie Österreich 20.6.2000

[Oeser98] Oeser R., Softwareprojektmanagement aus Auftraggebersicht zur Umsetzung telemedizinischer Konzepte, 1998

[Jutra] Jutra A: Teleroentgen diagnosis by means of videotape recording. (Editorial) AJR, 82:1099-1102, 1959

2. Umwelt

2.1. Risiken: Ökobilanz des Computers (von Horst Junker und Corinna Lang)

Auszug aus: Betriebliche Umweltinformatik, Nachhaltigkeit und Informationsgesellschaft. In: Stufen zur Informationsgesellschaft (hrsg.v. C. Floyd, C. Fuchs, W. Hofkirchner), Peter Lang Wien 2002
Mit freundlicher Genehmigung der Autoren und des Verlags
[...]

Direkte und indirekte Effekte der Informationsgesellschaft auf die Nachhaltigkeit

Die Technologien der Informationsgesellschaft verändern sich in immer kürzeren Innovationszyklen. Zwar gilt heute noch der Personalcomputer (PC) als die Basistechnologie der Informationsgesellschaft, er wird aber möglicherweise in einigen Jahren durch andere Technologien ersetzt.

Beispielsweise in Diskussionen über die Substitution des Verkehrs durch Telekommunikation oder des Papiers durch digitale Medien wird unterstellt, dass „virtuelle" Alternativen weniger materialintensiv sind als konventionelle. Diese pauschale Vermutung muss allerdings jeweils im Einzelfall ernsthaft untersucht werden. Insbesondere für herkömmliche Computer liegen diesbezüglich umfangreiche Ergebnisse vor, während beispielsweise für Flachbildschirme, Netzwerke, Mobiltelefone oder Satelliten-Kommunikation noch viele Untersuchungen ausstehen (Hilty/Ruddy/Schulthess 2000).

Die Herstellung eines PCs benötigt vergleichsweise große Mengen an Energie und Rohstoffen. Studien belegen, dass im Herstellungsprozess mindestens 16 bis 19 Tonnen Ressourcen pro PC benötigt werden. Das entspricht fast zwei Drittel soviel wie für einen Mittelklasse-Pkw (ohne Elektronik) erforderlich sind.

Die Hauptbestandteile eines Computers sind Metall (50%), Kunststoff (23%), Glas (15%) und Elektronik (12%). Die Umweltbelastung eines PC resultiert daraus, dass mehr als 700 unterschiedliche Inhaltsstoffe Verwendung finden. So werden beispielsweise in Bildröhren Schwermetalle wie Blei, Cadmium, Barium, Strontium verarbeitet (Abbildung 15).

Platinen und Gehäuse sind meist mit zahlreichen Flammschutzmitteln und flammenhemmenden Stoffen versehen, um einer Selbstentzündung der Geräte bei erhöhten Betriebstemperaturen vorzubeugen. Schon bei der Produktion dieser Stoffe werden zahlreiche Dioxine und Furane zugesetzt, die wiederum bei thermischen Abfallbeseitigungsverfahren freigesetzt werden.

Nicht nur die Inhaltsstoffe eines PC sind häufig umweltbelastend, sondern auch die bei der Herstellung benötigten Begleitstoffe. Weniger als 25% – einige Studien sprechen von 1,4% – des in dem Herstellungsprozess eingesetzten Materials erreicht den

Verbraucher. Um die Einsatzstoffe in der notwendigen Reinheit zu erhalten, wird eine Vielzahl von Chemikalien benötigt. Eine weitere Untersuchung kommt zu dem Ergebnis, daß je hergestelltem PC über 3 Tonnen Kohlendioxid und über 300 kg Abfall über den gesamten Herstellungsprozess erzeugt wird. Nach einer Studie von IBM sind z.B. für die Verarbeitung einer 10 g schweren Siliziumscheibe (Wafer) zu Speicherchips oder Prozessoren in über 400 Arbeitsschritten 28 kg flüssiger Chemikalien notwendig, die durch den Einsatz weiterer 11 kg neutralisiert werden müssen. Im Durchschnitt verbraucht eine dem Stand der Technik entsprechende Halbleiterproduktionsstätte etwa 70.000 m^3 hochreinen Stickstoff zur Kühlung und als Schutzgas.

Baugruppe/Bauteil	Umweltrelevante Stoffe
Bestückte Leiterplatte	Brom, Cadmium, Quecksilber, Nickel, Blei, Zinn, Zink, Silber, Aluminium, Gold, Kupfer, Eisen, Glas, Kunststoffe
Kondensatoren etc.	PCB, Aluminium, Eisen, Kunststoffe
Batterien / Akkus	Cadmium, Lithium, Nickel
Gehäuse	Brom, Cadmium, Chlor, Nickel, Blei, Zinn, Eisen, Kunststoffe, Stahl
Kabel	Chlor, Kupfer, PVC
Bildröhre	Aluminium
Peripheriegeräte	Aluminium, Barium, Cadmium, Blei, Strontium, Magnesium, Glas

Abb.: Zusammensetzung eines PC (Grote 1996a)

Emissionen	Pro PC
Kohlenwasserstoff	0,01 kg
Kohlenmonoxid	0,02 kg
Staub	0,01 kg
Stickoxide	1,25 kg
Schwefeldioxid	2,14 kg
Kohlendioxid	1.850 kg
Dadurch – bis zu den Grenzwerten – belastete Luft	1 mio m³
Abfall	60 kg

Abb.: Emissionen bei der Herstellung eines PC (Grote 1994)

Hinzu kommt, dass für den Herstellungsprozess eines PCs einschließlich Monitors rund 33 m3 Wasser benötigt werden, die nicht immer in geschlossenen Wasserkreisläufen vorgehalten werden.

Insbesondere aber ist die Energieintensität des PC-Herstellungsprozesses sehr hoch. Bis beispielsweise aus Eisenerz ein Stahlblech für ein PC-Gehäuse wird, durchläuft es einen komplexen Fertigungsprozess, der eine hohe Energiemenge benötigt. Auch die Aufbereitung bzw. Gewinnung hochreiner und seltener Stoffe z.B. für die Prozessorbestellung sind äußerst energieaufwendig. Die integrierten Schaltungen eines PC durchlaufen einen komplexen Herstellungsprozess von bis zu 400 Prozessschritte. Die Empfindlichkeit der Ausgangsstoffe und Wafer bedingt eine Reinstromatmosphäre. Allein dazu werden 60% des gesamten Energieverbrauchs einer Produktionsanlage für Wafer benötigt.

Aus einer Studie der Fertigungsbedingungen von PCs ergibt sich, dass für die Herstellung eines Computers inklusive Monitor 2.315 kWh an Energie verbraucht wird. Allerdings bezieht sich dieser Wert lediglich auf den Rohbau des Computers. Werden alle Komponenten eines PCs in die Energiebilanz einbezogen, erhöht sich der Wert – bei vorsichtiger Schätzung – auf 3.000 kWh. Dabei sind die energetischen Aufwendungen für den Rohstoffabbau und -transport nicht berücksichtigt. Eine für diesen Bereich konservative Schätzung geht von ca. 2.300 kWh aus, so dass das Gesamtenergievolumen eines PC rund 5.300 kWh beträgt.

In einer Lebenszyklusanalyse – von der Produktion über die Nutzung bis zur Beseitigung – nehmen sich die Energieverbräuche während der Nutzung ausgesprochen „bescheiden" aus. Allein in Deutschland fallen jährlich etwa 1,5 Millionen Tonnen Elektronikschrott an, nach Schätzungen sind in diesen ca. 8% bis 15% PCs bzw. Computerbauteile enthalten. Diese Zahlen werden sich in Zukunft erhöhen, weil sich die Nutzungsdauer von Computern weiterhin verkürzen wird. Beachtenswert ist die brancheninterne Vermutung, dass je drei verkaufter Computer ein weiterer fabrikneuer PC direkt aus der Fertigung in die Beseitigung gegeben wird, weil entweder „am Trend vorbei" entwickelt wurde oder zuviele Geräte vorproduziert wurden.

Die Umweltbelastungen am Ende des Lebenszyklus eines PC lassen sich zu einem erheblichen Teil reduzieren, wenn funktionstüchtige Bauteile z.B. für Reparaturen wiederverwendet würden. Gegenwärtig werden nur ca. 10% eines Computers wiederverwendet. Diese Quote ließe sich deutlich erhöhen, wenn bereits bei der Entwicklung eines PCs einem recyclingfähigen Design Rechnung getragen wird und alle Hersteller konsequent gebrauchte Teile zu Reparaturzwecken einsetzen.
Auch umfangreiches Materialrecycling trägt wenig zum Umweltschutz – und damit zur Nachhaltigkeit – bei. Die meisten Energien und Ressourcen werden während des Herstellungsprozesses für die Gewinnung und die Herstellung hochreinen Materials eingesetzt. Diese Materialien können aber nur schwer aus den recyclingfähigen Stoffen in der gebotenen Reinheit gewonnen werden, so dass sich die Recyclingprozesse nur auf die wenigsten Inhaltsstoffe eines PCs auswirken können.

Es zeigt sich, dass die Anforderungen an Material und Energie eines PCs als eine Basistechnologie der Informationsgesellschaft erheblich sind und die Nachhaltigkeitsaspekte der Informationsgesellschaft massiv beeinflussen. Dieser Umstand gewinnt dadurch an Gewicht, dass sich diese Technologie in Zukunft beschleunigt ausbreitet. Dennoch sind die genannten Argumente und Zahlen mit Vorsicht zu behandeln, da diese sich auf die gegenwärtige Technologie beziehen und zukünftige Entwicklungen und sich daraus ergebende Herstellungsprozesse nicht vorhergesehen werden können.

In der Argumentation der indirekten Effekte der Technologien der Informationsgesellschaft auf die Nachhaltigkeit wird von drei unterschiedlichen Typen ausgegangen. Diese Darstellung wurde ursprünglich benutzt, um die Einflüsse der Telekommunikation auf den physischen Verkehr zu diskutieren.

Substitution: Telekommunikation substituiert den physischen Verkehr
Optimierung: Telekommunikation unterstützt die Optimierung der Verkehrssysteme
Induktion: Telekommunikation induziert Verkehr (z.B. durch die Möglichkeit verteilter Fertigungen).

Ähnliche Effekte lassen sich aber auch in anderen Feldern demonstrieren. Als Beispiel sei hier der Papierverbrauch genannt. Der PC als moderne Form einer Schreibmaschine, insbesondere aber als Medium, um E-Mails auszutauschen oder um sich Internet-Diensten zu bedienen, hat im Grundsatz das Potential, den Papierverbrauch zu reduzieren. Viele textliche und grafische Informationen können direkt auf dem Monitor eingesehen werden, wodurch in vielen Fällen Papier substituiert wird. Außerdem ist ein Optimierungseffekt z.B. dadurch gegeben, dass viele Fehler vor dem ersten Druck eines Textes und/oder Bildes korrigiert werden können. Die Alltagserfahrung zeigt jedoch auch den Induktionseffekt auf, der die erstgenannten Effekte kompensiert, zumal die heutige PC- und Drucktechnologie ermöglicht mit geringfügigem Aufwand Hunderte von Seiten auszudrucken. Insofern tragen die Technologien der Informationsgesellschaft zu dem seit Jahrzehnten zu beobachtenden Trend des zunehmenden Papierverbrauchs bei (Ehrenfeld 1998).

Telematik
Die Telematik, eine Kombination aus Telekommunikation und Informatik, hat sich zur Aufgabe gesetzt, eine dauerhafte umweltgerechte Mobilität zu erreichen: Durch die Optimierung des Verkehrs soll eine Entlastung der Umwelt erreicht werden. Die dabei diskutierten Einsatzgebiete reichen von individueller Zugführung über Verkehrsinformations- und Warndienste, computergesteuerter Betriebsleitsysteme bis hin zu kollektiven Verkehrsbeeinflussungsanlagen.

Neben Techniken einer automatischen Abstandsregelung zwischen Fahrzeugen werden Konzepte rund um den Global Positioning System (GPS) wie das Global System for Mobile Communication (GSM) oder das Radio Data System (RDS) in Verbindung mit dem Traffic Message Channel (TCM) diskutiert.

Bereits seit 1997 ist in Tokio das Intelligent Traffic Guidance System (ITGS) implementiert, in dem Informationen von über 14.000 Sensoren und 200 TV-Kameras in Echtzeit der Verkehrszentrale übermittelt werden. Aufgrund von Staumeldungen erfolgt die Berechnung der an die jeweiligen Verkehrssituationen angepassten optimalen Fahrrouten. Die Fahrtziele von den angeschlossenen Fahrzeugen werden mittels Mobilfunk angegeben, wobei die aktuelle Fahrzeugposition über GPS ermittelt wird.

Anzumerken bleibt, dass viele Anwendungsmöglichkeiten der Telematik bislang nur als Konzepte vorliegen. Viele Systeme „tragen sich nicht" allein und sind daher nicht marktfähig und solche, die vermarktet werden, tragen nur geringfügig zur Optimierung bei (Grote 1998).

Telekommunikation

Telekommunikation versucht im Gegensatz zur Telematik nicht, physischen Verkehr zu optimieren, sondern ihn zu substituieren. Hier wird ein größeres Potential vermutet, insbesondere in Bereichen wie Telearbeit, Videokonferenzen oder Online-Shopping. Ohne dass bislang nennenswert empirisch abgesicherte Daten in nennenswertem Umfang vorliegen, erwartet eine Prognose eine Reduzierung der Personenverkehrsleistung um 8% unter der Voraussetzung, dass alle Möglichkeiten der Telekommunikation genutzt würden. Das entspricht immerhin einer Substitution von 75 Milliarden Personenkilometern. In einer weiteren Studie wird ein Substitutionseffekt von 163 Milliarden Personenkilo-metern bis zum Jahr 2005 errechnet, was einen Rückgang der gesamten CO_2-Emissionen um mehr als 4% bedeutet. Schließlich werden in den nächsten zehn Jahren Reduzierungen beim Berufsverkehr um 20% – 30% erwartet.

Telearbeit

Durch Telearbeit wird versucht, den Computerarbeitsplatz vom Betrieb in den Privatbereich zu verlegen u.a. mit dem Ziel, dabei eine Verkehrsentlastung durch weniger Berufspendler zu erreichen. Alle veröffentlichten Konzepte verweisen zunehmend auf diesen Aspekt. So unterstellt eine Studie bis zum Jahr 2000 eine Einsparung von 250 Millionen Litern Kraftstoff, allerdings unter der Annahme, dass in Deutschland rund 3,5 Millionen Arbeitsplätze für Telearbeit geeignet sind. Empirische Untersuchungen haben festgestellt, dass für Telearbeit nicht der Heimarbeitsplatz, sondern die „alternierende Telearbeit" typisch ist, bei der ein Telearbeiter teilweise zu Hause, teilweise im Unternehmen arbeitet. Die durchschnittliche häusliche Arbeitszeit beträgt 1,5 Tage pro Woche. Schließlich beträgt die Distanz, die Teilnehmer beruflich zurücklegen, im Mittel 17 Kilometer. Für das Jahr 1998 wurden insgesamt rund 15.000 praktizierende Telearbeiter vermutet.

Telekonferenzen

Neben Telearbeit sollen Telekonferenzen den physischen Geschäftsverkehr reduzieren. Insbesondere soll der klimabelastende Flugverkehr substituiert werden. Bislang nutzen überwiegend international tätige Unternehmen die Art der firmeninternen Kommunikation. Kleine und mittlere Unternehmen verhalten sich häufig (noch) distanziert. Allerdings zeigen jüngste empirische Erhebungen, dass die Bereitschaft der Unternehmen, Telekommunikation, insbesondere Videokonferenzsysteme, einzusetzen in den letzten drei Jahren abgenommen hat. Hinzu kommt, dass den jährlichen 11 Millionen touristisch motivierten Auslandsflügen in Deutschland „nur" 2 Millionen Geschäftsreisen gegenüberstehen, bei denen der Einsatz von Telekommunikationstechnik Substitutionseffekte bewirken kann (Grote 1996).

Online-Shopping
Online-Shopping reduziert mögliche Fahrten zu Kaufhäusern und Shopping-Centern. Allerdings müssen die Waren des täglichen Bedarfs bei den Kunden angeliefert werden. Dabei können individuelle Einkaufsfahrten durch optimierte Rundkurse weniger Lieferfahrzeuge ersetzt werden. Empirische Untersuchungen zu diesen Substitutionseffekten liegen bislang nicht vor. Da aber die wichtigste Aufgabe des Online-Shoppings in einem Konsumzuwachs besteht, ist zu vermuten, dass keine Substitutionen auftreten, sondern weitere Verkehrsbelastungen induziert werden.
Insgesamt zeigt der Verkehrsbereich deutlich, dass die Substitutions- und Optimierungseffekte der Technologien der Informationsgesellschaft durch die Induktionseffekte erheblich überkompensiert werden. Zwar können die Substitutionseffekte, die sich durch die Telekommunikation und die verschiedenen Formen der Tele-Services (z.B. Tele-Banking) ergeben, den physischen Verkehr reduzieren. Die Induktionseffekte aber, die durch die mit den Telekommunikations-Netzwerken sich ergebenden Möglichkeiten der Globalisierung der Märkte und Formen der verteilten Produktion entstehen, fördern in keinem Fall eine nachhaltige Entwicklung.
[...]
Literatur:
[...]
Ehrenfeld, J.R. (1998) *Information Technology Produce Factor 4-10 Reductions in Energy and Material Consumption.* Presented at the European Telematics Conference and Exhibition, Barcelona, February 4-7
[...]
Grote, Andreas (1994) Grüne Rechnung – Das Produkt Computer in der Ökobilanz. In: CT, 12/1994

Grote, Andreas (1996a) Punktgenau – Schweizer Studie präzisiert die Ökobilanz des PC. In: CT, 10/1996
[...]
Grote, Andreas (1998) Mobilmacher – Schafft Telematik den Brückenschlag zwischen Verkehr und Umwelt? In: CT, 22/1998
[...]
Hilty, L.M./Ruddy, T.F./Schulthess D (2000) Resource Intensity and Dematerialization Potential of Information Society Technologies. Series A Diskussion Paper 2000-01, Solothurn University of Applied Sciences Northwestern Switzerland

2.2. Chancen: Elektro-Autobahnen (von Werner DePauli-Schimanovich-Göttig)

Auszug aus: Elektro-Autobahnen und PKW-"Röhren"
http://www.univie.ac.at/cognition/jimmy/verkehr/elektoautobahnen.html
Mit freundlicher Genehmigung des Autors

[...] Die LKWs werden in ca. 20 bis 30 Jahren auf den Autobahnen mit Strom fahren, den sie aus einer Oberleitung beziehen (ähnlich wie das beim O-Bus funktioniert). Strom wird in zunehmendem Maße aus erneuerbaren Energiequellen erzeugt (Windräder, Wasserkraft, Geowärme) und ist daher die ökologisch sinnvollste Art, die LKWs mit Energie zu versorgen. Wenn es schon so sein muss, dass wir die Brummer von der Autobahn nicht wegbringen, dann müssen sie jedoch zumindest ebenfalls elektrischen Strom als Energiequelle benützen (genauso wie die Eisenbahn)!

Neben diesem starken grünen Argument sprechen jedoch eine Reihe von technischen Gründen für diese Vorgangsweise:

(1) Der wichtigste ist: Die Oberleitung kann als mechanische Spurführung für LKWs und Busse gestaltet werden. Das ist viel sicherer als die (bereits bewährte und lang erprobte) vollautomatische Steuerung mit Hilfe von (in der Fahrbahn verlegten) Induktionsschleifen (welche natürlich als zusätzliche Informationsquelle weiterhin fungieren soll).

(2) Durch das Roadpricing, das in Nordeuropa in Bälde eingeführt wird, kann der bezogene Strom direkt verrechnet werden. Er wird sogar für einzelne Firmen für alle ihre Fahrzeuge kollektiv abgebucht werden können.

(3) Die mechanische Spurführung durch die Oberleitung ermöglicht ein "semi-optisches Truck-Platooning", wo mittels Tempomat die erlaubte Höchstgeschwindigkeit eingestellt wird, und mittels optischer Entfernungsmessung (unterstützt durch Funk und Radar) der Anhalteweg als Abstand automatisch eingehalten werden kann.

(4) Dieses semi-optische Truck-Platooning erhält die Freiheit des einzelnen LKWs (oder Busses), da jedes Fahrzeug ohne Beeinflussung (oder gar Vorwarnung) seines Hintermannes jederzeit aus einer Kolonne und seiner Spur ausscheiden kann. Dies wäre eine Verbesserung gegenüber dem von mir vorgeschlagenen mechanischen Truck-Platooning (wo die LKWs mit einer Deichsel aneinandergehängt werden), was eine kurzfristige Lösung (in ca. 5 Jahren) erlauben würde. (Siehe meinen Artikel "Mechanical Car-Platooning und Road Pricing".)

(5) Wenn es einmal in ca. 30 Jahren ein Netz von Oberleitungen für LKWs und Bussen auf den Autobahnen geben wird, und das semi-optische Truck-Platooning (wegen der mechanischen Spurführung durch die Oberleitung) eine sichere Sache sein wird, steht einer vollautomatischen computergesteuerten Fahrt der LKWs nichts mehr im Wege! Der Fahrer sollte dann zwar noch weiterhin im Fahrersitz sitzen bleiben. Er kann jedoch (bis auf Abruf durch ein Notsignal) ein kleines Nickerchen einlegen.

(6) Der Straßen-Informations-Computer wird dann die LKWs und Busse auf den Autobahnen auch vollautomatisch entlang ihrer Hauptrouten lenken, so wie er heute dem Fahrer den besten Weg ansagt. Denn das Ausscheiden aus der LKW-Spur (und Abfahren von der Autobahn) sowie das Einordnen in eine neue LKW-Spur auf einer anderen Autobahn) kann leichtestens vollautomatisch abgewickelt werden.

(7) Nur beim Ausscheiden aus dem Autobahn-Netz (und Überwechseln auf die Bundesstraße) ist ein Stauraum vorgesehen, wo die Fahrer durch einen Piepston wieder zur Besinnung gerufen werden und (nach einem kräftigen Kaffee in der Raststation

wieder die Lenkung des Fahrzeuges (auf der Bundesstraße, Landstraße oder im Stadtgebiet) selbst übernehmen müssen.

(8) Bei Steigungen gibt es eine Kriechspur, wo die beladenen LKWs vollautomatisch gelenkt weiterfahren. Die schnellen Fahrzeuge bleiben in der Hauptspur, welche im allgemeinen die rechteste Spur der Autobahn ist (in Fahrtrichtung gesehen). Nur die ganz schnellen LKWs (denen alle anderen viel zu langsam sind) können auf die linke (beziehungsweise bei 3 oder mehreren Spuren auf die mittlere) Spur zum Überholen ausweichen, jedoch nur mit Diesel-Antrieb und Handlenkung (durch einen menschlichen Fahrer). Meine persönliche Überzeugung ist es jedoch, dass das Überholen für LKWs auf Autobahnen (mit nur 2 Spuren pro Fahrtrichtung) generell verboten sein sollte, außer von Fahrzeugen auf der Kriechspur.

(9) Technisch gesehen gibt es natürlich sehr viele Möglichkeiten, wie die mechanische Spurführung der LKWs und Busse in die Praxis umgesetzt werden soll. Ich denke da in erster Linie an zwei nahe aneinanderliegende dünne Schienen als Oberleitung, zwischen denen ein Rad rollt (50 cm Durchmesser), welches links und rechts den Strom abnimmt. (Dahinter sollte ein zweites Rad sein, damit bei einer Kurve dieses kleine "Wägelchen" die einzuschlagende Richtung als Zusatzinformation an den Bordcomputer liefert.) Der Stromabnehmer wird ca. 1 m vor dem LKW oben zwischen den Schienen der Oberleitung rollen, und sein Einschlag wird den LKW ähnlich lenken wie eine Deichsel (die von einer Zugmaschine gezogen wird) den Anhänger lenkt.

(10) Es ist natürlich auch eine andere Realisierung möglich, die ähnlich funktioniert wie die Schienen und Räder bei der Eisenbahn (jedoch nur sehr dünne Schienen und Räder und nicht so stark wie bei der Bahn, da die Oberleitungs-Schienen und Räder bei den LKWs und Bussen natürlich kein Gewicht zu tragen haben). Hinter dem 1. Räderpaar (mit innerem Radkranz) folgt ein 2. Räderpaar (mit äußerem Radkranz), wovon immer eines von beiden eingezogen bleibt. Bei Geradeausfahrt ist das rechte Rad des 2. Räderpaares eingezogen, und das linke Rad des 2. Paares (zusammen mit dem 1. Räderpaar) führt das Fahrzeug. Beim Rechtsabbiegen ist es umgekehrt, da das linke Rad des 2. Paares eingezogen ist, während das rechte Rad das Fahrzeug in die gewählte Spur (nach rechtes) lenkt. Nur wenn man mit Handlenkung und Dieselantrieb (links) überholen will, werden alle 4 Räder des Bügels eingezogen.

(11) Durch diese mechanische Spurführung ist es auch möglich, bei Neuschnee und Glatteis die LKWs und Busse (bei einer niedrigen Geschwindigkeit) in ihrer Spur zu halten! Das ist ein ganz wesentlicher Beitrag zur Erhöhung der Verkehrssicherheit! (Dieses Detail gehört technisch weiter ausgearbeitet: z.B. zuschaltbare magnetische Haftung der Bügel-Räder an der Oberleitungs-Schiene.)

(12) Falls sich dieses Oberleitungs-Konzept für LKWs und Busse auf den Autobahnen bewährt, kann es natürlich in ca. 50 Jahren auch auf Bundesstraßen und ein Hauptstraßen-Netz in den Städten ausgedehnt werden.

Nach diesen 12 technischen Argumenten für den Bau von Oberleitungen (auf den rechten Spuren der Autobahnen) für LKWs und Busse möchte ich noch eine kurze

Aussage machen betreffend die Chance, den LKW-Verkehr auf die Schiene zu verlagern: Die nächsten 7 Jahre wird gespart und daher überhaupt kein Geld für Infrastruktur ausgegeben. Danach wird man ein 2. Eisenbahn-Netz schaffen für den schnellen Personenverkehr (für kurze Strecken als Konkurrenz zu Auto und Flugzeug). Dieses Netz wird im Flachland für den Magnetschienenzug neu gebaut werden, jedoch zur Überquerung der Alpen als TGV oder sonstige konventionelle Zugsform realisiert werden. Das wird (ebenfalls wie der Bau von Oberleitungen für LKWs auf den Autobahnen) in ca. 20 bis 30 Jahren der Fall sein.

Erst danach werden die Bahnen ein Schienennetz zur Verfügung haben, das ausschließlich dem Güterverkehr und dem lokalen Personenverkehr dienen wird. Erst dann wird man daran gehen können, den Güterverkehr auf die Schiene zu verfrachten. Doch ich bin davon überzeugt, dass man dann bestenfalls 50 % des Güterverkehrs (also in ca. 25 Jahren) auf die Schiene verlegen wird können. Extrapoliert man die Steigerungsraten des Güterverkehrs, dann wird es im Jahr 2020 auch bei 50%iger Verlagerung der LKWs auf die Schiene genauso viele LKWs auf der Autobahn geben wie heute. Daher wird sich der Bau der Oberleitungen für LKWs auf Autobahnen (der natürlich sofort begonnen werden sollte) auf alle Fälle rechnen, auch wenn er (in gewissem Sinne eine Konkurrenz zur Bahn darstellt und die Verlagerung der LKWs auf die Schiene vielleicht sogar verzögert).

Sollte sich dieses Konzept des elektrischen Stromes als Energiequelle für LKWs und Busse auf Autobahnen bewähren, bin ich dafür, auf der 2. Spur der Autobahnen (und bei mehrspurigen Autobahnen pro Fahrtrichtung auch auf der 3. Spur und den weiteren Spuren) dann Oberleitungen für die PKWs zu bauen. Die rechte Spur wäre dann nur für LKWs und Busse reserviert, die linke (und mittlere) Spur nur für die PKWs. Insbesonders bei mehrspurigen Autobahnen wäre es dann weiters sinnvoll, die (rechte) LKW-Spur bei den Ein- und Ausfahrten nach rechts zu verschwenken und eigene LKW-Auffahrten zu bauen, damit man von den derzeitigen Auffahrten direkt auf die linke (beziehungsweise linke und mittlere) PKW-Spur gelangen kann (ohne die LKW-Spur zu kreuzen bzw. zu durchdringen). Man hätte dann eine Elektro-Autobahn, wo man Benzin- und Diesel-Motoren gar nicht mehr zu verwenden braucht. Erst bei der Ausfahrt auf die Bundesstraße müssen diese Motoren wieder angeworfen werden (oder wenn der Elektromotor einen Schaden haben sollte). Die Strecken, die auf den Bundesstraßen zurückgelegt werden müssen, sind aber nur sehr gering (im Vergleich zur Gesamtstrecke). Dies ergäbe daher eine beträchtliche Reduktion des Mineralölverbrauchs durch den Straßenverkehr.
[...]

3. Gesellschaft

3.1. Risiken: Digital Divide (von Uwe Afemann)

Auszug aus: "E-velopment" – Entwicklung durch Internet
Mit freundlicher Genehmigung des Autors

Auf der letzten UNCTAD-Konferenz in Bangkok im Februar 2000 entstand das neue Kunstwort "E-velopment", zusammengesetzt aus E-Commerce und Development (Entwicklung).[1] Es sollte suggerieren, dass durch Internet und elektronischem Handel die Dritte-Welt-Länder ihre Entwicklungsprobleme lösen könnten. [...]

Gegenwärtige Infrastruktur
Die Zahl der Internet-Hosts, der Rechner die Internetdienste anbieten, ist in den letzten Jahren stark angestiegen. Anfang 2001 gab es ca. 110 Millionen solcher Rechner. Von diesen befinden sich 84,7 % in den G7-Staaten, welche knapp 12 % der Weltbevölkerung ausmachen. Die vier bevölkerungsreichsten Länder aus Asien, Afrika und Lateinamerika als da sind China, Indien, Nigeria und Brasilien, sind Heimat von nicht einmal 1 % aller Rechner und mehr als die Hälfte dieser Rechner kommt aus Brasilien. Diese Staaten beherbergen aber ca. 43 % der Weltbevölkerung.

Weltweit waren im Jahr 2000 ca. 300 Gbit/sec. Übertragungskapazitäten vorhanden. Davon entfielen 78,2 % auf den internationalen Datenverkehr und nur 0,7 % gingen nicht über die USA, d. h. der Internetverkehr wird überwiegend über die USA geroutet. Dafür müssen die Länder die vollen Verbindungsgebühren bezahlen, während im Telefonverkehr nur die halben Gebühren anfallen. Im Telefonverkehr teilen sich der Anrufer und der Angerufene die Kosten.[2]

Wo kann man in den Entwicklungsländern Internet nutzen? Internetzugang ist überwiegend nur in den Hauptstädten möglich, mit Ausnahme einer handvoll Ländern mit Zugang auch in anderen Städten. Hauptnutzer sind die einkommensstarken, gutausgebildeten und männlichen Menschen aus den Entwicklungsländer. In Afrika haben ca. 90 % aller Nutzer eine Hochschulausbildung und 70 % aller chilenischen Internetnutzer kommen aus dem einkommensstärksten Viertel der Bevölkerung.[3] In Argentinien stellen die reichsten 11 % der Bevölkerung 48 % der Nutzer und die meisten von ihnen wohnen in Buenos Aires.[4]

Der Bevölkerungsanteil mit Zugang zum Internet ist in den Industrienationen relativ hoch, über 50 % in den USA, in den Entwicklungsländern aber extrem niedrig. In Afrika sind es von ca. 800 Millionen nach neuesten Zahlen vom August 2001 nur ungefähr 4 Millionen Menschen. In den Industrienationen insgesamt sind ca. ein Drit-

---

1. Ranjit Dev Raj: 'E-velopment', the New Bait Toward Globalization, Bangkok, 17.2.2000, InterPress Service
2. ITU Telecommunication Indicators Update, January - February - March 2001
3. eMarketer: Digital divide evident in Chile, 17.11.2000
4. eMarketer: Internet use in Argentina dominated by urban rich, 7.8.2001

tel aller Einwohner online, in den Entwicklungsländern weniger als 2 %.[5] Anders ausgedrückt: Das reichste Fünftel der Welt stellt 93 % der Internetnutzer, das ärmste Fünftel dagegen nur magere 0,2 %, so die Zahlen vom Economic and Social Council der Vereinten Nationen vom August 2000.

Ich hatte die vier bevölkerungsreichsten Staaten der verschiedenen Kontinente erwähnt: Hier die neuesten verfügbaren Zahlen zur Internetnutzung: China 2,08 % - wobei es in Hong Kong im Juli 2001 54,5 % sind - , Indien 0,49 %, Nigeria 0,08%, Brasilien 6,84 %.

Um Zugang zum Internet zu haben, bedarf es einiger technischer Voraussetzungen: 1. Telefon, doch 80 % der Weltbevölkerung kennt kein Telefon. In Afrika befinden sich die Hälfte aller Anschlüsse in den Hauptstädten, wo aber nur 10 % der Menschen wohnen. 70 % der Afrikaner wohnen auf dem Lande.[6] Die Telefondichte im südlichen Afrika, ohne die Republik Südafrika, betrug im Jahr 2000 nur magere 0,75.[7] In Bolivien befinden sich 80 % der festen Telefonleitungen in den drei größten Städten.[8] Bei uns gibt es in jedem Haushalt mindestens ein Telefon, in den Entwicklungsländern beträgt die Telefondichte knapp 6 Anschlüsse pro 100 Einwohner. In Südasien beträgt sie nur 1,4.

Region	Verhältnis der städt. zur ländl. Telefondichte	Anteil der städt. Bevölkerung
Staaten mit hohem Einkommen	1	77,8 %
Osteuropa und Zentralasien	2	66,6 %
Lateinamerika und Karibik	2	74,2 %
Afrika südl. der Sahara	3	32,4 %
Naher Osten und Nordafrika	5,5	55,6 %
Ostasien und Pazifik	5,5	34,6 %
Südasien	7	28,9 %

Tab. 1: Telefondichte in der Stadt und auf dem Lande
Quelle: Weltentwicklungsbericht von 1998/1999
Quelle für Spalte 3: Human Development Report 1999, Seite 200

---

5. ITU: Telecommunication Indicator Update January - February - March 2001
6. Mike Jensen: The status of African Information Infrastructure, Addis Ababa, Äthiopien, 28. Juni - 2. Juli 1999, online: http://www.un.org/Depts/eca/adf/codipap1.htm, (Aufruf: 25.7.2000)
7. ITU Telecommunication Indicators Update, July - August - September - October 2001, Africa reaches historic Telecom Milestone
8. ITU Telecommunication Indicators Update, July - August - September 2000

Hinzu kommt die schlechte Qualität der Leitungen. In Afrika gibt es 17 mal so viele Störungen wie in den Industriestaaten.[9]

Region	jährliche Störungen pro 100 Leitungen
Afrika südlich der Sahara	116
Welt	22
Industrienationen	7

Tab. 2: Qualität der Telefonleitungen
Quelle: Mike Jensen: The Status of African Information Infrastructure, Addis Ababa, Äthiopien, 28. Juni - 2. Juli 1999, online: http://www.un.org/Depts/eca/adf/codipap1.htm (gefunden am 1.11.1999)

Als zweites braucht man einen Computer mit Modem. Die Computer unserer Welt befinden sich im Norden. Nach Zahlen der ITU vom 9. Januar 2002 besaßen die USA und Kanada allein schon 38,56 % aller Computer im Jahr 2000, d. h. zwischen 39,02 % der Kanadier und 58,52 % aller US-Bürger besaßen einen PC. Die G7-Staaten zusammen besitzen mit 64,43 % fast zwei Drittel aller PCs. In Afrika sind es gerade einmal 1,05 % der Bevölkerung, die einen Computer besitzen, wobei in vielen Ländern nicht einmal 1 von 1000 einen Zugang zu einem PC hat. In Asien haben 2,95 % der Bevölkerung einen PC, wobei es in Indien nur 0,45 % sind.[10] Gegenüber 1998 hat sich die Situation für die Entwicklungsländer nur unwesentlich verbessert. Damals besaßen die G7-Staaten 66 % aller PCs.

Und drittens braucht ein Computer elektrischen Strom. 70 % des afrikanischen Kontinentes ist ohne Strom, und wo es Strom gibt ist das Versorgungsnetz sehr unstabil.[11] Im Sommer 2000 fiel z. B. in Kenia für eine ganze Woche der Strom landesweit aus.[12] In Nigeria, dem größten afrikanischen Land haben nur 40 % der Bevölkerung Zugang zu elektrischen Strom.[13] Nach neuesten Zahlen der Weltbank vom Februar 2002 besitzen nur weniger als 8 % der Bevölkerung in Afrika südlich der Sahara einen Stromanschluss.[14] Und in Südasien mit mehr als 1 Milliarde Menschen hat die Hälfte aller Haushalte auf dem Lande keinen elektrischen Strom. Der Anteil der städtischen Bevölkerung beträgt hier nicht einmal 30 %.[15] In Brasilien wurde im letzten Sommer der tägliche Stromverbrauch auf ein paar Stunden reduziert.[16]

---

9. Mike Jensen: The Status of African Information Infrastructure, Addis Ababa, Äthiopien, 28. Juni - 2. Juli 1999, online: http://www.un.org/Depts/eca/adf/codipap1.htm, (Aufruf: 1.11.1999)
10. Information Technology, ITU, Genf, Schweiz, 9.1.2002
11. Mike Jensen: E-Commerce in Africa; Nairobi, Kenya, October 7-8, 1999, online: http://www.unctad.org/ecommerce/nairobi/background2.pdf, (Aufruf: 25.7.2000)
12. More power cuts likely in Kenya, BBC News, 24. Juli 2000
13. Nosa Igbinador: Only 40 % Citizens Have Access to Electricity, Financial Standard (Lagos, Nigeria), 26.11.2001
14. Emad Mekay: Not Enough Infrastrukture, World Bank Warns, Washington D. C., IPS, 19.2.2002
15. Mahesh Uniyal: Poor Really are Poor in India, InterPress Service, December 8, 1996
16. Mario Osava: Energy-Brazil: Rationing Plan Faces Resistance, Rio de Janeiro, 2.5.2001, IPS

Der Pro-Kopf-Verbrauch an elektrischer Energie liegt in den reichen Industrienationen mehr als zehnmal so hoch wie der Durchschnitt in den Entwicklungsländern und mehr als 100 mal so hoch wie in den am wenigsten entwickelten Ländern.[17]

[...]

Auswirkungen des Internet auf Entwicklungsländer

Mittlerweile gibt es einige Untersuchungen zur Auswirkung von IT aus die Wirtschaft der Entwicklungsländer. Eine solche Untersuchung stammt von Rodriguez/Wilson vom Mai 2000[18], die für die Weltbank erstellt wurde, andere Untersuchungen kommen von David Canning[19] aus Belfast Richard Heeks[20] aus Manchester und der Generaldirektion Außenbeziehungen der Europäischen Kommission[21]. Ich möchte die Ergebnisse kurz zusammenfassen.
Die Auswirkungen der neuen Kommunikationstechnologien sind eher auf der Mikroebene als auf der Makroebene zu verifizieren. Kurzfristig führt die Einführung der IT zu einer größeren Ungleichheit zwischen den Ländern als auch innerhalb der Länder. Dies ist z. B. auch in Indien nachweisbar.[22]

Die Schlüsselherausforderungen sind die Verbesserung der Vernetzung, sprich Internetanbindung, die Anhebung der Alphabetenrate, die Verbreitung vom Computerkenntnissen, das Anbieten von vernünftigen Inhalt in Nationalsprachen und natürlich die Veränderungen der internationalen Handelsbeziehungen. In Indien gibt es mittlerweile auch Interseiten in einigen Nationalsprachen außer Englisch.
Die Einführung der IT stärkt vor allem die städtischen Regionen in Entwicklungsländern und hat weniger Auswirkungen auf die ländlichen Bereiche. Insbesondere haben bis jetzt Investitionen im IT-Bereich nur in den OECD-Ländern zu einem wirtschaftlichen Wachstum geführt bei gleichzeitigem Ansteigen der Ungleichheiten innerhalb der Länder. Solche Investitionen in Entwicklungsländern hatten keine Auswirkungen auf das wirtschaftliche Wachstum in diesen Ländern. Vielleicht liegt es auch daran, dass Investitionen in diesem Bereich als Gewinn in den Norden gehen, denn Soft- und Hardware wird von dort geliefert. Die treibende Kraft in der IT-Ökonomie ist die Pro-

---

17. UNDP Human Development Report 2000, New York, 2000, Seite 230, ISBN 0-19-521679-2
18. Francisco Rodriguez and Ernest J. Wilson, III: Are Poor Countries Losing the Information Revolution?, infoDev Working Paper, The World Bank, Washington DC, May, 2000, online: http://www.infodev.org/library/wilsonrodriguez.doc, (Aufruf: 29.8.2001)
    siehe auch: Ernest J. Wilson III: Closing the Digital Divide: An Initial Review, online: http://www.internetpolicy.org/briefing/ErnestWilson0700.html, (Aufruf: 29.8.2001)
19. David Canning: Information Technology and Economic Development, Session Transcript, Havard Institute for International Development, 30.9. - 1.10.1999, online: http://www.hiid.harvard.edu/groups/macro/da21/transcrp/brk2_tr.html, (Aufruf: 14.12.2000)
20. Richard Heeks: Information and Communication Technologies, Poverty and Development; Development Informatics Working Paper Series, Paper No. 5, June 1999, Published by Institute for Development Policy and Management, University of Manchester, ISBN: 1 9025 1826 8
21. Generaldirektion Außenbeziehungen der Europäischen Kommission: The Information Society and Development: A Review of the EC's experience in Asia, Latin America and the Mediterranean, Brüssel, 12.1.2001, online: http://www.europa.eu.int/comm/external_relations/info_soc_dev/index.htm
22. Ranjit Devraj: South Asia: Digital Divide Sharpens Rich-Poor Gap, InterPress Service, 21.7.2000

duktion, nicht der Konsum. Die Investitionserlöse kommen fast ausschließlich dem produzierenden Teil zu gute. Vielleicht ist da Indien mit seinen Software Technologie Parks und der Produktion seiner Simputer auf dem richtigen Weg. Brasilien ist übrigens ein weiteres Entwicklungsland bzw. Schwellenland, das mit der Produktion seiner Volkscomputer Gewinne aus dem Verkauf von Hardware im eigenen Land zu behalten versucht.[23] Übrigens kommt auf dem Simputer aus Indien als auch auf dem Volkscomputer aus Brasilien das Betriebssystem Linux zum Einsatz.[24]

Eine erfolgversprechende Internetanbindung und das Fördern von Computer literacy muss mit dem Anbieten von relevanten Inhalten für die Endnutzer verbunden werden. D. h. der Inhalt muss lokale Bezüge haben und der Zugriff auf diese Inhalte muss auch möglich sein. Dabei müssen auch die sprachlichen und kulturellen Eigenheiten gewahrt bleiben. Der oben erwähnte Bericht der Europäischen Union unterscheidet bei den Auswirkungen und Chancen der Informationstechnologie für die Entwicklungsländer einzelne Länderkategorien. Dabei stellt er für die LDC-Staaten, die 14 % der Weltbevölkerung ausmachen, aber nur zu 1 % am Wirtschaftsaufkommen beteiligt sind, fest: "*Die Vernetzung wird wahrscheinlich weiterhin sehr weit unten stehen auf der Prioritärenliste dieser Länder, und solche Vernetzungsprogramme, die in diesen Ländern implementiert werden, müssen die Hindernisse, die durch andere Grundentwicklungsbedürfnisse gegeben sind, in Betracht ziehen. [...] Die Bedürfnisse dieser Menschen sind erstens nicht mit den neuen Computernetzen verbunden, auch wenn das durch die Netze verursachte Wachstum in diesen Ländern, in welchen sie leben, ihnen vielleicht zusätzliche soziale Dienste bieten und langfristig ihren allgemeinen Lebensstandard anheben mögen. Ihre Hauptbedürfnisse sind von grundlegenderer Art, nämlich ausreichende Nahrung, Trinkwasser, Gesundheitspflege, die hauptsächlich nicht im Zusammenhang mit einer Politik der neuen Netze stehen.*"[25]

Richard Heeks hat in mehreren Aufsätzen die Erfolgsrate von Initiativen zur Informations- und Kommunikationstechnologie in Entwicklungsländern untersucht. So stellte er schon im Jahr 2000 fest, dass mindestens 80 % dieser Projekt in irgendeiner Weise fehlschlugen und so zu einer massiven Verschwendung von Investitionsgeldern führten.[26] In einer neueren Untersuchung vom Januar 2002 stellt Heeks dann genauer aufgeschlüsselte Zahlen für die Industrienationen vor und nimmt dies als Anhaltspunkte für den Erfolg bzw. Misserfolg in Entwicklungsländern, da hier keine genaueren Untersuchungen verfügbar sind.[27]

---

23. Wired: Brazil dominates Latin American Internet, 8.2.2001
24. Steven Chase: Low-cost 'people's computers' target developing nations to get poor on-line, 22.5.2001, workopolis.com, Kanada
25. Generaldirektion Außenbeziehungen der Europäischen Kommission: The Information Society and Development: A Review of the EC's experience in Asia, Latin America and the Mediterranean, Brüssel, 12.1.2001, Seite 23 und 27 - 28
26. Richard Heeks: Lessons for Development from the 'New Economy', IDPM, University of Manchester, UK, 2000, online: http://www.man.ac.uk/idpm/dislesson.htm (Aufruf: 19.2.2001)
27. Richard Heeks: Failure, Success and Improvisation of Information Systems Projects in Developing Countries, Development Informatics Working Paper Series, Paper No. 11, Manchester, Januar 2002

totales Scheitern	20 - 25 %
teilweises Scheitern	33 - 60 %
erfolgreiche Initiativen	15 - 47 %

Tab. 3: Erfolg und Misserfolg von IT-Initiativen in Industrieländern

Heeks sieht keine Anzeichen dafür, dass die Misserfolgsraten in Entwicklungsländern niedriger sein könnte. Ganz im Gegenteil, auf grund von fehlender technischer und humanitärer Infrastruktur sei von höheren Misserfolgsraten auszugehen. Dass es keine Zahlen zum Misserfolg in den Entwicklungsländern zu IT-Projekten gibt, führt Heeks darauf zurück, dass die Geldgeber darauf erpicht seien, ihre Ausgaben zu rechtfertigen und da lassen sich "*gute Neuigkeiten*" besser befördern als "*schlechte*". In seiner lesenswerten Untersuchung analysiert er auch die Gründe für das Scheitern. Häufig scheitern die Projekte an zu "*ehrgeizigen und komplexen*" Zielvorgaben. "*Bescheidenere*" Projkekt mit weniger Veränderung haben größere Erfolgsaussichten.

Ein weiterer Grund für das Scheitern liegt darin, dass viele Projekte durch den "*Norden*" bestimmt sind und nicht die Bedürfnisse der "*Beschenkten*" genügend beachten. Hinzu kommt der Glaube im Süden, dass aus dem Norden importierte Lösungen besser seien. Außerdem wird häufig übersehen, dass ICT-Kosten in Entwicklungsländern meistens höher sind als in den Industrieländern, und dies trotz der niedrigeren Lohnkosten.

Falls eine Lösung vom Norden in den Süden transferiert wird, so werden "*nicht nur Maschinen, Hardware oder Wissen transferiert sondern eine ganze Sammlung von Haltungen, Werten, sozialen, politischen und kulturellen Strukturen*". Es entsteht eine Kluft zwischen den Zielen und der Wirklichkeit.

Dieser Kontexttransfer geschieht auch durch im Norden entwickelte Bildungs-und Ausbildungssysteme und indirekt durch die Hebelwirkung der nördlichen Dominanz. Abschließend lässt sich sagen, z. Zt. nutzen nur die Eliten das Internet. Arbeitslose werden vermutlich nur wenig wirtschaftlichen Nutzen aus dem Internet ziehen können. Das Internet schafft eine internationale Elite, die sehr gut vernetzt ist. Bisher jedenfalls ist der Beweis noch nicht erbracht worden, dass durch das Internet Wohlstand für die breite Masse, wo auch immer, erreicht worden ist. [...]

"*Die digitale Kluft ist ein Spiegel der fehlenden Grundkenntnisse bzgl. Schreiben und Lesen, Armut, Gesundheit, Wohlstand und anderer sozialer Angelegenheiten - Computer sind zwar nützlich, aber nichts kann zuvor die digitale Kluft in einer Gesellschaft überbrücken, wenn nicht die Probleme der Grundkenntnisse im Schreiben und Lesen, Armut und Gesundheitsversorgung entsprechend angegangen werden.*"[28]

---

28. bridges.org: Spanning the Digital Divide, Understanding and Tackling the Issues, Washington DC, 2001, Seite 87

3.2. Chancen: Global Villages (von Franz Nahrada)

Auszug aus: Die Vision der Globalen Dörfer
Mit freundlicher Genehmigung des Autors

3. Ein Besuch im Globalen Dorf

a) die Vogelperspektive und die Piazza Telematica

Wir beginnen unsere Annäherung aus der Vogelperspektive, aus der Perspektive der Architektur und der Landschaft. Ich habe ein paar Bilder aus der Zukunft mitgebracht.

Der Urheber einer ersten, großen Vogelperspektive heißt Joseph Smyth und er hat ein "vorher" und ein "nachher" gezeichnet, anhand des drastischsten Falls der Veränderung zum heutigen Status Quo. Es handelt sich um eine Satellitenaufnahme der Auto-Stadt Los Angeles aus dem Jahre 1990 und eine der Autonomen Stadtregion Los Angeles aus dem Jahr 2050. Aus der Satellitenperspektive fällt auf, dass der Grad der Versiegelung von Bodenflächen in Smyths Vision wieder umgekehrt wird. Parkplätze, Autostraßen, Einkaufszentren, wie sie die bis zum Himmel dominierend die Grundfläche der amerikanischen Autostadt charakterisieren, sind drastisch zurückgegangen: Die dominierende graubraune Stadtfarbe ist zugunsten eines Wiesengrüns und der Erkennbarkeit renaturalisierter Flussläufe zurückgedrängt. So mag das Orange County auch noch im 19. Jahrhundert vom Himmel auch ausgesehen haben. Der menschliche Siedlungsraum scheint weniger in die breite Fläche auszuwuchern, sondern er bildet Verdichtungen. Es scheint einen Grundsatz zu bilden, den Raum einer Siedlung nicht weiter auszudehnen als ein Mensch in wenigen Minuten zu Fuß bewältigen kann. Zwischen den Siedlungen, an ihren Rändern, aber auch durch sie hindurch verlaufen grüne Korridore.

Sehen wir näher hin, betrachten wir einen solchen Siedlungskern. In diesem klassischen Entwurf von Richard Rogers und Partnern für die Bitstadt in Mallorca sehen wir drei zusammengehörige globale Dörfer, die an einer Achse des öffentlichen Verkehrs gelegen sind. Zusammengenommen ergeben die drei urbanen Dörfer schon fast eine kleine Stadt, und doch ist jedes von ihnen eine kompakte Einheit, ein diversifizierter Lebensraum mit einer Mischung aus urbanen, suburbanen und ländlichen Elementen. Die Funktionen und sozialen Aktivitäten gehen graduell ineinander über. Ein öffentlicher, lebendiger, aktiver und diversifizierter Mix im Zentrum verläuft ringsumher in ein suburbanes Wohngebiet und verliert sich letztlich in ruhige Garten- und Parklandschaft, landwirtschaftliche und natürliche Zonen. Ein Globales Dorf ist offensichtlich ein vollwertiger Lebensraum, der die drei essentiellen Sphären unseres Lebens (Urban, Suburban, Rural) auf kleinstem Raum lokal zusammenschließt.

Gehen wir ins Zentrum der Bitstadt. Eine Piazza mit einem Teich, umgeben von mehrstöckigen Gebäuden, mit Cafés, Ateliers, Galerien, Hallen, Konferenzsälen und Büros. Ein verdichteter urbaner Raum, in dem sich viele Menschen aufhalten, wie im Zentrum einer mediterranen Kleinstadt oder eines griechischen Dorfes. Architektonische Maßnahmen sorgen hier für eine gleichmäßig milde Klimatisierung und für große

Variabilität, ohne dass wir uns an die Sterilität eines shopping centers erinnert fühlen müssen. Eher ist diese Piazza eine große Bühne, auf der auch ständig wechselnde Stücke aufgeführt werden können. Wenn wir genauer hinschauen, dann sehen wir, dass dieser Raum der Präsenz und der Kommunikation sich dennoch in einem kleinen Detail von der Beschaulichkeit eines italienischen oder griechischen Stadt- oder Dorfplatzes unterscheidet: die Präsenz ist vermischt mit Telepräsenz, wo zwei oder drei oder viele lokale Bewohner versammelt sind, ist nicht zu selten auch ein Gast oder eine Verbindung zu Versammlungen über virtuelle Präsenz zugegen. Das Dorf ist verbunden, verbunden auf vielerlei Art und Weise mit der globalen Metropole. Rings im Kreise tragen die Gebäude verschiedene Namen, haben verschiedene Funktionen, die sich auch in ihren Namen ausdrücken wie: Haus der Werkzeuge, Haus des Wissens, Haus der Gesundheit, Haus der Schönheit. Es gibt auch ein Rathaus, aber es heißt Haus der Beratung.
[...]

c) beim Schuster

Am Eingang des Dorfes steht eine einladende Schusterwerkstatt. Wir wundern uns. Ist nicht das Handwerk ausgestorben in unserer Zeit bis auf das Kunsthandwerk? Haben nicht Fabriken und billige Massenproduktion die Regie übernommen? Ist das hier nicht ein Rückfall ins Mittelalter? Wir treten ein und geben uns zu erkennen als ein Besucher aus der Vergangenheit, und der Mann hinter der Werkbank geht auf unseren vorgeblichen Scherz ein. Er beginnt mit einem historischen Exkurs. Zunächst schilt er uns für unsere schlechte Meinung vom Mittelalter: Im Mittelalter war der Produzent, z.B. der Schuster mit seinem Produktionsprozess und seinem Abnehmer auf engem Raum, im Dorf oder in der mittelalterlichen Stadt eng verbunden. Das Rohmaterial, das Leder wuchs praktisch vor der Haustür immer wieder nach, die Transportwege waren kurz und die Transportmittel (Ochsenkarren, Pferdefuhrwerke etc.) einfach und sowohl ökologisch als auch energetisch ohne "Nebenwirkungen". Produziert wurde mit Low tech, optimal bedarfsorientiert und "maßgeschneidert". Produktwerbung war fast unnötig. Es wurde ja nicht gewinnorientiert sondern bedarfsorientiert produziert und die Qualität durch die unmittelbare Interaktion zwischen Kunde und Schuster dialoghaft gesichert und fast "zwangsläufig" verbessert. Der Schuster wusste genau, wo den Kunden der Schuh drückt. "In ihrer Zeit wurde doch das Schwarzbuch Kapitalismus von Robert Kurz veröffentlicht. Da hätten Sie doch nachlesen können, dass im Mittelalter die Menschen in vieler Hinsicht wohlgenährter, besser versorgt und ausgeruhter waren als in der darauffolgenden Neuzeit. Erst die moderne Massenproduktion hat ihnen wieder einen bescheidenen Wohlstand gesichert. Vorher musste man sie ja regelrecht vom Land vertreiben, mit Terror, Einhegungen und Rekrutierungen. Als der Laden aber dann wirklich zu laufen begann, im 19. Jahrhundert, lief das von alleine. Die Fabriken wurden produktiver und erzeugten massenhaft Konsumgüter. Die Menschen in den Städten wurden reicher, die ländlichen Regionen verarmten zusehends. Heimlich begannen auch die Dörfler sich in der Stadt einzudecken und die moralische Ökonomie der Dörfer zerbrach. Mein Großvater war auch Schuster, ich habe die Familiengeschichte studiert. Er hat lange durchgehalten, aber das Risiko wurde immer größer und der Ertrag immer geringer. Er wollte eine klare Trennung seiner Arbeitszeit und Freizeit. Er wollte frei sein von den

Launen der Kunden und dem Auftragsrisiko. Also wurde er Industriearbeiter. Er wusste am Anfang des Monates schon was er am Ende des Monates in seiner Lohntüte nach Hause trug. Konnte sogar Schulden mit gutem Gewissen machen, konnte sich Dinge (Reisen, Genussmittel, Kleidung, Unterhaltung...) leisten, die ihm Selbstbewusstsein gaben, die ihn aus der Masse heraushoben. Er wollte sich auch nicht länger mehr der sozialen Kontrolle seines Dorfes unterwerfen. Er wollte ohne soziale Verpflichtungen gleichsam anonym konsumieren.

Und was ist draus geworden? Er hat seinen Job verloren, erstens weil die Schuhe aus China billiger zu produzieren waren und zweitens weil die Automaten keine Qualifikation mehr verlangten. Er hat also gleichzeitig gegen die Chinesen und die Automaten gekämpft. Und so wie ihm ging es Millionen Menschen." Ja, diese Geschichte kennen wir, aber wie ist das heute, fragen wir. "Naja," schmunzelt er. "ich bin eigentlich weder ein rein selbständiger Handwerker noch bin ich ein Angestellter. Ich bin Mitglied der Dorfgenossenschaft und zugleich repräsentiere ich die Schustergilde hier in Bitstadt. Ich mach die Schule auch nicht komplett selbst. Man könnte sagen: ich baue industrielle Halbfertigprodukte für den Endbenutzer zusammen. Zuschneiden, formen, verbinden: es gibt in dieser Werkstatt viele Maschinen dafür. Die sehen sie nicht, weil sie sind in den Boxen da drüben, die schirmen den Lärm und die Temperatur ab. Meine Werkbank ist eigentlich der Computer, aber ich lege durchaus gern mal Hand an, wenn's um den letzten Schliff geht. Meine Tätigkeit ist mindestens genausoviel Kopfwerk wie Handwerk. Ich bin eigentlich der Mittler zwischen der Industrie und den Kunden. Ich glaub zu Ihrer Zeit gab's das schon in Sportgeschäften.

Als Mitglied der Dorfgenossenschaft hab ich natürlich einen gewissen Eingeschränkten Gebietsschutz. Und auch eine gewisse garantierte Mindestabnahme. Jeder Bewohner von Bitstadt, der nicht Mitgenossenschafter ist, zahlt ja im Jahr soundsoviel Miete. Und da sind eben auch Basisleistungen wie wahlweise ein freies paar Schuhe drinnen. Kennen Sie doch auch aus ihrer Zeit, das hat man im Tourismus erfunden, nannte sich "all inclusive Angebot". So sichert mir die Genossenschaft ein garantiertes Mindesteinkommen und der Rest ist mein Bier" [...]

"Ach ja", setzt er nach einer gewissen Denkpause fort. "Vielleicht sind ihnen noch zwei Dinge kein Begriff. Die Schustergilde, das ist ein weltweiter Verband, zu Ihrer Zeit gab's eigentlich nur die Linux – Programmierer. Mittlerweile hat sich rumgesprochen, dass es besser ist, wir tun unsere Qualifikation zusammen und tauschen unsere Entwürfe frei aus als dass wir alles teuer von Firmen kaufen, die sich geistiges Eigentum gesichert haben. Dadurch haben die Kleinen unglaublich an Qualität gewonnen! Sogar unsere Werkzeuge sind Open Source, die Baupläne werden ständig verbessert und überarbeitet, und die Firmen ,die die Maschinen bauen, haben keine Rechte an den Bauplänen. Das zweite dass sie vielleicht nicht wissen, ist dass ich achtzig Prozent meiner Rohstoffe vor Ort beziehe, aus den umliegenden 5 Dörfern. Wir haben wirklich einen tüchtigen Materialbroker hier in der Gegend."

"Materialbroker, was ist das?"
"Ach ja, das können Sie nicht wissen. Das gab's zu Ihrer Zeit noch nicht. Der Materialbroker ist wirklich ein neuer Beruf. Er ist sozusagen Einkäufer und Abfallverwerter

in einem, aber nicht nur uns, die Schuster, sondern auch für viele andere im Dorf, für die Energiebauern, die Erd- und Wasserbauern, die Ausstatter, die Agroförster, die ernährungswirtschaftliche Kooperative[...]. Seine Hauptbeschäftigung besteht darin, die Zusammenhänge zwischen den Inputs und Outputs, zwischen den Abfällen und Rohmaterialien zu erkennen und zu steuern. Er sitzt im Informationszentrum, wo die Fäden der Dorfwirtschaft und des Dorflebens zusammenlaufen. Seine Tätigkeit wird als eine höchst verantwortungsvolle und mit langjährigem Studium und Praktika verbundene geschätzt, aber auch er lernt immer wieder dazu. Mit anderen Materialbrokern ist er auf ständiger Suche nach Modellen, wirkliche Kreislaufwirtschaften zustande zu bringen. Diese Stoffstrommodelle sind nach vielfältigen Kriterien geordnet in einem Repository zusammengefasst, das wiederum in Form einer Open Source Bibliothek allen globalen Dörfern zur Verfügung steht. Damit ist sie der Kevin Kelly-schen "Ideenbank der Natur" sehr eng verwandt.

Auf das Achselzucken hin, das ihm zur Antwort gegeben wird, deutet er auf einen Spruch an der Wand. "Kevin Kelly kennen Sie nicht? Hat er zu Ihrer Zeit geschrieben, ist aber wohl für uns relevanter als zu seiner Zeit". Wir lesen: "Je intensiver sich der Mensch bemüht, komplizierte mechanische Dinge zu bauen, umso mehr befragt er die Natur um Rat und Hilfe. Die Natur ist dabei wesentlich mehr als eine Genbank, die irgendwelche unentdeckten Pflanzenkuren für künftige Krankheiten enthält. Natürlich ist sie das auch. Aber die Natur ist auch eine "memetische Bank", eine Ideenfabrik. Lebensfähige post-industrielle Paradigmen sind in jedem Ameisenhaufen im Dschungel versteckt. Das milliardenfüßige Wesen aus Käfern und Kräutern und die ihnen nahestehenden indigenen Kulturen die von diesem Leben gelernt haben, sind schon deswegen schützenswert, weil sie noch viele verborgene Einsichten und postmoderne Metaphern enthalten. Wer eine Weide oder einen Regenwald zerstört vernichtet nicht nur Gene, er vernichtet einen Schatz zukünftiger Metaphern, Einsichten und Modelle für eine neobiologische Zivilisation".

"Ein schöner Spruch", sagt der Mann. Wir leben und handeln danach. Bei uns im globalen Dorf gibt es ein Sprichwort: "wer beginnt alleine und mühsam zu arbeiten sollte vorher mit den Bäumen sprechen. Wer etwas erfinden will, sollte einen Waldspaziergang machen." Die Natur ist voller kleiner Helfer und Lehrmeister, die so gut wie jedes technologische Problem gelöst haben. Lange vor dem Menschen hat sie das Fliegen erfunden, das Tauchen, sie versetzt Berge, sie heilt, repariert, stellt wieder her. Sie verfügt über hervorragende Kommunikationssysteme, und über Systeme der Navigation und Orientierung. Aus Sonnenlicht baut sie Materie um und aus. Dabei hat sie die Dauerhaftigkeit von Strukturen über Milliarden von Jahren ebenso gewährleistet wie ständige Innovationen. Ihre Wirkungsgrade sind immens, der Materialverbrauch erstaunlich gering. Eigentlich wird in natürlichen Systemen nichts verbraucht sondern in zyklischen Prozessen oder offenen Kreisläufen umverteilt, umgeschichtet und neu kombiniert. Und diesem Prinzip gehen wir mit unserer Technologie nach. Seit einiger Zeit haben wir im Dorf einen Hanfbauern. Der Materialbroker hat vorher zum Thema Hanfverwertung und Fasergewinnung zusammengetragen. Dann erfuhr er von einer neuen computergesteuerten Maschine, die verschiedenste Gewebe, Textilien und Fasern aus Hanf herstellen kann. Durch verschiedene Zusätze war es geworden, sogar lederähnliche Materialeigenschaften und Verarbeitungsmöglichkeiten für solche Hanfgewebe zu erzielen. Der Materialbroker hat eine Sendung der Herstellerfirma mit Materialproben erhalten und sie mir überreicht. Aber auch die Ausstatter haben Platten und Stoffrollen mit den neuen Geweben erhalten, die sich für Boden- und Wandgestaltung, für Isolierung und Oberflächendesign gleichermaßen zu eignen schienen. Keiner kann alleine eine Entscheidung treffen. Jeder von uns hat eine aktive Kompetenz, aber viele passive Kompetenzen, und nur wenn die sich zur Deckung bringen lassen stimmt die Qualität. So funktioniert das bei uns in Bitstadt mit der Produktion und mit der Ökologie."

d) Haus des Wissens

Wir verlassen den freundlichen Schuster, nicht ohne ihm eine letzte Frage zu stellen. Wir gestehen, eben erst in dieser Zeit angekommen zu sein und keine Ahnung zu haben, in welchem Wirtschaftssystem wir eigentlich leben. Auch in seiner Erzählung sei soviel bunt durcheinander gewürfelt worden, Marktwirtschaft, Lieferfirmen, Genossenschaft, Gilden, Open Source, die fast planwirtschaftliche Ausschreibung eines Hanfbauern, dass wir uns überhaupt nicht auskennen würden. "Ach ja, sagt er, sie kommen aus der Epoche der zentralen Marktwirtschaft. Lassen Sie sich ruhig noch ein wenig verwirren. Aber die Antwort wäre ganz einfach. Wir lösen jedes Problem mit der ihm am meisten entsprechenden Form, ohne ein vorgängiges Dogma zu haben. Wir lernen in der Schule, dass es schon zu Ihrer Zeit ein Wort dafür gab, Subsidiarität".

Wir verabschieden uns vom Schuster und machen uns auf den Weg ins Zentrum. Hier werden wir wohl mehr Antworten auf unsere Fragen kriegen. Auf dem "Haus des Wissens" steht in kleinen goldenen Lettern: "Wir finden die Antworten auf Ihre Fragen – gemeinsam". Die heutige Runde im Glasperlenspiel ist vorbei, wir haben die ungeteilte Aufmerksamkeit der[...]äh, entschuldigung, wir sind nicht von hier, wie ist Ihre Berufsbezeichnung? Die Dame am Schalter lächelt: "Ich bin regionaler Informationscoach. Was kann ich für Sie tun?" Gewitzt durch unsere erste Begegnung stellen wir die Frage: "Wir erstellen nämlich eine Arbeit darüber, wie ein Besucher aus dem Jahr 2003, aus dem Marketingzeitalter, die heutige Realität wahrnimmt. Wie würden Sie einem solchen Besucher das Haus des Wissens und Ihren Beruf erklären?" Statt einem historischen Exkurs hören wir eine überraschend simple Antwort: "Ich bin dazu hier, Besuchern zu helfen, die besten Antworten der Welt auf ihre Fragen zu finden". Jetzt wollen wir aber doch mehr wissen. Wir erfahren, dass die Idee der globalen Dörfer ihren Ausgangspunkt mit den Telehäusern genommen hat, einer Institution, die das Leben und Arbeiten im ländlichen Raum erleichtern sollte. Die Telehäuser seien aber gescheitert, weil sie sich nur auf die Technik konzentriert hätten. Erst als man begann, die herkömmlichen Büchereien in Innovations- und Medienzentren für nachhaltige Entwicklung auszubauen, sich mit der umfassenden Verbesserung des Lebens und der Zusammenarbeit in den Dörfern und Verbesserung der individuellen Lebenssituation zu beschäftigen, sei eine Wende eingetreten. Das Globale Dorf war im Bewusstsein da, bevor es in der Realität verwirklicht werden konnte Er existierte als Chance -nicht im Sinn eines Masterpans, sondern eines allgemein plausiblen Bedürfnisses nach der Gestaltung eines Raumes, der sowohl Vertrautheit und Überschaubarkeit, als auch eine vielseitige Entfaltung von Erlebnissen, Eigenart, Begegnung möglich macht.. Doch der Euphorie der Entdeckung der unbegrenzten Möglichkeiten des Lokalen stand die Tatsache entgegen, dass die verschiedenen lokalen Akteure noch in verschiedenen Wertesystemen existieren und oft noch nicht die über Handlungsoptionen verfügten, um ihr lokales Potential auch tatsächlich realisieren zu können.

Das ernsthafte Anerkennen, dass wir nicht genug wissen, um die wahrgenommenen Möglichkeiten zu realisieren, führte dazu, dass die herkömmlichen Bildungsinstitutionen radikal in Frage gestellt wurden. Es wurde erkannt, dass Modelle, die von vorneherein auf Konvivialität in einem gemeinsam zu gestaltenden Lebensraum aus sind, von höherer Komplexität sind als diejenigen, die sich in bürokratisch gelenkten Systemen abspielen, in dem gesetzmäßig die zentral vorgeschriebenen, offiziell anerkannten Inhalte und Vermittlungsmethoden vorherrschen.

Es war also ein neuer Typ von Bildungsinstitution gefragt, in dessen Zentrum die Fähigkeit steht, weniger Informationen in der vorgefertigten Form eines Lehrplanes zu vermitteln, sondern die über das omnipräsente Netz ohnehin allgemein zugänglichen und auch in den einzelnen Menschen in verschiedensten Formen vorhandenen Qualifikationen zu kombinieren und ihnen neue Möglichkeiten der Zusammenarbeit aufzuzeigen. Dekonstruktion und Kombinatorik an Stelle von Lehrplänen war gefragt.

Diese Bildungsinstitution und dieser Bildungsprozess stand vor einer großen Herausforderung, denn die Beteiligten an diesen Lernprozessen kamen nicht nur nicht aus einheitlichen kulturellen Hintergründen, sie waren auch zumeist durch eine Geschichte funktioneller Spezialisierungen und Hierarchisierungen gegangen: einheimische, sesshafte Landmenschen, zurückgekehrte und neu zuziehende Städter, Arbeiter und Intellektuelle, sie alle sprachen verschiedene Sprachen, obwohl sie sich mit den Zielen und den jeweiligen Besonderheiten und Werten des globalen Dorfs identifizierten. Es war zumeist gar nicht möglich, direkt auf das Ziel der Selbstorganisation und des Wissensgewinns zur Handhabung komplexer Kreislaufprozesse loszusteuern, vielmehr bedurfte es zunächst emotionaler Öffnung und der Schulung passiver Kompetenz.

Hier haken wir ein, denn wir haben das Wort schon vom Schuster gehört: Passive Kompetenz ist das die Fähigkeit, zur Problembewältigung auf die Kompetenzen und das Wissen anderer zurückzugreifen, sie dabei nicht zu überfordern, sie in ihren Zielen zu verstehen und die richtige Kooperationsmethode zu wählen. Haben wir das richtig verstanden?:

"Ja, aber das ist leichter gesagt und definiert als getan. Wir müssen behutsam vorgehen und die Menschen einander entdecken lassen, wie ein guter Gastgeber, der will dass sich seine Gäste bei der Party gut unterhalten. Das ist Teil unseres Berufes. Wir organisieren Bildung und Begegnung. Wir sind dann erfolgreich, wenn die Menschen miteinander ins Gespräch kommen, ohne dass wir uns groß einmischen müssen, aber wir begleiten diese Gespräche, die zum Austausch von Wissen, Werten und Tätigkeiten führen. Dann entsteht immer wieder eine Frage, die lokal nicht beantwortet worden ist oder scheinbar nicht werden kann, dann organisieren wir die Reise in das Netz und verdolmetschen die Sprache der Medien. Das hat zur angenehmen Nebenerscheinung, dass die Leute die im Haus der Beratung oft auf keinen grünen Zweig kommen und einander widersprechen, hier bei uns gemeinsam lernen und Lösungen finden."

Wir verstehen. Mit den neuen Modellen der Zusammenarbeit im globalen Dorf wächst auch das Bedürfnis nach neuen Berufen. Berufsbilder, die nicht nur die einzelne Funktion in einem arbeitsteiligen Organismus, sondern auch und in immer größerem Maße die Abstimmung, die Koordination zum Inhalt haben. Diese Berufe sind aber selbst untrennbar mit Lernen und Innovation verknüpft.
[...]

4. Wirtschaft

4.1. Risiken: Das Monopol Microsoft (von Jörg Pflüger und Peter Purgathofer)

Auszug aus: FAQ: Microsoft, erschienen in
Roesler, A., Stiegler, B. (Hrsg.): Microsoft. Medien Macht Monopol,
Suhrkamp Verlag: Frankfurt/Main 2002, S. 154-211
Mit freundlicher Genehmigung der Autoren und des Verlags

[...]

Wie kann Microsoft mit technischen Mitteln andere Entwickler behindern oder gar ausschließen?

Microsoft kann sein Monopol bei Betriebssystemen dazu benutzen, auch in Bereichen der Anwendungssoftware eine Vormachtstellung zu gewinnen[29] – im Juristenjargon »monopoly leveraging« genannt – oder zumindest Einfluß darauf zu nehmen, welche Applikationen dem Nutzer ›zuhanden‹ sind und welche nicht. Die Tricks, mit denen eigene oder ›befreundete‹ Programme gefördert und unliebsamen anderen die Integration erschwert wird, sind oft nur Marginalien im großen Betriebssytemverbund. Sie nutzen die Unkenntnis oder das Desinteresse der meisten Nutzer an technischen Details aus, und ihr Sinn besteht ausschließlich darin, diesen die Wahl zwischen dem gut eingebundenen Produkt und der unzugänglichen Konkurrenz zu ›erleichtern‹. Innerhalb der Strategie, das Desktop-Monopol dazu zu nutzen, andere Entwickler zu behindern oder auszuschließen, lassen sich verschiedene Taktiken unterscheiden, die wir durch Beispiele illustrieren wollen:

1. durch Voreinstellungen eigene Programme bevorzugen und fremde benachteiligen;
2. durch Modifikation von offenen Standards andere Entwickler und Nutzer durch Inkompatibilitäten zur Verzweiflung bringen – »embrace and extend«;
3. durch Einschränken des Lieferumfangs unliebsame Anbieter behindern.

Registered File Types
In Windows wird der Typ einer Datei durch eine dreibuchstabige »Extension« bestimmt, die nach einem Punkt an den Dateinamen angehängt wird - ein Relikt des alten DOS-Systems. Die Zuordnung, welches Programm für welchen Dateityp zuständig ist und aktiviert wird, wenn man eine solche Datei öffnet, nimmt das Betriebssystem vor. Für manche Datei-Typen ist diese Information ›fest verdrahtet‹: *.exe*-Dateien sind ausführbare Programme, die das Betriebssystem startet; andere Datei-Typen sind anwendungsspezifisch: *.doc* etwa ist für Dateien reserviert, die von Microsoft Word erzeugt wurden. Schließlich gibt es eine ganze Reihe von Extensions, die im Prinzip an keine bestimmte Software gebunden sind, sondern nur bestimmte Daten-

---

29. Dies ist Microsoft bekanntlich bei Spreadsheets und Präsentations-Software gelungen...

formate anzeigen: .gif und .jpg etwa sind die vorherrschenden Bildformate im Web, .mp3 das meistgenutzte Musikformat im Internet.[30]

Die Information, welche Anwendung für welchen Dateityp zuständig ist, ist in einer Tabelle der ›Registered File Types‹ abgelegt. Die Freiheit der Nutzer, selbst bestimmen zu können, welches Programm beispielsweise mp3-Dateien abspielt, hängt an der Frage, wie einfach der Eintrag in dieser Tabelle verändert werden kann. Die Hoheit über die »Registered File Types« stellt ein probates Mittel dar, die Vormachtstellung von Microsoft-Produkten in den Bereichen, in denen sie eigene Lösungen anbieten, abzusichern. »Microsoft protects its monopoly through a host of practices that barely register in the media or the public mind. The trial court's voluminous "findings of fact" only scratched the surface of the variety of stratagems the company employs to lock out competitors.« [100] Eine mp3-Datei wird beispielsweise standardmäßig vom Windows Media Player geöffnet und abgespielt, weil diese Belegung vom Betriebssystem vorgegeben ist. Der recht unübersichtliche Vorgang, diese Einstellung zu verändern, bleibt vielen Nutzern unklar, wodurch mp3-Player-Software von Drittanbietern mehr oder weniger effektiv vom Markt ausgeschlossen wird.[31] Folgt man der Argumentation von Scott Rosenberg, so repräsentiert die Art, wie das Ändern von Voreinstellungen realisiert ist, in subtiler Weise genau die unlauteren Geschäftspraktiken, deren Microsoft auch im Revisionsurteil für schuldig befunden wurde: »the problem with Windows' "registered file types" is just the sort of subtle but nasty Microsoft practice that many of us hoped a forceful antitrust ruling and tough remedy would finally change. It is one little example of the myriad techniques our most powerful operating-system vendor has at its disposal to screw competitors, take over new markets and -- contrary to its propaganda -- make users' lives more miserable.« [100]

Die ›Lebensqualität‹ der durch ›Registered File Types‹ und ähnliche Mechanismen gegängelten Nutzer wird von Tom Regan in seinem Windows XP Review so beschrieben: »More than anything else, XP reminds me of a tourist trap. You arrive in a foreign city, and a handsome stranger walks up to you and says he will show you around the city. He offers to take you to the very best shops and restaurants. But you soon realize that he is taking you only to places that are owned by his relatives or by someone who gives him a kickback.« »Microsoft wants to make it as difficult as possible for you to exercise your own choice in what programs you want to use and where you get to go when you're online.« [95] Eine bemerkenswerte Charakterisierung des Erzeugnisses einer Firma, deren Slogan »Where do you want to go today?« lautet.

---

30. Eigentlich zeigt auch .doc nur eine bestimmte Text- und Layoutformatierung an. Da diese von Microsoft aber geheimgehalten wird, können Programme von anderen Herstellern nicht sehr gut damit umgehen. Ohne die sich daraus ergebenden Unverträglichkeiten würden viele Nutzer sicher bessere Textverarbeitungsprogramme verwenden.
31. Die Möglichkeit, daß Applikationen bei der Installation zum Standard erklärt werden können, verlagert das Problem nur und erhöht nicht die flexible Entscheidungsgewalt der Nutzer. »Again, this takes choice out of the hands of users and puts us all at the mercy of developers who are trying to grab market share for their programs. Microsoft isn't the only troublemaker here. ... What Windows needs is a plain-English set of choices, in plain view, one that any novice user can easily find and understand, to tell the computer which program to use to open different kinds of files.« [100]

»Embrace and Extend«

Um seine Monopolstellung bei Betriebsystemen und ökonomisch interessanten Anwendungsprogrammen zu halten, muß Microsoft verhindern, daß eine kritische Masse an plattformunabhängigen oder -fremden Endnutzer-Anwendungen entsteht. Dazu dient die in der Vergangenheit mit großem Erfolg praktizierte Strategie ›embrace and extend‹, mit der durch proprietäre Abwandlungen von offenen Standards für andere Entwicklungen Unverträglichkeiten erzeugt werden. »To prevent pools of non-Microsoft applications from forming, Microsoft likes to appropriate what it calls "commodity protocols" (off-the-shelf, public protocols such as HTML, JavaScript, CSS and many more), and add proprietary extensions that prevent the formation of competing application pools.« [87]

Besonders ärgerliche Fälle dieser Praxis, proprietäre – euphemistisch »standards-based« genannte – ›Alternativen‹ in Umlauf zu bringen, waren in der Vergangenheit: Modifikationen des Sicherheitsprotokolls Kerberos, der plattformunabhängigen Programmiersprache Java und des HTML-Formats. Ein aktuelles Beispiel ist Microsofts Vorschlag eines »Soft Wi-Fi«-Netzes [116] [32], an dem sich in statu nascendi beobachten läßt, wie die Strategie funktioniert: Man nehme einen (meist) offenen Standard – hier ›802.11‹, ein von IEEE unter Mitwirkung von Firmen definierter Kommunikations-Standard für lokale drahtlose Computernetzwerke[33] – und integriere ihn in das eigene Betriebssystem oder auch in eine andere Software, die den Markt beherrscht: ›embrace‹. Dabei wird der Standard geringfügig modifiziert, möglichst ohne dies mit der den Standard erhaltenden Organisation zu koordinieren: ›extend‹. Es genügen einige unwesentliche Änderungen, mehr oder weniger bedeutungslose Verbesserungen oder Erweiterungen. Im Falle von Wi-Fi schlägt Microsoft das sogenannte »Soft-Wi-Fi« vor, bei dem Teile des Protokolls aus der Basisstation, die zwar nur einmal angeschafft werden muß, aber relativ teuer ist, in die Software des Betriebssystems verlagert wird.
Solche weniger komplexen Basisstationen wären billiger, meint Microsoft, was dem Konsumenten und der Verbreitung von drahtlosen Netzwerken zugute käme.
Diese erleichterten Geräte funktionieren natürlich nur mit Microsoft Windows, weil Software in anderen Betriebssystemen wie Linux oder Mac OS sich an den 802.11-Standard hält, der mit »Soft-Wi-Fi«-Netzen aber nicht funktioniert. Die Marktmacht von Windows wird vermutlich dafür sorgen, daß sich die »Soft-WiFi«-Geräte durchsetzen werden, und wird folglich für die Nutzer aller anderen Betriebssysteme Probleme beim Einstieg in »Soft-Wi-Fi«-Netze schaffen, die von Konfigurations-Schwierigkeiten bis zum Ausschluß reichen können. Oder die anderen Entwickler passen sich (nicht zum erstenmal) Microsofts Vorgaben an. Bei einem proprietären Standard, den der Inhaber jederzeit ändern oder mit Beschränkungen belegen kann, kann dies aber dazu führen, wie der Hase hinter dem Igel herrennen zu müssen.[34] Natürlich kann ein solches Vorgehen des »de-commoditizing open standards into monopolistic lock-in devices« [91] nur dann funktionieren, wenn eine Firma in einem Bereich marktbeherr-

---

32. ›Wi-Fi‹ steht für Wireless Fidelity und bezeichnet Funknetzwerke, die dem Standard 802.11 folgen.
33. Der Standard basiert auf einem Frequenzbereich, der für die unangemeldete und kostenlose Nutzung (nahezu) weltweit freigegeben wurde. Etliche Firmen bieten Geräte und Geräteteile für diese Art von drahtlosen Netzen an, und ein Firmenkonsortium stellt sicher, daß die Systeme untereinander kompatibel sind.

schend ist. Es wird im »Findings of Fact«-Dokument als eine der Methoden angeführt, mit der Microsoft seine Monopolstellung mißbraucht. [52]

Kontrolle der ausgelieferten Funktionalität
Ein direkteres Mittel zum Erhalt und Ausbau der Marktbeherrschung ist die Kontrolle des Lieferumfangs des Betriebssystems. Microsoft liefert zusammen mit Windows Software-Komponenten vieler anderer Hersteller aus. So befindet sich beispielsweise Treibersoftware[35] für Grafik- und Soundkarten verschiedenster Hersteller auf einer Windows Installations-CD oder auf einem vorinstallierten Rechner. Die Installation einer nicht mit Windows ausgelieferten Komponente stellt eine Hürde für viele Nutzer dar, sei es, daß sie aus dem Internet geladen werden muß oder auf einem Datenträger mit der Hardware ausgeliefert wird. Diese Situation verschärft sich noch, wenn eine Software lediglich neue Dienste und Funktionalitäten anbietet, beispielsweise Multimedia-Programme, Plug-Ins für den Browser und Ähnliches. Da der Betriebssystem-Monopolist exklusiv entscheiden kann, was er in seine Installation integriert, kann er nicht genehme Hersteller und Technologien einfach ausschließen und mit den ›Verbündeten‹ (für sich) vorteilhafte Verträge abschließen. So hat Microsoft zum Beispiel Rechnerhersteller, die ihre Geräte mit Windows 95 vorinstalliert verkaufen wollten, gezwungen, den Internet Explorer mit zu übernehmen, was ihnen 1995 durch ein Gerichtsurteil verboten wurde, aber zwei Jahre später vom Department of Justice immer noch eingeklagt wurde. [22] In den letzten Jahren lassen sich verschiedene Beispiele angeben, wie Microsoft die Kontrolle über den Lieferumfang dazu einsetzt, den Zugang für unliebsame Softwarehersteller oder konkurrierende Technologien zu erschweren. Dazu gehören unter anderem
– die im »Findings of Fact«-Dokument [52] von Richter Jackson festgehaltene Verdrängung von Netscape aus Windows;
– die Entwertung von Java durch den Entschluß, mit Windows XP keine eigene Runtime-Engine[36] für Java auszuliefern,– eine buchstäblich-smarte Auslegung der gerichtlichen Verurteilung ihrer früheren »embrace and extend«-Praxis, den Java-Standard durch Modifikationen zu unterlaufen. Die Firma, die sonst jedes Feature einbaut und aktiviert, meint diesmal, daß es sich bei Java um »a lot of code that many users don't need« handele und ihr Schachzug zu keiner Beeinträchtigung führe. [84] Tatsächlich sind Java-Applikationen und -Applets für Windows XP-Nutzer nur dann zu verwenden, wenn sie eine Java-Runtime downloaden (im Falle der verbreiteten Version von Sun rund 12 MB) und installieren – eine beträchtliche Hürde für normale Benutzer.
– die Einführung von signierten Treibern mit Windows XP. Microsoft bestätigt mit der Signatur die Eignung eines Treibers für Windows XP. Dieser Mechanismus kann die Stabilität des Betriebssystems verbessern, birgt aber auch die Gefahr eines monopo-

---

34. Die Modifikationen des Kerberos-Protokolls wurden von Microsoft zuerst überhaupt nicht offen gelegt. Nach einer massiven Kritik, konnte man die Abweichungen einsehen, mußte dazu aber in einer Lizenzvereinbarung unterschreiben, die proprietäre Spezifikation nicht ohne Microsofts Zustimmung zu veröffentlichen. [27]
35. Treiber-Programme ermöglichen die Verbindung externer Hardware-Komponenten wie Drucker oder digitale Kameras mit dem Betriebssystem.
36. In Java geschriebene Programme sind plattformunabhängig und brauchen daher zum Ausführen auf jedem Betriebssytem eine eigene Ausführungs-Software – die sogenannte Runtime-Engine.

listischen Mißbrauchs. Dies hat Kodak Microsoft schon vor Auslieferung der ersten Windows XP Version vorgeworfen: Microsoft verweigere die Signatur für die Treibersoftware für digitale Kameras von Kodak offenbar, weil beide Firmen als Anbieter Web-basierter Dienste im Bereich der Digitalfotografie Konkurrenten sind.[37] [2] Nutzer finden sich künftig vor die Alternative gestellt, sich beim Installieren eines nichtsignierten Programms standhaft gegen eine Warnung des Betriebssystems vor einer »nicht getesteten« Software, die »vielleicht nicht zuverlässig ist« [2], zu behaupten oder doch lieber die von Microsoft empfohlene Software zu benutzen.

Im ganzen Multimedia-Bereich kann man beobachten, wie Exklusionstaktiken zusammenspielen. Der mit Windows XP ›verbundelte‹ Windows Media Player 8 ist für das Abspielen von .mp3-Dateien voreingestellt; er kann diese (z.B. beim Überspielen von CDs) aber nicht erzeugen, der Nutzer wird hierfür auf (kostenpflichtige) Software von Drittanbietern verwiesen.[38] Der Media Player ›rippt‹ nur das proprietäre Windows Media Audio Format (WMA), was man als Versuch auffassen könnte, den populären mp3-Standard durch das eigene Musikformat zu verdrängen. Desgleichen würde Microsoft gern den offenen Videostandard MPEG-4 durch das ›abgewandelte‹ Windows Media Video Format (WMV) ›ersetzen‹.[39] Die Bestrebungen laufen darauf hinaus, das proprietäre Windows Media Format, zusammen mit der integrierten Digital Rights Management Technologie (DRM; -> 9.), als das »universelle Multimediaformat der Zukunft zu etablieren«. [98] Gegen Microsofts Monopolstrategien regt sich allerdings inzwischen auch außerhalb der USA politischer Widerstand. So überlegt die EU-Wettbewerbskommission zu verlangen, daß der Windows Media Player vom Betriebssystem entkoppelt wird, worauf prompt aus dem ›konvertierten‹ amerikanischen Department of Justice transatlantische Konflikte in Aussicht gestellt wurden, weil »monopoly leveraging« in den USA nicht als Vergehen angesehen werde. [62]

[...]
2 Ard, S.: Microsoft, Kodak face off over Windows XP, clnet News.com, 31.7.2001, http://news.com.com/2100-1001-270911.html
[...]
22 Department of Justice: JUSTICE DEPARTMENT CHARGES MICROSOFT WITH VIOLATING 1995 COURT ORDER, 20.10.1997, http://www.usdoj.gov/atr/public/press_releases/1997/1235.htm
[...]
52 Jackson, T. P.: Findings of Fact, 5.11.1999, http://usvms.gpo.gov/ms-findings2.html
[...]
62 Lettice, J.: US DoJ rep moves to blunt Europe's action on MS, The Register, 20.5.2002, http://www.theregister.co.uk/content/4/25348.html

37. Eine verwandte Taktik besteht darin, Konkurrenten bei der Entwicklung von Schnittstellen zum Betriebssystem zu behindern. Ein Vertreter der Firma Palm hat im Microsoft-Prozeß ausgesagt, daß Microsoft die Interoperabilität von Palm PDAs mit Windows erschwere, indem sie Palm den Zugang zu geeigneten Entwicklungs-Tools verweigern. [55] Der Grund ist wohl ebenfalls darin zu sehen, daß Microsoft sich selbst im Bereich der PDAs engagiert. Im »Findings of fact«-Dokument ist festgehalten, daß diese Taktik ebenso gegen Netscape verwendet wurde.
38. In einer Beta-Version war es noch möglich, mp3-Dateien aufzunehmen, allerdings nur in schlechtester Qualität, was der Überzeugung, Microsoft wolle mp3 diskreditieren, Vorschub geleistet hat. [117]
39. Hierbei finden sie in den Patenthaltern von MPEG-4 (unfreiwillige) Mitspieler, insofern als die auf Lizenz- und Nutzungsgebühren bestehen, was dazu geführt hat, daß Apple die neue QuickTime 6 Software zurückhält.

[...]
84 Mugan, C.; Microsoft removes Java from latest version of Windows XP; ComputerWeekly, 19.7.2001, http://www.cw360.com/bin/bladerunner?REQUNIQ=1006280624&REQ-SESS=cJ95Q321&
erfordert ein Paßwort
[...]
87 Pfaffenberger, B.: Why is Microsoft Attacking the GPL?, LINUX JOURNAL, 27.6.2001, http://www.linuxjournal.com/article.php?sid=5058
[...]
91 Raymond, E.: Halloween Document III. Microsoft's Reaction to the Halloween Document, 1.10.1999, http://www.opensource.org/halloween/halloween3.html
[...]
95 Regan, T.: Microsoft on a mission, 25.10.2001, http://www.csmonitor.com/2001/1025/p11s1-stct.html
[...]
98 Richter, T.: Du sollst keine anderen Player haben neben meinem, Telepolis, 18.3.2002, http://www.telepolis.de/deutsch/inhalt/co/12054/1.html
[...]
100 Rosenberg, S.: The devil is in Windows' details, salon.com, 8.10.2001, http://www.salon.com/tech/col/rose/2001/10/08/file_monopoly/print.html
[...]
116 Sutherland, E.: Intel, MS See Soft Wi-Fi Future, 1.5.2002, http://www.80211-planet.com/columns/article/0,4000,1781_1026261,00.html
[...]

4.2. Chancen: Wissen als Erbe der Menschheit (von Mathias Greffrath)

Auszug aus: Vom Recht der Gesellschaft, ihren Vermögensanteil am technischen Fortschritt einzufordern / Ein radikales Plädoyer für Umverteilung von
Mit freundlicher Genehmigung des Autors

Kennen Sie Frau Brücker? Nun, Frau Brücker fiel mir wieder ein, als ich in einem kleinen Ort, fast einem Dorf, in der Schweiz - dort heißt der oberste Verwaltungsbeamte übrigens wirklich noch Stadtschreiber (und sieht auch aus wie Gottfried Keller) - Willy traf. Willy ist eigentlich Koch, aber er arbeitet als international tätiger Pizza- und Soßendesigner. Der Mann reist die Hälfte des Jahres um die Welt, um neue Geschmacksmischungen zu suchen, neue Pizza-Kreationen, so heißt das ja wohl, zu ersinnen, die dann in riesigen Öfen in Serie gehen – eine Million am Tag allein in Berlin, die dann in gefrorenem Zustand bei Aldi und Lidl und Migros vertrieben werden. Willy briet uns ein hervorragend zartes Entrecote an diesem Abend, wir sahen zu, wie es vor unseren Augen langsam gar wurde, und währenddessen erzählte Willy begeistert von seiner neuen Mission. Er hatte in den Wochen zuvor sechs neue Spaghetti-soßen komponiert; die sollten ihren Einsatz in neuartigen Pasta-Automaten finden. Frisch bereitete Pasta al dente in zwei Minuten mit einer Soße Ihrer Wahl, ohne eine Menschenhand. Das war die Geschäftsidee.

In zwei Minuten, fragte ich etwas ungläubig, und nicht vorgekocht? Ja, die Spaghetti seien auch neuartig, sie seien innen hohl, das Makkaroni-Prinzip auf die Spaghetti übertragen, und dazu würden sie mit Überdruck gekocht. Eine Wohltat für die Angestellten, die in der 30-Minuten-Pause ihre drei Dollar - oder Euro oder Yen - in den

Schlitz stecken können, die Soße drücken und nach zwei Minuten eine dampfend frische Ladung Spaghetti herausnehmen. Sechs Soßen, weltweit. China ist ja jetzt auch in der WTO.
Der Steiner ist ein Genie, sagte Willy. Der Steiner sitzt in Kanada und sprüht von Geschäftsideen. Der Steiner ist jener Steiner, der von der deutschen Staatsanwaltschaft wegen irgendwelcher CSU-Machenschaften mit vielen Spendenmillionen gesucht wird und sich nun in Kanada die Zeit vertreibt mit gastronomischen Geschäftsideen, die dann weltweit, patentiert, ein weiteres Glied in der Welt der Ketten werden sollen. Und Willy ist der Geschmacksglobalisierer.

An jenem Abend fiel mir Frau Brücker ein - die ja bekanntlich, jedenfalls seit Uwe Timm dieses wirtschaftshistorische und gastronomische Datum in unser Gedächtnis gerückt hat – an einem nasskalten Dezembertag in Hamburg der Welt etwas wirklich Neues hinzugefügt hat: Sie hat nämlich an diesem Tag die Currywurst erfunden. Ob im Jahre 1947 oder 1948 – das wissen wir nicht genau, denn Dichter sind in diesen wichtigen Fragen immer etwas schludrig, lieber Uwe Timm, das kann ich Dir nicht ersparen: Dichter wissen eben immer ganz genau, dass es ein nasskalter Tag war und dass die Nutten aus dem Billigpuff in der Brahmsstraße, die vor Frau Brückers Imbiss am Großneumarkt standen, einen verdammt faden Geschmack im Mund hatten, aber das Jahr, auch nur der Tag, an dem im zerbombten Hamburg diese epochale gastronomische Neuerung auf den Markt trat, die sind dem Dichter nicht so wichtig. Eher schon die unnachahmlich anmutige Handbewegung, mit der Frau Brücker die Soße über die Kalbswurst goss. Oder die Mitwirkenden und die Zutaten bei ihrer Geschäftsidee, nein, bei ihrer Erfindung, als da waren: "ein Bootsmann der Marine, ein silbernes Reiterabzeichen, zweihundert Rehfelle, zwölf Festmeter Holz, eine Whisky trinkende Wurstfabrikantin, ein englischer Intendanturrat und eine englische rotblonde Schönheit, drei Ketchupflaschen, Chloroform, der Vater des Dichters, ein Lachtraum und vieles mehr" - kurz: eine ganze Geschichte. Die "Entdeckung der Currywurst" aber ist nicht nur eine wunderbar spannende und rührende Novelle, sondern eigentlich auch ein Standardwerk der Wirtschaftswissenschaft. Der Lehre von der unverkürzten Ökonomie. Und über Ökonomie wollte ich heute eigentlich reden. Genauer gesagt: über die neue Ökonomie, die wir Globalisierung nennen, oder auch Wissensgesellschaft, weil wir uns immer noch nicht wieder trauen, den Kapitalismus mit seinem eigenen Namen zu rufen.

Die Wissensgesellschaft also, was ist das? Ich will es Ihnen an einem Gegenstand verdeutlichen, der ebenso profan ist wie die Currywurst. Ein Gegenstand, den Sie alle gut kennen, auf dem Männer täglich mindestens einmal sitzen und Frauen öfter: auf der Kloschüssel nämlich. Vor einigen Jahren erklärte mir in einem Computerlabor in Freiburg ein Datenarbeiter, dass dieser Klassiker immer noch höchst kompliziert hergestellt wird: Das Granulat ist nicht immer von gleicher Körnigkeit, die Form ist unregelmäßig, so dass es nicht überall in der gleichen Dichte in diese Form gepresst werden darf, sonst gibt es beim Brennen Risse, des Weiteren spielt der Luftdruck mit - kurzum, es gibt immer sehr viel Ausschuss, und der Brennmeister ist immer noch ein unverzichtbarer Mensch mit Erfahrung und Fingerspitzengefühl. Eine Art Alchimist. Er war es. Denn nun wurde in dem Computerlabor in Freiburg ein Programm entwickelt - ein sehr kompliziertes Programm - das all diese vielen Variablen in digitale Signale auf einem Chip verwandelt. Und der steuert nun die Brennöfen, die Pressdichte des Granulats, die Temperatur und so weiter - und macht so den Brennmeister überflüssig.

Und wie beim Brennen und Sintern, so überall. An den Work Stations der Automatisierer wird ja, ebenso wenig wie in Willys Pizza-Automaten, etwas eigentlich Neues erfunden, der Welt etwas hinzugefügt. Sondern es wandert der Erfahrungsschatz ganzer Berufe in Computerkästchen: das Wissen der Toningenieure über Klänge, Raumwinkel und Volumina verschwindet in einem Programm, das die akustische Erfahrung von Generationen entwertet. Architekten brauchen keine Raumfantasie mehr, wenn sie ihre Skizzen im dreidimensionalen Video betreten können. Mit diagnostischen Expertensystemen wird der Arzt zum Knopfdrücker. Wissen, das an Erfahrung und deshalb an Personen gebunden war, wird nun zu Kapital. Die Spezialitäten wandern in die digitalen Kästen, die Spezialisten verlieren, wie vor ihnen die Handarbeiter, an Marktmacht. Denn die Software, die ihre Erfahrung aufsaugt, die ist nun das "geistige Eigentum" der Digitalisierer und derer, die das Programm kaufen. Die Kloschüsseln sind die gleichen, so wie die Pasta Napolitana aus Willys Automaten keine Erfindung ist; nur ein nicht unerhebliches Quantum an Zeit wird gespart - und ein paar Menschen verschwinden aus der Wertschöpfungskette. Und bei denen, die bleiben, breitet sich, wie früher bei den Bandarbeitern, ein depressives Grundgefühl aus, ein Gefühl der eigenen Überflüssigkeit, zumindest Ersetzbarkeit.

"Die Bedeutung der Arbeit nimmt ab, die von Wissen - und von Kapital - nimmt zu." Das ist die Formel, mit der die "neue Ungleichheit" in der Wissensgesellschaft gerechtfertig wird: die rasante Umverteilung nach oben, der Druck auf die Löhne, mittelfristig: der Ausschluss eines Drittels der Bürger aus dem produktiven Gewebe der Gesellschaft. Und keine Sozialdemokratie steuert mehr dagegen. Was so wahlkampfwortmächtig als das Hartz-Programm mit seinen Modulen daherkommt, ist nichts anderes als die auf Dauer gestellte staatliche Verwaltung dieser Ungleichheit: der Niedriglohnsektor wird offiziell: mit hübschem neuen Namen. Das Dienstmädchen kehrt zurück - als Ich-AG. Und dem Niedriglohnsektor entspricht der staatlich verwaltete Niedrigbildungssektor. Bei allen Bekenntnissen zur Pisa-Not: Wo wäre, in Milliarden ausgedrückt, die Bildungsoffensive? Wo der Druck der Industrie? Und die allein kann ja heute noch etwas bewegen. Warum alle jungen Menschen zu Spezialistenwissen befähigen - wenn nur ein paar nachgefragt werden? Wachstum geht auch mit Analphabeten, Amerika macht es uns vor. Der Reichtum unserer Gesellschaften beruht immer stärker auf Kreativität, geistigen Leistungen und Geschwindigkeit - einer sinkenden Zahl von Unverzichtbaren. Die anderen sind, wie es so schön heißt: "Modernisierungsverlierer", oder noch netter gesagt: "eine Unterschicht von Überforderten". Die werden "alimentiert", haben einen Niedriggesundheitssektor und eine Niedrigrente. Die Cleveren aber haben das Recht auf Ungleichheit. Eine Art "Rassismus der Cleverness" macht sich breit. Aber, was soll's? Diese Tendenz zur Entwertung von Arbeit und zur Verdichtung der Zeit ist so alt wie der Kapitalismus - den ich hier nicht nur beschimpfen will: Er hat die Produktivität der Gesellschaften ungeheuer gesteigert und damit den Reichtum der Nationen - aber seit zwei Jahrzehnten steigt die Ungleichheit in den reichen Nationen rasant.

Das ist wegen der Globalisierung, sagen die Politiker und zucken die Schultern. Aber wer globalisiert da eigentlich? Lassen wir die Multis mal beiseite, dann sind es die Besitzer von 80 Billionen Dollar Geldvermögen - das sind 80 000 Milliarden, das entspricht drei Jahresproduktionen der Industrieländer. Bei uns sind es 4000 Milliarden. Profit aus vergangener Produktion. Geld, das nach profitabler Anlage sucht.

Die Spekulanten einmal außen vor gelassen: Wo geht dieses Kapital hin? Zunächst auf andere Kontinente zwecks Herstellung von Volkswagen, Motorsägen, Toastern, Niveacreme, Handys und anderen unverzichtbaren Utensilien unseres Alltags. Auf dass die anderen Kontinente uns gleich werden. Gut. Aber dieses Kapital zahlt so gut wie keine Steuern mehr. Und anderswo auch nicht.

Der zweite Teil widmet sich der Konzentration der kleingewerblichen Dienstleistungen: Betreuungs- und Pflegemultis entstehen, Pizza-Imperien, Starbucks-Ketten, Medienkaufhäuser, die Ärzte werden zu Franchise-Nehmern der Pharma-Multis; der Economist gar begrüßte jüngst, die Legalisierung der Prostitution würde dem Anlagekapital neue Räume eröffnen. Und Steiner vertreibt seine Spaghetti-Maschine. Das alles ist enorm profitabel, aber auch hier entsteht eigentlich nichts Neues in der Welt, außer Eigentumswechsel und schnellerem Kochen, rationellerem Pflegen, abgespeckter Beratung und standardisiertem Sex.

Und schließlich kaufen die Geldeigentümer das auf, was kürzlich noch uns allen gehört hat: den öffentlichen Reichtum: Schwimmbäder und Sozialwohnungen, Post und Bahn und Wasser werden privatisiert, Schulen zum Markt der elektronischen Lehrmittelindustrie, Sportvereine veräußern ihre Grundstücke an Fitness-Center, Krankenhäuser werden zu AGs - und das alles mit dem Resultat höherer Rentabilität, sprich: mit teureren Leistungen und weniger Arbeitsplätzen. Auch das fügt unserer Welt, unserer Sozialstaatsbürgerwelt, nicht nur nichts hinzu, sondern lässt sie schrumpfen. Was sollen wir tun, jammern die Stadtkämmerer, wir haben keine Steuereinnahmen mehr. Und die linken Kämmerer fügen hinzu: Nirgendwo in der industrialisierten Welt werden so wenig Gewinnsteuern eingetrieben wie bei uns. Was kann man da tun? Was können die Lena Brückers, die den Burgerketten weichen, und die Giovanni di Lorenzos, die vor dem Pasta-Automaten kapitulieren; was können die Brennmeister, deren Erfahrungen und Marktmacht die Software verschluckt, was die Bankangestellten, die ihre Kunden kannten, was können die kundigen Damen im Reisebüro, die nun vor dem Computer verblassen, und was können die 9000, die gerade von Karstadt, die 200 000, die von Gesamtmetall die blauen Briefe bekommen, was können diejenigen, die schon draußen sind, und denen die Regierung nun rät, sich als Ich-AG neu zu gründen und sich eine Infrastruktur zu schaffen - was können sie tun? Wenn schon die Sozialdemokratie nichts tut? Wo ist eine Position jenseits des turbokapitalistischen Durchmarsches, der seine Opfer immerhin nicht eliminiert, sondern alimentiert? Und jenseits des kulturkritischen Jammerns? Natürlich kann da nur Politik helfen. Aber sie tut es nicht. Und der Druck der Bürger lässt auf sich warten. Ich sehe nur eine haltbare Position: Zunächst aber einmal müssen all diese Modernisierungsopfer, müssen wir alle uns sagen: Lasset alle Hoffnung fahren. Keine Hartz-Kommission und kein neues Wachstum werden uns helfen, denn diese neue Ungleichheit ist keine kurzfristige Misslichkeit, sondern der ganz normale Gang des Kapitalismus, in dem der jeweils größere Kapitalist, wie hieß es doch, "mehrere andere totschlägt", und der Unternehmer so rationell wie möglich - und das heißt, mit so wenig Arbeitskraft wie möglich - produzieren lässt. Und dabei genau die Maschinen entwickelt, von denen wir immer geträumt haben.

Es könnte nur anders werden, wenn wir tief verinnerlichen, was da eigentlich passiert: eine Enteignung nämlich. Eine kalte, schleichende Enteignung. Eine Enteignung ohne Entschädigung.

Enteignung? Jeder regt sich auf, wenn Gene patentiert werden. Stopp, rufen die Kulturkritiker, hier wird Natur privatisiert! Die gehört uns allen! Wenn die Pharmamultis die Pflanzenkunde indischer Bauern ausnutzen und einen Baumextrakt patentieren lassen, dann nennen wir es Öko-Imperialismus. Wenn Bill Gates die digitale Verwertung von Nationalgalerien weltweit monopolisiert, stöhnt das Feuilleton: Hier wird Gattungsbesitz usurpiert. Das ist Gemeinbesitz!

Aber wenn das Menschheitserbe an Produktionswissen, wenn die an die Personen gebundenen Kenntnisse von Brennmeistern, Beleuchtern, Bergbauingenieuren, von Flugzeugbauern, Feinoptikern und Filmlaboranten - oder von Currywurst – und Soßeninnovatorinnen digitalisiert und damit kapitalisiert und globalisiert werden und die Zahl der Menschen ohne eine anspruchsvolle Arbeit sinkt - dann soll das als normaler technischer Fortschritt gelten?

Gut, unser Gefühl sträubt sich. Aber wenn dies eine unrechtmäßige Aneignung ist - worauf sollen wir unseren Eigentumsanspruch stützen? Worin besteht unser Recht? Wo ist unser Erbschein, mit dem wir unseren Anteil an den 80 Billionen reklamieren können?

Lassen Sie mich eine kurze Geschichte vorlesen, aus Adam Smiths - der ja angeblich der Hohepriester des Marktes ist - Buch über den "Reichtum der Nationen": "Viele Maschinen", so heißt es dort, "sind ursprünglich von einfachen Arbeitern erfunden worden. Da sie ständig die gleichen Handgriffe ausführen mussten, suchten sie nach Methoden, wie sie ihre Tätigkeit erleichtern könnten. So war bei den ersten Dampfmaschinen ein Junge dauernd damit beschäftigt, den Durchlass vom Kessel zum Zylinder abwechselnd zu öffnen und zu schließen. Einer dieser Jungen beobachtete dabei Folgendes: Verbindet er den Griff des Ventils (...) durch eine Schnur mit einem anderen Teil der Maschine, so öffnet und schließet sich das Ventil von selbst, und es bleibt ihm dadurch Zeit, mit seinen Freunden zu spielen."

Der kleine Junge, der mit einem Bindfaden das Ventil an das Schwungrad band, ist mein Erzheiliger des Fortschritts. Denn er hatte eine Erfindung gemacht. Und zwar eine doppelte. Nicht nur eine verfahrenstechnische, sondern eine soziale, und die beiden hängen zusammen: Er vereinfachte den Arbeitsprozess und gewann dadurch Zeit: zum Spielen, zum Singen oder zum Lesen. Insofern war er einer der vielen namenlosen Begründer der Bildungsgesellschaft oder - des Reichs der Freiheit. Ein Erfinder, denn er hat der Welt wirklich etwas hinzugefügt. Er hat die Möglichkeiten zu menschlicher Entfaltung und zum Genuss erweitert.

Aber dieser Fabrikjunge hat seine Entdeckung ebenso wenig patentiert wie der Brennmeister sein Alchimistenwissen, oder ein Chemieprofessor im 19. Jahrhundert seine Formeln oder ein Betriebsingenieur seine alltäglichen Verbesserungen oder Lena Brücker das Rezept für die Currywurst. Er hat es kostenfrei weitergegeben. Wenn Sie so wollen: an die Menschheit. Und wozu? Damit mehr Zeit zum Spielen ist. Oder, wie der Genosse Marx sagte: zu "höhrer Tätigkeit". Und wenn, wie ich gerne annehme, Adam Smiths Fabrikjunge in der gewonnenen Zeit mit seinen Freunden vier Wäschestangen zweckentfremdet und mit diesen und einer Schweinsblase ein neues Spiel erfunden hat, denn irgendwo auf einem Fabrikhof zwischen Manchester und Liverpool muss es ja auch diesen magischen Geschichtsmoment gegeben haben, dann hat er auch auf diese Erfindung keine Lizenzgebühr erhoben. Sondern sie dem Volksvermögen gestiftet. Als einer der namenlosen Erfinder in der Geschichte der Produktion. Deren legitime Erben wir alle sind.

Das ist ein sachenrechtlich problematischer, aber nicht unüblicher Gedanke. "An der Arbeit, die in unsichtbarer Verkettung alle leisten, sind alle berechtigt. (. . .) Eigentum, Verbrauch und Anspruch sind (daher) nicht Privatsache." Schrieb vor knapp hundert Jahren der AEG-Erbe und Bürger Walter Rathenau.

Warum ist ein Land reich? Warum ein Landstrich kreativ? Da kommt viel zusammen: Weil ein Fürst mit dem Geld, das er den Bauern abgepresst hat, eine Akademie der Wissenschaften gegründet hat; weil die Bürger die Stadtfreiheit erkämpften; weil Seeleute fremde, neue Ideen in eine Hafenstadt bringen; weil Flüchtlinge härter arbeiten als andere; weil es eine Religion gibt, die Fleiß als gottgefällig ansieht; weil zehn begabte Feinmechaniker zehn andere anziehen; weil Bauern in langen Wintern darauf verfallen, Uhren zu bauen; weil die Regierung eines Landes, das außer Sand nichts hat, investiert, weil eroberungslustige Könige Straßen und Arsenale bauen, weil Militärs Chips entwickeln - kurz, weil die ganze Geschichte einer Region, die ganze Gesellschaft eines Landes mitproduziert hat.

Und deshalb ist "Wirtschaft keine Sache von Privaten". Für den bürgerlichen Sozialisten Rathenau folgte aus dieser "unsichtbaren Verkettung" von Geschichte und Gesellschaft die Forderung, die "verdienstlosen Massenerben" zu enteignen. Nur zur Erinnerung: Heute betragen die privaten Nettovermögen in unserem Land - ohne die Billionen, die außer Landes geschafft werden - rund 7500 Milliarden Euro. Eine Vermögenssteuer von nur einem Prozent ergäbe 75 Milliarden im Jahr. Daraus könnte man die Schäden von fünf Fluten pro Jahr beseitigen oder die gesamte Arbeitslosigkeit finanzieren. Ohne Beitragszahlungen. Oder aber sieben Milliarden Stunden für die Zivilisierung Europas einsetzen - und anspruchsvolle Arbeit schaffen. Denn die Armut ist nicht unser Problem; das wäre zynisch: in diesem Lande von Armut zu reden angesichts des Zustands der Welt. Unser Zynismus besteht darin: dass wir es uns leisten, nach 200 Jahren öffentlicher Erziehung den Wanderarbeiter, das Dienstmädchen und den Tagelöhner wieder einzuführen und das dann noch die flexible, disponible, moderne Ich-AG zu nennen.

Und das heißt: Die Arbeitslosen von heute und die staatlichen Leiharbeiter von Herrn Hartz und die frühverrenteten Akademiker und wir alle werden die wachsende

Ungleichheit hinnehmen müssen - die an Geld und die an Chancen, sinnvoll zu arbeiten, wenn wir nicht wieder anfangen zu denken wie ein bürgerlicher Radikaler und Millionär vor 100 Jahren. Wenn wir nicht gegen die 80 Billionen die Erbansprüche geltend machen, die uns von dem Ventilboy in Manchester, von Lena Brücker, von den namenlosen Erfindern des Vanillepuddings, der Zentralheizung, der Windmühle, des Yoghurts und all den anderen, die der Welt etwas hinzugefügt haben, überkommen sind. Auch wenn Geschichte und Arbeit nicht patentierbar sind.

Wenn wir es nicht als unser selbstverständliches Erbteil reklamieren, an der Verwandlung des Menschheitswissens in "geistiges Eigentum" beteiligt zu werden. Wenn wir die Forderung nicht als selbstverständlich empfinden, dass die 7,2 Milliarden Arbeitsstunden, die in dieser Gesellschaft pro Jahr brachliegen, unser aller Erbe sind. Denn sie liegen brach, weil die Arbeit der Vergangenheit - deren Produktivität auf der "unsichtbaren Verkettung aller" beruhte, so erfolgreich war. 7,2 Milliarden Arbeitsstunden zur Verbesserung unseres Lebens, zum Spielen, zum Pflegen der Alten, zum Erzählen, zum Bewohnbarmachen der Städte, wir sind es den namenlosen Erfindern schuldig, sie einzuklagen. Und neu zu verteilen. Die Flaute, die Unlust an der Politik, der unfrohe Gang ins Wahllokal beruhen vielleicht darauf: dass alle das Gefühl haben, dass nur noch eine radikale Rückwendung zu diesem gesellschaftlichen Bewusstsein, ich könnte auch sagen: zum Ernstnehmen der Opfer und der Träume unserer Eltern und Großeltern, etwas am Gang der Geschichte ändern könnte.

Unterhalb einer solchen, radikalen und zornigen Rückwendungen zu einem Bewusstsein von Geschichte und Gesellschaft, von, pardon, kollektiven Errungenschaften werden wir eine Enteignung nach der nächsten über uns ergehen lassen. Eine Rückwendung, das heißt auf Lateinisch: Revolution. Und wer heute noch zur Revolution aufruft, ist eine skurrile Gestalt. So wie der Mann, um dessen Beerdigung es in Uwe Timms letztem Roman geht. Der Roman heißt "ROT". Das steht für Sozialismus, und was uns fehlt, seit er fehlt, das steht für die Farbe, die uns die wärmste ist. Der Erzähler des Romans, Thomas Linde, ist ein übrig gebliebener 68er, der Beerdigungsreden hält, gegen Geld, auf Friedhöfen. Unübliche Reden, in denen die Arbeit der Verstorbenen eine große Rolle spielt. Das, was sie der Welt hinzugefügt haben, das, was ihre kleine Geschichte mit der großen Geschichte verbindet. Das, was in den meisten Reden auf Friedhöfen nicht vorkommt, weil es nicht der Rede wert ist.

Timms Beerdigungsredner, was würde er über Willys, des Soßenglobalisierers, Leben sagen können? "Er war eigentlich Koch, aber er reiste um die Welt und entwickelte globalisierte Fertigsoßen. An den Wochenenden briet er wunderbar zarte Entrecotes. Und hinterher sprach er leicht ironisch, leicht resignativ, über die große ökonomischen Maschine, die die Welt immer gleicher macht und die Ungleichheit immer größer. Seine Arbeit verkaufte er, so gut er konnte, an einen Apparat, an dessen Zukunft er zweifelte. Seine politische Energie brachte er in einem Gemeindekulturzentrum ein, in das seine Mitbürger und er sich von Zeit zu Zeit einen Sänger, eine Rednerin, einen Kritiker einluden. Aber er blieb in den Grenzen. So wie die meisten von uns."
[...]

5. Politik

5.1. Risiken: Infowar (von Georg Schöfbänker)

Auszug aus:
Vom Cyberwar zum INFOWAR, Computer und Telekommunikation für den "realen" und "virtuellen" Krieg
von Georg Schöfbänker
http://www.aec.at/infowar/NETSYMPOSIUM/ARCH-DT/msg00003.html
Mit freundlicher Genehmigung des Autors

Was 'Krieg', was ein 'Computer' und was 'real', was 'virtuell', und schließlich was 'Kommunikation' ist, scheint alltagssprachlich allgemein bekannt und einleuchtend zu sein. Dennoch ist dies nicht der Fall. Eine begriffliche Analyse auch mit einer Klarstellung der Substanz der verwendeten Termini scheint erforderlich. 'Cyberwar', 'Infowar', 'Netwar' sind neue Begrifflichkeiten, die scheinbar einen Paradigmenwechsel vom generellen politischen und militärischen Konzept des Krieges verkünden und in der strategischen Versuchsanstalt des experimentellen Weltuntergangs und seiner gleichzeitigen Verhinderung durch Gegenmaßnahmen, der U.S.-amerikanischen RAND-Corporation, in den frühen 90er Jahren entwickelt wurden. Diese Begriffe 'Cyberwar', 'Infowar', 'Netwar' finden sich bis heute noch in keinem Wörterbuch oder einem etymologischen Lexikon. Es sind nicht nur sprachliche, sondern auch kontextuelle und konstruktivistische Neuschöpfungen. In einer ersten Annäherung können diese Begriffe als 'kybernetischer Krieg', 'Informationskrieg' und 'Krieg innerhalb von Computer-Netzwerken' übersetzt werden.

Der 'reale' 'Krieg' war im 19. und 20. Jahrhundert auf der nördlichen Halbkugel der Welt die Fortsetzung von nationalstaatlicher Machtpolitik mit Mitteln bewaffneter Auseinandersetzung zwischen diesen Nationalstaaten nach Maßgabe ihrer phantasierten territorialen, wirtschaftlichen und imperialen Reichsansprüche im Clausewitz'schen Sinn. Dies ist der Standpunkt des 'politischen Realismus' der internationalen Beziehungen. Gleichzeitig waren kriegerische Auseinandersetzungen ein bis heute nicht vollständig dokumentiertes und aufgearbeitetes Kapitel der Unterwerfung und Ausbeutung der Peripherie im Weltsystem, des 'Südens' und der 'Kolonien', sowohl durch die industrialisiert-kapitalistische als auch durch die industrialisiert-kommunistische Welt.

'Krieg' zwischen Staaten der entwickelten Welt ist heutzutage unwahrscheinlich geworden, so heißt es. Sehr gewalttätige und mörderische Konflikte die etliche hunderttausend Menschenleben kosteten, haben dennoch in den letzten Jahren nicht aufgehört. Man denke nur an die Genozide in Afrika, oder an die Konflikte in den Zerfallsprodukten von Jugoslawien oder der Sowjetunion. Die Konfliktursachen werden als 'ethnische Konflikte' oder 'neuer Tribalismus' zwischen 'Warlords' oder gar als 'Kampf der Kulturen' bezeichnet. Dies scheinen jedoch eher untaugliche intellektuelle Versuche zu sein, die dahinterstehenden Konfliktursachen zu beschreiben und zu erklären. Zum zusätzlichen Verstehen wären aber andere, weiterführende Schritte erforderlich.

Mörderische Konflikte finden aber nach wie vor statt, auch wenn die Lehre des Völkerrechts und die Sprachregelung der internationalen Staatengemeinschaft andere Begrifflichkeiten dafür gefunden haben und der 'Krieg' im klassischen Sinn, zumindest im 'reichen Norden', ausgedient haben mag.

Das Konzept des Krieges hat sich in der Logik der militärischen Planungen bisher nicht verändert. 'Si vis pax, para bellum' - 'Wenn Du den Frieden willst, so rüste für den Krieg' lautet noch immer das schon aus den Antike stammende Motto aus der Sicht und Logik der militärischen Eliten. Die daraus resultierenden intellektuellen Dilemmata sind hinlänglich bekannt: Aus Rüstung und wahrgenommener Bedrohung erfolgt Gegenrüstung und gespiegelte Bedrohungswahrnehmung. Die Begrifflichkeit und Logik des Krieges hat sich durch die Neuen Informations- und Kommunikations-technologien gleich entscheidend und bedeutend verändert, wie durch die Entwicklung und Einführung von nuklearen Waffen in der Mitte dieses Jahrhunderts.

C4I - 'Command, Control, Communication, Computer und Intelligence' lautet ein militärisches Kürzel, das die Tragweite des Einsatzes von konventionellen Waffen auf einem 'realen Schlachtfeld' des Krieges treffend auf den Punkt bringt. Von 'Kampfwertsteigerung' ist dabei die Rede, womit der punktgenaue Einsatz von 'intelligenter Munition', die ihr Ziel durch elektronische Leitsysteme selbständig finden kann, gemeint ist. War dieser Begriff von 'Cyberwar' zunächst als Metapher gemeint, so ist daraus inzwischen ein operatives Konzept für den Einsatz auf einem Kriegsschauplatz entstanden. Der Golfkrieg der Alliierten gegen den Irak 1991 dient als Studienobjekt. 'Cyberwar' ist gleichzeitig ein Sammelbegriff für die experimentelle Versuchsanstalt des neuen individuellen Soldaten in einer informationstechnisch verbundenen Kampfeinheit und auf Echtzeitkommunikation basierenden Soldaten, deren Kampfanzug einen Computer enthält und deren Waffen durch Datenfernübertragung ins Ziel gesteuert werden. 'Cyberwar' wird mit den Vorteilen von 'Blitzkrieg' gleichgesetzt, mit der Möglichkeit durch Datenfernübertragung und dem Einsatz von rechnergesteuerten Waffen einen 'Vernichtungsvorteil' zu erzielen. 'Gegenwärtig ist das US. Militär weltweit führend in der Planung und Vorbereitung des Cyberwar, sowohl offensiv als auch defensiv. [...] Die USA sind das einzige Land der Welt, dem ein breites Arsenal zur Verfügung steht, um Cyberwar als eine attraktive und durchführbare Option erscheinen zu lassen' schreiben die beiden RAND-Autoren John Arquilla und David Ronfeldt.

'Infowar' schließlich geht weit über das Konzept der Steuerung von Waffen in ihr Ziel hinaus. Dieser Begriff wird auch als 'Strategic Information Warfare' beschrieben. Gemeint ist der Einsatz aller Mittel und Möglichkeiten der Informations- und Kommunikations-technologien für Sabotage und Desinformation. So etwa die Manipulation des Bank- und Finanzwesen, fernmeldetechnischer Einrichtungen, Behörden der öffentlichen Verwaltung und natürlich des Militärs. Stellt man erst einmal die These auf, daß das moderne Leben im 20. Jahrhundert ohne den Einsatz von Computern und Telekommunikation nicht mehr möglich wäre, so ist es nur ein kleiner Schritt, um die 'Verwundbarkeit' dieser Systeme durch gezielte Angriffe zu behaupten und dies als eminente Bedrohung darzustellen. Diese Bedrohung erscheint jedoch in Ermangelung anderer Bedrohungsbilder teilweise erfunden oder hysterisch hochgespielt zu sein. Heutzutage werden Bedrohungsbilder bereits extraterristisch ausgewählt - der mögliche Einschlag eines Asteroiden auf der Erde in ca. 30 Jahren - um damit die weitere Entwicklung von Kernwaffen, die zu dessen Sprengung im Weltall erforderlich wären, plausibel erscheinen zu lassen, ein Konzept, das auf das 'Krieg-Der-Sterne-Projekt' der 80er Jahre zurückgreift.

Der Einsatz von Computern für militärische Zwecke ist damit aber noch immer nicht voll erfaßt. Gegenwärtig betreiben die USA das sog. 'Stockpile Stewardship Program' für das das US-Energieministerium am 3. Februar 1998 einen Auftrag an IBM vergeben hat, um die weltschnellsten Supercomputer (100 Teraflops) zu entwickeln. Diese werden von den US-Kernwaffenentwicklungslabors betrieben und können möglicherweise zur Weiterentwicklung oder gar zur Neuentwicklung von Kernwaffen verwendet werden, ohne daß dazu dann ein vollständiger Kernwaffentest erforderlich wäre, der nach dem gegenwärtigen 'Vollständigen Teststopp-Vertrag' nicht mehr erlaubt wäre. Die militärischen Wurzeln der Computer-Technik-Entwicklung finden sich überall im militärischen Bereich: Der ENIAC, einer der ersten primitiven elektronischen Rechner wurde für die Berechnung der ersten Thermonuklearwaffen entwickelt, die Dezentralisierung des Internet, wie wir es heute kennen, basiert auf den Anforderungen des US-Militärs, auch nach einem Kernwaffenschlag gegen ihr Territorium dezentrale 'überlebensfähige' Kommunikationseinrichtungen zur Verfügung zu haben. Womit sich der Kreis wieder schließt und man wohl für die Entwicklung der Rechenleistung von Computern als auch für die Meilensteine des Internet Brechts Ausspruch, der Krieg sei der Vater aller Dinge, zustimmen muß.

So verwundert es zuguterletzt nicht, wenn 'der Cyberspace', jener für viele der politischen und militärischen Eilten der Welt unbekannte Raum der modernen Informationsgesellschaft generell als Bedrohung wahrgenommen wird und aus diesem Raum auch militärische Angriffe auf die Informationsinfrastruktur erwartet werden. [...]

5.2. Chancen: Das Agora-Projekt (von Bela H. Banathy)

http://www.21stcenturyagora.org/
Mit freundlicher Genehmigung von Bela H. Banathy

The agoras of ancient Greek city states were "public spheres" where true democracy was lived each day by citizens who made collective decisions about issues affecting their lives. Inspired by their story, we have initiated a project to bring about a vision of a purer democracy that may now be possible in the information age. To that end, we propose to reinvent the public sphere as an assemblage of "New Agoras" that exist both face-to-face and in cyberspace.

The social contexts of the New Agoras are the families, neighborhoods, community groups, and organizations within which we live and work. Operating as a New Agora, individuals in these these contexts organize themselves as evolutionary design communities and collectively envision their ideal futures. Then, they design evolutionary guidance systems that can steer them toward those futures. Ultimately, these specific local agoras will be able to join together in a virtual agora on The Web and facilitate the guided evolution of society.

The underlying public philosophy of the The Agora Project holds that:

It is the right of people to take part directly in making decisions that affect their lives; that is, to guide one's own destiny is a fundamental human right.

If the life of the society is so organized that people can learn how to exercise this right, then they can develop competence that enables them to guide their own evolution toward a desired future.

This philosophy could eventually animate the guided evolution of our global society. We are seeking to build a community of "Agora Stewards" who will dedicate themselves to engage in and collectively share responsibility for the project.
[...]
Part 1: The Evolutionary Context

The evolutionary journey of our species has been marked by three seminal events. The first happened some seven million yeas ago, when our humanoid ancestors silently entered on the evolutionary scene. Their journey toward the second crucial event took over six million years when -- as the greatest event of our evolutionary journey -- Homo Sapiens Sapiens emerged and started the revolutionary process of *cultural evolution.* Today, we have arrived at the threshold of the second revolution: the "revolution of conscious evolution," when it becomes our responsibility to enter into the evolutionary design space and guide the evolutionary journey of our species. While during six million years our journey was a slow process of primarily biological evolution, driven by natural selection; with the human revolution some 40 thousand years ago, with the emergence of self-reflective consciousness, the evolutionary process transformed from biological to cultural.

Out of Eden, the First Time Around

Who am I? Where am I? Who are you? Why are we here? These are some of the existential questions human beings have asked since they have moved out from the blissful state of undifferentiated subconsciousness of "oneness with nature" and "oneness with wholeness." Using the biblical metaphor, having eaten from the tree of knowledge, these were the same questions Eva and Adam asked as they found themselves out of Eden,: having lost "innocence," they faced the harsh reality that they had to make decisions about their existence.

At the dawn of consciousness, Homo Sapiens Sapiens took the first step into the world of self-reflection about the "I and thou," "we and others," and "we and nature." This separation from nature and from "oneness with wholeness" marked the critical point of transcending "biological evolution" and entering the path of "cultural evolution." After dozing for millions of years in the dreamless state of pre-consciousness, we awakened into the sunlight of humanness and discovered that we became responsible for our existence. Stepping through the threshold of consciousness marks the true miracle of the evolutionary story.

During the next forty thousand years of the evolutionary journey we saw the emergence and decline of three Evolutionary Generations of Homo Sapiens Sapiens (HSS). The first Generation of humans, the Cro-Magnons, the Magician Artist, prospered for some 30kyrs. Then, some 10kyrs ago, the agricultural revolution of the Second Generation brought forth the age of the farmers of the agricultural villages; the priests, the priestesses, the rulers, the tradesmen, the artisans, the engineers of the ancient civilizations; followed by the philosophers of the Greek City States, where democracy was born. The Second Generation of HSS saw the emergence of the great spiritual traditions. Then, some four hundred years ago, with the scientific/industrial revolution, the Third Generation of HSS emerged. Now we stand at the threshold of the emergence of the Fourth Generation.

[The compressed story of the evolutionary journey is given in *Guided Evolution of Society: A Systems View*. (Kluwer Academic/Plenum Publishing, 2000),

Part 2: The Evolutionary Challenge

With the emergence of evolutionary science in the middle of the last century, we became increasingly conscious of evolution. The science of evolution became the container of much of what the science of life is about. The explosive knowledge base of evolutionary science is manifested in a host of disciplines and fields of study. We now know how evolution has worked in the evolutionary design space, how the various life forms of our species have been tested in that space. We now know how evolution has worked, what have been its operating principles. In one phrase, we have attained evolutionary consciousness.

Forty-thousand years ago the human revolution brought forth a state of reflective consciousness. The emerged Homo Sapiens Sapiens became aware of their existence: they knew that they know. Today the revolution of evolutionary consciousness brought forth another kind of reflective consciousness: we are now aware of our evolutionary history: we now know how we have become what we are and that the burden of this knowledge means that we must now take responsibility for our own continued evolution.

Out of Eden, the Second Time Around

This is our Out of Eden the Second Time Around. While the previous generations were shaped by evolutionary forces in the evolutionary design space, we have again lost "the innocence of ignorance," the innocence of not being responsible for designing our future. We now have the privilege and the burden of entering into the evolutionary design space of conscious evolution. Our knowing how we have become, our evolutionary consciousness, provides us now the springboard of conscious purposeful evolution, marking the third crucial event of the evolution of our species: the revolution of conscious evolution: the emergence of the Fourth Generation of HSS. The focus of the Agora Project is to contemplate the unfolding of this crucial event and understand our crucial role in it. We are challenged to create our own Eden for the 21st Century.

Part 3: The Agoras of the 21st Century

"Never doubt that a small group of thoughtful, committed citizens can change the world: Indeed, it's the only thing that ever does." -- Margaret Mead

Throughout history the truly fundamental changes in the life of humankind have not happened by the decree of rulers and potentates, or by laws constructed by governments. If anything, their efforts focused on maintaining their power by preventing change, or making small incremental adjustments if they absolutely had to. As Margaret Mead remarked, only small groups of thoughtful and committed people can change the world. Such has been the case in all the major faiths, spiritual movements, and the idea and value systems of humankind. So it will be now, as the Fourth Generation of HSS is emerging by the revolution of conscious evolution.

[This part is adopted from the last chapter of Guided evolution of Society: A Systems View]

The evolutionary quantum jump, the big change will happen in our myriad of communities, living and acting all over the evolutionary landscape. They will become the designers of conscious evolution. We have already left the darkness of the Third Generation and the new evolutionary landscape becomes visible in the emerging sunrise of the Fourth Generation. People are ready to reclaim their basic right to take part directly in decisions affecting their lives and taking responsibility for shaping their future. Starting with the family, groups of all kind; neighborhoods, the systems in which people live and work, communities of committed citizens everywhere who share interest and purpose are ready to enter into the evolutionary design space. Some of them are now engaged in conscious evolution, and will in ever larger numbers engage in building the civic societies of the Fourth Generation. Embarking on their evolutionary journey, they map out their evolutionary path as they search for and formulate an ideal evolutionary image that will guide them into the future. I call these evolutionary designing communities the "Agoras of the 21st Century."

The citizens of Athene gave us great gifts. The idea of democracy, practiced in the "public sphere of the Agora" is the greatest of those gifts. It was the Agora where they brought democracy to life. This heritage inspires us as we embark on our evolutionary journey and aim to forge a way of life that will truly represent the democratic idea. We shall build evolutionary design communities and a society in which thousands and thousands of Agoras will bloom on the evolutionary landscape. These communities will keep our lives purposefully creative and focused and personally and collectively meaningful and rewarding. These New Agoras, the evolutionary design spheres of conscious evolution, will offer us the tangible and actionable functional contexts of self-guided evolution.

The Agoras; the Old and the New

The Agoras of classical Greece were the places of assembly in the city states. It was during sixth to the fourth centuries B.C., during the highlight of the Greek classical period, that democracy was established and flourished in the city state of Athene. It was practiced in the "public sphere" of Agora, a place of about 26 acres, declared as an open public space. It was surrounded with plane-trees which provided shade and gave the Agora a feeling of a country look. The citizens of Athene held forty statutory Assemblies a year on the Agora. These meetings provided the citizenry the opportunity to deliberate and make decisions about issues that affected their lives and the life of their community. The Agora proceedings were governed by the democratic constitution, which was established in 507 B.C. by the Athenians. This constitutional arrangement brought the everyday citizen into a more active role in the service of the common good than any time before or since. Athenian democracy, thus, represents the widest possible diffusion of political power among its citizens, the widest ever practiced in human history.

The "Agora Concept" for the 21st Century. The Athenian Agora existed as a most inspiring manifestation of society's life during the Second Generation HSS. It was a shining moment in the history of the human experience. Hannah Arent holds that true democracy was lived only once, namely, as it was manifested in the life experiences of the Athenians. She suggests that it became possible only because the Athenians developed the concept and established the sphere of Agora, where they were able to make collective decisions about issues, affecting their lives and their community. The Agora experience was a unique experience in the history of humankind. It became lost in the darkening and declining centuries of the life-cycle of the Second Generation

Now we can bring the Agora concept and experience back to life again. We have arrived at an evolutionary stage when we have acquired evolutionary consciousness, and -- as a consequence -- we have become responsible for guiding our own evolution. To exercise this responsibility, we are in search of public spheres, new Agoras, where we can not only (re)establish true democracy, but bring it alive as a shared and lived democratic culture. We are challenged to reconstitute a method and procedure by which our institutions could act and establish arrangements by which we can govern ourselves: establish a cultural democracy. And, most significantly, the New Agoras can hold up for us democracy as both a guiding idea and a process by which to work in the evolutionary design space.

Part 4: The Agora Challenge

The challenge of building Agoras for the 21st Century is presented to us individually and collectively. It becomes our responsibility to learn how to initiate as well as how to take part in evolutionary design communities. The opportunity provided in this program offers learning and application experiences that enable participants to advance toward becoming builders of New Agoras.

6. Kultur

6.1. Risiken: Afghanistan: Der Krieg und die Medien (von Jörg Becker)

Aus: Wissenschaft & Frieden, 1/2002 (Reuterstr. 44, D-53113 Bonn)
Mit freundlicher Genehmigung des Autors und der Zeitschrift

Einleitung

Nach nun rund zehn Jahren intensiver Debatte darüber, was denn nun der Informationskrieg sei und nach dem dazu grundlegenden Aufsatz von John Arquilla und David Ronfeldt (1) von Anfang der neunziger Jahre lässt sich nun in der Abfolge der Kriege im Kosovo, Mazedonien und Afghanistan ganz simpel festhalten, dass gerade der Afghanistan-Krieg durch und durch zu einem Informationskrieg geworden ist. Im Afghanistan-Krieg sind Propaganda, gezielte Desinformation, Lügen, Verfälschungen, Vertuschungen, Manipulationen, Informationszurückhaltungen, Zensur, Pressionen gegen kritische Journalisten und unliebsame Medieneigner, staatliches Abhören der Telekommunikation, vorab vom Pentagon produzierte Videofilme mit Kampfjets usw. endgültig zum Normalfall geworden. Und der Umfang dieser Aktionen ist durchaus teuer und bedeutend: Allein zwischen Ende September und Ende Oktober 2001 starteten die USA drei neue militärische Spionagesatelliten, und allein in der ersten Kriegswoche gaben alle US-Medien zusammen genommen den zusätzlichen Betrag von 25 Mio. US-Dollar für Kriegsberichterstattung aus.

Das komplexe Wechselspiel zwischen Krieg und Kommunikation soll im Folgenden für den gegenwärtigen Informationskrieg rund um Afghanistan anhand von sieben Dimensionen beschrieben und analysiert werden.

1. Feindbilder

Ganz ohne Frage ruht die gegenwärtige mediale, mentale und öffentliche Verarbeitung der terroristischen Anschläge auf das World Trade Centre und das Pentagon vom 11. September 2001 und der sich darin anschließende Afghanistan-Krieg auf einem historisch gewachsenen Sockel anti-islamischer Feindbilder. Sie bilden quasi eine Folie, vor der die mediale Verarbeitung des Afghanistankrieges einzelne Bruchstücke eines sowieso schon festgefügten Bildes über den Islam aktualisiert.

In der deutschen Medienlandschaft waren und sind es insbesondere Illustrierte und Magazine wie der „stern", „Focus" und „Der Spiegel", die mit ihren reißerischen Titeln und Aufmachern vor der „Weltmacht des Islam" oder dem „Geheimnis Islam" warnen. Diese Printmedien wirken durch ihren Mix aus Bildsprache und Symbolen, mit bedrohlich wirkenden Menschen"massen", wütenden Männern, verschleierten Frauen. Am 8. Oktober 2001 titelte „Der Spiegel": „Der religiöse Wahn. Die Rückkehr des Mittelalters". Zwischen dem brennenden World Trade Centre, vermummten Kriegern mit Maschinengewehren und einem Halbmond zeigt sich das Gesicht von Osama Bin Laden.

Abb.: Titelblatt der Publikumszeitschrift „Stern" vom 25. Oktober 2001. Hauptüberschriften: „Neue Serie: Die Wurzeln des Hasses. Mohammeds zornige Erben. 1400 Jahre zwischen Stolz und Demütigung".

Der „Stern" hat z.Zt. eine wöchentliche Auflage von knapp 1,3 Mio. Exemplaren und ist damit die meistgelesene Zeitschrift dieser Art in Deutschland. Auch diese Zeitschrift gilt wie „Der Spiegel" als gesellschaftskritisch.

[...]

Dem folgte der „stern" am 25. Oktober 2001 mit einem Titelbild, auf dem über kriegerischen Reiterhorden der kleine Augenschlitz einer tief verschleierten Frau zu sehen ist. Dazu heißt es auf dem Titelblatt: „Neue Serie: Die Wurzeln des Hasses. Mohammeds zornige Erben. 1400 Jahre zwischen Stolz und Demütigung". Doch auch Zeitschriften mit weitaus kleinerer Auflage als „stern" und „Der Spiegel" unterliegen demselben Homogenisierungszwang in ihrer Wahrnehmung des Islam (Bild 4-5). Für die anti-islamischen Medienaktivitäten in den USA verwies die englische Zeitung „The Guardian" auf folgendes Beispiel von 1999. Als damals US-amerikanische Zeitungen über den Absturz des Fluges 990 der EgyptAir über dem Atlantik berichteten, war deren Meinung, dass hier ein fanatischer Muslimpilot Selbstmord verübt habe, in den Medien der USA auch dann nicht zu erschüttern, als die ägyptische Presse Fotos des Piloten mit seiner Tochter vor christlichem Weihnachtsschmuck veröffentlichte. (2)

Positiv gegenüber dem „Spiegel" hebt sich die „Frankfurter Allgemeine Zeitung" in ihrer Berichterstattung über den Islam nach dem 11. September 2001 ab. So bringt z.B. die FAZ gegen den Homogenisierungszwang vieler Massenmedien in ihrer Ausgabe vom 22. Oktober 2001 folgende Berichte, die allesamt eine differenzierte Auseinandersetzung mit dem Islam spüren lassen: „Auf der Suche nach den gemäßigten Taliban", Missbilligung der US-amerikanischen Militärschläge durch die APEC-Länder, ausgesprochen positive Würdigung der muslimischen Moscheen in Hamburg, zustimmende Analyse zu den Friedensplänen der Pakistan Muslim League, religiöse Toleranz in Marokko und ein langer Artikel über die religiös-politische Gratwanderung des Iran zwischen den USA und der islamischen Welt. Oder: Im Wochenendfeuilleton der FAZ vom 10. November 2001 gibt es einen ganzseitigen Artikel über Ignaz Goldziher, den deutschen Begründer einer Islamwissenschaft, und eine ausführliche Rezension eines neuen türkischen Romans.

2. Dichotomien

Aufbauend auf dem Spiegelbild-Theorem der Feindbildanalysen von David J. Singer aus den frühen sechziger Jahren des letzten Jhs. (3) weiß die Friedensforschung seit langem, dass „Freund" und „Feind" spiegelbildlich bewertet, dass sie einem „guten" und einem „schlechten" Lager zugeordnet werden. US-Präsident George W. Bushs politische Rhetorik ist exakt solchen dichotomischen Denkschablonen verhaftet. „Dies ist der Kampf der Zivilisation" und „Die zivilisierte Welt schart sich um Amerika" hieß es in seiner Rede vor dem Kongress (4) und einem „Krieg gegen das Böse auf der Welt" stellte der US-Senat 40 Milliarden US-Dollar zur Verfügung. Bundeskanzler Gerhard Schröder sekundierte Bush mit dem Ausdruck, dass der New Yorker Terroranschlag eine „Kriegserklärung an die zivilisierte Völkergemeinschaft" (5) gewesen sei und in der FAZ sprach Günther Nonnenmacher ungestraft vom „Endkampf zwischen Gut und Böse" (6).

Eine solche Trennung in eine „zivilisierte" und eine „unzivilisierte" Welt vertieft nicht nur die Gräben, sie steht obendrein in einer mehr als fatalen kolonialistischen Tradition des Nordens gegenüber dem Süden. Und so als ob Osama Bin Laden die Arbeiten von David J. Singer gelesen hätte, verfestigte auch er dichotomisches Denken. In einem seiner Videos über den TV-Sender Al-Dschasira erklärte er: „Die Welt ist eingeteilt in die Menschen, die sich gefreut haben über die Angriffe auf den ungerechten Giganten Amerika und einen anderen Teil, der diese Angriffe verurteilt hat." (7)

Die indische Schriftstellerin Arundhati Roy brachte die gut gesicherten Erkenntnisse der Friedensforschung auf den Punkt, als sie in der FAZ ausführte: „Wenn es Osama Bin Laden nicht gäbe, müssten ihn die Amerikaner erfinden. (...) Er ist der dunkle Doppelgänger des amerikanischen Präsidenten." (8) Was man in einem Entwicklungsland wie Indien ungestraft sagen kann, ist allerdings im öffentlichen Meinungsklima eines Industrielandes wie Deutschland z.Zt. kaum sagbar. Als der TV-Moderator Ulrich Wickert Anfang Oktober 2001 in einer Meinungskolumne der Zeitschrift „Max" Osama Bin Laden mit George W. Bush verglichen und den Satz geschrieben hatte „Bush ist kein Mörder und Terrorist. Aber die Denkstrukturen sind die gleichen", da forderte die konservative Oppositionspartei gleich seine Entlassung aus der ARD und Wickert übte flugs Selbstkritik. Immerhin nahm Freimut Duve, OSZE-Beauftragter für Medienfreiheit, diesen Vorfall zum Anlass, sich Sorgen über die Pressefreiheit in Deutschland zu machen. (9)

3. Kriegs- und Gewaltrhetorik

Johannes Nitschmann spricht von einem journalistischen Ausnahmezustand: „Die apokalyptischen Reiter sind los. In deutschen Zeitungshäusern und Sendeanstalten haben die barbarischen Terroranschläge auf die USA eine heillose Hybris ausgelöst. An den Schreibtischen hat der Superlativ die Besonnenheit ersetzt. ‚Machen wir uns nichts vor, es ist der dritte Weltkrieg', dröhnt ‚Bild'. (...) Kriegsrhetorik hat Konjunktur. Das Berliner Boulevardblatt ‚B.Z.' (...) liefert ihren Lesern in großer Graphik die objektiv günstigsten Aufmarschpläne für einen US-amerikanischen Gegenschlag auf Afghanistan." (10)

„Der Angriff" brüllt die „Bild"-Zeitung in sieben Zentimeter Größe auf ihrem Titelblatt am 8. Oktober 2001, und „Tötet bin Laden" fordert der Kölner „Express" in vier Zentimeter Größe seine Leser am 22. Oktober 2001 auf. Und weil ein Aufruf zum Mord normalerweise strafrechtlich verfolgt werden muss, schickt der „Express" seinem Aufruf in kleineren Buchstaben die beiden Zeilen vorweg: „Präsident Bush. Geheimbefehl an die CIA". Dass das Leben von Freund und Feind in Kriegen unterschiedlich viel wert ist, zeigt nicht nur dieser Mordaufruf in der Boulevard-, zeigt gleichermaßen die normale deutsche Lokalpresse. So schreibt beispielsweise eine dpa-Korrespondentin am 12. Oktober 2001 folgende Sätze: „Die Missionen der an den Luftangriffen beteiligten Langstreckenbomber und Kampfflugzeuge waren relativ risikoarm. (...) Jetzt verlagert sich der Einsatz auf Kampfhubschrauber, Spezial-Bodentrupps und leichte Infanterie mit der Gefahr des Verlustes an Menschenleben." (11) Fällt dieser Journalistin denn überhaupt nicht auf, dass es eine „Gefahr des Verlustes an Menschenleben" schon in

Phase I der Luftangriffe gab (und nach aller Kriegslogik doch bewusst geben sollte) - freilich „nur" für die „anderen", nicht die „eigenen"?

Krieg, Krieg, Katastrophe, Rache, Heiliger Krieg, Kommando, Terror, Mörder, Tod und Blutbad lauten die wichtigsten Wörter zwischen dem 12. und 23. September 2001 als Aufmacher auf Seite eins des Kölner „Express" - Dritter Weltkrieg, Angriff, Terroristen, Terroristen, Mörder und Krieg heißen parallel dazu die Schlagzeilen in der türkischen „Hürriyet".

Als der US-amerikanische Außenminister Colin Powell unmittelbar nach dem Anschlag in New York verkündete, Amerika befinde sich „im Krieg", setzte er eine verhängnisvolle Dynamik in Gang, nicht nur völkerrechtlich und bündnispolitisch, sondern auch psychologisch und medial. Zu sagen, man befände sich „im Krieg", schafft eine massenmediale Kriegspsychose, schürt die Erwartungshaltung nach einer militärischen Aktion, legitimiert einen Einsatz von Gewalt ohne Wenn und Aber und verleiht den Terroristen eine neuartige Würde. Es gibt ihnen die Legitimität einer „richtigen" Kriegspartei, die sie bislang gar nicht hatten.

4. Patriotische Rhetorik

Am 11. September 2001 kam der patriotische Journalismus zurück in die USA.

Er kam in Öffentlichkeit und den Medien, im Fernsehen und in der Presse in der Form von Flaggen, Fähnchen, Girlanden und Feiern, von einander-an-den-Händen-Halten, von Bekundungen, Schwüren und großen Reden, von Emotionen und Tränen, von Schuldzuweisungen und Bezichtigungen. So weit es sich erstens bei diesen Formen um spontane und direkte Reaktionen auf die Terroranschläge handelt, wird man sie nicht kritisieren können und wollen. Reaktionen auf Schocks sind traumatischer Natur und entziehen sich damit einer besserwisserischen Perspektive von Außen. Zweitens muss man bei einer Auseinandersetzung mit dem, was man patriotischen Journalismus nennen könnte, auch das in den USA im Vergleich zu Deutschland völlig andere kulturpolitische Klima von Patriotismus und Nationalismus in Rechnung stellen. Dies vorweg und halb erklärend, halb entschuldigend gesagt, hat der patriotische Selbstvergewisserungs-Journalismus in den USA inzwischen dennoch pathologische Züge angenommen.

Dieser Journalismus kennt nur noch eine Meinung, nämlich die offizielle Meinung der US-Regierung. Es ist ein Journalismus des Entweder-Oder, des Ja oder Nein. Es ist auch ein Journalismus von Zensur und Selbstzensur. Und es ist eine Zeit der Intellektuellen-Hatz, die an die Hetze gegen „unamerikanische Umtriebe" der McCarthy-Jahre erinnert. Der Karikaturist Garry Trudeau zog seine Bush-Karikaturen zurück, Barbara Streisand entfernte von ihrer Homepage Anti-Bush-Sprüche, und Susan Sontag musste es sich gefallen lassen, dass man ihr aufgrund ihres kritischen Artikels (12) „moralische Verwirrung und gequälte Relativierung" vorwarf, dass man sie zu den „Amerika-Hassern" zählte. (13)

Als „Wir-sind-doch-alle-Amerikaner"-Attitude ist patriotischer Journalismus in spezifischen Ausformungen auch in Deutschland zu beobachten. Hatte Kaiser Wilhelm II. zu Kriegsanfang im August 1914 betont, er kenne keine Parteien mehr, sondern nur noch deutsche Brüder, die fest und unerschütterlich in der Sorge um das teure deutsche Vaterland zusammen stünden, so wurde genau dieser Burgfrieden nicht nur zum politischen Credo von Bundeskanzler Gerhard Schröder und noch ausgeprägter von Außenminister Joschka Fischer, sondern vor allem auch von Fernsehen und Presse. Dazu Heribert Prantl, Leiter des innenpolitischen Ressorts der „Süddeutschen Zeitung": „Kritik an der amerikanischen Regierung wäre schon möglich, wird aber zu wenig geübt." Er habe noch nie so viel Kritiklosigkeit erlebt, wie in den ersten Wochen nach den Anschlägen. Stattdessen werde „das Wort ‚Krieg' geradezu lustvoll gebraucht." (14)

Patriotischer Journalismus in Deutschland äußerst sich vor allem in einer diffusen Bündnissolidarität mit den USA. Er wird z.B. an einem neuen und zusätzlichen Unternehmensgrundsatz deutlich, den der Axel Springer-Verlag unter dem Eindruck der Terroranschläge beschlossen hat. Alle Mitarbeiter dieses Medienkonzerns müssen in Zukunft schriftlich erklären, dass sie auch mit folgender Vorgabe einverstanden sind, nämlich der „Unterstützung des transatlantischen Bündnisses und der Solidarität in der freiheitlichen Wertegemeinschaft mit den Vereinigten Staaten von Amerika". Mit spitzer Feder hält Franziska Augstein der deutschen Regierung und den deutschen Medien entgegen: „Die Bundesregierung nennt es Solidarität, auf dem halben Globus muss es ankommen wie Aftergehorsam. (...) Bei aller Solidarität können die deutschen Politiker (und die deutschen Medien, J.B.) allerdings nicht vermitteln, dass die Politik der Vereinigten Staaten Hand und Fuß hätte. Dazu ist die Rhetorik dieses Krieges gegen den Terror zu wirr und zu beunruhigend." (15)

Patriotischer Journalismus kennt keine Abweichungen vom richtigen Weg: Die Äußerung des Modedesigners Wolfgang Joop, er halte die Twin Towers für ein Symbol kapitalistischer Arroganz und er vermisse sie nicht (16) oder die des englischen Kriminalautors John Le Carré, der Tony Blair den „eloquenten weißen Ritter eines heiklen transatlantischen Verhältnisses" nannte (17), muss man in den deutschen Medien mit der Lupe suchen. Gar in Rotdruck gehaltene Notizen unter der Überschrift „Widersprüchliche Meldungen aus Afghanistan", also der Rubrik in der „Financial Times Deutschland", in der mit dem journalistischen und juristischen Prinzip des „audiatur et altera pars" ernst gemacht wird, weil „feindliche" Nachrichten unkommentiert abgedruckt werden, sind eine allzu rare Ausnahme.

5. Staatliche Zensur

Was eigentlich ja nur die „Schlechten", die anderen, tun, ist seit dem 11. September 2001 in den USA Praxis geworden: Staatliche Zensur, zensurähnliche Maßnahmen und bindende Absprachen zwischen privatwirtschaftlich verfassten Medien und staatlichen Behörden gehören ausgerechnet in dem Land zum Medienalltag, in dem traditionellerweise der Meinungsfreiheit ein höchstrichterlich höherer Rang zugeordnet wird als beispielsweise der Menschenwürde.

Folgende Beispiele aus der jüngsten US-amerikanischen Medienpolitik illustrieren verschiedenartige Formen von Zensur, Absprache und politischem Druck:

- Anfang Oktober 2001 entschlossen sich die sechs größten US-Nachrichtensender zu einer Selbstzensur. ABC News, CBS News, NBC News, MSNBC, Cable News Network und Fox News Channel beugten sich dem Druck der US-amerikanischen Regierung, Videos von Osama Bin Laden und der Terrororganisation Al Qaida nicht mehr in voller Länge und nicht mehr unkommentiert zu senden. Mögliche verbale Hasstiraden auf die USA versprachen dieses sechs networks zu zensieren.
- Als explizite Reaktion auf „unpatriotische" Reden von TV-Moderator Bill Maher in der ABC-Talkshow zogen zwei werbetreibende Firmen ihre Werbespots zurück.
- Mehrere US-amerikanische Zeitungsjournalisten wurden von ihren Verlegern wegen ihrer Kritik an der Kriegsführung der US-Regierung fristlos entlassen.

Solche Formen von Zensur gibt es in Deutschland nicht, aber auch hier überwiegt ein mainstream-Journalismus als spezifische Form von vorweg genommener Zensur.

6. Informationelle Repression

Information, Kommunikation und Medien werden in rechtsstaatlich verfassten Demokratien durch zahlreiche Gesetze geregelt: Meinungs- und Pressefreiheit, Datenschutz und das Recht auf informationelle Selbstbestimmung, Informationseinsichtrechte, Zeugnisverweigerungs-recht von Journalisten, Brief- und Postgeheimnis - um nur die wichtigsten zu nennen. In Folge der terroristischen Anschläge vom 11. September 2001 und bei proklamiertem Vorrang nationaler Sicherheitsinteressen vor Menschenrechten werden alle informationellen Rechte in vielen westlichen Industrieländern erheblich eingeschränkt, greifen zusätzliche staatliche Repressionsmaßnahmen im gesamten Informationssektor. Dazu einige Beispiele:

- Offene TV-Kanäle, in den siebziger Jahren als Momente von Bürgerpartizipation eingeführt, werden seit Anfang des Afghanistan-Krieges von den Landesmedienanstalten dann streng beobachtet, wenn es sich um nichtdeutschsprachige Sendungen handelt, besonders solche in urdu, arabisch und türkisch.
- Zusätzlich zu den neu vom US-amerikanischen Kongress erlaubten Rechten beim Abhören von Telefongesprächen und dem Mitlesen von E-Mails ist es US-Behörden seit Mitte November 2001 erlaubt, Gespräche zwischen Mandanten und Verteidigern ohne richterliche Genehmigung abzuhören, wenn es begründeten Verdacht dafür gibt, man könne Gewalt oder Terror verhindern.
- Die in Deutschland beschlossene Erfassung biometrischer Daten (Finger- oder Handabdruck, Gesichtsgeometrie, Augenfarbe, Irismerkmale, dreidimensionale Hologrammfotos) in Ausweispapieren ist verfassungsrechtlich höchst problematisch. Und zwar nicht wegen der zusätzlichen Erfassung eines individuellen Identitätsmerkmals, sondern wegen der damit geschaffenen digitalen Gesamterfassung einer Bevölkerung und den dann dadurch möglichen digitalen Abgleichsverfahren.

Terror stärkt den staatlichen Apparat, nützt nach aller Erfahrung in der Bekämpfung des Terrorismus nichts, gaukelt den Menschen in hochtechnisierten Gesellschaften

Schutz vor Gefahren und Gewalt vor (die es nicht gibt), schränkt drastisch alle Freiheitsrechte im Informationssektor ein und belässt es nach aller Erfahrung bei den neuen Einschränkungen auch für den Fall, dass der Terrorismus nicht mehr akut ist.

[...]

Fußnoten:

1. Vgl. Arquilla, John und Ronfeldt, David: Der Cyberkieg kommt!, in: Stocker, Gerfried und Schöpf, Christine (Hg.): Information.Macht.Krieg. Ars Electronica 98, Wien: Springer 1998, S. 24-56.
2. Vgl. Soueif, Ahdaf: Special report: terrorism in the US, in: Guardian, 15. September 2001.
3. Vgl. Singer, David J.: Soviet and American Foreign Policy Attitudes: Content Analysis of Elite Articulations, in: Journal of Conflict Resolution, 1964, S. 424-485.
4. Bush, George W.: Entweder Ihr seid für uns, oder Ihr seid für die Terroristen, in: Frankfurter Allgemeine Zeitung, 22. September 2001, S. 8.
5. Schröder, Gerhard: Solidarität mit den Menschen in den USA, in: Das Parlament, 21. September 2001, S. 11.
6. Zit. nach Precht, Richard David: Die deutsche Betroffenheit. Kommentar in der Sendereihe „Kritisches Tagebuch" von WDR 3, 13. September 2001.
7. Zit. nach Clasmann, Anne-Beatrice: Bin Laden und sein Freund-Feind-Schema, in: Solinger Tageblatt, 5. November 2001, S. 2.
8. Roy, Arundhati: Terror ist nur ein Symptom. Ein Kontinent brennt. Warum der Terrorismus nur ein Symptom ist, in: Frankfurter Allgemeine Zeitung, 28 September 2001, S. 49.
9. Duve, Freimut: Das Ende der Vielfalt. Die Anti-Terror-Allianz als Risiko für die Pressefreiheit, in: Frankfurter Rundschau, 12. Oktober 2001, S. 23.
10. Nitschmann, Johannes: Journalistischer Ausnahmezustand, in: Menschen-Machen-Medien, Nr. 10/2001, S. 6.
11. Chwallek, Gabriele: Erst Phase II birgt echte Risiken, in: Wiesbadener Kurier, 12. Oktober 2001, S. 1.
12. Vgl. Sontag, Susan: Amerika unter Schock: Die falsche Einstimmigkeit der Kommentare, in: Frankfurter Allgemeine Zeitung, 15. September 2001, S. 45.
13. Vgl. Schmitt, Uwe: Das fragwürdige Recht der Kritik an der Regierung. Einige US-Intellektuelle haben sich dem patriotischen Imperativ verweigert und werden dafür von allen Seiten scharf angegriffen, in: Die Welt, 2. Oktober 2001, S. 6.
14. Zit. nach Moorstedt, Tobias und Schrenk, Jakob: Nur noch eine Meinung auf der Welt, in: Die Tageszeitung, 3./4. November 2001, S. 17.
15. Augstein, Franziska: Teure Treue. Bündnissolidarität oder: Hauptsache, wir machen mit, in: Süddeutsche Zeitung, 15. November 2001, S. 15.
16. Vgl. N.N.: Joop vermisst Twin Towers nicht, in: Solinger Tageblatt, 16. Oktober 2001, S. 10.
17. Vgl. N.N.: Gegen den Krieg in Afghanistan, in: Rheinische Post, 18. Oktober 2001.

[...]

6.2. Chancen: Die Noosphäre (von V. I. Vernadskij)

Auszug aus: Vernadskij, V.I.: Der Mensch in der Biosphäre, Zur Naturgeschichte der Vernunft (hrsg. von Wolfgang Hofkirchner), Peter Lang Verlag, Wien 1997 (1938/1939)
Mit freundlicher Genehmigung des Peter Lang Verlags

[...]Die lebende Materie der Biosphäre unterscheidet sich von ihrer inerten Materie radikal in zwei Hauptprozessen, die eine immense geologische Bedeutung haben und der Biosphäre ein völlig neues Gesicht geben, was auf keine andere Hülle des Planeten zutrifft. Diese zwei Prozesse äußern sich nur vor dem Hintergrund der geologischen Zeit. Sie halten manchmal an, bewegen sich aber niemals rückwärts.

Erstens *tritt im Lauf der geologischen Zeit die Kraft der lebenden Materie in der Biosphäre immer auffälliger hervor,* erhöht sich ihre Bedeutung in dieser und verstärkt sich ihre Einwirkung auf die inerte Materie der Biosphäre. Diesem Prozess wird bis heute wenig Augenmerk geschenkt. Im weiteren werde ich ständig mit ihm zu tun haben. Vielmehr hat ein anderer Prozess, der allen bekannt ist und ab der Mitte des 19. Jahrhunderts das ganze planetare Denken des 19. und 20. Jahrhunderts entscheidend geprägt hat, die Aufmerksamkeit auf sich gezogen und ist besser erforscht. Das ist der Prozess der *Evolution der Arten* im Lauf der geologischen Zeit – die radikale Veränderung der lebenden Naturkörper selbst.
[...]
Der evolutionäre Prozess der lebenden Stoffe erfasst im Lauf der ganzen geologischen Zeit bruchlos die ganze Biosphäre und wirkt sich auf unterschiedliche Weise, weniger radikal, aber doch auf ihre inerten Naturkörper aus. Allein aufgrund dessen können und müssen wir insgesamt von einem *Evolutionsprozess der Biosphäre selbst* sprechen, welcher die inerte Masse ihrer inerten und lebenden Naturkörper erfasst, die sich offensichtlich im Lauf der geologischen Zeit verändern.

Infolge der Evolution der Arten, die unaufhörlich vor sich geht und niemals abbricht, variiert die Widerspiegelung der lebenden Materie in der Umwelt stark. So überträgt sich der Prozess der Evolution – der Veränderung – in die bioinerten und biogenen Naturkörper, die die Hauptrolle in der Biosphäre spielen, in den Boden, die Oberflächen- und unterirdischen Gewässer (in die Meere, Seen, Flüsse etc.), in die Kohleschichten, die Bitumen, in den Kalkstein, organogene Erze u.ä. Die Böden und Flüsse des Devon sind zum Beispiel andere als die Böden des Tertiärs und unserer Epoche. Das ist ein Bereich neuer Erscheinungen, der noch kaum vom wissenschaftlichen Denken berücksichtigt worden ist. *Die Evolution der Arten geht in die Evolution der Biosphäre über.*

[...] Der evolutionäre Prozess erhält dabei eine besondere geologische Bedeutung dank des Umstands, dass er eine neue geologische Kraft geschaffen hat – das wissenschaftliche Denken der gesellschaftlichen Menschheit.

Wir erleben gerade ihr deutliches Eintreten in die geologische Geschichte des Planeten Erde. In den letzten Jahrtausenden ist eine intensive Zunahme des Einflusses

einer Art der lebenden Materie – der zivilisierten Menschheit – auf die Veränderung der Biosphäre zu beobachten. Unter dem Einfluss des wissenschaftlichen Denkens und der menschlichen Arbeit geht die Biosphäre in einen neuen Zustand über – *in die Noosphäre.* In einer gesetzmäßigen Bewegung, die mehr als eine Milliarde Jahre zurückreicht, erfasst die Menschheit mit einem wachsenden Tempo den ganzen Planeten, löst sich von den anderen lebenden Organismen und hebt sich als eine neue, nie dagewesene geologische Kraft von ihnen ab. Mit einer Geschwindigkeit, die in geometrischer Progression zunimmt, wird auf diesem Weg in der Biosphäre eine ständig wachsende Vielzahl von inerten Naturkörpern und großen Naturerscheinungen geschaffen, die *für sie neu* sind.
Vor unseren Augen ändert sich die Biosphäre radikal. Und es kann kaum einen Zweifel darüber geben, dass die sich auf diesem Weg äußernde Umgestaltung keine zufällige Erscheinung ist, die vom Willen des Menschen abhängt, sondern ein *spontaner Naturprozess* ist, dessen Wurzeln tief liegen und durch den Evolutionsprozess vorbereitet wurden, dessen Dauer man in hunderten Millionen von Jahren zählt. Diese Umgestaltung erfolgt durch das wissenschaftliche Denken und mittels der organisierten menschlichen Arbeit.

Im Sinner einer wissenschaftlichen, nicht jedoch philosophischen oder religiösen Weltanschauung muss der Mensch begreifen, dass er *keine zufällige, von der Umwelt – der Biosphäre oder Noosphäre – unabhängige*, frei handelnde Naturerscheinung ist. Er stellt eine unvermeidliche Äußerung eines großen Naturprozesses dar, die gesetzmäßig mindestens seit zwei Millionen Jahren andauert.

Heutzutage ist angesichts der Schrecken des Lebens rings um uns, die gleichzeitig mit einem nie dagewesenen Aufblühen des wissenschaftlichen Denkens einhergehen, vom Näherkommen der Barbarei, vom Zusammenbruch der Zivilisation, von der Selbstvernichtung der Menschheit zu hören. Mir scheinen diese Stimmungen und diese Urteile Folge eines ungenügend tiefen Verständnisses der uns umgebenden Welt zu sein. Das wissenschaftliche Denken hat unser Leben noch nicht voll erfasst; wir leben unter dem starken Einfluss von philosophischen und religiösen Gewohnheiten, die der Realität des modernen Wissens nicht mehr entsprechen und noch nicht überwunden sind.
Die wissenschaftlichen Erkenntnisse, die sich als geologische Kraft äußern und die Noosphäre hervorbringen, können zu keinen Resultaten führen, welche diesem geologischen Prozess widersprechen, dessen Schöpfung sie sind. Das ist keine zufällige Erscheinung – ihre Wurzeln liegen äußerst tief.

[...] Gedanklich erfassen wir die erstaunliche, nie dagewesene Zeit, in die die Menschheit im 20. Jahrhundert eintrat, noch nicht vollständig und ziehen im Leben noch nicht alle Konsequenzen daraus. Wir leben in einem Umbruch in eine äußerst wichtige, substanziell neue Epoche des Lebens der Menschheit und ihrer Geschichte auf unserem Planeten.
Erstmals hat der Mensch mit seinem Leben, seiner Kultur, die ganze obere Hülle des Planeten erfasst – eigentlich die ganze Biosphäre, das ganze vom Leben erfaßte Gebiet des Planeten.

Wir nehmen lebhaft teil an der Schaffung eines neuen *geologischen Faktors* in der Biosphäre, wie es ihn in seiner Kraft und Allgemeinheit in ihr noch nicht gegeben hat. Wissenschaftlich konstatieren wir, dass er sich im Verlauf der letzten 20.000–30.000 Jahre herausgebildet hat; aber greifbar wird er mit stetig wachsendem Tempo im letzten Jahrtausend.

Nach vielen hunderttausend Jahren unerschütterlicher spontaner Vorstöße ist die Erfassung der gesamten Oberfläche der Biosphäre durch eine einzige soziale Art des Tierreiches abgeschlossen – *durch den Menschen*. Es gibt keinen Winkel auf der Erde, der ihm nicht zugänglich ist. Es gibt keine Grenzen seiner möglichen Vermehrung. Durch die Wissenschaft und die staatlich organisierte, von ihm gelenkte Technik, durch sein Leben bringt der Mensch in der Biosphäre eine neue *biogene Kraft* hervor, die seine Vermehrung steuert und günstige Voraussetzungen für die Besiedlung von Teilen der Biosphäre durch ihn schafft, in die sein Leben früher nicht vorgedrungen ist, und wo es stellenweise überhaupt kein Leben gegeben hat.

Theoretisch sehen wir keine Grenze seiner Vermehrung, wenn wir die Arbeit der Generationen berücksichtigen; jeder geologische Faktor äußert sich in der Biosphäre in seiner ganzen Kraft nur in der Arbeit von Generationen von Lebewesen, in der geologischen Zeit. Aber bei der schnell wachsenden Genauigkeit der wissenschaftlichen Arbeit – im gegebenen Fall der Methodik der wissenschaftlichen Beobachtung – können wir jetzt auch in der historischen Zeit deutlich das Wachstum dieser neuen, erst im Entstehen begriffenen geologischen Kraft feststellen und studieren.

Die Menschheit ist einheitlich, und wenigstens der erdrückenden Masse ist das bewusst, aber diese Einheit äußert sich in Lebensformen, die sie faktisch vertiefen und festigen, vom Menschen unbemerkt, spontan, als Ergebnis eines unbewussten Dranges. Das Leben der Menschheit ist, bei all seiner Verschiedenartigkeit, unteilbar geworden. Ein Ereignis, das im abgelegensten Winkel eines beliebigen Kontinents oder Ozeans vonstatten ging, zieht Folgen nach sich und hat an einer Reihe anderer Orte, überall auf der Erdoberfläche, Auswirkungen – große oder kleine. Der Telegraph, das Telefon, das Radio, die Flugzeuge, die Ballone haben die ganze Erdkugel umspannt. Die Verbindungen werden immer einfacher und schneller. Alljährlich steigt ihre Organisationsgrad, wächst er stürmisch.

Wir sehen klar, dass das der Anfang einer spontanen Bewegung ist, einer Naturerscheinung, welche nicht durch Zufälligkeiten der menschlichen Geschichte aufgehalten werden kann. Hier äußert sich vielleicht erstmals in dieser Deutlichkeit die Verbindung der historischen Prozesse mit der paläontologischen Geschichte des Aufkommens des HOMO SAPIENS. Dieser Prozess *der vollständigen Besiedlung der Biosphäre* durch den Menschen ist durch den Verlauf der Geschichte des wissenschaftlichen Denkens bedingt, untrennbar verknüpft mit der Geschwindigkeit der Verbindungen, mit den Erfolgen der Fortbewegungstechnik, mit der Möglichkeit der *augenblicklichen* Übertragung eines Gedankens, seiner gleichzeitigen Erörterung überall auf dem Planeten.

Der Kampf, der gegen diese neue historische Grundströmung geführt wird, zwingt faktisch auch die ideologischen Gegner, sich ihr zu unterwerfen. Die Staatsgebilde, welche die Ideen der Gleichheit und Einheit aller Menschen nicht anerkennen, versuchen, schamlos in der Wahl ihrer Mittel, ihre spontane Äußerung aufzuhalten, aber man kann kaum in Frage stellen, dass diese utopischen Träumereien unrealisierbar sind. Das wirkt sich unausweichlich im Lauf der Zeit aus, früher oder später, zumal die Schaffung der Noosphäre aus der Biosphäre eine Naturerscheinung ist, tiefer und mächtiger in ihren Grundlagen als die menschliche Geschichte. Sie fordert die Herausbildung der Menschheit als einheitliches Ganzes. Das hat sie unvermeidlich zur Voraussetzung.

Das ist ein neues Stadium in der Geschichte des Planeten, welches nicht zulässt, dass man seine geschichtliche Vergangenheit ohne Bereinigungen zum Vergleich heranzieht. Denn dieses Stadium schafft etwas im wesentlichen *Neues* in der Geschichte der Erde und nicht nur in der Geschichte der Menschheit.

Der Mensch hat zum ersten Mal wirklich verstanden, dass er Bewohner *des Planeten* ist und in einer neuen Perspektive denken und handeln kann und muss, nicht nur aus der Perspektive der einzelnen Persönlichkeit, Familie oder Sippe, Staaten oder ihrer Bünde, sondern in *planetarer Perspektive*. Wie alles Lebende kann er nur im Bereich des Lebens – in der *Biosphäre* – planetar denken und handeln, in einer bestimmten Erdhülle, mit der er untrennbar, gesetzmäßig verbunden ist, und von der er sich nicht abnabeln kann. Seine Existenz ist eine Funktion der Biosphäre. Er trägt sie in sich überallhin. Und er verändert sie unausweichlich, gesetzmäßig, ununterbrochen.

[...]

II. Einsichten

1. Informatik

Was ist Informatik? Das Verständnis der Informatik ist in einem Wandel begriffen – von einem engen, technikzentrierten Verständnis (1.1) über ein weiteres, die gesellschaftlichen Bezüge mit einbeziehendes Verständnis (1.2) zu einem umfassenden Verständnis im Sinne einer Informationswissenschaft (1.3). Dieser Wandel ist allerdings noch nicht weit fortgeschritten. Trotzdem verlangt der rapide gesellschaftliche Wandel auch von der Informatik Änderungen in Richtung auf vereinheitlichte theoretische Grundlagen, ohne die sie sich nicht über ihre bedeutende Rolle in diesen Umwälzungen bewusst werden kann und auch nicht verantwortungsvoll handeln kann.

Zweifellos ist die Informatik eine Wissenschaft in dem Sinne, dass sie im Wissenschaftsbetrieb als eigenständiges Fach etabliert ist. Sie ist institutionalisiert als eine bestimmte Praxis von Forschung und Lehre, Anwendung und Beruf. Und mit einer Reihe anderer Disziplinen teilt sie das Schicksal, ihre Grundannahmen nicht übereinstimmend expliziert zu haben, im unklaren darüber zu lassen, welches ihre Grundbegriffe sind, und über keine mehrheitlich anerkannte Definition eines von ihr jedenfalls benutzten Begriffs – des Begriffs der "Information" – zu verfügen. Dies ist eine unbefriedigende Situation. Denn das Fehlen eines tragfähigen Informationsbegriffes wirkt sich letztlich nachteilig auf das aus, was die Konstituierung der Informatik als Wissenschaft in einem zweiten Sinne betrifft – nämlich ihre *"Wissenschaftlichkeit"*. Deshalb ist die Stellung der Informatik im Wissenschaftsgebäude für viele ungeklärt und steht ihr Charakter als eine theoretische und erklärende Wissenschaft oder als eine empirische und beschreibende Wissenschaft zur Diskussion, wenn nicht gleich von einigen ihre Zugehörigkeit zum Kanon der Wissenschaften überhaupt in Zweifel gezogen wird:

a) Entweder wird ein Bezug zu verschiedenen *theoretisch* arbeitenden Disziplinen hergestellt.

• Die einen meinen, sie sei ein Zweig der *Mathematik* oder *Logik*, da sie sich mit abstrakten Strukturen und Algorithmen beschäftige (z.B. Weizsäcker 1971: 22f).

• Andere gehen von der Elektrotechnik und Hardwareaspekten aus und versuchen, die Informatik als eine *technische Disziplin* abzugrenzen, die die Leistungsfähigkeit und Zuverlässigkeit des Computers untersuche (z.B. Bauer 1988).

• Wieder andere stellen das Design von Informationssystemen in den Vordergrund und betonen die Rolle der Informatik als Gestaltungs-, Organisations- und Arbeitswissenschaft, die zu den *Sozialwissenschaften* gehöre (z.B. Arno Rolf in Coy 1992: 33–47). Steinmüller (1993) schreibt, Informatik könne sich nicht auf technische Systeme beschränken, sondern müsse die soziale Organisation miteinbeziehen. Ähnlich sprechen die Forscher um Klaus Fuchs-Kittowski im Anschluss an Gennadij Michajlovic Dobrov davon, dass Informatik als eine Theorie und Methodologie der Hard-, Soft- *und Orgwareentwicklung*, d.h. der notwendigen Einheit von Informationssystem, Arbeits- und Organisationsgestaltung, begriffen werden sollte (vgl. Fuchs-Kittowski 2002, Tschirschwitz 2002). Unter Orgware sind dabei die organisatorischen

Arrangements der technischen Systeme, soziale Organisationen, die eine vernünftige Anwendung und Entwicklung der technologischen Systeme gewährleisten, zu verstehen. Ähnlich auch Wolfgang Coy (1992): „Nicht die Maschine, sondern die Organisation und Gestaltung von Arbeitsplätzen steht als wesentliche Aufgabe im Mittelpunkt der Informatik" (Coy 1992, S. 19).

- Sprach- sowie Bibliotheks- und Dokumentationswissenschaft legen das Augenmerk auf *geisteswissenschaftliche* Aspekte der Informatik und die Rolle des Wissens in der Gesellschaft und sprechen dann von einer "Informationswissenschaft" (z.B. Rafael Capurro in Coy 1992: 348f., Buder 1990).

- Auch die Nähe zur *Naturwissenschaft*, insbesondere zur Biologie, wird behauptet, wo Forschungen zur künstlichen Intelligenz den Computer als Metapher für die natürliche Intelligenz verwenden (z.B. Bibel 1994).

- Und schließlich wird sogar der Zusammenhang zur *Philosophie*, zur Erkenntnis- und Wissenschaftstheorie in den Vordergrund gerückt, wenn das Geist-Körper-Problem angesprochen wird oder die Informatik als Wissenstechnik, als Wissenschaft von der Maschinisierung der geistigen Arbeit, definiert wird (z.B. Luft 1994).

b) Oder die "Computer Science" wird als eine Wissenschaft unterstellt, die rein empirisch arbeitet und einfach alle Erscheinungen beschreibt, die mit dem Computer zusammenhängen, ohne theoretische Verallgemeinerungen anzustreben (z.B. Newell 1987).

c) Oder es wird die Meinung vertreten, das Programmieren sei gar keine Wissenschaft, sondern eine *Kunst*, ein Handwerk (z.B. Knuth 1987).

Kann angesichts dieser verwirrenden Vielzahl von Informatikauffassungen ein Versuch der Zusammenführung der Positionen mit Aussicht auf Erfolg unternommen werden? Wir glauben: ja. Im folgenden wollen wir einen solchen Lösungsweg skizzieren, der von den realen Entwicklungstendenzen der Informatik wie der Wissenschaften überhaupt seinen Ausgang nimmt und die Argumente, die für die eine oder andere Sichtweise sprechen, aufnimmt und sie in einen neuen Kontext einbettet. Eine "Verwissenschaftlichung" der Informatik ist möglich, allerdings um den Preis der Verabschiedung von einem zu engen Wissenschaftsverständnis.

Die Wissenschaftlichkeit der Wissenschaft

Es lassen sich drei Bereiche angeben, auf die sich Wissenschaft erstrecken kann:

- ein *Entdeckungszusammenhang*, also der Zusammenhang, in dem Sätze über irgendein Wissensgebiet aufgestellt werden,

- ein *Begründungszusammenhang*, also der Zusammenhang der logischen Ableitbarkeit, Verträglichkeit oder Widersprüchlichkeit untereinander, auf den die entdeckten Sätze hin untersucht werden,

- und ein *Verwendungs-* oder *Verwertungszusammenhang*, also der Zusammenhang, in dem die begründeten Sätze genutzt werden sollen.

Ein *enges* Wissenschaftsverständnis betrachtet nur den Begründungszusammenhang als zur Wissenschaft gehörig und damit als "wissenschaftlich" und läßt den Entdeckungs- und den Verwendungs- oder Verwertungszusammenhang als "unwissenschaftlich" außen vor, ein *weiter* Wissenschaftsbegriff versteht sich auf das Ganze der Zusammenhänge. In einer Zeit, in der die Rückbesinnung auf den ursprünglichen Zweck der Wissenschaft, das Leben angenehmer zu machen, auf der Tagesordnung steht, weil viele Wissenschaftsanwendungen für das Gegenteil verantwortlich gemacht werden, gewinnt der weite Wissenschaftsbegriff an Bedeutung.

Der weite Wissenschaftsbegriff erstreckt sich beim wissenschaftlichen Denken wie beim *Alltagsdenken* auf die Produktion von Ideen, die für unsere Praxis dienlich sind, d.h. auf

- die Sammlung von Erfahrungsdaten,
- die Gewinnung von Wissen über unsere Welt und
- die weise Entscheidung für oder gegen die Realisierung bestimmter Handlungsmöglichkeiten,

wobei das jeweils Vorhergehende die Voraussetzung für das daraus Hervorgehende bildet: Daten bilden die Basis für Wissen, und Wissen bildet die Grundlage für Entscheidungen.

Der *wissenschaftliche Erkenntnisprozess* unterscheidet sich aber vom alltäglichen, vorwissenschaftlichen:

1. handelt es sich bei seinen Daten nicht um subjektive Sinnesdaten, sondern im allgemeinen um *empirische* Daten, die durch Beobachtung und Experiment erhoben werden und dadurch intersubjektiv nachprüfbar sind;

2. werden die empirischen Daten nicht einfach auf dem Hintergrund persönlicher Überzeugungen interpretiert, sondern im Lichte des durch arbeitsteilige Anstrengung akkumulierten Wissens – im Lichte von *Theorien*, die eine Erklärung dadurch liefern, dass sie die Daten von Einzelereignissen auf ein gesetzmäßiges Wissen zurückführen, das für eine ganze Klasse von Ereignissen Wahrheit beansprucht;

3. bildet das theoretische Wissen den Ausgangspunkt nicht für Entscheidungsalternativen bloß einzelner, sondern für sogenannte *technologische* Optionen – das sind Handlungsalternativen, die natürliche oder kulturelle Wirkzusammenhänge im großen Maßstab für gesellschaftliche Zielvorstellungen instrumentalisieren und auf dem Einsatz technischer Artefakte (wie z.B. Maschinen) oder sozialer Techniken (wie z.B. Organisationsgestaltung) beruhen.

Das Resultat der Wissenschaft ist empirisch entdeckbare, theoretisch begründbare und technologisch (für irgendein praktisches Ziel als Mittel) verwertbare Information. Empirie (wissenschaftliche Daten), Theorie (wissenschaftliches Wissen) und Technologie (wissenschaftliche Entscheidungen) sind die drei (Zwischen- bzw. End-) Produkte wissenschaftlichen Erkennens. Sie sind auf drei unterschiedlichen Ebenen angesiedelt – auf der Ebene des methodischen Zugangs, d.h. der Nutzung bestimmter Wege und Mittel der wissenschaftlichen Erfahrung, auf der Ebene der konstruktiven Abbildung der gegenständlichen Realität, d.h. der theoretischen Untersuchung des zum Objekt der Erkenntnis gemachten Ausschnitts aus der Wirklichkeit, und auf der Ebene der Erfüllung der praktischen Aufgabe jeder Wissenschaft, d.h. der Bewertung des Sachwissens und seiner Transformation in technologische Handlungsanleitungen entsprechend der Beauftragung.

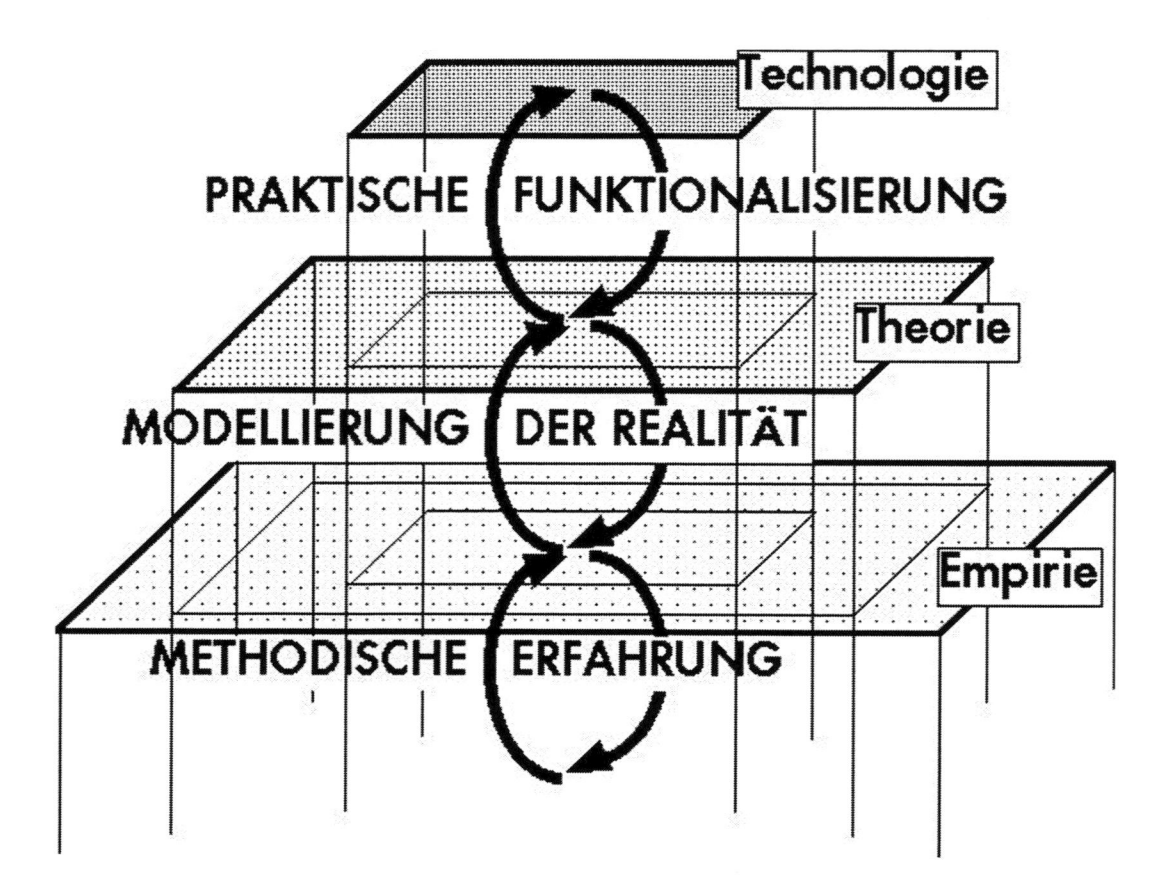

Die Wahl der wissenschaftlichen Erkenntnismethoden hängt in einer gewissen Weise von der Wahl des Erkenntnisgegenstandes ab, und diese ist wiederum zu einem gewissen Grad durch die gewählte Erkenntnisaufgabe bestimmt. So sind Zugang, Gegenstand und Aufgabe in aufsteigender Reihenfolge vom jeweils nächsten bedingt und besteht ein qualitativer Sprung von den empirirschen Daten zum theoretischen Wissen und von diesem zu den technologischen Entscheidungen.

1.1. Informatik

Auf der ersten Stufe ist die Informatik eine Wissenschaft von der Informationstechnik.

Versuchen wir zu überprüfen, inwieweit wir Empirie, Theorie und Technologie anhand der Informatik identifizieren können. Wir beginnen mit der Ebene der Praxis als höchster Ebene und behandeln danach die Ebene der Realitätsmodellierung und zuletzt die Ebene der Erfahrung.

Die Aufgabe der Informatik

Die Resultate von Erkenntnisprozessen im allgemeinen sind ideelle Produkte, die Handlungen anleiten.

Und zwar können das
- Handlungen im individuellen Alltag (*außer- bzw. vorwissenschaftliche* Erkenntnisweisen) oder
- Handlungen im Rahmen bestimmter gesellschaftlicher Praxisfelder, die technische Anwendungen durch die Kooperation menschlicher Kräfte zustandebringen (einzelwissenschaftliche Erkenntnisweisen), oder
- einfach jedwede Handlung, insofern die Ideen einen derartigen Allgemeinheitsgrad haben, dass sie für jegliches Verhalten der Menschen als Richtschnur gelten können (philosophische Erkenntnisweise), sein.

Die Produkte der Informatik sind Handlungsanweisungen, die mit der *Entwicklung, Herstellung, Implementierung und dem Betrieb aller Arten von Computeranwendungen* zu tun haben, die als Informationssysteme bekannt sind, und sicherlich sind Entwicklung, Herstellung, Implementierung und der Betrieb von Informationssystemen eine besondere Fertigkeit, eine Ingenieurs*kunst*.

Sobald aber diese Kunst systematisch Informationen gebraucht, um die Produktion und Anwendung immer besser anzuleiten, ist sie auch eine Ingenieurs*wissenschaft*. Das heißt, sobald sie Fakten über den Einsatz der Informationssysteme zu ihrer Grundlage macht, ist sie eine *empirisch*-wissenschaftlich geleitete Tätigkeit, und sobald sie Erklärungen größerer Reichweite anstrebt, ist sie darüberhinaus eine *theorien*geleitete wissenschaftliche Tätigkeit. Wir gehen hier davon aus, dass die Informatik eine Wissenschaft im letzteren Sinne ist, weil sie ihre Aufgabe nur dann erfüllen kann, wenn sie eine generalisierende Wissenschaft ist. Warum?

Ihre Aufgabe liegt zunächst in ihrem Beitrag zur Entwicklung, Herstellung, Implementierung und zum Betrieb technischer, also künstlicher, Informations- und Kommunikationssysteme, die gesellschaftliche Funktionen unterstützen sollen, wo menschliche und zwischenmenschliche und überindividuelle menschliche Informationsvorgänge Grenzen ihrer Leistungsfähigkeit sichtbar werden lassen und daher ein gesellschaftliches Bedürfnis nach Erweiterung der menschlichen Fähigkeiten durch Schaffung künstlicher Organe in Form der neuen Informationstechniken auftreten lassen. Diese informationellen Prozesse sind Vorgänge im individuellen Bewusstsein, Vorgänge zwischen individuellen Bewusstseinen und Vorgänge im überindividuellen, gesellschaftlichen Bewusstsein, nämlich

- die *Kognition* (eingeschlossen das Rechnen und das formallogische Schließen) als geistige Tätigkeit, die im Kopf der Mitglieder sozialer Systeme passiert,
- die *Kommunikation* als geistiger Austausch zwischen den Mitgliedern sozialer Systeme und

- *Kooperation*, die als eine geistige Qualität auf der Ebene sozialer Systeme von deren Mitgliedern hervorgebracht wird.

Die Technisierung dieser Bereiche erfordert heute über das Alltagsverständnis hinausgehende Verallgemeinerungen und Vereinheitlichungen als Informationsbasis.

Ohne geprüfte generelle Annahmen, ohne Theorie, wäre die Produktion und Anwendung von tauglichen technischen Lösungen zur Unterstützung der kognitiven, kommunikativen und kooperativen Praktiken undenkbar.

Die Informatik ist dann u.E. eine Wissenschaft in der vollen Bedeutung des Wortes. Noch nicht bestimmt ist damit allerdings, um welche Disziplin es sich bei der Erarbeitung von Erkenntnissen für die Produktion und Anwendung von Informationstechniken handelt.

Der Gegenstand der Informatik

Als Objekte der Wissenschaften kommen in Frage:

- Ausschnitte der außerhalb und unabhängig vom menschlichen Kopf existierenden Realität, wie sie in der gängigen Gliederung in physikalische, chemische, biologische und gesellschaftliche Seinsbereiche zum Ausdruck kommen (*real-konkrete Erkenntnisgegenstände der Natur-, Sozial-, Technik- und der Wissenschaften vom Menschen*), oder
- die Gesamtheit der übergreifenden Zusammenhänge der Welt (*philosophische Erkenntnisgegenstände*) oder
- Querschnitte dieser Seinsbereiche, von denen Ähnlichkeit in den Strukturen behauptet wird, bzw. formale Konstrukte im menschlichen Kopf (*struktur-/formalwissenschaftliche Erkenntnisgegenstände*).

Wenn die Aufgabe der Informatik nun darin besteht, dazu beizutragen, dass technisch-organisatorische Mittel zur Leistungssteigerung (zwischen- und überindividueller) menschlicher Informationsverarbeitung zur Verfügung gestellt werden können, dann sind alle Zusammenhänge, die sich dazu eignen, die genannte Leistung förderlich zu beeinflussen, Gegenstand ihrer empirischen wie theoretischen Auseinandersetzung. Damit bilden die *Menschen, Maschinen und Mensch-Maschine-Schnittstellen in ihren informationellen Aspekten* das Untersuchungsgebiet der Informatik:

- Die *Menschen*, insofern es sich bei der menschlichen Kognition, Kommunikation und Kooperation, die verbessert und erweitert werden sollen, um genuin humane Leistungen von Individuen, die immer schon in bestimmten sozialen Bezügen zueinander stehen, handelt und die technische Stützung dieser Funktionen die Eigenschaften der zu stützenden Funktionen zur Kenntnis nehmen muss.

- Die *Maschinen*, insofern die Informationssysteme mit dem Computer technische Artefakte einschließen, die von den Menschen unabhängige Wirkprinzipien so ausnützen müssen, dass sie ihren Part im Rahmen der kognitiven, kommunikativen und kooperativen Funktionen auch spielen können.

- Und die *Schnittstelle zwischen Menschen und Maschine*, insofern die Menschen und die Maschinen einer organisatorischen Zusammenfassung, einer systemischen Verknüpfung, bedürfen, die beide Seiten aufeinander abstimmt, damit die Leistungswerte der Maschine auch voll zum Tragen kommen können.

Der Gegenstand der Informatik ist demnach das sozio-technische System, das Informationsverarbeitung für die Menschen realisiert, und die Informatik diejenige Einzelwissenschaft, die genau diesen Gegenstand untersucht. Dieser Gegenstand ist damit ein *realer*.

Er ist allerdings auch ein *philosophischer*, denn er ist Teil einer umfassenderen Mensch-Technik-Umwelt-Beziehung.

Und darüberhinaus ist er nichts anderes als die Realisierung geistiger Strukturen und also *formal*.

Um den Charakter der Informatik präzisieren zu können, ist es noch nötig, zu bestimmen, mit welchen Methoden sie diesen Gegenstand untersucht.

Die Methodik der Informatik

Die Methoden der Wissenschaften lassen sich danach einteilen, wovon sie bei der Abbildung des Erkenntnisobjekts absehen bzw. was sie hervorheben.

- Sie können das Objekt als eine Erscheinung betrachten, die unter das Wirken gesetzmäßiger Zusammenhänge in der unbelebten oder belebten Natur oder in der Kultur – in der menschlichen Natur oder in der Technik – fällt *(Realwissenschaften)*.

- Oder sie können das Objekt im allgemeinsten Zusammenhang der Menschen mit der Welt, in der Beziehung Menschen–Technik–Natur und in der Beziehung zwischen den Menschen und der Gesellschaft, reflektieren *(Philosophie)*.

- Oder sie können vom Inhalt der jeweiligen Gesetzmäßigkeiten abstrahieren und quer zu allen möglichen materialen Eigenschaften die mathematische, logische oder systemische Form der Erkenntnisgegenstände vergleichen *(Formalwissenschaften)*.

Die Methodik einer Wissenschaft ist die der Aufgabenstellung und dem Gegenstand angemessene Verbindung einzelner Methoden innerhalb dieser Typen und zwischen ihnen.

Wenn der Gegenstand der Informatik dasjenige sozio-technische System ist, das die gesellschaftlichen Funktionen Erkennen, Mitteilen und soziales Handeln technisch vermittelt, dann ist der Gegenstand ein realer, der auch *realwissenschaftlich* erforscht werden will:

- Mit ingenieur- bzw. technikwissenschaftlichen Methoden sind die technischen Zusammenhänge der Systemkonstruktion zu reflektieren,

- mit sozialwissenschaftlichen die organisatorischen;

- mit human- bzw. geisteswissenschaftlichen Methoden wird auf die Rolle der Menschen als Träger und Trägerinnen geistiger Fähigkeiten abgestellt, und

- mit naturwissenschaftlichen Methoden auf die kausalen und funktionalen Zusammenhänge kognitiver und kommunikativer Prozesse in menschlicher "Brainware" oder künstlicher Hardware.

Insofern der Gegenstand ein sozio-technisches System ist, das eine besondere Erscheinungsform der Beziehungen zwischen Menschen, Technik und Umwelt im allgemeinen darstellt, braucht die Informatik zum zweiten Methoden, die *philosophisch* sind. Und insofern der Gegenstand nun ein System ist, bei dem es um seine Eigenschaft, einfach ein System zu sein, geht, unabhängig von den materialen Eigenschaften, die dieses System aufweist, muss er zum dritten auch mit *formalen* Methoden erforscht werden.

Die Multidisziplinarität der Informatik

Welche Art von Wissenschaft ist die Informatik nun? Wir meinen, sie ist zumindest eine *multi*disziplinäre Wissenschaft, d.h. eine Wissenschaft, die von vielen anderen Disziplinen etwas an sich hat. Deshalb widersetzt sie sich einer Zuordnung zu einer einzigen Kategorie im herkömmlichen Schema der Wissenschaftsklassifikation. Alle Blickwinkel sind in ihr gleich wichtig, sie ist nicht auf einen Aspekt allein zu reduzieren. Es ist die Eigenheit der Informatik, dass sie die Vielfalt ihrer Aufgaben nur dann erfüllen kann, wenn ihr Gegenstand eine Vielfalt von Dimensionen aufweist, denen sie nur dann gerecht wird, wenn sie sich ihm mit einer Vielfalt von Methoden nähert. Sie umfasst

- natur-, sozial-, human- und technikwissenschaftliche,
- philosophische und
- mathematische, logische und systemwissenschaftliche
Fragestellungen und Antworten.

1.2. Informatik und Gesellschaft

Auf der zweiten Stufe hebt sich die Informatik auf, indem sie ihre gesellschaftlichen Bezüge reflektiert. Es entsteht der Bereich *Informatik und Gesellschaft* (IuG).

Die Charakterisierung der Informatik als multidisziplinär vermag noch nicht die Frage zu beantworten, ob sich die Informatik darin erschöpft, in eine Vielzahl unterschiedlicher Betrachtungsweisen zu zerfallen, die unverbunden nebeneinander existieren und je nach Interessenlage zur Anwendung kommen, oder ob es der Fall sein könnte, dass es sich bei der Informatik *"nicht um ein Sammelsurium, sondern um ein Fach mit scharfem Profil"* (Zemanek 1991, S. 15) handelt.

Eine Antwort auf diese Frage können wir versuchen, indem wir das gesellschaftliche Umfeld des gesamten Wissenschaftsbetriebs zum heutigen Zeitpunkt betrachten und untersuchen, inwieweit praktische Erfordernisse auf eine Vereinheitlichung der Disziplinen drängen. Welche sind das?

Informatik hat gesellschaftliche Folgen
Die Informatik kann gefährliche Folgen haben, die auf Grund der Komplexität großer technischer Systeme nur zu einem bestimmten Grad abschätzbar sind. InformatikerInnen sollten lernen, über die möglichen (bewussten und unbewussten) Folgen ihres Handelns zu reflektieren. Von der Informatik gehen Bedrohungen aus, daher sind philosophische, ethische und gesellschaftstheoretische Aspekte für die Informatik von wichtiger Bedeutung, um diese Gefahren zu mindern und zu verhindern. „Die Informatik hat hier ein besonders hohes Maß an Verantwortung, da zur Zeit fast kein relevantes Forschungsergebnis denkbar ist, das nicht kriegsführungsrelevant und damit potentiell suizidal ist" (Steinmüller 1993, S. 58). „Da sozial bedingte und im sozialen Diskurs aufgeworfene Probleme beschrieben werden müssen, sind entsprechende sozial- und geisteswissenschaftliche Grundlagen der Informatik zu entwickeln. [...] Die Informatik ist aus wissenschaftlichen und gesellschaftlichen Gründen verpflichtet, sich sozialwissenschaftlichen Fragen zu öffnen, da sie in wachsendem Maß unmittelbar sozial wirksam wird" (Coy 1992, S. 23).

Gestaltung und Nutzung informationstechnischer Systeme sind soziale Prozesse
Ein Computer- oder Softwaresystem kann nicht unabhängig von jenen Menschen betrachtet werden, die es gestalten, benutzen oder die von seinen Auswirkungen betroffen sind. Entwicklung und Nutzung technischer Systeme sind soziale Prozesse. Reinhard Keil-Slawik (2001) betont in diesem Zusammenhang, dass die klassischen Ingenieuerwissenschaften Materialqualitäten behandeln, die unabhängig von ihrem Gebrauch sind, während die Informatik nur in Bezug auf das Handeln von EntwicklerInnen und NutzerInnen agieren kann. „Der Einsatzkontext und das Verständnis des Einsatzkontextes wirken also auf die Informatik zurück. Auswirkungen und Rückwirkungen verschmelzen zu Wechselwirkungen und um genau diese geht es bei Informatik und Gesellschaft" (Keil-Slawik 2001, S. 42). Die Informatik beschäftigt sich nicht mit der Gestaltung technischer Systeme, sondern mit der Gestaltung sozio-technischer Systeme. Forschungsobjekt der Informatik sind durch Informationstechnologien geprägte soziale Systeme. Die Informatik kann daher getrennt von ihrem sozialen Kontext nicht adäquat operieren. Um soziotechnische Systeme geeignet zu gestalten, bedarf es also der Einsicht in die Operationsweise gesellschaftlicher Systeme. Informatik und Gesellschaft ist jener Bereich der Informatik, in dem die Verkopplung von Informationstechnik und Gesellschaft näher untersucht wird. Es ist richtig, dass Informatik und Gesellschaft in diesem Zusammenhang die Aufgabe hat, „geeignete Methoden bereitzustellen und zu erproben, mit deren Hilfe man die Entwicklung soziotechnischer Systeme als Ganzes im Sinne einer Einheit unterstützen kann" (Herrmann 2001, S. 37). Über die mikrosoziologische, organisationstheoretische Betrach-

tungsweise hinausgehend, kommt jedoch noch die Aufgabe hinzu, soziotechnische Systeme, die durch die Informatik entwickelt werden, im gesamtgesellschaftlichen, makrosoziologischen Kontext zu betrachten.

Die Gestaltung der Technik und die Gestaltung der Gesellschaft sind eng gekoppelt

Technik und Gesellschaft sind eng vermascht. Technikentwicklung ist ein gesellschaftlicher Prozess, der Technikeinsatz zieht gesellschaftliche Folgen nach sich. Die Ingenieurwissenschaften vermitteln häufig einen Glauben an die Allmacht der Technik als universeller Problemlöser. Die Konzentration auf technische Fragen blendet die Wechselwirkungen von Technik und Gesellschaft aus. Es muss aber vermittelt werden, dass Technik- und Gesellschaftsgestaltung nicht voneinander trennbar sind, sondern dass Technikgestaltung bestimmte Folgen nach sich zieht, wobei es gilt, unerwünschte Folgen zu erkennen und zu verhindern und erwünschte Folgen zu fördern. Informatik und Gesellschaft soll umgekehrt auch vermitteln, dass eine nachhaltige Gesellschaftsgestaltung mit einer nachhaltigen Technikgestaltung verbunden sein muss.

Der Begriff Informatik (informatique) wurde von der Académie Française vorgeschlagen, um sich von der anglo-amerikanischen Bezeichnung „Computer Science" zu unterscheiden. In ihrer Definition der Informatik weist sie bereits auf die gesellschaftlichen Bezüge dieser Disziplin hin: Informatik gilt dabei als die Wissenschaft der rationalen, vorrangig maschinell unterstützten Verarbeitung von Informationen, die menschliche Fachkenntnisse und Kommunikation in *technischen, wirtschaftlichen und sozialen Bereichen* unterstützen sollen.

InformatikerInnen tragen Verantwortung

Eine nachhaltige, an humanistischen Zielen orientierte Technik ist nur in einer nachhaltigen, menschengerechten Gesellschaftsordnung vorstellbar. Eine derartige Ordnung benötigt für ihre Funktionsweise umgekehrt auch menschengerecht gestaltete und eingesetzte Technologien. Daher ist das Ingenieurshandeln in der Informatik eines, das mit hoher Verantwortung verbunden ist und gesellschaftskritisches Bewusstsein verlangt. Menschen haben Verantwortung für ihr Handeln, die Informatikerin daher Verantwortung für die Auswirkungen des Einsatzes der von ihr geschaffenen und gestalteten Artefakte und für die Verbesserung des menschlichen Daseins durch die Informatik (Capurro 1992, Friedrich et al. 1995, S. 322ff; Gesellschaft für Informatik 1992, Lutterbeck/Stransfeld 1992, Mahr 1992, Schefe 1992). „Nicht der Mensch soll und muss sich den neuen Technologien anpassen, sondern umgekehrt: Die modernen Informations- und Kommunikationstechnologien müssen mit den Erfordernissen einer am Humanismus orientierten gesellschaftlichen, sozialen und persönlichen Entwicklung in Einklang gebracht werden" (Fuchs-Kittowski 2002, S. 89).

Die Informatik ist in die Lösung gesellschaftlicher Probleme und Aufgaben eingebunden, die sich nicht allein mit formalen oder technischen Mitteln lösen lassen. Es bedarf dazu u.a. einer Ethik, einer Gesellschaftstheorie und einer Philosophie der Informatik. „Das Verständnis und die bewusste menschengerechte Gestaltung des Verhältnisses von technischem Automaten und schöpferisch tätigem Menschen, von formalem Modell und der nichtformalen natürlichen und gesellschaftlichen Umwelt wird gegenwärtig immer deutlicher als das philosophische, theoretische und methodologische Grundproblem der Informatik erkannt" (Fuchs-Kittowski 1992, S. 71).

Leider ist die universitäre Ausbildung (nicht nur) im Bereich Informatik noch immer vorwiegend auf die Vermittlung von technischen Skills konzentriert. Auch die industrielle Praxis bietet InformatikerInnen auf Grund der immanenten betriebswirtschaftlichen Orientierung kaum Zeit zur Reflexion und Kritik ihres Tuns. „Die Anforderung an ethisches Handeln steht im Spannungsverhältnis mit anderen Handlungsanforderungen (die sich vor allem aus dem eingegangenen Arbeitsverhältnis ergeben), die erfahrungsgemäß in konkreten Situationen viel stärker das soziale Handeln bestimmen als ethische Überlegungen" (Klischewski 1996, S. 224). Die Verantwortung richtet sich nicht nur auf eine menschengerechte Technik, sondern auch auf eine menschengerechte Gesellschaft. Das zeigt ein Blick in die unmittelbare Vergangenheit. Historisch betrachtet sind die Ingenieurswissenschaften nicht gerade Heimstatt gesellschaftspolitisch verantwortlichen Handelns gewesen – die Rolle der Ingenieure im Nationalsozialismus, bei der Entwicklung der Atombombe und von hochpräzisen, computergesteuerten Vernichtungswaffen sind Beispiele für ein Handeln, das seiner Verantwortung nicht gerecht wird.

<u>Die Informatikberufe brauchen kritikfähige und sozial kompetente Akteure</u>
Studieren sollte (nicht nur im Fach Informatik) über das Erlernen von technischen Skills hinausgehen. „Das Fach Informatik bleibt aber in der technischen (oder theoretischen) Ausbildung stecken und ignoriert die Anwendungen und Kontexte weitgehend" (Coy 2001, S. 46). Informatik und Gesellschaft wird gebraucht, um zur Vermittlung wichtiger sozialer Fertigkeiten wie Fähigkeit zu Kommunikation, Kooperation, Diskussion, Reflexion, Kritik, Präsentation etc. beizutragen. Traditionelle Informatikausbildungen unterscheiden sich negativ von jenen, die „zur interdisziplinären Wissensarbeit und zum diskursiven Konfliktmanagement" (Krohn/Pieper 1999, S. 23) befähigen. Soziale Kompetenzen sind keine Zusatzqualifikationen für InformatikerInnen (und Studierende im allgemeinen), sondern zentrale, integrale Bestandteile eines richtig verstandenen Berufsprofils wie kritischer und verantwortungsbewusster Persönlichkeit im allgemeinen. Insbesondere der Kritikfähigkeit kommt Bedeutung zu. Die Gesellschaft kann sich nur dann nachhaltig entwickeln, wenn sie von kritisch reflektierenden Akteuren gestaltet wird. Die Fähigkeit, vorgegebene Meinungen und Inhalte zu überprüfen und zu hinterfragen, ist keine Selbstverständlichkeit. Bestehende Institutionen und Ideologien fördern immer noch Autoritätsglauben und Entmündigung. In der universitären Ausbildung korrespondiert dies mit der immer stärkeren Konzentration auf Wirtschaftlichkeit und die Vermittlung von ökonomischem Effizienz- und Leistungsdenken.

Paradoxerweise besteht auch ein Antagonismus zwischen ökonomischer Effizienz und Studiengestaltung nach Marktkriterien, da ökonomischer Erfolg eben nicht vorwiegend auf technischen Skills, sondern sozialer Kompetenz basiert. „Informatik und Gesellschaft soll bei den Studierenden das Denken in alternativen Entwürfen fördern, die Einsicht in die Multiperspektivität informationstechnischer Entwicklungslonien. Erkennen der Optionen, die in der Informationstechnik enthalten sind, und Reflektion der mit ihnen verbundenen Leitbilder sind nicht Selbstzweck, sondern Voraussetzung für die Entwicklung von Gestaltungskompetenz bei den Studierenden" (Friedrich 1992, S. 281).

Eine Kritische Informatik ist orientiert an verantwortlichem Denken, dem Ziel einer nachhaltigen, menschengerechten Informationsgesellschaft und der Kritik von Herrschaftsstrukturen (vgl. Cassens/Woinowski 1999).

Die Interdisziplinarität von „Informatik und Gesellschaft"

Dies alles bedeutet: Unter dem Einfluss der genannten praktischen Erfordernisse, die auf eine Berücksichtigung der Technikfolgen für die Gesellschaft, auf die Anerkennung der Technikentwicklung als sozialer Prozess, auf die Wertschätzung der Verantwortung, Kritikfähigkit und sozialer Kompetenz drängen, ist die Informatik gezwungen, sich zu wandeln. Sie nimmt Technikgestaltung und Technikfolgenabschätzung unter dem Label Gestaltungs- und Wirkungsforschung in sich auf und verwandelt sich dabei in ein umfassenderes Fach – in „Informatik und Gesellschaft", in dem die alte, technikzentrierte Informatik zu einer Teildisziplin wird. Denn was „Informatik" ist, bestimmt sich im größeren Zusammenhang „Informatik und Gesellschaft".

Da die Informatik im Fach „Informatik und Gesellschaft" sich selber reflektiert, ist sie notwendig auf die Integration von Mitteln angewiesen, die unterschiedliche Disziplinen zur Verfügung stellen. Sie wird *inter*disziplinär statt bloß *multi*disziplinär.

Die Einheit der Wissenschaften wird über die Problemorientierung erreicht und gesichert und nicht durch Disziplingrenzen gewahrt. Die Einheit der Informatik verdankt sich der einheitlichen Fragestellung: Wie müssen sozio-technische Systeme, die zur Unterstützung der (zwischen- und über)individuellen Informationsverarbeitung gebraucht werden, konzipiert und konstruiert, eingeführt und eingesetzt werden, damit sie gesellschaftlichen Fortschritt ermöglichen?

Hier geht es um die (Wieder-)Herstellung des Werkzeugcharakters der Computer, so er verloren zu gehen droht, um deren (Rück-)Bindung an Zwecke, die sie als Hilfsmittel im allumfassendsten Sinn verstehen.

Wilhelm Steinmüller, der den Begriff „Angewandte Informatik" gegenüber „IuG" bevorzugt, formuliert: „Die Informatik steht sowohl mit den Informationstechniken als auch mit der übrigen Gesellschaft in (unterschiedlichen) Beziehungen. [...] Die Menge dieser Beziehungen ist der Gegenstandsbereich von „IuG". [...] Der formale Gegenstand der Angewandten Informatik ist, was alle Fachinformatiken brauchen, aber weder Kerninformatik noch Fachwissenschaften beisteuern. [...] Der materiale Gegenstand der Angewandten Informatik ist die Erforschung der Gestaltung von technikgestützten Informationssystemen. [...] Angewandte Informatik ist nach dem Bisherigen der beginnende und prinzipiell unendliche Versuch der gesellschaftlichen Bewältigung des Problemfeldes „Beziehungen zwischen den Informationstechnologien bzw. Informationssystemen und Gesellschaft" mit rationalen Mitteln, insbesondere durch sprachliche Rekonstruktion. [...] Die Angewandte Informatik [...] kann insofern umschrieben werden als die Problematik der Beziehungen zwischen technikgestützten Informations- und sozialen Systemen. [...] Objekt der Angewandten Informatik sind Informationssysteme. Gegenstand der Angewandten Informatik ist die wissenschaftliche Modellbildung darüber". (40, 43f, 59, 61f, 69). Einerseits wird hier das Verhältnis von Technik und Gesellschaft zwar angesprochen, andererseits scheint der Schwerpunkt doch einseitig auf der Gestaltungsforschung zu liegen, wobei die Wirkungsforschung vernachlässigt wird.

„Dieses Fachgebiet analysiert die Wirkungen des Einsatzes der Informatik in unterschiedlichen Bereichen und entwickelt Kriterien und Methoden zur Gestaltung sozialverträglicher Informatiksysteme. [...] Zu behandeln sind nicht mehr nur die allgemeinen Beziehungen zwischen Natur, Gesellschaft und Technik sowie die gesellschafts- und menschenangemessene Bewältigung von Technikfolgen. Sozialverträglichkeit und Sozialorientierung müssen ein entscheidendes Kriterium bereits für Gestaltung von Technik sein" (Friedrich et al. 1995, S. 6, 316).

„In den Forschungen des Bereichs ‚Informatik und Gesellschaft' werden weniger isolierte Fragestellungen bearbeitet, wie sie für Untersuchungen herkömmlicher Technik typisch sind, sondern mehr Zusammenhänge zwischen Technik und Benutzern und Betroffenen thematisiert. Der Bereich ‚Informatik und Gesellschaft' konstruiert keine eigenen wissenschaftlich-technischen Objekte, weder materieller noch symbolischer Art. ‚Informatik und Gesellschaft' untersucht vor allem spezifische Fragestellungen, die Artefakte der Informatik in ihrem Verhältnis, den Wirkungen und Folgen zur sozialen Umwelt untersuchen. [...] Als wesentliche Aufgabe des Bereichs ‚Informatik und Gesellschaft' zeigt sich also neben der notwendigen innerwissenschaftlichen, philosophischen und ethischen Reflexion die Reflexion der schnellen und heftigen Wechselwirkungen der Informatik mit der Öffentlichkeit, der Arbeit oder der Kultur. Als Teil der technischen Disziplin Informatik darf der Bereich ‚Informatik und Gesellschaft' nicht bei der Reflexion stehen bleiben. Es ist zur aktiven Gestaltung herausgefordert – ebenso wie zur wachen Bestimmung der Optionen und der Grenzen solchen Gestaltungswillens. Immer neu zu begründendes Ergebnis dieser Reflexion ist das Verhältnis informatischer Anwendungen zu den Grundlagen der Informatik, ebenso wie die Bestimmung des Verhältnisses von Technik zu Wissenschaft im Rahmen der Informatik" (Coy 1996, S. 26).

„Das Fachgebiet befasst sich mit den Wechselwirkungen zwischen Informationstechnik und ihrem Einsatzumfeld mit dem Ziel, die informatikrelevanten Konsequenzen sichtbar zu machen. Das betrifft sowohl die Analyse der Folgen, die mit verschiedenen Gestaltungsalternativen verbunden sind, als auch die Erhebung von Anforderungen, die an die Informatik im allgemeinen und die Systementwicklung im besonderen gestellt werden" (Keil-Slawik 2001, S. 42f).

„Das Fachgebiet Informatik und Gesellschaft befasst sich allgemein mit den Bereichen Anwendungen, Folgen und sozial-orientierte Gestaltung informationstechnischer Systeme" (Herrmann 2001b, S. 4).

IuG ernst zu nehmen, bedeutet, mit der Tatsache zu beginnen, dass Gesellschaften im Informationszeitalter mit einer ungleichen Entwicklung von Wissenschaft und gesellschaftlichen Kräften konfrontiert sind, eine Wissenschaft der Informationsgesellschaft hat sich noch nicht herausgebildet. Die technischen Entwicklungen werden nicht begleitet durch einen qualitativen Fortschritt der wissenschaftlichen, politischen und kulturellen Erkenntnisse in Richtung einer weisen Gesellschaftsgestaltung, die eine Lösung der globalen Probleme bietet. Als eine Wissenschaft der Informationsgesellschaft müsste IuG der praktischen Aufgabe nach vermehrter Problemlösungsnotwendigkeit Rechnung tragen. IuG sollte die Gesellschaft mit Mitteln ausstatten, die deren Problemlösungsfähigkeit hinsichtlich der Herausforderungen verbessern sollte, mit der die Menschen heute konfrontiert sind.

1.3. Informationswissenschaft

Auf der dritten Stufe hebt sich die Informatik auf, indem sie ihre informationswissenschaftlichen Bezüge reflektiert. Es entsteht der Bereich der Informationswissenschaft.

Die Bestimmung der Informatik als mehr als einfach nur multidisziplinär, nämlich als interdisziplinär, als eine Wissenschaft, die auf die Zusammenarbeit zwischen den unterschiedlichsten Einzeldisziplinen angewiesen ist, ohne diese selbst noch in ihrer Arbeitsweise zu verändern, ist u.E. immer noch nicht ausreichend, um ihrem tatsächlichen Charakter gerecht zu werden.

Was hat es damit auf sich, dass der Terminus „Information" in so vielen Wissenschaften Eingang gefunden hat? Besteht hier vielleicht ein Zusammenhang zu den praktischen Anforderungen an die einzelnen Wissenschaften, Problemlösungskapazitäten zur Steuerung und Regelung der verschiedensten Subsysteme des Systems gesellschaftliche Lebensform auf der Erde, des planetaren Systems Menschen–Technik–Natur, bereitzustellen? Hat die Verbreitung des Informationsbegriffes den Hintergrund, dass bei der Steuerung und Regelung von Systemen nicht so sehr die stofflich-energetischen Aspekte der materiellen Einwirkung der Menschen im Vordergrund stehen als vielmehr die informationellen Aspekte der Systemgestaltung? Sind die globalen sozialen Disparitäten – die Disparitäten in der Entwicklung der humanen, der technologischen und der ökologischen Systeme – Ausdruck eines Mangels an informatorischer Steuerungsfähigkeit seitens der Menschen?

Die ausufernde Verwendung der Informationsbegrifflichkeit lässt sich als Indikator dafür werten, dass Zusammenhänge, die auch schon früher gegeben waren, aber noch begrenzte Relevanz besaßen, heute in einem anderen Licht gesehen werden, weil sich deren Stellenwert im realen Gesamtzusammenhang des gesellschaftlichen Lebensprozesses gewandelt und erhöht hat. Es wird also angenommen, dass Informationsprozesse für die gesellschaftliche Entwicklung deshalb von ausschlaggebender Bedeutung geworden sind, weil ihnen im Lichte der gegenwärtigen Herausforderungen Problemlösungskapazität zukommt.

Die wissenschafts- und technologiepolitische Situation der Gesellschaften, die sich an der Schwelle zum „Informationszeitalter" befinden – und das sind nicht nur die hochindustrialisierten Nationen, sondern auch Länder der Dritten und Vierten Welt –, ist von einer schreienden Diskrepanz zwischen der massiven Förderung technologischer Umbrüche in der Informationsinfrastruktur durch staatliche oder regionale Programme auf der einen Seite und dem krasser und krasser zu Buche schlagenden Versäumnis auf der anderen Seite, ein ebenso rapides Wachstum an wissenschaftlich betriebener Einsicht in die Wirkungen, die die Diffusion der modernen Informations- und Kommunikationstechniken in anderen Bereichen der Gesellschaft als in dem ihrer technischen Organisation hat, und in die Grundlagen dieser Wirkungsmöglichkeiten zu erreichen, anstatt die Anstrengungen zur Erfassung und zum Verständnis dieses gesellschaftlichen Wandels in die zweite Reihe zu verweisen. Die politische Rede von der „Informationsgesellschaft", die „Gesellschaft" sagt und zunächst einmal nur „Technik" meint, sieht sich dem Ideologieverdacht und dem Vorwurf ausgesetzt, auf kurze Sicht abgestellte Interessen einiger Akteure einiger Wirtschaftssparten (dem schon so genannten Information Industry Complex) und politischer Kräfte, die sich jetzt auf den, wie es heißt, nationalen Wettbewerbsstaat einschwören und die auch die Fixierung des Sicherheitsdenkens auf den militärischen Faktor nicht zur Disposition stellen wollen, zu kaschieren, solange sie nicht sinnfällig werden läßt, wie diese Technisierungsinteressen mit weiter gesteckten gesellschaftspolitischen Visionen zu vermitteln sind, nachdem der Glaube an die Automatik, daß wissenschaftlich-technische Entwicklung allein schon sozialen Fortschritt nach sich zieht, längst zerbrochen ist. Daten und Wissen, zu denen die Info-Highways bequemeren, schnelleren Zugang versprechen, sind nicht die ultima ratio der Gesellschaft, die da kommen kann. Es ist Weisheit, die eine neue Gesellschaft braucht, um in die Lage zu kommen, die Herausforderungen, die aus ihrer eigenen Entwicklung erwachsen, zu bewältigen, und die sie zu einer „weisen Gesellschaft" macht, die mehr ist als eine bloß verdatete oder wissensbasierte Gesellschaft.

Beachtung verdient, dass dieses Manko bereits in der Hochburg der politischen Sprechweise von der „Informationsgesellschaft" erahnt zu werden scheint und der Bangemann-Bericht, der als exemplarisch für die Linie der EU gelten kann, seit April 1997 von einem Bericht der Generaldirektion Beschäftigung, Arbeitsbeziehungen und soziale Angelegenheiten der Europäischen Kommission mit dem Titel „Eine europäische Informationsgesellschaft für alle" kontrastiert wird, den eine Gruppe hochrangiger Experten unter Vorsitz von Luc Soete erstellt hat, und der die bisherige Vernachlässigung sozialer Aspekte, bedingt durch die Einengung der Fragestellung nach der Informationsgesellschaft auf die Nutzung der Informations- und Kommunikationstechnologien, wettmachen soll. Darin (Europäische Kommission 1997) wird die Rolle der neuen Informations- und Kommunikationstechnologien unter Hinweis auf eine notwendige Unterscheidung von Begriffen wie Daten, Information, Wissen und Weisheit sowie unter expliziter Nennung der Ziele einer sozial- wie umweltverträglichen gesellschaftlichen Entwicklung relativiert. Zwar bestehe eine ihrer Hauptwirkungen „in einer milliardenfachen Kostenreduzierung und Geschwindigkeitssteigerung bei der Speicherung und Übermittlung von Informationen… Auf die Erzeugung und den Erwerb von Wissen, geschweige denn auf den Fundus an menschlicher Weisheit hatten diese neuen Technologien allerdings keine derartigen Auswirkungen (also der 'Extrakt' aus Lebenserfahrung, natur- und gesellschaftswissenschaftlichen Erkenntnissen, Ethik und Philosophie). Es wäre natürlich wünschenswert, daß sich die Gesellschaft immer mehr in eine 'weise Gesellschaft' verwandelt, in der wissenschaftlich belegte Daten, Informationen und Wissensinhalte zunehmend dafür genutzt werden, fundierte Entscheidungen zu treffen, um die Qualität aller Aspekte des Lebens zu verbessern. Ein solche Weisheit würde zur Gestaltung einer mit der Umwelt in Einklang stehenden Gesellschaft beitragen, der das Wohl ihrer Mitglieder am Herzen liegt und die den sozialen und kulturellen Aspekten des Lebens einen ebenso hohen Wert beimißt wie den materiellen und wirtschaftlichen Aspekten. Wir hoffen, daß sich die entstehende Informationsgesellschaft in einer Weise entwickeln wird, die eine solche Vorstellung der Weisheit voranbringt."

Ein wissenschaftlich fundiertes Verständnis in diesem Sinne fehlt. Eine „Wissenschaft von der Informationsgesellschaft" als Wissenschaft für die Informationsgesellschaft gibt es noch nicht. Es gibt aber Informationswissenschaften, die beginnen, sich den drängenden Fragen der Zeit zu widmen.

Dabei muss stets im Auge behalten werden, dass ein neuer Typus von Wissenschaft verlangt ist. Denn die Aufgaben, zu deren Lösung von der neu zu begründenden Informationswissenschaft ein Beitrag erwartet wird, das Gebiet, auf das sich ihre Untersuchungen erstrecken sollen, und die Perspektive, die sie dabei einzunehmen gezwungen sind, sind neu und lassen sich nicht in althergebrachte Schemen der Normalwissenschaft pressen:
1. Es geht um nichts mehr und nichts weniger als die politische Steuerung der Gesellschaft zu einer Zeit, da die alten Steuerungsmechanismen versagen und sich neue Bedingungen der Einflußnahme auf die gesellschaftliche Entwicklung herausbilden;
2. es geht um die breitangelegte und tiefgründige Erfassung der Natur der Krisenerscheinungen der gesellschaftlichen Entwicklung im Zeitalter der Globalisierung der selbstverschuldeten Problemlagen in sozialer, naturaler und technologischer Hinsicht; und
3. es geht um die Veränderung des Denkstils in Richtung einer grundsätzlichen Aufgeschlossenheit für die Berücksichtigung aller Zusammenhänge, die für die Aufklä-

rung des Kausalnexus der globalen Krise und die Wiedergewinnung der Steuerungsfähigkeit relevant werden können.

1.3.1. Das Paradigma der Selbstorganisation

Als ob es eine Regel wäre, dass sich Probleme erst dann stellen, wenn die Mittel für ihre Lösung schon parat sind, ist eine derartig tiefgreifende Revolution schon längst im Gange. Zwar steht dem einheitlichen Begreifen, das so viele der mannigfaltigen Bezüge in die Betrachtung mit einbezieht, wie nötig sind, um die Schritte ergreifen zu können, die die erwünschten Ziele realisieren, ohne dass diese von unerwünschten Nah- oder Fernwirkungen oder Früh- oder Spätfolgen konterkariert werden, vielerorts noch die Zersplitterung in einander fremde und füreinander taube Einzelwissenschaften entgegen. Aber der Drang zur Durchbrechung der von der jeweils eigenen Disziplin gezogenen Grenzen, der Hang zur Transdisziplinarität, und die Suche nach einer gemeinsamen Basis zur Verständigung zwischen den Wissenschaftsbereichen ist unübersehbar geworden. Sie hat einen Namen: „Selbstorganisation".

Selbstorganisation in den Einzelwissenschaften
Tatsächlich vollzieht sich in den Einzelwissenschaften, von den Naturwissenschaften wie der Physik, der Chemie, der Biologie, der Ökologie über die mit den Naturwissenschaften eng liierte Mathematik bis zu den verschiedenen Wissenschaften von der Gesellschaft ein noch bis heute unabgeschlossener Wandel zu Ansätzen, die mit der Begrifflichkeit der Selbstorganisation arbeiten und System- und Entwicklungsdenken in den Vordergrund schieben.

Eingeleitet in den 60er und 70er Jahren mit Entdeckungen und Modellen über synergetische Effekte bei der Selbststrukturierung der Materie im Laserlicht (Haken), das Entstehen dissipativer Strukturen bei chemischen Reaktionen (Prigogine), die Entstehung lebendiger Materiestrukturen in einem Hyperzyklus autokatalytischer Reaktionen (Eigen), die Autopoiese über neuronale Mechanismen verfügender organismischer Strukturen (Maturana und Varela), die Resilienz von Ökosystemen (Holling) und die unterbrochenes Gleichgewicht genannte Sprunghaftigkeit der Evolution der Arten (Eldredge und Gould), angeregt auch durch mathematische Überlegungen zum deterministischen Chaos (Lorenz), zur Katastrophentheorie (Thom) und zur fraktalen Geometrie (Mandelbrot), und fortgesetzt in den 80er und 90er Jahren in weit verstreuten Ansätzen mit Überlegungen zur Soziologie (Luhmann), Wirtschaftswissenschaft (Weise, Blaseio, Bauer und Matis), Politik- und Rechtswissenschaft (Willke, Teubner), Kultur- und Kunsttheorie (Artigiani, Schweitzer), Geschichts- und Zukunftswissenschaft (Mannermaa), aber auch Medizin, Psychologie und Psychotherapie, bricht sich der Impetus zur Verallgemeinerung der Ergebnisse über die Grenzen der eigenen Disziplin hinaus Bahn.

Evolutionäre Systemtheorie
Damit sind die Querschnittswissenschaften in die Verantwortung genommen, die in systemtheoretischen und kybernetischen Beiträgen (Bertalanffy, Rapoport, Foerster) sowie in evolutionstheoretischen Ausführungen (Csányi) die Frage der Einheit der Wissenschaft unter den Bedingungen der Nichtrücknehmbarkeit ihrer arbeitsteiligen Spezialisierung auf die Tagesordnung gesetzt haben.

Mit der Dynamisierung der Systemtheorie und dem Übergang von der sogenannten Systemtheorie I zur Systemtheorie II wie auch von der Kybernetik I zur Kybernetik II auf der einen Seite sowie mit der

Umfangserweiterung des Evolutionsbegriffs auf den gesamten Kosmos auf der anderen Seite rückt eine Theorie offener, nicht-linearer, komplexer, dynamischer, selbst-organisierender Systeme in greifbare Nähe, die nicht mehr die Mechanismen, die Strategien und Steuerungsmöglichkeiten von Systemen zur Aufrechterhaltung oder Erreichung innerer Gleichgewichtszustände (wie die Systemtheorie I und die Kybernetik I) und nicht mehr die Entwicklung der biologischen Arten (wie die Evolutionstheorie nach Darwin) allein thematisiert, sondern die das Werden, Entfalten und Vergehen, also die Entwicklung, gleich welcher Systeme – von der Bildung der frühesten Partikel, von denen die Menschheit Kenntnis hat, über die Entstehung terrestrischer Lebensformen bis zur Ausbildung bestimmter Subsysteme humaner soziotechnischer Systeme – zum Gegenstand ihrer Erkenntnis macht.

Es ist eine Theorie evolutionärer Systeme, die in der Verschmelzung der Systemwissenschaften mit der Theorie von der allgemeinen Evolution ihre Anfänge nimmt.

Philosophie und Selbstorganisation
Was sich allmählich aus den einzelwissenschaftlichen Forschungen und querschnittswissenschaftlichen Untersuchungen zur Selbstorganisation herauskristallisiert, hat nicht zuletzt in der Philosophie seine Resonanz gefunden (Jantsch, Laszlo, Ebeling, Goerner, Kanitscheider, Mainzer), wo an Konzepte der Emergenz (Morgan) und Dialektik (Marx, Engels, Lenin) angeknüpft werden kann, und will auch philosophisch abgesichert sein – Philosophie verstanden als die umfassende (wissenschaftliche) Auseinandersetzung mit Mensch-Welt-Zusammenhängen, Zusammenhängen also, die ubiquitär sind und in die alles und jedes menschliche Handeln eingespannt ist, welches sich in irgendeiner Weise zu ihnen positionieren muss.

Weltbild und Selbstorganisationstheorie: Mechanizismus und Mystizismus
Der weltbildsprengende Charakter der Forschungen zur Selbstorganisation wird allerdings verkannt, wenn versucht wird, die Erscheinungen der Selbstorganisation nach wie vor auf dem Hintergrund des überholten mechanistischen technisch-naturwissenschaftlichen Weltbilds zu interpretieren oder neues Denken als Rückbesinnung auf Weltbilder z.B. fernöstlicher Mystik mißzuverstehen, womit die positivistische Denkweise nur einmal mehr ihre grundlegenden Denkfiguren der Reduktion und der Extrapolation oder Disjunktion reproduziert: Im Falle der Reduktion setzt sie den Mechanizismus absolut, im Falle der Extrapolation verabsolutiert sie umgekehrt den Mystizismus und im Falle der Disjunktion beide gegeneinander und zementiert den Gegensatz zwischen Natur- und Formalwissenschaften auf der einen Seite und den Sozial- und übrigen Wissenschaften auf der anderen, den aufzuheben das Paradigma der Selbstorganisation sich gerade anschickt.

Naturalismus und Positivismus
„Naturalismus" sei dabei jener Kurzschluss genannt, der aus der Existenz von Gemeinsamkeiten zwischen den Natur- und den Gesellschaftswissenschaften folgert, dass diese Gemeinsamkeiten auch das einzige ausmachen, das den Gesellschaftswissenschaften ihre Daseinsberechtigung verleiht. Das vorfindliche Unterschiedliche wird übersehen. Der Naturalismus äußert sich prominent in einem Physikalismus oder einem Biologismus. Als „Kulturalismus" seien jene zwei Kurzschlüsse bezeichnet, die die Gemeinsamkeiten hinwegerklären. Der Anthropomorphismus deduziert Besonderheiten, die nur für die Gesellschaftswissenschaften typisch sind, auch für die Naturwissenschaften. Der Kurzschluss des „Zwei-Kulturen"-Denkens besteht darin,

aus der Existenz von Unterschieden zwischen den Natur- und den Gesellschaftswissenschaften die Nichtexistenz von Gemeinsamkeiten abzuleiten (siehe Abb. ???).

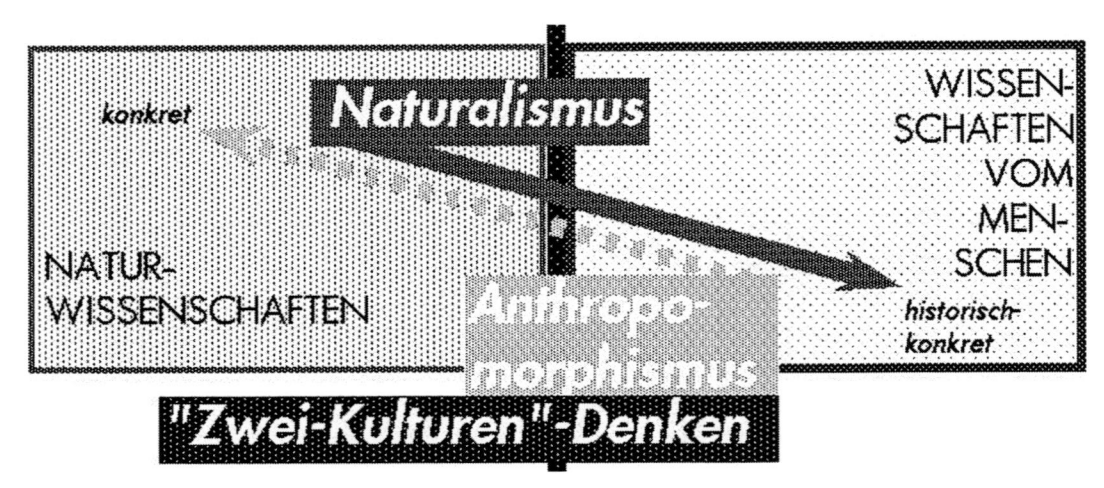

Abb. 1.1: Positivistische Kurzschlüsse

Mechanizismus und Mystizismus schlagen sich in drei Dimensionen nieder:
- einmal erkenntnismethodisch im Vorschlag, wie das Problem der Erklärung und des Verstehens gelöst werden solle,
- einmal als Weltbild in der Bestimmung des Gesamtzusammenhangs und
- einmal als Richtschnur fürs Handeln (siehe Tab. 1.1).

	Vom Maschinenmodell bzw. von der Mystik...	... zum Paradigma der Selbstorganisation
1. als Erkenntnismethode	*Prinzip der vollständigen Ableitbarkeit (Deduktivismus) bzw. Unableitbarkeit*: ANALYSE bzw. SYNTHESE (Reduktion bzw. Ganzheitlichkeit), RATIONALITÄT bzw. ESOTERIK (kausale Erklärung/ Berechnung/ Computersimulation bzw. Verstehen) „hinreichende Bedingung" bzw. „Unabhängigkeit"	*Prinzip der Suche nach der nächsten notwendigen Voraussetzung:* PROZESSDENKEN (Aufsteigen vom Möglichen zum Wirklichen), STRUKTURDENKEN (Aufsteigen vom Abstrakten zum Konkreten) „notwendige, aber nicht immer hinreichende Bedingung"

2. als Weltbild	*Prinzip der vollständigen Bestimmtheit (mechanischer Determinismus) bzw. Unbestimmtheit:* KOSMOS bzw. CHAOS (Notwendigkeit – „Uhrwerk" – bzw. Zufall – „Wolke") „gleiche Ursache – gleiche Wirkung" bzw. „ohne Ursachen"	*Prinzip der Existenz von Propensitäten:* CHAOSMOS: OFFENHEIT, HOLONE (spontan prozessierende Strukturen) „kleine Ursache – große Wirkung"
3. als Richtschnur fürs Handeln	*Prinzip der vollständigen Beherrschbarkeit (Dominionismus) bzw. Unbeherrschbarkeit:* AUFWÄNDIGES EINGREIFEN (Steuerung, Planung) bzw. NICHTEINGREIFEN „Machbarkeit" bzw. „Tabu"	*Prinzip der Gestaltbarkeit:* BEEINFLUSSEN DER EIGENDYNAMIK (Fördern oder Hemmen), SUBSIDIARITÄT „Smart Control durch Anreize oder abschreckende Angebote", „Rahmensteuerung"

Tab. 1.1: Weltanschauungen

Der Mechanizismus
Erkenntnistheoretisch-methodologisch beruht der Mechanizismus auf der strikten Anwendung des Deduktivismus: Erklärungen passieren demnach so, dass zu einem Satz, der eine Erscheinung beschreibt, die erklärt werden soll, passende Sätze gesucht werden derart, dass aus ihrer Konjunktion als Prämissen in einem deduktiven Schluss der gegebene Satz als Konklusion abgeleitet werden kann und von den gefundenen Sätzen dann gesagt werden kann, dass sie sowohl Gesetze, denen die Erscheinung gehorcht, als auch Anfangs- oder Randbedingungen dieser Erscheinung beschreiben; Voraussagen gehen in umgekehrter Denkrichtung von Sätzen über Gesetze und Anfangs- oder Randbedingungen aus und schließen auf einen Satz, in dem eine Erscheinung vorausgesagt wird. Die Schlüsse sind dabei formallogisch zwingend. Erklärt und vorausgesagt wird also durch die Rückführung auf Gesetze und Bedingungen, aus denen sich die Erscheinung wie von selbst ergibt.

Ontologisch bedeutet die Annahme der logischen Notwendigkeit in den (gedachten) Deduktionen die Annahme der realen Notwendigkeit in den (tatsächlichen) Determinationen, bedeutet also die Annahme der Notwendigkeit im Denken die Annahme der Notwendigkeit im Sein. Nicht umsonst wird die Erklärung eines Ereignisses durch formallogische Ableitung auch kausal genannt, weil es als Wirkung einer Ursache verstanden wird, die die Randbedingungen unter der Voraussetzung von Gesetzen darstellen, die in den Prämissen des Schlusses formuliert werden. Die Festlegung auf den strikten Deduktivismus bedingt also die Festlegung auf eine strikte Kausalitätsauffassung, nach der Ursache und Wirkung ontisch so notwendig miteinander verbunden sind wie Prämissen und Konklusionen im formallogischen Schluss. Der Gesamtzusammenhang wird also rein deterministisch, nach Art mechanischer Verursachung, vorgestellt.

Ethisch verunmöglicht ein derartiger Determinismus die Behutsamkeit im Umgang mit der Natur. Da in ihr streng bestimmte Abläufe das Geschehen lenken, bedürfe es nur der Kenntnis der entsprechenden Gesetze, um die Natur vollständig beherrschen zu können. Alles scheint machbar.

Aber erstens muss nicht jedes naturwissenschaftliche Ergebnis automatisch, bruchlos und bedenkenlos in eine Aufforderung zu sozialem Handeln einmünden, z.B. in einer technischen Anwendung realisiert werden. Zweitens müssen sich nicht alle natürlichen Systeme streng deterministisch verhalten. Tatsächlich handelt es sich nur um eine Untermenge aller natürlichen Systeme, in der ausschließlich notwendige Determinationen herrschen. Das sind Systeme, die sich im oder nahe am thermodynamischen/chemischen Gleichgewicht befinden und die „mechanisch" genannt werden können. Und drittens können mechanistische Erklärungen und Voraussagen nur dort angewandt werden, wo sie sich auf genau solche Systeme beziehen.

Der Mystizismus
Der Mystizismus bemüht *erkenntnistheoretisch-methodologisch* das Verstehen anstelle von Erklärungen und Voraussagen, was einer mehr oder minder beliebigen Deutung durch ein Subjekt gleichkommt. Die Methode zum Verständnis orientiert sich an der Hermeneutik und der Phänomenologie. Als verstanden gilt etwas, entweder wenn zwischen diesem Etwas als Unbekanntem und etwas Bekanntem eine Analogie hergestellt worden ist, wobei das, was wir kennen können, letztlich wir selber sind, oder wenn dieses etwas in seinem ureigenen Kontext, so, wie es sich darbietet, ohne Subsumtion unter von außen herangetragenen Maßstäben, beschrieben, erahnt und erfühlt wird.

Ontologisch kann für ihn alles Denkmögliche passieren. Z.B. kann passieren, dass Rahmenbedingungen niederer Art durch Eingriff von oben verändert oder ganz außer kraft gesetzt werden, und damit wird nichts mehr ausgeschlossen. Oder es kann deshalb alles passieren, weil eben von der Nichtexistenz restringierender Einflussnahmen seitens anderer Entitäten ausgegangen wird. Beide Annahmen sind indeterministisch.

Und *ethisch* befürwortet er das Nichteingreifen in natürliche Zusammenhänge, die in irgendeiner Weise heilig seien.

Aber erstens sind Menschen selber Bestandteil und Produkt der Natur und sind als solche gehalten, wie andere Lebewesen auch laufend in der Welt zu agieren und diese damit zu beeinflussen. Zweitens obwaltet nicht der Zufall allein, auch nicht in der sozialen Welt. Und drittens ist das Verstehen wie das Erklären und Voraussagen eine Art des Begreifens und Erfassens von Erscheinungen.

Die Selbstorganisationstheorie als Alternative zu Mechanizismus und Mystizismus
Eine Verbindung zwischen den Bereichen der Natur- und Sozialwissenschaften lässt sich allerdings herstellen, wenn hinter die Bereiche zurückgetreten wird und auf den wesentlichen philosophischen Kern der Ansätze über selbstorganisierende Systeme abgehoben wird. Das entspricht einer Denkweise, die das Verhältnis der Einzelwissenschaften zueinander, der naturwissenschaftlichen Disziplinen zu den sozialwissenschaftlichen, durch die Einbeziehung philosophischer Erwägungen vermittelt, die erlauben, die Einheit der Bereiche zu akzeptieren, ohne deren Unterschiede auszublenden, ihre Unterschiede zu akzeptieren, ohne ihre Einheit auszublenden. Erst über den Umweg der philosophischen Anstrengung wird hier das Konkrete des naturwissenschaftlichen Bereichs bzw. wird das Historisch-Konkrete des sozialwissenschaftlichen Bereichs verallgemeinert, bevor es wieder zum Historisch-Konkreten bzw. Konkreten besondert wird, damit direkte Schlüsse von einem Bereich auf den anderen wie auch gegenseitige Nichterschließbarkeit – allesamt als etwas, das zu Verabsolutierungen führt – vermieden werden können (siehe Abb. 1.2).

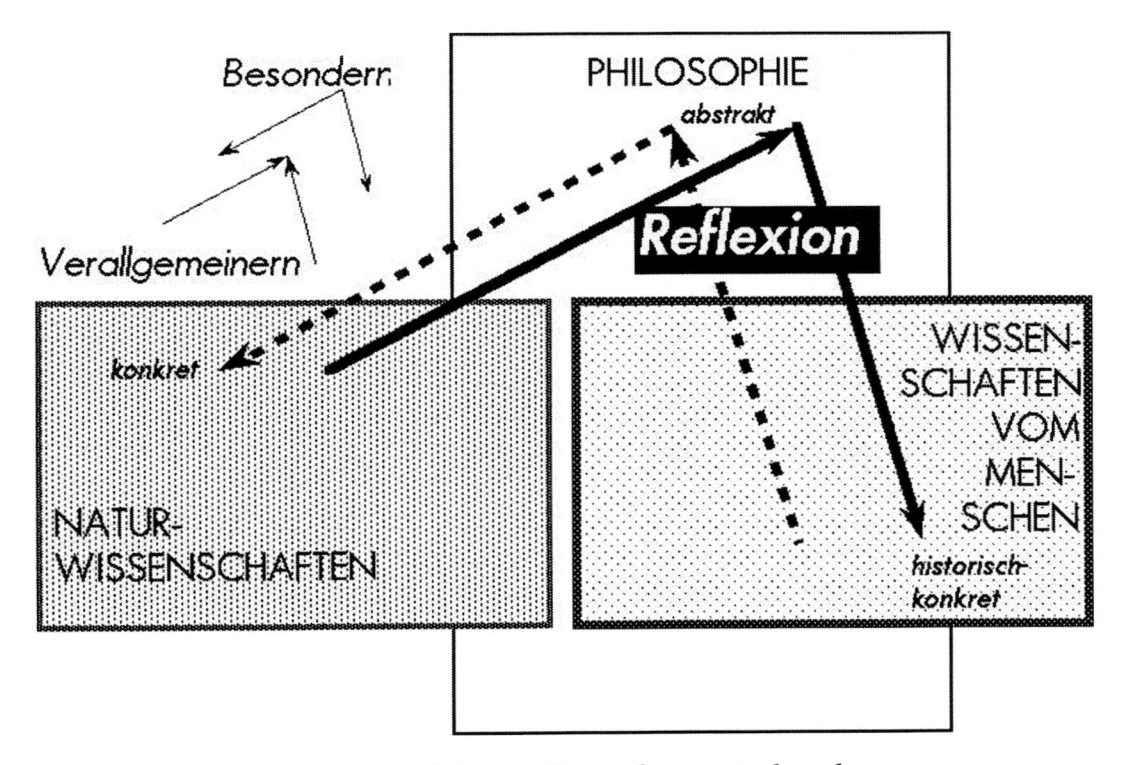

Abb. 1.2: Eine philosophisch reflektierte Vermittlung zwischen den Einzelwissenschaften

Eine derartig konzipierte Theorie der Selbstorganisation fußt auf einem Denken, das mit dem Begriff der Emergenz jeden Reduktionismus, jeden Extrapolationismus und jeden Dualismus hinter sich lässt. Das Problem der Erklärung und des Verstehens beantwortet sie mit einer These von der essentiellen Unvollständigkeit der Erklärung, das Problem der Bestimmung des Gesamtzusammenhangs mit einer These von der systemaren Evolution und das Problem der Begründung menschlichen Handelns mit einer These der Gestaltung.

Epistemologische Aspekte der Selbstorganisation
Was die erkenntnistheoretisch-methodologische Dimension betrifft, geht es sowohl bei der Erklärung bzw. Voraussage als auch beim Verstehen um die Beschreibung von Ereignissen sowie um das Begreifen ihres Eintretens, das dann erzielt wird, wenn ein Aufweis der Bedingungen gelingt, unter denen diese Ereignisse eintreten und denen eine am Eintreten der Ereignisse beteiligte Rolle zugeschrieben werden kann. Hier können zwei Fälle unterschieden werden. Das eine Mal schränken die Bedingungen auf genau eine Möglichkeit der Verwirklichung ein. Der Eintritt der Ereignisse ist eine Folge, die mit Notwendigkeit geschehen muss. Das andere Mal schränken sie auf eine Mehrzahl von Realisierungsmöglichkeiten ein. Der Eintritt der Ereignisse ist ein Geschehen, das zwar zufällig erfolgt, aber beim Fehlen der Bedingungen verunmöglicht wäre. Damit werden die entsprechenden Bedingungen als notwendige Bedingungen charakterisiert. Beide Male ist die Rolle der Bedingungen eine einschränkende wie eine ermöglichende. Selbstorganisation heißt, dass im betreffenden Gegenstandsbereich Prozesse angenommen werden, die ohne Außen-, ohne Fremdsteuerung, sondern spontan vor sich gehen, wobei das Resultat dieser Prozesse nicht vorweggenommen werden kann, weil es bei Wiederholung variiert, selbst wenn alle Bedingungen konstant gehalten werden. Aufgrund dessen ist das Schema der formallogischen Deduktion nicht geeignet, eine Erklärung oder Voraussage eines Phänomens der Selbstorganisation in Form einer zwingenden Schlussfolgerung aus gesuchten oder gegebenen Voraussetzungen bereitzustellen. Insofern muss jeder Versuch einer Erklärung oder Voraussage essentiell, d.h. dem Wesen der Sache nach und nicht bloß infolge unzureichenden Wissens um Bedingungen, vielmehr wegen prinzipiell nicht beibringbarer Bedingungen, unvollständig bleiben. Es ist aber umgekehrt möglich, mit den Voraussetzungen den Möglichkeitsraum aufzuspannen und abzustecken, innerhalb dessen die festgestellten oder erwarteten Phänomene liegen müssen. Wenn ein Verständnis der Existenz einer Erscheinung dann als erreicht angenommen werden mag, wenn die Möglichkeit ihrer Existenz abgeklärt ist, dann werden Erklärung und Voraussage zum Sonderfall des Verstehens, der dann eintritt, wenn über die Herleitung der Möglichkeit hinaus auch noch die Herleitung der Wirklichkeit der Existenz einer Erscheinung gelingt. Im Falle selbstorganisierender Phänomene ist das Verstehen jedoch immer eine essentiell unvollständige Erklärung.

Ontologische Aspekte der Selbstorganisation
Ontologisch verweist das Selbstorganisationsparadigma auf eine essentielle Unvollständigkeit der Determinationen des Geschehens, damit das Entstehen von Neuem Platz greifen kann. Dieser weiche Determinismus heißt weder Indeterminismus noch das Bestehen bloßer Erkenntnislücken. Er ist eine Auffassung, die den Zufall auf der einen Seite nicht zur objektiv waltenden Regellosigkeit macht und auf der anderen

Seite nicht zur subjektiv nicht erkannten Notwendigkeit, sondern ihn als Moment der objektiven Unbestimmtheit innerhalb der objektiven Bestimmtheit begreift: Auch wenn alles mit allem zusammenhängt, so muss, ja kann nicht jedes von jedem in gleicher und z.B. notwendiger Weise bestimmt werden. Weicher Determinismus heißt die Anerkennung der Existenz flexiblerer Kausalbeziehungen neben den starren mechanischen Ursache-Wirkungs-Verhältnissen, die sich der Tatsache verdankt, dass selbstorganisierende Systeme in ihrer Bewegung objektiv nicht vollständig bestimmt sind, was sich in Alternativen zeigt, vor die sie laufend gestellt werden, und in welchen Fällen es den Systemen selber zukommt, eine Auswahl zu treffen. Evolution entsteht durch das Ineinandergreifen der Bewegungen der Systeme und ihrer Entwicklungspfade. So wird in einer noch auszuarbeitenden Theorie evolutionärer Systeme die Realität als Gesamtheit der Bewegung auseinander hervorgegangener, sich gegenseitig beeinflussender und auch weiterhin in Entwicklung befindlicher Systeme begreifbar. In dieser Sicht von der systemaren Evolution ist die Welt als ein System von Systemen zu verstehen, das sich selbst organisiert, d.h. aus eigener Kraft hervorgebracht hat und weiter hervorbringt. Die Systeme haben Subsysteme untergeordnet und sind selber Subsysteme übergeordneter Supersysteme, zusammen bilden sie eine geschichtete Struktur derart, dass die Systeme, die in späteren Abschnitten des Entwicklungsprozesses entstanden sind, mehr und höhere Ebenen umfassen und die, die älter sind, weniger und niedrigere. Die höheren Entwicklungsstufen der Systeme beruhen also auf den niederen prozessual wie strukturell: Die niederen spannen Möglichkeitsräume der niveaugleichen Weiterentwicklung auf sowie, wenn die Erfüllung systemspezifischer Funktionen an Grenzen stößt, der Höherorganisation der Systeme auf eine nächste Ebene, die von den Systemen realisiert werden können oder auch nicht. Die niederen Entwicklungsstufen bilden quasi potentielle Vorstufen für Höherentwicklungen, determinieren diese aber nicht vollständig.

Ethische Aspekte der Selbstorganisation
Dieser weiche Determinismus bietet auch die Grundlage für eine Natur- und Sozialwissenschaft übergreifende Sicht, was die ethische Dimension anlangt. Als handelnde Subjekte stehen wir immer schon in Situationen, in denen wir uns für oder gegen das Ausführen bestimmter Handlungen entscheiden müssen. Für ihre Entscheidungen müssen wir aber anerkennen, dass den Systemen, mit denen wir es zu tun haben, eine Eigendynamik zukommt, die sich ausnützen lässt. Die Eigendynamiken können gefördert oder gehemmt werden. Das bedeutet Gestalten der Systeme, Modifizieren der Abläufe und einen realistischen und umsichtigen Umgang mit ihnen.

Selbstorganisation eines Systems lässt sich im folgenden allgemeinen Schema visualisieren (siehe Abb. 1.3): Im System lassen sich eine Mikro- und eine Makroebene unterscheiden, auf der ersten sind die Teile, auf der letzten ist das Ganze angesiedelt. Die Teile bewirken durch ihr kohärentes Verhalten, dass eine bestimmte Qualität des Ganzen emergiert, und umgekehrt dominiert diese bestimmte Qualität des Ganzen das weitere Verhalten der Teile, wirkt auf es zurück. Beide Wirkungen – die von unten nach oben wie die von oben nach unten – sind nicht eineindeutig determinierend, sondern lassen Spielräume frei.

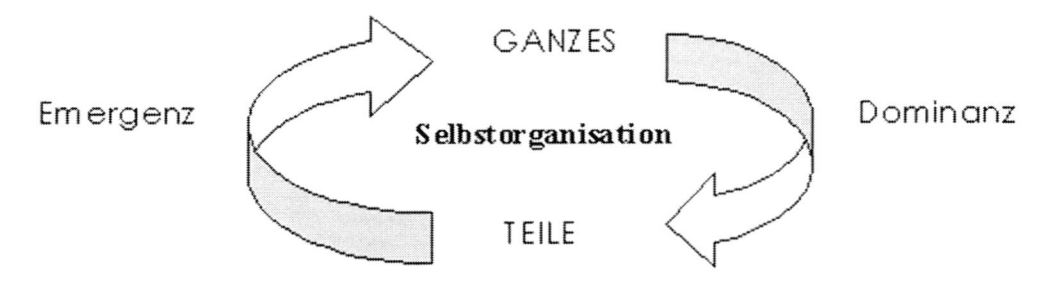

Abb.1.3: Selbstorganisation

1.3.2. Vereinheitlichte Theorie der Information

Eine über das Paradigma der Selbstorganisation integrierte Informationswissenschaft und eine sich als Teil einer solchen Informationswissenschaft begreifende Informatik müssten sich durch folgende Aufgaben, Gegenstände und Methodiken auszeichnen.

Die Aufgabe der Informationswissenschaft

Auf dem Feld der Steuerung der Informationsgesellschaft (Governance) müsste sie dem Bedarf an der Gewinnung der Handlungsfähigkeit gegenüber den globalen Problemen, der angesichts der gesellschaftlichen Tendenzen zur Fragmentierung, Heterogenisierung und Desintegration exorbitant gestiegen ist, entgegenkommen.

Der Term „Governance" stammt ursprünglich aus dem Bereich der Internationalen Beziehungen. Er eignet sich aber vorzüglich dazu, die neue Qualität der „Steuerung" (ein Begriff, der auf die Frühphase der Kybernetik zurückgeht und falsche Assoziationen wecken kann – als ob die Gesellschaft eine Art Maschine wäre, die einfach zu steuern ist) zu unterstreichen.

Die Durchsetzung von Maßnahmen zur Entschärfung dieser Probleme bedeutet die bewusste und gezielte Einflussnahme auf gesellschaftliche Prozesse mit Hilfe gesellschaftlicher Mittel und Wege, also in irgendeiner Weise die Lenkung der Gesellschaft (durch die Gesellschaft selber), auch wenn die alten Formen der Kontrolle und Regelung gescheitert sind, weil sie den komplexen Charakter der gesellschaftlichen Zusammenhänge nicht zur Kenntnis genommen haben. Die neuen Formen der Governance zu identifizieren, um die Problemlösungskapazität der Informationsgesellschaft zu erhöhen, ist die vordringliche Aufgabe eines integrativen Typs der Informationswissenschaft als Wissenschaft für die Informationsgesellschaft (siehe Abb. 1.4).

Die Wechselbeziehung zwischen (Informations-)Gesellschaft und (Informations-)Wissenschaft (als einer ihrer Teilbereiche) ist dabei rückbezüglich zu sehen, als ein Kreislauf von gesellschaftlichen Anforderungen und wissenschaftlichen Antworten, der prinzipiell nicht zur Ruhe kommt. Auch wenn der Durchbruch zu zeitgemäßen Formen der Lenkung der gesellschaftlichen Entwicklung durch eine vernunftgeleitete informationswissenschaftbasierte Praxis gelingen sollte, der einem Quantensprung in der Steuerungsfähigkeit der (Welt-)Gesellschaft gleichkommen wird, ist kein Stillstand zu erwarten. Die Geschichte endet nicht und wird die Menschheit vor immer neue Probleme stellen. Diese zeigen sich in Schranken, aber auch in Möglichkeiten, in Risken, aber auch in Chancen, die aus den gesellschaftlichen Verhältnissen, zu denen das gesellschaftliche Verhalten gerinnt, jedenfalls erwachsen. Der Schritt zurück in die Wissenschaft, in die theoretische Reflexion, hat die Funktion, den Einfall zu provozieren (denn eine Automatik, die von den Problemen zur Erkenntnis ihrer Lösung führt, gibt es hier nicht), der die Praxis derart zu informieren verspricht, daß sie die Gelegenheit ergreifen und das Problem lösen kann. Ob sie das auch tut, ist nicht garantiert (denn auch hier gibt es keine Automatik). Unerwartete Folgen können sich einstellen.

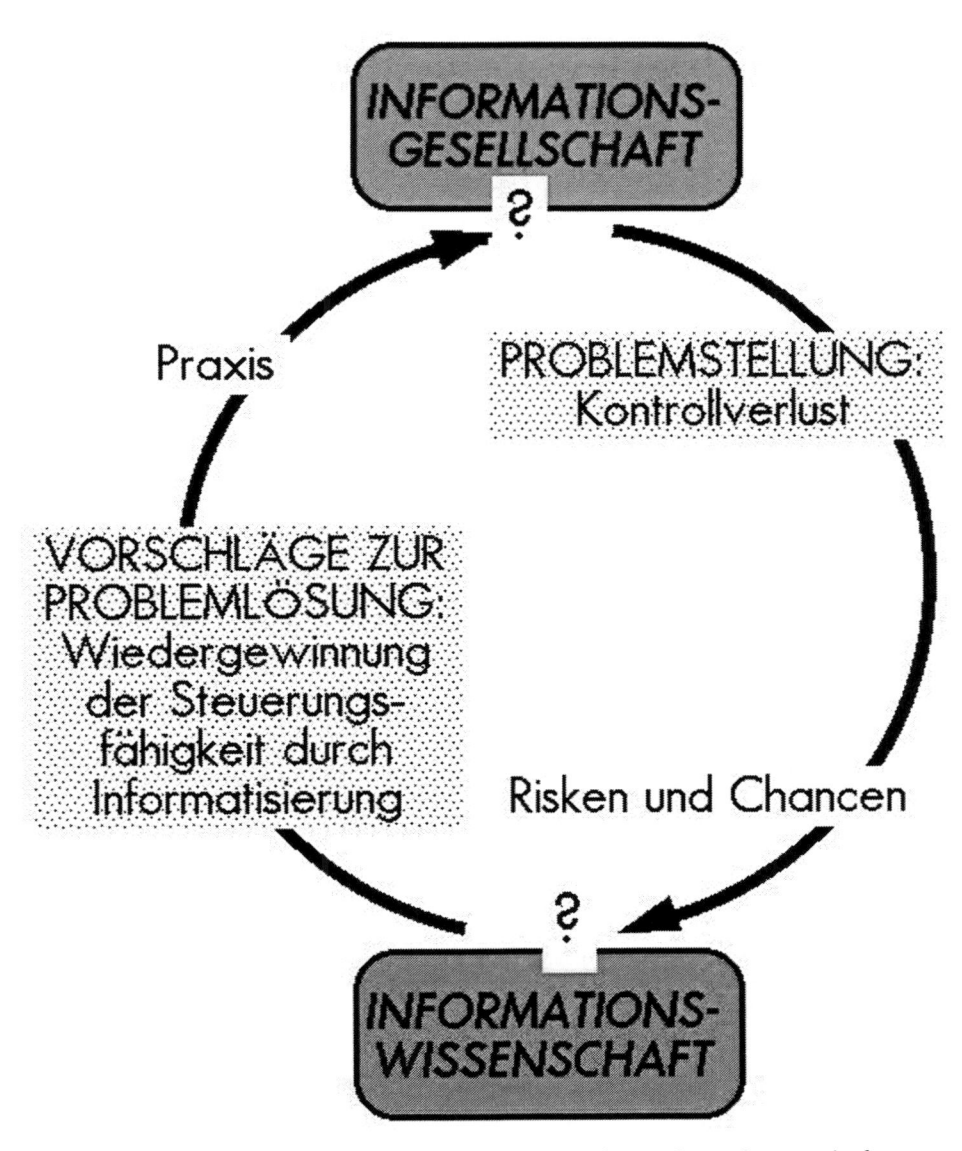

Abb. 1.4: Gesellschaftlicher Auftrag einer integrierten Informationswissenschaft

Als Wissenschaft von der Informationsgesellschaft wird sie davon auszugehen haben, dass Steuerungsprozesse Informationsprozesse sind, dasss die Gesellschaft ein System ist, in dem Informationsprozesse stattfinden, und dass der im Auf- und Ausbau befindlichen informationstechnischen Infrastruktur eine Rolle als gesamtgesellschaftliches Medium dieser Informationsprozesse zukommt. Die modernen Informations- und Kommunikations-, die mediamatischen Techniken sind also in einem engen Zusammenhang mit dem Steuerungsbedarf der Informationsgesellschaft zu sehen.

James R. Beniger hat diesen Zusammenhang 1986 so herausgestellt: Die Industriegesellschaft habe eine derart gewaltige Steigerung des Stoff- und Energieflusses nach sich gezogen, dass der Gesellschaft die Kontrolle über diese Flüsse zu entgleiten drohte. Die Computerrevolution habe den Sinn, diese Kontrolle wieder herzustellen. Die Informatisierung ist daher nicht als bloß historisch zufällige Verbreitung der Informations- und Kommunikationstechnologien zu werten, sondern als Ausdruck, Moment und Mittel eines tiefer liegenden Veränderungsprozesses der Gesellschaft.

Theorien, die in der elektronischen Vernetzung die Nervenstränge eines zukünftigen Global Brain erblicken, müssen das Augenmerk auf die Frage lenken, welche Fähigkeiten sie dem Bewusstsein attestieren wollen, das seinen Sitz in dem im Entstehen begriffenen menschheitlichen Superorgan haben soll: ein Vermögen, die Krisenerscheinungen so vollzählig wie möglich zu beobachten und zu dokumentieren, oder ein Vermögen, kausale Zusammenhänge zwischen den verschiedenen Faktoren, die die Krise bedingen, herzustellen, oder schließlich ein Vermögen, das Subjekt Menschheit zu befähigen, Schlussfolgerungen für ein krisenadäquates Handeln zu ziehen.

Die Aufgabe der Informatik als Teil der Informationswissenschaft

Die Probleme, zu deren Lösung die Informatik im neuen Paradigma beigetragen kann, werden als eine gesellschaftliche Unfähigkeit unterstellt, das Gesellschaftssystem als ganzes oder die menschlichen, die technischen, die natürlichen Systeme als Teile dieses Ganzen so zu steuern und zu regeln, dass die Aufrechterhaltung des Gesamtsystems und seiner für das Überleben der Menschheit kritischen Funktionen gewährleistet wird bzw. das System als ganzes auf einem stabilen Pfad nachhaltiger Entwicklung gehalten wird.

Computeranwendungen sind als Bestandteil solcher großen Lösungen zu begreifen. Die Einheit der Informationswissenschaften entsteht so durch die einheitliche Definition der zu behandelnden Probleme als *Steuerungs- und Regelungsprobleme sozialer Systeme*.

Der Gegenstand der Informationswissenschaft

Auf dem Feld der theoretischen Erfassung der globalen Problematik müsste der integrative Charakter der Informationswissenschaft in der Behandlung der Gefahren, die das Funktionieren des Systems Gesamtgesellschaft bis zu dem Punkt bedrohen, an dem seine weitere Aufrechterhaltung nicht mehr gewährleistet ist, als Störungen im Zusammenspiel der voneinander abhängigen gesellschaftlichen Subsysteme zum Ausdruck kommen (siehe Abb. 1.5).

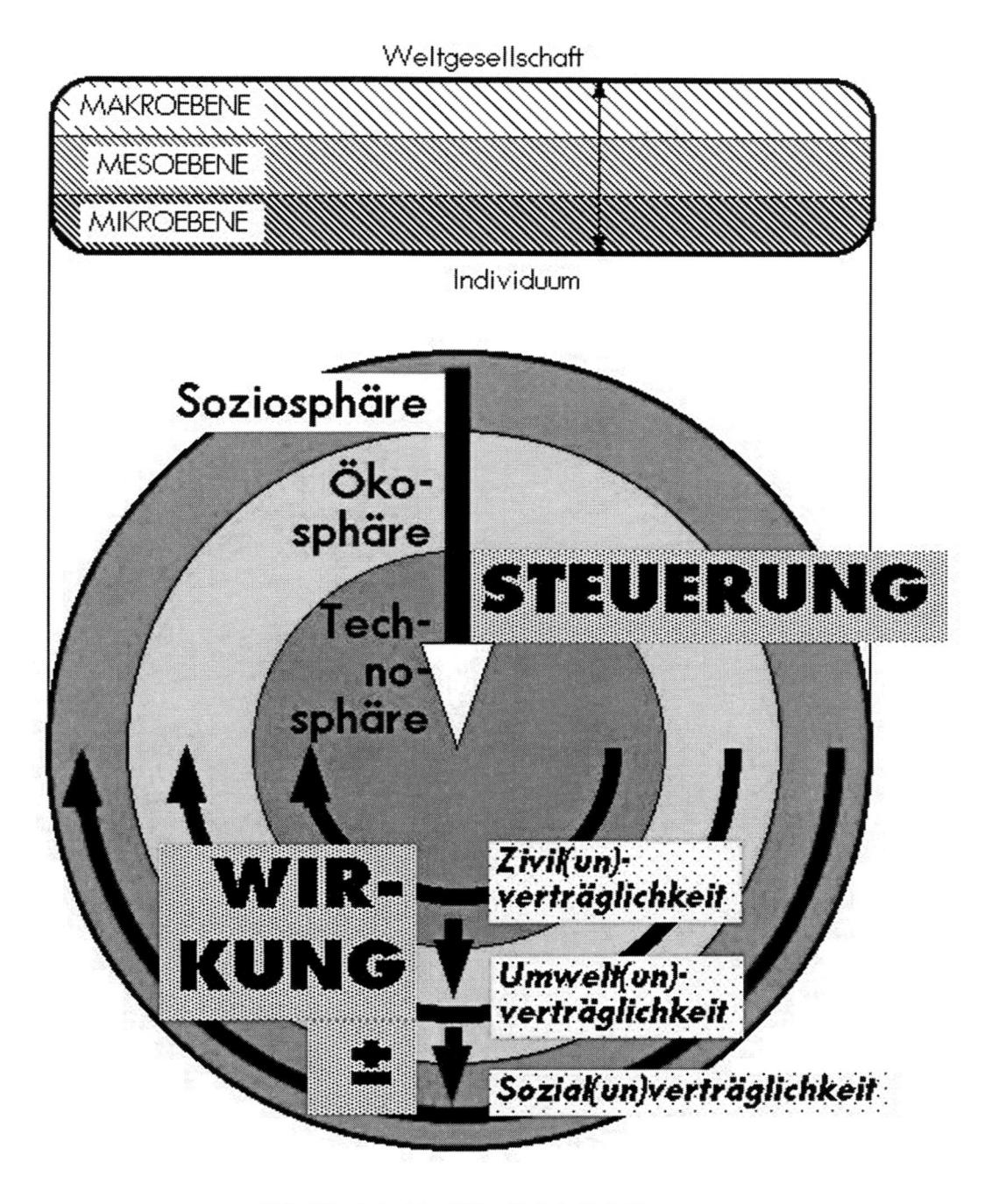

Abb. 1.5: Untersuchungsgebiet einer integrierten Informationswissenschaft

Dabei wird sie in Rechnung zu stellen haben, dass Soziosphäre, Ökosphäre und Technosphäre Systeme sind und Subsysteme haben, die Informationsprozesse aufweisen, die in letzter Instanz auf materiellen, energetischen Prozessen beruhen, und dass zwischen Teilsystemen und Gesamtsystemen Informationsprozesse vor sich gehen. Fehlfunktionen auf der Ebene des gesellschaftlichen Gesamtsystems sind dann als Irritationen in den Informationsprozessen in oder zwischen den Teilsystemen oder zwischen ihnen und dem Gesamtsystem anzusehen.

1. Die *empirische* Untersuchung all dieser Informationsprozesse,
2. ihre theoretische Verallgemeinerung zu *speziellen* Informationstheorien, die das Informationsgeschehen von Systemen in Abhängigkeit davon, ob sie in der Soziosphäre, in der Ökosphäre oder in der Technosphäre angesiedelt sind, beschreiben und erklären, wie
3. ihre theoretische Verallgemeinerung zu einer *allgemeinen* Informationstheorie, die die allgemeinen Züge eines Informationsgeschehen welchen Systems auch immer beschreibt und erklärt, und
4. die Klärung der Auswirkungen der mit der Mediamatik erfolgenden Technisierung dieser Informationsprozesse, also der Informatisierung der Soziosphäre, der Informatisierung der Ökosphäre und der Informatisierung der Technosphäre, und die Beantwortung der Frage, ob, und wenn ja welche, neuen Möglichkeiten der Einflussnahme dadurch entstehen, sind die wesentlichen Fragestellungen einer Informationswissenschaft neuen Typs, was den Erkenntnisgegenstand betrifft.

Mit anderen Worten: All jene Beziehungen in und zwischen realweltlichen Systemen, deren Kenntnis für die Lenkung der Gesellschaft eine Vorbedingung darstellt, bilden das Untersuchungsobjekt dieser Informationswissenschaft. Das betrifft den anthropogenen Eingriff in diese Systeme, ihre Steuerung, ihre Gestaltung (ihr Design). Und das betrifft die Folgen dieses Eingriffs, dessen Wirkungen. Gestaltung und Wirkungen werden zum Gegenstand der Betrachtungen, wo sie die Leistungsfähigkeit der Systeme, ein menschenwürdiges Leben zu ermöglichen, ihre Funktionsweise und ihren Gesamtzusammenhang und damit Fragen der Sozial-, der Umwelt- und der Zivilisationsverträglichkeit oder -unverträglichkeit tangieren. Diese Zusammenhänge erstrecken sich von der Ebene des menschlichen Einzelwesens bis zur globalen Ebene.

Der Gegenstand der Informatik als Teil der Informationswissenschaft

Untersucht werden im neuen Paradigma spezielle Eigenschaften aller Systeme, die in irgendeiner Weise Subsysteme des globalen gesellschaftlichen Systems sind, nämlich die Eigenschaften, Informationen zu erzeugen, zu speichern, zu verarbeiten, zu verteilen, sowie der Beeinflussbarkeit durch gesellschaftliche Eingriffe offenzustehen und Rückwirkungen materieller oder informatorischer Art auf die Menschen auszuüben.

Das heißt nicht, dass all die betroffenen Systeme rein informationserzeugende, -speichernde, -verarbeitende und -verteilende Systeme sind. Das heißt nur, dass sie es auch sind – daneben bleiben sie stofflich-energetische Systeme –, aber dass sie genau in dieser Eigenschaft das Untersuchungsobjekt der Informationswissenschaften bilden. Die Einheit der Wissenschaft zeigt sich also auch in der Einheit des Gegenstands: Die Informationswissenschaften beschäftigen sich mit *informationsverarbeitenden Systemen*, gleichgültig, ob es sich um technische, humane oder natürliche handelt; die Informatik untersucht die technischen als Teilklasse der Klasse aller natürlichen und gesellschaftlichen informationsverarbeitenden Systeme.

Die Methodik der Informationswissenschaft

Auf dem Gebiet der gesamthaften Betrachtungsweise müsste sich diese Wissenschaft einer transdisziplinären Methodologie befleißigen. Eingedenk der Notwendigkeit, sich mit Informationsprozessen in und zwischen Systemen unterschiedlichster – sozialer, ökologischer und technologischer – Art auseinandersetzen zu müssen, kann auf Methoden unterschiedlichster – einzelwissenschaftlicher oder philosophischer – Art nicht verzichtet werden. Dabei würde sie aber zu keiner multidisziplinären Wissenschaft werden, die mit einem Sammelsurium diverser Methoden arbeitet, von denen einmal die eine, ein anderes Mal die andere zur Anwendung käme. Sie würde auch nicht als interdisziplinär in dem Sinne gelten, dass verschiedene Methoden zusammengespannt würden, ohne dass diese sich gegenseitig beeinflussen. Transdisziplinarität heißt, dass durch das Zusammenwirken mehrerer Methoden jede von ihnen sich verändert und neue entstehen, dass alle aber eint, dass sie einen gemeinsamen Gesichtspunkt haben: was sie wann und wo auch immer aufdecken sollen, sind Informationsprozesse (siehe Abb. 1.6).

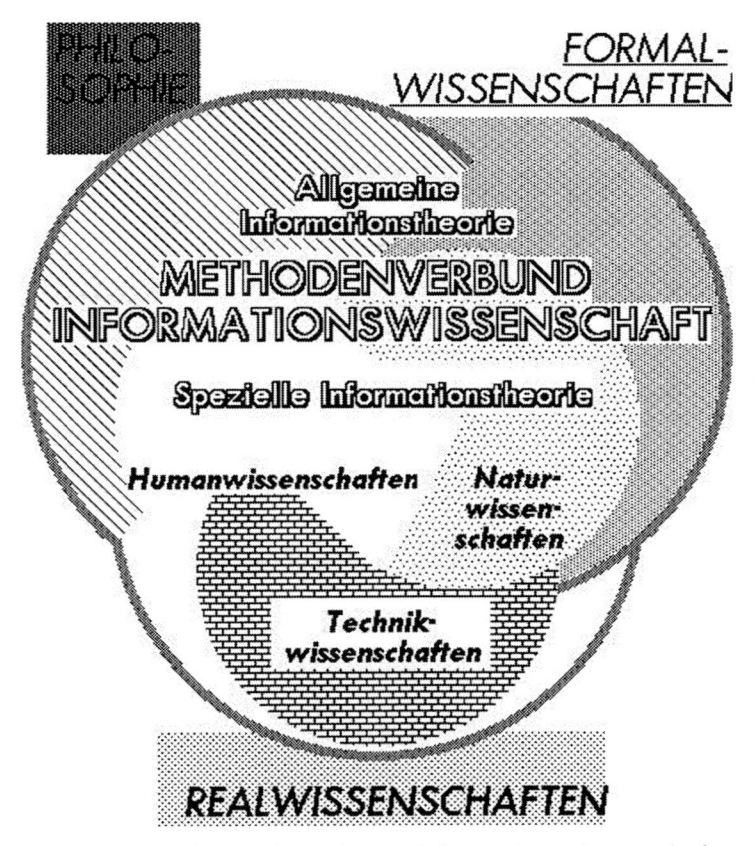

Abb. 1.6.: Methodenverbund einer integrierten Informationswissenschaft

Die Methodik der Informatik als Teil der Informationswissenschaft

Die Wege und Mittel zur Erkenntnis informationsverarbeitender Systeme lassen einen inneren Zusammenhang des neuen Paradigmas erkennen. Die Einheit wird nicht zuletzt über die Methode gestiftet. Die *allgemeinen* Züge jedweder informationsverarbeitenden Systeme werden mit philosophischen und formalwissenschaftlichen (systemtheoretischen, mathematisch-logischen) Methoden erfasst, was endlich die vermisste *allgemeine Informationstheorie* zum Resultat haben kann, aber eben als allgemeine Theorie informationsverarbeitender Systeme, als Grundlage der Informationswissenschaften und nicht nur der Informatik.

Diese allgemeinen Eigenschaften treten je nach materieller Erscheinungsebene physikalisch, chemisch, biotisch, kulturell *unterschiedlich ausdifferenziert* an den Tag – und hier werden Methoden der Physik, Chemie, Biologie und Kulturwissenschaften als Besonderung und Konkretion der allgemeinen Methoden gebraucht, um eine *spezielle Informationstheorie* aufzustellen, eine Theorie bestimmter Typen informationsverarbeitender Systeme. Die Methoden der Realwissenschaften transzendieren dabei die Disziplingrenzen untereinander wie die zu den Formalwissenschaften und der Philosophie. Die Informatik erforscht mit diesen innerlich zusammenhängenden Methoden Seiten sozio-technischer Systeme als bestimmte Seiten informationsverarbeitender Systeme überhaupt, wobei die Unterschiede zu anderen Systemen formalwissenschaftlich und philosophisch vermittelt sind.

Die Transdisziplinarität der Informatik als Teil der Informationswissenschaft

Wenn all dem so ist, dann ist die Informatik der Keim, aus dem ein neues Paradigma aufzugehen scheint: das Paradigma der „Informationswissenschaft", und die Informatik gewinnt dann eine neue Identität als Teil dieser Informationswissenschaft.

Die Informatik ist nicht nur multi- und wird nicht nur interdisziplinär. In der Informationswissenschaft würde sie sich im dreifachen Sinne des Wortes „Aufhebung" wiederfinden:

- Erstens würde mit dem bisherigen Informatik-Betrieb aufgehört, weil die Schwierigkeiten, zu wissen, was dieser Wissenschaft ihre Identität verschafft, beseitigt wären;
- zweitens würde die Informatik aufbewahrt, weil sie nach wie vor eine Wissenschaft mit einer klaren Aufgabenstellung, einem abgegrenzten Gegenstandsbereich und einer spezifischen Methodik wäre, nämlich die Wissenschaft von den künstlichen Informationssystemen;
- aber drittens würde sie auf eine höhere Stufe gehoben, sie würde ihren Horizont erweitern, weil sie sich als Teil einer umfassenderen Ganzheit begreifen könnte, als Wissenschaft, die sich einer speziellen Form universeller Zusammenhänge der Informationsverarbeitung widmet.

Die Informatik wäre dann ebenso *trans*disziplinär wie die Informationswissenschaft, deren Teil sie würde.

Literatur:

Bauer, F.L. (1988) *Informatik und Informationstechnik – Ein Gegensatz?* Informatik-Spektrum 11/1988: 231

Bibel, W./Siekmann, J. H. (1994) *Informatik und Intellektik als zukünftiges Zwiegespann.* KI 1/1994: 16–22

Buder, M./W. Rehfeld/T. Seeger (Hrsg.) (1990) *Grundlagen der praktischen Information und Dokumentation, Ein Handbuch zur Einführung in die fachliche Informationsarbeit.* München.

Busse, J. et al. (Hrsg.) (1999) *Inhalte, Kontexte und Mediendidaktik in „Informatik und Gesellschaft".* Universität Tübingen. Wilhelm Schickard Institut für Informatik.

Capurro, R. (1992) *Die Herausforderung der Informatik für die Praktische Philosophie.* In: Coy et al. (1992), S. 343-354

Cassens, Jörg/Woinowski, Jens (1999) *Kritische Informatik – Versuch einer Begriffsbildung.* In: Bittner, Peter/Woinowski, Jens (Hrsg.) (1999) *Mensch – Informatisierung – Gesellschaft.* Münster. LIT. S. 115-139.

Coy, W. u.a. (Hrsg.) (1992) *Sichtweisen der Informatik.* Braunschweig. Vieweg.

Coy, W. (1992) *Für eine Theorie der Informatik!* In: Coy et al. (1992), S. 17-32

Europäische Kommission (1997) *Eine europäische Informationsgesellschaft für alle. Abschlußbericht der Gruppe hochrangiger Experten.* htttp://www.ispo.cec.be/hleg/hleg.html

Floyd, C./Fuchs, C./Hofkirchner, W. (Hrsg.) (2002) *Stufen zur Informationsgesellschaft, Festschrift zum 65. Geburtstag von Klaus Fuchs-Kittowski.* Frankfurt. Peter Lang

Friedrich, J. et al. (Hrsg.) (1995) *Informatik und Gesellschaft.* Heidelberg/Berlin/Oxford. Spektrum.

Fuchs-Kittwoski, Klaus (1992) *Theorie der Informatik im Spannungsfeld zwischen formalem Modell und nichtformaler Welt.* In: Coy et al. (1992), S. 71-82.

Fuchs-Kittwoski, K. (2002) *Wissens-Ko-Produktion. Verarbeitung, Verteilung und Entstehung von Informationen in kreativ-lernenden Organisationen.* In: Floyd/Fuchs/Hofkirchner (2002), S. 59-125

Gesellschaft für Informatik (Fachbereich „Informatik und Gesellschaft"), *Informatik und Verantwortung.* In: Coy et al. (1992), S. 311-326

Herrmann, T. (2001) *Informatik und Gesellschaft an der Universität Dortmund.* In: FIfF Kommunikation, 4/2001. S. 35-39

Keil-Slawik, R. (2001) *Von Informatik und Gesellschaft zum Kontext der Informatik.* In: FIfF Kommunikation, 4/2001. S. 39-45

Keller, A. (1982) *Allgemeine Erkenntnistheorie,* Urban, Stuttgart 1982

Klischewski, R. (1996) *Anarchie: Ein Leitbild für die Informatik: Von der Grundlagen der Beherrschbarkeit zur selbstbestimmten Systementwicklung.* Frankfurt. Peter Lang

Knuth, D.E. (1987) *Computer Programming as an Art,* ACM Turing Award Lectures, New York, S. 33–46

Krohn, W./Pieper, S. (1999) *Informatik und Gesellsschaft à la Bielefeld. Einen „One-Best-Way" von IuG-Inhalten und –Didaktik wird es kaum geben.* In: Busse et al. (1999), S. 22-24

Kuhn Th. (1967) *Die Struktur wissenschaftlicher Revolutionen.* Frankfurt/Main. Suhrkamp.

Luft, A.L./Kötter, R. (1994) *Informatik – eine moderne Wissenstechnik.* Mannheim etc.

Lutterbeck, B./Stransfeld, R. (1992) *Ethik in der Informatik – Vom Appell zum Handeln.* In: Coy et al. (1992), S. 367-378

Mahr, B. (1992) *Zur Diskussion um die Verantwortung in der Informationstechnik.* In: Coy et al. (1992), S. S. 355-360

Newell, A./Simon, H. (1987) *Computer Science as Empirical Enquiry: Symbols and Search.* ACM Turing Award Lectures, New York. S. 287–313

Schefe, P. (1992) *Theorie oder Aufklärung? Zum Problem einer ethischen Fundierung informatischen Handelns.* In: Coy et al. (1992), S. 327-334

Schefe, P. u.a. (Hg.) (1993) *Informatik und Philosophie.* Mannheim

Steinmüller, W. (1993) *Informationstechnologie und Gesellschaft.* Einführung in die Angewandte Informatik. Darmstadt. Wissenschaftliche Buchgesellschaft

Tschirschwitz, R (2002) *Informatikentwicklung in der DDR – nicht nur weiße Flecken.* In: Floyd/Fuchs/Hofkirchner (2002), S. 161-182

Weizsäcker, C.F.v. (1971) *Die Einheit der Natur.* München.

Zemanek, H. (1991) *Weltmacht Computer – Weltreich der Information.* Esslingen.

2. Information[40]

Der Informationsbegriff
Noch gibt es aber keinen einheitlichen, von der Mehrheit der Wissenschaftstreibenden anerkannten Informationsbegriff. Übereinstimmung scheint es hingegen darin zu geben (siehe Tab. 1), von Informationsprozessen in der Gesellschaft grundsätzlich auf drei Gebieten zu sprechen:

1. auf dem Gebiet des Erkenntnisgewinns und der Ideenproduktion durch gesellschaftliche Subjekte (Kognition),
2. auf dem Gebiet des Austauschs von Erkenntnissen und des Verkehrs gesellschaftlicher Subjekte über Ideen (Kommunikation) und
3. auf dem Gebiet gemeinsamer Aktionen, zu deren Durchführung die gesellschaftlichen Subjekte Erkenntnisse und Ideen in Einklang bringen müssen (Kooperation).

Der ingenieurwissenschaftliche Bias der Informatik, der kultur-/geisteswissenschaftliche Touch der verschiedenen Gesellschaftswissenschaften, die sich Informationspro-

---

40. Dieses Kapitel ist eine überarbeitete und erweiterte Fassung des Artikels Fuchs/Hofkirchner (2002)

zesse zum Thema machen, und der gesamthafte Charakter einer integrativen informationswissenschaftlichen Sicht treten in den Antworten zutage, die auf die Fragen nach dem Zustandekommen der Kognition, der Kommunikation und der Kooperation gegeben werden.

Das Capurrosche Trilemma

Die Antworten müssen sich dabei einer logischen Situation stellen, die anderswo das "Capurrosche Trilemma" getauft worden ist (Fleissner/Hofkirchner 1995). Capurro sieht drei Möglichkeiten, den Informationsbegriff zu fassen, die allerdings allesamt nicht zufrieden stellen können: Entweder bedeutet der Informationsbegriff in allen Wissensbereichen

Informationsbegriffe		KOGNITION	KOMMUNIKATION	KOOPERATION
SYNONYMIE		*Objektivismus: Information als Ding*		
		Modell der Informations(auf-nahme und -)verarbeitung in kognitiven Systemen	Modell der Informationsübertragung zwischen kognitiven Systemen	Modell der Speicherung (und Verteilung, Nutzung) von Information durch miteinander kommunizierende kognitive Systeme
ANTISYNONYMIE	ANALOGISTISCHES DENKEN	*Subjektivismus: Information als Eigenschaft*		
	ÄQUIVOKATION	Modell der autonomen Informationsentstehung in kognitiven/kommunizierenden/kooperierenden Systemen		
THESE VON DER VERMITTLUNG DER GEGENSÄTZE		*Subjekt-Objekt-Dialektik: Informierung als Relation*		
		These von der Einheit der Entstehung und Verarbeitung der Information	These von der Einheit der Entstehung und Übertragung der Information	These von der Einheit der Entstehung und Speicherung der Information

Tab. 2.1: Informationsbegriffe

1. genau dasselbe: Wären die in den verschiedenen Wissenschaften gebräuchlichen Informationsbegriffe synonym, dann müsste das, was "Information" genannt wird,

etwa auf die Welt der Steine (Physik) im selben Sinn zutreffen wie auf die Welt der Menschen (Psychologie etc.). Dagegen sprechen aber gute Gründe, die die qualitativen Unterschiede zwischen diesen Welten ins Treffen führen. Diese Möglichkeit scheidet damit aus.

2. oder nur etwas ähnliches: Angenommen, die Begriffe seien analog. Welcher der verschiedenen Informationsbegriffe sollte dann das PRIMUM ANALOGATUM, den Vergleichsmaßstab für die übrigen, und mit welcher Begründung abgeben? Wäre es z.B. der Informationsbegriff einer Wissenschaft vom Menschen, müsste in Kauf genommen werden, zu anthropomorphisieren, wenn nicht-menschliche Phänomene behandelt werden wollen, d.h. fälschlicherweise Begriffsinhalte von einem Bereich – hier dem menschlichen – auf einen anderen zu übertragen, wo sie nicht passen, etwa behaupten zu müssen, dass die Atome miteinander reden, wenn sie sich zu Molekülen verbinden usw. Eine Konsequenz, die zu verwerfen ist. Aus diesem Grund kommt auch diese Möglichkeit nicht in Betracht.

3. oder jeweils etwas ganz anderes: Wenn die Begriffe äquivok wären, also gleichlautende Worte für unvergleichbare Designate, stände es schlecht um die Wissenschaft. Sie gliche dem Turmbau zu Babel, die Fächer könnten nicht miteinander kommunizieren, so wie Kuhn das auch von einander ablösenden Paradigmen annimmt, die Erkenntnisobjekte wären disparat, wenn überhaupt abgrenzbar. Also ist auch die letzte Möglichkeit unbefriedigend.

Nichtsdestotrotz erfreuen sich die Varianten der Synonymie, des Analogismus und der Äquivokation einer großen Anhängerschaft.

Information als Ding (Objektivismus)
Der noch am meisten verbreitete Fall eines synonymischen Informationsbegriffs ist die Vorstellung, Information sei ein Ding. Dieses Ding sei in allen Kontexten gleichartig, ob es sich nun um Vorgänge der humanen Kognition, der Humankommunikation, der humanen Kooperation oder um Vorgänge in nichtmenschlichen Bereichen handle – Vorgänge, die an oder mit diesem Ding Information ablaufen. Bei der Kognition wird demnach Information aufgenommen und verarbeitet, bei der Kommunikation übertragen und bei der Kooperation gespeichert, abgerufen, verteilt, verwertet. Dies ist ein objektivistischer Informationsbegriff, der seine technikwissenschaftliche Herkunft nicht verleugnen kann.

Information als Eigenschaft (Subjektivismus)
Die von soziologischen, psychologischen, sprachwissenschaftlichen u.a. Lehren inspirierte eindrucksvolle Gegenposition zum dinghaften Begriff der Synonymie ist die Vorstellung, dass gewisse Systeme die Eigenschaft haben, aus sich heraus "Information" erzeugen zu können. Das im deutschen Sprachraum bekannteste Exempel für eine derartige Auffassung, die eine Nähe zur erkenntnistheoretischen Strömung des sogenannten radikalen Konstruktivismus aufweist, stammt vom deutschen Soziologen Niklas Luhmann. Danach enthalte die Umwelt keine Information. Information sei nicht etwas, was darauf warte, erfasst zu werden. Sie könne auch nicht übertragen werden. Zur Information komme es nur dann, wenn in einem System innere Restrukturierungen vorgehen. Die eigenen inneren Zustände würden aufgrund der eigenen

inneren Zustände verändert. Deshalb heißen solche Systeme selbstreferentielle Systeme. Dies ist ein subjektivistischer Standpunkt.

Dualismus
Der Unterschied zwischen der Position des Analogismus und der, dass Äquivokationen vorlägen, besteht darin, ob von der Existenz eines bestimmt gearteten Informationsgeschehens bei den einen Systemen auf die Existenz eines gleichgearteten Informationsgeschehens bei anderen Systemen geschlossen wird oder ob die Annahme eines nicht-überbrückbaren Unterschieds dies verhindert. Relevant wird diese Differenzierung beispielsweise bei Fragestellungen wie: Können Computer denken? Haben Tiere Bewusstsein?

Information als Verhältnis (Dialektik)

Das Capurrosche Trilemma kann freilich nicht aufgelöst werden, solange an der Tradition der formalen Logik festgehalten wird. In der dialektischen Tradition gelten allerdings Gegensätze nicht als starr und Dinge, Eigenschaften und Relationen als ineinander überführbar (siehe z.B. bei Uemov 1965).

Ein vereinheitlichter Informationsbegriff ist denkmöglich. Um weder an der Suche nach einer Weltformel scheitern zu müssen noch mit der subjektiven Beliebigkeit der Projektionen zwischen den unterschiedlichsten Gebieten jeden allgemeingültigen Anspruch aufgeben zu müssen noch im Fachidiotentum weiter dahin vegetieren zu müssen, braucht es einen Begriff, der flexibel genug ist, um auf der einen Seite einen Inhalt zu besitzen, den alle konkreten Beschäftigungen mit dem Informationsgeschehen gemeinsam thematisieren, weil er sich auf Charakteristika bezieht, die sich in den verschiedenen Manifestationen der Information wiederholen, und um auf der anderen Seite einen für die jeweilige Untersuchung einmaligen Inhalt mit zu umfassen, einen, der die einzigartigen Züge des konkreten Informationsgeschehens reflektiert, sodass die in den verschiedenen Einzelwissenschaften gebrauchten Begriffe vergleichbar wie unterscheidbar werden, weil und indem sie Gleiches wie den Unterschied beinhalten. Gesucht ist also ein einheitlicher Informationsbegriff, der Allgemeines und Besonderes miteinander vermittelt – das Allgemeine als die gesetzmäßigen, notwendigen Bestimmungen jeglichen Informationsgeschehens und das Besondere als diejenigen Bestimmungen, die bei der konkreten Erscheinungsform hinzutreten und die unverwechselbaren Eigentümlichkeiten des je nach Gegenstandsbereich variierenden Informationsgeschehens ausmachen, wobei Allgemeines und Besonderes mit der Betrachtungsebene variieren.

Ein Begriff, der sich die Dialektik von Allgemeinem und Besonderem zu Eigen macht, kann die trilemmatische Situation aufbrechen. Und er behandelt die objektive Seite und die subjektive Seite des Informationsgeschehens nicht als getrennt, sondern als zusammengehörige, aufeinander hinweisende und aufeinander angewiesene Gegensätze. Die Dialektik von Subjekt und Objekt besagt hier, dass Information immer nur in einem Verhältnis des Subjekts zum Objekt existiert, dass Information zwar immer im Subjekt entsteht, dass Information immer aber auch eines Objekts bedarf. So werden die Informationserzeugung im Subjekt und die diesen Prozess auslösende Rolle des Objekts in der Kognition, Kommunikation und Kooperation als miteinander vermittelbar vorgestellt.

Der Zusammenhang von Information und der Gestaltung gesellschaftlicher Verhältnisse

Etymologie
Der Begriff "Information" kommt vom lateinischen "informatio", das so viel wie "Vorstellung" einerseits und "Erläuterung" andererseits bedeutet. Das Verb "informare" hatte im Lateinischen mehrere Sinngehalte:
1. formen, gestalten
2. jemanden unterrichten, durch Unterweisung bilden
3. etwas schildern
4. sich etwas denken

In unserer heutigen kapitalistischen Gesellschaft, in der Wissen als eine systematisierte, organisierte und integrierte Form der Information eine wesentliche Produktivkraft darstellt und die als Informationsgesellschaft bezeichnet werden kann, ist vor allem die verdinglichte Information im Gespräch. Information als Ware wurde zu einem neuen Fetisch der bürgerlichen Gesellschaft: Ein Verständnis von Information als soziale Kategorie im Sinne der Formung und bewussten Gestaltung der Gesellschaft wird bestenfalls auf einem Nebenschauplatz der Gesellschaft gepflegt. Vorherrschend ist ein technischer Reduktionismus, dem es vorwiegend um die profit- und warenförmige Nutzung von Wissen und Information in Form der lukrativen Nutzung von I&K- und Computer-Technologie geht.

Im deutschen Sprachraum ist Information im Sinn von Gestaltung weitgehend unbekannt, da im 15. Jahrhundert vor allem Information im Sinn des lateinischen "informare" als "belehren" und "schildern" in den Sprachgebrauch übertragen wurde. "informare" als "formen, eine Gestalt geben" blieb weitgehend unberücksichtigt. Im Zeitalter der Industriegesellschaft diffundierte der Informationsbegriff aus dem Lateinischen in die Nationalsprachen und erhielt einen alltagssprachlichen Inhalt, der nicht mehr alle mittelalterlichen Bedeutungen umfasste. In pädagogischer Hinsicht trat mit dem Aufkommen der neuzeitlichen Philosophie und Wissenschaft die humanistische Seite der Information als Bildung der Menschen zum Schönen und Guten gegenüber der rationalistischen Seite zurück, die den intellektuellen Vorgang der Mitteilung von Wissen betonte. Im juristischen Bereich wurde der Begriff gebraucht, um die Ermittlung von Wissen zu kennzeichnen.

Damit war der Boden bereitet für die schließliche Verarmung der Begriffsbedeutung von der Bezeichnung für den Vorgang der Wissensmitteilung und Wissensermittlung auf die alleinige Bezeichnung dessen, was da mitgeteilt oder ermittelt wird. Diese Entleerung des Informationsbegriffs hat mit seiner Verkürzung zur Charakterisierung all dessen, was nachrichtentechnisch übertragbar ist, also zum Synonym für die "Nachricht", dazu geführt, dass er etwas bezeichnet, was vormals dem Begriff der Botschaft (aggelia) vorbehalten war. Wurde Botschaften anfänglich himmlische Herkunft unterstellt, die in einem vertikalen Prozess von Götterboten und Engeln auf die Erde herab überbracht wurden, so sind sie nun verweltlicht worden. Sie werden in einem horizontal aufgefassten Austausch zwischen den Menschen, zwischen Menschen und Maschinen und nicht zuletzt zwischen und in den Maschinen selber vorgestellt.

Information und Gestaltung (Design)
Angesichts der globalen Probleme, die inzwischen zu Überlebensproblemen der Menschheit geworden sind, erscheint eine grundsätzliche gesellschaftliche Richtungsänderung, die einen Umgang mit diesen Problemen liefern kann, notwendig. Eine deterministische Steuerung der geschichtlichen und damit der menschlichen sowie sozialen Evolution wird angesichts des Scheiterns gesellschaftlicher Steuerungsparadigmen immer unwahrscheinlicher. Angesichts der Erkenntnisse der Selbstorganisationstheorie, die zeigen, dass kleine Ursachen große Wirkungen haben können, und dass bijektive und somit lineare Ursache-Wirkungs-Relationen nur in einfachen, mechanischen Systemen möglich sind, während in komplexen Systemen Ursachen viele Wirkungen und Wirkungen viele Ursachen haben können, erscheint eine derartige Lenkung immer unrealistischer. Nichtsdestotrotz wäre es jedoch möglich, die Evolution bewusst zu gestalten, indem der menschlichen Entwicklung im Rahmen einer sozialen Systemgestaltung bewusst eine Richtung gegeben wird. Bela H. Banathy bringt die Notwendigkeit einer sozialen Systemgestaltung zu einer bewussten, nichtdeterministischen evolutionären Richtungsgebung folgendermaßen auf den Punkt: "Faced with a massive evolutionary transformation, with a change in the nature of change itself, we must recognize that incremental adaptations or restructuring of our existing systems are not working for us. We must realize that we have to transform our systems [...] The mechanism for this kind of change is social systems design applied on a broad and comprehensive scale. To be able to accomplish this, however, we individually and collectively have to develop competence in design so that we can begin to give direction to our evolution" (Banathy 1996).

Evolution sollte dabei nicht als der Fortgang der Entwicklung durch das Überleben der Stärkeren angesehen werden, sondern als Transformation und Wandel von Systemen, d.h. ihrer Elemente, Strukturen, Zustände ihres Verhaltens. In diesem Sinn kann die Definition in der Enzyklopädie der Kybernetik gesehen werden, in der Evolution als "the accumulative transformation of systems undergoing irreversible changes" (François 1997) gefasst wird

Eine bewusste Gestaltung der Informationsgesellschaft hieße somit eine Neuinterpretation der vergessenen Bedeutung des lateinischen "informare" als "formen" und "gestalten". Ein wissenschaftlich fundiertes Verständnis von Information fehlt. Eine einheitliche Theorie der Information könnte einer Neuinterpretation Rechnung tragen und an der Schaffung von Weisheit beteiligt sein, die eine neue Gesellschaft braucht, um in die Lage zu kommen, die Herausforderungen, die aus ihrer eigenen Entwicklung erwachsen, zu bewältigen.

Nach dieser Taxonomie verschiedener Informationsbegriffe sollen im folgenden einige Vorstellungen davon, was Information sein könnte, diskutiert werden. Dabei wird der Bezug zur Einteilung in objektivistische (Synonymie), subjektivistische (Analogismus), dualistische (Äquivokation) und dialektische (Vermittlung von Gegensätzen) Informationsbegriffe hergestellt.

2.1. Objektivismus

2.1.1. Der nachrichtentechnische Informationsbegriff von Shannon und Weaver (1949[41])

Im Mainstream der Informatik wird Information vorwiegend im nachrichtentechnischen Sinn von Claude E. Shannon und Warren Weaver (Shannon/Weaver 1949) verstanden. Das entsprechende Informationsmodell, das aus den 40er-Jahren stammt, fasst

---

41. 1949 veröffentlichten C. Shannon und W. Weaver "A Mathematical Theory of Communica-tion" (Shannon/Weaver 1949)

Information auf einer rein syntaktischen Ebene mit ihrer Übertragung als wesentliches Moment.

Informationsübertragung

Der Übertragungsvorgang wird dabei in mehrere Teile zerlegt:
1. Ein Sender/eine Informationsquelle Q versendet eine Nachricht
2. Diese wird durch einen Transmitter T kodiert und in einen Kanal eingespeist
3. Der Kanal ist das Medium der Übertragung, beispielsweise ein Netzwerkkabel bei der computergestützen, binärbasierten Kommunikation oder der Schall bei der oralen Kommunikation. Bei dieser Übertragung kann es zu einer Störung durch eine Störquelle S kommen. Unter Umständen kommt also ein falsches Signal an.
4. Ein Receiver R empfängt das Signal, dekodiert es und leitet es an das Ziel Z/die Informationssenke weiter.
5. Die dekodierte Nachricht kommt bei ihrem Ziel Z an.

Entropie

In diesem Modell wird versucht, den Informationsgehalt einer Nachricht zu quantifizieren. Eine Nachricht verringert Unsicherheit beim Empfänger: Der Erhalt beseitigt die Unsicherheit, um welche syntaktischen Kombinationen es sich handelt. Das Shannonsche quantitative Informationsmaß ist die Entropie einer Nachricht, die eine mittlere Unsicherheit der Vorhersage des Eintreffens einer Nachricht einer bestimmten Länge angibt. Die Entropie ist ein Maß für die Unsicherheit auf der Seite des Empfängers, dass er eine Nachricht mit einer gewissen Länge erhält. Je mehr Zeichen der Sender zur Verfügung hat, desto größer ist die Entropie, d.h. die Ungewissheit seitens des Empfängers. Jedes potentiell auftretende Zeichen (bei der digitalen Kommunikation 0 oder 1) wird dazu mit einer Auftrittswahrscheinlichkeit belegt. Mathematisch kann dies so ausgedrückt werden, dass jedes Zeichen x_i mit einer Auftrittswahrscheinlichkeit p_i belegt wird. Der Informationsgehalt eines einzelnen Zeichens ist gegeben als . Sind n Zeichen vorhanden und die Auftrittswahrscheinlichkeit ist gleich verteilt, so ergibt sich für den Informationsgehalt:

$$h_i = -\text{ld}(1/n) = \text{ld}(n)$$

Ist eine Nachricht der Länge m gegeben, so wird die Entropie H, d.h. der mittlere Informationsgehalt der Nachricht, folgendermaßen berechnet:

$$H = \Sigma\,(\,i = 1 \ldots m\,,\,p_i * h_i\,)$$

Dieses nachrichtentechnische Modell reduziert Information auf eine rein syntaktische Ebene, der inhaltliche Aspekte eines Zeichens, d.h. seine Bedeutung, wird explizit ausgeklammert. Es kann z.B. nicht erfasst werden, ob eine Nachricht für ein Individuum sinnvoll, sinnlos, wertvoll, wertlos, wahr, falsch, nützlich, unnützlich, angenehm, unangenehm, usw. ist und ob/welche Anschlussreaktionen ausgelöst werden. Auch unterschiedliche Bedeutungen von Zeichen können in einem rein syntaktischen Modell nicht behandelt werden. Ein altes ägyptisches Schriftzeichen hat i.d.R. sehr wenig Bedeutung, da ich es nicht verstehen kann, während es für eine/n Archäologin/Archäologen wesentlich neue Einsichten liefern kann. Es steht auch ein Verständnis dahinter, dass Information reduktionistisch in kleinste Teilchen (z.B. 1 Bit) zerlegbar ist und sich eine Nachricht aus der Summe dieser Teile zusammensetzt. Ein emergenzphilosophisches Verständnis hingegen sieht die Bedeutung eines Satzes oder der Kombination mehrerer Symbole als neue Qualität, die nicht auf die einzelnen Satzteile reduziert werden kann. Roland Barthes (1974) beispielsweise analysiert

Mythen als Aussagen, bei denen der Sinn der verwendeten Symbole in den Hintergrund tritt, während durch das Zusammenwirken der Symbole eine neue Bedeutung kreiert wird, die im Vordergrund steht. Diese neue Bedeutung vermittelt mehr als das getrennte Betrachten der einzelnen Symbole, sie emergiert aus deren Zusammenspiel.

Informatik und Nachrichtentheorie

Der Mainstream der Informatik ist mit einem doppelten Reduktionismus konfrontiert: Einerseits werden die gesellschaftlichen Bezüge, d.h. das wechselseitige Verhältnis von Technik und Gesellschaft, permanent ausgeblendet. Andererseits wird die I&K-Technologie immer mehr zum vorherrschenden wissenschaftlichen Objekt der Informatik. Und dies gilt auch für jene Bereiche wie Computer Supported Cooperative Work (CSCW), Human Computer Interaction und diverse techniksoziologische Ansätze, die gesellschaftliche Aspekte der Informatik explizit miteinbeziehen. Angebrachter erschiene uns vielmehr ein erweitertes Verständnis, das Informatik nicht ausschließlich als Computer Science fasst, sondern vielmehr eine informationswissenschaftliche Perspektive (Information Science) einnimmt. Darunter wäre nicht die ursprüngliche Bedeutung von Informationswissenschaft als Bibliothekswissenschaft zu verstehen, sondern eine evolutionäre, dialektische und interdisziplinäre Herangehensweise, die einen vereinheitlichten Informationsbegriff in Betracht zieht, der Information in verschiedenen Systemen sowie die damit verbundenen qualitativen Unterschiede und Transformationen fasst. Seit der Etablierung der "Informationstheorie" wird "Information" weitgehend mit "Nachricht" gleichgesetzt, nämlich mit dem, was in Shannons Kanalmodell übertragen wird. Diese Verdinglichung der Information kann daher als eine Variante der Synonymie angesehen werden. Dieses Verständnis geht davon aus, dass Information in allen Systemen das gleiche bedeutet: Es wird nahegelegt, dass sie in allen Kontexten als Nachricht auftritt. Das Modell Shannons und Weavers hat in der wissenschaftlichen Praxis der Informatik heute zwar keinen zentralen Anwendungsaspekt, nichtsdestotrotz ist es symptomatisch für das verdinglichende Selbstverständnis der meisten Bereiche dieser Disziplin, die eine dialektische Herangehensweise an den Informationsbegriff ausschließen, indem sie sich ausschließlich mit der Entwicklung der Computer- und Informationstechnologie und deren Anwendungen beschäftigen.

2.1.2. Norbert Wiener

Die klassische Kybernetik (Kybernetik I genannt) entstand in den 40er-Jahren und war ingenieursorientiert. Es ging um die Planung und Konstruktion mechanistischer Systeme wie Raketensteuerungen oder Computer. Im Mittelpunkt standen Steuerung, Kontrolle, negative Rückkopplungen und die Erhaltung von Gleichgewichtszuständen. Ihr bedeutendster Vertreter war Norbert Wiener. Er ging davon aus, dass Kognition bei Menschen und Maschinen gleich funktioniert, d.h. das Gehirn funktioniere wie ein Computer. Das Gehirn wurde als eine Maschine angesehen, die durch mathematische und logische Funktionen erklärbar ist (vgl. Wiener 1961). In Bezug auf den Informationsbegriff ging Wiener davon aus, dass der Informationsgehalt eines Systems mit seinem Organisationsgrad steigt, d.h.: Je stärker ein System organisiert ist, desto mehr Information enthält es. Information wird als Negentropie (dem Gegenteil von Entropie), als Maß der Ordnung, gefasst. Energie, Materie und Information sind für Wiener die drei wesentlichen Größen der Natur. Dieser Informationsbegriff ist mit den Auffassungen von Shannon (siehe Abschnitt 3) und Weizsäcker (siehe Abschnitt 5) insofern vergleichbar, da auch hier kritisiert werden kann, dass es sich um ein rein quantitatives Maß handelt, dass qualitative, semantische und pragmatische Aspekte ausklammert.

2.1.3. Die Urtheorie Carl Friedrich von Weizsäckers (um 1970)

Carl Friedrich von Weizsäcker entwickelte in den 60ern und 70ern eine Theorie, die davon ausgeht, dass alle Objekte der Welt aus sogenannten "Urobjekten" aufgebaut sind. Eine Ur oder Uralternative ist eine elementare Entscheidung, d.h. es kann eindeutig mit ja oder nein entschieden werden, eine binäre Codierung mit 0 oder 1 ist möglich. "Alle Objekte bestehen aus letzten Objekten mit n=2. Ich nenne diese Objekte Urobjekte und ihre Alternativen Uralternativen" (Weizsäcker 1974, S. 269).

Die Information eines Ereignisses kann dabei als die Anzahl der einfachen Alternativen, die durch das Eintreten des Ereignisses entschieden werden, betrachtet werden. Als Information fasst Weizsäcker also die Anzahl der Uralternativen in einer bestimmten Situation. Die Anzahl der Urobjekte nehme zeitlich zu, Evolution bedeute daher das Wachstum potentieller Information. Anders ausgedrückt: Evolution sei die "Vermehrung der Menge an Form" (Weizsäcker 1973, S. 24). Potentielle Information bezeichnet dabei den Raum der existierenden Uralternativen. Wenn Information potentiell existiert, so heißt dies noch nicht, dass sie irgendwann zu einem zukünftigen Zeitpunkt auch realisiert wird, indem eine Entscheidung entsprechend getroffen wird.

Ein konkretes Objekt zeichnet sich für Weizsäcker durch Materie und Form aus. Energie sei das Vermögen, Materie zu bewegen (Weizsäcker 1974, S. 344). Information sei ein "Maß der Menge an Form" (Weizsäcker 1974, S. 347). Wenn die Information eines Ereignisses also die Anzahl seiner unentschiedenen Uralternativen bezeichnet, so drücken die Uralternativen die Form des Ereignisses aus. Man kann jeweils die Form eines Ereignisses, also seine potentielle Information, wissen. Formen sind also Kombinationen von Uralternativen. Je weniger über das tatsächliche Eintreten gewisser Alternativen (also ihrer Realisierung als 0=nein oder 1=ja) bei einem gewissen Ereignis bekannt ist, desto größer ist die Information des Ereignisses.

Die zwei wesentlichen Thesen Weizsäckers lauten:
1. "Information ist nur, was verstanden wird" (Weizsäcker 1974, S. 351)
2. "Information ist nur, was Information erzeugt" (Weizsäcker 1974, S. 352)

Die zweite These verweist auf Weizsäckers Evolutionsbegriff, der von einem Anwachsen der Information im Laufe der Evolution ausgeht. Weiters gelte: Materie ist Form, Bewegung ist Form, Masse ist Information, Energie ist Information (Weizsäcker 1974, S. 361).

Die Entropie ist das thermodynamische Maß der Unordnung. Nach dem zweiten Hauptsatz der Thermodynamik nimmt im Laufe der Evolution die Entropie ab, d.h. dass Ordnung aufgebaut wird. In einem offenen System (d.h. Energie wird importiert und exportiert) gilt demnach also:

D.h., dass die Entropie S in einem offenen System im Laufe der zeitlichen Entwicklung abnimmt, Ordnung baut sich auf bzw. Unordnung sich ab. Weizsäcker vertritt jedoch die Meinung, dass die Entropie im Laufe der Evolution wächst: "Gestaltentwicklung selbst [ist] eine Entropievermehrung" (Weizsäcker 1985, S. 177). Entropie fasst er dabei so, dass ein gestaltarmer Zustand wenig Entropie hat und ein gestaltreicher viel Entropie. D.h., wenn die Anzahl der Uralternativen eines Ereignisses gering/hoch ist, so ist seine Entropie gering/hoch. Da Evolution die Vermehrung der Menge an Form (d.h. Gestalt) bedeute, müsse die Entropie mit der Gestaltenfülle im Laufe der Evolution zunehmen.

Die Shannonsche Informationstheorie eignet sich für die technische Informatik insofern, da in sehr einfacher Weise von einem binären Zeichenvorrat (0,1) ausgegangen werden kann. Eine binäre Codierung zeigt sich auch bei Weizsäcker in dem Sinn, dass eine Uralternative eine von zwei Werten annehmen kann. Das Shannonsche Informationsmaß gibt die mittlere Unsicherheit der Vorhersage des Eintreffens einer Nachricht einer bestimmten Länge an. Das Weizsäckersche Informationsmaß gibt die Anzahl der Uralternativen in einer gewissen Situation an. Für beide Modelle gilt: Je größer die Gewissheit, desto kleiner ist der Informationsgehalt. Im Extremfall heißt dies: Ist die Nachricht vor dem Senden beim Empfänger bekannt, so ist die Entropie im Shannonschen Modell gleich null. Ist bei einer Entscheidung im Weizsäckerschen Modell im voraus klar, wie sämtliche Uralternativen entschieden werden, so sind es keine Alternativen mehr, sie werden für die Situation irrelevant und der Informationsgehalt wird gleich null. Auf beide Modelle trifft die Kritik zu, dass sie Information auf ein quantitatives Maß reduzieren, dass sie sich auf einer rein syntaktisches Ebene bewegen und semantische sowie pragmatische Aspekte außer Acht lassen. Die Syntax des Weizsäckerschen Modells besteht darin, dass er die gesamte Welt aus Uralternativen (Zeichen) aufbaut, die in der Form von Relationen in Entscheidungssituationen miteinander in Verbindung gebracht werden.

Ein quantitativer Informationsbegriff ist die Basis eines Informationsverständnisses, in dem Information hauptsächlich verdinglicht gefasst wird. Dies wiederum trägt zur Fetischierung und Warenförmigkeit der Information bei. Die Informationskonzepte von Shannon/Weaver und Weizsäcker sowie die vorherrschende Verdinglichung zeigen, dass eine Wissenschaft der Information die qualitativen, semantischen und pragmatischen Aspekte von Information berücksichtigen sollte, um einen technischen oder physikalischen Reduktionismus zu vermeiden. Es scheint naheliegend, Weizsäckers Modell als Variante der Synonymie zu qualifizieren, weil der Informationsgehalt eines Objekts auf "letzte Objekte" (Uren) reduziert werden kann. In dieser verdinglichten Vorstellung scheint kein Platz zu sein für emergente Bedeutungsinhalte wie in einem dialektischen und evolutionären Informationsmodell. Allerdings lassen sich die Uren statt als physikalische Objekte auch als ideale Objekte interpretieren, und dann wäre Weizsäckers Theorie eine logizistische Anthropomophisierung und würde unter das Analogiedenken fallen.

2.1.4. Information in der Synergetik (1988)

Seit den 60ern wurde die Idee der Selbstorganisation in verschiedenen Disziplinen angewendet: Im Bereich der Physik und Chemie sind Ilya Prigogine und Hermann Haken wesentliche Vertreter. Prigogine beschäftigt sich mit der Emergenz makroskopischer Strukturen in dissipativen Systemen, die sich fernab des thermischen Gleichgewichtes befinden (siehe Nicolis/ Prigogine 1989). Haken begründete die Synergetik, für die Ordnung, die aus Chaos entsteht, und das Versklavungsprinzip wesentlich sind (siehe Haken 1978, 1983). Manfred Eigen hat die Emergenz von Materie in einem Hyperzyklus autokatalytischer Reaktionen beschrieben (siehe Eigen/Schuster 1979). Humberto Maturana und Francisco Varela haben die Idee von lebenden Systemen als autopoietischen, die sich selbst reproduzieren und aufrechterhalten, propagiert (siehe Maturana/Varela 1984). Indem sie das Gehirn als strukturell an seine Umwelt gekoppelt beschrieben, haben sie eine Grundlage für den radikalen Konstruktivismus geliefert. Dabei wird davon ausgegangen, dass Perturbationen aus der Umwelt Veränderungen der kognitiven Struktur auslösen, aber nicht determinieren können. Niklas Luhmann hat versucht, das autopoietische Konzept in der Soziologie anzuwenden, indem er soziale Systeme als selbstreferentiell fasst (siehe Luhmann 1984). Information wird dabei im Kommunikationsprozess selektiert.

Hermann Haken und Maria Haken-Krell haben sich u.a. mit dem Zusammenhang von Information und Selbstorganisation in biologischen Systemen auseinandergesetzt (Haken/Haken-Krell 1995, Haken 1987, 1988). Die dabei zum Tragen kommende Synergetik behandelt die spontane Entstehung von Strukturen. Haken und Haken-Krell (1995) setzen sich mit dem Shannonschen Informationsmodell auseinander und erwähnen, dass dabei die Übermittlung von Information die Beseitigung von Unsicherheit bedeutet. Information fassen sie so, dass ein Übertragunsvorgang verschiedene Endzustände bewirken könne. Die Existenz mehrerer Attraktoren sei also anzunehmen. Durch Fluktuationen könne die Information in dem Sinn vergrößert werden, dass mehrere Attraktoren generiert werden. Sie fassen Information als relative Wichtigkeit. Dabei sei die Information der übertragenen Botschaft (i_0) von der Information, die zu den Attraktoren gehört (i_1), zu unterscheiden. Gilt $i_1 < i_0$, so werde Information vernichtet. Bei $i_1 = i_0$ bleibe die Information gleich, bei $i_1 > i_0$ werde Information erzeugt (vgl. Haken/Haken-Krell 1995, S. 50ff).

Ein wesentliches Beispiel, das in der Synergetik immer wieder genannt wird, ist die Selbstorganisation im Laser: Haken 1987 gibt eine nichtmathematische Beschreibung der Funktionsweise eines Lasers. Betrachten wir den Aufbau in Abbildung 2. Der Laser besteht aus einem aktiven Medium, das sich zwischen 2 Spiegeln befindet. Dieses Medium kann entweder ein Gas sein, das durch eine durch die Stromzufuhr verursachte elektrische Gasentladung zum Strahlen angeregt wird, oder ein Kristall, der durch eine Blitzlampe gepumpt wird. Als Kristall eignet sich z.B. ein Rubin, in dem sich Chromionen befinden. In den durch die Blitze angeregten Kristallatomen ändert je ein Elektron seine Bahn, es springt von einer inneren auf eine äußere und nimmt dabei Energie von der Blitzlampe auf. Das Elektron kommt jedoch wieder spontan auf seine innere Bahn zurück und gibt dabei die zuvor aufgenommene Energie in Form der Aussendung einer Lichtwelle wieder ab.

Die Kristallatome senden wegen der Anregung, die sich aufgrund der Blitze, die die Lampe ständig abgibt, Lichtwellen aus. Die beiden Spiegel reflektieren das Licht immer wieder. Lichtwellen, die in der Länge des Kristalls verlaufen, bleiben sehr lang im Kristall, andere verlassen ihn schnell und sind für den Aufbau des Laserstrahls nicht weiter relevant. Jedes angeregte Kristallatom sendet somit eine Lichtwelle aus, es entsteht zunächst ein Durcheinander von Lichtwellen, die Lichtwellen verhalten sich chaotisch. Eine Lichtwelle kann andere Atome treffen und sie zwingen, ihr eigenes Licht zu verstärken. Hat eine Lichtwelle eine gewisse Amplitude erreicht, so entsteht plötzlich Ordnung: "Die Elektronen der einzelnen Atome fangen an, kohärent miteinander zu schwingen, und das Lichtfeld selbst besteht aus einem praktisch unendlich langen Wellenzug." (Haken 1987, S. 138). D.h., dass eine geordnete Lichtwelle, der Laserstrahl, entsteht. Eine Lichtwelle zwingt also die Elektronen der Kristallatome Energie an sie abzugeben und sie somit zu verstärken und sie ordnet damit die Lichtwellen. "In der Fachsprache der Synergetik dient die Lichtwelle als *Ordner*, der die Bewegungen der einzelnen Elektronen *versklavt*." (Haken 1987, S. 139).

In Haken/Haken-Krell (1995) wird versucht, diesen selbstorganisierten Prozess als Informationsprozess zu interpretieren (siehe S. 55f): Die angeregten Atome können elementare Information, nämlich Lichtwellen, aussenden. Bei der Verstärkung einer Lichtwelle kommt es somit zur Verstärkung des Informationsflusses. Es zeigt sich ein Wettstreit verschiedener Signale, eine einzelne Welle versklavt die anderen. Sie "informiert die einzelnen Atome, wie sie im Takt zu schwingen haben. Die kohärente Welle (das überlebende Signal) übernimmt also, anthropomorph ausgedrückt, eine neuartige Aufgabe. Diese kohärente Welle, der Ordnungsparameter, wirkt jetzt als 'Informator', indem er die einzelnen Atome informiert. Zugleich informiert er aber auch die Umwelt in Form des kohärenten Lichts über den inneren Zustand des Lasers" (Haken/Haken-Krell 1995, S. 55).

Wenn in einem Modell davon gesprochen wird, dass eine Welle Teilchen informieren kann und diese quasi in der Form reagieren oder "antworten", dass sie die Information der Lichtwelle verstärken, was zum Aufbau eines einzigen Laserstrahls mit hoher Information führt, so stellt dies einen anthropomorphistischen Fehlschluss dar. Es wird versucht, ausgehend von einem sozialen Informationskonzept Parallelen zu dissipativen Informationsprozessen herzustellen. Die Komplexitätsniveaus sozialer und dissipativer Systeme sind jedoch grundverschieden, eine direkte Übertragung des Kommunikationskonzeptes aus der Sozialwissenschaft in die Naturwissenschaft ohne Verallgemeinerung muss scheitern (genauso eine direkte Übertragung in umgekehrter Richtung).

Dieses synergetische Informationskonzept kann als ein Beispiel für einen synonymischen Informationsbegriff verstanden werden: Information wird von Haken und Haken-Krell im Sinn von Shannon als Nachricht verstanden. In dieser verdinglichten Form habe sie daher in allen Systemen dieselbe Bedeutung.

2.2. Subjektivismus

2.2.1. Gregory Bateson

Gregory Bateson fasst Information als Differenz, die eine Differenz in einem System produziert: "Was wir tatsächlich mit Information meinen – die elementare Informationseinheit –, ist ein Unterschied, der einen Unterschied ausmacht" (Bateson 1985, S. 582). Dies ist so zu verstehen, dass sich Dinge in der realen Welt von anderen unterscheiden. Werden gewisse Ausschnitte der Realität wahrgenommen, so wird kognitiv ein Unterschied produziert, indem quasi eine Auswahl getroffen wird, was wie wahrgenommen wird. Kognition ist ein selektiver Prozess in Bezug auf die Außenwelt. Menschen können nach Bateson denken und handeln, ersteres basiere auf im Gehirn konstruierten Bildern der Umwelt. Empfangene Abbildungen nennt Bateson "Daten oder Informationen" (S. 584) Handeln orientiert sich demnach an diesen Daten. Über die Sprache können Daten benannt werden, dies sei ein wesentlicher Unterschied zu anderen Lebewesen (vgl. S. 85, wo ein erfundener Dialog zwischen Tochter und Vater zu finden ist: "T: Welches sind die wirklich großen Unterschiede zwischen Menschen und Tieren? V: Na, Intellekt, Sprache, Werkzeuge."). Konstruktionen sind individuumsspezifisch, daher ist "alle Erfahrung subjektiv" (S. 42). Auch "Zwecksetzung und Instrumentalismus" erscheinen Bateson als spezifisch menschlich. Menschen können also zweckrational handeln, d.h. Ziele identifizieren und versuchen, sie über Mittel zu erreichen. Bateson spricht von zwei verschiedenen Kommunikationsarten, digitaler und analoger. Bei erster handelt es sich um sprachliche Kommunikation. Sprache sei digital, "in der digitalen Kommunikation [werden] eine Anzahl von rein konventionellen Zeichen – 1, 2, 3, X, Y und so weiter – nach Regeln herumgeschoben [...], die man Algorithmus nennt." (S. 479). Analog hingegen seien Ausdruckssignale und Parasprache, wie z.B. Körperbewegungen, Zögern, Gesichtsausdruck, Stimmlage etc. "In der analogen Kommunikation werden jedoch reale Größen verwendet, und sie entsprechen realen Größen im Gegenstandsbereich des Diskurses" (ebd.). Bateson reduziert die menschliche Sprache auf eine informatische Syntax, die Begriffe "Algorithmus" und "digital" werden aus der Informatik übernommen. Sprache bedeutet jedoch nicht nur Syntax, sondern auch Semantik und Pragmatik, sie ist mit dem menschlichen Denken und Handeln untrennbar verbunden. Menschliche Kommunikation wird auf ein maschinelles Niveau reduziert. Bateson meint, dass Kommunikation niemals rein verbal ist, es gibt immer auch nonverbale Anteile, die kommunikativen Inhalt haben. Daher ist es nach Paul Watzlawick unmöglich, nicht zu kommunizieren (vgl. Watzlawick/Beavin/Jackson 1971). Wenn beispielsweise jemand ablehnend seine Hände verschränkt, so vermittelt uns dies etwas. Kommunikation ermöglicht wechselseitige Bezugnahmen, die Koordination von Handlung. Zusammenfassend kann gesagt werden, dass Bateson Information als selektive Abbildungen der Realität und Kommunikation in der Form informatischer Begrifflichkeiten fasst. Damit reduziert er menschliche Kognition und Kommunikation im Sinne der Kybernetik I auf ein maschinelles Niveau. Wir haben es hier mit einem analogistischen Informationsbegriff zu tun, bei dem Kategorien aus der Informatik durch Analogieschlüsse in die Soziologie und Kommunikationswissenschaften projiziert werden. Die Antisynonymie von Batesons Konzept zeigt sich daran, dass er beim Informationsgeschehen in Systemen die Eigenschaft von Systemen betont, Differenzen zu produzieren.

2.2.2. Heinz von Foerster

Heinz von Foerster gilt als der Begründer der Selbstorganisationstheorie (siehe Foerster/Zopf 1962). Damit leitete er den Übergang von der Kybernetik I zur Kybernetik II ein. Information ist für ihn etwas rein kognitives, in der Umwelt eines Menschen finde sich keine Information. Foerster ist auch ein Vertreter des radikalen Konstruktivismus, der davon ausgeht, dass es keine objektive Realität gibt, sondern dass jedes Individuum seine eigene Realität auf autonome Weise konstruiert. Die Realität werde nicht auf die kognitive Struktur abgebildet, sondern sie sei eine subjektive Konstruktion. Damit gilt aus dieser Sichtweise Information als eine kognitive Konstruktion. Foersters Auffassung ist ein Beispiel für einen antisynonymischen Informationsbegriff, da davon ausgegangen wird, dass kognitive Systeme die Eigenschaft haben, Information autonom zu erzeugen. Der radikale Konstruktivismus muss sich mit Recht die Kritik gefallen lassen, dass er gesellschaftliche Bedingungen ausblendet. Werden Wirklichkeit, Erkenntnis und Kognition als eine reine Konstruktion unseres Gehirns aufgefasst, so wird von real existierenden gesellschaftlichen Zwängen, Manipulationen und Herrschaftsmechanismen abstrahiert. Dies sind jedoch wesentliche Prinzipien der kapitalistischen Gesellschaft.

2.2.3. Information als selektierte Eigenschaft im Kommunikationsprozess bei Niklas Luhmann (1984)

Selbstreferenz

Ein zentraler Begriff bei Luhmann ist die Selbstreferenz: Soziale Systeme reproduzieren demnach ihre Elemente mittels dieser Elemente selbst. Das System konstituiert also permanent seine Teile und damit sich selbst. Als Elemente gelten dabei Kommunikationen, nicht wie in anderen soziologischen Theorien Individuen. Die Soziologie sollte unserer Meinung nach problemorientiert sein und versuchen, konkrete gesellschaftliche Probleme deutend zu verstehen und ursächlich zu erklären. Im Zeitalter der ökonomischen Globalisierung und des Neoliberalismus sind dies beispielsweise die ökologische Krise, die sich weltweit verschärfenden Unterschiede zwischen Arm und Reich, die ungleiche Wohlstandsverteilung und die damit verbundenen Probleme von Rassismus, Nationalismus und intra- sowie interstaatlichen Konflikten. Dies erfordert aber einen individuumsorientierten Handlungs- und Gesellschaftsbegriff, da die Kausalzusammenhänge der globalen Probleme sowohl in Ursache als auch in Wirkung untrennbar mit der Rolle von Menschen als soziale Akteure gekoppelt sind. Werden jedoch Kommunikationen als die Elemente sozialer Systeme begriffen und die Menschen auf "Sensoren in der Umwelt" (Luhmann 1984, S. 558) reduziert, so ist dies unmöglich. Derartige Kritik und individuumszentrierte Theorien sozialer Systeme tut Luhmann als "alteuropäisch" und "humanistische Tradition" ab. Dass ein problemorientierter Ansatz nicht wünschenswert ist, gibt Luhmann unumwunden zu: "Die Theorie, deren Ausarbeitung wir beginnen, [...] verfolgt keinen 'social problems'-Ansatz an Hand von Stabilitätsgefährdungen oder Devianzen, exponentiellen Entwicklungen oder Kriminalität. [...] Es geht nicht um ein Anerkennungs- und Heilungsinstrument, [...] sondern zunächst und vor allem um ein analytisches Interesse" (S. 162). Luhmann geht davon aus, dass eine Kommunikation in einem Selbstorganisationsprozess weitere Kommunikationen produziert. Tatsächlich ist dies jedoch ein funktionalistischer Trugschluß, denn Kommunikationen werden von Menschen produziert, ein soziales System basiert auf humanen Subjekten, die miteinander in Beziehung treten. Der Mensch ist das zentrale Moment der Gesellschaft, er steht nicht, wie von Luhmann angenommen, außerhalb der Gesellschaft, sondern in sozialen Beziehungen reproduziert er gemeinsam mit anderen seine Sozialität und damit das soziale System selbst (Fuchs 2003a, b).

Information als Eigenschaft kognitiver Systeme
Dies ist die beste Basis für die Funktionalisierbarkeit einer Theorie, deren Zentrierung auf Stabilisierung von bestehenden Verhältnissen und den Ausschluss sozialer Veränderung und sozialen Wandels. Als Gesellschaft bezeichnet Luhmann das umfassendste soziale System, das keine Umwelt mehr hat. Damit kommt er zum Begriff der "Weltgesellschaft". Kommunikation sieht er als eine 3fache Selektion: Eine Selektion von Information (Was soll mitgeteilt werden?) und Mitteilung (Was wird mitgeteilt?) sowie eine Annahmeselektion (Was kommt beim Empfänger an? Wird alles verstanden?). Information wird also kommunikativ gefasst. Im Sinne von Bateson definiert Luhmann Information als "nichts anderes als ein Ereignis, das eine Verknüpfung von Differenzen bewirkt – a difference that makes a difference" (Luhmann 1984, S. 112). Information gilt also als eine Selektion aus mehreren Möglichkeiten, als die Herstellung von Differenz. Information als Unterschied, der einen Unterschied macht, kann bei Luhmann so verstanden werden, dass er der Meinung ist, dass Information einen Neuigkeitswert haben muss, sonst handle es sich um keine Information. Information beinhaltet also einen Unterschied vom bereits Bekanntem. Und dieser Unterschied löst kognitive Strukturveränderung aus, d.h. mental wird ein Unterschied zur alten Struktur hergestellt. Luhmann wandte sich gegen die Verdinglichung von Information, indem er betonte, dass Information kein Ding sei, sondern Teil eines kommunikativen Prozesses. An der Übertragungsmetapher kritisiert er, dass sie impliziere, dass etwas vom Sender an den Empfänger abgegeben wird. Dies sei aber nicht der Fall, da der Sender nichts verliere, sondern etwas mitteile (siehe Luhmann 1984, S. 193f). Es wurde bereits in Abschnitt 1 darauf hingewiesen, dass Luhmanns Informationsverständnis ein Beispiel für einen antisynonymischen Informationsbegriff ist, da er davon ausgeht, dass kognitive Systeme die Eigenschaft haben, Information unabhängig von ihrer Umwelt zu erzeugen. An Luhmanns Informationsverständnis kann kritisiert werden, dass er Information nicht evolutionär, sondern rein kommunikativ fasst. Eine Vereinheitlichte Theorie der Information benötigt jedoch ein evolutionäres und dialektisches Verständnis der Information, das von der Existenz von Information in verschiedenen Systemarten in gleicher und gleichzeitig unterschiedlicher Form vorgeht. D.h., dass eine Emergenz neuer Bedeutungsinhalte von Information aus Alten in evolutionären Systemen propagiert wird.

2.3. Dialektik

2.3.1. Das semiotische Informationsmodell (1916[42]/1938[43])

Ferdinand de Saussure: Semiologie
Die Semiotik ist die Lehre von den Zeichen. Es muss dabei zwischen der zweiwertigen und der dreiwertigen Semiotik unterschieden werden. Das Zeichenmodell von Ferdinand de Saussure (1916) baut auf einer Beziehung zwischen Lautbild und Begriff auf. Beide seien eng miteinander verknüpft, das Lautbild könne im Gehirn damit assoziierte Begriffe hervorrufen und umgekehrt. Lautbild (signifiant, Signifikant, Objekt, das Bezeichnende) und Begriff (signifié, Signifikat, Inhalt, das Bezeichnete) sind für Saussure die beiden Komponenten eines Zeichen. So verbinden wir etwa mit dem Wort/Lautbild Computer bestimmte Inhalte, die kulturell konnotiert sind. Der Computer steht z.B. für Modernität, Mobilität, Schnelligkeit, Flexibilität, Dynamik, Wandlungsfähigkeit etc. Objekte unserer Anschauungen werden also im Rahmen kultureller Prozesse mit bestimmten Bedeutungen belegt, für die sie stehen. Mit dem Prinzip der Arbitrarität weist Saussure darauf hin, dass die Beziehung zwischen Signifikant und Signifikat, Ausdruck und Inhalt, nichts naturgegebenes sei, sondern willkürlich/arbiträr gesetzt werde.

Umberto Eco: Semiotik
Die dreiwertige Semiotik hat einen etwas anderen Zeichenbegriff. Sie versteht darunter i.d.R. etwas, das für Objekte unserer Anschauung steht. Das Zeichen (Bezeichnende) steht also in einem Zusammenhang zu dem, wofür es steht (Signifikat, das Bezeichnete). Umberto Eco (1977) unterscheidet nun drei Dimensionen des Zeichenprozesses:

1. das semainon (das Bezeichnende): das eigentliche Zeichen als physische Entität, als Klasse von Signalen
2. das semainomenon (das Bezeichnete): das, was vom Zeichen ausgesagt wird, die Inhalte und Bedeutungen, die es vermittelt
3. das pragma: das Objekt, auf das sich das Zeichen bezieht. Dies ist meist ein physisches Objekt, ein Ereignis oder eine Handlung

Daraus ergibt sich das semiotische Dreieck

                Signifikat
              Semainomenon
           das Bezeichnete
                  B

    A   C
Semainon   pragma
Zeichen   Gegenstand
das Bezeichnende Sachverhalt
Signifikant

---

42. 1916 veröffentlichte Ferdinand de Saussure "Cours de linguistique générale"
43. 1938 veröffentlichte C.W. Morris sein Hauptwerk "Foundations of the theory of signs" (Morris 1972)

Der Zeichenprozess gilt demnach als dreistellige Relation R (A, B, C). Hinsichtlich der Bezeichnungen für A, B und C gibt es keine Einheit in der Semiotik. Umberto Eco (1977, S. 30) gibt dazu folgende Übersicht

Interpretant (Peirce)
Referenz (Ogden-Richards)
Sinn (Frege)
Intension (Carnap)
Designatum (Morris)
Signifikat (Morris)
Begriff (Saussure)
Mentales Bild (Saussure, Peirce)
Inhalt (Hjelmslev)
Bewusstseinszustand (Buyssens)

B

A	C
Zeichen (Peirce)	Gegenstand (Frege-Peirce)
Symbol (Ogden-Richards)	Denotatum (Morris)
Zeichenhaftes Vehikel (Morris)	Signifikat (Frege)
Ausdruck (Hjelmslev)	Denotation (Russel)
Representamen (Peirce)	Extension (Carnap)
Sem (Buyssens)	

Geläufig sind für A die Begriffe Zeichen, Signifikant, das Bezeichnende oder Ausdruck; für B Signifikat, das Bezeichnete oder Begriff und für C Referent oder Objekt. Ein einfaches Beispiel: Der Referent sei eine Katze, also ein real existentes Lebewesen. Sprachlich gibt es dafür die verschiedenen Ausdrücke/Signifikanten wie „Katze", „cat" oder „chatte". Inhaltlich verbinden wir damit genaue klassifizierende Vorstellungen, die bei einer Klassifikation helfen und uns einen Begriff/Signifikat liefern, was wir uns unter dem sprachlichen Ausdruck vorstellen: Säugetier, vier Beine, Schwanz, kann miauen und schnurren, hat ein Fell, trinkt Milch usw.

C.W. Morris, Georg Klaus: Dimensionen der Semiotik

Neben dem semiotischen Dreieck sind auch die verschiedenen Dimensionen der Semiotik bedeutend. Dabei wird immer auch mit berücksichtigt, dass ein Zeichen einen Benutzer benötigt. Die Zeichenrelation ist daher eigentlich vierstellig R (Zeichen, Inhalt, Referent, Zeichenbenutzer). Die Dimensionen der Semiotik ergeben sich daraus, dass diese vierstellige Relation in zweistellige Relationen zerlegt wird. Charles W. Morris erarbeitete ein semiotisches Informationsmodell, bei dem er drei Zeichenebenen unterscheidet (vgl. Morris 1972):

1. Die Syntax, die auf Beziehungen zwischen Zeichen verweist. Wesentlich sind dabei Regeln, die zulässige und auf einer semantischen Ebene verständliche Zeichenketten durch Kombination einzelner Zeichen entstehen lässt. Die Syntaktik ist die Theorie der Beziehungen zwischen den Zeichen eines semiotischen Systems
2. Die Semantik, die sich mit Beziehungen zwischen Zeichen und den Begriffen, die damit verbunden werden. Hier steht die Bedeutung der Zeichen im Vordergrund.

3. Die dritte Ebene ist die Pragmatik, die auf die Beziehungen zwischen Zeichen und ihren BenutzerInnen eingeht. Dabei spielt beispielsweise das individuelle Verständnis von Zeichen eine Rolle, es geht darum, wie Zeichen wirken, in welchen Handlungskontext sie eingebunden werden und wie Benutzer damit umgehen und darauf reagieren.

Georg Klaus (1972) spricht zusätzlich von der Sigmatik als Theorie der Referenz, die die Beziehungen zwischen Zeichen und ihren Referenten untersucht.

Charles S. Peirce: Semiotik

Als Vorvater der Semiotik gilt Charles S. Peirce (siehe Peirce 1991): Kennzeichnend für Zeichen ("Representamen") sieht er eine triadische Beziehung von Representamen (Zeichen) – Objekt – Interpretant. Das Repräsentamen steht für den Signifikanten (das Bezeichnende, A), der Interpretant für das Signigikat (das Bezeichnete, B) und das Objekt für den Referenten (C). Als Zeichen gilt Peirce „alles, was etwas anderes (seinen Interpretanten) bestimmt, sich auf ein Objekt zu beziehen, auf das es sich selbst (als sein Objekt) auf die gleiche Weise bezieht, wodurch der Interpretant seinerseits zu einem Zeichen wird, und so weiter ad infinitum" (Peirce 1986, S. 375). Ein Zeichen sei also immer Bestandteil der dreiteiligen Relation. Wesentlich ist bei Peirce auch die Unterscheidung zwischen Erstheit, Zweitheit und Drittheit. Erstheit kennzeichnet das einfache Sosein eines Dinges, bevor es noch irgendwie analysiert oder erfasst wird. Im Zeichenmodell steht die Erstheit für ein loses Zeichen. Zweitheit ist die wechselseitige Wirkung zweier Dinge aufeinander. Jede Relation zwischen zwei Kategorien ist eine Zweiheit. Das Objekt des Zeichenprozesses steht in einer Zweiheit in seiner Beziehung zum Zeichen, das durch es bestimmt ist. Der Interpretant repräsentiert die Drittheit. Letzte besteht darin, „dass eine Entität zwei andere Entitäten in eine Zweiheit zueinander bringt" (Peirce 1983, S. 58). Erst der Interpretant setze eigentlich Zeichen und Objekt zueinander in Beziehung.

Der Interpretant selbst ist für Peirce ein mentales Zeichen, der sich auf dieselbe Weise auf das Objekt bezieht, wie das ursprüngliche Zeichen. Der erzeugte Interpretant verlange als Zeichen wiederum nach Interpretation und erzeuge einen neuen Interpretanten, „und so weiter ad infinitum". Dieser dynamische Zeichenprozess wird von Peirce als Semiose bezeichnet. Im Prinzip könne diese Prozess endlos fortgesetzt werden. Der Interpretant kann also an die Stelle des Repräsentamen treten und wiederum als Repräsentamen agierend einen weiteren Interpretanten bestimmen. „Das interpretierende Zeichen fungiert wie jedes Zeichen nur als Zeichen, insofern es seinerseits interpretiert wird, das heißt tatsächlich oder virtuell ein Zeichen desselben Objekts bestimmt, für das es selbst ein Zeichen ist. Also gibt es eine im Prinzip endlose Folge von Zeichen, wenn ein Zeichen verstanden wird, und ein Zeichen, das niemals verstanden wird, kann kaum ein Zeichen genannt werden" (Peirce 1986, S. 424).

In der triadischen Struktur und im semiotischen Netz entsteht die Bedeutung eines Zeichens. Drei Relationen werden in Betracht gezogen: Repräsentamen – Repräsentamen, Repräsentamen – Objekt, Repräsentamen – Interpretant. Aufbauend darauf, dass jede Relation in einer von drei Arten vorliegen kann (potentiell, tatsächlich – d.h. in einem gewissen Augenblick – oder in Gesetzesform – d.h. auch in Zukunft), identifiziert Peirce zehn Typen von Zeichen. Information ist auch immer kontextabhängig, Zeichen (auch dieselben) können in unterschiedlichen technischen, sprachlichen, ästhetischen, sexuellen, kulturellen etc. Kontexten unterschiedliche Bedeutungen haben (vgl. Hartmann 1998). Letztere sind auch immer von individuellen Auffassungen und Interpretationen abhängig.

Die Semiotik ermöglicht einerseits eine Kritik reduktionistischer Informationsbegriffe, die Information auf eine syntaktische Ebene einschränken und daher die semantische

sowie pragmatische Ebene außer Acht lassen. Andererseits kann sie als Basis der Schaffung einer Vereinheitlichten Theorie der Information durch die Verknüpfung der Semiotik mit der Kybernetik 2. Ordnung gesehen werden (vgl. das von uns vertretene evolutionäre Konzept der Information in Abschnitt 6.4. sowie den Cybersemiotik-Ansatz Søren Briers in Abschnitt 6.3.). Ein semiotischer Ansatz kann – nach entsprechender Adaptierung und Redefinition – als eine Basis einer dialektischen und vereinheitlichten Informationskonzeption betrachtet werden, die Gegensätze vermittelt und damit in evolutionären Systemen gleiche und verschiedene Aspekte von Information identifizieren kann.

2.3.2. Das evolutionäre Verständnis der Information bei Klaus Fuchs-Kittowski

Die in vorgestellte Einteilung von Informationsbegriffen umfasst als eine Kategorie reduktionistische Informationsbegriffe, die Information als Ding betrachten, das in allen Systemen und Kontexten das gleiche bedeutet (Objektivismus). Eine andere Kategorie stellen antisynonymische Informationsbegriffe dar, die davon ausgehen, dass Systeme die Eigenschaft haben, Information autonom, also unabhängig von ihrer Umwelt, zu erzeugen (Subjektivismus). Dabei wurde ein projektionistischer Analogismus identifiziert, der vom Informationsgeschehen eines Systems auf das Informationsgeschehen anderer Systeme schließt, und eine dualistische/pluralistische Äquivokation, die unüberbrückbare Unterschiede im Informationsgeschehen von verschiedenen Systemtypen propagiert. Die dritte Kategorie stellen dialektische Ansätze dar, die davon ausgehen, dass Information in verschiedenen Systemarten sowohl gleiches als auch unterschiedliches bedeutet. Ein derartiges Verständnis soll nun vorgestellt werden. Im Rahmen des evolutionären Informationsverständnis steht der Begriff der "Evolution" nicht in der Darwinschen Tradition, sondern wird kybernetisch gefasst als die Veränderung von Systemen, von deren Elemente, Strukturen, Zustände und Verhaltensweisen.

Klaus Fuchs-Kittowski
Einen wesentlichen Beitrag für einen dialektischen und evolutionären Informationsbegriff hat Klaus Fuchs-Kittowski geleistet: Er spricht sich gegen eine Verdinglichung der Information aus und betont, dass erst von Information gesprochen werden kann, wenn eine Bedeutung vorliegt.
Er unterscheidet drei Arten von Systemen: physionomische (unorganisiert, ohne Information, physikalische und chemische Systeme), Funktionssysteme (organisiert, Information existiert) und Aktionssysteme (selbstorganisierend, erzeugen Information und Werte selbst). Erst auf der Ebene lebender Systeme sei es möglich, dass syntaktische Abbildungen (Strukturveränderungen durch äußere Einwirkungen) semantisch interpretiert werden. Daher könne in physikalischen und chemischen Systemen nicht von Information gesprochen werden. Sie seien auch keine selbstorganisierenden, sondern selbststrukturierenden Systeme. Im physikalischen Bereich bestehe Information nur als Potenz, sei aber noch nicht realisiert, da nicht interpretiert.

Information werde in der Informatik permanent auf eine rein syntaktische Ebene reduziert, tatsächlich könne jedoch nur von Information gesprochen werden, wenn Syntax

(=Inhalt), Semantik (Struktur, Form) und Pragmatik (Funktion, Wirkung) vorhanden sind. "Die Kybernetik (erster Stufe, nach H. von Foerster) und die technische Informatik setzen die Information immer schon voraus. Will man das Wesen der Information erfassen, muss man auch nach ihrer Entstehung fragen" (Fuchs-Kittowski/Heinrich/Rolf 1999, S. 339). Für die Informatik sei derzeit nur die Informationsverarbeitung, nicht jedoch die Informationsentstehung wichtig.

"Informationserzeugung, -erhaltung und -nutzung erfolgt in qualitativ verschiedenen und sich wechselseitig bedingenden Prozessstufen: Formung/Abbildung, Bedeutung und Bewertung. [...] Auf keiner dieser Ebenen lässt sich das Informationsphänomen allein auf den Abbildungs- bzw. Syntaxaspekt reduzieren. Information erweist sich auf den verschiedenen Ebenen der Organisation lebender Systeme als Resultat des Bedingungszusammenhanges von Form, Inhalt und Wirkung" (Fuchs-Kittowski 1999).

Thesen Fuchs-Kittowskis:
Einige wesentliche Thesen Fuchs-Kittowskis lauten (nach Fuchs-Kittowski 1999):
- Information ist nicht auf ihre Syntax reduzierbar
- Information ist keine Substanz, sondern ein Verhältnis, eine Trias von Form (Syntax), Inhalt (Semantik) und Wirkung (Pragmatik)
- Information entsteht intern in einem Prozess von Abbildung (Abbildung von äußeren Einwirkungen auf innere Syntaxstrukturen), Interpretation (Bedeutung, Bildung der Semantik) und Bewertung (durch Verhalten kann sich Pragmatik manifestieren)
- Die Semantik der Information wird syntaktisch nicht vollständig gespeichert: Für die Biologie bedeutet das, dass biologische Information nicht vollständig in der DNA syntaktisch gespeichert ist, da ein wesentlicher Teil davon erst durch Interpretation (Semantik) und Bewertung (Pragmatik) zustande kommt.
- Information ist weder Materie noch Geist allein, sondern als Codierung materiell und als Bedeutung ideell/geistig. Nur eine Kombination von beidem macht eine Information aus: "Wir verstehen Information als Formung, als Einheit von Sein (Materie) und Sinn (Geist) und als spezifische, die Naturkräfte organisierende Wirkung. Dies ist offensichtlich zugleich eine Hinwendung zum ursprünglichen Verständnis des Begriffes bei den Griechen und Römern. In Information steckt auch heute noch die In-Formierung, etwas in eine Form bringen" (Fuchs-Kittowski/Rosenthal 1998, S. 161).
- Daraus folgt, dass Information die eigentliche treibende Kraft der Evolution ist (Fuchs-Kittowski/Rosenthal 1998, S. 162)

Tabelle 2 gibt einen Überblick über die verschiedenen Arten von Information, die Fuchs-Kittowski unterscheidet. Dabei fällt die jeweilige Einheit von Form, Inhalt und Wirkung auf. Einige erklärende Anmerkungen dazu (nach Fuchs-Kittowski/Rosenthal 1998, S. 174ff): Bei Makromolekülen kommt es, so Fuchs-Kittowski, zur Interpretation der syntaktischen Struktur der DNA durch die Proteine. Im Nervensystem werden nach dieser Theorie Programme und Reaktionsweisen aktiv, die die aus der Umwelt eintreffenden Signale auswerten und ihnen eine Bedeutung zuordnen. Diese Information wird in sinnvolle Verhaltensweisen umgesetzt. Das Außenweltbewusstsein bezieht sich auf Gehirnaktivitäten. Aus der Umwelt kommende Signale werden mit Bedeutungen belegt und können bewertet werden. Beim gesellschaftlichen Bewusstsein ist die Sprache wesentlich. Sie erzeugt ein Verständnis in einer Interaktion zwischen dem Gesagten und dem bereits bekannten Vorverständnis. Diese Ebene ermöglicht individuelles Bewusstsein und ist die Grundlage sozialer Kommunikation. In sozialen Systemen unterscheidet Fuchs-Kittowski zwischen Daten, Information und Wissen: Daten sind syntaktische, formalisierte Darstellungsformen sozialer Information. Dadurch wird Information maschinell verarbeitbar, übertragbar und verteilbar. Werden Daten zweckorientiert interpretiert, so entsteht eine semantische Information. Dies ist die Basis für bestimmte Verhaltensweisen. Auf dieser pragmatischen Ebene gilt nun Wissen als kontext- und zweckbezogene Information. Zum Selbstbewusstsein sei angemerkt, dass gesellschaftliches Bewusstsein sich nur über das Bewusstsein der Individuen realisieren lässt. Gesellschaftliche Werte gelten hier als pragmatischer Informationsaspekt.

Ausgehend von Klaus Fuchs-Kittowskis Grundauffassungen propagieren auch wir eine evolutionäre und dialektische Konzeption von Information (siehe Fleissner/Hofkirchner 1995, Hofkirchner 1998a, 1998b, 1999a, 1999b, Fuchs/ Hofkirchner 1999, Fuchs 2000, Fuchs 2001, Hofkirchner 2000). Ein solches Verständnis zeigt, dass die Komplexität von Systemen im Lauf der Evolution zugenommen hat. Wir betrachten dissipative, autopoietische und soziale Systeme als jene wichtigen emergenten Organisationsebenen, die bisher durch Evolution aufgetaucht sind. Soziale Systeme sind komplexer als autopoietische, autopoietische komplexer als dissipative. Bereits die Komplexität letzterer kann nicht durch eine mechanistische Kausalität beschrieben werden, die versucht, jede Wirkung auf eine Ursache zu reduzieren. Durch die Anwendung der Theorie der Selbstorganisation haben wir es hier vielmehr auf allen Organisationsstufen mit mehrdimensionalen Formen der Kausalität zu tun: Eine Wirkung kann viele Ursachen haben und eine Ursache viele Wirkungen.

Charakteristika der Information	FORM (SYNTAX) Abbildung Struktur räumliche Form der Existenz	INHALT (SEMANTIK) Interpretation Bedeutung zeitliche Form der Existenz (Gleichzeitigkeit/ Ganzheit)	WIRKUNG (PRAGMATIK) Bewertung Verhalten räumliche und zeitliche Existenz
Ebenen der Organisation			
MAKRO-MOLEKÜLE	Anordnung von Molekülen (z.B. DANN)	Interaktion in einem molekularen Interpretationssystem	Funktionalisierung der Moleküle mit Selektion und Überleben des Angepassten
NERVEN-SYSTEM	Anordnung von Nervenzellen und Impulsmustern im Gehirn	mentale und Gefühlsstrukturen als unteilbare Qualität - fixierte Programme	Kontrolle des Verhaltens
AUSSENWELT-BEWUSSTSEIN	Anordnung von Objekten in der Umwelt	Wahrnehmung von Objekten als unteilbare Qualitäten	Deutung der Umwelt
GESELLSCHAFTLICHES BEWUSSTSEIN	Anordnung von Zeichen und Symbolen der Sprache, auch digital gespeichert	Interpretation von Lautsignalen und ausgewählten Sprachsymbolen (soziale Inhalte der Sprache)	Wissen (Bildung), soziale Strategie und Verhalten, auch Mensch-Computer-Interaktion
SELBST-BEWUSSTSEIN	Anordnung von mentalen Zeichen und Symbolen in Metastrukturen, Vergegenständlichung in gesellschaftlichen Strukturen, Werkzeugen, Software	Interpretation der mentalen Zeichen und Symbole mittels Autokommunikation	Bestimmung des eigenen Verhaltens und Bildung von Werten

Tab. 2.2: Prozessstufen zur Erzeugung, Nutzung und Erhaltung von Information bei Klaus Fuchs-Kittowski (nach Fuchs-Kittowski/Rosenthal 1998, S. 168)

2.3.3. Information und Selbstorganisation

Unser eigener Informationsbegriff basiert auf dem Zusammenhang von Semiotik und Selbstorganisationstheorie sowie einer dialektischen Herangehensweise. Information entwickelt sich evolutionär, sie existiert in unterschiedlichen Systemtypen. Es gibt sowohl allgemeine Aspekte des Informationsgeschehens, die in allen Systemtypen zu finden sind, als auch jeweils für jeden Systemtyp spezifische Ausprägungen des Informationsgeschehens (Dialektik von Einheit und Differenz). Selbstorganisierende Systeme sind informationserzeugende Systeme. Information kann also im Rahmen einer evolutionären Systemtheorie als Kategorie konzipiert werden, die gleichzeitig gemeinsame und unterschiedliche Aspekte des informationellen Geschehen in verschiedenen Systemtypen hervorhebt. Information hat also einerseits allgemeine Qualitäten, die in allen Systemarten zu finden sind und jeweils spezifische, emergente Qualitäten in einzelnen Systemtypen.

Wir begreifen Informatik und IuG in einem größeren Kontext, dem Paradigma der Informationswissenschaft. Die Informatik braucht einen großen theoretischen Kontext, auf Basis dessen sie die Zusammenhänge zwischen unterschiedlichen Aspekten der Informatisierung herausstellen kann. Als ein sinnvoller Kontext erscheint uns eine evolutionäre Systemtheorie, die auf einem breiten Informations- und Selbstorganisationsbegriff basiert[44] (vgl. Fenzl/Hofkirchner/Stockinger 1998). Für Informatik und IuG stellt sich „die Frage nach dem tieferen Verständnis ihrer Grundkategorien" (Fuchs-Kittowski 1992, S. 72). „Eine Theorie der Informatik muss tiefer, weiter und damit zugleich konkreter sein als eine Theorie der Automatisierungstechnik und der Prinzipien der Struktur und Funktion von Software, da sie auf das Lebende, das Geistige und das Soziale angewendet wird" (ebd., S. 81). Der Informatiker muss „im Zusammenhang mit der konkreten Entwicklungs- und Einführungsproblematik von Informationssystemen in die soziale Organisation, in der und für die die Software funktionieren soll, immer wieder die Frage nach dem Verhältnis von Computer und Mensch sowie von computerisiertem Informationssystem und Betriebsorganisation stellen. Erst unter Rückgriff auf ein philosophisch fundiertes und methodologisch wirklich angewendetes Konzept der Selbstorganisation und Evolution wird es ihm gelingen, die Reduktion des Menschen und der sozialen Organisation auf den Computer grundsätzlich zu überwinden. [...] Hier ist in einer Vielzahl weiterer erkenntnistheoretisch-methodologischer Fragen ein Rückgriff auf Ergebnisse der Philosophie – speziell

---

44. Jörg Pflüger (1992) betont richtigerweise, dass Informatik und Selbstorganisationstheorien im selben Geiste verfahren, sich auf epistemologischer Ebene der iterative Weltzugang der Informatik mit dem Paradigma der Selbstorganisation deckt und dass beide Paradigmen gemeinsam einen neuen Raum des Wissens eröffnen. „Das Prinzip der Selbstorganisation ist die Theorie, die Computertechnologie ihre Praxis – ihre Artefaktizität" (Pflüger 1992, S. 291). Daher ist eine allgemeine Theorie evolutionärer Systeme als großer theoretischer Kontext der Informatik und speziell von IuG naheliegend. Ein Computer- oder Softwaresystem ist rein technisch betrachtet ein mechanistisches System und daher kein selbstorganisierendes System. Die von der Informatik geschaffenen Systeme sind jedoch nicht von ihrem sozialen Kontext trennbar, es handelt sich um sozio-technische Systeme. In diesen Systemen zeigen sich nun in der Tat einige Parallelen zu den Prinzipien der Selbstorganisation: technische Evolution durch evolutionäre Softwareentwicklung, Komplexität, kleine Differenzen in einem Programm können große Auswirkungen haben, Unvollständigkeit und Scheitern als Aspekte der Informatik, Unbeherrschbarkeit, Risiken der modernen Technologie, Ambivalenz der Wirkungen der Computertechnologie,

auch der Geschichtsphilosophie – sinnvoll, aber vor allem ist der Informatiker hier, in seiner Haltung zu einem konkreten Humanismus, ständig gefordert" (Fuchs-Kittowski 2002, S. 116f).

Eine Vereinheitliche Theorie der Information auf Basis der Semiotik und der Selbstorganisationstheorie kann diese unbefriedigende Situation der Informatik aufheben.

Das, was Computer tun – nämlich die Umwandlung von Nachrichten nach fixen Regeln –, wird in der Regel „Informationsverarbeitung" genannt, und Informationsverarbeitung wird als Berechnung aufgefasst. Berechnung fußt auf Formalisierung, Mechanisierung und Algorithmisierung.

Formalisierung, Mechanisierung, Algorithmisierung.
• Ein Vorgang wird formalisiert,
1. wenn er in Gestalt schriftlicher Symbole dargestellt wird, mit denen er
2. als schematisches Verfahren, das im Prinzip unbegrenzt oft reproduziert werden kann, beschrieben wird, wobei
3. die Operationen innerhalb der formalen Sprache interpretationsfrei durchgeführt werden und die Richtigkeit oder Falschheit eines Ausdrucks allein aufgrund syntaktischer Kriterien (d.h. solcher Kriterien, die die Verknüpfbarkeit der Symbole betreffen ohne Rücksicht auf ihren Inhalt) entscheidbar ist.
• Ein Vorgang wird mechanisiert, wenn er als Operation einer symbolischen Maschine dargestellt wird, die
1. Symbolreihen transformiert und deren Zustände durch eine Folge von Symbolkonfigurationen vollständig beschreibbar sind, die Ausgangskonfigurationen in Endkonfigurationen überführt, und die
2. in einer wirklichen Maschine realisiert werden kann, wobei der Computer eine universale Maschine ist, die jede beliebige symbolische Maschine imitieren kann.
• Ein Vorgang wird algorithmisiert, wenn ein Rechenverfahren existiert, das aufgrund von Transformationsregeln, die in einer endlichen Folge von Symbolen niedergeschrieben werden können und eine Reihenfolge von Schritten streng festlegen, zu deren Ausführung jeweils nur eine endliche Zeit benötigt wird, Anfangswerte eineindeutig in Endwerte umwandelt, also den Elementen des Argumentbereichs eineindeutig Elemente des Wertebereichs zuordnet.

Algorithmisierbarkeit
Ein Algorithmus definiert so eine berechenbare Funktion, die programmierbar ist und auf einer TURING-Maschine berechnet werden kann. Ein Programm ist eine Menge expliziter Anweisungen. Eine TURING-Maschine ist ein endlicher Automat mit einem externen Speichermedium. Als *finite-state automaton* ist sie eine Maschine, die bestimmt wird durch die Fähigkeit, bei programmierter Eingabemenge, Zustandsmenge, Ausgabemenge, Zustandsübergangsfunktion und Ausgabefunktion jedem Paar von Eingabe und Zustand einen Nachfolgezustand und eine Ausgabe zuzuordnen, und das in einem deterministischen Sinn. Werden für die berechenbare Funktion explizite Anweisungen an einen endlichen Automaten erstellt, ist ein Algorithmus

damit deterministisch und liefert bei gleichen Ausgangsdaten bei jeder Anwendung dieselben Enddaten. Algorithmische Vorgänge sind also vollständig bestimmte kausale Vorgänge, insofern als für jeden Teilschritt dessen funktionale Rolle zur Auslösung des nächsten Teilschritts festgelegt ist. Alle Vorgänge, die formalisierbar sind, sind auch mechanisierbar. Alle Vorgänge, die mechanisierbar sind, sind auch algorithmisierbar. Es sind aber nicht alle Vorgänge formalisierbar. Um formalisierbar zu sein, muss ein Vorgang kausal notwendig sein und nur kausal notwendig. Vorgänge, die kausal nicht nur notwendig sind, d.h., bei denen Möglichkeiten existieren, die verwirklicht werden oder auch nicht, sind nicht vollständig bestimmt, d.h. nicht vollständig determiniert, und können daher nicht vollständig formalisiert werden.

Vollständiger oder unvollständiger Determinismus
Werden nun Vorgänge in anderen fachwissenschaftlichen Bereichen nach dem Modell informationsverarbeitender Systeme als berechenbare Phänomene verstanden, wird eine unzulässige Übertragung des technikwissenschaftlich verkürzten Informationsbegriffs vorgenommen, sofern sich diese Vorgänge einer vollständigen Formalisierbarkeit, Mechanisierbarkeit und Algorithmisierbarkeit entziehen. Sie entziehen sich einer vollständigen Formalisierbarkeit, Mechanisierbarkeit und Algorithmisierbarkeit bei ihrer Erkenntnis dann, wenn sie auf solchen Ursache-Wirkungs-Verhältnissen in ihrem Objektbereich beruhen, die die Vorgänge nicht vollständig determinieren.

Beim vollständigen Determinismus wird angenommen:
1. existieren objektive Mechanismen, die Ursachen eineindeutig in Wirkungen transformieren; d.h., Ursachen und Wirkungen stehen in einer derartigen Beziehung zueinander, dass jede Ursache eine und nur eine Wirkung hat; gleiche Ursachen haben gleiche Wirkungen und verschiedene Ursachen verschiedene Wirkungen;
2. führen kleine Änderungen in den Ursachen zu kleinen Änderungen in den Wirkungen.
Beim unvollständigen Determinismus hingegen wird angenommen:
1. existieren keine objektiven Mechanismen, die die Ursachen eineindeutig in Wirkungen transformieren; d.h., Ursachen und Wirkungen stehen in einer derartigen Beziehung zueinander, dass gleiche Ursachen verschiedene Wirkungen und verschiedene Ursachen gleiche Wirkungen haben können:
2. können kleine Änderungen in den Ursachen zu großen Änderungen in den Wirkungen führen.

Forschungen zur Selbstorganisation lassen den Schluss zu, dass viele reale Systeme, u.zw. diejenigen, die sich selber organisieren, nicht vollständig determiniert sind, also nicht auf rein notwendigen kausalen Beziehungen basieren.

Information und Selbstorganisation
Selbstorganisierende Systeme befinden sich im Unterschied zu mechanischen Systemen fernab vom thermodynamischen und chemischen Gleichgewicht, d.h. in Feldern hoher Energieflussdichte. Dort zeigen sie spontanen Ordnungsaufbau, der nicht vollständig vorausgesagt und nicht vollständig erklärt werden kann ("Selbstorganisation"), weil das Resultat dieser Prozesse bei Wiederholung variieren kann, selbst wenn alle Bedingungen konstant gehalten werden.

Die verschiedenen Ansätze der Selbstorganisationstheorie (auch: Theorie offener, dynamischer, nichtlinearer, evolutionärer Systeme) gehen aus einer Verbindung der allgemeinen Systemtheorie mit der allgemeinen Evolutionstheorie hervor und auf einzelwissenschaftliche Untersuchungen, die seit den 60er Jahren des 20. Jh. angestellt werden, zurück. Dazu gehören: Entdeckungen und Modelle über synergetische Effekte bei der Selbststrukturierung der Materie im Laserlicht (HAKEN), das Entstehen dissipativer Strukturen bei chemischen Reaktionen (PRIGOGINE), die Entstehung lebendiger Materiestrukturen in einem Hyperzyklus autokatalytischer Reaktionen (EIGEN), die Autopoiese über neuronale Mechanismen verfügender organismischer Strukturen (MATURANA und VARELA), die Resilienz von Ökosystemen (HOLLING) und die unterbrochenes Gleichgewicht genannte Sprunghaftigkeit der Evolution der Arten (ELDREDGE und GOULD), mathematische Überlegungen zum deterministischen Chaos (LORENZ), zur Katastrophentheorie (THOM) und zur fraktalen Geometrie (MANDELBROT), sowie Überlegungen zur Selbstreferenz sozialer Systeme (LUHMANN), zu fraktalen Unternehmen (WARNECKE), zur Emergenz eines *Global Brain* (STONIER, HEYLIGHEN) und viele andere Ideen aus dem kulturellen Bereich.

Information in selbstorganisierenden Systemen bedeutet dann: Das System gibt im Prozess der Selbstorganisation der Wirkung ihre Form, indem es sich selbst formt, sich umformt, neu formt. Es setzt sich in (eine ganz bestimmte und keine andere) Form (und damit von der Form ab, die es bisher innehatte) – und daher kann gesagt werden: "es informiert sich". Das Umweltereignis, das den Anstoß zum Selbstorganisationsprozess gibt, wird gleichzeitig zu einem Signal für die Auslösung eines Informationsprozesses.

Insofern das System bei seiner wirklichen Antwort, mit der es auf seine eigene Weise eine (Ur-)Sache aus seiner Umwelt widerspiegelt, aus einer Reihe mehrerer möglicher Antworten selektiert, insofern es die Option, die es realisiert, unter mehreren Optionen auszeichnet, insofern es also eine (Entscheidung zur) Unterscheidung trifft, steht die Selbstorganisation am Ursprung der Information. Denn das Treffen einer Unterscheidung, das Setzen eines Unterschieds, ist nichts anderes als das Generieren von Information.

Die Selbstorganisation zeigt Ausdifferenzierungen. Grob können die Stufen Dissipation, Autopoiese und Re-Kreation unterschieden werden.

Dissipative Systeme.
Die Ursache, die auf ein dissipatives System einwirkt, wird zum Auslöser eines Selbstorganisationsprozesses, der keine strikte Determination kennt, sie wird für das System zu einer Anregung, die von ihm nach seiner eigenen Maßgabe aufgenommen, verarbeitet und verwertet wird. Der Anstoß evoziert einen Reflex (ruft ihn hervor). In thermodynamischer Sicht nimmt das System den einfließenden Energiestrom zum Anlass, Arbeit zu leisten, mit der es seine eigene Ordnung aufbaut, und verstreut (dissipiert – so PRIGOGINE) die dabei entwertete Energie wieder in die Umwelt. Es hält seine selbstorganisierte Ordnung auch nur solange aufrecht, wie der Energiefluss aufrecht bleibt.

Die Entropie gilt als Maß der Qualität der Energie, das angibt, wieweit die Energie für eine Arbeitsleistung des Systems zur Verfügung steht. Je höher die Entropie, desto geringer die Verfügbarkeit.

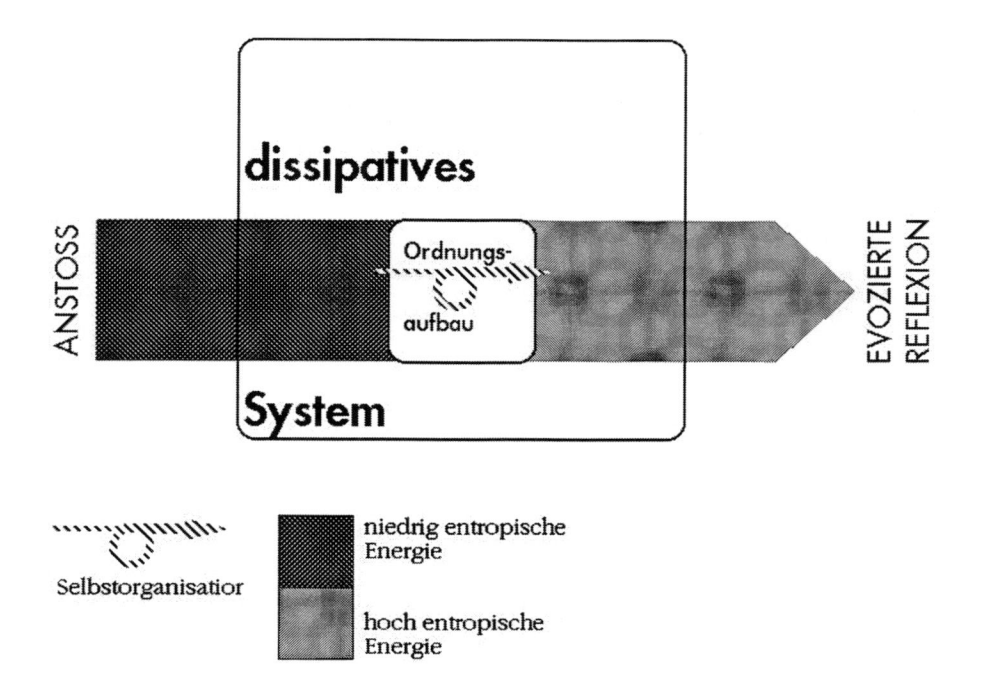

Nicht alle physikalischen und chemischen Systeme sind dissipative Systeme. Mechanische Systeme gehören nicht dazu.

Zu den bekanntesten Beispielen für dissipative Systeme zählen die BÉNARDschen Zellen (hier bilden sich in einer von unten erhitzten Flüssigkeit wabenartige (Konvektions-)Rollen, in denen die Flüssigkeitsteilchen den Wärmetransport an die Oberfläche organisieren) oder das Laser-Licht (hier synchronisieren angeregte Gasatome die Abgabe eines Photons beim Sprung des Elektrons auf die ursprüngliche Energiestufe, so dass Lichtbündel gleicher Wellenlänge und Schwingungsart erzeugt werden). Ausschlaggebend ist immer, dass der sog. Kontrollparameter, d.i. der Wert, der den Durchfluss von Energie durch das System bestimmt, einen gewissen kritischen Wert übersteigt.

Autopoietische Systeme.
Bei dissipativen Systemen, die eine Reiz-Reaktions-Beziehung zeigen, tritt eine Verdoppelung des Selbstorganisationszyklus auf, wobei der eine auf dem anderen aufsetzt. Diese Systeme sind nämlich im Gegensatz zu einfachen dissipativen Systemen zu einer (begrenzten) Verstetigung des Energiedurchflusses und damit zur (begrenzten) Aufrechterhaltung der von ihnen aufgebauten Ordnung fähig, indem sie den Stoff- und Energiewechsel dazu verwenden, die Bestandteile, aus denen sie zusammengesetzt sind, immer wieder selber herzustellen (was das von den chilenischen Neurobiologen MATURANA und VARELA geschaffene Kunstwort "Autopoiese" heißen soll). Strukturen, die im Verlauf der Selbstorganisation gebildet werden, sind nicht mehr Selbstzweck, sondern erlangen eine Funktion im Rahmen der Aufrechterhaltung der Ordnung, wofür sie als Mittel dienen. Die Strukturen werden hinsichtlich ihrer Eignung für die Verstetigung des Lebensprozesses funktionalisiert.

autopoietisches dissipatives System

REIZ — Strukturierung — Funktionalisierung — ANGEPASSTE REAKTION

Selbstorganisation

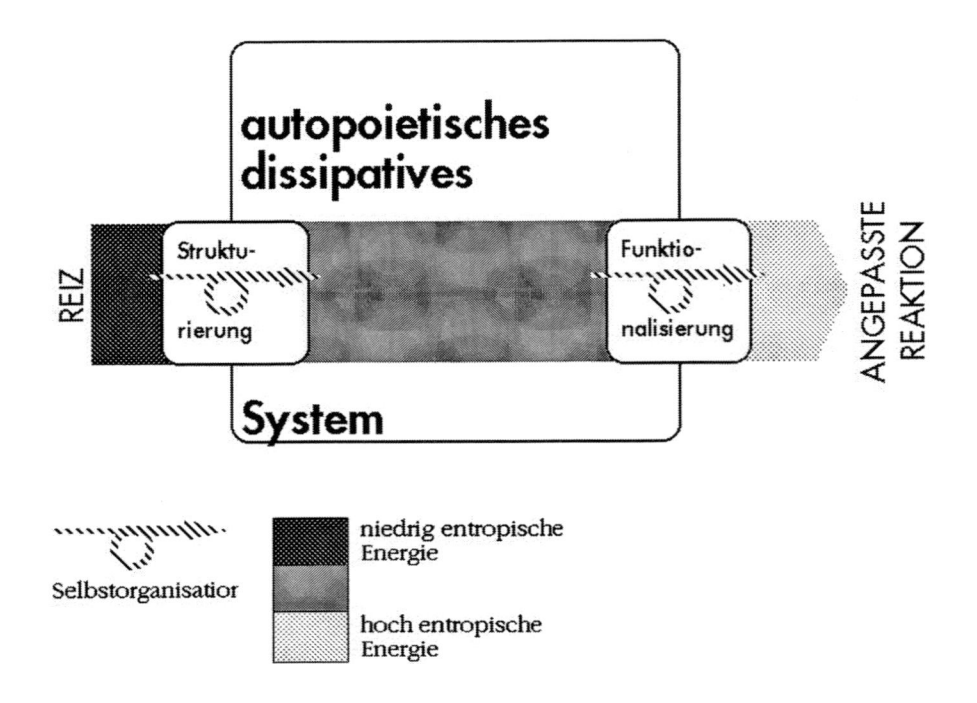

niedrig entropische Energie

hoch entropische Energie

Alle biotischen Systeme sind autopoietische dissipative Systeme.

Re-kreative Systeme.
Autopoietische Systeme, bei denen die Wirkungen als Verwirklichungen selbstgesteckter Ziele, als intendierte Aktionen, figurieren und die Ursachen als Ausgangs- oder Randbedingungen dafür, als Situation, in der es handelt, zeigen eine noch größere Anpassungsleistung als die einfachen autopoietischen Systeme: Sie passen nämlich die Umwelt an sich an. D.h. ihr Wirkungsfeld wird von einer Rückkopplungsschleife geprägt, in der die Systeme durch die gezielte Einwirkung auf die Umwelt solche Bedingungen schaffen, unter denen sie sich selber erschaffen können. Sie schaffen sich selber, weil sie die Ziele, die sie zu erreichen suchen, sich selber ausgesucht haben und sich durch die Realisierung der Ziele selbst verwirklichen. Sie schaffen sich selbst neu oder um (der österreichische Philosoph Erich JANTSCH hat dies "Re-Kreation" getauft). Sie verfügen über eine weitere Ausdifferenzierung der Selbstorganisationszyklen, die ihnen noch größeren Freiraum verschafft. Sie erzeugen Ziele, Zwecke und Mittel.

[Diagramm: re-kreatives autopoietisches dissipatives System — Generierung von Mitteln, Generierung von Zwecken, Generierung von Zielen; SITUATION → INTENDIERTE AKTION; Legende: Selbstorganisation, niedrig entropische Energie, hoch entropische Energie]

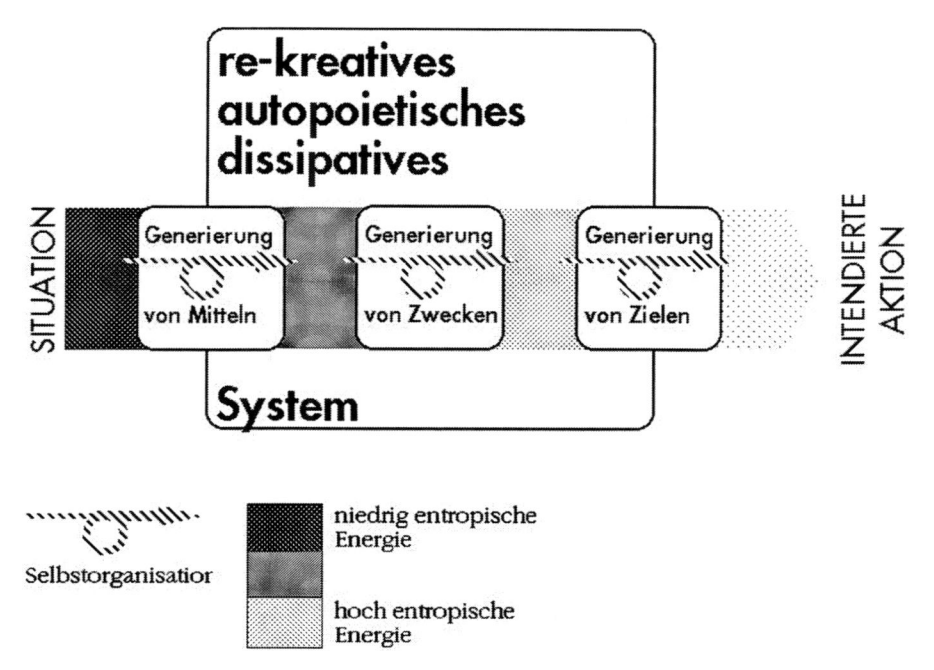

Alle sozio-kulturellen humanen Systeme sind re-kreative autopoietische Systeme.

Erkennen, Mitteilen, gemeinsam Handeln.
Die Phänomene der Kognition, der Kommunikation und der Kooperation treten nur in selbstorganisierenden Systemen auf und entziehen sich damit einer vollständigen Formalisierung, Mechanisierung und Algorithmisierung. Es handelt sich um Vorgänge der Generierung von Information und nicht um solche der Informationsverarbeitung. Sie können daher mit dem technisch verkürzten Informationsbegriff nicht adäquat erfasst werden. Sie können aber auch mit einem nur auf die Geisteswissenschaften zugeschnittenen Informationsbegriff nicht adäquat erfasst werden. Am besten lassen sie sich aus dem Blickwinkel der Selbstorganisation begreifen.

2.3.3.1. Kognition

Erkennen.
Kognition ist das Erkennen. Erkennen ist ein Prozess, in dem
1. jemand oder etwas (das Erkenntnissubjekt)
2. mithilfe von etwas (der Erkenntnismethode)
3. jemand oder etwas (das Erkenntnisobjekt)
4. aus einem bestimmten Grund (dem Erkenntnisinteresse)
zu erkennen versucht.
Die Grundprobleme des menschlichen Erkennens liegen
• in der Beziehung zwischen Subjekt und Methode,
• in der Beziehung zum Objekt und
• in der Beziehung zum Interesse.

Sie tauchen in den Kognitionswissenschaften unter den Namen Frame-Problem, Problem der Symbolverankerung und des Chinesisch-Zimmers und "Brentanos Problem" auf.

Der Frame-Problemkreis.
Sogenannte "Frame-Axiome" sollen bei programmierten Systemen festhalten, was sich alles nicht ändert, wenn in einer bestimmten Situation ein bestimmtes Ereignis eintritt, dessen Folgen berechnet werden sollen. Der Name *frame* war ursprünglich von MINSKY für das Zurechtfinden in lebensweltlichen Umgebungen eingeführt worden und bezeichnet schematische Kategorien für das Wissen über die Welt. Die Erkenntnis der Wirklichkeit passiere durch einen Vergleich solcher Kategorien mit dem jeweils gegebenen Äußeren.

Der Kognitionsforscher DENNETT hat 1984 ein Beispiel gebracht, in dem ein Roboter nicht dazu programmiert werden kann, seine Batterie zu retten, bevor eine Zeitbombe explodiert, weil er entweder nicht berücksichtigen könnte, dass seine Tätigkeit, die den Wagen mit der Batterie aus dem gefährdeten Raum holt, ebenfalls die Bombe, von der er "weiß", dass sie auf dem Wagen liegt, mit herausbefördert, oder nicht im geforderten Zeitrahmen alle Effekte und Nebeneffekte ableiten und dabei die relevanten von den irrelevanten unterscheiden könnte, die er zu ignorieren hätte.

Damit ist die Frage angesprochen, wie sinnliches und rationales Erkennen, anschauliches und begreifendes Denken als Methoden ineinander verzahnt sind und ob die Anschauung die Basis für die Begriffe abgibt. Es ist nicht bekannt, wie gewährleistet werden kann, dass künstliche Intelligenzen zu denjenigen Verallgemeinerungen fähig sind, die für menschliche kognitive Systeme typisch sind (und daher sei ungeklärt, wie menschliche kognitive Systeme diese Leistung erbringen könnten). Gibt es einen Prozess der Verallgemeinerung, so dass gesagt werden kann, dass die Begriffe auf den Anschauungen basieren?

Der Problemkreis der Symbolverankerung und des Chinesischen Zimmers.
Das Problem der Symbolverankerung stellt sich, wo von der Existenz von Symbolen ausgegangen wird. Fraglich ist dann, wie es zum Bezug der symbolischen Entitäten auf diejenigen Entitäten kommt, auf die sie referieren, ein Bezug, der mit der Bedeutung festgelegt wird.

Das Chinesisch-Zimmer-Problem wurde vom Sprachphilosophen SEARLE als Gedankenexperiment konzipiert.

In diesem gebrauchte er die unterstellte Tatsache, dass eine Person, die des Chinesischen zwar unkundig ist, aber – in ein Zimmer gesperrt, das eine Eingabestelle hat, an der ihr Tafeln mit chinesischen Schriftzeichen hereingereicht werden, und eine Ausgabestelle, an der sie ebensolche Tafeln, die sie im Zimmer vorfindet, hinausreichen kann – durch die Befolgung von Regeln, wie chinesische Schriftzeichen miteinander kombiniert werden können, die ihr zugänglich sind, richtige Antworten auf Fragen geben kann, obwohl sie weder die Fragen noch die Antworten versteht, als Argument für die Differenz von Syntaktik – dem Aspekt des Hantierens mit Symbolen – und Semantik – dem Aspekt der Bedeutung der Symbole in sprachlicher oder, weiter gefasst, in zeichentheoretischer und kognitionswissenschaftlicher Hinsicht. Syntaktik reicht für Semantik nicht hin, diese schießt über jene hinaus.

Problematisch ist hier, wie den syntaktischen Strukturen semantische Strukturen auferlegt werden können. Angesprochen ist hier wiederum das Thema der Bedeutungszuweisung.

Dahinter steckt das Problem, wie weit Erkenntnisse die Wirklichkeit nicht nur entwerfen, sondern auch abbilden, und, wenn ja, wie sich die Subjekte dieses Abbildcharakters der von ihnen entworfenen Vermutungen versichern können. Gibt es einen Prozess der "Wahrmachung" ("Verifikation"), der diese Zuweisung der Willkür und Beliebigkeit entzieht, so dass gesagt werden kann, dass Symbole einen Realitätsgehalt erlangen und dass von Symbolen mit geringerem Realitätsgehalt zu Symbolen mit größerem Realitätsgehalt fortgeschritten werden kann?

Brentanos Problemkreis.
Seit BRENTANO, dem Lehrer HUSSERLS (der heute als einer der prominentesten Vertreter einer philosophischen Richtung gehandelt wird, die "Phänomenologie" heißt – eine idealistische Lehre, die das Wesen der Erscheinungen zu erkennen sucht), bezeichnet "Intentionalität" die Gerichtetheit eines psychischen Aktes auf einen Sachverhalt.

Überzeugungen, Wünsche, Hoffnungen etc. werden in Sätzen ausgedrückt, die einen Gehalt haben, der sich von der Einstellung zu diesem Gehalt unterscheidet ("glauben, dass", "wünschen, dass", "hoffen, dass" etc.). Intentionale Ausdrucksformen, also Ausdrücke der genannten Art, die sich auf einen Inhalt beziehen, der durch den nachfolgenden Dass-Satz angezeigt wird, sind nach BRENTANO unhintergehbar und nicht in eine physikalische Sprache übersetzbar.

Das Problem, ob bei der Erklärung kognitiver Akte Absicht und Einstellungen des Subjekts im erklärenden Teil vorkommen dürfen oder müssen oder ob mit Erklärungen das Auslangen gefunden werden kann, die nur auf Ursachen orientieren, adressiert den Zusammenhang von Sein und Sollen: Wie hängen die Einsicht des kognitiven Systems in seine Situation in der Umwelt und seine Absicht, in diese Situation erhaltend oder verändernd einzugreifen, zusammen? Gewinnt das menschliche Erkennen seinen Sinn daraus, dass es als Entscheidungsgrundlage für das Handeln in speziellen Situationen dient? Gibt es einen Prozess der Bewertung, so dass gesagt werden kann, dass Handlungsanweisungen, die einen auffordernden Charakter haben, aus anderen Erkenntnissen hervorgehen, die einen aussagenden Charakter haben?

Grundtypen der Kognitionswissenschaften.
Je nachdem, wie die Lösungen des Frame-Problems, des Symbolverankerungs- und Chinesisch-Zimmer-Problems und von Brentanos Problem von den Kognitionswissenschaften konzipiert werden, lassen sich diese in folgende Grundtypen unterteilen:
- das Informationsverarbeitungsparadigma,
- den geisteswissenschaftlichen Zugang und
- den Ansatz, Kognition als Phänomen selbstorganisierender Systeme zu betrachten.

	FRAME-PRO-BLEM	PROBLEM DER SYMBOLVERANKERUNG UND CHINESISCH-ZIMMER-PROBLEM	"BRENTANOS PROBLEM"
Informations-verarbeitungsmodell der Kognition (Kognitivismus: Symbolismus, Konnektio-nismus)	Sensualismus, Empirismus	Repräsentationalismus	Kausalismus
Mentalismus	Rationalismus	Konstruktivismus/ Spiritualismus	Intentionalismus
	"Autismus"	Solipsismus/ Platonismus	Voluntarismus
Erkenntnis als ein Prozess der Selbstorganisierten Informationsgenerierung	Beobachtung (Wahrnehmung) als Vermittlung von Anschauung (Sinnen) und Begriff (Verstand)	Be-Deutung (Interpretation) als Vermittlung von Entwurf und Abbild	Bewertung (Entscheidung) als Vermittlung von Beschreibung und Vorschrift

Das Informationsverarbeitungsmodell.
Die Grundprobleme des menschlichen Erkennens werden von der Richtung der Kognitionswissenschaft, die technikorientiert denkt, im Sinne der Computermetapher des Geistes beantwortet, nämlich als Berechnungsprobleme, die im und vom menschlichen Geist analog zu einem Programm abgearbeitet werden.

Diese Richtung wird Kognitivismus genannt. Der Computationalismus tritt dabei in zwei Formen auf:
– im (älteren) Symbolismus, der sich an symbolischen Maschinen, also an der mechanischen Manipulation von Symbolen, orientiert, und
– im (jüngeren) Konnektionismus, der konnektionistische Maschinen, also subsymbolisch genannte Verarbeitungsmechanismen neuronaler Netze, zum Vorbild nimmt.
Seine Grundannahme ist die, dass die Übergänge zwischen den verschiedenen Stadien der Informationsverarbeitung rechenbare Transformationen sind.

Sensualismus, Empirismus.
Das Informationsverarbeitungsmodell steht in der Tradition des Sensualismus (alle Erkenntnis beginnt mit den Sinnen) und des Empirismus (Theorien sind der Beobachtung und dem Experiment nachgeordnet), indem sie wie diese die Erkenntnis als etwas auffasst, das nach der Erfahrung kommt und aus ihr herausgearbeitet werden muss, dabei aber den Übergang von einer niederen Form der Erkenntnis zu einer

höheren Form nivelliert. Diese Nivellierung geschieht im Computationalismus durch die Annahme der mathematischen Transformierbarkeit der Informationen ineinander.

Die Grundvoraussetzung des Kognitivismus, dass die Informationsverarbeitung in kognitiven Systemen mit der sinnlichen Erfahrung beginnt und dann sequentiell oder parallel fortgeführt wird und über algorithmische Prozesse Resultate erbringt, behindert in Wahrheit die Aufgabe, zu erklären, wie das System sich seine Frames erarbeitet. Denn über algorithmische Operationen auf Sinnesreizungen lassen sie sich nicht erlangen.

Repräsentationalismus.
Wenn Transduktion (der Übergang vom äußeren Reiz zur inneren Reizung) und Transformationen in der Erfahrung nach Art einer Einbahnstraße vorgestellt werden, auf der Berechnungsschritte klar von einem Abschnitt zum nächsten führen, dann kommt den Symbolen, auf denen operiert wird, objektiv Bedeutung zu. Sie muss ihnen nicht erst vom Subjekt beigelegt werden. Es muss im kognitivistischen Programm konsequenterweise behauptet werden, dass bereits den Objekten der Umwelt, die auf das System einwirken, die Bedeutung anhaftet (die Symbole repräsentieren die Objekte). Diese Bedeutung kann dann auch nicht zwei- oder mehrdeutig sein.

D.h., was das Problem der Verankerung der Symbole betrifft, sind die Symbole von Anbeginn in den Objekten verankert, und was das Problem mit dem Chinesischen Zimmer betrifft, wird mit der Syntax der Symbole die Semantik mitgeliefert.

Kausalismus.
Wenn der Kreis der kognitiven Prozesse vom Input über den Throughput bis zum Output des Systems neurobiologisch geschlossen ist und die Aufeinanderfolge der verschiedenen Prozessabschnitte eine Hintereinanderausführung von Verrechnungsschritten darstellt, dann ist die Verwandlung der Kognitionen ineinander auch kausal geschlossen: Es gibt Ursache-Wirkungs-Zusammenhänge, die vollständig den Erklärungsbedarf dieser Umwandlungen decken und bis zur Initiierung und Steuerung von Handlungen oder des Verhaltens des kognitiven Systems reichen. Absichten, Pläne, Ziele, der Wille, alles Instanzen des Bewusstseins, denen von der Alltagspsychologie zugeschrieben wird, die Tat hervorzubringen, ließen sich so auf kausale Verkettungen ohne irgendein nicht-materielles Glied zurückführen. BRENTANOs Intentionen wären eine verzichtbare oder zumindest vernachlässigbare Größe.

Der Mentalismus.
Aus der geisteswissenschaftlichen Tradition der Phänomenologie und der Hermeneutik (Kunst der Auslegung, Verstehenslehre) stammt die Kehrseite zum Informationsverarbeitungsmodell, der Kognitivismus. Der Mentalismus (vom lateinischen *mens*, der Geist) räumt denjenigen Seiten des menschlichen Erkennens, die vom Informationsverarbeitungsmodell nicht erklärt werden können, den Vorrang ein.

Er äußert sich in zwei Spielarten. Die erste geht von den höheren Qualitäten des sog. menschlichen Geistes aus und nimmt ihr Wirken auch in den niedrigeren Qualitäten an. Die zweite betrachtet die höheren Qualitäten nur für sich und sieht keinerlei Zusammenhang zu den niedrigeren.

Rationalismus oder "Autismus".
Das Frame-Problem wird im Mentalismus so angegangen, dass ein *Top-Down*-Prozess das Wirken der Schemata auf allen Stufen der Erkenntnis verständlich machen soll. Diese Schemata spielen damit die Rolle von sog. Aprioris (von vornherein, immer schon Gegebenem) für jeden konkreten Erkenntnisprozess. Ihre Herkunft bleibt aber unklar.

So wird z.B. im rationalistischen Programm (der Rationalismus setzt das verstandesmäßige Denken an die erste Stelle) die Sinnesreizung selbst zu einer Aktivität geistiger Prozesse, Wahrnehmung sei kein *Bottom-up*-Prozeß, der in der Empfindung wurzele, sondern Teil des Gesamtverhaltens des Organismus, der stets von Vorwissen ausgehe, Erfahrungen würden nur im Lichte von Vorausannahmen gemacht. Die "autistische" Position ("Autismus" im übertragenen Sinn: Autisten lasen sich von persönlichen Wünschen leiten, ohne die Umwelt zu berücksichtigen) betrachtet die Prozesse des kognitiven Systems als autonom (als Argument wird z.B. von VARELA angeführt, dass 80 % dessen, worauf eine Nervenzelle im seitlichen Kniehöcker anspricht, zu dem der Sehnerv führt, nicht von der Retina stammen, sondern von Wechselwirkungen zwischen anderen Regionen des menschlichen Gehirns).

Konstruktivismus bzw. Spiritualismus oder Solipsismus bzw. Platonismus.
Die Symbole ankern nicht in der Realität, und die Objekte der Realität haben keine Bedeutung an sich, lautet die Antwort des Mentalismus auf die Probleme der Symbolverankerung und des Chinesisch-Zimmers. Denn was die mentalen Leistungen – zumindest die höheren – erbringen, seien keine Abbilder, sondern Konstruktionen von je eigenen Welten und Wirklichkeiten, in denen die einzelnen oder im Verband lebenden Akteure für sich gefangen seien, und in denen auch die je eigenen Bedeutungen für sie beheimatet sind. Die Bedeutungszuweisung wird in einem geistigen Akt des Subjekts gesehen, der seinerseits voraussetzungslos passiert und durch nichts anderes mehr bestimmt ist.

Die Unterschiede der mentalistischen Vorstöße ergeben sich daraus, ob der geistige Akt als etwas gedacht wird, das von anderen Richtungen für materiell gehaltene Vorgänge und Ergebnisse vereinnahmt (im Konstruktivismus erzeugen die Subjekte die Welt, in der sie leben, im Spiritualismus wird von der Existenz des Geistigen beim Menschen auf die geistige Existenz der Welt außerhalb des Menschen geschlossen) oder sich von diesen distanziert (im Solipsismus bleibt das Selbst für sich allein – lat. *solus ipse* –, und im Platonismus existiert eine Welt der Ideen an sich). Ein weiterer Unterschied besteht darin, ob das Subjekt als Individuum vorgestellt wird (Konstruktivismus und Solipsismus) oder als Kollektiv (Spiritualismus und Platonismus).

Wieso sich die kognitiven Systeme in ihren Umwelten dennoch zurechtfinden können, kann nicht erklärt werden.

Intentionalismus oder Voluntarismus.
Der Mentalismus sieht entweder alle kognitiven Leistungen von vornherein ins subjektive Licht des Glaubens, Hoffens, Liebens usw. getaucht (Intentionalismus) oder den freien Willen abgehoben, losgelöst von allen Bedingungen materialer Natur (Voluntarismus). Kognition finde stets in situativen Kontexten statt, in denen sie den Organismus zu situationsadäquatem Verhalten befähigen soll. Die Situation werde im Falle des Menschen immer schon von dessen Bedürfnissen her definiert, sagt z.B. der

amerikanische Computerphilosoph H. L. DREYFUS. Hier verschwimmt die Grenze zu den niedrigeren kognitiven Leistungen.

Die Erkenntnis in der Sicht der Selbstorganisationstheorie.
Kognitivismus und Mentalismus bieten in ihrer Tendenz, die existierenden qualitativen Unterschiede innerhalb der Kognition entweder einzuebnen und auf die eine oder die andere Seite des Unterschieds zurückzuführen oder sie zu verabsolutieren, sodass sie voneinander unabhängig scheinen, keine echten Lösungen für die Grundprobleme des menschlichen Erkennens. Diese qualitativen Unterschiede lassen sich jedoch als Stufen niedriger und höherer Qualität der Information auseinanderhalten, wobei die höheren die niedrigeren voraussetzen, aber auf diese nicht vollständig zurückgeführt werden können. Es wird also angenommen, dass Übergänge der Information von niederen zu höheren Qualitäten stattfinden. Diese Übergänge werden als durch Prozesse vermittelt vorstellbar, die der Selbstorganisation des kognitiven Systems geschuldet sind. Die unterste Ebene der Informationsgenerierung bildet die Ebene der Wahrnehmung, auf der aus Signalen mithilfe von verschiedenen Erkenntnismethoden Eindrücke gewonnen werden, die Daten genannt werden können, die mittlere Ebene die der Deutung von realen Situationen, auf der den Daten Bedeutung zugewiesen wird, so dass Wissen entsteht, und die oberste Ebene die der Bewertung, auf welcher Sinn gestiftet wird, wenn das Wissen zu den Zielen in Beziehung gesetzt wird, die das kognitive System praktisch verfolgt, und auf welcher an der Erlangung von Weisheit gearbeitet wird. Auf der untersten Ebene markiert ein Kriterium der Erfassung der für das System wesentlichen Aspekte seines Umfelds den Übergang von den Anschauungen zu den Begriffen, auf der mittleren ein Kriterium der Übereinstimmung der ideellen Darstellungen mit den dargestellten Sachverhalten den Übergang von Entwürfen zu Abbildern und auf der obersten Ebene ein Kriterium der Gültigkeit von Zielsetzungen den Übergang von Beschreibungen zu Handlungsanweisungen.

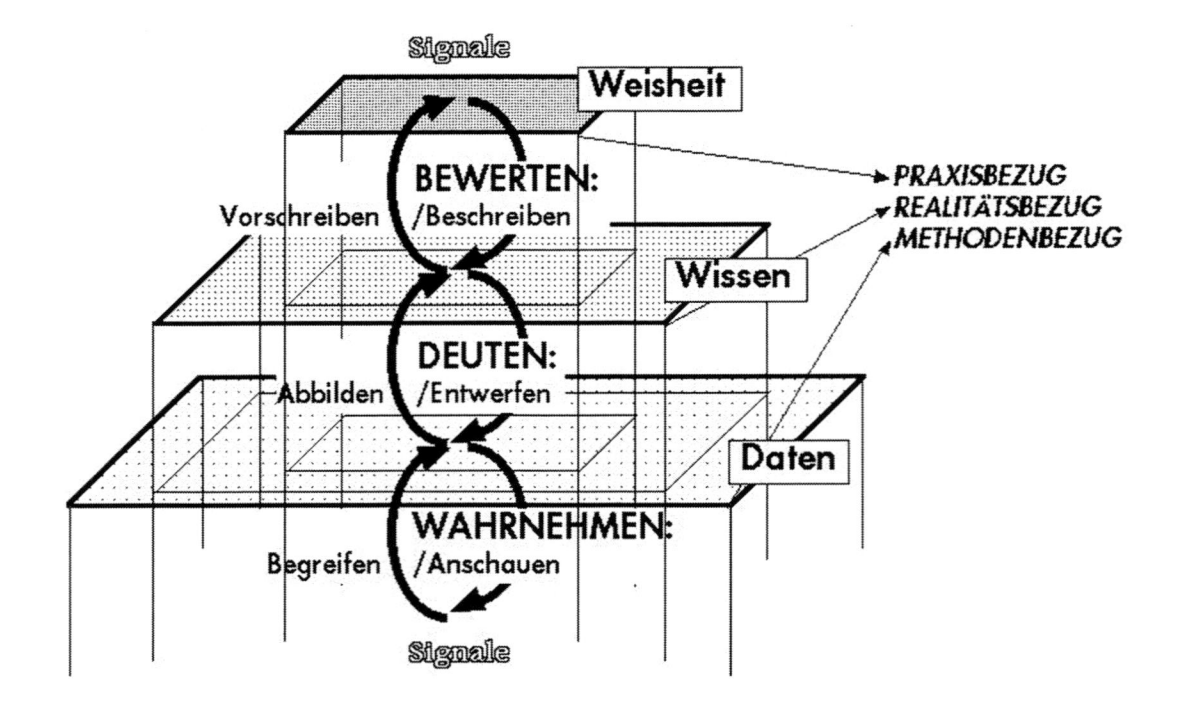

Vermittlung von Anschauung und Verstand (Begriff) zur Wahrnehmung (Beobachtung). Gegenüber den kognitivistischen oder mentalistischen Lösungsversuchen betont der Selbstorganisationsaspekt sowohl die Notwendigkeit des Auseinanderhaltens von sensorischen und intellektuellen Fähigkeiten, Empfindung und Denken, sinnlicher und rationaler Erkenntnis, *perception* und *conception*, als auch die Notwendigkeit ihrer Zusammenfassung, damit sie einander zu einem einheitlichen Prozess der Erfahrung und Wahrnehmung ergänzen können.
Eine Lösung, die vermittelt, bestimmt die entsprechenden Momente als gegensätzlich und beide als notwendig und das eine als niedriger und das andere als höher.

Vermittlung von Entwurf und Abbild zur (Be-)Deutung (Interpretation).
Die Bedeutungszuweisung durch das zur Selbstorganisation fähige kognitive System wird als Zusammenspiel von Entwerfen und Abbilden sichtbar. Die Entwürfe haben die Funktion, die Realität, die repräsentiert werden soll, so gut wie möglich abzubilden. Die Konstruktion im Geiste soll die Realität rekonstruieren, damit das System, wenn es sich seinen Repräsentationen gemäß verhält, mit seinem Verhalten nicht an der Realität scheitert.

Vermittlung von Beschreibung und Vorschrift zur Bewertung (Entscheidung).
Das Umschlagen der Darstellung in die Handlungsanleitung, die eine noch höhere Qualität der Information bedeutet, ist der Inhalt der Selbstorganisation auf einer dritten Ebene. Werte sind dabei der Ausdruck dafür, dass die Gegenstände, die reflektiert werden, eine Rolle spielen bei der Bedürfnisbefriedigung, bei der Verfolgung von Interessen, bei der Verwirklichung von Zielen. Sie geben die Eignung der Gegenstände wieder, zur Umsetzung der Handlungsziele beizutragen, während das sachkundige Wissen der Ausdruck für die Beschaffenheit der Gegenstände ist. Werte beruhen auf

der Sachkenntnis, weil die Rolle, die die Gegenstände bei der Bedürfnisbefriedigung spielen können, von der realen Beschaffenheit der Gegenstände abhängt. Das Wissen von der realen Beschaffenheit aber wird seinerseits bereits unter der Voraussetzung bestimmter Erkenntnisinteressen des Subjekts erworben.

Die Evolution der Kognition.
Die Generierung von Information von der Ebene der Wahrnehmung (Beobachtung) über die Ebene der (Be-)Deutung (Interpretation) bis zur Ebene der Bewertung und Entscheidung beim selbstorganisierenden kognitiven System Mensch ist ihrerseits nur eine Erscheinung, die in der Evolution für die Stufe der re-kreativen Systeme typisch ist. Die Fähigkeit zur Informationsgenerierung aber setzt bei den selbstorganisierenden Systemen bereits früher ein.

• Für die Stufe der dissipativen Systeme, auf der sich die Selbstorganisation als der Aufbau von Ordnung zeigt, kann gesagt werden: Was von der stofflich-energetischen Seite her als Ordnungsaufbau erscheint, ist von der informationalen Seite her die Musterbildung. Das Umweltereignis, das den Anstoß zum Ordnungsaufbau gibt, wird gleichzeitig zu einem Signal für die Auslösung eines Informationsprozesses, in dem ein Muster gebildet wird. Im Muster setzt das System seine Unterscheidung. Das Muster ist das Ergebnis der Aktivität, mit der das System auf ein Ereignis aus der Umwelt eine Antwort gibt, die in einer ganz bestimmten Änderung seiner Organisiertheit besteht. Damit wird das Muster zum Zeichen. Zeichen sind "geronnene" Information, das Ergebnis eines Informationsprozesses. Dissipative Systeme haben die Fähigkeit der Induzierbarkeit (Erregbarkeit) – sie können durch Umweltereignisse erregt werden und diese auf eine jeweils spezifische Art reflektieren (widerspiegeln).

• Für die Stufe der autopoietischen Systeme, bei denen die selbstorganisierte Strukturierung ebenfalls selbstorganisiert eine bestimmte Funktion erhält, gilt in informationaler Hinsicht, dass die Strukturen ein Sensorium darstellen, in dem empfunden wird, und dass die durch Umweltreize ausgelösten Umstrukturierungen eine Funktion für das Effektorium gewinnen, d.i. der Teil des Organismus, in dem die an die Umweltreize angepasste Reaktion aktiviert wird. Das Zeichen, das hier gebildet wird, ist ein Symbol. Das Symbol repräsentiert die Funktion eines Umweltereignisses für die Weiterexistenz des Systems. Deshalb kann den autopoietischen Systemen die Fähigkeit zu intelligentem Verhalten zugeschrieben werden.

• Für die Stufe der re-kreativen Systeme, die sich Ziele setzen, dementsprechend Zwecke festlegen und erfüllen und Mittel dafür erzeugen, lässt sich dann über Induzierbarkeit und Intelligenz hinaus die Fähigkeit zu intentionalem Handeln feststellen. Die Entscheidung für eine Handlung ist von den Repräsentationen unterscheidbar. Sie fußt zwar auf der inneren Darstellung von Zusammenhängen zwischen Außenbedingungen und Systemerhaltung, kann aber je nach Bewertung entlang unterschiedlicher Zielvorgaben, die in der Regel unterschiedliche Realisierungsformen der Systemerhaltung einschließen, unterschiedlich ausfallen. Die Zeichen, das auf dieser Stufe im Zuge der Informationsgenerierung über die Ebenen Beobachtung, Be-Deutung und Bewertung produziert werden, können nach R. DAWKINS "Meme" genannt werden. "Meme" bezeichnen hier alle Zeichen im sozio-kulturellen Bereich (und schließen Daten, Wissen und Weisheit ein).

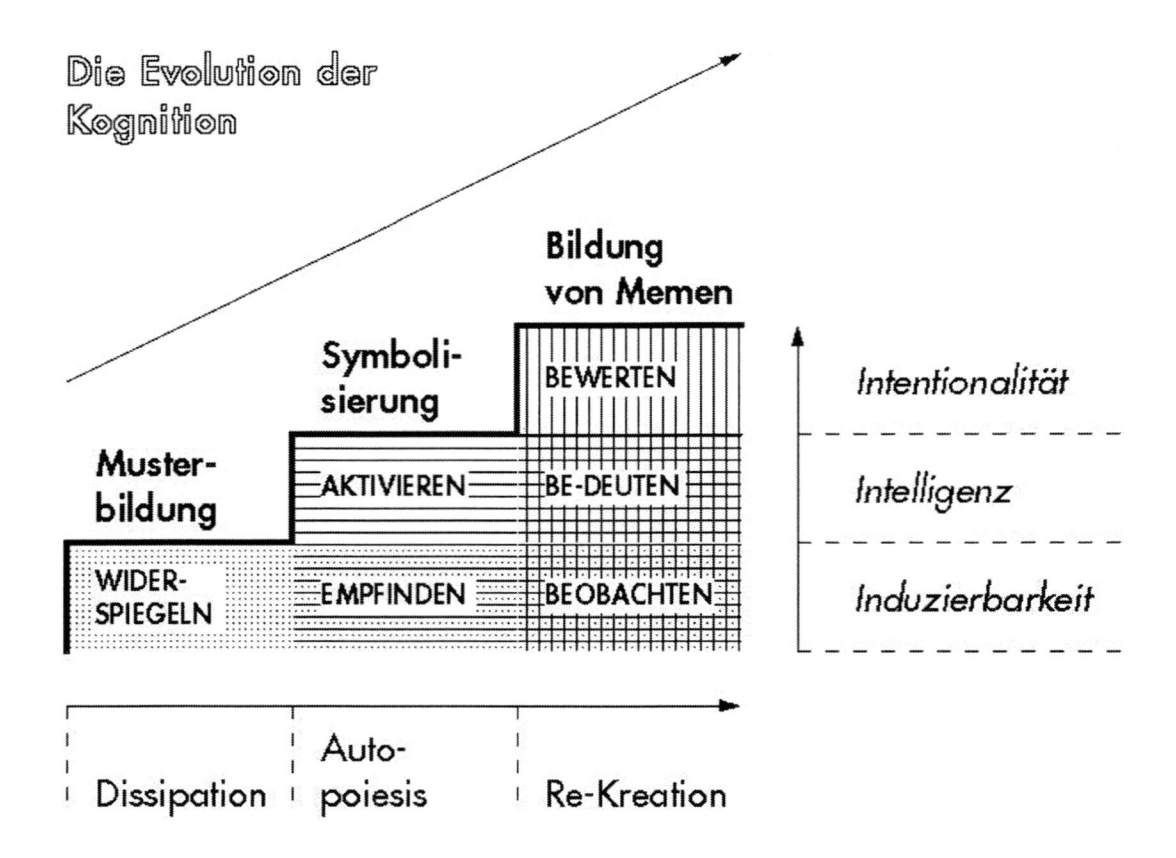

Die Evolution der Kognition

```
                                    Bildung
                                    von Memen
                    Symboli-        ┌─────────┐
                    sierung         │ BEWERTEN│         Intentionalität
        Muster-     ┌──────────┬────┴─────────┤
        bildung     │ AKTIVIEREN│  BE-DEUTEN  │         Intelligenz
    ┌───────────┬───┴──────────┼──────────────┤
    │  WIDER-   │  EMPFINDEN   │  BEOBACHTEN  │         Induzierbarkeit
    │ SPIEGELN  │              │              │
    └───────────┴──────────────┴──────────────┘

      Dissipation    Auto-         Re-Kreation
                     poiesis
```

2.3.3.2. Kommunikation

Mitteilen.
Kommunikation ist das Mitteilen. Mitteilen ist eigentlich ein Miteinander-teilen. Das, was bei der menschlichen Kommunikation miteinander geteilt wird, sind Bewusstseinsinhalte verschiedener Individuen. Erreicht wird dabei ein gegenseitiges Verständnis. Mitteilen ist also ein verschränkter Prozess: Auf der einen Seite ist er eine Äußerung, auf der anderen Seite ein Verstehen. Er setzt auf beiden Seiten kognitive Systeme voraus, von denen das eine sich äußert (der "Kommunikator") und das andere diese Äußerung zu verstehen versucht (der Adressat oder Rezipient). Er ist also ein Prozess, in dem
a) (auf der Kommunikatorseite)
1. jemand oder etwas (das Mitteilungssubjekt)
2. mithilfe von etwas (der Mitteilungsmethode)
3. über jemand oder etwas (das Mitteilungsobjekt)
4. mit einer bestimmten Absicht gegenüber jemand oder etwas (dem Mitteilungsinteresse)
sich äußert und
b) (auf der Seite des Adressaten)

zugleich, gegenläufig, eben dieser jemand oder dieses etwas, an das sich die Äußerung richtet, sowohl
– die Mitteilungsmethode als auch
– das Mitteilungsobjekt als auch
– das Mitteilungsinteresse
zu verstehen versucht. Dieses Verstehen ist seinerseits ein Erkenntnisprozess.

Das Grundproblem des menschlichen Mitteilens liegt in der Beziehung zwischen dem Äußern und dem Verstehen, u.zw. in der Herstellung einer Verständigung zwischen Kommunikator und Adressat
• über die Mitteilungsmethode,
• über das Mitteilungsobjekt und
• über das Mitteilungsinteresse.

Das gesamte Problem ist als "Other Minds Problem" bekannt. Das erste Teilproblem kann unter Bezugnahme auf die kommunikationswissenschaftliche Terminologie als Problem der Verständigung über die Expression, das zweite als das der Verständigung über die "Indikation", das dritte als das über die Appellation bezeichnet werden.

Das "Other Minds Problem".
Die Problemstellung lautet, wie eine Person in Erfahrung bringen kann, was eine andere Person meint, wenn das, was diese meint, im Bewusstsein dieser Person existiert, quasi in ihrem Bewusstsein eingeschreint ist, und die erste Person nur zum beobachtbaren äußeren Verhalten und zu den physischen Zuständen der zweiten Person Zugang hat.

Das Expressionsproblem.
Dies ist das Problem, wie der Kommunikator sich ausdrückt, d.h. welche Möglichkeiten des Ausdrucks er verwendet, und wieweit der Adressat diese Ausdrücke versteht.

Der sich Äußernde äußert mit seiner Äußerung auch ein Stück von sich selbst. Er zeigt etwas von sich selbst, indem er seine ganz eigene Auslese an Mitteln präsentiert, mit deren Hilfe er seine Äußerung macht. Er offenbart somit etwas von sich selbst. Die Wahl der Mittel erstreckt sich neben der Sprache auch auf außer- und vorsprachliche Medien. Wie die Zeichen untereinander verbunden werden, kennzeichnet die sog. syntaktische Dimension (in der Sprache ist damit z.B. die Grammatik gemeint).

Das Indikationsproblem.
Dieses besteht darin, inwieweit der Adressat versteht, worauf der Kommunikator mit seiner Botschaft hinweist, d.h. auf welche Sache – unter vielen möglichen Sachen – er sich bezieht.

Hier zeigt der Kommunikator auf etwas, das er zum Gegenstand seiner Äußerung macht. Auch dieses Verweisen ist ein Akt der Selektion. In zeichentheoretischer Hinsicht handelt es sich hier um die sog. semantische Dimension (die Beziehung des Zeichens auf das, was es bezeichnet), also die Bedeutung.

Das Appellationsproblem.
Hier stellt sich das Problem, wozu der Kommunikator den Adressaten aufruft, d.h. welche Aufforderung – unter mehreren möglichen – er an ihn richtet, und ob der Adressat diese Aufrufe versteht.

Mit dem Appell zeigt der Kommunikator an, dass er den Adressaten zu etwas veranlassen möchte. Wie er auf ihn Einfluss nehmen will, steht in engem Zusammenhang damit, wie er die Beziehung zwischen sich und ihm sieht. Die Handlungsanweisung, die in der Äußerung steckt (bzw. in die die Äußerung gekleidet ist), ist ebenfalls Gegenstand einer Wahl. In der Zeichentheorie heißt der angesprochene Aspekt Pragmatik, wo es um die Wirkung des Zeichens geht.

Somit findet jeweils eine doppelte Selektion statt:
– Die Kommunikatorin selektiert, welchen Ausdruck sie zu gebrauchen vorhat, und die Adressatin selektiert in einem Erkenntnisprozess, was sie als Ausdruck seitens der Kommunikatorin auffassen kann.
– Die Kommunikatorin wählt aus, worüber sie kommunizieren möchte, und die Adressatin wählt in einem Erkenntnisprozess eine Auffassung davon aus, was als Inhalt der Kommunikation gemeint ist.
– Die Kommunikatorin entscheidet, was sie von der Adressatin will, und diese entscheidet sich in einem Erkenntnisprozess für eine bestimmte Auffassung darüber, was von ihr gewollt wird.

Wie kann es zu einer Übereinstimmung zwischen Kommunikator und Adressat kommen? Wie kann es dazu kommen, dass eine Äußerung verstanden wird?

Grundtypen der Kommunikationswissenschaft.
Je nach der Sichtweise dieser Grundproblematik lassen sich wiederum drei kommunikationswissenschaftliche Grundtypen auseinanderhalten:
– das Informationsübertragungsparadigma,
– verschiedene sozialwissenschaftliche Zugänge und
– der Ansatz, Kommunikation als Phänomen selbstorganisierender Systeme zu betrachten.

		"OTHER MINDS PROBLEM": PROBLEM DER VERSTÄNDIGUNG ÜBER		
		DIE EXPRESSION	DIE "INDIKATION"	DIE APPELLATION
Kanalmodell der Informations-übertragung		Gleichschaltung		
Soziolo-gis-mus	**Systemtheorie**	prinzipielle Ungewißheit gelingender Verständigung		
	Handlungstheorie			
Mitteilung als ein Prozess der Selbstorgani-sierten Informations-generierung		*Vermittlung des Subjektbezugs einer Äußerung zwischen Sender und Empfänger*	*Vermittlung des Objektbezugs einer Äußerung zwischen Sender und Empfänger*	*Vermittlung des Interaktions-bezugs einer Äußerung zwischen Sender und Empfänger*

Das Informationsübertragungsmodell.
Die technikorientierte Variante der Kommunikationswissenschaft legt SHANNONs Kanalmodell zugrunde.

Gleichschaltungsthese.
Im Kanalmodell der Informationsübertragung geht es streng genommen darum, im Rezipienten, also dem Informationen empfangenden kognitiven System, durch die Übermittlung von physikalischen Signalen denselben Zustand herzustellen, den der Emittent einnimmt, also ein System, das Informationen aussendet, und, indem es dies tut, seinen Zustand kundgibt. Die Informierung des Empfängers ist so gleichbedeutend mit seiner Gleichschaltung mit dem Sender, mit seiner Formung nach dem Bild des Senders. Die Informationen im rezipierenden System sind dieselben wie die des emittierenden Systems. Die Empfängerin entschlüsselt bloß, was die Senderin verschlüsselt hat. Es muss vorausgesetzt werden, dass beide über denselben Schlüssel verfügen. Es wird weiterhin angenommen, dass die entschlüsselte Nachricht genauso verstanden wird, wie sie vor der Verschlüsselung gemeint war, und dass sich dies mit der Bedeutung wie mit dem Appell so verhält. Das "*Other Minds Problem*" wird also in dieser Sicht dahingehend aufgelöst, dass von den sog. geistigen Erscheinungen zu den beobachtbaren physikalischen Signalen auf der Seite des Senders ein einziger Weg führt, der auf der Seite des Empfängers nur in umgekehrter Richtung beschritten zu werden braucht. Als Problem stellt sich nur das Rauschen, was Informationsverluste auf dem Weg der Übertragung zur Folge haben kann.

Ausgeblendet wird dabei, dass es vom empfangenden System abhängt, wie es die Botschaft in allen ihren Dimensionen versteht.

Dass eine derartige Auffassung zu kurz greift, wurde beispielsweise im manipulativen Ansatz und in der Propagandaforschung erkannt, wo die Kommunikation als *persuasive communication* betrachtet wird und nach zusätzlichen Faktoren gesucht wird, die bewirken, dass das Denken und Handeln der Rezipienten im Sinne des Kommunikators beeinflußt wird.

Der Soziologismus in System- oder Handlungstheorien.
Nichttechnische, sozialwissenschaftliche Ansätze erblicken in der Kommunikation eine soziale Erscheinung, nämlich ein Element sozialer Systeme oder eine soziale Handlung.

Ob das Ereignis der Mitteilung systemtheoretisch oder handlungstheoretisch apostrophiert wird, kommt darauf an, ob in der Analyse der Gesellschaft strukturellen und funktionalen Gesichtspunkten wie Regeln und Regelmäßigkeiten (z.B. LUHMANN) oder den Aktivitäten der Individuen (z.B. HABERMAS, der Symbolische Interaktionismus) der Vorzug gegeben wird.

"Soziologismus" soll hier heißen, dass die soziologischen Auffassungen eine Gegenposition zu den technik- und naturwissenschaftlichen Positionen einnehmen und technische oder natürliche Gesichtspunkte der Kommunikation selbst als rein soziale betrachten oder ganz aus ihrer Betrachtung ausschließen.

These von der Ungewissheit gelingender Verständigung.
In beiden soziologischen Theorievarianten ist der Fall der vollzogenen Verständigung, also der Übereinstimmung in Äußerung und Verstehen zwischen Sender und Empfänger, nicht nur unwahrscheinlich, sondern prinzipiell ungewiss.

Unwahrscheinlich ist er ihrer Meinung nach, weil das, was verbal und nonverbal mitgeteilt wird, häufig mehrdeutig, vage und lückenhaft sei, so dass der Empfänger gezwungen ist, vom Sender vielleicht Gemeintes zu fixieren, zu präzisieren und zu ergänzen.

Darüberhinaus ist er für sie prinzipiell ungewiss, weil es eine Tatsache sei, die nicht aus der Welt geschafft werden könne, dass der Empfänger bloß glaubt, den Sender zu verstehen, und dass der Sender bloß glaubt, vom Empfänger verstanden zu werden. Keiner könne endgültig sicher sein, ein Einverständnis erzielt zu haben. Jeder habe Zugang nur zur eigenen Bedeutungswelt, nicht aber zu der des anderen, lautet die Antwort auf das "*Other Minds Problem*".

Dies läuft auf die Unmöglichkeit der Kommunikation hinaus.

Die Mitteilung in der Sicht der Selbstorganisationstheorie.
Weder die vollständig deterministische Sicht des Kanalmodells noch der soziologistische Standpunkt, nach dem Verständigung an ein Wunder grenzt, werden der Kommunikation gerecht. Das Grundproblem des menschlichen Mitteilens lässt sich theoretisch wie praktisch dadurch lösen, dass kommunizierende kognitive Systeme miteinander rückgekoppelt werden. Sender und Empfänger tauschen dabei in einem ständigen Wechselspiel ihre Rollen. Das verstehen sollende oder wollende System gibt dem System, das ursprünglich als Kommunikator aufgetreten ist, zu verstehen,

wie weit es dessen Botschaft verstanden hat. Diese Äußerung, die dem ursprünglichen Sender Aufschluss geben kann über die Verstehensleistung des Empfängers bezüglich seiner ursprünglichen Botschaft, muss natürlich vom ursprünglichen Sender jetzt als Empfänger aufgenommen und zu verstehen gesucht werden. Daraufhin kann ein Vorgang der Mitteilung erneut in der ursprünglichen Rollenaufteilung zwischen Sender und Empfänger einsetzen, aber bereits auf höherem Ausgangsniveau. Dieser Gesamtprozess des wechselseitigen Feedbacks ist zwar theoretisch unabschließbar, findet aber praktisch seinen Abschluss, sobald sich die Kommunikationspartner darauf einigen, dass das erreichte Ausmaß am Verständnis des jeweils anderen ausreichend ist.

Die Selektionen, die sie dabei treffen, sind zwar jeweils selbstorganisiert. Durch die Kopplung aneinander nähern sie sich aber gegenseitig an. Der Kommunikationsprozess wird damit zu einem Prozess, in dem miteinander gekoppelte menschliche kognitive Systeme interaktiv in einer unabgeschlossenen Abfolge von Sebstorganisationszyklen Information erzeugen, die sie miteinander teilen, die sie aufeinander abgestimmt haben.

Der Kommunikationsprozess setzt sich aus lauter kognitven Prozessen zusammen, die eine neue Bedeutung erlangt haben: auf der einen Seite als sich äußernde, auf der anderen als verstehende Informationsgenerierung.

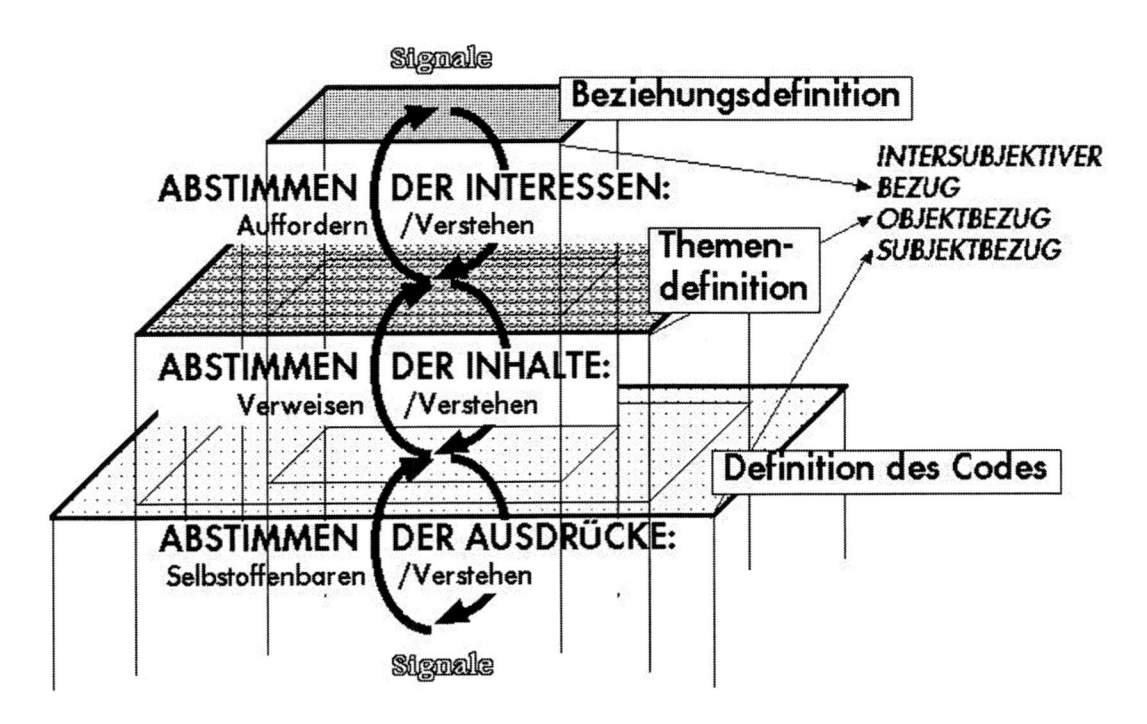

Vermittlung des Subjektbezugs einer Äußerung zwischen Sender und Empfänger.
Die Selbstoffenbarung des Senders und der Versuch des Verstehens der Ausdrücke durch den Empfänger bilden die zwei gegenläufigen Momente, die miteinander vermittelt werden und eine Abstimmung der Kommunikationspartner in bezug auf die

Ausdrücke hervorbringen. Das Ergebnis dieser gegenseitigen Abstimmung ist die Defintion des Codes, den sie beide verwenden.

Vermittlung des Objektbezugs einer Äußerung zwischen Sender und Empfänger.
Der Prozess seitens des Senders und der Prozess seitens des Empfängers, die, was den Bezug der Äußerung auf die Sache betrifft, vermittelt werden, sind der Verweis (auf die Sache) und der Versuch des Verstehens des Verweises. Dadurch werden die Inhalte abgestimmt und als Ergebnis das Thema definiert, über das kommuniziert wird.

Vermittlung des Interaktionsbezugs einer Äußerung zwischen Sender und Empfänger. Schließlich werden auf einer dritten Ebene die Interessen aufeinander abgestimmt (zumindest insofern, als geklärt wird, was das Interesse der Kommunikationspartner ist). Dies geschieht durch das Vermitteln von Auffordern und dem Versuch, den Appell zu verstehen. Damit definieren die Partner die Beziehung, die sie in der Interaktion eingehen.

Die Evolution der Kommunikation.
Abstimmen der Ausdrücke, Inhalte und Interessen sind wiederum informationsgenerierende Prozesse, die für die Mitteilungsleistung auf der Stufe re-kreativer Systeme charakteristisch sind. Kommunikation kann aber schon bei einfacheren selbstorganisierenden Systemen angesetzt werden.

• Bei dissipativen Systemen (die kognitiv zur Musterbildung fähig sind) äußert sich das Kommunikationsvermögen in ihrem Können, bei Kopplung ihre Muster aneinander anzugleichen. Es handelt sich um einen Zyklus der Informationsgenerierung, der auf jeder Seite nur einen einzigen selbstorganisierten Qualitätssprung erfordert (beide zusammen hier Wechselwirkung genannt). Dieses Vermögen wird als Resonanz bezeichnet.

Warum der Terminus "Resonanz" hier ins Spiel kommt, kann das folgende Beispiel klarmachen: Pendeluhren, die an ein und derselben Wand aufgehängt werden, beginnen ihren Pendelschalg zu synchronisieren.

• Bei autopoietischen Systemen (die in einem zweistufigen Verfahren der Selbstorganisation Symbole bilden können, mit denen sie Umweltreize auf die Überlebensrelevanz hin beurteilen) bewirkt die informationale Kopplung eine Reorientierung des Verhaltens der beteiligten Systeme. Die Kopplung ist zweistufig und beinhaltet die Erkennungsleistung sowohl bezüglich der präsentierten Zeichen als auch bezüglich der motivierenden Funktion dieser Zeichen. Dadurch sind autopoietische Systeme in der Lage, das zukünftige Verhalten der Kommunikationspartner vorwegzunehmen (zu antizipieren).

• Bei re-kreativen Systemen schließlich tritt als neue Eigenschaft das Sich-Hineinfühlen-Können und Sich-Hineinversetzen-Können in den Partner (Empathie) hinzu, um damit die Verständigungsleistung zu ermöglichen. Diese neue Qualität modelt die

Die Evolution der Kommunikation

		Ver-ständigung	
	Reorientierung	INTERESSEN VERSTEHEN	← Empathie
Angleichung	ERKENNUNG DER MOTIVATION	INHALTE VERSTEHEN	Antizipation
WECHSELWIRKEN	ERKENNUNG DER PRÄSENTATION	AUSDRÜCKE VERSTEHEN	Resonanz

| Dissipation | Autopoiesis | Re-Kreation |

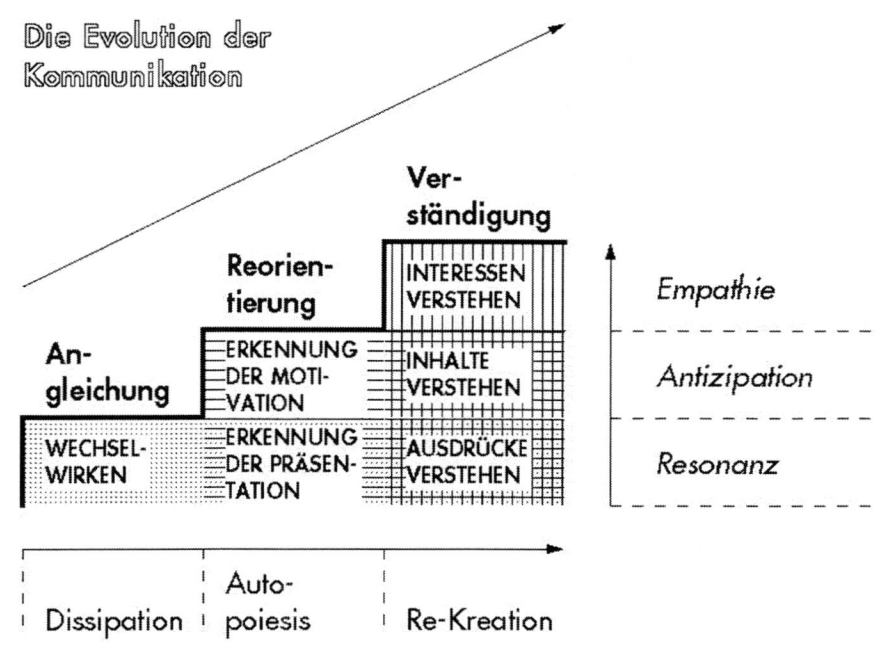

Zyklen der Selbstorganisation um, in denen Information hervorgebracht wird (so dass ein dreistufiges Verfahren entsteht).

2.3.3.3. Kooperation

Gemeinsam Handeln.
Kooperation ist das gemeinsame Handeln. Gemeinsames Handeln setzt kommunikative Systeme voraus, deren Einzelhandlungen sich zu einem Ganzen zusammenfügen.

Dieses Ganze ist mehr als die Summe der Einzelhandlungen, weil Synergieeffekte auftreten, die sich, wie der Name sagt, dem Zusammenwirken – "Syn-ergie" – verdanken. Dadurch ist es dem einzelnen möglich, mehr zu erreichen, als wenn er nicht im Verbund mit anderen handeln würde. Die Kulturleistungen der Menschen gehen darauf zurück.

Gemeinsames Handeln ist ein Prozess, in dem
1. jemand mit anderen bzw. etwas mit anderem (das kollektive Subjekt der Handlung)
2. mithilfe von etwas (der Methode der Handlung)
3. gegenüber jemand oder etwas (dem Objekt der Handlung)
4. für ein bestimmtes Ziel (das Interesse an der Handlung)
handelt.
Die Grundprobleme des Gemeinsam-Handelns von Menschen lassen sich in den kollektiven Beziehungen
• zwischen Subjekt und Methode,
• zum Objekt und
• zum Interesse
verorten.

Gesellschaftswissenschaftliche Disziplinen wie Sozialphilosophie, Sozialökologie oder Politische Theorie geben die Begriffe "Entfremdung", "Zerstörung der Um-, Mit- oder Nachwelt" und "Herrschaft" an die Hand, mit denen diese Probleme gekennzeichnet werden können.

Das Problem der Entfremdung zwischen Menschen und Technik.
Menschen sind tätig, indem sie etwas betätigen oder sich auf eine bestimmte Art und Weise betätigen. Dieses etwas oder diese Art und Weise ist die Technik. Technik ist die Methode ihrer Betätigung. Diese Methode ist von Menschen ausgedacht und gemacht. Menschen sind im Unterschied zu anderen biotischen Systemen Technikerinnen, weil die Mittel, die sie in ihrer Aktivität zwischen sich und den Gegenstand ihrer Aktivität schieben, künstliche Mittel sind, die sie gemeinschaftlich anwenden und von Generation zu Generation weitergeben. Dadurch gewinnt die Technik eine Art Eigenleben.

Das äußert sich beispielsweise darin, dass jede Generation eine unterschiedliche technische Infrastruktur vorfindet, je nachdem, in welche Gesellschaft sie hineingeboren wird;
dass von dieser Infrastruktur das Niveau abhängt, auf welchem die Mitglieder dieser Gesellschaft ihre Lebensbedürfnisse befriedigen können;
dass neue Technologien neue Qualifikationen im Umgang mit ihnen erfordern, egal, ob es sich um Prozess- oder Produktinnovationen handelt;
dass die Arbeitsorganisation sich ändert, wenn die Technologien, mit denen gearbeitet wird, sich ändern etc.

Wenn es nun so ist, dass die Technik ein Eigenleben gewinnt: Kann gewährleistet werden, dass die Technik den Menschen nicht fremd wird?

Das Problem der Zerstörung der Um-, Mit- und Nachwelt.
Mit der Technik wirken die Menschen auf die unterschiedlichsten Gegenstände ein. Diese erhalten dadurch eine neue Form. Sie werden in eine Form gebracht, in der sie dazu beitragen, den Fortbestand des Gesamtsystems Gesellschaft zu sichern, d.h. sie werden in Bedingungen der weiteren Aufrechterhaltung des Systems umgewandelt. Die Aktivität, in der die Gesellschaftsmitglieder dies tun, ist die Arbeit. Mit der Arbeit reproduzieren sie die Gesellschaft, d.h. stellen sie diese immer wieder her.

Sie tun dies nicht nur, indem sie die Natur bearbeiten, um die für ihr eigenes physisches Überleben notwendigen Mittel zu gewinnen, sondern, um diesen Prozess der Lebensgewinnung am Laufen zu halten, auch dadurch, dass sie die Voraussetzungen dieser Produktion der Lebensmittel selbst immer wieder produzieren: Sie reproduzieren
1. die Arbeitskraft, also die Produzenten (durch Erholung, durch Umschulung, durch Neuzugang etc.),
2. die Arbeitsmittel, also die Produktionsinstrumente (durch Ersatz- und Neuinvestitionen etc.), und
3. die Arbeitsgegenstände, also die Produktionsmaterialien (durch Wiederherstellung oder Umstellung der stofflich-energetischen Basis der Produktion, wo die Natur dies nicht in dem Maß selber bewerkstelligt, wie es für die Weiterführung der Produktion erforderlich ist).
Arbeitskraft, -mittel und -gegenstände sind als Voraussetzungen der Produktion damit gleichzeitig Objekt der Arbeit und technischen Bearbeitung (nämlich des Teils der Arbeit, die die Reproduktion der Vorausetzungen der Arbeit bezweckt).

Durch Arbeit wird immer mehr von dem, was existiert, ohne von Menschen erzeugt worden zu sein (die Natur), zum Gegenstand der Umformung und schließlich Resultat der Umformung. Diese Produkte finden Eingang in den Kreislauf der Systemerhaltung und werden damit zur künstlichen "Umwelt", die als "Mitwelt" erhalten werden muss, um das System zu erhalten (und für die "Nachwelt" zu hinterlassen), und die, weil ihr Bereich immer größer wird, auch immer mehr Reproduktionsarbeit verlangt.

Problematisch wird hier, ob sich eine Schere auftut zwischen der gesteigerten Inanspruchnahme derartiger menschengemachter Voraussetzungen der Produktion des gesellschaftlichen Lebens (der Umwelt) und dem steigenden Erfordernis, die Voraussetzungen auch in jener Güte und Beschaffenheit wiederherzustellen oder neu zu schaffen, in der sie als Ausgang für die Fortsetzung des Produktionsprozesses dienen können. Die Möglichkeit des Auseinanderklaffens ist jedenfalls gegeben. Sie würde den Umschlag von Produktivität in Destruktivität (Zerstörungskraft) bedeuten. Sie würde
- in der Brachlegung von Humanressourcen (Nichtreproduktion von Arbeitskraft),
- in der (Zer-)Störung technologischer Ressourcen (Nichtreproduktion der Arbeitsmittel) und
- in der Vernutzung und Verschmutzung natürlicher Ressourcen (Nichtreproduktion der Arbeitsgegenstände)

zutage treten.

Wenn nun gilt, dass der Erhaltung der menschlichen Daseinsweise ein zerstörerisches Potential innewohnt: Kann sichergestellt werden, dass die Produktivität nicht kontraproduktiv wird?

Das Problem der Herrschaft von Menschen über Menschen.
Auf der Grundlage der Systemerhaltung schafft sich die Gesellschaft ihre eigene Welt, die für ihre Mitglieder Sinn macht. Sinnerfülltes menschliches Leben besteht nicht nur und nicht in erster Linie im (materiellen) Überleben, sondern in der Selbstverwirklichung, bei welcher die Individuen sich Ziele setzen, die (ideelle) Werte verkörpern, und in Gesellschaft mit anderen im gemeinsamen Handeln zu erreichen versuchen. Durch dieses Handeln wird Kultur produziert. Mit den Worten antiker Philosophie wird durch die Praxis eines guten Lebens Glück erstrebt.

In der Verfolgung eigener Interessen kann es dazu kommen, dass die Folgen der Handlungen für andere nicht berücksichtigt werden und diese Folgen die anderen in ihrem Streben nach Glück beeinträchtigen. Wenn die Angelegenheiten in einer Gesellschaft so geregelt werden, dass es eine Gruppe von Gesellschaftsmitgliedern gibt, die die Folgen ihres Handelns externalisieren, d.h. nach außen verschieben, kann, ohne dafür mit negativen Sanktionen, d.h. mit Strafen, Nachteilen etc., rechnen zu müssen, dann kann gesagt werden, dass diese Gruppe alle anderen Mitglieder der Gesellschaft beherrscht.

Die Begriffe "Gewalt", "Macht" und "Herrschaft" bezeichnen alle etwas ähnliches. Üblicherweise bezieht sich "Gewalt" auf die Zangsmittel, die eingesetzt werden oder deren Einsatz angedroht wird, wenn der eigene Wille gegen den Willen anderer durchgesetzt werden soll, "Macht" auf die Fähigkeit, auf Gewalt zurückzugreifen, und "Herrschaft" auf die Institutionalisierung, d.h. die dauerhafte Verankerung, von Macht in einer Gesellschaft zugunsten einer Gruppe.

Wenn eine Gesellschaftsordnung durch das Vorliegen von Herrschaft charakterisiert ist, wird die Selbstverwirklichung eines Teils der Gesellschaftsmitglieder zugunsten eines anderen Teils eingeschränkt und das gemeinsame Handeln aller von Interessensgegensätzen überlagert. Herrschaft bedeutet den Ausschluss eines Teils der Gesellschaft aus dem gemeinsamen Handeln, bedeutet die Verweigerung der Teilhabe an der Verfügung über die Bedingungen zur eigenen Selbstverwirklichung, bedeutet die Versagung der Selbstbestimmung.

Wenn nun Handlungsfolgen die Mitbestimmungsmöglichkeiten beschränken können: Kann ausgeschlossen werden, dass die Entwicklung eines Teils der Gesellschaft zu Lasten irgendwelcher anderen Teile geht?

Grundtypen der wissenschaftlichen Beschäftigung mit der Kooperation.
Nach der Sicht auf das Problem der drohenden Entfremdung von der Technik, das Problem der drohenden Zerstörung der Umwelt und das Problem der drohenden Beherrschung durch Fremdinteressen als Grundprobleme der menschlichen Kooperation lassen sich Grundtypen der wissenschaftlichen Beschäftigung mit der Kooperation wie folgt einteilen:
- das Paradigma der zunehmenden Anhäufung (Akkumulation) von Information in Gestalt von gesellschaftlich verfügbarem, jederzeit abrufbarem Wissen und von Wissen, das in Technologien verkörpert ist,
- der Zugang, der den zunehmenden Verlust und Verfall von gesellschaftlich gültigen Werten beklagt oder konstatiert, und
- der Ansatz, der die Kooperation als ein Phänomen betrachtet, das der Gesellschaft als selbstorganisierendem System eigen ist.

		PROBLEM DER ENTFREMDUNG IN DER TÄTIGKEIT	PROBLEM DER ZERSTÖRUNG DER UMWELT IN DER ARBEIT	PROBLEM DER HERRSCHAFT IN DER HANDLUNG
Informationsakkumulationsmodell der Kooperation		Computerfetischismus	technische Rationalität	"Cyberocracy"
Kritik an der Informationsgesellschaft:	**FUNDAMENTALISMUS**	Computerstürmerei	Fortschrittsfeindlichkeit	Kritik an der – Ökonomisierung – Politisierung – Ideologisierung aller Lebensbereiche
	POSTMODERNISMUS	Flucht in die Beliebigkeit		
Gemeinsam Handeln als ein Prozess der Selbstorganisierten Informationsgenerierung		*Vermittlung von Technikgestaltung und freier Betätigung für eine "konviviale" (I. ILLICH) Annäherung von Mensch und Technik*	*Vermittlung von Umweltgestaltung und Überlebenssicherung für eine zukunftsfähige Zusammenarbeit*	*Vermittlung von Kulturgestaltung und "Glückseligkeit" für eine herrschaftsfreie Konsensfindung*

Das Informationsakkumulationsmodell.
Diese Auffassung lässt sich als Verlängerung der naturwissenschaftlich und technisch fixierten Ansichten von der Verarbeitung und von der Übertragung der Information auf die gesellschaftstheoretischen und -politischen Fragestellungen der Kooperation sehen. Ihren Hintergrund bildet eine positive Einstellung zu den Triebkräften der Moderne, die hauptsächlich im wissenschaftlich-technischen Fortschritt angesiedelt werden, und den daraus resultierenden Errungenschaften unserer Zivilisation. Der Aufbruch in die Informationsgesellschaft sei die vorläufig letzte Konsequenz dieser Entwicklung. Die Verbreitung der Informations- und Kommunikationstechnologien verbreitere die Wissensbasis wie die Wissen bereits vergegenständlichende technische Basis der Gesellschaft und stelle die Kooperation auf eine neue Grundlage.

Computerfetischismus.
Der Computer, der hier stellvertretend für jede Technologie der Moderne überhaupt steht, wird von dieser Haltung als etwas betrachtet, von dem eine derart große Faszination ausgeht, dass Allmachtsphantasien befriedigt werden.

Der österreichische Philosoph Günter ANDERS hat unter "prometheischer Scham" den Sachverhalt verstanden, dass Menschen gegenüber der Technik ein Unterlegenheitsgefühl entwickeln, da sie den Eindruck haben, dass diese, obwohl ihr Werk, perfekter sei als sie es selbst je zu sein vermöchten. Die modernistische Auffassung hat damit kein Problem: Technik solle ja auch perfekt funktionieren. Jede Programmiererin weiß indessen, dass es das perfekt funktionierende Computersystem nicht geben kann. Selten zeitigt Technikeinsatz ausschließlich die beabsichtigten Folgen, und selten sind die unbeabsichtigten Folgen erwünscht. Dies wird im technikoptimistischen Blick übersehen.

Das Committee on Social Effects of Automation, Computers and Responsibility der International Federation of Automated Control (IFAC) hat dazu vor 10 Jahren geschrieben, was heute noch Gültigkeit hat: "Jede erdenkliche Anstrengung muss unternommen werden, um vermeidbare Fehler zu vermeiden; aber die Computerwissenschaft lernt erst allmählich aus anderen weniger komplexen technischen Systemen, dass es so etwas wie fehlerfreie Hardware, fehlerfreie Betriebssysteme und große Programme, die gänzlich korrekt sind, nicht gibt und nicht geben kann. Diese Tatsache muss schon im Designstadium zur Kenntnis genommen werden, da die äußerst unsichere Illusion, dass es möglich sei, ein fehlerfreies System zu bauen, dazu führt, dass das System unfähig ist, mit unerwarteten Fehlern fertig zu werden, und darauf unkontrolliert zusammenbricht. Noch schwerwiegender aber als die Unfähigkeit, fehlerfreie Systeme zu bauen, ist die Tatsache, dass trotz wichtiger Fortschritte auf diesem Gebiet noch immer keine verläßlichen Testmethoden verfügbar sind. Obwohl die Softwareentwickler sich dieser Probleme und der grundsätzlichen Unmöglichkeit, die Fehlerneigung von Systemen vollständig auszuschalten, bewußt sind, wird nicht genügend Anstrengung unternommen, das Bild vom perfekt funktionierenden Computersystem öffentlich zu korrigieren, das oft von der Werbung genährt wird" (zit.n. Fleissner, P., u.a.: Der Mensch lebt nicht vom Bit allein, 1998).

These von der technischen Rationalität.
Technik ist Mittel zum Zweck. Sind die Zwecke (gesellschaftlich) gegeben, sind diejenigen (künstlichen) Mittel gesucht, die (meist natürliche) Ursache-Wirkungs-Zusammenhänge derart funktionalisieren, dass die Zwecke ursächlich bewirkt werden. Liegen die Mittel nicht vor, werden sie beschafft, produziert. Es ist dieser Prozess, der die Technikgenese bezeichnet. Der Einsatz der Mittel bezeichnet die Technikapplikation. Technikgenese und Technikapplikation unterliegen im technischen Rationalismus einem reinen Zweck-Mittel-Denken. Zwecke werden nicht hinterfragt und die Folgen der Mittelproduktion und Mittelanwendung, die über die beabsichtigten und erwünschten Wirkungen hinausgehen, betriebsblind ausgeblendet. So reduziert sich vernünftiges gemeinsames Handeln auf bloße "instrumentelle Vernunft", in der die sozial-, zivilisations- und umweltunverträglichen Wirkungen auf Menschen, Technik und Natur aus dem Blick geraten.

These von der "Cyberocracy".
"Cyberocracy" ist die Technokratievariante der Informationsgesellschaft. Technokratie heißt Herrschaft der Technik und ihrer Verwalter. Im Bestreben, von der ungehinderten Dynamik des wissenschaftlich-technischen Fortschritts technische Lösungen für gesellschaftliche Probleme beigestellt zu bekommen, wird die ganze Gesellschaft

als Objekt einer Technisierung verstanden, in der gesellschaftliche Probleme auf technisch lösbare Aufgaben reduziert werden. Damit herrsche bloß der "Sachzwang". Dabei wird übersehen, dass sich hinter sog. Sachzwängen immer gesellschaftliche Interessen verbergen, denn der Bereich des gesellschaftlichen Handelns ist ein Bereich, in dem die gesellschaftlichen Werte walten und in dem Ziele entsprechend diesen Werten formuliert werden. Wenn diese Ziele nicht in einem demokratischen Prozeß ausgehandelt werden, dann werden sie unter Verletzung demokratischer Regeln festgelegt. Sie sind aber niemals Sachzwänge.

Die Kritik an der Informationsgesellschaft: Fundamentalismus oder Postmodernismus.
Im Gegensatz zur modernefreundlichen Behandlung der Grundprobleme der menschlichen Kooperation, die keine Entfremdung, keine Zerstörung und keine Herrschaft zu beklagen hat, kommt die kritische Analyse der wissenschaftlich-technischen Zivilisation im Informationszeitalter zu technik- und kulturpessimistischen Antworten. Eine radikale, rückwärtsgewandte Kritik (fundamentalistisch) geht dabei von vorgefassten Werten aus, die von der Moderne nicht eingehalten werden würden, und zielt darauf ab, diese Werte einzufordern, u.zw. durch die Aussetzung der Entwicklung von Wissenschaft und Technik, während eine werte-relative Kritik (postmodernistisch), die sich selber nicht auf bestimmte Werte festlegen will, den Pluralismus betont und die Unübersichtlichkeit des Zusammenhangs zwischen Technik und Kultur.

Computerstürmerei.
Wie beim Maschinensturm in der industriellen Revolution, als aufgebrachte Arbeiter nach der Devise "Macht kaputt, was Euch kaputt macht!" die Ursachen für ihre Not auf die Maschinen projizierten, so ist auch für die fundamentalistische Moderne-Kritik die Technik die Inkarnation alles Bösen. Die Menschen verlören notwendigerweise die Kontrolle über die Technik, die ihnen fremd und feindlich gegenüberstünde. Die Technik sei unbeeinflussbar und unveränderlich.

Was bleibt, ist der Ruf nach Umkehr und Verzicht auf Wissenschaft und Technik.

Fortschrittsfeindlichkeit.
Der Mensch störe mit seinen Eingriffen notwendigerweise das Gleichgewicht in der Natur, in der Schöpfung, lautet die Kritik am Fortschrittsdenken. Diese instrumentalisiere die menschliche Vernunft für seine egoistischen Zwecke.

Eine derartige Haltung läuft auf den Rückzug aus der Natur und die Selbstaufgabe der Menschen hinaus.

Kritik an der Entgrenzung der Ökonomie, an der Vermachtung durch die Politik, am Streit der Ideologien.
Herrschaft hat mehrere Gesichter.

• Entgrenzung der Ökonomie heißt, dass sich dieser Bereich des gesellschaftlichen Lebens derart ausdehnt, dass er sich alle anderen Bereiche unterwirft. Nicht nur ordne er sich die Politik und die Ideologie unter, sondern ökonomisiere darüberhinaus Natur,

Mensch und Technik. Das Prinzip, nach dem in der Wirtschaft verfahren werde, gelte auch in den übrigen Bereichen.

Gilt etwa das erwerbswirtschaftliche Prinzip der Gewinnmaximierung, habe Politik die Funktion, die politischen Rahmenbedingungen für das Funktionieren des Marktes nach diesen Regeln zur Verfügung zu stellen (im Neoliberalismus z.B. durch Privatisierung, Liberalisierung, Deregulierung); im Bereich der Ideen seien es die Werte des freien Unternehmertums, die propagiert werden; die Natur werde als Gratisdienst benutzt; Investitionen drohe schubweise Entwertung; Humankapital werde einseitig oder dequalifiziert.

- "Vermachtung" bedeutet die Existenz von Machtblöcken und die Nichtexistenz von machtfreien Räumen. Alle Dinge des gesellschaftlichen Lebens würden machtpolitischen Überlegungen unterworfen.

- Im Wettkampf der Ideologien gehe es um Einfluss durch Vorherrschaft (Hegemonie) der Argumente zugunsten der eigenen Interessen und gegen die Interessen anderer.

Die Anhäufung von Reichtum (Wirtschaft), Macht (Politik) und Einfluss (Ideologie) bestimmte und bestimmt noch das Lebensziel von Individuen in Gesellschaften mit Herrschaftsverhältnissen.

In der Geschichte der Menschheit nehmen Gesellschaften, die herrschaftlich geordnet sind, also Ober- und Unterordnung und Ausschluss von Mitgliedern von der Teilhabe an der Verfügung über den gesellschaftlichen Gesamtprozess aufweisen, den größten Platz ein. In solchen Gesellschaften dominierte die Konkurrenz über immer wieder vorhandene Ansätze zu gleichberechtigter Koordination. (Im Amerikanischen wird diese Entwicklung "*Dominionism*" genannt.) Als Beispiel einer nicht herrschaftlich geordneten Gesellschaft wird in der Anthropologie u.a. die minoische Kultur auf Kreta genannt. Die *Hippie*-Kultur und die Revolte der sogenannten 68er-Generation waren der bisher letzte größere Versuch der Verweigerung und des Ausstiegs aus unserer bestehenden Gesellschaftsordnung.

Mit der fundamentalistischen Kritik an der Ökonomisierung, Politisierung und Ideologisierung aller Lebensbereiche wird eine Utopie befürwortet, die politisches Engagement fallen lässt und dem stillen Zwang der ökonomischen Verhältnisse nichts entgegenzusetzen vermag.

Flucht in die Beliebigkeit.
Der Postmodernismus kann als Resignation gedeutet werden. Sie konstatiert zwar die Fehler der Moderne, verzichtet aber auf die Analyse der großen Zusammenhänge der gesellschaftlichen Bereiche und gibt damit keine Anleitungen an die Hand, wie vorzugehen sei, um Verbesserungen der Lebensumstände zu erreichen.

Das Gemeinsam Handeln in der Sicht der Selbstorganisationstheorie.
Die modernefreundliche Sicht der Kooperation reduziert den gesellschaftlichen Gesamtzusammenhang auf seine technische Komponente, die fundamentalistische Kritik sieht jeweils nur negative Einzelzusammenhänge, die postmoderne Kritik das Fehlen von Zusammenhängen. Wird der gesamtgesellschaftliche Kooperationszusammenhang als selbstorganisiert betrachtet, lässt sich eine Ineinanderschachtelung, ein Übereinanderliegen verschiedener Prozesse erkennen, die hier als Tätigkeit, Arbeit und Handeln differenziert werden. Tätigkeit kennzeichnet den Prozess, der die technische Infrastruktur erzeugt und zur Anwendung bringt; Arbeit den Prozess der

Signale

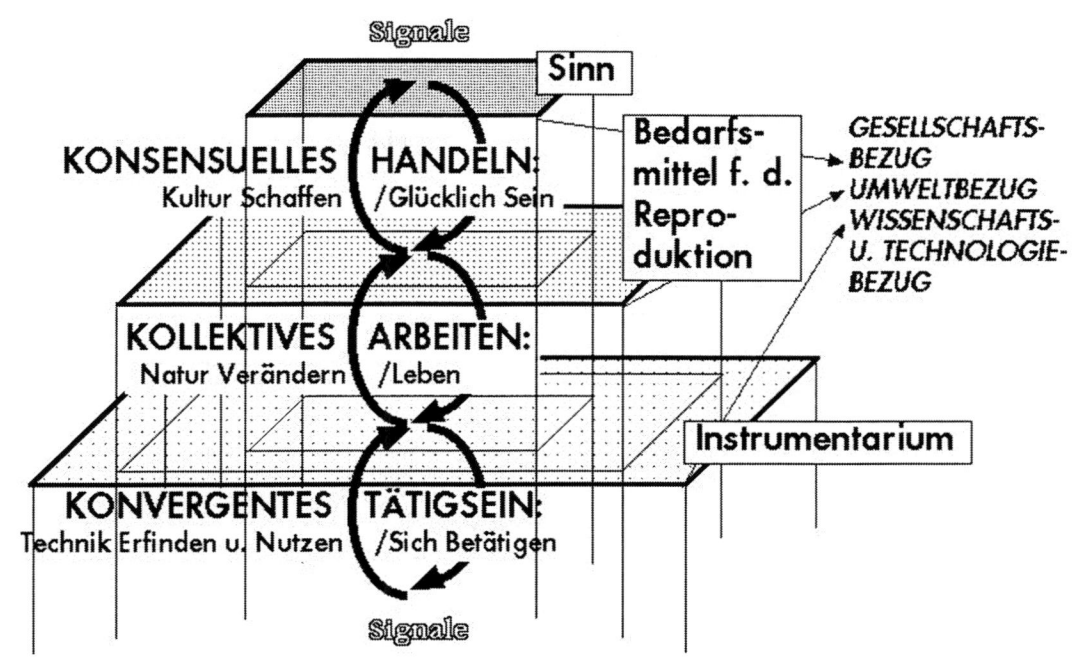

KONSENSUELLES HANDELN: **Sinn**
Kultur Schaffen /Glücklich Sein — Bedarfsmittel f. d. Reproduktion

GESELLSCHAFTS-BEZUG
UMWELTBEZUG
WISSENSCHAFTS- U. TECHNOLOGIEBEZUG

KOLLEKTIVES ARBEITEN:
Natur Verändern /Leben

Instrumentarium

KONVERGENTES TÄTIGSEIN:
Technik Erfinden u. Nutzen /Sich Betätigen

Signale

materiellen Reproduktion der Gesellschaft; Handeln den Prozess, in dem Sinn erzeugt wird. Von einer Ebene zur nächsten findet ein Qualitätssprung statt. Auf jeder Ebene entsteht der Prozess durch die Vermittlung zweier Teilprozesse miteinander, die aus dem Blickwinkel der Informationsakkumulationssicht wie der Informationsgesellschaftskritik auseinandergerissen und gegeneinander verabsolutiert werden.

Jeder dieser Prozesse der Kooperation kommt nur durch Kommunikation zustande. Kommunikation zwischen den Gesellschaftsmitgliedern, die gemeinsam handeln (wollen), ist nötig
– für das "Zusammenstimmen", das Aushandeln eines Konsenses über sinnvolles Handeln zur Verwirklichung selbstbestimmter Systemziele,
– für das Zusammenarbeiten zur Systemerhaltung und
– für das Zusammenführen von Werkzeugen und Aktivität der Werkzeugerfinderinnen und -benutzerinnen zur Wahl der Systemmittel entsprechend den Zwecken der Systemerhaltung und den Systemzielen.
Deshalb ist das gemeinsame Handeln in gesellschaftlichen Systemen ein Prozess der Erzeugung von Information im gesamtgesellschaftlichen Maßstab.

These von der Vermittlung von Technikgestaltung und Betätigung.
Durch das Zusammenspannen der Prozesse der Erfindung und Nutzung von Technik und der Betätigung ergibt sich die Möglichkeit der Annäherung (Konvergenz) beider Prozesse: Die Menschen gestalten die Technik, wie sie umgekehrt von der Technik beeinflusst und geformt werden. Die Aufhebung je vorhandener Entfremdung von der Technik wird dadurch denkbar, dass durch die Gestaltung der Versuch der Rückbindung der Technik an die Menschen erfolgt, um den Charakter der Technik als Werkzeug für die Menschen, als Werkzeug, das ihnen dienen soll, herauszustellen. Der

Österreicher Ivan ILLICH hat diesen Charakter der Mensch-Technik-Beziehung "Konvivialität" (dieses Wort hat er aus dem Spanischen übernommen, in dem es eine Art freundliches Zusammenleben bedeutet) genannt.

Technische Systeme können verbessert werden, aber nur durch Eingriff der Menschen, die Entscheidungen treffen müssen und können, die ihnen kein technisches System abnehmen kann. Nur erfahrene, qualifizierte und motivierte Arbeitskräfte können Situationen der Unsicherheit meistern, einschätzen und Fehler schnell interpretieren und beseitigen. Darum sind Menschen trotz ihrer Unzulänglichkeiten unverzichtbar für den Betrieb automatischer Systeme. Urteilsvermögen, gestützt auf technisches Wissen und Erfahrung, auf ein Verständnis des Systems und auf gesunden Menschenverstand, ist eine menschliche Eigenschaft, die auch in der voraussehbaren Zukunft nicht durch künstliche Intelligenz ersetzt werden kann. Dies ist also ein Ansatz, der die technischen Systeme gegenüber einer dauernden Korrektur durch den menschlichen Faktor offen zu halten versucht.

These von der Vermittlung von Umweltgestaltung und Überlebenssicherung.
Die Veränderung der Natur und ihre Umwandlung in Voraussetzungen für das Überleben der Menschen auf der einen Seite und das menschliche Leben auf der anderen bilden eine widersprüchliche Einheit. Sie widersprechen einander, wo die Veränderung Zustände herbeiführen kann, die dem Überleben nicht förderlich sind. Aber sie gehören zusammen, weil nur die dauernde Anstrengung zur Reproduktion aller lebensnotwendigen Voraussetzungen das Überleben verbürgen kann. Für die Bezeichnung der Qualität einer derartigen Wechselbeziehung zwischen der technisch-organisatorischen Struktur der Gesellschaft und ihrer Umwelt hat sich der Terminus "Nachhaltigkeit" oder "Zukunftsfähigkeit" eingebürgert.

"Nachhaltigkeit" kommt aus der Forstwirtschaft und kennzeichnet das Gleichgewicht, dass nur so viel dem Wald durch Schlägerung entnommen wird, wie durch Aufforstung wieder nachwachsen kann.

Eine nachhaltige Entwicklung ist freilich nur durch kollektiven Einsatz, durch aufeinander abgestimmtes Vorgehen, durch Zusammenarbeit, erreichbar.

These von der Vermittlung von Kulturgestaltung und "Glückseligkeit".
Kultur, die geschaffen wird, soll dem Glück der Gesellschaftsmitglieder dienen. Dazu muss gemeinsam Sinn (Konsens) gefunden werden. Herrschaftsverhältnisse stehen einer Konsensualisierung der Gesellschaftsmitglieder im Wege. Freiwilliger Zusammenschluss auf gleichberechtigter Grundlage, die Chancengleichheit sichert, zur Durchführung gemeinsamer Aktionen für ein gemeinsam bestimmtes Ziel, ist das Ideal, das "Selbstorganisation" im politischen Sinn bedeutet. Ökonomie, Politik und Ideologie bilden darin eine neue Einheit, in der das Streben nach Reichtum, Macht und Einfluss nicht mehr das Handeln bestimmt. Konkurrenz wird der Kooperation untergeordnet.

Die Evolution der Kooperation.
Wenn die Fähigkeit zu gemeinsamem Handeln auf der Stufe sozio-kultureller Systeme eine Eigenschaft der Selbstorganisation ist, dann hat die menschliche Kooperation wiederum Vorstufen.

• Auf der Stufe der Dissipation wird die Selbstveränderung des Systems – als die die Kooperation auftritt – durch das kohärente (zusammenhängende) Verhalten der Sys-

Die Evolution der Kooperation

	Selbst-veränderung	Selbst-erhaltung	Selbst-bestimmung	
			KONSENS	Vernünftige Praxis
		KOORDINA-TION	KOLLABORA-TION	Poiesis
	KOHÄRENZ	KORRESPON-DENZ	KONVER-GENZ	Parallelisierung
	Dissipation	Auto-poiesis	Re-Kreation	

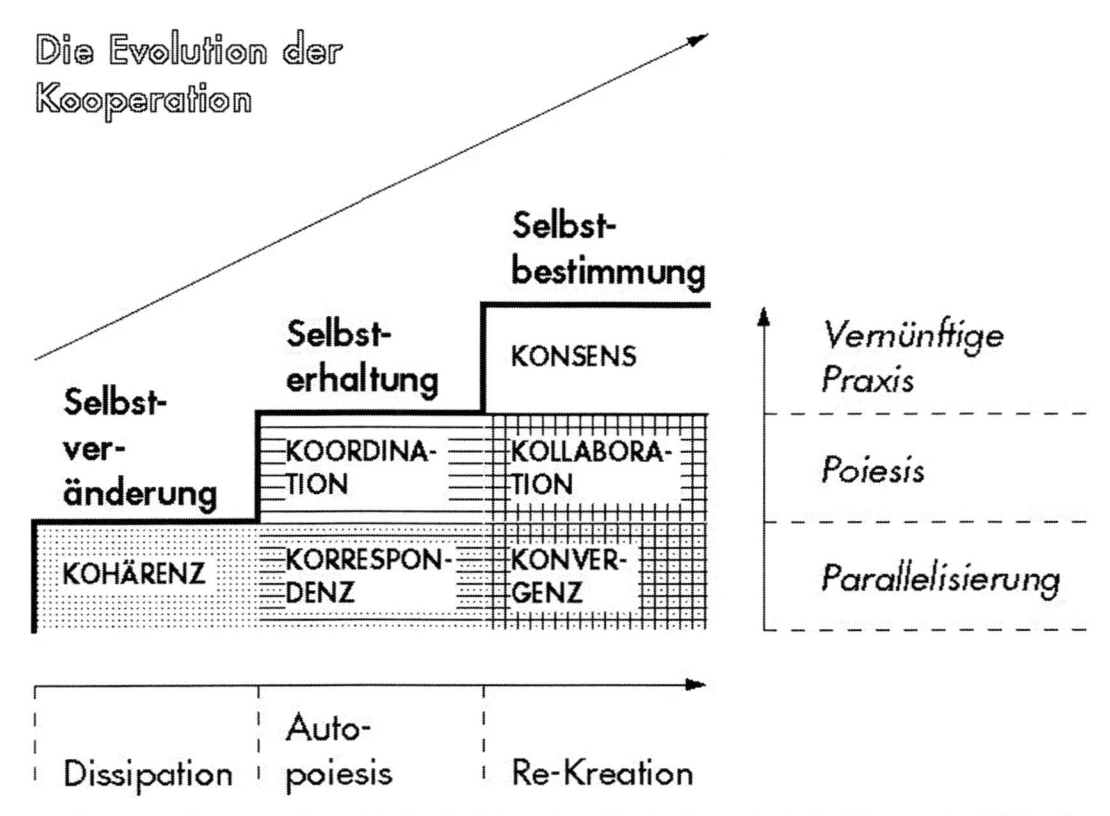

temelemente hervorgebracht. Im kohärenten Verhalten sind die Elemente fähig, ihre Aktionen parallel auszurichten.

• Auf der Stufe der Autopoiese stellen die Elemente durch koordiniertes Verhalten, das mit den Außenbedingungen korrespondiert (ihnen entspricht), das System her und seinen Erhalt sicher. Das System erhält sich selbst durch die Fähigkeit zum Zweck-Mittel-Verhalten (Zweck: Aufrechterhaltung des Systems; Mittel: Strukturveränderungen durch Elementaktivitäten). Dies gilt sowohl für das Verhältnis Zellen–Organismus als auch für das Verhältnis zwischen Einzelorganismen und sozialen Zusammenschlüssen. "Poiesis" ist der Name, den die griechische Philosophie für Zweck-Mittel-Aktivitäten bereit hält.

• Auf der Stufe der Re-Kreation schlußendlich äußert sich die Kooperation als Selbstbestimmung der Systeme wie ihrer Elemente. Über Poiesis hinaus führt hier die vernünftige "Praxis" (der Name aus der griechischen Philosophie, mit dem ein gutes Leben charakterisiert wird) zum konsensuellen Operieren im gemeinsamen Handeln, das Kollaboration in der Arbeit und Konvergenz in der Tätigkeit voraussetzt.

Literatur:

Banathy, Bela H. (1996) *Designing Social Systems in a Changing World*. New York, NY. Plenum

Barthes, Roland (1974) *Mythen des Alltags*. Frankfurt/Main. Suhrkamp. 3. Auflage

Bateson, Gregory (1985) *Ökologie des Geistes. Anthropologische, psychologische, biologische und epistemologische Perspektiven*. Frankfurt/Main. Suhrkamp

Coy, Wolfgang et al. (Hrsg.) (1992) *Sichtweisen der Informatik*. Braunschweig/Wiesbaden. Vieweg.

Eco, Umberto (1977) *Zeichen. Einführung in einen Begriff und seine Geschichte*. Frankfurt am Main. Suhrkamp

Eigen, M./Schuster, P. (1979) *The Hypercycle*. Berlin/Heidelberg/New York. Springer

Fenzl, Norbert/Hofkirchner, Wolfgang/Stockinger, Gottfried (Hrsg.) (1998) *Information und Selbstorganisation. Annäherungen an eine vereinheitlichte Theorie der Information*. Innsbruck/Wien. Studienverlag

Fleissner, Peter/Hofkirchner, Wolfgang (1995) *In-formatio revisited. Wider den dinglichen Informationsbegriff*. In: Informatik Forum 3/1995, S. 126-131.

Floyd, Christiane/Fuchs, Christian/Hofkirchner, Wolfgang (Hrsg.) (2002) *Stufen zur Informationsgesellschaft. Festschrift zum 65. Geburtstag von Klaus Fuchs-Kittowski*. Frankfurt. Peter Lang.

Foerster, Heinz von/Zopf, George W. (Hrsg.) (1962) *Principles of Self-Organization*. Oxford. Pergamon Press

François, Charles (Hrsg.) (1997) (Hrsg.) (1997) *International Encyclopedia of Systems and Cybernetics*. München. Saur

Fuchs, Christian (2000) *Selbstorganisation in der Informationsgesellschaft*. Dipl.-Arb. Wien. TU Wien.

Fuchs, Christian (2001) *Soziale Selbstorganisation im informationsgesellschaftlichen Kapitalismus. Gesellschaftliche Verhältnisse heute und Möglichkeiten zukünftiger Transformationen*. Wien/Norderstedt. Libri Books on Demand

Fuchs, Christian (2002) *Krise und Kritik in der Informationsgesellschaft*. Wien/Norderstedt. Libri Books on Demand.

Fuchs, Christian (2003a) *Structuration Theory and Social Self-Organisation*. In: Systemic Practice and Action Research, Vol. 16 (2003), Nr. 1.

Fuchs, Christian (2003b) *Some Aspects of Pierre Bourdieu's Works for a Theory of Social Self-Organisation*. In: European Journal of Social Theory, Vol. 6 (2003), No. 4.

Fuchs, Christian/Hofkirchner, Wolfgang (1999) *Information in Social Systems*. Vortrag am 7. Internationalen Kongreß der Internationalen Gesellschaft für Semiotik (IASS/AIS) "Sign Processes in Complex Systems" am 04/10/1999 in Dresden. In: Schmietz, Walter (2002) *Sign Processes in Complex Systems. Proceedings*. Dresden. Thelem.

Fuchs, Christian/Hofkirchner, Wolfgang (2002) *Ein einheitlicher Informationsbegriff für eine einheitliche Informationswissenschaft*. In: Floyd, Christiane/Fuchs, Christian/Hofkirchner, Wolfgang (Hrsg.) (2002) *Stufen zur Informationsgesellschaft. Festschrift zum 65. Geburtstag von Klaus Fuchs-Kittowski*. Frankfurt etc. Peter Lang. S. 241-283

Fuchs-Kittwoski, Klaus (1992) *Theorie der Informatik im Spannungsfeld zwischen formalem Modell und nichtformaler Welt*. In: Coy et al. (1992), S. 71-82.

Fuchs-Kittowski, Klaus (1999) *Information, Selbstorganisation und Evolution – Informationsentstehung – eine neue Kategorie für eine Theorie der Biologie*. Paper eines Vortrages am 7. Internationalen Kongreß der Internationalen Gesellschaft für Semiotik (IASS/AIS) "Sign Processes in Complex Systems" am 04/

10/1999 in Dresden. In: Schmietz, Walter (2002) *Sign Processes in Complex Systems*. Proceedings. Dresden. Thelem.

Fuchs-Kittwoski, Klaus (2002) *Wissens-Ko-Produktion. Verarbeitung, Verteilung und Entstehung von Informationen in kreativ-lernenden Organisationen*. In: Floyd/Fuchs/Hofkirchner (2002), S. 59-125

Fuchs-Kittowski, Klaus/Kaiser, Horst/Tschirschwitz, Reiner/Wenzlaff, Bodo (1976) *Informatik und Automatisierung*. Berlin. Akademie-Verlag

Fuchs-Kittowski, Klaus/Rosenthal, Hans A. (1998) *Selbstorganisation, Information und Evolution: Zur Kreativität der belebten Natur*. In: Fenzl, Norbert/Hofkirchner, Wolfgang/Stockinger, Gottfried (Hrsg.) (1998) *Information und Selbstorganisation: Annäherung an eine vereinheitlichte Theorie der Information*. Studien-Verlag, Innsbruck/Wien. S. 141-188

Fuchs-Kittowski, Klaus/Heinrich, Lutz/Rolf, Arno (1999) *Information entsteht in Organisationen: in kreativen Unternehmen. Wissenschaftstheoretische und methodologische Konsequenzen für die Wirtschaftsinformatik*. In: Becker, Jörg/König, Wolfgang/Schütte, Rein-hard/Wendt, Oliver/Zelewski, Stephan (Hrsg.) (1999) *Wirtschaftsinformatik und Wissenschaftstheorie: Bestandsaufnahme und Perspektiven*. Wiesbaden. Betriebswirtschaftlicher Verlag. S. 330-361

Haken, Hermann (1978) *Synergetics*. Berlin/Heidelberg. Springer

Haken, Hermann (1983) *Advanced Synergetics*. Berlin/Heidelberg. Springer

Haken, Hermann (1987) *Die Selbstorganisation der Information in biologischen Systemen aus der Sicht der Synergetik*. In: Küppers, Bernd-Olaf (Hrsg.) (1987) *Ordnung aus dem Chaos. Prinzipien der Selbstorganisation und Evolution des Lebens*. München. Piper. S. 127-156

Haken, Hermann (1988) *Information and Self-Organization*. Berlin. Springer

Haken, Hermann/Haken-Krell, Maria (1995) *Entstehung von biologischer Information und Ordnung*. Darmstadt. Wissenschaftliche Buchgesellschaft. Sonderausgabe

Hartmann, Frank (1998) *Information als Fetisch*. In: Fenzl, Norbert/Hofkirchner, Wolfgang/ Stockinger, Gottfried (Hrsg.) (1998) *Information und Selbstorganisation: Annäherung an eine vereinheitlichte Theorie der Information*. Innsbruck/Wien. Studien-Verlag. S. 17-28

Hofkirchner, Wolfgang (1998a) *Emergence and the Logic of Explanation – An Argument for the Unity of Science*. In: Acta Polytechnica Scandinavica. Mathematics, Computing and Management in Engineering Series 91. S. 23-30.

Hofkirchner, Wolfgang (1998b) *Information und Selbstorganisation: Zwei Seiten einer Medaille*. In: Fenzl, Norbert/Hofkirchner, Wolfgang/Stockinger, Gottfrued (Hrsg.) (1998) *Information und Selbstorganisation: Annäherung an eine vereinheitlichte Theorie der Information*. Studien-Verlag, Innsbruck/Wien. S. 69-102.

Hofkirchner, Wolfgang (1999a) *Cognitive Sciences in the Perspective of a Unified Theory of Information*. Paper prepared for the 43rd meeting of the ISSS on "Humanity, Science, Technology: The Systemic Foundations of the Information Age", Asilomar (CA), June 27 – July 2 1999. Online unter: http://igw.tuwien.ac.at/igw/menschen/hofkirchner/papers/Info Concept/CognSciences_UnifiedTheory/9944.htm

Hofkirchner, Wolfgang (1999b) *Towards a Unified Theory of Information – The Merging of Second-Order Cybernetics and Semiotics into a Single and Comprehensive Information Science*. In: 15e Congrès International de Cybernétique, Namur 1998, Namur 1999. S. 175-180.

Hofkirchner, Wolfgang (2000) *Projekt Eine Welt. Kognition, Kommunikation, Kooperation. Versuch über die Selbstorganisation der Informationsgesellschaft*. Wien. TU Wien. Habil.-Arb. (2002: Münster. LIT)

Hörz, Herbert (1993) *Selbstorganisation sozialer Systeme: Ein Verhaltensmodell zum Freiheitsgewinn*. Münster. Lit.

Klaus, Georg (1972) *Semiotik und Erkenntnistheorie*. Berlin. Deutscher Verlag der Wissenschaften

Küppers, Bernd-Olaf (1986) *Der Ursprung biologischer Information. Zur Naturphilosophie der Lebensentstehung*. München. Piper

Luhmann, Niklas (1984) *Soziale Systeme*. Frankfurt/Main. Suhrkamp

Marcuse, Herbert (1937) *Über den affirmativen Charakter der Kultur*. In: *Kultur und Gesellschaft 1*. Frankfurt/Main. Suhrkamp. S. 102-127

Marx, Karl (1857/58) *Grundrisse der Kritik der politischen Ökonomie*. Berlin. Dietz. MEW, Band 42

Maturana, Humberto R./Varela, Francisco J. (1984) Der *Baum der Erkenntnis. Die biologischen Wurzeln des menschlichen Erkennens*. Bern/München/Wien. Scherz

Morris, Charles W. (1972) *Grundlagen der Zeichentheorie*. München. Hanser

Nicolis, Grégoire/Prigogine, Ilya (1989) *Exploring Complexity*. New York. Freeman

Peirce, Charles Sanders (1983) *Phänomen und Logik der Zeichen*. Frankfurt am Main. Suhrkamp

Peirce, Charles Sanders (1986) *Semiotische Schriften, Band 1*. Frankfurt am Main. Suhrkamp

Peirce, Charles Sanders (1991) *Peirce on Signs. Writings on Semiotic by Charles Sanders Peirce*. Hrsg. von James Hoopes. Chapel Hill, NC. University of North Carolina Press

Pflüger, Jörg-Martin (1992) *Gesetzlose Informatik*. In: Coy et al. (1992), S. 277-298

Saussure, Ferdinand de (1916) *Cours de linguistique générale*. Paris. Payot

Shannon, Claude E./Weaver, Warren (1949) *A Mathematical Theory of Communication*. Urbana. University of Illinois Press

Uemov, Avenir .I. (1965) *Dinge, Eigenschaften und Relationen*. Berlin. Akademie-Verlag

Watzlawick, Paul/Beavin, Janet H./Jackson, Donald DeAvila (1971) *Menschliche Kommunikation*. Bern/Stuttgart. Verlag Hans Huber

Weizsäcker, Carl Friedrich von (1973) *Information und Imagination*. München. Piper

Weizsäcker, Carl Friedrich von (1974) *Die Einheit der Natur*. München. dtv

Weizsäcker, Carl Friedrich von (1985) *Aufbau der Physik*. München. Hanser

Wiener, Norbert (1961) *Cybernetics or Control and Communication in the Animal and the Machine*. Cambridge, Massachusetts. MIT Press

3. Gesellschaft

Strömungen der Soziologie
Da IuG an der Untersuchung des Verhältnisses von Informationstechnik und Informationsgesellschaft interessiert ist, sind die Grundlagen der Soziologie eine wesentliche Voraussetzung. Die Auswirkungen der Computeranwendung auf Teile der Gesellschaft können beispielsweise nur dann sinnvoll untersucht werden, wenn die Untersuchenden eine klare Vorstellung haben, was Gesellschaft ist und wie sie funktioniert.
In der Soziologie gibt es keine einheitliche Vorstellung darüber, was mit dem Begriff „Gesellschaft" bezeichnet wird. Genauso wie der Informationsbegriff in der Informatik umstritten ist, gibt es wissenschaftliche Diskurse und Dispute darüber, was Gesellschaft ist bzw. nicht ist. Daher gibt es unterschiedliche Schulen und theoretische Ansätze in der Soziologie.
Der britische Soziologe Anthony Giddens unterscheidet vier grundsätzliche Richtungen der Soziologie: Handlungstheorie, Strukturalismus, Funktionalismus, Marxismus (siehe Giddens 1999, S. 606-613). Das Einteilungskriterium, das zu dieser Unterscheidung herangezogen wird, bleibt jedoch unklar, daher empfielt sich eine genauere Unterscheidung.

Das Verhältnis von Strukturen und Handlungen
Eine wesentliche Grundfrage der Soziologie ist jene nach der Verbindung zwischen gesellschaftlichen Strukturen und Handlungen bzw. zwischen sozialem System und den Individuen. Das soziologische Grundproblem der Vermittlung von Strukturen und Handeln kann entweder objektivistisch, subjektivistisch oder dialektisch gelöst werden. Objektivistische Gesellschaftstheorien betonen, dass der Mensch als Objekt von gesellschaftlichen Strukturen beeinflusst ist, subjektivistische Theorien gehen davon aus, dass der Mensch als aktives Subjekt Strukturen verändert, dialektische Theorien versuchen beiden Aspekten Rechnung zu tragen.

3.1. Objektivismus

Bei objektivistischen Gesellschaftstheorien lässt sich unterscheiden zwischen Funktionalismus und Strukturalismus.

3.1.1. Funktionalismus

Dieser Ansatz ist insbesondere daran interessiert, wie die Institutionen und Teile der Gesellschaft funktionieren und wie sie durch ihr Zusammenwirken soziale Prozesse ermöglichen. Es soll also analysiert werden, welchen Beitrag das Objekt der Untersuchung zur Reproduktion der Gesellschaft als Ganzes leistet. Ein Vorläufer des Funktionalismus war Emile Durkheim, wesentlich geprägt wurde diese theoretische Schule von Talcott Parsons und Robert Merton. Merton war an der Analyse sogenannter „manifester" und „latenter" Funktionen interessiert. Mit manifesten Funktionen sind dabei beabsichtigte Folgen des Handelns sozialer Akteure gemeint, mit latenten Funktionen die nicht bewussten und intendierten Folgen.

Auch hier zeigt sich schon ganz deutlich der Bezug der Soziologie zur Technikfolgenabschätzung, denn auch dort kann unterschieden werden zwischen den absehbaren, d.h. erwarteten, und den nicht absehbaren Folgen der Anwendung einer Technologie. Technikentwicklung ist ein sozialer Prozess, d.h. handelnde Akteure nehmen dabei kommunikativ aufeinander Bezug, um etwas herzustellen, das Bedürfnisse befriedigen soll oder Mittel zur Erreichung bestimmter Interessen sein soll. Daher gibt es auch bei der Technikentwicklung latente und manifeste Funktionen. Es ist z.B. fraglich, ob für die EntwicklerInnen der ersten Atomkraftwerke die Gefahr eines Supergaus absehbar war oder ob es sich dabei um eine latente Funktion der Entwicklung dieser Technologie handelt. Eine latente Funktion war hingegen, dass das herrschende Interesse, Energie möglichst billig und effizient herzustellen, durch die Nutzung der Nukleartechnologie befriedigt werden sollte.

Emile Durkheim

Für Emil Durkheim ist die Aufgabe der Soziologie, die Funktion sozialer Tatsachen/ Tatbestände in der Gesellschaft zu analysieren. „Wir finden also besondere Arten des Handelns, Denkens, Fühlens, deren wesentliche Eigentlichkeit darin besteht, dass sie außerhalb des individuellen Bewusstseins existieren." (Durkheim 1984, S. 106). Wir haben es dabei also mit Phänomenen zu tun, die niemals durch ein Individuum alleine, sondern nur im sozialen Zusammenspiel mehrerer Akteure zustande kommen. Beispiele sozialer Tatsachen sind kollektive Ziele, Anschauungen, Werte, Gefühle, Vorstellungen; Normen, Pflichten und Sitten. Soziale Tatbestände können als emergente Eigenschaften sozialer Systeme betrachtet werden: „Jedes Mal, wenn irgendwelche Elemente eine Verbindung eingehen und damit neue Erscheinungen hervorbringen, lässt sich wohl einsehen, dass diese Erscheinung ihren Sitz nicht in den Elementen, sondern in dem durch deren Vereinigung hervorgebrachten Ganzen haben" (Durkheim 1984, S. 93). Es lässt sich feststellen, so Durkheim, „dass diese spezifischen Erscheinungen in der Gesellschaft selbst ihren Sitz haben und nicht in ihren Teilen, d.h. ihren Gliedern" (Durkheim, 1984, S. 94).

Soziale Tatsachen bei Durkheim haben einen Macht- und Zwangscharakter, drängen sich den Akteuren auf: „Ein soziologischer Tatbestand ist jede mehr oder minder festgelegte Art des Handelns, die die Fähigkeit besitzt, auf den Einzelnen einen äußeren Zwang auszuüben; oder auch, die im Bereiche einer gegebenen Gesellschaft allgemein auftritt, wobei sie ein von ihren individuellen Äußerungen unabhängiges Eigenleben besitzt" (Durkheim, 1984, S. 114). Durkheim betrachtet also neue Qualitäten sozialer Systeme, die Menschen aufgezwungen
werden. Dies sei notwendig, um die Gesellschaft zusammenzuhalten.

Talcott Parsons

Der wohl bedeutendste funktionalistische Soziologe in der Zeit nach 1945 war Talcott Parsons. Soziale Systeme bei Parsons haben in erster Linie die Aufgabe, soziale Beziehungen zusammenzufügen. Das soziale System als Subsystem des Allgemeinen Handlungssystems wird vom kulturellen System, dem Persönlichkeitssystem und dem Verhaltenssystem in seiner Umwelt umgeben. Diese vier Subsysteme haben die Möglichkeit der „gegenseitigen Durchdringung", als Beispiel nennt Parsons die Internalisierung sozialer Objekte und kultureller Normen durch Individuen (vgl. Parsons 1972, S. 14). Ein Eindringen ins Persönlichkeitssystem finde dabei statt. In diesem Sinn sind soziale Systeme für Parsons offen, es gibt Informationsein- und -ausgaben ins System, ein Austausch mit der Umwelt sei möglich.

Parsons gibt folgende Definition sozialer Systeme: „Soziale Systeme werden gebildet von Zuständen und Prozessen sozialer Interaktion zwischen handelnden Einheiten. Wenn die Interaktionseigenschaften sich von Eigenschaften der handelnden Einheiten ableiten ließen, wären soziale Systeme bloß Begleiterscheinungen" (Parsons 1972, S. 15).

Als Komponenten eines sozialen Systems sieht er Werte (dienen der Normerhaltung), Normen (dienen der Integration sozialer Systeme), soziale Gesamtheiten (dienen der Zielverwirklichung; bei derartigen Gesamtheiten gibt es eine Mitgliedschaftsregel und Kategorisierungen der Mitglieder, d.h., dass von derartigen Kategorien gewisse Tätigkeiten erwartet werden) und Rollen (Anpassungsfunktion; eine Rolle definiert „eine Klasse von Individuen, die aufgrund wechselseitiger Erwartungen zu einer besonderen Gesamtheit gehören"; jedes Individuum hat viele Rollen wie z.B. Kind, Enkel, Student, Freund, Käufer, Konsument, usw.; Rollen sind Zonen der gegenseitigen Durchdringung des Persönlichkeitssystems eines Individuums und des sozialen Systems). Soziale Systeme setzen sich aus Kombinationen dieser Strukturkomponenten zusammen. Betrachten wir beispielsweise das Sozialsystem der traditionellen, westlichen Schule: Es gibt Normen wie Schulordnung oder Lehrpläne; durchwegs verschiedene Werte, die über den Unterricht vermittelt werden sollen; soziale Gesamtheiten wie Klasse oder LehrerInnenkollegium und Rollen wie SchülerIn, LehrerIn, Schulwart usw.

Soziale Systeme sind bei Parsons die Basis für den Gesellschaftsbegriff. Als Gesellschaft definiert er „den Typ eines sozialen Systems, dessen Kennzeichen ein Höchstmaß an Selbstgenügsamkeit (self-sufficiency) im Verhältnis zu seiner Umwelt, einschließlich anderer sozialer Systeme, ist" (Parsons 1972, S. 16). Selbstgenügsamkeit bezeichne dabei die Fähigkeit einer Gesellschaft, die eigene Stabilität des Austausches mit der Umwelt aufrechterhalten und kontrollieren zu können und mit Störungen „fertigzuwerden". In Ökonomie und Politik zeige sich die Selbstgenügsamkeit einer Gesellschaft durch Technologien bzw. die Anwendung militärischer und polizeilicher Gewalt. Eine Gesellschaft könne auch selbstgenügsam sein, wenn ihre Mitglieder einen Beitrag zu ihrem Funktionieren liefern.
Die katholische Kirche sei zwar ein soziales System, aber keine Gesellschaft, da sie nur über ein geringes Maß an Selbstgenügsamkeit verfüge. Es sei möglich, Mitglied in mehreren Gesellschaften zu sein, und es gäbe auch soziale Systeme, die sich über mehrere Gesellschaften erstrecken. Eine Gesellschaft zerfällt nach Parsons in vier Subsysteme, die bestimmte Funktionen erfüllen: Das Gemeinschaftssystem (Funktion: Integration), das Normsystem (Funktion der Normerhaltung), das politische System (Funktion der Zielverwirklichung) und die Ökonomie (Funktion der Anpassung).

Die Gemeinschaft als Subsystem der Gesellschaft erfüllt dabei die Aufgabe der Integration und benutzt dazu die Strukturkomponente der Norm. Dadurch komme es zur Herstellung von Loyalität, eine entsprechende Reaktion auf Appelle. „Eine gesellschaftliche Gemeinschaft ist ein komplexes Netz sich gegenseitig durchdringender Gesamtheiten und kollektiver Loyalitäten, ein System, das durch funktionale Differenzierung und Segmentierung gekennzeichnet wird" (Parsons 1972, S. 23). Funktionale Differenzierung bedeute dabei eine Aufspaltung in verschiedene Institutionen wie Unternehmen, Kirche, Regierung, Haushalte usw.
Das Normerhaltungssystem (bei Parsons ein weiteres Subsystem einer Gesellschaft) diene zur restriktiven Erhaltung der Verpflichtungen zu bestimmten Werten. Dazu würden in der Gesellschaft Verletzungen von Verpflichtungen als illegitim definiert und Werte verallgemeinert.
Viele Wertverpflichtungen funktionieren laut Parsons freiwillig, andere würden per Sanktionsdrohungen verwirklicht. „Je höher eine Gesellschaft differenziert ist, desto wahrscheinlicher ist es, dass Durchsetzungsfunktionen von Spezialinstanzen wie Polizei und Militär erfüllt werden." (Parsons 1972, S. 27). Dazu rechnet er auch Gerichte und Rechtsanwälte.
Die Politik, ein weiteres Subsystem einer Gesellschaft, sei die Sphäre der Zielverwirklichung einer Gesamtheit. „Wir behandeln eine Erscheinung insoweit als politisch, als sie die Organisation und Mobilisierung von Hilfsmitteln zur Verwirklichung der Ziele einer besonderen Gesamtheit betrifft." (ebd.). Die Regierung sei der Kern des politischen Subsystems, ihre Aufgaben seien der Schutz vor allgemeinen Bedrohungen, die Formulierung von Normen und spezifische Maßnahmen des „öffentlichen" Interesses wie „Verteidigung der territorialen Kontrolle" und „Aufrechterhaltung der öffentlichen Ordnung".

Niklas Luhmann
Parsons war der wichtigste Soziologe der frühen Systemtheorie. Später wurde in dieser Disziplin Niklas Luhmann, der ebenfalls funktionalistisch argumentierte, sehr bedeutend. Für Luhmann (1984) ist ein soziales System durch Selbstreferentialität gekennzeichnet: „Ein System kann man als selbstreferentiell bezeichnen, wenn es die Elemente, aus denen es besteht, als Funktionseinheiten selbst konstituiert und in allen Beziehungen zwischen diesen Elementen eine Verweisung auf diese Selbstkon-

stitution mitlaufen lässt, auf diese Weise die Selbstkonstitution also laufend reproduziert" (Luhmann 1984, S. 59). Die Elemente nehmen dabei also auf sich selbst Bezug, um sich zu reproduzieren.

Die Elemente sozialer Systeme sind für Luhmann nicht wie in der Soziologie üblich Individuen, sondern Kommunikationen und soziale Handlungen: „Auf die Frage, woraus soziale Systeme bestehen, geben wir mithin die Doppelantwort: aus Kommunikationen und aus deren Zurechnung als Handlung" (Luhmann 1984, S. 240). Menschen seien „Sensoren in der Umwelt" des sozialen Systems (S. 558).

Kommunikationen können bei Luhmann als selbstreferentiell verstanden werden, da jede Kommunikation die Möglichkeit einer Anschlusskommunikation schafft. Jede Anschlusskommunikation zeigt demnach, dass eine vorausgegangene Kommunikation verstanden wurde. Kommunikationen sind hier also rekursive, wechselseitige Anschlussmöglichkeiten über Verstehen (vgl. S. 198f). Kommunikationen erlauben es Luhmann, soziale Systeme selbstreferentiell darzustellen, da sich in dieser Sichtweise ein System durch ständig stattfindende, wechselseitige Kommunikationen aufrechterhalten und reproduzieren kann.

Luhmann versteht Gesellschaft als die Gesamtheit aller erwartbaren Kommunikationen und meint, dass es außerhalb des Kommunikationssystems Gesellschaft keine Kommunikationen gibt. Daher sei Gesellschaft ein geschlossenes System: „Die Gesellschaft ist ein kommunikativ geschlossenes System und kann nicht mit der Umwelt kommunizieren, sie findet dort niemanden, der ihr antworten könnte, und wenn, würde er eben dadurch in die Gesellschaft einbezogen werden" (Luhmann 1984, S. 549).

Er begreift Gesellschaft als das umfassende soziale System, das daher notwendigerweise keine Umwelt habe (S. 555). Dies führt ihn zum Postulat der Existenz nur einer Gesellschaft, der Weltgesellschaft: Die Grenzen der Gesellschaft „sind durch die Gesellschaft selbst konstituiert. Sie trennen Kommunikationen von allen nichtkommunikativen Sachverhalten und Ereignissen, sind also weder territorial noch an Personengruppen fixierbar. [...] Ihre Grenzen werden von Naturmerkmalen wie Abstammung, Bergen, Meeren unabhängig, und als Resultat von Evolution gibt es dann schließlich nur noch eine Gesellschaft: die Weltgesellschaft, die alle Kommunikationen und nichts anderes in sich einschließt und dadurch völlig eindeutige Grenzen hat" (S. 557).

Er spricht von einer Ausdifferenzierung der Gesellschaft seit dem 19. Jahrhundert, als Beispiele nennt er die Industrialisierung in der Ökonomie, den Wohlfahrtsstaat sowie Demokratisierung in der Politik (vgl. S. 518f). Gesellschaftliche Teilsysteme gelten ihm demnach als funktional differenziert, jedes bearbeite ein spezifisches Problem und habe eine Leitunterscheidung, an der sich die Kommunikationen und Funktionen des Systems orientierten. Darunter versteht Luhmann also eine Art binären Code, an dem sich ein gesellschaftliches Teilsystem orientiert.
Als Subsysteme der Gesellschaft sieht Luhmann die Politik (Leitunterscheidung: Amtsinhabe/keine Amtsinhabe), Ökonomie (Leitunterscheidung bezahlt/unbezahlt),

die Wissenschaft (Leitunterscheidung wahr/falsch), die Erziehung (keine Leitunterscheidung) und das Recht (Leitunterscheidung recht/unrecht).

3.1.2. Strukturalismus

Ursprünge des Strukturalismus in der Linguistik
Diese Richtung hat ihre Ursprünge in der Linguistik (Sprachwissenschaft). Wesentlich war dabei die Arbeit von Ferdinand de Saussure, der die Ansicht vertrat, dass die sprachlichen Strukturen nicht vorwiegend von den Worten, sondern von den grammatikalischen Regeln geprägt werden. Daher sei es von Bedeutung, sprachliche Strukturen zu analysieren, um der Sprache zugrundeliegende Regeln zu extrahieren. Im Zusammenhang mit dem Strukturalismus und der Linguistik steht die Semiotik (Lehre von den Zeichen), die sich für Symbole sowie deren Bedeutung und Wirkung interessiert. Dabei gibt es eine zweiwertige und eine dreiwertige Form. Die zweiwertige Semiotik (Semiologie, Saussure) unterscheidet zwischen Lautbild und Begriff. Beide seien eng miteinander verknüpft, das Lautbild könne im Gehirn damit assoziierte Begriffe hervorrufen und umgekehrt. Lautbild (signifiant, Signifikant, Objekt, das Bezeichnende) und Begriff (signifié, Signifikat, Inhalt, das Bezeichnete) sind für Saussure die beiden Komponenten eines Zeichens.
Als Vorvater der dreiwertigen Semiotik gilt Charles S. Peirce: Kennzeichnend für Zeichen („Repräsentamen") sieht er eine triadische Beziehung von Repräsentamen - Objekt - Interpretant. Ein Repräsentamen ist fähig einen Interpretanten dahingehend zu bestimmen, dass dieses in derselben triadischen Relation steht, in der es selbst steht. Der Interpretant kann also an die Stelle des Repräsentamen treten und wiederum als Repräsentamen agierend einen weiteren Interpretanten bestimmen. Dies ist ein potentiell endloser Prozess, der als Semiose bezeichnet wird. In der triadischen Struktur und im semiotischen Netz entsteht die Bedeutung eines Zeichens. Drei Relationen werden in Betracht gezogen: Repräsentamen - Repräsentamen, Repräsentamen - Objekt, Repräsentamen - Interpretant. Aufbauend darauf, daß jede Relation in einer von drei Arten vorliegen kann (potentiell, tatsächlich - d.h. in einem gewissen Augenblick - oder in Gesetzesform - d.h. auch in Zukunft), identifiziert Peirce zehn Typen von Zeichen.

Roland Barthes
Der Strukturalismus als Gesellschaftstheorie hat die Bedeutung der Sprache hervorgehoben. So war z.B. Roland Barthes an den Verwendungsformen der Sprache in der Gesellschaft interessiert. Alltagskultur sollte durch die Betrachung der sprachlichen Kommunikationsstrukturen analysiert werden. Barthes wies dabei auf die bedeutende Rolle der Mythen hin, worunter er neu generierte Bedeutungen versteht, für die bestimmte Objekte stehen (Barthes 1998a). Die Entstehung dieser Mythen, die sich in Sprache manifestieren, sei ein kultureller Prozess, bei dem Objekte semantisiert werden (d.h. mit bestimmten Bedeutungen belegt werden). Barthes argumentierte, dass ein Text ein multidimensionaler Raum sei, in dem verschiedene Inhalte aufeinandertreffen (Barthes 1998b). Ein Text sei immer von jenen Inhalten beeinflusst, die der Autor bereits gelesen, gehört, gesehen und erlebt hat. Der Leser werde so zu einem neuen Produzenten. Barthes unterschied zwischen Texten, die passiv und linear konsumiert werden und solchen, durch die verschiedene Pfade möglich sind und die keinen eindeutigen Anfang haben. Damit nahm er vieles vorweg, was heute über Hypertextstrukturen im Gegensatz zu linearen Textstrukturen gesagt wird.

In den 60ern und 70ern erlangte der Strukturalismus innerhalb der marxistischen Theorie wesentliche Bedeutung. Prägend dabei waren u.a. die Arbeiten von Louis Althusser, Etienne Balibar und Nicos Poulantzas. Es zeigt sich also hier, dass die von Giddens unterschiedenen vier Richtungen der Soziologie nicht überschneidungsfrei sind (da er den Marxismus als eigene Kategorie ansieht, siehe Punkt 3). Eine wesentliche Frage und ein oftmaliger Anlass für innersoziologische Auseinandersetzungen ist die Frage nach dem Verhältnis von Struktur und Handeln. Es geht dabei darum, was stärker ist: Die Einschränkung des Handelns durch gesellschaftliche Strukturen oder die Veränderungen von sozialen Strukturen durch handelnde Subjekte. Der strukturalistische Marxismus hat diese Frage eindeutig zu Gunsten der Gesellschaftsstrukturen beantwortet.

Althusser: Strukturalistischer Marxismus
Louis Althusser sieht eine Struktur als eine Totalität (Gesamtheit) von Elementen. Gesellschaft ist für ihn ein Artikulationsverhältnis zwischen Basis (Ökonomie, Produktivkräfte und Produktionsverhältnisse) und Überbau (Staat, Ideologie, Politik, Recht etc.) (vgl. dazu vor allem den Abschnitt Widerspruch und Überdeterminierung in Althusser 1968). Jede Gesellschaft müsse die Bedingungen der Produktion, Produktivkräfte und Produktionsverhältnisse, immer wieder von neuem reproduzieren. Der ökonomische Widerspruch zwischen Kapital und Arbeit (der Klassenwiderspruch, der auf Ausbeutung beruhe) werde durch historisch spezifische Formen und Bedingungen spezifiziert. Ausschlaggebend dafür, welche Form dieses widersprüchliche Verhältnis annehme, seien der Überbau und die historische Situation (Vergangenheit und Weltkontext, d.h. die aktuelle politische Weltlage).

Den Überbau unterteilt er in 3 autonome Niveaus, die jeweils eigene Widersprüche erzeugen: Politik, Ideologie und Theorie. Die Anhäufung verschiedenartiger Widersprüche in einer historischen Situation („Überdeterminierung") führe zu einem Umbruch, dem Auftauchen eines neuen gesellschaftlichen Ganzen. Althusser geht davon aus, dass ein Widerspruch zum Hauptwiderspruch werden kann, der die anderen Widersprüche beherrscht, die dadurch zu Nebenwidersprüchen werden. Im Kapitalismus sei das Ökonomische bestimmend. Die von Marx beschriebenen ökonomischen Widersprüche seien die Hauptwidersprüche dieser Gesellschaftsformation. Die kapitalistische Logik und die dazugehörigen Strukturen (Klassenverhältnisse, Konkurrenz, Wert, Ware usw.) bestimmen demnach das Handeln der Menschen, das Ökonomische sei das in letzter Instanz Bestimmende der geschichtlichen und gesellschaftlichen Entwicklung: „Das also sind die beiden Enden der Kette: die ökonomische bestimmt, aber in letzter Instanz, auf lange Sicht sagt Engels gern, den Lauf der Geschichte" (Althusser 1968, S. 80).

Die Überbaustrukturen seien relativ autonom, sie seien zwar von der ökonomischen Basis in letzter Instanz determiniert, würden sich aber trotzdem in einem gewissen Ausmaß eigenständig entwickeln und es würden sich Rückwirkungen auf die Basis zeigen. Wenn gesagt werden würde, die Ökonomie sei der einzige determinierende Faktor, so sei dies falsch, bedeutungslos und inhaltsleer. Eine grundlegende Veränderung der ökonomischen Strukturen würde nicht zur automatischen grundlegenden Veränderungen des Überbaus führen. „Man kann sagen, dass die Etagen des Überbaus nicht determinierend in letzter Instanz sind, sondern bestimmt durch die Wirksamkeit der Basis" (Althusser 1977). Determination in letzter Instanz durch die Ökonomie bedeute immer auch: „1) es gibt eine ‚relative Autonomie' des Überbaus gegenüber der Basis, 2) es gibt eine ‚Rückwirkung' des Überbaus auf die Basis" (ebd.).

Ein theoretisches (und praktisches Problem) für den Marxismus war, dass es im Kapitalismus des 20. Jahrhunderts zu keiner grundlegenden gesellschaftlichen Veränderung durch aktive Praxis der Arbeitenden gekommen ist. Althusser wollte hierfür eine Erklärung finden und setzte sich daher intensiv mit den ideologischen Gesellschaftsstrukturen auseinander. Der Staat als Teil des Überbaus setze sich aus der Staatsmacht (jene Bündnisse, Klassen oder Fraktionen, die den Staat kontrollieren) und Staatsapparaten zusammen. Der Staatsapparat wird von Althusser in den repressiven Staatsapparat (Polizei, Gerichte, Militär, Gefängnisse, Geheimdienst) und die ideologischen Staatsapparate unterteilt. Ideologische Staatsapparate seien Religionen, Schulen, Familien, Justiz, Politik, Gewerkschaften, Information (Presse, Radio, Fernsehen usw.) und Kultur (Literatur, Kunst, Sport usw.). Unter Ideologie versteht Althusser (1977) „ein System von Ideen und Vorstellungen, dass das Bewusstsein eines Menschen oder einer gesellschaftlichen Gruppe beherrscht".

Die Staatsapparate seien notwendig, um die Reproduktion der kapitalistischen Gesellschaftsformation aufrechtzuerhalten; dies erfolge zu einem guten Teil über den juristisch-politischen und den ideologischen Überbau. Der repressive Staatsapparat bediene sich dabei vorwiegend der Gewalt, die ideologischen Staatsapparate der Ideologie, obwohl beide auch jeweils vom anderen Element Gebrauch machen würden. „Die Funktion des repressiven Staatsapparates besteht vor allem darin, als repressiver Apparat mit (physischer und nichtphysischer) Gewalt die politischen Bedingungen der Reproduktion der Produktionsverhältnisse zu sichern [...] Alle ideologischen Staatsapparate, um welche es sich auch immer handelt, tragen zum gleichen Ergebnis bei: der Reproduktion der Produktionsverhältnisse" (Althusser 1977). In der heutigen kapitalistischen Gesellschaft würde bei den ideologischen Staatsapparaten jener der Schule dominieren.

Ideologien würden das imaginäre Verhältnis der Individuen zu ihren wirklichen Lebensbedingungen darstellen, d.h. dass sie nicht die Realität abbilden, sondern illusionäre Konstruktionen, die darstellen, wie bestimme Gruppen die Realität sehen wollen, um andere dazu zu bringen, dass sie die Realität ebenso betrachten. Jemand, der eine bestimmte Ideologie vertrete, nehme auch an bestimmten festgelegten Praktiken teil (Kirchgang, Vereins- oder Parteiversammlung, Familientreffen, Konsum von Information und Kultur etc.). Diese Praxis bedeute eine materielle Dimension der Ideologie, Ideologien hätten daher auch eine materielle Existenz, seien nicht rein geistige Produkte. Ideologie rufe die Menschen als Subjekte an, dies bezeichnet Althusser als Interpellation. Ideologien würden Menschen anrufen, sie persönlich ansprechen, um sie von bestimmten Inhalten zu überzeugen. Dadurch würden diese Menschen in Subjekte verwandelt (wie Familienmitglied, Partner, Gatte, Kirchen-, Vereins-, Parteimitglieder). Hier spricht Althusser das soziologische Thema der Rollen an, wobei er hinzufügt, dass diese eine ideologische Funktion erfüllen. Eine Anrufung (wie z.B.

„Gott spricht zu dir durch mich") erfolge immer im Namen eines absoluten Subjekts (Gott, Führer, Chef, Staat etc.), damit die Menschen sich unter dieses Subjekt unterwerfen. Dadurch würden die Menschen ganz von alleine „funktionieren" und gehorchen. Sie würden sich freiwillig unterwerfen, das gesamte gesellschaftliche Ideologiesystem führe so zur Reproduktion der Verhältnisse und Strukturen. „Das Individuum wird als (freies) Subjekt angerufen, damit es sich freiwillig den Befehlen des SUBJEKTS fügt, damit es also (freiwillig) sich in die Unterwerfung fügt und folglich ‚von allein' die Gesten und Handlungen seiner Unterwerfung ‚vollzieht'" (Althusser 1977).

Althussers Analyse der ideologischen Strukturen setzt ideologiekritische Arbeiten fort, die u.a. von Antonio Gramsci und der Kritischen Theorie (Marcuse, Adorno, Horkheimer u.a.) begonnen wurden. Gramsci spricht von Hegemonie, als Prozess durch den sie die Herrschenden die freiwillige Zustimmung der Beherrschten sichern. Hegemonie bedeutet „the 'spontaneous' consent of the masses who must 'live' those directives [of the state, Anm. CF], modifying their own habits, their own will, their own convictions to conform with those directives and with the objectives which they propose to achieve" (Gramsci 1971, S. 266).). Dabei spielen Schule und Recht als staatliche Institutionen eine wesentliche Rolle, aber auch private Institutionen, die wir im Bereich der Kultur ansiedeln, sind unerlässlich. Hegemonie habe also immer politische und kulturelle Aspekte, sie werde hergestellt im Rahmen des komplexen Vermittlungsprozesses zwischen Politik und Kultur.

Die Kritische Theorie betont, dass die Ideologie ein Bereich der Manipulation und Kontrolle des Bewusstseins sei, der genutzt werde, um gesellschaftlichen Wandel zu verhindern. U.a. durch die Massenkultur komme es zu einem eindimensionalen Sprechen und Denken (Marcuse 1967), eine instrumentelle Vernunft bilde sich aus (Horkheimer 1946), im Rahmen derer gewisse Denkprozesse automatisiert werden. Es bedürfe keiner geistigen Anstrengung mehr, um bestimmte Leistungen zu vollbringen, diverse Tätigkeiten würden einfach unkritisch hingenommen und würden als selbstverständlich gelten.

Kritische Theorie
Die kritische Theorie in der Tradition Adornos und Horkheimers geht i.d.R. von einem Überhang der gesellschaftlichen Strukturen aus. Dies zeigt sich z.B. in der Gesellschaftsdefinition Adornos: „Mit Gesellschaft im prägnanten Sinn meint man eine Art Gefüge zwischen Menschen, in dem alles und alle von allen abhängen: in dem das Ganze sich erhält nur durch die Einheit der von sämtlichen Mitgliedern erfüllten Funktionen und in dem jedem Einzelnen grundsätzlich eine solche Funktion zufällt, während zugleich jeder Einzelne durch seine Zugehörigkeit zu dem totalen Gefüge in weitem Maße bestimmt wird" (Adorno 1956, S. 22). Mit „bestimmen" meint Adorno dabei, dass die Gesellschaft eine Institution sei, die den Menschen etwas aufzwingt. Diese seien also durch ihre Zugehörigkeit zur Gesellschaft nicht ausschließlich/vollständig, aber zu einem guten Teil („in weitem Maße") in ihrem Denken und Handeln durch die gesellschaftlichen Zwänge beeinflusst und eingeschränkt. Es gäbe nichts, das nicht durch Gesellschaft determiniert wäre (siehe Adorno 1970, S. 138). Er spricht dabei von Gesellschaft als der modernen, kapitalistischen Gesellschaft, die er als eine negative Totalität sieht, die das Bewusstsein und Handeln der Menschen prägt.

Poststrukturalismus
Der französische Poststrukturalismus/Postmodernismus ging u.a. von einer Kritik an den Arbeiten Althussers aus, ein gewisser positiver Bezug darauf blieb aber vielfach immer bestehen. Althusser reproduziere jenen klassischen Ökonomismus des Marxismus, den er laut seiner Intention eigentlich vermeiden hätte wollen. Er reduziere bestimmte Phänomene auf die Ökonomie und betreibe ein Haupt- und Nebenwiderspruchsdenken, dass etwa davon ausginge, dass Rassismus und Frauenunterdrückung in der Kritik nicht so wichtig sind wie das Klassenverhältnis zwischen Kapital und Lohnarbeit. Rassismus und Patriarchat würden als reine ideologische Überbauphänomene gelten. So spricht Althusser (1977) z.B. davon, dass das wesentlichste Instrument der Reproduktion der Arbeitskraft der Lohn sei, während in bestimmten feministischen Strömungen hier jedoch immer auch auf die wesentliche Rolle des Patriarchats hingewiesen wurde. Vertreter des Poststrukturalismus wie Jean Baudrillard, Jacques Derrida, Jean-Francois Lyotard u.a. halten wie Barthes u.a. die Sprache für ein wesentliches Moment der Gesellschaftsanalyse. Durch die herrschende Sprache würden totalitäre Wahrheitsansprüche transportiert, die Herrschaft legitimieren. Daher müsse es gelten, diese sprachlichen Konstruktionen zu dekonstruieren. An Stelle von Universalität und Wahrheit setzen die Poststrukturalisten die Begriffe Identität, Pluralität und Differenz. Es gebe vielfältige Interpretationen von Texten, notwendig seien nicht universelle Wahrheitsansprüche, sondern eine Vielfalt subjektiver Interpretationen. Da im Poststrukturalismus die Rolle von Zeichen und Information in der heutigen Gesellschaft besonders hervorgehoben wurden, werden wir auf diese strukturalistische Strömung im Kapitel über Theorien der Informationsgesellschaft genauer zu sprechen kommen.
Da Wahrheitsansprüche zu vermeiden seien, so viele postmoderne Theoretiker, solle es auch eine Pluralität an möglichen Interpretationen von Texten geben. Dies hat u.a. dazu geführt, dass in der poststrukturalistischen Theorie spezielle Schreibstile entwickelt wurden. Daher wirken solche Texte hinsichtlich der verwendeten Sprache und Strukturen oft sehr verwirrend, es scheint oft zunächst, als hätten sie mehr literarischen als wissenschaftlichen Charakter. In der Tat werden oft beide Intentionen vertreten. Als Beispiel sei das Buch „Tausend Plateaus" von Gilles Deleuze und Félix Guattari (1992) erwähnt. Sie prägen darin den Begriff des Rhizoms, der vernetzte Strukturen bezeichnen soll. Das Buch selbst habe auch eine solche Struktur, die Ideen seien eng miteinander vernetzt und nicht linear angeordnet. Es gebe keinen linearen, sondern einen vernetzten Textfluss, es sei daher egal, an welcher Stelle man zu lesen beginne. Deleuze und Guattari haben dieses Buch nicht linear und geordnet geschrieben, sondern sie haben aktuelle Ideen an verschiedensten Stellen des Buches eingefügt. Die dadurch entstandene Struktur der Ideen erinnert vom Konzept her an jenes der heute (20 Jahre nach dem Entstehen von Tausend Plateaus) aktuellen elektronischen Hypertexte.

Häufig wurden in der Soziologie Funktionalismus und Marxismus als Teile des Strukturalismus dargestellt, da beide vorwiegend gesellschaftliche Strukturen (im Gegensatz zu sozialem Handeln) betonen würden (vgl. etwa Haralambos/Holborn 1992, S. 765f). Wir gehen jedoch davon aus, dass es sich bei beidem um eigenständige Traditionslinien handelt, die auf Durkheim bzw. Marx zurückgehen, in denen jeweils spezifische Begriffe (Funktion bzw. Kapital, Klasse etc.) hervorgehoben werden. Es gibt nicht nur strukturalistische Interpretationen der Marxschen Theorie, sondern auch solche, die Aspekte des sozialen Handelns hervorstreichen (wie etwa Marcuse 1932).

3.2. Subjektivismus

Im Gegensatz zum Strukturalismus misst diese soziologische Richtung, die auch als Handlungstheorie oder symbolischer Interaktionismus bezeichnet wird, in der Frage des Verhältnisses von Strukturen und Handeln dem Handeln größere Bedeutung bei. Betont wird insbesondere das kreative Handeln sozialer Akteure durch Symbole, die soziale Interaktionen ermöglichen. Unter sozialer Interaktion kann die wechselseitige Bezugnahme sozialer Akteure verstanden werden. D.h., dass ein Akteur sozial handelt und sich damit auf eine andere Person bezieht. Diese Person reagiert darauf in

Form einer Rückmeldung (Antwort, Gesten, Mimik, usw.). Sprache, aber z.B. auch vernetzte Kommunikationstechnologien, ermöglichen als Medien soziale Interaktionen.

Max Weber
Der klassische Vertreter dieser Linie (und auch einer der bedeutendsten und grundlegendsten Soziologen) ist Max Weber. Gesellschaft ist für Weber ein Netzwerk sozialer Beziehungen. Handeln unterscheidet sich von Verhalten für Weber (1986) dadurch, dass es für den/die Handelnde(n) Sinn macht. Dieser Sinn sei kein objektiver, „richtiger" oder „gültiger", sondern einer vom Handlungsträger/von der Handlungsträgerin subjektiv konstruierter. Wenn ich meine Füße beim Gehen bewege, so ist dies noch kein Handeln, da ich diesen Bewegungen keine weitere Bedeutung zumesse. Dies ist nach Weber nur ein Verhalten. Wenn ich jedoch mit dem Rad fahre und nach einem anstrengenden Abschnitt bergauf habe ich Schmerzen in den Füßen, worauf ich eine Pause mache, so kann dies als Handeln gesehen werden, da ich den Schmerzen in meinen Füßen eine Bedeutung zumesse und sie eine Wirkung entfalten (eine Pause).

Soziales Handeln ist für Max Weber nicht nur ein sinnhaftes Verhalten, sondern hat auch eine Orientierung, es ist auf das sinnhafte Verhalten, also Handeln, eines Akteurs oder mehrerer Akteuere bezogen. Dadurch wird ein Ablauf garantiert, eine wechselseitige Bezugnahme von Akteuren kann entstehen. Soziales Handeln ist niemals alleine, sondern nur mit anderen gemeinsam möglich. Der Handlungsbegriff ist für Max Weber die Basis der Unterscheidung mehrerer Handlungstypen und der Kategorien „Vergemeinschaftung" sowie „Vergesellschaftung". Es kann zu einer wechselseitigen Bezugnahme von Akteuren auf das sinnhafte Handeln des jeweiligen Gegenübers kommen. Eine derartige wechselseitige Bezugnahme nennt Weber „soziale Beziehung": „Soziale 'Beziehung' soll ein seinem Sinngehalt nach aufeinander gegenseitig *eingestelltes* und dadurch orientiertes Sichverhalten heißen" (Weber 1986, §3). Nicht jedes soziale Handeln bedeutet eine soziale Beziehung, da letzte eine wechselseitige Bezugnahme der handelnden Akteure erfordert.
Weber unterscheidet vier Typen des (sozialen) Handelns:

1. zweckrational: Handeln wird in diesem Fall an der Erreichung von Zwecken unter der Benützung von Mitteln ausgerichtet.
2. wertrational: Die Handlung hat einen Eigenwert für die handelnde Person, sie orientiert sich durch einen Glauben an (ethische, religiöse, politische, etc.) Werte. Es gibt also einen inneren Zweck des Handelns.
3. affektuell: dies ist nach Weber ein emotionales Handeln, es wird durch Affekte und Gefühlslagen bestimmt.
4. traditional: Handeln, das sich an Gewohnheiten orientiert

Unter „Vergemeinschaftung" versteht Max Weber soziale Beziehungen, bei denen es ein Zusammengehörigkeitsgefühl der Akteure gibt. „Vergesellschaftung" hingegen bezeichne eine soziale Beziehung, in der das soziale Handeln zum rationalen Interessensausgleich führe. Hier spielen z.B. Verträge eine Rolle. Die drei wesentlichen Typen der Vergesellschaftung bei Weber sind die Tauschbeziehungen (denen eine Zweckrationalität zu Grunde liegt), die zweckrational motivierten Zweckverbände und die wertrational motivierten Gesinnungsverbände. Soziale Beziehungen können, so Weber, den Charakter der Vergemeinschaftung und/oder der Vergesellschaftung haben. Gesellschaft bei Max Weber ist demnach eine Art vergesellschaftetes und vergemeinschaftetes Netzwerk sozialer Beziehungen zwischen Akteuren. „'Vergemeinschaftung' soll eine soziale Beziehung heißen, wenn und soweit die Einstellung des sozialen Handelns - im Einzelfall oder im Durchschnitt oder im reinen Typus - auf subjektiv *gefühlter* (affektueller oder traditionaler) *Zusammengehörigkeit* der Beteiligten beruht. 'Vergesellschaftung' soll eine soziale Beziehung heißen, wenn und soweit die Einstellung des sozialen Handelns auf rational (wert- oder zweckrational) motiviertem Interessen*ausgleich* oder ebenso motivierter Interessen*verbindung* beruht" (Weber 1986, §9).

Symbolischer Interaktionismus
George Herbert Mead (1934) betonte die wesentliche Rolle, die Symbole beim sprachlich vermittelten Handeln spielen. Ein Symbol steht für etwas anderes. Ein Computer ist z.B. nicht nur Gebrauchsgegenstand, der behilflich ist, um diverse Probleme einfacher zu lösen, sondern er wird auch mit kulturellen Bedeutungen aufgeladen. Beispiel: Das Laptop mit Handy steht für einen dynamischen, flexiblen Lebensstil.
Der symbolische Interaktionismus geht davon aus, dass die soziale Interaktion von Menschen nur dadurch möglich ist, dass sie Symbole austauschen. In der Interaktion seien insbesondere die Details von Bedeutung, da sie Auskunft über Hintergründe geben könnten. Das achten auf Symbole ermögliche also quasi eine soziale Praxis der Dechiffrierung der Bedeutungsinhalte von Zeichen. Für den symbolischen Interaktionismus sind die mikrosoziologischen Verhältnisse und Zusammenhänge, also das soziale Handeln im Alltag und in Interaktionen, von wesentlicher Bedeutung. Die Makrosoziologie, also die großen gesellschaftlichen Zusammenhänge z.B. in Ökonomie, Ideologie, Kultur oder Politik, spielen eine untergeordnete Rolle.

Ein Vertreter des symbolischen Interaktionismus ist Jürgen Habermas, der davon ausgeht, dass Menschen durch kommunikatives Handeln, bei dem gewisse Geltungsbedingungen der Kommunikation erfüllt sind, einen herrschaftsfreien Dialog herstellen können. Habermas (1981) unterscheidet zwischen Arbeit und Interaktion: Arbeit sei zweckrationales Handeln (im Sinn Max Webers), das definierte Ziele verwirkliche. Sie sei entweder instrumentales Handeln, rationale Wahl oder eine Kombination von beidem. Instrumentales Handeln wiederum beruhe auf technischen Regeln, die Prognosen über Ereignisse mit Hilfe von empirischem Wissen ermöglichen. Das Verhalten rationaler Wahl richte sich hingegen nach Strategien, die auf analytischem Wissen beruhen. Diese Strategien ermöglichen eine Angabe von Präferenzen und damit das Etablieren eines Wertsystems. Das strategische Handeln der rationalen Wahl hänge von einer korrekten Bewertung von Verhaltensalternativen ab, das instrumentale Handeln organisiere Mittel, um Ziele zu erreichen.

Dem Bereich der Arbeit steht der des kommunikativen Handelns, der Interaktion, gegenüber: Unter kommunikativem Handeln versteht Habermas eine symbolisch vermittelte Interaktion. Zwei handelnde Subjekte stehen sich dabei gegenüber und beziehen ihr Handeln wechselseitig durch Symbolgebrauch aufeinander. Ein Subjekt handelt, das andere reagiert darauf in Form einer Rückmeldung. Die Kommunikationssituation, so Habermas, richtet sich nach geltenden Normen, auf Grund derer jede Person sich ein bestimmtes Verhalten der anderen erwartet.

Daran schließt Habermas eine Unterscheidung zwischen Lebenswelt und System an: der institutionelle Rahmen einer Gesellschaft sei die soziokulturelle Lebenswelt. Darin eingebettet seien die Sub-Systeme zweckrationalen Handelns. Die Arbeit, das zweckrationale, strategische, instrumentale Handeln, ordnet Habermas den Systemen zu. Die Interaktion und das kommunikative Handeln hingegen der Lebenswelt. Es ergibt sich also folgendes Bild:

System	**Lebenswelt**
zweckrational	**institutionell**
Arbeit	**Interaktion**
strategisches, instrumentales Handeln	**kommunikatives Handeln**

Systeme sind für Habermas z.B. Wirtschaft und Staat. Auch in den Systemen finde Interaktion statt, aber es handle sich immer um zweckrationale Interaktion. In der Moderne (der industriellen, waren- und geldförmigen, auf Lohnarbeit, Fortschritt, Wert, Kapital und sozialstaatlicher Bürokratie basierenden Gesellschaft) komme es zu einer Ausdehnung der Sub-Systeme zweckrationalen Handelns. Der Charakter der Politik verändere sich, es stehe nicht mehr der kommunikative Diskurs im Vordergrund.

Zur Lösung gesellschaftlicher Probleme sei ein herrschaftsfreier Dialog notwendig. Herrschaftsfreie Kommunikation sieht Habermas dann realisiert, wenn vier Geltungsansprüche der Kommunikation erfüllt sind: die Verständlichkeit, die Wahrheit (die tatsachentreue Darstellung), die Wahrhaftigkeit (gibt an, ob eine Aussage der Intention entspricht) und die Richtigkeit (der normative Kontext). Gérard Raulet (siehe Raulet, 1988, S. 296ff) betont, dass durch die codierte Kommunikation in Form der Schaltung eines technischen Mediums zwischen die Kommunizierenden der Geltungsanspruch der Wahrhaftigkeit und der Richtigkeit verloren gehen. Es gibt nicht codierbare Metanachrichten wie den Kontext der Kommunikation oder parasprachliche Ausdrücke. Es zeigt sich, dass durch vernetzte Kommunikation das Normative hinter das Expressive und das Kognitive zurücktritt. Ein gutes Beispiel dafür sind Internet-Chats, bei denen die Anonymität die Hemmschwellen der TeilnehmerInnen oftmals senkt. Allgemeine Normen des Umgangs treten zurück, an ihre Stelle tritt der bewusste Normenbruch.

3.3. Dialektik

Eine der großen Grund- und Streitfragen der Soziologie ist jene nach dem Verhältnis von gesellschaftlichen Strukturen und sozialem Handeln. Sind für gesellschaftliche Prozesse vorwiegend soziale Strukturen (wie z.B. Klassen, Schichten, Staat, Macht, Regeln, Herrschaft, Gewalt, Kapital, Normen, Werte, Wissen, Ideologien, Entscheidungen, Güter, Technologien etc.) oder soziales Handeln ausschlaggebend? Funktionalistische und strukturalistische Ansätze tendieren zu einer Betonung der Strukturen, Handlungstheorien zu einer Hervorhebung sozialen Handelns. Es gibt inzwischen auch eine Reihe von Positionen, die sowohl gesellschaftlichen Strukturen, als auch dem Handeln sozialer Akteure gleichermaßen gesellschaftsgestaltende Bedeutung zumessen. Dialektische Gesellschaftstheorien gehen von einer wechselseitigen Vermittlung von Gesellschaftsstrukturen und sozialem Handeln aus. Sie betonen gleichermaßen die Bedeutung des Menschen in der Gesellschaft als handelnder Akteur als auch die Einschränkung und Beeinflussung der Akteure durch Strukturen.

Gesellschaftliche Strukturen wie Technologien, Institutionen, Entscheidungen, soziale Normen und Werte, Ressourcenverteilungen, Regeln, Herrschafts-, Macht und Klassenverhältnisse, Gewaltstrukturen, Ideologien, Wissen etc. ermöglichen soziales Handeln und Schränken es ein. In einem sozialen System gibt es ein permanenten wechselseitiges Beeinflussungsverhältnis zwischen gesellschaftlichen Strukturen und Akteuren. Gesellschaftliche Strukturen beeinflussen das Denken und Handeln der Individuen und Gruppen – diese sind die Elemente und Subjekte der Gesellschaft –, sie wirken einerseits ermöglichend, andererseits auch einschränkend (im Extremfall gar manipulativ, wie die Kulturindustriethese der Kritischen Theorie nahe legt). Auf Basis ihres Denkens, ihrer Meinungen und Handlungen verändern Menschen im Rahmen sozialer Beziehungen durch soziales Handeln und den Bezug ihres Denkens und Handelns aufeinander wiederum gesellschaftliche Strukturen. Wir sehen also einerseits eine permanente Bottom-Up-Emergenz gesellschaftlicher Strukturen, andererseits eine permanente Top-Down-Emergenz individueller Handlungen und kognitiver Strukturen. Dies bedeutet eine Dialektik von Struktur und Handeln. In Fuchs (2002a) wurde dieser Prozess Re-Kreation genannt und als ein Selbstorganisationszyklus interpretiert (vgl. Fuchs 2002a, S. 303ff). Traditionelle soziologische Sichtweisen haben entweder die Wirkung der Strukturen auf die Akteure betont (Funktionalismus, Strukturalismus) oder die Veränderung sozialer Strukturen durch aktives Handeln (Handlungstheorie, Symbolischer Interaktionismus). Die Rekreation sozialer Systeme kann auch als eine Dialektik von gesellschaftlichen Struktuen und sozialem Handeln verstanden werden.

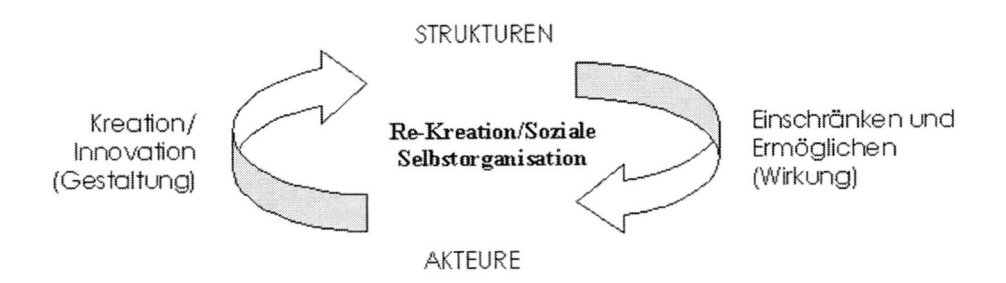

Abb. 1: Re-Kreation/Selbstorganisation sozialer Systeme

Die Selbstorganisation der Gesellschaft

Ein soziales System organisiert sich permanent selbst, um sich selbst zu erhalten. Es verändert permanent gesellschaftliche Strukturen und Denk- und Handlungsweisen. Dies ist ein dialektischer Prozess. Die Subjekte der Gesellschaft schaffen und verändern soziale Systeme durch den Bezug ihrer Handlungen und ihres Denkens aufeinander. Andererseits kann Denken und Handeln nur auf der Basis gesellschaftlicher Strukturen existieren. Soziale Systeme umfassen immer strukturierte und strukturierende Strukturen (vgl. Bourdieu 1986), diese werden durch aktiven Subjekte im Rahmen von Beziehungen verändern und verändern das Denken und Handeln der Menschen. Die Bewegung der Gesellschaft ist ein zweifacher Prozess der Selbstorganisation, der es einem sozialen System ermöglicht, sich zu erhalten und zu reproduzieren. Re-Kreation bedeutet, dass Individuen in sozialen Systemen permanent ihre Umwelt verändern. Dadurch kann sich das soziale System erhalten, verändern und reproduzieren. Es kann sich permanent neu herstellen (Re-Kreation).

Ein dialektischer Gesellschaftsbegriff in diesem Sinn wurde bereits von Karl Marx grundgelegt, die bedeutendsten heutigen Vertreter eines derartigen Konzepts sind Anthony Giddens und Pierre Bourdieu.

3.3.1. Marxismus

Die von Karl Marx verwendete wissenschaftliche Methode ist die Dialektik. Georg Wilhelm Friedrich Hegel hat die Dialektik als „Prinzip aller Bewegung, alles Lebens und aller Betätigung in der Wirklichkeit" (Hegel 1830, §81 Zusatz 1) bezeichnet. Die Dialektik möchte zeigen, dass jeder Begriff „sich aufhebt und durch sich selbst in sein Gegenteil übergeht" (ebd.). Das Negative oder der Widerspruch ist das wesentliche dialektische Moment. Gegensätze enthalten Widersprüche, insofern sie negativ miteinander verbunden sind oder sich aufheben. „Die Dialektik hat ein positives Resultat, weil sie einen bestimmten Inhalt hat oder weil ihr Resultat wahrhaft nicht das leere, abstrakte Nichts, sondern die Negation von gewissen Bestimmungen ist, welche im Resultate eben deswegen enthalten sind, weil dies nicht ein unmittelbares Nichts, sondern ein Resultat ist" (Hegel 1830, §82).

In der Dialektik ist Etwas nur etwas in seiner Beziehung zu etwas Anderem gegeben, durch die sogenannte „Negation der Negation" integriert dieses Etwas das Andere in sich. Dialektische Bewegung bedeutet die Existenz zweier Momente, die einander negieren (widersprechen), ein Etwas und ein Anderes. Als Resultat der Negation der Negation wird Etwas „ein Anderes, und dieses Andere ist selbst ein Etwas, welches als solches sich dann gleichfalls verändert, und so fort ins Unendliche" (Hegel 1830, §94). „Etwas wird ein Anderes, aber das Andere ist selbst ein Etwas, also wird es gleichfalls ein Anderes, und so fort ins Unendliche" (Hegel 1830, §93). Negation der Negation bedeutet „Aufhebung" in einem dreifachen Sinn: das Alte wird *eliminiert*, im Neuen *bewahrt* und auf eine höhere Stufe *gehoben*.

Marx und Engels interpretierten Hegel materialistisch, d.h. dass sie davon ausgingen, dass die materielle, physikalische Welt die Basis alles Seins darstellt und dass sich die Materie dialektisch entwickelt und dadurch ständig neue Qualitäten hervorbringt. Sie fassten die Dialektik in 3 Gesetzen zusammen:

1. Negation: Kategorien treten dual auf, sie bedingen und widersprechen sich gleichzeitig (z.B. Leben und Tod, Anfang und Ende, Ruhe und Bewegung, Dunkelheit und Helligkeit, Gesellschaft und Individuum, Struktur und Handeln, usw.)
2. Umschlagen von Quantität in Qualität: durch Erhöhen der Quantität des Verhältnisses dialektischer Kategorien kommt es zu kritischen Punkten, in denen neue Qualitäten entstehen (z.B. Wasser gefriert unterhalb des Schmelzpunktes, seine neue Qualität ist Eis; es verdampft oberhalb des Siedepunktes, seine neue Qualität ist Dampf)
3. Negation der Negation: die dialektischen Kategorien sind nicht nur entgegengesetzt, sondern ihr Widerspruch führt zur Aufhebung, d.h. neue, höhere Qualitäten entstehen, alte werden eliminiert, aber in der höheren Daseinsform bewahrt.
Dialektik bedeutet, dass sich die Welt permanent verändert, sie ist ein Prozess und im ständigen Werden. Das Resultat der Negation der Negation ist ein neues Etwas, das wiederum einem Anderen entgegengesetzt ist, es kommt wieder zur Aufhebung und zum Entstehen neuer Qualitäten, usw. Wir verwenden die Dialektik als unsere eigene wissenschaftliche Methode, daher ist in diesem Buch häufig die Rede von dialektischen Kategorien (Dialektik von Strukturen und Handeln, Technik und Gesellschaft, Chancen und Risiken, Optimismus und Pessimismus, Einheit und Vielfalt, etc.). Damit meinen wir, dass sich die angesprochenen Kategorien einerseits bedingen, andererseits aber ausschließen und dass ihr Verhältnis Entwicklung bedeutet. D.h., das dialektische Verhältnis ist nicht statisch und unveränderlich, sondern resultiert in neuen, höheren Qualitäten und konstituiert einen Entwicklungsprozess.

Friedrich Engels nennt folgendes Beispiel zur Illustrierung der dialektischen Gesetze: „Nehmen wir ein Gerstenkorn. Billionen solcher Gerstenkörner werden vermahlen, verkocht und verbraut, und dann verzehrt. Aber findet solch ein Gerstenkorn die für es normalen Bedingungen vor, fällt es auf günstigen Boden, so geht unter dem Einfluß der Wärme und der Feuchtigkeit eine eigne Veränderung mit ihm vor, es keimt; das Korn vergeht als solches, wird negiert, an seine Stelle tritt die aus ihm entstandne Pflanze, die Negation des Korns. Aber was ist der normale Lebenslauf dieser Pflanze? Sie wächst, blüht, wird befruchtet und produziert schließlich wieder Gerstenkörner, und sobald diese gereift, stirbt der Halm ab, wird seinerseits negiert. Als Resultat dieser Negation der Negation haben wir wieder das anfängliche Gerstenkorn, aber nicht einfach, sondern in zehn-, zwanzig-, dreißigfacher Anzahl" (Engels 1878, S. 126).

Ausgangspunkt der sozialphilosophischen Schriften von Karl Marx war der Mensch als wichtiges Moment der Gesellschaft, sein politisches Ziel war eine dem Menschen gerecht werdende Gesellschaft (Fuchs/Schlemm 2003). „Die erste Voraussetzung aller Menschengeschichte ist natürlich die Existenz lebendiger menschlicher Individuen" (Marx/Engels 1846, S. 20). Die Gesellschaftsanalyse müsse mit in „Gesellschaft produzierende(n) Individuen" (Marx 1857, S. 615) beginnen, die Individuen seien „unselbständig, einem größeren Ganzen angehörig" (ebd., S. 616). Der Mensch sei ein zoon politikon (politisches Tier), nicht nur ein gesellschaftliches Tier, sondern auch ein „Tier, das nur in der Gesellschaft sich vereinzeln kann" (ebd.). Der Mensch sei grundsätzliches ein gesellschaftliches Wesen, das Konzept eines „vereinzelten Einzelnen außerhalb der Gesellschaft" sei eine Absurdität.

Marx betont, dass der menschliche Aktivität die Natur verändert und auf einem Stoffwechsel mit der Natur beruht. Die Natur sei der unorganische Körper des Menschen, „insofern sie 1. ein unmittelbares Lebensmittel, als inwiefern sie 2. die Materie, der Gegenstand und das Werkzeug seiner Lebenstätigkeit ist" (Marx 1844, S. 516). Der Mensch würde im Gegensatz zum Tier universell produzieren, d.h. Tiere produzieren nur unter der Herrschaft des unmittelbaren physischen Bedürfnisses, während der Mensch selbst frei vorn physischen Bedürfnis produziert. Das Tier „produziert nur sich selbst, während der Mensch die ganze Natur reproduziert" (ebd., S. 517). Das gesellschaftliche Dasein des Menschen beruht auf einer Durchbrechung der Unmittelbarkeit, der Mensch ist in seiner Aktivität nicht wie das Tier rein von Instinkten geleitet, sondern kann die Natur aktiv, zweckmäßig und zielorientiert gestalten. Der Mensch identifiziert Ziele und Mittel, um diese Ziele zu erreichen. Er kann zwischen unterschiedlichen Handlungsoptionen wählen.

Marx kritisierte an Philosophen wie Max Stirner deren Subjektivismus (d.h. Atomismus, Individualismus) (vgl. Marx/Engels 1846, S. 101-438). Marx betont:
1. Der Subjektivismus sei reduktionistisch und übersehe die notwendige gesellschaftliche und materielle Abhängigkeit der Individuen. „Die Individuen sind immer und unter allen Umständen "von *sich* ausgegangen", aber da sie nicht *einzig* in dem Sinne waren, daß sie keine Beziehung zueinander nötig gehabt hätten, da ihre *Bedürfnisse*, also ihre Natur, und die Weise, sie zu befriedigen, sie aufeinander bezog (Geschlechtsverhältnis, Austausch, Teilung der Arbeit), so *mußten* sie in Verhältnisse treten" (Marx/Engels 1846, S. 423).
2. Der Subjektivismus würde die realen Konflikte in der Welt nicht adäquat berücksichtigen und würde auf Grund seiner idealistischen Weltsicht politische Praxis durch Moralismus ersetzen. „Es liegt nicht am *Bewußtsein,* sondern - am - *Sein*; nicht am Denken, sondern am Leben; es liegt an der empirischen Entwicklung und Lebensäußerung des Individuums, die wiederum von den Weltverhältnissen abhängt. Wenn die Umstände, unter denen dies Individuum lebt, ihm nur die [ein]seitige Entwicklung einer Eigen[scha]ft auf Kosten aller andern erlauben, [wenn] sie ihm Material und Zeit zur Entwicklung nur dieser Einen Eigenschaft geben, so bringt dies Individuum es nur zu einer einseitigen, verkrüppelten Entwicklung. Keine Moralpredigt hilft" (Marx/ Engels 1846, S. 245f).

Für Marx ist das Individuum ein gesellschaftliches Wesen, die gesellschaftliche Aktivität würde zur Ausbildung von Lebensweisen, Bevölkerungswachstum, Verkehrsformen, räumlichen Veränderungen, politischen Formen, Arbeitsteilung, Eigentumsformen, bestimmten Ideen und Bewußtseinsformen führen. Für Marx ist eine bestimmte Produktionsweise mit einer bestimmten Weise des Zusammenwirkens der Menschen verbunden (Marx/Engels 1846, S. 30). Gegen den Subjektivismus von Max Stirner und Bruno Bauer gewendet formulierte Marx, dass „die Individuen allerdings *einander* machen, physisch und geistig, aber nicht sich machen" (ebd., S. 37).

In seinen frühen Schriften sprach Marx von den gesellschaftlichen Beziehungen als Verkehrsformen, später ersetzte er diesen Begriff durch jenen der Produktionsverhältnisse. Die Geschichte der Verkehrsformen sei auch die Geschichte der Produktivkräfte. Für Marx ist der Mensch ein universelles, gegenständliches Gattungswesen, das eine objektive (gegenständliche) Welt produziert und damit die Natur und seine Gattung entsprechenden seinen Zwecken reproduziert. Individuelles Sein sei nur möglich als gesellschaftliches Sein, gesellschaftliches Sein sei nur möglich als ein Verhältnis zwischen Individuen. Damit sprach Marx das wechselseitige Verhältnis von Akteuren und Strukturen an: „Das Individuum *ist* das *gesellschaftliche Wesen*. Seine Lebensäußerung – erscheine sie auch nicht in der unmittelbaren Form einer *gemeinschaftlichen*, mit andern zugleich vollbrachten Lebensäußerung – *ist* daher eine Äußerung und Bestätigung des *gesellschaftlichen Lebens*. Das individuelle und das Gattungsleben des Menschen sind nicht *verschieden*, so sehr auch – und dies notwendig – die Daseinsweise des individuellen Lebens eine mehr *besondre* oder mehr *allgemeine* Weise des Gattungslebens ist, oder je mehr das Gattungsleben ein mehr *besondres* oder *allgemeines* individuelles Leben ist" (Marx 1844, S. 538f). Es sein in der Gesellschaftstheorie zu vermeiden, die Gesellschaft als Abstraktion dem Individuum gegenüber zu fixieren. „Der Mensch – so sehr er daher ein *besondres* Individuum ist, und grade seine Besonderheit macht ihn zu einem Individuum und zum wirklichen *individuellen* Gemeinwesen – ebensosehr ist er die *Totalität*, die ideale Totalität, das subjektive Dasein der gedachten und empfundnen Gesellschaft für sich, wie er auch in der Wirklichkeit sowohl als Anschauung und wirklicher Genuß des gesellschaftlichen Daseins wie als eine Totalität menschlicher Lebensäußerung da ist" (ebd., S. 539).

Gesellschaftstheoretiker wie Pierre Bourdieu und Anthony Giddens sprechen heute davon, dass der Mensch Schöpfer der Gesellschaft und geschaffenes Resultat der Gesellschaft sei und dass die Menschen in und durch ihre Aktivitäten die strukturellen Bedingungen reproduzieren, die dieses Handeln ermöglichen. Derartige Formulierungen entsprechen Marx' Formulierung: „*Wie die Gesellschaft selbst den Menschen* als *Menschen* produziert, so ist sie durch ihn *produziert*" (ebd., S. 537).

VertreterInnen der marxistischen Soziologie beziehen sich mit ihrer Arbeit auf Karl Marx, der die umfassendste und in vieler Hinsicht wohl bedeutendste Analyse der kapitalistischen Gesellschaft verfasst hat („Das Kapital"). Die Marxsche Methode ist die Dialektik, die von Widersprüchen ausgeht, die sich einerseits ausschließen, aber andererseits wechselseitig bedingen. Durch eine Synthese seien diese Antagonismen aufhebbar. Diese Aufhebung verstand Hegel, auf den sich Marx methodisch bezog, in einem dreifachen Sinn: bewahren, eliminieren und höher heben.
Für Marx ist Gesellschaft das „Produkt des wechselseitigen Handelns der Menschen" (MEW, Band 27, S. 452). Geschichte sei die Geschichte der Klassenkämpfe, sie verlaufe in Form von abrupten Sprünge, Übergänge in neue Gesellschaftsformationen seien das Resultat von Revolutionen. Unsere heutige kapitalistische Gesellschaft, um deren Kritik und Analyse es Marx vorwiegend geht, sei das Resultat eines derart verlaufenden historischen Prozesses.

Marx geht davon aus, dass der Kapitalismus durch antagonistische Widersprüche gekennzeichnet ist. Insbesondere der Widerspruch zwischen Kapital und Arbeit sei charakteristisch für diese Epoche der Geschichte, da die Kapitalisten ihren materiellen Wohlstand und damit die Erhaltung des kapitalistischen Systems („Reproduktion") nur durch die Ausbeutung der Lohnarbeitenden erhalten könnten. Marx sieht die kapitalistische Gesellschaft daher als Klassengesellschaft, die sich durch widersprüchliche Verhältnisse zwischen Herrschenden und Beherrschten sowie Ausbeutenden und Ausbeutern auszeichne. Politisches Ziel sei die Aufhebung dieser Widersprüche und die Synthese hin zu einer klassenlosen Gesellschaft.

Das Produktions- oder Klassenverhältnis konstituiere sich dadurch, dass Lohnarbeitende mehr arbeiten, als sie bezahlt bekommen. Die gratis geleistete Arbeit nennt Marx Mehrwert. In der kapitalistischen Produktionsweise würden Waren hergestellt. Darunter sind Produkte zu verstehen, die auf dem Markt im Austausch gegen Geld verkauft werden. Sie werden teurer verkauft als Preissumme der notwendigen Investitionen (Arbeitskraft, Rohstoffe, Maschinen, Arbeitsgegenstände, Gebäude etc.). So entstehe beim Verkauf der Waren ein Überschuss über die investierte Summe, der Profit. Dieser könne nur dadurch zustande kommen, dass die Lohnarbeitenden Mehrwert produzieren. Unter Kapital ist Geld zu verstehen, dass sich im Rahmen der Produktion und des Warenverkaufs vermehrt. Ziel des einzelnen Kapitalisten müsse sein, Kapital anzuhäufen, zu akkumulieren, damit er dem Wettbewerb standhalten kann. Kapitalakkumulation würde auf der Ausbeutung der Arbeitenden beruhen. Damit dieser Prozess möglich ist, sei u.a. das Privateigentum an Produktionsmitteln und Großgrund notwendig.

Der Wert einer Ware beziehe sich auf das Quantum der Arbeit, das aufgewendet werden muss, um die Ware zu produzieren. Je mehr Arbeit in einer Ware stecke, desto größer ihr Wert. Um immer mehr Kapital anzuhäufen, müsse der einzelne Kapitalist immer schneller immer mehr Mehrwert produzieren lassen, also die Produktivität steigern. Die Steigerung der Produktivität wird auch als Entwicklung der Produktivkräfte bezeichnen, da viele Faktoren dazu beitragen.

Die wesentlichste Produktivkraft ist für Marx das menschliche Arbeitsvermögen (lebendige Arbeitskraft). Er unterscheidet zwischen subjektiven, objektiven und naturalen Produktivkräften. Alle drei seien notwendig, um Güter zu produzieren. Als subjektive Produktivkraft (Marx 1857/58, S. 403) bezeichnet Marx die Einheit von physischer/materieller Produktionsfähigkeit und den „geistigen Produktivkräften" (ebd., S. 410) eines Individuums. Bei letzteren handelt es sich um Qualifikation, Kenntnisse, Wissen, Erfahrung, Fähigkeiten etc. Objektive Produktivkräfte sind hingegen die nicht auf das Individuum bezogenen Faktoren des Arbeits- und Produktionsprozesses: Arbeitsmittel, Arbeitsgegenstände, Wissenschaft, Technik, Arbeitsteilung, Kooperation. Im *Kapital* (Marx 1867) spricht Marx auch von den naturbedingten Produktivkräften der Arbeit. Dies sind gesellschaftlich nutzbar gemachte Naturkräfte, sind also ein Produkt der Vergesellschaftung. Als Produktivkräfte ist also nicht nur die lebendige, vergesellschaftete Arbeit zu verstehen, sondern auch sämtliche Faktoren, die diese ermöglichen und Einfluss auf den Produktionsprozess haben.

Durch die Entwicklung der Produktivkräfte komme es im Kapitalismus zu zyklischen Wirtschaftskrisen. Marx spricht in diesem Zusammenhang von einem Widerspruch zwischen Produktivkräften und Produktionsverhältnissen. Der Anteil der Produktionsmittel würde dabei in der Produktion relativ ansteigen, jener der Arbeitskraft durch der damit einhergehenden Rationalisierung relativ sinken. Da Mehrwert und Profit aber nur aus menschlicher Arbeit entstünden, die nun aber aus der Produktion immer stärker verdrängt werde, würden sich zyklische Krisen der Kapitalakkumulation einstellen, denen nur durch die Organisation von Gegentendenzen Einhalt geboten werden könnte. Der Kapitalismus sei ein widersprüchliches und krisenanfälliges System.

Marx betonte, dass durch die Arbeitsteilung ein Antagonismus zwischen dem Interesse des einzelnen Menschen und den gemeinsamen Interessen der Menschen auftrete. In herrschaftsförmigen Gesellschaften würden sich die Strukturen gegenüber den Menschen verselbständigen, der Mensch könne diese Strukturen nicht kontrollieren und mitbestimmen. Diese Strukturen (z.B. Staat, Arbeitsbeziehungen, Weltmarkt) seien vom Mensch entfremdet und würden ihn versklaven. Sie würden dem Individuum als fremde Interessen aufgezwungen und seien von ihm unabhängig. Die bisherige Geschichte bedeute die zunehmende Versklavung des Menschen unter eine von ihm entfremde Macht (Marx/Engels 1846, S. 37). Der Kapitalismus basiere auf der Lohnarbeit als Form der entfremdeten Arbeit: Der Einzelne könne die Produktionsmittel und die Produkte der Arbeit nicht kontrollieren, da diese als Privateigentum der Kontrolle des Unternehmers unterliegen. Die entfremdete Arbeit mache das „Gattungswesen des Menschen, sowohl die Natur als sein geistiges Gattungsvermögen, zu einem ihm fremden Wesen, zum Mittel seiner individuellen Existenz. Sie entfremdet dem Menschen seinen eignen Leib, wie die Natur außer ihm, wie sein geistiges Wesen, sein menschliches Wesen" (Marx 1844, S. 517). Eine unmittelbare Konsequenz davon sei die Entfremdung des Menschen von dem Menschen.

Die Produktivkräfte seien nun eine Welt für sich, unabhängig und getrennt von den Individuen, da die Menschen sich in Klassenverhältnissen gegenüberstehen würden und diese Kräfte die Kräfte des Privateigentums seien und nur die Kräfte der Individuen, sofern sie Privateigentümer sind (Marx/Engels 1846, S. 67). Das Individuum werde dieser Kräfte beraubt, sei daher kein wirkliches Individuum, sondern ein Klassenindividuum (ebd., S. 76), das den ausbeuterischen und entfremdenden Kräfte unterworfen werde.

Die Aneignung dieser Kräfte durch die Individuen sei notwendig und würde die Entwicklung der den materiellen Produktionsinstrumenten entsprechenden individuellen Fähigkeiten bedeuten und die Entwicklung einer Totalität von Fähigkeiten in den Individuen selbst (ebd., S. 67f). Eine solche Aneignung bedeute die Subsummierung des Eigentums unter Alle. Es könne dann zur Entwicklung der Individuen zu totalen Individuen und zur Verwandlung der Arbeit in Selbstbetätigung sowie zur Verwandlung des bisherigen bedingten Verkehrs in den Verkehr der Individuen als solcher kommen (ebd., S. 68). „Mit der Aneignung der totalen Produktivkräfte durch die vereinigten Individuen hört das Privateigentum auf" (ebd.). „In der wirklichen Gemeinschaft erlangen die Individuen in und durch ihre Assoziation zugleich ihre Freiheit" (ebd., S. 74). Diese wahre Gemeinschaft bedeute „Reintegration oder Rückkehr des Menschen in sich, als Aufhebung der menschlichen Selbstentfremdung", „positive Aufhebung des Privateigentums als menschlicher Selbstentfremdung", „wirkliche Aneignung des menschlichen Wesens durch und für den Menschen" und „Rückkehr des Menschen für sich als eines gesellschaftlichen, d. h. menschlichen Menschen" (Marx 1844, S. 536).

In einer solchen kommunistischen Gesellschaft, so Marx, würde sich die Individualität des Menschen verändern, dieser würde zu einem allseitigen Individuum, das nicht mehr der Arbeitsteilung unterworfen ist, sondern genug Zeit hat, um unterschiedlichen, selbstgewählten Tätigkeiten nachzugehen. Eine derartige Gesellschaft beruhe auf einer hohen Produktivität und ermögliche daher die Abschaffung von Ausbeutung und Herrschaft. Sie funktioniere nach dem Prinzip „Jeder nach seinen Fähigkeiten, jedem nach seinen Bedürfnissen" (Marx 1891, S. 21)

Es habe dann „Jeder nicht einen ausschließlichen Kreis der Tätigkeit hat, sondern sich in jedem beliebigen Zweige ausbilden kann, die Gesellschaft die allgemeine Produktion regelt und mir eben dadurch möglich macht, heute dies, morgen jenes zu tun, morgens zu jagen, nachmittags zu fischen, abends Viehzucht zu treiben, nach dem Essen zu kritisieren, wie ich gerade Lust habe, ohne je Jäger, Fischer, Hirt oder Kritiker zu werden" (Marx/Engels 1846, S. 33). Das Privateigentum könne nur unter der Bedingung einer „allseitigen Entwicklung der Individuen" aufgehoben werden, „weil eben der vorgefundene Verkehr und die vorgefundenen Produktivkräfte allseitig sind und nur von allseitig sich entwickelnden Individuen angeeignet, d.h. zur freien Betätigung ihres Lebens gemacht werden können" (ebd., S. 424).

Es gibt einerseits strukturalistische, andererseits handlungsorientierte Interpretationen und Lesweseisen der Arbeiten von Karl Marx. Tatsächlich lassen sich beide Elemente finden, Marx geht von einer Dialektik von Strukturen und Handeln aus: Gesellschaftliche Strukturen verändern die Handlungen und das Denken der Menschen, das Handeln der Menschen sei der ausschlaggebende Faktor für gesellschaftlichen Fortschritt. So meint Marx etwa: „Die Menschen machen ihre eigene Geschichte, aber sie machen sie nicht aus freien Stücken, nicht unter selbstgewählten, sondern unter unmittelbar vorgefundenen, gegebenen und überlieferten Umständen" (Marx, Der 18. Brumaire des Louis Bonaparte, MEW 8, S. 115). Damit bringt er zum Ausdruck, dass das Handeln der Menschen immer von den sich historisch entwickelnden Gesellschaftsstrukturen abhängig sei. Es sei also auch nicht jede Entwicklung zu jedem Zeitpunkt vorstellbar. Andererseits gebe es aber keine automatische, lineare Entwicklung der Geschichte, die durch gesellschaftliche Strukturgesetze bestimmt wäre, denn ausschlaggebend für gesellschaftliche Veränderung sei das soziale Handeln der Menschen.

Obwohl Anthony Giddens die Ansicht vertritt, dass der Marxismus „nicht als Ansatz innerhalb der Soziologie, sondern als parallel zur Soziologie existierendes Schrifttum" (Giddens 1999, S. 613) betrachtet werden sollte, kann nichtsdestotrotz die Ansicht vertreten werden, dass der Marxismus eine eigenständige soziologische Richtung repräsentiert, da Karl Marx eine bedeutende und einflussreiche Analyse des Kapitalismus geschaffen hat, die auch noch heute das Denken vieler Soziologen prägt.

3.3.2. Anthony Giddens

Anthony Giddens (1984) möchte mit seiner Strukturationstheorie die wechselseitige Vermittlung von sozialen Strukturen und Handlungen darstellen (vgl. Fuchs 2002b). Regeln und Ressourcen gelten ihm als soziale Strukturen. Diese seien gleichzeitig *Medium und Resultat sozialen Handelns* (S. 77). Gesellschaftliche Strukturen würden soziales Handeln sowohl ermöglichen, als auch einschränken. So ermöglicht z.B. das Bildungssystem spezifisches berufliches Handeln und Qualifikation, andererseits legt es den Auszubildenden gewisse Handlungsrestriktionen auf (Zeitvorgaben, Prüfungen, Abgaben, Termine etc.).

Giddens meint, dass soziale Strukturen ein Ausdruck von Macht und Herrschaft sind und dass Regeln sich immer auf die Konstitution von Sinn und die Sanktionierung sozialen Handelns beziehen (S. 70). Er definiert die Charakteristika von Regeln als intensiv VS. oberflächlich, stillschweigend VS. diskursiv, informell VS. formalisiert, schwach sanktioniert VS. stark sanktioniert (S. 74).

Giddens unterscheidet zwischen allokativen und autoritativen Ressourcen. Die ersten beziehen sich auf Fähigkeiten, die Herrschaft über Objekte, Dinge und materielle Phänomene ermöglichen. Letztere beziehen sich auf die Herrschaft über Individuen und Akteure (S. 86). Hinsichtlich der Institutionen einer Gesellschaft meint Giddens, dass sich symbolische Ordnungen, Diskursformen und rechtliche Institutionen mit der Konstitution von Regeln, politische Institutionen mit autoritativen Ressourcen und ökonomische Institutionen mit allokativen Ressourcen befassen.

3.3.3. Pierre Bourdieu

Eine weitere Gesellschaftstheorie, die auf einer Dialektik von Strukturen und Handeln basiert, stammt von Pierre Bourdieu (1986) (vgl. Fuchs 2003). Als gesellschaftliche Strukturen bezeichnet dieser verschiedene Kapitalformen: Das ökonomische Kapital im Sinn von Marx (Geldkapital, Warenkapital, Finanzkapital), das soziale Kapital (soziale Beziehungen, soziale Herkunft) und das kulturelle Kapital (Qualifikation, Bildung, Erziehung, Wissen). Diese Kapitalformen wären auf spezifische Weise in der Gesellschaft verteilt, wodurch bestimmte Lebensstile entstünden. Hier spricht Bourdieu vom Habitus als spezifischem System der Dispositionen (d.h. spezifische Arten des Denkens und Handelns) charakteristisch für verschiedene Klassen und Klassenfraktionen. Damit bezieht Bourdieu den Handlungsaspekt ein. Die Formen des Habitus und der sich daraus ergebenden Beziehungen würden wiederum auf die gesellschaftlichen Kapitalformen zurückwirken. Für Bourdieu sind also Strukturen (Kapital) und Handeln (Habitus, Lebensstile) gleichermaßen von Bedeutung.

Pierre Bourdieu: "Die feinen Unterschiede" - Suhrkamp Verlag, Frankfurt a.M. 1982 - (S.280)

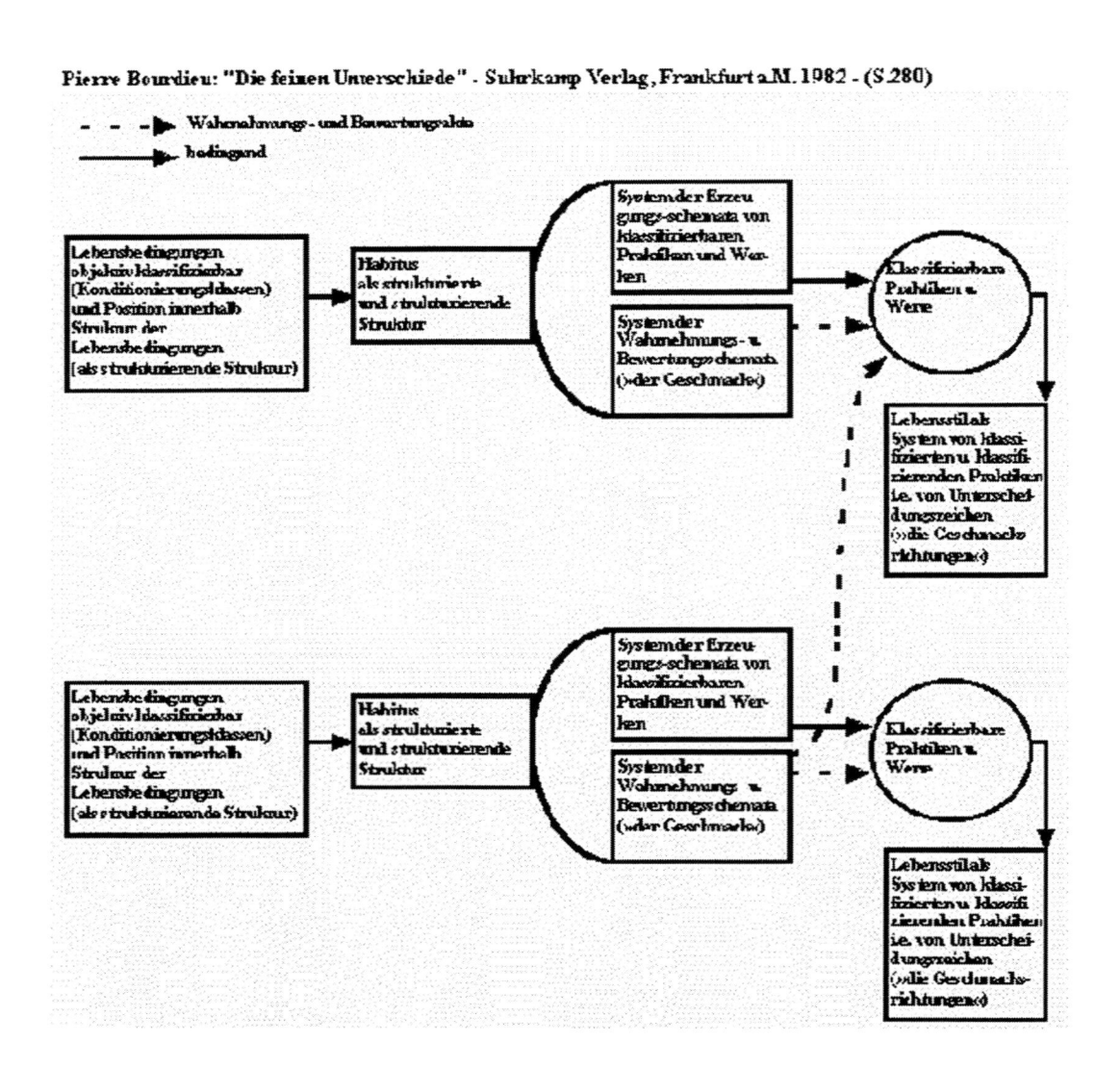

Gesellschaftliche Praktiken, d.h. der Aspekt des (sozialen) Handelns, seien abhängig von Habitus, Kapital und dem sozialen Feld (Bourdieu 1986, S. 101). Diese Praktiken seien nicht nur von den Produktionsverhältnissen bestimmt, sondern auch von sekundärem Eigentum einer Klasse oder Klassenfraktion wie dem Geschlechterverhältnis (so spielt z.B. die Arbeitsteilung zwischen den Geschlechtern eine Rolle), der Verteilung im geographischen Raum (räumliche Aspekte), Herkunft, Alter, Familienstand, unausgesprochenem (tacit) Wissen etc. (S. 102).

Ein Habitus definiere sich über ein System der Schemen, die klassifizierbare Praktiken und Arbeiten generieren, und über ein System von Schemen der Wahrnehmung und Wertschätzungen (Geschmack). Daraus würden sich in Auseinandersetzung mit Geschmäckern und Wahrnehmungsschemata anderer Klassen und Klassenfraktionen gesellschaftliche Praktiken und Arbeiten herausbilden, die wiederum zur Ausbildung von für Klassen und Klassenfraktionen spezifischen Lebensstilen führen (Bourdieu 1986, S. 170f). Habitus kann als eine Art Matrix aus Denk-, Wahrnehmungs- und Handlungsmustern gesehen werden, die im Zusammenspiel mit den je aktuellen Kontextbedingungen des sozialen Feldes, in dem sich ein Akteur bewegt, dessen Praxis produziert. Geschmack sei nicht naturgegeben, sondern sei wie jede kulturelle Praktik und Vorliebe auf soziale Faktoren zurückzuführen. Lebensstil bedeute immer ein System klassifzierter und klassifizierender Praktiken und distinktiver Zeichen. „Life-styles are thus the systematic products of habitus, which, perceived in their mutual relations through the schemes of the habitus, become sign systems that are socially qualified (as ‚distinguished', ‚vulgar' etc.) (ebd., S. 172). Man braucht sich zur Veranschaulichung nur eine beliebige soziale Situation des Alltags vorstellen. Darin kommen verschiedene Körperhaltungen, Gesten, Umgansformen und –töne und soziale Praktiken vor. All diese sind distinktive Zeichen, die Ausdrucksformen des Habitus darstellen.

Dies zeigt, dass der Habitus mit den Mustern gesellschaftlichen Handelns, Denkens und sozialer Praktiken zu tun hat. Er ist jedoch auch von gesellschaftlichen Strukturen abhängig. Verschiedene Existenzbedingungen würden verschiedene Formen des Habitus produzieren. Die Dialektik von Struktur und Handeln besteht bei Bourdieu nun darin, dass der Habitus als eine strukturierte und strukturierende Struktur gilt. D.h., dass er einerseits durch die gesellschaftlichen Strukturen zustande kommt, also durch die sozialen Klassen, die Verteilung des gesellschaftlichen Kapitals, die sekundären Faktoren, die Stellung in den Strukturen der Existenzbedingungen und den sozialen Klassen. Die Existenzbedingungen strukturieren also den Habitus. Hier spielt das ökonomische, kulturelle und soziale Kapital eine wesentliche Rolle als Teil der Gesellschaftsstruktur. Andererseits wirkt der Habitus auch strukturierend, da er Lebensstile und gesellschaftliche Praktiken beeinflusst und verändert. Diese Lebensstile sind wiederum Teil der Existenzbedingungen. Bourdieu spricht von einer Dialektik von Existenzbedingungen und Habitus (Bourdieu 1986, S. 172). „The habitus is not only a structuring structure, which organizes practices and the perception of practices, but also a structured structure: the principle of division into logical classes which organizes the perception of the social world is itself the product of internalization of the division into social classes" (ebd., S. 170).

Das wechselseitige Verhältnis von Handlungen und Strukturen wird durch den Habitus vermittelt. Diese Kategorie beschreibt die Totalität des Handelns und Denkens einer sozialen Gruppe. Der Habitus ist weder eine rein objektive, noch eine rein subjektive Struktur. Der Habitus bedeutet Erfindung (Bourdieu 1977, S. 95; 1990b, S. 55), also menschliche Kreativität. Dies hat zu tun mit relativem Zufall und unvollständigem, weichem Determinismus. Soziale Praktiken und Beziehungen sind sehr komplex. Aufgrund dieser Komplexität, so Bourdieu, existiert ein bestimmter Grad der Unsicherheit menschlichen Verhaltens (Bourdieu 1977, S. 9; 1990a, S. 8). Der Habitus ermöglicht die Kreativität sozialer Akteure, und schränkt diese auch ein, er gibt Orientierungen and Grenzen vor (Bourdieu 1977, S. 95) und resultiert weder in unvorhersagbar Neuem noch in einer einfachen mechanischen Reproduktion von Anfangsbedingungen (ebd., S. 95). Der Habitus „provides conditioned and conditional freedom" (ebd., S. 95), d.h. er ist eine Bedingung für Freiheit, schränkt aber auch die Handlunsfreiheit ein. Dies korrespondiert mit Giddens Formulierung, dass Strukturen Medium und Resultat sozialer Handlungen sind. Ähnlich wie Giddens schlägt Pierre Bourdieu ein wechselseitiges Verhältnis von Strukturen und Handlungen als das Hauptcharakteristikum sozialer Systeme vor. Der Habitus ist eine Qualität, „for which and through which there is a social world" (Bourdieu 1990b, S. 140). Anders formuliert: Der Habitus ist

Medium und Resultat der sozialen Welt. Der Habitus schränkt Praktiken nicht nur ein, sondern resultiert auch aus den kreativen Beziehungen der Menschen. D.h., der Habitus ist Opus Operatum (Resultat von Praktiken) und Modus Operandi (Weise des Handelns) (Bourdieu 197, S. 18, 72ff; 1990b, S. 52). Das Konzept des Habitus reflektiert die Wichtigkeit dialektischer Kausalität (unvollständiger Determinismus, relativer Zufall) in sozialen Systemen. Es gibt bestimmte Freiheitsgrade des Handelns und Kommunizieren, soziale Beziehungen sind immer nichtlinear, complex und resultieren in emergenten Qualitäten.

Die soziale Stellung und Macht eines Akteurs sei immer abhängig von der Masse und der Zusammensetzung (d.h. das relative Verhältnis zwischen den drei Kapitalsorten) des Kapital, über das er verfügt und das er mobilisieren kann sowie von der zeitlichen Veränderung dieser beiden Faktoren (Bourdieu 1986, S. 114). Die Hauptklassen der Gesellschaft würden sich aus der Verteilung der Masse des gesamten gesellschaftlichen Kapitals (ökonomisch, kulturell, sozial) ergeben. Die Verteilung der Klassen ergebe sich daher von denen, die über das meiste ökonomische und kulturelle Kapital verfügen, bis zu denen, die an Kapital beraubt würden. So würden etwa die Klassenfraktionen der höheren Berufe, die sich i.d.R. durch hohes Einkommen und sehr gute Qualifikationen auszeichnen, große Teile der materiellen und kulturellen Güter besitzen und konsumieren. Sie würden z.B. den Büroangestellten gegenüberstehen, die sich i.d.R. durch niedriges Einkommen und durch Herkunft aus der Mittel- oder Arbeiterklasse auszeichnen, die einen geringeren Teil des gesellschaftlichen Kapitals besitzen und konsumieren. Noch größer sei die Kluft zu den Facharbeitern und angelernten Arbeitern, am größten schließlich zu den unqualifizierten Arbeitern und Landarbeitern, die die niedrigsten Einkommen und keine Qualifikationen aufweisen (S. 114). Wesentlich bei der Konstitution solcher Unterschiede seien jedoch neben der Verteilung der Masse des gesellschaftlichen Kapitals auch die bereits erwähnten sekundären Unterschiede.

Innerhalb der Klassen, die über viel, mittel oder wenig Kapital verfügen, kommt es, so Bourdieu, durch die verschiedenen Verteilungen des Kapitals innerhalb der jeweiligen Klasse zur Ausbildung einer Hierarchie von Klassenfraktionen. So bestehe z.B. ein Unterschied innerhalb der Klasse, die über viel Kapital verfügt, zwischen jenen, deren Reproduktion vorwiegend auf einem hohen Anteil ökonomischem Kapital basiert (dies meist durch Erbschaft und Verwandtschaftsverhältnisse, genannt werden etwa Arbeitgeber in der Industrie und im Handel sowie Geschäftsbesitzer) und jenen, die über relativ wenig ökonomisches Kapital verfügen und deren Reproduktion auf einem hohen Anteil kulturellen Kapitals basiert (d.h. sehr gute Ausbildung, z.B. Lehrer, Professoren).

Die an kulturellem Kapital reichsten Fraktionen würden sehr viel in die Ausbildung ihrer Kinder und in kulturelle Praktiken, durch die sie sich abheben möchten, investieren; die an ökonomischen Kapital reichsten Fraktionen würden weniger in Bildung und Kultur als ökonomisch investieren; die Fraktion der höheren Berufe (speziell Ärzte und Anwälte), die i.d.R. relativ guten Anteil an ökonomischem und kulturellem Kapital hätten, aber zu wenig ins ökonomische Leben integriert seien, würden vor allem in die Ausbildung ihrer Kinder, in kulturelle Praktiken, die materiellen und kulturellen Reichtum symbolisieren, und in soziales Kapital, d.h. Beziehungen zu den Spitzen der Gesellschaft, die u.a. politischen Aufstieg garantieren können, investieren (Bourdieu 1986, S. 120+122). Auch räumliche Aspekte würden eine wesentliche Rolle bei den Unterschieden von Habitus und Lebensstilen spielen. So sei es z.B. logisch, dass Landarbeiter weniger Anteil an kulturellen Praktiken haben, da sie sich weiter entfernt von kulturellen Zentren wie Paris befinden.

Diese Strukturen seien aber keine fixen, sondern sich verändernde. Bourdieu unterscheidet dabei zwei Formen der sozialen Mobilität. Vertikale Bewegungen aufwärts oder abwärts im selben Sektor/Bereich (z.B. vom Assistenten zum Professor, vom Klein- zum Großunternehmer); und quer verlaufende Bewegungen von einem Bereich zum anderen (z.B. vom Lehrer zum Geschäftsbesitzer). Vertikale Bewegungen würden nur eine Zunahme bzw. Abnahme des Anteils an der jeweils dominanten Kapitalform voraussetzen, während quer verlaufende Bewegungen die Verwandlung einer Kapitalform in eine andere voraussetzen (bzw. eines Subtyps einer Kapitalform). "The probability of entering a given fraction of the dominant class from another class is, as we have seen, in inverse ratio to the position of that fraction in the hierarchy of economic capital" (Bourdieu 1986, S. 132); d.h., je größer die Verfügung über ökonomisches Kapital, desto einfacher der Aufstieg/Einstieg in andere Klassen und Klassenfraktionen.

Das kulturelle Kapital führe u.a. zu Titeln, mit denen ein gewisser symbolischer Status verbunden ist, von denen Aufstiegschancen, Ansehen und Stellung in der heutigen Gesellschaft anhängen. Diese könnten auch als Teil eines symbolischen Kapitals (Prestige, Ehre, Anerkennung) angesehen werde. Die unterschiedliche Verteilung des kulturellen und Erziehungs-Kapitals führe zu unterschiedlichen Geschmäckern hinsichtlich kultureller Praktiken (Essen, Kleidung, Musik, Kunst, Kino, Theater, Literatur etc.) der einzelnen Klassen und Klassenfraktionen.
Insbesondere interessiert sich Bourdieu für den Einfluss des kulturellen Kapitals. Die Kultur der höheren Schichten und Klassen sei nicht besser als jene der Arbeiterklasse. Das Ausbildungssystem bevorzuge die besser situierten Schichten und Klassen, es entwerte Wissen und Qualifikationen der Arbeiterklasse. Die wesentliche Aufgabe des Bildungssystems sei die kulturelle Reproduktion – die Reproduktion der Macht- und Privilegienverhältnisse zwischen sozialen Klassen. Die Mächtigeren könnten anderen ihre Definitionen von Realität aufdrängen, daher würden diese dominant werden. Dies bedeute also die Vorherrschaft eines bestimmten kulturellen Kapitals. Dies habe sehr viel mit dem Bildungssystem und der ungleichen Verteilung des Wohlstands zu tun. Aufgrund der Klassenstrukturen der modernen Gesellschaften sei auch das kulturelle Kapital ungleich verteilt, dies sei für Klassenunterschiede im Bildungssystem verantwortlich. So hätten etwa Studenten aus besser situierten Klassen Vorteile, da sie innerhalb der gesellschaftlich dominanten Kultur und deren Habitus sozialisiert wurden. Die durch Bildung erworbenen Fähigkeiten und Positionen sozialer Gruppen seien abhängig von der Quantität des kulturellen Kapitals, über das diese verfügen. Das Bildungssystem wirke heute eliminierend, es eliminiere Mitglieder der Arbeiterklasse vom Zugang zu höherer Bildung. Auf Grund mangelnden Anteils am vorherrschenden kulturellen Kapital würden Kinder aus dem Arbeiterklassemilieu eher an Prüfungen scheitern als andere, was sie wiederum am Zugang zu höherer Bil-

dung hindere. Soziale Ungleichheit werde im Bildungssystem reproduziert und durch dieses legitimiert. Dieses sei sehr effektiv bei der Aufrechterhaltung der Macht der dominierenden Klassen, da sich das Bildungssystem als neutrale Institution präsentiere, das allen gleiche Chancen biete.

Literatur:

Adorno, Theodor W. (1956) *Soziologische Exkurse*. Frankfurt/Main. Europäische Verlagsanstalt.

Adorno, Theodor W. (1970) *Aufsätze zur Gesellschaftstheorie und Methodologie*. Frankfurt/Main. Suhrkamp.

Althusser, Louis (1968) *Für Marx*. Frankfurt/Main. Suhrkamp

Althusser, Louis (1977) *Ideologie und ideologische Staatsapparate (Anmerkungen für eine Untersuchung)*. In: ders. *Ideologie und ideologische Staatsapparate*. Hamburg/Berlin. Verlag für das Studium der Arbeiterbewegung. S. 108-169

Barthes, Roland (1998a) *Mythen des Alltags*. Frankfurt am Main. Suhrkamp. 19. Aufl.

Barthes, Roland (1998b) *S-Z*. Frankfurt am Main. Suhrkamp. 3. Aufl.

Bourdieu, Pierre (1986) *Distinctions. A Social Critique of the Judgement of Taste*. London. Routledge

Deleuze, Gilles/Guattari, Félix (1992) *Tausend Plateaus*. Berlin. Merve

Durkheim, Emile (1984) *Die Regeln der soziologischen Methode*. Frankfurt/Main. Suhrkamp.

Engels, Friedrich (1878) *Herrn Eugen Dührings Umwälzung der Wissenschaft*. In: MEW, Band 20. Berlin. Dietz. S. 1-303.

Fuchs, Christian (2002a) *Krise und Kritik in der Informationsgesellschaft*. Wien/Norderstedt. Libri Books on Demand

Fuchs, Christian (2002b) *Some Aspects of Anthony Giddens' Works for a Theory of Social Self-Organisation*. In: Emergence, Vol. 4 (2002).

Fuchs, Christian (2003) *Some Aspects of Pierre Bourdieu's Works for a Theory of Social Self-Organisation*. In: European Journal of Social Theory, Vol. 6 (2003), No. 4.

Fuchs, Christian/Schlemm, Annette (2003) *The Self-Organisation of Society*. In: Natur & Ökonomie, Vol. 1 (2003), No. 1.

Giddens, Anthony (1984) *Die Konstitution der Gesellschaft*. Frankfurt/Main. Campus. 3. Auflage (1997)

Giddens, Anthony (1999) *Soziologie*. Graz. Nauser & Nauser. 2. Auflage

Gramsci, Antonio (1971) *Selections from the Prison Notebooks*. New York. International Publishers

Habermas, Jürgen (1981) *Theorie des kommunikativen Handelns*. I-II. Frankfurt/Main. Suhrkamp

Haralambos, Michael/Holborn, Michael (1992) Sociology. Themes and Perspectives. London. CollinsEducational. 3rd edition

Hartmann, Frank (1998) *Information als Fetisch*. In: Fenzl, Norbert/Hofkirchner, Wolfgang/Stockinger, Gottfried (Hrsg.) (1998) *Information und Selbstorganisation: Annäherung an eine vereinheitlichte Theorie der Information*. Innsbruck/Wien. Studien-Verlag. S. 17-28

Hegel, Friedrich (1830) *Enzyklopädie der philosophischen Wissenschaften. Band 1*. Frankfurt/Main. Suhrkamp.

Horkheimer, Max (1946) *Zur Kritik der instrumentellen Vernunft*. Frankfurt/Main. Fischer.

Luhmann, Niklas (1984) *Soziale Systeme*. Frankfurt/Main. Suhrkamp

Marcuse, Herbert (1932) *Neue Quellen zur Grundlegung des Historischen Materialismus*. In: Schriften, Band 1. Frankfurt am Main. Suhrkamp

Marcuse, Herbert (1967) *Der eindimensionale Mensch: Studien zur Ideologie der fortgeschrittenen Industriegesellschaft*. München. dtv. Neuauflage 1994

Marx, Karl (1844) *Ökonomisch-Philosophische Manuskripte*. In: MEW, Ergänzungsband 1. Berlin. Dietz. S. 465-588.

Marx, Karl/Engels, Friedrich (1846) *Die deutsche Ideologie*. MEW, Vol. 3. Berlin. Dietz.

Marx, Karl (1857) *Einleitung: Zur Kritik der Politischen Ökonomie*. MEW, Vol. 13. Berlin. Dietz. pp. 615-641.

Marx, Karl (1857/58) Grundrisse der Kritik der Politischen Ökonomie. In: MEW, Vol. 42. Berlin. Dietz

Marx, Karl (1858/59) *Zur Kritik der politischen Ökonomie*. Berlin. Dietz. MEW 13, S. 3-160.

Marx, Karl (1867) *Das Kapital, Band 1*. Berlin. Dietz, MEW, Band 23.

Marx, Karl (1885) *Das Kapital, Band 2*. Berlin. Dietz. MEW, Band 24.

Marx, Karl (1891) *Kritik des Gothaer Programms*. Berlin. Dietz. In: MEW, Band 19.

Mead, George Herbert (1934) *Mind, Self and Society*. Chicago. University of Chicago Press

Morris, Charles W. (1972) *Grundlagen der Zeichentheorie*. München. Hanser

Parsons, Talcott (1972) *Das System moderner Gesellschaften*. München. Juventa. Reprint 1985

Parsons, Talcott (1978) *Action Theory and the Human Condition*. New York. Macmillan

Raulet, Gérard (1988) *Die neue Utopie. Die soziologische und philosophische Bedeutung der neuen Kommunikationstechnologien*. In: Frank, Manfred et al (Hrsg.) (1988) *Die Frage nach dem Subjekt*. Frankfurt/Main. Suhrkamp. S. 283-317

Weber, Max (1986) *Soziologische Grundbegriffe*. In: *Methodologische Schriften*. Frankfurt. Fischer

4. Technik

Es gibt keine einheitliche Vorstellung darüber, was unter Technik zu verstehen ist. Die allgemein vorherrschende Ansicht ist eine verdinglichende, die davon ausgeht, dass es sich bei Technik im wesentlichen um Maschinen handelt. Dies ist aber nicht die einzige Bedeutungsebene. Die verschiedenen Ebenen der Verwendung des Wortes sollen nun an Hand von Definitionen verdeutlicht werden.

Ausgehend von der Einteilung der Gesellschaftstheorien in Objektivismus, Subjektivismus und Dialektik (in Kapitel 3), können wir eine ähnliche Unterscheidung in Bezug auf den Technikbegriff treffen: Technik wird entweder objektivistisch als verdinglichte Struktur, subjektivistisch als Handlungsweise oder dialektisch als umfassende Kategorie konzipiert. Es gibt also einerseits objektivistische Ansätze, die Technik über gesellschaftliche Strukturen definieren (Abschnitt 1; dabei wird Technik zumeist als Ding/Maschine verstanden, die Teil der ökonomischen und betrieblichen Strukturen ist); handlungsorientierte Herangehensweisen, die Aspekte des Handelns, der Arbeit und des Wissens betonen (Abschnitt 2) und umfassende Definitionen, die beides dialektisch zu vereinen suchen (Abschnitt 3).

Etymologie

Das Wort „Technik" wurde im 18. Jahrhundert aus dem Französischen (technique) übernommen. Der Begriff kommt ursprünglich vom griechischen Term „technikos", das kunstvoll, sachverständig oder fachmännisch bedeutet. Eine Ansicht über den Ursprung des Wortes Technik lautet, dass es im Rahmen der Entwicklung des Verfahrens des Zimmern eines Hauses entstanden ist. In diesem Kontext stehen das altindische „táksan" (Zimmermann), das altiranische „tâsan" (Bildner, Schöpfer) und das altindische „taksatitesti" (behaut, bearbeitet). Diese drei Wörter lassen sich wiederum auf das indogermanische „tekp" (zimmern) zurückführen (Sandkühler 1990, Band 3, S. 536). Das altgriechische „tekton" hatte u.a. die Bedeutung von Baumeister und Zimmermann. Heute erinnert noch das Wort „Tektonik" (einerseits: Lehre vom Zusammenfügen von Bauteilen zu einem Ganzen, andererseits: Lehre vom Bau der Erdkruste) daran. Das altgriechische „techne" hatte ursprünglich dieselbe Bedeutung wie „tekton". Seine Bedeutung wurde jedoch im Laufe der Zeit verallgemeinert. Während das Wort ursprünglich nur das angewandte Wissen im Bereich des Handwerks bezeichnete, kam später die Bedeutung im Sinn von bewusstem menschlichen Handeln hinzu: „Von den Künsten des handwerklichen, materiellen Herstellens wurde techne auf bewusstes Schaffen schlechthin - Ausüben, Wirken, Handeln, Tun [...] übertragen" (Seibicke 1968, S. 16). Aus dem griechischen „techne" leitet sich auch das heute gebräuchliche Wort „Technik" her. Das Wort „techne" betonte den Aspekt des Handelns. Als eine zusätzliche Bedeutung war es in der Antike auch noch im Sinn von List und Betrug gebräuchlich.

4.1. Objektivismus

Es handelt sich hierbei um strukturelle Technikdefinitionen, bei denen Technik als Ding verstanden wird.

„Der Begriff Technik [...] umfasst zum einen die Menge der nutzorientierten, künstlichen und gegenständlichen Gebilde (Artefakte oder Sachsysteme), zum anderen aber auch die Menge menschlicher Handlungen und Einrichtungen, in denen Sachsysteme entstehen oder verwendet werden" [zusätzlich zu dieser Bedeutungsdimension kommt hier noch jene von Technik als Handlung hinzu; eine Ebene, die dem Punkt 2 nahesteht; Anm. CF]" (Zweck 1993, S. 9)

„Unter *Technik im engeren Sinne* werden häufig die sachlichen Artefakte verstanden. Die stofflichen Verkörperungen zweckmäßiger Mittel gelten als eigentliche Technik" (Rammert 1993, S. 10)

Klaus Tuchel definiert Technik als „Begriff für alle Gegenstände und Verfahren [...], die zur Erfüllung individueller und gesellschaftlicher Bedürfnisse auf Grund schöpferischer Konstruktionen geschaffen werden, durch definierbare Funktionen bestimmten Zwecken dienen und insgesamt eine weltgestaltende Wirkung ausüben" (Tuchel 1967, S. 24). Diese Definition umfasst auch die zweite Ebene der Verwendung.

Kurt Hübner schreibt, dass Technik im Zusammenhang mit „Maschinen, Herstellungsprozessen, der Ausnutzung natürlicher Kräfte für menschliche Zecke usw. verwendet" wird (Hübner 1973/74, S. 1475).

„Alle entwickelte Maschinerie besteht aus drei wesentlich verschiednen Teilen, der Bewegungsmaschine, dem Transmissionsmechanismus, endlich der Werkzeugmaschine oder Arbeitsmaschine. Die Bewegungsmaschine wirkt als Triebkraft des ganzen Mechanismus. Sie erzeugt ihre eigne Bewegungskraft, wie die Dampfmaschine, kalorische Maschine, elektro-magnetische Maschine usw., oder sie empfängt den Anstoß von einer schon fertigen Naturkraft außer ihr, wie das Wasserrad vom Wassergefälle, der Windflügel vom Wind usw. Der Transmissionsmechanismus, zusammengesetzt aus Schwungrädern, Treibwellen, Zahnrädern, Kreiselrädern, Schäften, Schnüren, Riemen, Zwischengeschirr und Vorgelege der verschiedensten Art, regelt die Bewegung, verwandelt, wo es nötig, ihre Form, z.B. aus einer perpendikulären in eine kreisförmige, verteilt und überträgt sie auf die Werkzeugmaschine. Beide Teile des Mechanismus sind nur vorhanden, um der Werkzeugmaschine die Bewegung mitzuteilen, wodurch sie den Arbeitsgegenstand anpackt und zweckgemäß verändert. Dieser Teil der Maschinerie, die Werkzeugmaschine, ist es, wovon die industrielle Revolution im 18. Jahrhundert ausgeht. Sie bildet noch jeden Tag von neuem den Ausgangspunkt, sooft Handwerksbetrieb oder Manufakturbetrieb in Maschinenbetrieb übergeht" (Marx 1867, S. 393).
Die Technik ist für Marx Werkzeug/Arbeitsmittel, mit der der Mensch seinen Stoffwechselaustausch mit der Natur vermittelt. „Der Arbeitsprozess [...] ist zweckmäßige Tätigkeit zur Herstellung von Gebrauchswerten, Aneignung des Natürlichen für menschliche Bedürfnisse, allgemeine Bedingung des Stoffwechsels zwischen Mensch und Natur, ewige Naturbedingung des menschlichen Lebens" (Marx 1867, S. 198). „Das Arbeitsmittel ist ein Ding, oder ein Komplex von Dingen, die der Arbeiter zwischen sich und den Arbeitsgegenstand schiebt [...] Der Gebrauch und die Schöpfung von Arbeitsmitteln [...] charakterisieren den spezifisch menschlichen Arbeitsprozess, und Franklin definiert daher den Menschen als ‚a tool making animal', ein Werkzeuge fabrizierendes Tier" (ebd., S. 194).

„Technology is the material substratum of relations internal to the labour process which make collective labour-power a single force producing surplus-value" (Aglietta 1979, S. 112).

4.2. Subjektivismus

Subjektivistische Technikdefinitionen sind handlungsorientiert und auf das menschliche Subjekt bezogen.

Technik als Fertigkeit, Geschick

„Kunst, mit den zweckmäßigsten und sparsamsten Mitteln ein bestimmtes Ziel oder die beste Leistung zu erreichen [...] Gesamtheit der Kunstgriffe, Regeln, maschinellen Verfahren auf einem Gebiet [diese Definition überschneidet sich mit dem Bereich 2; Anm. CF] " (Wahrig 1982, S. 3683)

Das philosophische Wörterbuch von Schischkoff definiert Technik als „die Art und Weise, etwas durchzusetzen, zu erreichen, zu bewerkstelligen; im allgemeinsten Sinn die menschliche Tätigkeit, insofern sie darauf gerichtet ist, das Vorgefundene, Gegebene menschlichen Bedürfnissen und Wünschen entsprechend zu ändern" (Schischkoff 1982, S. 686)

In einer anderen Definiton wird Technik gesehen „als die geistige Leitung der mechanischen Arbeitsvorgänge im Leben der Menschen" und als „die Betätigung des bewussten Geistes zur Umgestaltung der Rohstoffe für die Zwecke der Kultur" (Wendt 1906, S. 4 und 7)

Technik als Wissen

„Let us define technology as a set of pieces of knowledge, both directly „practical" (related to concrete problems
and devices) and „theoretical" (but practically applicable although not necessarily already applied), know-how, methods, procedures, experience of successes and failures and also, of course, physical devices and equipment. Existing physical devices embody – so to speak – the achievements in the development of a technology in a defined problem-solving activity. At the same time, a "disembodied" part of the technology consists of particular expertise, experience of past attempts and past technological solutions, together with the knowledge and the achievements of the 'state of the art'. Technology, in this view, includes the 'perception' of a limited set of possible technological alternatives and of notional future developments" (Dosi 1982, S. 151f).

"Technik ist reales Sein aus Ideen. Durch finale Gestaltung und Bearbeitung aus naturgegebenen Beständen" (Dessauer 1956, S. 234).

Technik als Arbeit/Tätigkeit:

"Starting with a pre-selection of a philosophical interpretation of technology, technology is conceived here as work (labor) not against but within nature, using its behavioral regularities that can be expressed by the very formal notion of natural laws. Technology transforms causal relations into goal-means relations by applying goals to a knowledge about regularities in nature and society (in organizational systems)" (Kornwachs 1998).

„Unter Technik im allgemeinsten Sinn verstehen wir eine selbständige, elementare Tätigkeit von eigener und immer gleicher Art: die ewig menschliche, mit der Menschheit gleich alte und ursprüngliche Werktätigkeit (gestaltend) schöpferischer Arbeit" (Schröter 1934, S. 6).

Technik sei „die Taktik des ganzen Lebens. Sie ist die innere Form des Verfahrens im Kampf, der mit dem Leben selbst gleichbedeutend ist. [...] Der Mensch ist der Schöpfer seiner Lebenstaktik geworden. Sie [die Technik, Anm.] ist seine Größe und sein Verhängnis. Und die innere Form dieses schöpferischen Lebens nennen wir Kultur" (Spengler 1931, S. 7+25).

Technik als Mittel/Verfahren

Max Weber versteht unter Technik „eine Verwendung von Mitteln, welche bewusst und planvoll orientiert ist an Erfahrungen und Nachdenken, im Höchstfall der Rationalität: an wissenschaftlichem denken. Was in concreto als Technik gilt, also flüssig" (Weber 1972, S. 32)

„Gesamtheit aller Mittel, die Natur aufgrund der Kenntnis und Anwendung ihrer Gesetze dem Menschen nutzbar zu machen" (Wahrig 1982, S. 3683)

„Unter *Technik im weiteren Sinne* werden [...] alle Verfahren eines Handelns und Denkens miteinbegriffen, die methodischen Operationsregeln folgen und strategisch einen bestimmten Zweck anstreben. Formelhaftes Sprechen und ritualisierte Handlungssequenzen von der Gebetstechnik bis zur Rhetorik gehören ebenso zu diesen Techniken des Handelns wie trainierte Bewegungsabläufe der Schwimmtechnik und habitualisierte Verhaltensschemata der schauspielerischen Ausdruckstechnik" (Rammert 1993, S. 11)

Nikolaj Berdjajew (1933) versteht unter Technik ein subjektives und objektives Mittel. Technik sei (a) in subjektiver Hinsicht die Eigenschaft des modernen menschlichen Schaffens, ein „maximales Ergebnis mit dem kleinsten Aufwand der Kraft zu erzielen", (b) in objektiver Hinsicht, das „Arsenal aller Mittel, Instrumente und Werkzeige" jenes Schaffens (Berdjajew 1933, S. 10f).

Technik als Mittel und Geschick: „Technik im subjektiven Sinn ist die Kunst des rechten Weges zum Zweck. Sie [...] ist ein vom Wissen getragenes Können [...] Technik im objektiven Sinne ist das abgeklärte Ganze der Verfahren und Hilfsmittel des Handelns, innerhalb eines bestimmten Bereiches menschlicher Tätigkeit" (Gottl-Ottlilienfeld (1923, S. 8).

Technik als Prozess:

Die Definition von Johannes Müller sieht Technik als Ding und Prozess: „Technik ist die Gesamtheit der Dinge und Prozesse, die die Menschen auf einer bestimmten Stufe ihrer Entwicklung auf Grund der objektiv gegebenen Möglichkeiten in einer solchen Kombination, Bemessung, Gestalt beziehungsweise Form setzen und beständig reproduzieren, dass die Eigenschaften dieser Dinge beziehungsweise diese Prozesse unter bestimmten Bedingungen menschlichen Zwecken gemäß wirken" (Müller 1967, S. 350).

Technik sei die „Gesamtheit der von den Menschen geschaffenen Objekte und Prozesse seiner praktischen Tätigkeit. Technik dient dazu, bestimmte gesellschaftliche oder individuelle Ziele zu erreichen, die gesellschaftlichen Existenzgrundlagen zu erhalten bzw. zu erweitern. Sie ist eine gesellschaftliche Kraft, die die Menschen befähigt, ihre natürliche und gesellschaftliche Umwelt immer besser zu beherrschen" (Banse/Striebing, 1983, S. 899)

Technik sei „die Weise des Vorgehens, die Art des Handelns, die ihre eigenen Maßstäbe hat und ganz unabhängig von den Inhalten besser oder schlechter sein kann" (Sachsse 1978, S. 2).

„Ich verstehe unter technischem Schaffen den gesamten konkreten, reellen wie ideellen Prozess, durch dessen Vermittlung im Laufe der Menschheitsgeschichte die uns zugängliche Naturwirklichkeit schlechthin umgestaltet wird zu einer zweckbestimmten Naturwirklichkeit, und zwar zweckbestimmt im letzten Grunde durch die Idee der materiellen Freiheit" (Zschimmer 1914, S. 64).

4.3. Dialektik

Dialektische Technikbegriffe sind umfassend und verstehen Technik als Dialektik von objektiven (strukturellen) und subjektiven (akteursbezogenen) Aspekten.

Der Techniksoziologe Werner Rammert gibt eine umfassendere Definition von Technik, die sowohl strukturelle als auch handlungsorientierte Aspekte umfasst: „Unter Technik sind alle künstlich hervorgebrachten Verfahren und Gebilde, symbolische und sachliche Artefakte, zu verstehen, die in soziale Handlungszusammenhänge zur Steigerung ausgewählter Wirkungen eingebaut werden. Technik ist das gesellschaftlich institutionalisierte Ergebnis methodisch suchenden, bastelnden und erfindenden Handelns. Sie umfasst sowohl das Inventar an Instrumenten und Installationen als auch das Repertoire an Kunstfertigkeiten und Kenntnissen, im Umgang mit der physikalischen, biologischen und symbolischen Welt intendierte Zustände zu erzielen und unerwünschte zu vermeiden. Im materiellen Produktionsbereich fallen darunter zum Beispiel Maschinen und Verfahren der chemischen Stoffumwandlung, wie auch technische Zeichnungen und das "know-how" über die Anlage von Fabriken. Im immateriellen Produktionsbereich zählen dazu die informationstechnischen Steuergeräte und die Verbindungsnetze, aber ebenso die Computerarchitekturen, Programmiersprachen und die einzelnen Programme" (Rammert, 1993, S. 10).

Eine andere umfassende Definition, die mehrere Verwendungsebenen beinhaltet, findet sich bei Karl-Eugen Kurrer: „Unter Technik werden zum einen Maßnahmen, Verfahren und Einrichtungen subsumiert, welche die Beherrschung und zweckmäßige Nutzung der Naturgesetze sowie der von der Natur gebotenen Energien und Rohstoffe im Sinn haben, zum anderen die Regeln und Kunstgriffe einer Tätigkeit [...] T. ist die gesellschaftlich organisierte Entäußerung des sich zwischen Mensch und Natur vollziehenden Stoffwechselprozesses in Form der funktionellen Modellierung zum externen künstlichen Organsystem der menschlichen Tätigkeit" (Kurrer, Technik, in: Sandkühler, 1990, Band 3, S. 534f)

Ähnlich Günther Ropohl: „Technik umfasst: (a) die Menge der nutzorientierten, künstlichen, gegenständlichen Gebilde (Artefakte oder Sachsysteme); (b) die Menge menschlicher Handlungen und Einrichtungen, in denen Sachsysteme entstehen; und (c) die Menge menschlicher Handlungen, in denen Sachsysteme verwendet werden. Technisches Handeln ist dann nur dasjenige Handeln, das durch die Elemente (b) und (c) gekennzeichnet ist". (Ropohl 1996, S. 85)

Technik kann verstanden werden als „die zweckmäßig orientierte Einheit der Mittel, Verfahren, Fertigkeiten, Prozesse und des Wissens, die notwendig sind, um definierte Ziele zu erreichen" (Fuchs 2002, S. 205). Die Verwendungsebenen des Technikbegriffs sollen noch mal an Hand der praktischen Tätigkeit eines/einer InformatikerIn verdeutlicht werden: Wird Technik dabei als Ding gefasst, so sind darunter Hilfsmittel beim Software Engineering wie Computer, Scanner, Drucker, die verwendete Hardware und Software, usw. zu fassen oder ergebnisorientiert das entstehende Produkt. Im Sinn des Verständnisses von Technik als Mittel/Verfahren müsste Technik bei der Softwareentwicklung die eingesetzten Strategien bei der Entwicklung (Diagramme, Analyseverfahren, Erhebungsmethoden des Ist- und Sollzustandes, Designmethoden, Algorithmen, Datenstrukturen, Teststrategien, Reviewverfahren, usw.) verstanden werden. Wird Technik als Fertigkeit oder Geschick aufgefasst, so bedeutet das für die Softwareentwicklung, dass Technik als Know-How und theoretisches Wissen (Programmiersprachen, effizienteste Datenstrukturen und Speicherungsverfahren, usw.) verstanden wird. Wird Technik als Arbeit oder Prozess verstanden, so bedeutet dies, dass der Softwareentwicklungsprozess als Anwendungsprozess von Methoden, Wissen, Fertigkeiten etc. verstanden wird.

Unter Technik verstehen wir allgemein die zweckmäßig orientierte Einheit der Mittel, Verfahren, Fertigkeiten, Arbeit, Prozesse und des Wissens, die notwendig sind, um definierte Ziele zu erreichen. Charakteristisch sind zwei Aspekte: der Metabolismus zwischen Mensch und Natur, d.h. die technische Umgestaltung der Natur, und die Erleichterung von Tätigkeiten durch zweckorientiertes Handeln, dem die Technik als Mittel dient.

Im Marxismus hat die Frage, ob Technik objektivistisch, subjektivistisch oder dialektisch definiert werden sollte, mit dem Produktivkraftbegriff zu tun. Objektivisten reduzieren den Produktivkraftbegriff auf Maschinen, Subjektivisten konzentrieren sich auf die lebendige Arbeit, ein umfassendes Verständnis begreift die Produktivkräfte als ein System mit objektiven, subjektiven und naturalen Faktoren.

Als subjektive Produktivkraft (Marx 1857/58, S. 403) bezeichnet Marx die Einheit von physischer/materieller Produktionsfähigkeit und den „geistigen Produktivkräften" (ebd., S. 410) eines Individuums. Bei letzteren handelt es sich um Qualifikation, Kenntnisse, Wissen, Erfahrung, Fähigkeiten etc. Objektive Produktivkräfte sind hingegen die nicht auf das Individuum bezogenen Faktoren des Arbeits- und Produktionsprozesses: Arbeitsmittel, Arbeitsgegenstände, Wissenschaft, Technik, Arbeitsteilung, Kooperation. Im Kapital spricht Marx weiters von den naturbedingten Produktivkräften der Arbeit. Dies sind gesellschaftlich nutzbar gemachte Naturkräfte, sind also ein Produkt der Vergesellschaftung. Als Produktivkraft sind also nicht nur die lebendige, vergesellschaftete Arbeit zu verstehen, sondern auch sämtliche Faktoren, die diese ermöglichen und Einfluss auf den Produktionsprozess haben.

In den *Grundrissen* wird auch der Produktivkraft der Wissenschaft wesentliche Aufmerksamkeit geschenkt. Diese „allgemeine Produktivkraft des gesellschaftlichen Hirns" (Marx 1857/58, S. 594) die „unmittelbare Produktivkraft" (ebd., S. 602), schafft jedoch selbst keinen Wert. Das allgemeine gesellschaftliche Wissen spiegelt sich im fixen Kapital, und dabei vor allem in der Maschinerie, wider. Für dessen Fortschritt und Entwicklung sorgt die Wissenschaft. Die Produktivkraft der lebendigen, gesellschaftlichen Arbeit hängt also auch ab vom „allgemeinen Stand der Wissenschaft und dem Fortschritt der Technologie, oder der Anwendung dieser Wissenschaft auf die

Produktion" (ebd., S. 600). Dem gesellschaftlichen Wissen, dem General Intellect, der sich in der Entwicklung des fixen Kapitals widerspiegelt, misst Marx also als Produktivkraft eine wesentliche Bedeutung zu. Im 3. Band des Kapitals spricht Marx von „allgemeiner Arbeit des menschlichen Geistes", eben jenem General Intellect (Marx 1894, S. 114). „Allgemeine Arbeit ist die wissenschaftliche Arbeit, alle Entdeckung, alle Erfindung. Sie ist bedingt teils durch Kooperation mit Lebenden, teils durch Benutzung der Arbeiten Früherer" (ebd.). In den Grundrissen benutzt Marx den Begriff des General Intellect für das allgemeine soziale Wissen oder die kollektive Intelligenz einer Gesellschaft. Das fixe Kapital, dabei vor allem in Form der Maschinerie, kann sich diese Intelligenz quasi einverleiben, das Wissen vergegenständlicht sich in ihnen: Maschinen „sind von der menschlichen Hand geschaffne Organe des menschlichen Hirns; vergegenständlichte Wissenskraft. Die Entwicklung des capital fixe zeigt an, bis zu welchem Grade das allgemeine gesellschaftliche Wissen, knowledge, zur unmittelbaren Produktivkraft geworden ist und daher die Bedingungen des gesellschaftlichen Lebensprozesses selbst unter Kontrolle des general intellect gekommen und ihm gemäß umgeschaffen sind" (Marx 1857/58, S. 602).

Im Kapital spricht Marx fast ausschließlich von der Produktivkraft der Arbeit, Faktoren wie Qualifikation, Technik, Wissenschaft, Umfang und Wirkungsfähigkeit der Produktionsmittel, Naturkräfte, Vergesellschaftungsgrad der Arbeit etc. werden als Bedingungen dieser Produktivkraft gefasst, nicht jedoch selbst als Produktivkräfte (vgl. Marx 1867, S. 54). In populären Schriften wie dem *Manifest der Kommunistischen Partei*, den *Grundrissen* oder der *Entwicklung des Sozialismus von der Utopie zur Wissenschaft* bezeichnen Marx und Engels hingegen alle Faktoren des Arbeits- und Produktionsprozesses, die die Produktivkraft der lebendige Arbeit bestimmen, ebenfalls als Produktivkräfte.

Um Reduktionismus, einem verdinglichenden und fetischhaften Produktivkraftbegriff vorzubeugen, können wir die Produktivkräfte als System der lebendigen Arbeit und der diese näher bestimmenden Faktoren des Arbeits- und Produktionsprozesses ansehen. Lebendige Arbeit und ihre Faktoren stehen im Rahmen dieses Systems in einem konkreten Verhältnis, das sich historisch wandelt und sich abhängig von der konkreten Gesellschaftsformation darstellt. Die Faktoren des Arbeits- und Produktionsprozesses – subjektive (physische/materielle Produktionsfähigkeit, Qualifikation, Qualifikation, Kenntnisse, Wissen, Erfahrung, Fähigkeiten, General) und objektive (Technik, Wissenschaft, Umfang und Wirkungsfähigkeit der Produktionsmittel, Vergesellschaftungsgrad der Arbeit, Kooperation, Arbeitsteilung, Arbeitsmittel, Arbeitsgegenstände) Produktivkräfte sowie die naturbedingten Produktivkräfte der Arbeit (gesellschaftlich nutzbar gemachte Naturkräfte) – stellen alleine keine Produktivkräfte dar, sondern nur in Kombination mit der lebendigen Arbeit. Der Produktivkraftbegriff ist daher nicht reduzierbar auf einzelne Elemente des Systems der Produktivkräfte, er zeichnet sich durch emergente Eigenschaften aus. Das System der Produktivkräfte ist mehr als die Summe seiner Teile. Objektive Produktivkräfte sind die nicht auf das Individuum bezogenen Faktoren des Arbeits- und Produktionsprozesses: Arbeitsmittel, Arbeitsgegenstände, Wissenschaft, Technik, Arbeitsteilung, Kooperation Technik, Organisationsweisen, Wissenschaft, Umfang und Wirkungsfähigkeit der Produktionsmittel, Naturkräfte, Vergesellschaftungsgrad der Arbeit,

In der marxistischen Theoriebildung nach Marx zeigte sich in Bezug auf den Produktivkraftbegriff ein ökonomistisch-reduktionistischer, verdinglichender und fetischhafter Umgang. So setzte Plechanow Produktivkräfte mit Produktionsmitteln gleich. Ein verdinglichender Technikfetischismus zeigte sich beim Produktivkraftbegriff von Kautsky, Bucharin und Stalin. Technik und Produktivkräfte wurden also gleichgesetzt. Bei Stalin ist dies zwar zu differenzieren, da er nicht ausschließlich die Technik als Produktivkraft sah (sondern Arbeit und Erfahrung werden auch berücksichtigt), aber der verdinglichende Begriff bleibt bestehen, da Stalin die Bedeutung der lebendigen Arbeitskraft und weiterer Faktoren wie Wissenschaft, Kooperation, Arbeitsteilung und Naturkräften unterschätzte.

Literatur:

Aglietta, Michel (1979a) A Theory of Capitalist Regulation. The US Experience. London. NLB

Banse, G./Striebing, L. (1983) Technik. in: HÖRZ, H./LIEBSCHER, M./LÖTHER, R./WOLLGAST, S. (Hrsg.) (1983) Philosophie und Naturwissenschaften: Wörterbuch zu den philosophischen Fragen der Naturwissenschaften. Berlin. Dietz

Berdjajew, Nikolaj (1933) Der Mensch und de Technik. in: ders, (1989) Mensch und Technik. Von der Würde des Christentums und der Unwürde der Christen. Schriften zur Philosophie. Mössingen/Talheim. Talheim-Verlag. S. 7-41

Berger, Rainer (1991) Politik und Technik: Der Beitrag der Gesellschaftstheorien zur Technikbewertung. Opladen. Westdeutscher Verlag

Brüchler, Stephan/Simonis, Georg/Sundermann, Karsten (Hrsg.) (1999) Handbuch Technikfolgenabschätzung. 3 Bände. Berlin. Edition Sigma

Dessauer, Friedrich (1956) Streit um die Technik. Frankfurt/Main. Knecht

Dosi, Giovanni (1982) Technological paradigms and technological trajectories. In: Hanusch (1999). Vol. 1. S. 472-487

Fuchs, Christian (2002) Krise und Kritik in der Informationsgesellschaft. Wien/Norderstedt. Libri Books on Demand

Gottl-Ottlilienfeld, Friedrich von (1923) Wirtschaft und Technik. In: Grundriss der Sozialökonomik. II. Abteilung: Die natürlichen und technischen Beziehungen der Wirtschaft. 2. Teil: Wirtschaft und Technik. 2. Auflage. Tübingen. Mohr

Hanusch, Horst (Hrsg.) (1999) The Legacy of Joseph A. Schumpeter. Cheltenham, UK/Northampton, MA, USA. Edwar Elgar Publishing

Hübner, Kurt (1973/74) Technik. in: KRINGS, H./BAUMGARTNER, H.M./WILD, C. (Hrsg.) (1973/74) Hand
buch philosophischer Grundbegriffe. München. Kösel

Kornwachs, Klaus (1998) A formal theory of technology? In: Phil & Tech - Society for Philosophy and Technology - An electronic journal 4(1998) Nr.1. http://scholar.lib.vt.edu/ejournals/SPT/v4_n1html/

Marx, Karl (1857/58) *Grundrisse der Kritik der politischen Ökonomie*. Berlin. Dietz. MEW, Band 42.

Marx, Karl (1867) *Das Kapital. Band 1: Der Produktionsprozess des Kapitals.* Berlin. Dietz. MEW, Band 23.

Marx, Karl (1894) *Das Kapital. Kritik der politischen Ökonomie. Band 3: Der Gesamtprozess der kapitalistischen Produktion.* Berlin. Dietz. MEW, Band 25.

Müller, Johannes (1967) Philosophische Probleme der technischen Wissenschaften. in: GUNTAU, Martin/WENDT, Helge (Hrsg.) (1967) Naturforschung und Weltbild. Berlin. Dt. Verl. d. Wiss.

Paschen, Herbert (1982) Konzepte zur Bewertung von Technologien. In: Münch, E./Renn, O./Roser, T. (Hrsg.) (1982) Technik auf dem Prüfstand. Düsseldorf. Girardet

Rammert, Werner (1993) Technik aus soziologischer Perspektive: Forschungsstand, Theorieansätze, Fallbeispiele. Ein Überblick. Opladen. Westdeutscher Verlag

Rammert, Werner (1994) Vom Nutzen der Technikgeneseforschung für die Technikfolgenforschung. In: Bechmann, Gotthard/Petermann, Thomas (Hrsg.) (1994) Interdisziplinäre Technikforschung. Genese, Folgen, Diskurs. Frankfurt/Main. Campus S. 15-33

Ropohl, Günther (1985) Die unvollkommene Technik. Frankfurt/Main. Suhrkamp

Ropohl, Günther (1996) Ethik und Technikbewertung. Frankfurt a. M. Suhrkamp

Sachsse, Hans (1978) Anthropologie der Technik. Ein Beitrag zur Stellung des Menschen in der Welt. Braunschweig. Vieweg

Sandkühler, Hans Jörg (Hrsg.) (1990) Europäische Enzyklopädie in Philosophie und Wissenschaften. Hamburg. Felix Meiner Verlag.

Schischkoff, Georgi (1982) Technik. in: ders. (Hrsg.) Philosophisches Wörterbuch. Stuttgart. Kröner

Schröter, Manfred (1934) Philosophie der Technik. München. Oldenbourg

Seibicke, W. (1968) Technik. Versuch einer Geschichte der Wortfamilie um téchne in Deutschland vom 16. Jahrhundert bis etwa 1830. Düsseldorf. VDI-Verlag

Spengler, Oswald (1931) Der Mensch und die Technik. Beitrag zu einer Philosophie des Lebens. München. C.H. Beck'sche Verlagsbuchhandlung

Tuchel, Klaus (1967) Herausforderung der Technik: Gesellschaftliche Voraussetzungen und Wirkungen der technischen Entwicklung. Bremen. Schünemann

Wahrig, Gerhard (1982) Deutsches Wörterbuch. München. Mosaik.

Weber, Max (1972) Wirtschaft und Gesellschaft. Tübingen. Mohr

Wendt, Ulrich (1906) Die Technik als Kulturmacht in sozialer und geistiger Beziehung. Berlin. Reimer

Zschimmer, Eberhard (1914) Philosophie der Technik. Vom Sinn der Technik und Kritik des Unsinns über die Technik. Jena. Eugen Diederichs

Zweck, Axel (1993) Die Entwicklung der Technikfolgenabschätzung zum gesellschaftlichen Vermittlungsinstrument. Opladen. Westdeutscher Verlag

5. Informationstechnik

Wenn wir von Technik sprechen, so sprechen wir von der menschlichen Gesellschaft und von Mitteln, mit denen der Mensch Ziele erreichen möchte. Allgemeiner als der Technikbegriff ist, wie wir sehen werden, der Medienbegriff. Medien gibt es in allen selbstorganisierenden, d.h. informationsgenerierenden, Systemen. Der Medienbegriff beschränkt sich also nicht auf den Bereich der Gesellschaft, sondern inkludiert auch rein physikalische und rein biologische Systeme. Wenn wir von der Informationstechnik sprechen, so sprechen wir in einem weiten Sinn von gesellschaftlichen Medien und in einem engeren Sinn von Werkzeugen und Maschinen als gesellschaftlichen Medien. Wir werden uns in diesem Kapitel zunächst einige Medientheorien ansehen, um zu einem umfassenden, dialektischen Medienbegriff zu gelangen, der die gesellschaftlichen Informationstechnologien inkludiert.

Mit dem Begriff „Medien" werden i.d.R. unterschiedliche Assoziationen verknüpft: physikalische Leiter, chemische Reaktionen, biologische Energieumwandlung, ein den Raum ausfüllendes Mittel, Hellseher, ein „Werkzeug der Geister" in der Parapsychologie, Film, Funk, Fernsehen, Presse, Medienmacher, Medienwissenschaft, elektronische Medien, Theater, Sprache, Literatur, Kunst, Wasser, Feuer, Erde, Luft, Schallplatten, Kino, Massenmedien, Patienten in Hypnose usw.

In Folge der Bedeutungszunahme der modernen Technologien und der Informatisierung der Gesellschaft findet auch eine stärkere Auseinandersetzung mit dem Medienbegriff statt. Unterschiedliche medienphilosophische und –theoretische Ansätze stellen sich die Frage nach dem Wesen der Medien. Die sich daraus ergebenden Medienbegriffe sind jedoch zersplittert, eine einheitliche Theorie der Medien, die die Zusammenhänge und Unterschiede zwischen Medien in verschiedenen Systemtypen darstellt, wurde bisher nicht ausgearbeitet.

Die existierenden Medientheorien changieren zwischen einem mechanizistischen Objektivismus, einem indeterministischen Subjektivismus und einem dualistischen Relativismus. Alle drei Ansätze werden der Bedeutung der Medien in Natur und Gesellschaft nicht gerecht, daher bedarf es einer dialektischen Medientheorie. Objektivistische Theorien (5.1.) konzipieren Medien als Dinge, die Information übertragen. Subjektivistische Theorien (5.2.) betonen, dass Medien mit einzelnen Systemen in Verbindung stehen, die Mitteilungen zufällig zerstreuen. Dualistische Theorien (5.3.) sprechen von einem unüberwindbaren Unterschied zwischen objektiven, systemorientierten und subjektiven, am menschlichen Subjekt orientierten Medien. Dialektische Theorien (5.4.) begreifen Medien im Rahmen einer Subjekt-Objekt-Dialektik und einer Dialektik von Zufall und Notwendigkeit.

5.1. Objektivismus

Objektivistische Medientheorien begreifen Medien als mechanischen Kanal der Informationsübertragung.

Medium als Kanal und Ding
Objektivistische Theorien gehen davon aus, dass ein Medium ein Kanal ist, der Information speichert, überträgt und verarbeitet. Information wird als ein Ding konzipiert, das über einen Kanal (das Medium, das selbst als Ding konzipiert wird) von einem Sender an einen Empfänger transportiert wird. Prototyp dieser Theorien ist das nachrichtentechnische Modell von Claude Shannon und Warren Weaver (Shannon/Weaver 1949), welches das Medium als Übertragungskanal auffasst, mit Hilfe dessen eine von einem Sender kodierte Nachricht an einen Empfänger transportiert wird, der das Signal empfängt und dekodiert. Es wird dabei angenommen, dass der Empfänger mit relativer Wahrscheinlichkeit jene Information empfängt, die der Sender ihm übermitteln will. Der Informationsgehalt der Nachricht (die Entropie) bezieht sich auf die Wahrscheinlichkeit, dass Sender und Empfänger nach dem Übertragungsvorgang über dieselbe Information verfügen.

Probleme dieser Konzeption
In diesem Modell wird die Bedeutung der Nachrichten vernachlässigt, Information wird rein syntaktisch aufgefasst und es bleibt unberücksichtigt, dass semantische und pragmatische Aspekte der Information gerade in gesellschaftlichen Zusammenhängen wesentlich sind. Medien werden als statische Dinge konzipiert, die ein Informationsding transportieren und mit großer Wahrscheinlichkeit an einen Zielort bringen. Außer Acht bleibt, dass Medien Verhältnisse zwischen Systemen herstellen, die abhängig sind von der Beschaffenheit und dem Verhalten dieser Systeme und dass die Vermittlung mit gewissen Unsicherheiten und dynamischem Wandel behaftet ist. Medien verändern sich durch die Einbettung in eine dynamische Umgebung wie die moderne Informationsgesellschaft und durch die Transformation jener Systeme, zwischen denen Vermittlung hergestellt wird. Die Kanalmetapher ist daher ungeeignet, um dynamische Veränderungen von Systemen und ihrer Vermittlungsmechanismen adäquat zu beschreiben. Werden Information und Medien als Dinge aufgefasst, so wird die Theoriebildung der Prozess- und Verhältnismäßigkeit der Welt nicht gerecht. Objektvistische Medientheorien können ihre technikwissenschaftliche Herkunft nicht verleugnen, die Übertragung des nachrichtentechnischen Modells in die Gesellschaftstheorie führt häufig zur Verdinglichung und Fetischisierung, soziale Zusammenhänge werden technizistisch und mechanistisch beschrieben.

Ein verdinglichender Informations- und Medienbegriff findet sich bspw. bei Friedrich Kittler, der Medien als Techniken auffasst, die ein Informationsding transformieren. Er verwendet den Begriff des Aufschreibesystems und versteht darunter ein „Netzwerk von Techniken und Institutionen..., die einer gegebenen Kultur die Adressierung, Speicherung und Verarbeitung relevanter Daten erlauben" (Kittler 1995, S. 519). Medien sind hier Systeme zum speichern, übertragen und verarbeiten, die in gesellschaftliche Institutionen eingebettet sind.

„Als Medien werden von vielen Medientheoretikern diejenigen technischen Instrumente und Apparaturen bezeichnet, mit denen Aussagen öffentlich, indirekt und einseitig einem dispersen Publikum vermittelt werden" (Knilli 1979, S. 233). Zu einem Medium gehöre ein Erzeugungs-, ein Übertragungs- und ein Empfangssystem (z.B. Gehirn; feste, flüssige und gasförmige Körper und Ohr bei der lautsprachlichen Kommunikation), bei Medien wie Fernsehen und Radio würden Umwandlungs-, Verstärkungs-, Speicherungs- und Rückwandlungssysteme dazukommen.

„Unter Medien werden in unserem Zusammenhang materiell-mechanische oder energetische (elektrische, elektromagnetische, elektronische, opto-elektronische) Träger und Übermittler von Daten bzw.

Informationseinheiten und mechanische sowie elektronische Mittel der Datenverarbeitung verstanden, dies im Sinne der drei medienlogischen Grundphänomene der Speicherung, Übertragung und Bearbeitung" (Hiebel et al. 1999, S. 11). Genauer ausdifferenziert werden aus den drei Hauptfunktionen der Medien sechs Medienaspekte: Aufnahme, Speicherung, Übertragung, Vervielfältig/Reproduktion, Wiedergabe, Bearbeitung.

„Medien sind Vermittlungsinstanzen. Zur Vermittlung benötigen sie nicht nur eine Öffentlichkeit, eine Präsentationsstätte für das Mitzuteilende und eine Transportkapazität, sondern auch einen Inhalt. Was Medien transportieren, sind Bedeutungen, die auf einen Gegenstand oder einen Sachverhalt verweisen. ... Entscheidend aber ist, dass in jedem Medium durch ´Einprägungen´ Bedeutungen transportiert werden, die auf einen Gegenstand oder Sachverhalt verweisen...Das medial Vermittelte hat eine Bedeutung, die ursprünglich auf Außermediales verweist...Das medial Vermittelte zeichnet sich durch eine besondere Bewertung aus...Das medial Vermittelte zeichnet sich durch eine vorausgehende Gestaltung aus, wobei diese Gestaltung bereits durch die Bedingungen des Mediums gefordert ist...Das medial Vermittelte zeichnet sich durch eine unauslöschliche Ferne aus...Das medial Vermittelte ist nicht das Zufällige...Das medial Vermittelte sind Informationen als Einprägungen in einem dreifachen Sinne: Einprägungen in den medialen Träger; ... Einprägungen in Verstand, Unbewusstes und Sinnlichkeit des Rezipienten; ...Einprägungen sozusagen in den Informationsproduzenten selbst, denn er, sei er Journalist, Künstler oder Wissenschaftler, stößt immer schon auf bestehende mediale Bedingungen, die er selbst nicht geschaffen hat" (Wiegerling 1998, S. 17-21). Medien sind hier also Transportmittel, Vermittlung gilt als kein zufälliger, sondern ein relativ sicherer Vorgang, durch den Einprägungen stattfinden. Das Medium gilt als Ding, in das Information eingeprägt ist, Bewusstsein und Handeln von Sender und Empfänger werden dabei durch Informationsdinge geprägt.

Massenmedien sind für Straßner „Informationsträger mit einer die raumzeitliche und soziale Distanzen überwindenden Verbreitungs- und Vervielfältigungskapazität" (Straßner 1980, S. 328). Medien gelten dabei einerseits als Mittel der Informationsspeicherung (Zeitung, Zeitschrift, Buch, Plakat, Schallplatte, Tonband, Film, Kassette, Bildplatte etc.) und andererseits als Apparaturen der öffentlichen Verbreitung von Information (Presse, Hörfunk, Fernsehen, Kino, Satelliten). Dieser Medienbegriff bewegt sich vollständig im Bereich der technizistischen Kanalmetapher.

Marshall McLuhan (1992) sieht Medien als Übertragungs- und Übersetzungstechniken, sie übertragen eine Art von Wissen in einen anderen Modus. „Alle Medien sind mit ihrem Vermögen, Erfahrung in neue Formen zu übertragen, wirksame Metaphern. Das gesprochene Wort war die erste Technik, die es dem Menschen möglich machte, seine Umwelt loszulassen und sie in neuer Weise zu ‚begreifen'...Mit den neuen Medien...wird es auch möglich, alles zu speichern und zu übertragen" (McLuhan 1992, S. 74ff). McLuhan spricht von Medien als Metaphern, da sie wie diese Erfahrungen eine neue Form geben würden. Wahrnehmung werde durch Medien vermittelt und verändert.
Das Medium ist für McLuhan die Botschaft („The medium is the message"), d.h. die Anwendung von Medien bringt gesellschaftliche Veränderungen und Veränderungen der Raum- und Zeitdimensionen mit sich. Die Botschaft eines Mediums sei daher nicht der transportierte Inhalt, sondern das, was es mit den Menschen macht. „Denn die ‚Botschaft' jedes Mediums oder jeder Technik ist die Veränderung des Maßstabs, Tempos oder Schemas, die es der Situation des Menschen bringt" (McLuhan 1992, S. 18). Medien würden Ausmaß und Form des menschlichen Zusammenlebens gestalten und steuern. Die Raum- und Zeitdimension zeigt sich etwa daran, dass die Medien Eisenbahn und Flugzeug die zeitliche Bewegung des Menschen im Raum beschleunigt haben. Der Inhalt eines Mediums sei ein anderes Medium: Der Inhalt des Mediums Schrift sei das Medium Sprache, der Inhalt des Mediums Buchdruck das Medium Wort, der Buchdruck wiederum Inhalt des Medium Telegraphen.
McLuhan erklärt Medien in bezug auf den menschlichen Körper. Sei der menschliche Körper mit bestimmten Funktionen überlastet, so würde er einzelne Körperteile in Form von Technologien „amputieren" und „absondern" (McLuhan 1992, S. 58). Das Rad sei beispielsweise eine Absonderung des Fußes. Jede neue Technik sei eine Ausweitung des menschlichen Körpers. Diese Thesen der Organprojektion, Organersetzung, Organentlastung und Organverstärkung wurden vor McLuhan bereits von Ernst Kapp, Sigmund Freud und Arnold Gehlen vertreten. McLuhan benutzt die noch härtere Formulierung einer Organamputation: „Jede Erfindung oder neue Technik ist eine Ausweitung oder Selbstamputation unseres natürlichen Körpers, und eine solche Ausweitung verlangt auch ein neues Verhältnis oder neues Gleichgewicht der anderen Organe und Ausweitungen der Körper untereinander" (McLuhan 1992, S. 61). Für die Informatik ist diese These von Bedeutung, da argumentiert werden kann, dass der Computer eine

Organprojektion des menschlichen Gehirns darstellt. Dies ist unter Umständen erklärbar, dass der Computer oder Künstliche Intelligenz jedoch an die Stelle des menschlichen Gehirns treten oder es ersetzen könnte, ist mehr Science Fiction als reale Möglichkeit. In diversen Theorien der Künstlichen Intelligenz wird jedoch tatsächlich davon ausgegangen, dass der Roboter den Menschen ersetzen könnte. Selbst wenn dies technisch möglich und realistisch wäre, ist der künstliche Mensch keine wünschenswerte Vorstellung, sondern eine, die die Gefahr eines neuen Totalitarismus in sich birgt (siehe dazu detaillierter Fuchs 2001).

Für Dennis McQuail sind Medien einerseits technische Übertragungskanäle, andererseits geht er über den nachrichtentechnischen Medienbegriff hinaus, da er sich für die institutionelle Verankerung der Medien interessiert und daher Medien auch als Institutionen versteht, die ihre eigenen Regeln und Normen entwickeln und in einem wechselseitigen Verhältnis zu anderen Institutionen der Gesellschaft stehen. Der institutionalistische Medienbegriff sieht die technischen Übertragungskanäle also eingebettet in soziale Institutionen. Medien seien „concerned with producing and distributing ‚knowledge' in the form of information, ideas culture...It provides channels for relating certain people to other people: senders to receivers, audience members to other audience members, everyone to their society and its constituient institutions. The media...comprise an open institution in which all can participate as receivers and, under certain conditions, also as senders...Participation in the institution...as audience member is essentially voluntary...The institution is linked with industry and the market through its dependence on paid work, technology and the need for finance...the institution is invariably linked with state power" (McQuail 1987, S. 38).

Ähnlich begreifen Hiebert, Ungkrait, Bohn (1988) Massenmedien als soziale Institutionen: „Books or movies are not the mass media, neither are computer terminals or tape decks. The mass media are the institutions and organizations that use mechanical devices to produce content for use by audiences" (Hiebert/Ungkrait/Bohn 1988, S. 12). Massenmedien seien die institutionellen Kanäle der Massenkommunikation. Sie würden zwar technische Geräte benötigen, seien selbst aber soziale Institutionen, die bestimmte Aufgaben erfüllen, die die Gesellschaft von ihnen verlangt.

Einen institutionalistischen Medienbegriff vertritt auch Werner Faulstich in seiner grundlegenden Einführung ins Medienwesen: "Ein Medium ist ein institutionalisiertes System um einen organisierten Kommunikationskanal von spezifischem Leistungsvermögen mit gesellschaftlicher Dominanz" (Faulstich 2000, S. 27).

Auch Siegfried J. Schmidt interessiert sich für die Institutionalisierung der Medien in der Gesellschaft und begreift Medien als ein Gesamtsystem, das eine Reihe von Faktoren bündelt: Kommunikationsinstrumente (z.B. natürliche Sprache, es geht hier um Techniken zur Herstellung von Sinn, Zeichen und Bedeutungen), soziale Organisationen und Institutionen zur Herstellung und Verbreitung von Medienangeboten (z.B. Verlage, Rundfunkanstalten samt ihren ökonomischen, juristischen, sozialen und politischen Handlungsvoraussetzungen) und Medienangebote (z.B. Zeitungsartikel, Rundfunk- und Fernsehsendungen) (Schmidt 1998, S. 45). „By 'media' I understand the systemic configuration of communication-instruments (e.g. natural languages), all respective technologies needed to distribute media products (e.g. cameras, PCs), the social-systemic organisation of the production and distribution of media products (e.g. TV-firms) including its social, economic, juridical and political aspects), and finally the media products or offers which result from this system (e.g. books or e-mails)" (Schmidt 1999).

Auch die neuen Medien werden zum Teil vollständig innerhalb des nachrichtentechnischen Modells konzipiert. So definiert etwa Dietrich Ratzka neue Medien als alle die „Verfahren und Mittel (Medien), die mit Hilfe neuer oder erneuerter Technologien neuartige, also in dieser Art bisher nicht gebräuchliche Formen von Informationserfassung und Informationsbearbeitung, Informationsspeicherung, Informationsübermittlung und Informationsabruf ermöglichen...Der Begriff Information ist in dieser Definition im umfassendsten Sinne als Signal beliebigen Inhalts zu verstehen und umfasst damit sowohl Texte, Töne wie auch Bilder" (Ratzka 1984, S. 16)

„The technical medium is the material substratum of symbolic forms – that is, the material elements with which, and by means of which, information or symbolic content is fixed and transmitted from producer to receiver. All processes of symbolic exchange involve a technical medium of some kind...Hence technical media may be regarded as different kinds of ´information storage mechanisms´ which are able, to differing degrees, to preserve information or symbolic content and make it avalaible for subsequent use" (Thompson 1995, S. 18f). Auch dieser Medienbegriff geht über die verdinglichende Kanalmetapher nicht hinaus.

Von einem symbolischen Charakter der Medien geht Richard Münch (1991) aus. Wie Luhmann spricht er von generalisierten Kommunikationsmedien, die Prozesse steuern und Handeln koordinieren. Diese Medien verbreiten nun aber nicht wie bei Luhmann Mitteilungen und reduzieren damit die Unwahrscheinlichkeit der Kommunikation, sondern sie verweisen auf konkrete Gegenstände, die von einem Sender zu einem Empfänger übertragen werden. Obwohl als Kommunikationsmedien Geld, Macht, Sprache und Reputation angenommen werden, ist die Analogie zum nachrichtentechnischen Modell offensichtlich, da vom Transport dieser Medien von Sendern an Empfänger ausgegangen wird. Dabei wird allerdings das Medium selbst transportiert und zusätzlich findet eine Erzeugung von Phänomenen wie Sinn (durch Sprache), Unterstützung (durch Reputation), Entscheidungen (durch Macht) und Besitzrechte (durch Geld) statt. Kommunikationsmedien seien generalisiert und vermittelnd, indem sie diese Phänomene ermöglichen. Jedes Medium gehorche einer spezifischen Ordnung, nach der es erworben, gebraucht und veräußert werden könne (Sprache: Grammatik, Reputation: Prestigeordnung, Macht: politische Ordnung, Geld: Eigentums-/Währungsordnung). „Jedes Medium zirkuliert zwischen verschiedenen Aktoren; Worte wandern vom Sender zum Empfänger und übertragen Sinn. Reputation wandert durch Zertifikate vom Sender zum Empfänger. Der Schirmherr überträgt seine Reputation auf die Organisatoren einer Veranstaltung. Dadurch wird Unterstützung mobilisiert. Politische Macht wandert z.B. von der Regierung zur Administration und überträgt die Ausführung kollektiver Entscheidungen. Geld wandert vom Käufer zum Verkäufer und dient der Übertragung von Besitzrechten" (Münch 1991, S. 343).

"Medium: ein vermittelndes Element, das in der Chemie als Lösungsmittel dient, in der Kommunikation zur Übertragung von Information und im Spiritismus als Verbindung zu übernatürlichen Erscheinungen. lat. *medium* = Mitte; *medius* = in der Mitte befindlich" (Digitales Handbuch der Bibliothekswissenschaft, http://www.ib.hu-berlin.de/~wumsta/wistru/definitions/dl7.html)

"A medium is a third-party or element through which a message is communicated. This seems to apply to information technology as well as to seances. In information technology, a medium can be:
* A physical transmission medium such as optical fiber
* A presentation medium (and thus the terms multimedia and advertising media)" (whatis.com)

5.2. Subjektivismus

Subjektivistische Medientheorien begreifen Medien als zufallsbehaftete Zerstreuer von Mitteilungen.

Information als Systemeigenschaft
In Reaktion auf den Mechanizismus der objektivistischen Medientheorien sind subjektivistische Medientheorien entstanden, die davon ausgehen, dass Information nicht ein Ding ist, das übertragen wird, sondern eine Systemeigenschaft, die in codierter Form über Medien verbreitet wird und mit vielen Unsicherheiten behaftet ist. Information sei nicht übertragbar, sondern existiere innerhalb eines (z.B. kognitiven) Systems. Es sei unbestimmt, welche Information zur Verbreitung ausgewählt wird, welcher Teil davon wie als Mitteilung codiert wird, was davon tatsächlich verbreitet wird, ob diese Verbreitung potentielle Empfänger tatsächlich erreicht, ob und welche Information im Fall der Vermittlung beim Empfänger entsteht und ob eine beim Empfänger entstandene Information den Intentionen des Senders entspricht. Medien werden hier als Verbreiter von Mitteilungen aufgefasst, wobei Informationen in bestimmten Systemen entstehen und nicht von einem System zum anderen übertragen werden. Information wird also nicht weitergegeben, sondern durch die Codierung von Information und die Verbreitung einer dadurch entstandenen Mitteilung kann neue Information durch einen Rezipienten codiert werden. Der kommunikative Prozess und die Vermittlung zwischen den Systemen gilt jedoch als eine unsichere und unwahrscheinliche Angelegenheit. Anders als in objektivistischen Medientheorien sind Kommunikation und Mediatisierung für subjektivistische und konstruktivistische Medientheorien keine

mechanischen oder sicheren, sondern unwahrscheinliche Angelegenheiten. An Stelle des Mechanizismus wird ein Indeterminismus gesetzt, der davon ausgeht, dass Vermittlung vollständig abhängig von den Realitätskonstruktionen der beteiligten Systeme ist und daher mit großen Unsicherheiten behaftet ist. Während der Objektivismus von einem Optimismus der Vermittlung ausgeht und sich die Frage stellt, wie eine Störung der Vermittlung verhindert werden kann, geht der Konstruktivismus von einem Pessimismus der Vermittlung aus und stellt sich die Frage, was getan werden muss, um die wesensmäßig angenommene große Unwahrscheinlichkeit und Komplexität der Vermittlung zu reduzieren. Subjektivistische und konstruktivistische Medientheorien verkennen, dass Information als ein dynamisches Verhältnis zwischen Systemen existiert und konzipieren Information als eine Eigenschaft, die relativ autonom und unabhängig von der Systemumwelt von einem System konstruiert wird. Da Vermittlung als relativ unwahrscheinlich gilt, wird übersehen, dass Systeme nur über Vermittlung existieren können; jedes System ist niemals ein reines Ding-an-sich, sondern kann nur über die Vermittlung mit anderen Systemen existieren. Der konstruktivistische Atomismus und Reduktionismus kann die Prozesshaftigkeit und Vermitteltheit der Welt nicht adäquat erklären. Gerade in der Informationsgesellschaft werden alle Entitäten vernetzt und voneinander abhängig und es zeigt sich keine autonome Informationskonstruktion, sondern die Verhältismäßigkeit und Vermitteltheit der Welt und des Informationsgeschehens.

Niklas Luhmanns konstruktivistische Medientheorie
Paradebeispiel für einen konstruktivistischen Medienbegriff ist die Systemtheorie des deutschen Soziologen Niklas Luhmann (zur Kritik vgl. Fuchs 2002a). Für Luhmann sind soziale Systeme und Gesellschaft selbstreferentielle, autopoietische Kommunikationsnetzwerke, d.h. ein derartiges System reproduziert sich selbst, indem eine Kommunikation weitere Kommunikationen produziert. Luhmann nimmt den Menschen aus dem sozialen System heraus, da dieser seiner Ansicht nach nicht als reproduktiver Teil konzipiert werden kann. Eben dies ist aber schon möglich, wenn der Mensch als kreatives, soziales Wesen aufgefasst wird, das über gesellschaftliche Strukturen permanent seine Sozialität und damit den gesellschaftlichen Zusammenhalt ereugt (Fuchs 2002a, 2002b). Die Übertragungsmetapher, so Luhmann, sei unbrauchbar, da sie suggeriere, der Absender übergebe etwas, dass der Empfänger erhält. Der Absender verliere aber nichts. „Die Übertragungsmetapher legt das Wesentliche der Kommunikation in den Akt der Übertragung, in die Mitteilung" (Luhmann 1984, S. 193). Es werde der Eindruck erweckt, dass für Absender und Empfänger die Information dieselbe sei. Information beinhalte einen Unterschied vom bereits Bekanntem. Und dieser Unterschied löse kognitive Strukturveränderung aus, d.h. mental werde ein Unterschied zur alten Struktur hergestellt. "Information ist eine Differenz, die den Zustand eines Systems ändert, also eine andere Differenz erzeugt" (Luhmann 1998, S. 190). Information werde also nicht übertragen, sondern existiere als Eigenschaft kognitiver Systeme.
Kommunikation sieht Luhmann als eine 3fache Selektion: Eine Selektion von Information (Was soll mitgeteilt werden?) und Mitteilung (Was wird mitgeteilt?) sowie eine Annahmeselektion (Was kommt beim Empfänger an? Wird alles verstanden? Kommunikation sei ein emergentes Geschehen, eine Synthese dieser drei Selektionen. Der kommunikative Erfolg müsse als zunächst äußerst unwahrscheinlich angenom-

men werden (Luhmann 1981; 1984, S. 217ff). Es gebe Unwahrscheinlichkeiten des Verstehens der Mitteilung, des Erreichens von Adressaten und des Erfolgs. "Verstehen ... schließt ... immer auch Missverstehen ein...Es ist unwahrscheinlich, dass eine Kommunikation mehr Personen erreicht, als in einer konkreten Situation anwesend sind...Selbst wenn eine Kommunikation von dem, den sie erreicht, verstanden wird, ist damit noch nicht gesichert, dass sie auch angenommen und befolgt wird" (Luhmann 1984, S. 218). Es wird also im Gegensatz zu den objektivistischen Theorien von der Unwahrscheinlichkeit der Kommunikation ausgegangen.

Medien und symbolisch generalisierte Kommunikationsmedien bei Luhmann
Darauf bezogen definiert Luhmann Medien: "Diejenigen evolutionären Errungenschaften, die an jenen Bruchstellen der Kommunikation ansetzen und funktionsgenau dazu dienen, Unwahrscheinliches in Wahrscheinliches zu transformieren, wollen wir *Medien* nennen" (Luhmann 1984, S. 220). Sprache sei ein Medium, das sich durch Zeichengebrauch auszeichne und das Verstehen von Kommunikation weit über das Wahrnehmbare hinaus steigere. *Verbreitungsmedien* wie Schrift, Druck und Funk würden sprachliche Einheiten kombinieren und die Reichweite des Kommunikationsprozesses ausdehnen. „Verbreitungsmedien bestimmen und erweitern den Empfängerkreis einer Kommunikation". Diese Medien würden Redundanz erzeugen, da die Verbreitung von Wissen keine neuen Inhalte generiere. *Symbolisch generalisierte Kommunikationsmedien* seien schließlich Medien, die Generalisierungen verwenden, um die Selektionen der Kommunikation derart zu gestalten, dass Selektionsvorschläge und Motivationen befolgt werden. Beispiele dafür seien Wahrheit, Liebe, Eigentum/Geld, Macht/Recht. Der Begriff des generalisierten Austauschmediums stammt vom funktionalistischen Systemtheoretiker Talcott Parsons, der darunter ein symbolisches Medium oder eine spezialisierte Sprache eines gesellschaftlichen Teilsystems versteht (Ökonomie: Geld, Politik: Macht, soziale Integration: Einfluss, Kultur: Wertbindung). Luhmann sieht diese Medien also als positive Sanktionsmittel, die Kommunikationen und soziale Funktionsfähigkeit ermöglichen. Ausgeblendet bleibt, dass sich durch Disziplinierungen, die sich in Form materieller, finanzieller, politischer und ideologischer Zwänge in der modernen, kapitalistischen Gesellschaft äußern, gesellschaftliche Probleme ergeben. Luhmann ist nicht an einer Bewertung dieser Wirkungen interessiert. Seine allgemeine Systemtheorie begreift etwa Geld und Tausch als generalisierte Medien. Tatsächlich existieren diese Phänomene jedoch nur in bestimmten Gesellschaftsformationen und sind historische Gegebenheiten. Es gab sowohl Tauschgesellschaften ohne Geld als auch Gesellschaften ohne Tausch. Nicht Geld ist ein allgemeines Kommunikationsmedium aller Gesellschaften, sondern Eigentum. Luhmann nimmt die moderne Gesellschaft als Theoriemaßstab und macht sie zum Wesen der Gesellschaft. Dies zeugt von einem mangelnden Abstraktionsniveau, einer unhistorischen Betrachtungsweise und einer ideologischen Voreingenommenheit, die den Kapitalismus als Istzustand funktionalistisch als gesellschaftlichen Sollzustand festschreibt. Die soziologische Systemtheorie ist dadurch nicht, wie von ihr angestrebt, wertfrei. Kommunikationsmedien würden sich immer durch eine Unterscheidung von Medium und Form konstituieren (Luhmann 1998, S. 195). Die Form würde sich in das Medium einprägen. Form bedeute die Markierung einer Unterscheidung, ein Medium bestehe in lose gekoppelten Elementen, eine Form füge dieselben Elemente zu strikter Kopplung zusammen. Sprache sei ein Medium, das durch lose

gekoppelte Worte zustande komme, die zu Sätzen verbunden werden und dadurch eine Form erhalten.

Elektronische Medien bei Luhmann
Durch elektronische Medien (Luhmann 1998, S. 302ff) würden bestehende räumliche und zeitliche Beschränkungen der Kommunikation gegen Null tendieren, es sei ein Auseinanderziehen von Mitteilungen und Empfang möglich. Die gesamte Welt werde kommunikabel, dies sei ein Indiz dafür, dass die Gesellschaft eine Weltgesellschaft ist. Jemand, der Daten über ein Computernetzwerk verschicke, wisse nicht, wie sie von anderen verarbeitet werden, und es ergebe sich eine Diskrepanz zwischen möglicher und aktuell stattfindender Kommunikation. Die Einheit von Mitteilung und Verstehen verschwinde, es entstünden neue Unsicherheiten der Kommunikation. Sicherlich sind computervermittelte Wissensproduktion und Kommunikation mit gewissen Unsicherheiten behaftet, wie sich etwa am Beispiel von Computerviren, Netzspionage und Profiling zeigt. In der Regel funktioniert Kommunikation über technische Netze zwar in veränderter Form, aber sie funktioniert, obwohl sich leichter Verletzungen der Normativität, Kontextualität und Nachvollziehbarkeit ergeben. Auch die Unsicherheit darüber, was mit Wissen im Internet passiert, ist in der Regel nicht weiter beunruhigend, denn durch die globale Informationsverbreitung ergeben sich neue Möglichkeiten des Zugriffs auf Wissen, die durch die über Markt und Bibliotheken verbreiteten Medien Buch und Zeitschrift nicht gegeben sind. Das Internet ist ein globaler Wissensspeicher, der Informationsvermittlung massiv beschleunigt und tendenziell unabhängig von zeitlich verzögernden Medien (Markt, Bibliothek) macht. Es ist selbst ein beschleunigter digitaler Markt und eine beschleunigte digitale Bibliothek. Marktkriterien können dabei jedoch das Prinzip des freien Zugangs zu Wissen, das öffentliche Bibliotheken auszeichnet, auch im Internet einschränken. Luhmann sieht elektronische Medien vorwiegend als Gefährdung der Kommunikationswahrscheinlichkeit, außer Acht bleiben die grundsätzlich neuen Möglichkeiten des Informationsmanagements. Die moderne Computertechnologie greife auch organisatorische Hierarchien und die Autorität der Experten an, denn bald werde jeder die Möglichkeit haben, Aussagen von Experten am eigenen Computer zu überprüfen.

Das Funktionssystem der Massenmedien bei Luhmann
Luhmann (1996) geht davon aus, dass die Massenmedien eines der Funktionssysteme der modernen Gesellschaft darstellen. Massenmedien seien alle Einrichtungen, die sich zur Verbreitung von Kommunikation technischer Mittel der Vervielfältigung bedienen. Ihre gesellschaftliche Funktion bestehe darin, dass sie Voraussetzungen für weitere Kommunikation schaffen, die nicht eigens mitkommuniziert werden müssen. Die Funktion der Massenmedien liege „im Dirigieren der Selbstbeobachtung des Gesellschaftssystems" (Luhmann 1996, S. 173), d.h. Massenmedien bringen Themen an die Öffentlichkeit. Sie würden ein Gedächtnis schaffen, das als Grundlage gesellschaftlicher Kommunikation dient. „Die Massenmedien garantieren allen Funktionssystemen eine gesellschaftsweit akzeptierte, auch den Individuen bekannte Gegenwart, von der sie ausgehen können, wenn es um die Selektion einer systemspezifischen Vergangenheit und um die Festlegung von für das System wichtigen Zukunftserwartungen geht...Tatsächlich beruht jedoch die Stabilität (=Reproduktionsfähigkeit) der Gesellschaft in erster Linie auf der Erzeugung von Objekten, die

in der weiteren Kommunikation vorausgesetzt werden können...Dass es solche Objekte „gibt", verdankt die moderne Gesellschaft dem System der Massenmedien" (Luhmann 1996, S. 176ff). Massenmedien würden Information erzeugen und verarbeiten sowie permanent Information in Nichtinformation verwandeln. Die Zwischenschaltung eines technischen Mediums verändere die Kommunikation derart, dass die direkte Interaktion zwischen Sender und Empfänger ausgeschlossen wird. Wenn Luhmann von Massenmedien spricht, so meint er vorwiegend Presse, Film, Fernsehen. Ein Medium wie das Internet findet nicht Beachtung, obwohl sich genau daran zeigt, dass elektronische Massenmedien einerseits die raum-zeitliche Unabhängigkeit von sozialen Beziehungen und Kommunikationen ermöglichen, andererseits aber auch neue Formen der direkten Kommunikation in Echtzeit (z.B. Video-Conferencing, Chats, MUDs) vermitteln. Luhmanns Beobachtungen über die Massenmedien sind unvollständig und bleiben hinter der virtuellen Realität der Massenmedien zurück, die sich durch Interaktivität und Multimedialität auszeichnet. Auch traditionelle Medien wie Zeitungen setzen immer stärker auf interaktive Elemente und bedienen sich dazu der neuen Medien.

Die Massenmedien würden sich nicht am Code wahr/unwahr orientieren, sondern am Code Information/Nichtinformation. Luhmann glaubt nicht, dass Wahrheit das zentrale Moment der Medien sein kann. Für ihn ist es keine wesentliche Forschungsfrage, wie Massenmedien die Realität auf Grund bestimmter Interessen verzerren. Wie in der erkenntnistheoretischen Position des Konstruktivismus üblich, geht er davon aus, dass Realität subjektiv konstruiert wird und dass es daher keine objektiven Wahrheiten geben könne. Daher könnten die Massenmedien Wahrheit weder kommunizieren, d.h. über sie aufklären, noch sie verzerren, sie würden nicht eine objektive Realität abbilden oder verzerren, sondern Realitäten konstruieren. Die zentrale Forschungsfrage lautet daher: „Wie konstruieren Massenmedien Realität?". Luhmann stellt sich die Frage nach der Art und Weise der medialen Realitätskonstruktion. Auf Grund der Komplexität der modernen Welt würden wir das, was wir über die Welt wissen, über die Massenmedien erfahren. Auf Grund ihrer besonderen Stellung und Rolle würde sich ein häufiger Manipulationsverdacht gegenüber den Massenmedien ergeben. Dieser sei jedoch nicht aufrechtzuerhalten, denn die Welt, wie sie ist, und die Welt, wie sie beobachtet wird, könnten nicht unterschieden werden. Wahrheit(svermittlung oder -verzerrung) sei also kein relevanter Aspekt der Massenmedien. Die Realitätskonstruktionen der Massenmedien seien nicht konsenspflichtig (Luhmann 1996, S. 164, 167), sie würden nur eine Grundlage gesellschaftlicher Kommunikation darstellen und würden nicht Information von Wissenden auf Nichtwissende übertragen.

Probleme einer konstruktivistischen Medientheorie
Luhmanns konstruktivistische Medientheorie schließt Gesellschaftskritik aus. Da es für ihn keine objektive Realität gibt, werden Massenmedien als neutrale Faktoren erachtet, die Realität nicht im Sinn ökonomischer oder politischer Interessen manipulieren könnten. Die Realitätssicht der Massenmedien wird so neutralisiert. Sie sei wie jede andere Realitätskonstruktion zulässig. Jedes normative Element geht verloren, es kann nicht adäquat beschrieben werden, dass es ökonomische und politische Machtzentren gibt, die an der Durchsetzung ihrer Interessen arbeiten und ideologische Mechanismen wie Massenmedien benutzen, um anderen Menschen ihre Realitätssicht aufzuzwingen. In der Kritischen Theorien wurde die Manipulationsthese ver-

treten, die besagt, dass Medien die Wahrheit verzerren und Falsches als Wahres darstellen, um die Menschen ohnmächtig zu halten und die bestehende Gesellschaftsordnung ideologisch zu stabilisieren. Dies ist ein pessimistisches Bild. Theoretiker wie Hans Magnus Enzensberger gingen ebenfalls von der Manipulationsthese aus, erweiterten sie aber um eine Emanzipationsthese, die besagt, dass Medien auch alternativ eingesetzt werden können, um Menschen über die Wahrheit aufzuklären und gesellschaftliche Veränderungen einzuleiten. Luhmann wendet sich funktionalistisch gegen beide Thesen, weder Manipulation noch Aufklärung sei durch die Medien möglich, interessant sei nur die neutrale gesellschaftliche Funktion. Luhmanns Theorie geht damit an der Realität der Massenmedien vorbei, denn diese sind durch politische und ökonomische Interessen geprägt und in politische Kämpfe eingebunden. Im Gegensatz zu allen anderen Medientheorien geht die konstruktivistische Medienwissenschaft nicht von einer Verschmelzung der Bereiche Politik, Ökonomie und Medien aus, sondern von einer Trennung. Jede mediale Präsentation sei wie jede andere Realität Konstruktion mit gleicher Legitimität. Das konstruktivistische Medienmodell lässt keinen Platz für die sinnvolle Frage, wie angemessen und wahr die dargestellten Repräsentationen tatsächlich sind und welche Interessen mit ihnen verfolgt werden. So meint Luhmann dann auch, es gebe keinen Grund, warum z.B. gerade Frieden und Solidarität mehr Wahrheit besitzen sollten als Kampf, Feindschaften und Klassenunterschiede[45] (Luhmann 1996, S. 142).

Luhmanns Einschätzung der Massenmedien ist äußerst positiv, sie affirmiert das Bestehende und verklärt die freie Wahl. Die Massenmedien würden durch die von ihnen angebotenen Realitätskonstruktionen Alternativen der Meinungsbildung zur Verfügung stellen, sie würden niemanden zwingen, sondern eine „freiheitskonstituierende Funktion" (Luhmann 1996, S. 157) erfüllen. Diese optimistische Grundeinschätzung verkennt die in medialen Institutionen gegebenen Interessensdispositionen, die nicht freie Wahl ermöglichen, sondern bestimmte Interessen in die Köpfe der Menschen transportieren möchten. Marx paraphrasierend könnte gesagt werden: Die herrschenden Medien sind die Medien der Herrschenden. Dies schließt alternativen Mediengebrauch und alternative Mediengestaltung nicht aus.

Weitere konstruktivistische Medienkonzeptionen
In Anlehnung an Luhmann wendet sich Jochen Hörisch (1998) gegen ein Verständnis von Medien als Speicher oder Transportkanäle von Informationen und Mitteilungen. „Medien sind Unwahrscheinlichkeitsverstärker...Medien koordinieren Interaktionen von A und B (und darüber hinaus)...Ein Medium...transformiert Unwahrscheinlichkeit in Wahrscheinlichkeit" (Hörisch 1998, S. 29f).

„Medien tragen nichts hin und her, Medien übersetzen bestenfalls Systemspezifität in Systemspezifität; sie gewährleisten die Fremdreferenz durch den jeweils anderen Systemtyp und unterbrechen die Selbstreferenz des je eigenen Systemtyps. ... Als Medien bezeichnen wir alles, was eine strukturelle Kopplung zwischen Bewusstsein und Kommunikation leistet" (Jahraus 2001, S. 107+110). Mit struktureller Kopplung ist gemeint, dass Medien Bewusstsein kommunizierbar und Kommunikation wahrnehmbar machen. Der Medienbegriff wird hier rein auf ein menschliches System bezogen. Es ist weniger die soziale Vermittlung zwischen Menschen von Interesse, sondern die Konstruktion von Kommunikation. Sprache sei das Grundmedium, das Bewusstsein und Kommunikation strukturell kopple. Sprache sei für Bewusstsein Kommunikation und für Kommunikation Bewusstsein.

---

45. Luhmann spricht von in-group- und out-group-Unterscheidungen.

Für Manfred Faßler sind Medien vor allem „konstruierende und aktionale Gegenstandsbereiche" (Faßler 1997, S. 99). „Medien beeinflussen oder erzeugen Arten der Raum-, Gegenstands- und Zeitwahrnehmung. Sie sind dabei selbst allmählich gewonnene, gefestigte, verworfene oder differenzierte menschliche Ausdrucksformen...Medium ist eine bestimmte soziale Umgebung, in der über die geordnete Einbindung verschiedene menschliche Sinne in Zeichensystemen existieren, deren Verwendungskonventionen und kulturelle Ausdehnung individuelle und kollektive Wahrnehmung, Reflexion und Entscheidung mit geprägt werden" (ebd., S. 99+103). Auch hier gelten Medien also als Phänomene mit primärem Bezug auf kognitive Systeme, die Ausdruck, Wahrnehmung und Zeichenverwendung ermöglichen.

5.3. Dualismus

Jürgen Habermas bezeichnet seine Theorie als „Mediendualismus".

Beim teleologischen Handeln verwirklicht der Handelnde einen Zweck, er bewirkt das Eintreten eines erwünschten Zustandes, indem er erfolgversprechende Mittel wählt und sich zwischen Handlungsalternativen entscheidet. Dieser Begriff kann zum strategischen Handeln erweitert werden. Ein solches Handeln ist also ein teleologisches Handeln, bei dem in das Erfolgskalkül des Handelnden die Erwartung von Entscheidungen mindestens eines weiteren zielgerichtet handelnden Aktors eingehen. Beim normenregulierten Handeln orientieren Mitglieder einer sozialen Gruppe ihr Handeln an gemeinsamen Werten und Normen. Beim dramaturgischen Handeln bilden die Interaktionsteilnehmer füreinander ein Publikum, vor dessen Augen sie sich darstellen, es gibt eine (gegenseitige) Vorführung. Der Aktor ruft beim Publikum durch sein Handeln ein bestimmtes Bild von sich selbst hervor (Selbstinszenierung).

Habermas' Theorie basiert auf dem Begriff des kommunikativen Handelns. „Der Begriff des kommunikativen Handelns schließlich bezieht sich auf die Interaktion von mindestens zwei sprach- und handlungsfähigen Subjekten, die (sei es mit verbalen oder extraverbalen Mitteln) eine interpersonale Beziehung eingehen. Die Aktoren suchen eine Verständigung über die Handlungssituation, um ihre Handlungspläne und damit ihre Handlungen einvernehmlich zu koordinieren. [...] Mit dem Begriff des kommunikativen Handelns kommt die weitere Voraussetzung eines sprachlichen Mediums zum Zuge, in dem sich die Weltbezüge des Aktors als solche spiegeln." (Habermas 1981/1, S. 128, 141) Es geht um das Aushandeln konsensfähiger Situationsdefinitionen.

Von kommunikativem Handeln kann man dann sprechen, „wenn sich die Aktoren darauf einlassen, ihre Handlungspläne intern aufeinander abzustimmen und ihre jeweiligen Ziele nur unter der Bedingung eines sei es bestehenden oder auszuhandelnden *Einverständnisses* über Situation und erwartete Konsequenzen zu verfolgen" (Habermas 1983, S. 144).

Im teleologischen Handlunsmodell gilt Sprache als eines von mehreren Medien, das benutzt wird, um einen Gegenspieler im eigenen Interesse zu beeinflussen (indirekte Verständigung derer, die allein die Realisierung ihrer eigenen Zwecke im Auge haben). Das normative Handlungsmodell setzt einen über das Medium Sprache vermittelten, aber bereits existierenden Wertkonsens voraus, der über die Sprache reproduziert wird (konsensuelles Handeln derer, die ein schon bestehendes normatives Einverständnis bloß aktualisieren). Beim dramaturgischen Modell ist Sprache ein Medium der Selbstinszenierung (zuschauerbezogene Selbstinszenierung).

„Allein das kommunikative Handlungsmodell setzt Sprache als ein Medium unverkürzter Verständigung voraus, wobei sich Sprecher und Hörer aus dem Horizont ihrer vorinterpretierten Lebenswelt gleichzeitig auf etwas in der objektiven, sozialen und subjektiven Welt beziehen, um gemeinsame Situationsdefinitionen auszuhandeln" (1981/1, S. 142). Kommunikatives Handeln basiert auf einem Einverständnis der Kommunikationspartner. Das Einverständnis bezieht sich auf die mit einer Äußerung verbundenen Geltungsansprüche. Das Einverständnis muss frei von einseitiger Einflussnahme, Täuschung und Manipulation zustande kommen. Ist das nicht der Fall, so handle es sich nicht um kommunikatives, sondern um strategisches Handeln. Beim kommunikativen Handeln geht es den Akteuren um Verständigung, sie erheben gegenseitige Geltungsansprüche: dass die gemachten Aussagen wahr (Tatsachengerechtigkeit), richtig (Aussage steht in einem legitimen normativen Kontext) und wahrhaftig (Äußerung entspricht Intention des Sprechers) sind (Habermas 1981/1, S. 149).

Kommunikatives Handeln findet in Lebenswelten statt, darunter ist ein Kontext zu verstehen, der Verständigunsprozesse unterstützt (für alle Kommunikationsteilnehmer bekannte Situationen, Selbstverständlichkeiten, Bedeutungen, Wissensinhalte, Zeichen, Überlieferungen etc.) (Habermas 1981/2, S. 205ff). Die Lebenswelt sichert die Anschlussfähigkeit der Akteure. „Über das Medium sprachlicher Konsensbildung laufen kulturelle Überlieferung und Sozialisation ebenso wie die gesellschaftliche Integration, wobei kommunikatives Handeln stets in lebensweltliche Kontexte eingebettet ist" (1981/2, S. 398).

In der Gesellschaft kommt es tendenziell zu einer Verstärkung des Bedarfes an Handlungskoordinierung. Um dies zu befriedigen, stehen sprachliche Verständigung oder Entlastungsmechanismen zur Verfügung. Diese Entlastungsmechanismen sind für Habermas Kommunikationsmedien, sie würden Kommunikationsaufwand und Dissensrisiken verringern. Die notwendigen Interpretationsleistungen und das Risiko des Scheiterns der Verständigung werden reduziert. Kommunikationsmedien würden die Gefahren an gestiegenem Aufwand für Verständigung, Interpretation und Dissensvermeidung verringern. Habermas (1981/2, S. 271) nennt zunächst Ansehen (basierend auf Persönlichkeitsattributen: physischer Stärke, körperlicher Attraktivität, Zurechnungsfähigkeit, Intellekt, Willensstärke, Glaubwürdigkeit, Zuverlässigkeit) und Einfluss (basierend auf Ressourcen: Besitz, Wissen) als Medien. Werden diese Medien generalisiert, so entstehen *Steuerungsmedien* wie Geld und Macht (verursacht durch Bindungen, die durch Anreize oder Abschreckungen (Sanktionen) gefestigt werden, =e mpirische Bindung) oder *generalisierte Formen der Kommunikation* wie Reputation und Autorität (verursacht durch Vertrauen, = rationale Bindung). Habermas unterscheidet Kommunikationsmedien also danach, ob sie an empirisch motivierten Bindungen oder an Formen rational motivierten Vertrauens ansetzen. Die beiden Typen seien zueinander konträr, daher spricht Habermas von einem „Mediendualismus" (1981/2, S. 419).

Steuerungsmedien würden Interaktionen von lebensweltlichen Zusammenhängen abkoppeln, sie basieren auf zweckrationalem Handeln. Sprache werde als Kommunikationsmedium durch generalisierte Symbole wie Geld und Macht („entsprachlichte Kommunikationsmedien", 1983/2, S. 275) ersetzt, die entsprechenden Subsysteme (Ökonomie/Markt, Politik/Staat, Bürokratie) würden sich gegenüber der Lebenswelt verselbständigen. Habermas spricht von der *Technisierung oder Kolonisierung der Lebenswelt* durch Steuerungsmedien.

„Medien wie Macht oder Geld können die Kosten von Dissens weitgehend einsparen, weil sie die Handlungskoordinierung von sprachlicher Konsensbildung abkoppeln und gegenüber der Alternative von Einverständnis und fehlgeschlagener Verständigung neutralisieren" (1983/2, S. 393). Steuerungsmedien würden spezielle Sprachfunktionen ersetzen. Geld sei ein Code, der Information über Angebote vom Sender zum Empfänger transportiere. Geld und Macht könnten ihre Funktionen nur erfüllen, indem sie messbar, tauschbar/zirkulierbar und speicherbar/deponierbar sind. „Geld und Macht lassen sich kalkulieren und sind auf zweckrationales Handeln zugeschnitten" (1981/2, S. 407).

Generalisierte Kommunikationsformen wie Einfluss (Reputation, Prestige) oder Wertbindungen (moralischer Autorität) seien auf Kommunikationstechnologien angewiesen, die die Bildung von Öffentlichkeiten ermöglichen. „Schrift, Druckerpresse und elektronische Medien kennzeichnen die evolutionär bedeutsamen Innovationen auf diesem Gebiet, Techniken, mit deren Hilfe Sprechhandlungen aus raumzeitlichen Kontextbeschränkungen gelöst und für vervielfachte Kontexte verfügbar gemacht werden" (1983/2, S. 274). Durch Mediatisierung würden komplexere soziale Netze entstehen, im Fall der Steuerungsmedien seien diese schwer überschaubar und basierten nicht auf Verantwortung, im Fall der generalisierten Kommunikationsformen würden sie auf persönlichen Bindungen basieren. Einfluss und Wertbindung würden den Entlastungseffekt auf anderem Weg als Geld und Macht erreichen. Sie würden Interaktionen nicht von der Lebenswelt abkoppeln, „weil sie sich die Ressourcen sprachlicher Konsensbildung zunutze machen müssen. [...] Sie können nicht, wie die Medien Geld und Macht, die Sprache in ihrer Koordinationsfunktion ersetzen, sondern durch Abstraktion von lebensweltlicher Komplexität lediglich entlasten. Mit einem Satz: Medien dieser Art können die Lebenswelt nicht technisieren" (1983/2, S. 412). Eine Angewiesenheit auf die Bindungseffekte eines verständigungsorientierten Sprachgebrauchs bleibe bestehen. Diese Kommunikationsmedien würden sprachliche Verständigung nicht ersetzen, sondern bloß kondensieren.

Die Aspekte der vier verschiedenen Medien können zusammengefasst werden:

Medium \ Komponenten	Standard-Situation	generalisierter Wert	nomineller Anspruch	Rationalitäts-kritierien	Aktor-einstellung	Realer Wert	Deckungs-reserve	Form der Institutio-nalisierung
Geld	Tausch	Nutzen	Tauschwerte	Rentabilität	erfolgs-orientiert	Gebrauchs-wert	Gold	Eigentum und Vertrag
Macht	Weisung	Effektivität	bindende Entschei-dungen	Wirksamkeit (Souverän-ität)	erfolgs-orientiert	Verwirkli-chung kollektiver Ziele	Zwangsmittel	Ämter-organisa-tion
Einfluß	Belehrung	Loyalität	autoritative Erklärungen (Ankündigun-gen, Interpre-tationen, Gut-achten	Zustimmung	verständi-gungs-orientiert	Begründung von Über-zeugungen	kulturelle Überlieferun-gen und soziale Lebensformen	Prestige-ordnungen
Wertbindung	moralischer Appell	Integrität	autoritative Ermahnungen (Kritik und Ermutigung)	„Pattern Consistency"	verständi-gungs-orientiert	Rechtfer-tigung von Verpflichtun-gen	internalisierte Werte, innere Sanktionen	moralische Führung

Quelle: Habermas (1981/2, S. 409)

Zu den generalisierten Formen der Kommunikation würden auch die Massenmedien gehören. „Sie lösen Kommunikationsvorgänge aus der Provinzialität raumzeitlich beschränkter Kontexte und lassen Öffentlichkeiten entstehen, indem sie die abstrakte Gleichzeitigkeit eines virtuell präsent gehaltenen Netzes von räumlich und zeitlich weit entfernten Kommunikationsinhalten herstellen und Botschaften für vervielfältigte Kontexte verfügbar halten" (1981/2, S. 573). Massenmedien seien also in Lebenswelten eingebunden. Die Massenmedien seien ambivalent, sie hätten zugleich autoritäre und emanzipatorische Potentiale, würden den Horizont möglicher Kommunikationen zugleich hierarchisieren und entschränken. Die elektronischen Medien würden nicht notwendig Zentralisierung von sozialen Netzen fördern, sondern könnten auch Dezentralisierung und Pluralität unterstützen.

Während Luhmann die Wirkungen von Medien generell optimistisch bewertet, stellt Habermas positiv und negativ bewertete Medien einander dichotom gegenüber. Er konzentriert sich zu sehr auf die (angenommenen) Demokratisierungspotentiale der Sprache und unterschätzt die notwendige Demokratisierung der materiellen Verhältnisse.

Das strategische Handeln der rationalen Wahl hänge von einer korrekten Bewertung von Verhaltensalternativen ab, das instrumentale Handeln organisiere Mittel, um Ziele zu erreichen. Die Arbeit, das zweckrationale, strategische, instrumentale Handeln, ordnet Habermas den Systemen zu. Die Interaktion und das kommunikative Handeln hingegen der Lebenswelt. Es ergibt sich also folgendes Bild:

System	Lebenswelt
zweckrational	institutionell
Arbeit	Interaktion
strategisches, instrumentales Handeln	kommunikatives Handeln

In der Moderne (die industrielle, waren- und geldförmige, auf Lohnarbeit, Fortschritt, Wert, Kapital und sozialstaatlicher Bürokratie basierende kapitalistische Gesellschaft) komme es zu einer Ausdehnung der Sub-Systeme zweckrationalen Handelns. Öffentlichkeit bedeutet für Habermas ein Forum für herrschaftsfreie Kommunikation, sie gilt ihm als ein Ideal rationaler Kommunikation. Die „Kolonialisierung der Lebenswelt durch die Systeme zweckrationalen Handelns" führe zur Zerstörung von Öffentlichkeit und Mitbestimmung.

Habermas konzentriert sich auf die Kommunikationsmedien Sprache, Geld und Macht. Sprache hat für ihn eine äußerst positive, demokratische Wirkung, Geld und Macht würden hingegen negative Konsequenzen nach sich ziehen. Habermas' Theorie beleuchtet zwar die herrschaftsförmigen Wirkungen von Kapital und asymmetrischer Machtverteilung kritisch, lässt aber die Klassenverhältnisse und die antagonistische Entwicklung der Produktionstechnik im Kapitalismus weitgehend außer acht. Habermas' Feststellung, dass Steuerungsmedien Codes sind, „die Informationen vom Sender zum Empfänger übertragen" und die „Erzeugung und Vermittlung symbolischer Ausdrücke" erlauben ist ein Hinweis auf einen eher objektivistischen Medienbegriff. Der Informationsbegriff ist jedoch bei Habermas weitgehend ungeklärt, seine kausalen Aspekte werden nicht diskutiert. Im Gegensatz zu Luhmann ist es für Habermas keine entscheidende Frage, ob Information übertragen wird oder nicht und ob Kommunikation wahrscheinlich oder unwahrscheinlich ist. Gemeinsam ist Luhmann und Habermas, dass sie beide von einer Entlastung der Kommunikation durch Medien ausgehen. Das Verhältnis von Information und Medium bleibt bei Habermas nahezu unberücksichtigt, sein Ansatz kann als dualistisch verstanden werden, da er den Medienbegriff in dichotome Größen aufspaltet. Eine genaue Bestimmung des Medienbegriffs bleibt weitgehend aus, Habermas versteht Medien relativ einfach als Vermittler und Entlaster in Kommunikationsprozessen. Der Begriff wird relativ unbegründet eingeführt (Habermas 1981/1, S. 141) und verwendet. Habermas versuchte, die Systemtheorie zur Handlungstheorie weiterzuentwickeln. Seine Theorie basiert auf einer strikten Trennung von System/großen Strukturen und Lebenswelt/Handlungen, die moderne Soziologie bemüht sich hingegen aber immer stärker um die dialektische Vermittlung von Subjekt und Objekt, Akteuren und Systemen. Habermas' Theorie kann auch aus diesem Grund als dualistisch charakterisiert werden.

5.4. Dialektik

Eine dialektische Medientheorie, die auch von uns vertreten wird, versteht Medien als Hersteller und Mittler von Verhältnissen zwischen Entitäten.

Medien als Zeichensysteme
Werner Wolf definiert Medien allgemein als die Verwendung von Zeichensystemen: „I here propose to use a broad concept of medium: not in the restricted sense of a technical or institutional channel of communication but as a conventionally distinct means of communication or expression characterized not only by particular channels (or one channel) for the sending and receiving of messages but also by the use of one or more semiotic systems" (Wolf 1999: 40). Damit gelten nicht nur bspw. Brief, Buch und Hör-

funk als Medien, sondern auch Literatur (hat nur ein semiotisches System) und Film (mehrere semiotische Systeme) (Rajewsky 2002). Dieser semiotische Medienbegriff erkennt richtigerweise, dass das Verhältnis Objekt – Symbol vermittelnd wirkt und geht über die technische Kommunikationsmetapher und den konstruktivistischen Subjektivismus hinaus, verbleibt aber im rein humanen Bereich und verkennt, dass Zeichenproduktion nicht nur ein soziales, sondern auch ein physikalisches und biologisches Phänomen darstellt (Hofkirchner 1999, 2002; Fleissner/Hofkirchner 1996, 1997).

Medien und Informationsverhältnisse

Die Existenz eines Medium ist notwendige, aber nicht hinreichende Bedingung der Selbstorganisation komplexer Systeme. Unter einem Medium ist dabei eine Kategorie zu verstehen, die zwischen zwei Entitäten ein Verhältnis organisieren hilft. Über ein Medium wird ein Verhältnis zwischen Systemteilen und/oder System und Umwelt hergestellt, um die Selbstorganisation des Gesamtsystems zu ermöglichen. Etymologisch kommt das Wort Medien vom lateinischen medius, was soviel bedeutet wie „mittlerer", „in der Mitte befindlich". Medien haben also mit Vermittlung zu tun. Es können physikalische, biologische und gesellschaftliche Medien unterschieden werden. Wird über ein Medium ein Verhältnis in einem selbstorganisierenden System hergestellt, so entsteht Information. Information ist ein emergentes Verhältnis zwischen Einheiten einer Form organisierter Materie. Widerspiegelung bedeutet innersystemische Reproduktion und innersystemische Reaktion auf Einflüsse aus der Systemumwelt. Das Widergespiegelte verursacht strukturelle Veränderungen, determiniert diese aber nicht mechanisch. Es gibt eine bestimmte, relative Autonomie des Systems, die als Freiheitsgrad gegenüber Perturbationen aufgefasst werden kann. Auf den unterschiedlichen Organisationsstufen der Materie gibt es unterschiedlich hohe Freiheitsgrade. Dieser Grad nimmt mit der Systemkomplexität und in der organisatorischen Hierarchie von physikalisch-chemischen, biologischen zu sozialen Systemen zu. Die kausale Beziehung zwischen dem Widergespiegelten und dem Ergebnis der Widerspiegelung kann durch eine Dialektik von Zufall und Notwendigkeit beschrieben werden. Information ist ein objektives Verhältnis zwischen dem Widergespiegelten, dem Ergebnis der Widerspiegelung in der Systemstruktur und der Funktionsverwirklichung des Systems in seiner Umwelt[46]. Information ist also nicht nur ein innersystemisches Verhältnis, sondern auch ein Verhältnis zwischen einem System und seiner Umwelt. Information ist keine statische Struktur, sondern wird in materiellen Verhältnissen produziert. "Information is a physical structure and at the same time a structure which dominates the physical forces. [...] Information is not a physical substance, it is

---

46. "Während physikalische Objekte der direkten und unmittelbaren Wirkung ausgesetzt sind, die die Umgebung auf sie ausübt, verfügt ein organisiertes System über die spezifische Fähigkeit, diese Wirkungen zunächst abzubilden und auf diese Weise in systeminterne, in Form von Funktionen auftretende Wirkungen umzusetzen. Die abgebildete Wirkung tritt als Information in Erscheinung" (Fuchs-Kittowski/Kaiser/Tschirschwitz/Wenzlaff 1976, S. 50f). Ähnlich: "Die Information ist der Zusammenhang von objektivem Widerspiegelungsinhalt, Systemqualität des widerspiegelnden Systems und Funktionsrealisierung in der widergespiegelten Umwelt. Die Information kennzeichnet damit das Resultat der Widerspiegelung. Information ist eine spezielle Form des objektiven Zusammenhangs, welche stets vom Widerspiegelungszusammenhang abgeleitet, damit an die universelle Widerspiegelungsfähigkeit und an den Systemcharakter der Materie gebunden ist" (Hörz/Röseberg 1981, S. 278)

instead temporarily 'attached' to it. Information must be understood as a specific effect and as a relationship" (Fuchs-Kittowski 1997, S. 559f).

Information hat in selbstorganisierenden Systemen sowohl subjektive als auch objektive Aspekte. Ein derartiges System hat eine bestimmte Struktur, dies ist der kognitive or subjektive Aspekt der Information (strukturelle Information). Bei der Interaktion von Systemen überschneiden sich deren Wirkungsfelder und es kommt zur Herstellung eines objektiven Kommunikationsverhältnisses. Dabei ist determiniert, dass die subjektive Information des Systems A zu einer Wirkung in System B führt (und umgekehrt). Es ist aber nicht genau vorherbestimmt, wie diese Wirkung aussieht. In diesem Kommunikationsprozess entsteht neue Information in System B, aus der Sicht von A bedeutet dies die Objektivierung eines Teils seiner subjektiven Information in B, aus der Sicht von B bedeutet dies die Subjektivierung von objektiver Information aus der Systemumwelt (zu der A gehört). Bei der Systemkommunikation tritt dieser Prozess auch in umgekehrte Folge (von B zu A auf). Der kooperative Aspekt der Information besteht darin, dass es durch Synergieeffekte zwischen A und B zur Entstehung von neuer Information in der gemeinsamen Umwelt kommen kann. Dies bedeutet die Objektivierung eines Teils der subjektiven Information von A und B. Information in selbstorganisierenden Systemen umfasst subjektive und objektive Aspekte, Prozesse der Kognition, Kommunikation und Kooperation.

Information und Wahrscheinlichkeit
Information ist ein objektives, emergentes Verhältnis zwischen Systemteilen und auch ein Verhältnis zwischen dem System und seiner Umwelt, aus der es Inputs erhält und in der es operiert. Medien sind organisierende Vermittlungsinstanzen in diesen Verhältnissen. Information existiert also z.B. als Verhältnis zwischen miteinander sprachlich kommunizierenden Menschen. Die Sprache ist dabei das innersystemische Organisationsmedium der Kommunikation, die Kommunikation wird von diversen sozialen Strukturen wie gesellschaftlichen Normen und Regeln beeinflusst. Diese Strukturen fungieren als Medium zwischen dem Kommunikationssystem der Kommunikationspartner und der Umwelt, in der sie operieren. Dies zeigt auch, dass es nicht notwendigerweise nur ein einziges Medium gibt, das Selbstorganisationsprozesse organisiert, sondern dass dies durch das Wirken mehrerer Medien passiert. Information wird in dieser Konzeption weder als etwas ausschließlich wahrscheinliches, noch als etwas ausschließlich unwahrscheinliches aufgefasst. Als objektives Verhältnis existiert Information in der realen Welt, ein Medium organisiert dieses Verhältnis. Kommt kein Verhältnis zwischen Entitäten zustande, so existiert auch keine Information und die Vermittlung ist gescheitert. Information ist also nichts unwahrscheinliches, sondern ein objektives Verhältnis. Ob dieses Verhältnis zu Stande kommt und welche Reaktionen die Mediatisierung bei den miteinander vermittelten Entitäten auslöst, ist jedoch nicht vollständig determiniert. Je nach Systemart gibt es hier unterschiedliche Freiheitsgrade. Am größten sind diese im gesellschaftlichen Bereich. Auf Grund der Fähigkeiten des Selbstbewusstseins und der Reflexion bestehen gewisse Unsicherheiten, ob, wie, wie lange und mit welcher Ausprägung ein Informationsverhältnis zwischen Menschen, zwischen Gruppen, zwischen Organisationen, zwischen Teilsystemen der Gesellschaft etc. stattfindet. Der Mensch verfügt über die grundsätzliche Eigenschaft, solche Verhältnisse neu zu schaffen, aufzulösen und sie dauerhaft zu

stabilisieren. Stabilisierungen finden permanent statt, deshalb sind die gesellschaftlichen Informationsverhältnisse nicht unwahrscheinlich, sondern bis zu einem gewissen Grad wahrscheinlich. Durch aktives Handeln wandeln sich jedoch diese Verhältnisse, neue entstehen, alte vergehen, daher gibt es auch gewisse Unsicherheiten, die auf die menschlichen Eigenschaften des Selbstbewusstseins, der Reflexion und der Kreativität zurückzuführen sind. Informationsproduktion in selbstorganisierenden Systemen hat gleichermaßen mit Wahrscheinlichkeit und Unwahrscheinlichkeit, Determinismus und Indeterminismus zu tun. Gewisse Aspekte des Informationsgeschehens treten immer wieder auf, andere passieren zufällig.

Medien unterliegen einer Subjekt-Objekt-Dialektik und einer Dialektik von Zufall und Notwendigkeit: Sie stellen objektive Informationsverhältnisse zwischen selbstorganisierenden Systemen her, subjektive Wirkungen sind dabei jedoch von wichtiger Bedeutung. Im gesellschaftlichen Bereich bedeutet dies, dass Medien Verhältnisse zwischen Menschen herstellen, subjektive Interpretationen, Deutungen und Diskursformen sind in diesen Verhältnissen ausschlaggebend. Mediatisierung ist eine notwendige Bedingung für Kommunikation und findet tagtäglich relativ stabil statt, Verstehen, Reaktionsweisen, Sinn- und Bedeutungskonstitution der Kommunkationsakteure sind jedoch nicht eindeutig determiniert, sondern relativ offen.

Stuart Hall: Kodieren/Dekodieren
Der britische Cultural Studies-Theoretiker Stuart Hall hat die Dialektik von Wahrscheinlichkeit und Unsicherheit der Kommunikation adäquat erfasst. Hall (1980) argumentiert, Kommunikation sei ein Prozess, der aus den Momenten Produktion, Zirkulation, Distribution/Konsum, Reproduktion besteht. Kommunikation komme durch die Artikulation miteinander verbundener Praktiken zustande, das Kommunikationsprodukt zirkuliere und werde öffentlich distribuiert durch Diskurse. Diese Diskurse müssten in gesellschaftliche Praktiken umgewandelt werden, um Bedeutungen zu generieren und die Artikulation von Bedeutungen zu ermöglichen. In diesem Kommunikationskreislauf könne kein Moment das darauffolgende vollständig gewährleisten. Es gibt also gewisse Unsicherheiten: „Da jedes einzelne dieser Momente seine eigene Modalität und seine spezifischen Existenzbedingungen hat, kann jeder von ihnen seine eigene Bruchstelle oder Störungen des Austausches konstituieren, von dessen Kontinuität wiederum das Fließen effektiver Produktion (d.h. Reproduktion) abhängt" (Hall 1980, S. 94). Über Diskurse wie das Fernsehen würden Ereignisse bezeichnet. Die Produktion einer Nachricht sei von Diskursen gerahmt: vom angewandten Wissen aus Produktionsroutinen, von technischen Fertigkeiten, Ideologien, institutionellem Wissen, Einschätzungen, Definitionen, Annahmen etc. Technische Infrastruktur, Produktionsverhältnisse (der Nachrichtenproduktion) und Wissensrahmen beeinflussen die Kodierung von Bedeutungen in Nachrichten. Kodierte Nachrichten sind sinntragende Diskurse. Damit Nachrichten Wirkungen haben (beeinflussen, unterhalten, instruieren, überzeugen etc.), müssen sie dekodiert werden. Die Dekodierungspraktiken sind auch gerahmt und daher kontextabhängig. Die Bedeutungsstrukturen des Codieren und Decodieren bilden keine unmittelbare Identität, die verwendeten Codes müssen nicht vollständig symmetrisch sein. Der Symmetriegrad hängt von der Symmetrie zwischen den Positionen des kodierenden Produzenten und des dekodierenden Empfängers ab. Entscheidend ist die Identität/Nicht-Identität der

Kodes. „Was als ‚Verzerrungen' und ‚Missverständnisse' bezeichnet wird, erwächst aus genau dieser fehlenden Äquivalenz zwischen den beiden Seiten des kommunikativen Austausches" (Hall 1980, S. 98). Bei Kommunikation gäbe es auch Missverständnisse, wenn jemand die verwendeten Wörter, Codes etc. nicht kennt, die Nachrichten nicht so aufgefasst werden, wie von den Produzenten intendiert etc. Kommunikation sei häufig ein asymmetrischer und nicht-äquivalenter Prozess. Es gebe keine zwangsläufige Korrespondenz zwischen Kodieren und Dekodieren. Hall teilt aber nicht die konstruktivistische Ansicht, dass Kommunikation daher unwahrscheinlich ist. Einerseits gebe es dominante Codes, andererseits könne durch Artikulation zwischen den Kommunikationspartnern Verständigung erreicht werden. „Doch im großen und ganzen muss wenigstens ein gewisser Grad an Reziprozität zwischen kodierenden und dekodierenden Elementen vorhanden sein, denn sonst könnte von einem effektiven kommunikativen Austausch nicht die Rede sein" (Hall 1989, S. 106). Kommunikation ist für Hall ein Produktionsprozess des Kodierens und Dekodierens (Abb. 1).

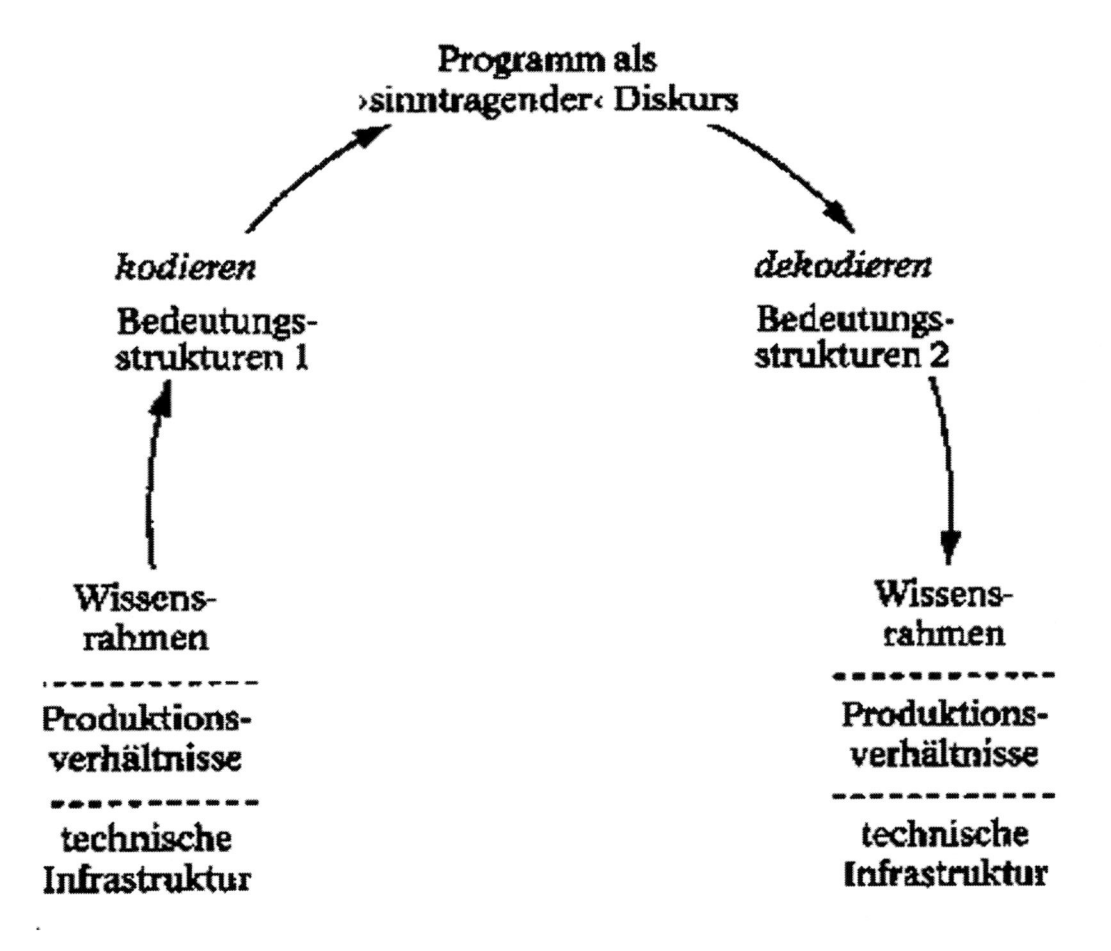

Abb. 5.1.: Kodieren/Dekodieren (Quelle: Bromley et al. 1999, S. 97)

Medien wie das Fernsehen operieren mit ikonischen Zeichen, d.h. Zeichen, die in einer Ähnlichkeitsbeziehung zum Objekt stehen. Visuelle Zeichen erscheinen daher häufig als natürlich und verbergen ihre Konstruiertheit. Sie sehen aus wie Objekte der realen Welt und erwecken daher leicht den Eindruck, dass sie selbst die Realität sind und nicht eine Abbildung davon. Zeichen, so Hall, haben denotative, beschreibende Bedeutungen (z.B. das Wort Pullover bezeichnet ein wärmendes Kleidungsstück) und konnotative, Bedeutungen, die weniger festgelegt, veränderbar sind und durch Assoziationen festgelegt werden (z.B. der Pullover als Accessoire, das einen bestimmten Lebensstil konnotiert). Jede Gesellschaft neige dazu, ihre jeweiligen Klassifizierungen der Welt durchzusetzen. Dadurch entstehe eine dominante kulturelle Ordnung, die aber nicht einhellig akzeptiert ist und umstritten ist. Es gebe dominante, bevorzugte Bedeutungen und Codes. Es sei immer möglich, ein codiertes Ereignis verschieden zu decodieren, es gebe aber auch Muster bevorzugter Lesarten, die durch institutionelle, politische und ideologische Ordnungen beeinflusst werden.

Hall unterscheidet drei Möglichkeiten im Verhältnis von Codierung und Decodierung:
1. Dominanz, Hegemonie: Der Rezipient übernimmt/decodiert die konnotierte Bedeutung im Sinne des Referenzcodes. Hier spielen dominante Codes eine wesentliche Rolle.
2. Ausgehandelte Codes: Die Dekodierung ist eine Mischung aus adaptiven und oppositionellen Elementen. Das Subjekt erkennt die hegemonialen Codes als legitim an, schafft aber auf einer anderen Ebene alternative Bedeutungen. Einige Aspekte der dominanten Bedeutungen werden übernommen, andere abgelehnt oder durch bestimmte Praktiken verändert.
3. Oppositionelle Codes: Der Rezipient versteht die wörtlichen und konntativen Bedeutungen des Codes, dekodiert die Nachrichten aber dennoch in einer zum Sendecode völlig verschiedenen Weise. Ereignissen wird eine oppositionelle Lesart zugeschrieben. Dies sei ein politisches Moment, eine Politik des Bezeichnens, ein Kampf im Diskurs.

Stuart Hall Ansatz bewegt sich zwischen Nachrichtentheorie und Konstruktivismus und geht dialektisch darüber hinaus. Kommunikation unterliegt herrschenden Asymmetrien und ist beeinflusst von dominierenden Codes, die bestimmte Decodierungen sicherstellen sollen. Interpretationen und Bedeutungsproduktion sind jedoch kontextabhängig und daher immer mit bestimmten Unwahrscheinlichkeiten und Möglichkeiten der oppositionellen Interpretationen und alternativen Bedeutungsproduktion behaftet. Entscheidend ist, dass in diesem Kommunikationsmodell Bedeutung durch Wissensrahmen codiert wird, die soziale und materielle Dimensionen haben; dass Empfänger im Decodierungsprozess auf Grund ihres eigenen Wissenskontexts Bedeutungen produzieren und dass die verwendeten Codes unterschiedlich sein können. Halls Medienbegriff basiert auf einer Dialektik von Zufall und Notwendigkeit. John Fiske betont wie Stuart Hall die Produktivität des Decodierens: „Die Massenmedien beliefern uns nicht mit fertiger Populärkultur, so wie die Post uns mit Briefen beliefert. Wenn man die Massenmedien als Lieferanten von Kulturwaren und die Rezipienten als bloße Konsumenten dieser Waren betrachtet, kann man leicht zu der falschen Schlussfolgerung gelangen, dass eine Veränderung des Warenangebots die Populärkultur verändert, was dann wiederum zu einer Veränderung (in) der Gesellschaft führen würde. Doch so einfach funktionieren Kultur und Politik nicht" (Fiske 1989, S. 269).

Ein allgemeiner Medienbegriff, der ein Medium als jene Instanz bei der intersystemischen Interaktion versteht, die Widerspiegelungsverhältnisse vermittelt, unterscheidet zwischen physikalischen, biologischen und gesellschaftlichen Medien.

5.4.1. Physikalische Medien

Im phsikalischen Bereich bedeutet Information ein emergentes Verhältnis zwischen physikalischen Teilchen einerseits und zwischen physikalischem System und seiner Umwelt andererseits, diese Verhältnisse zeigen sich bei der Selbstorganisation von Materie. Physikalische Medien sind jene Entitäten, die die Interaktion zwischen den Elementen eines physikalischen Systems und dem System und seiner Umwelt bei Selbstorganisationsprozessen vermitteln.

Physikalische Medien am Beispiel der Bénard-Zellen und des Lasers:
Dies lässt sich am Beispiel der Bénard-Zellen verdeutlichen. Eine horizontal ausgedehnte Flüssigkeitsschicht wird von unten mit der Temperatur T2 erhitzt und von oben mit der Temperatur T1 gekühlt. Der Temperaturunterschied ist also DT = T2 - T1. Bei einem gewissen Wert des Temperaturunterschieds DT entsteht in der Flüssigkeit durch Ordnung der Teilchen ein charakteristisches Wabenmuster. Man kann sich die Flüssigkeit als Ansammlung verschiedener Schichten vorstellen. Die Flüssigkeitsteilchen befinden sich in diesen Schichten, untere Schichten sind aufgrund der Art der Erwärmung und Kühlung wärmer als obere und dehnen sich aufgrund der zugeführten und permanent ansteigenden Wärme aus, ihre Dichte verringert sich dadurch. Aufgrund einer kleinen Fluktuation (Störung) kann es dazu kommen, dass ein Teilchen aus seiner "Bahn" geworfen wird, es wird abgelenkt. Auf diese Weise kann z.B. ein Teilchen von oben in untere Schichten oder eines von unteren in obere Schichten wandern. Ein fluktuierendes Teilchen wandert in andere Schichten. Es ist jedoch nicht determiniert, in welcher Schicht die Fluktuation auftritt. Fluktuationen stellen sich erst bei der Überschreitung eines bestimmten Wertes von DT (> 0, also T2 > T1) ein, das System befindet sich also nicht mehr im Gleichgewichtszustand. Die Fluktuation verstärkt sich, d.h. immer mehr Teilchen werden aus ihrer stationären Position gelöst. Die Flüssigkeitsteilchen geraten somit in Unordnung und Bewegung. Die auf der Makroebene des Systems entstehende Struktur ist gekennzeichnet durch geordnete Zellen, die sogenannten Bénard-Zellen. Die Teilchen ordnen sich in Rollenform an. Verschiedene Rollenformen sind möglich: rund, quadratisch, breit, dünn, usw. Diese sind abhängig von sogenannten "Moden", Elementarformen der Bewegung. Zu bestimmten Zeitpunkten können mehrere derartige Rollenformen gleichzeitig existieren. Jedoch nur eine kann sich schlussendlich durchsetzen. Aus ihr ergibt sich die wabenförmige Struktur. D.h., es kommt zu der Ausbildung einer dominanten Rollen- und somit Strömungsform durch einen Selektionsprozess. Bei dieser Selektion gibt es eine kritische Mode, eine Bewegungsform der Teilchen, die dominiert und somit die entstehende Struktur bestimmt. Die Moden sind miteinander gekoppelt, bei einem bestimmten Wert DTo breiten sich mehrere Rollen gemeinsam schneller aus als andere. Durch Überlagerung dieser Rollen kommt es dann zur Bildung des sechseckigen Wabenmusters als eine Form der Ordnung der Flüssigkeitsteilchen. Aus einer anfänglichen Teilchenunordnung (Chaos) ist Ordnung entstanden. Bei einem gewissen Wert von DT > DTo löst sich die Ordnung wieder zu Chaos auf.
Information existiert hier als ein emergentes Muster, das man sich als raum-zeitliches Verhältnis der Teilchen zueinander vorstellen kann. Dieses Muster ist eine Widerspiegelung von Einflüssen auf das System (Temperaturunterschied, Fluktuation), das Informationsverhältnis besteht als auch zwischen System und Umwelt. Die Medien, die diese Informationsverhältnisse ermöglichen, sind einerseits die zugeführte Hitze und Kälte, andererseits die Flüssigkeit, in der der Selbstorganisationsprozess stattfindet. Die Informationsproduktion ist durch eine Dialektik von Zufall und Notwendigkeit gekennzeichnet: Einerseits ist es bestimmt, dass sich die Bénard-Zellen bei jeder Versuchsdurchführung bilden, zufällig und variabel ist jedoch, wo die ersten Fluktuationen auftreten, welche Rotationsrichtung die Rollen haben, welche Bewegungsform sich durchsetzt und wie genau sich die Rollen überlagern.

Ein anderes häufig erwähntes Beispiel physikalischer Selbstorganisation ist das Laserlicht. Beim Laser befindet sich ein aktives Medium zwischen zwei Spiegeln. Dieses Medium ist entweder ein Gas, das durch eine durch die Stromzufuhr verursachte elektrische Gasentladung zum Strahlen angeregt wird, oder ein Kristall, der durch eine Blitzlampe gepumpt wird. Als Kristall eignet sich z.B. ein Rubin, in dem sich Chromionen befinden. Durch einen Selbstorganisationsprozess entsteht eine geordnete Lichtwelle, der Laserstrahl. Als Medien fungieren dabei also Gas und Strom bzw. Kristall und Blitzlampe.

5.4.2. Biologische Medien

In biologisch selbstorganisierenden Systemen stellen Medien Verhältnisse zwischen lebendigen Einheiten her. Sie agieren als Katalysatoren und Vermittler biologischer Selbstorganisation.

Biologische Medien bei der hyperzyklischen Entstehung des Lebens

Den physikalischen Prozess, durch den Leben entstanden ist, kann man sich als einen Hyperzyklus vorstellen. Bei der Autokatalyse handelt es sich um eine chemische Reaktionen, bei der ein entstandenes Produkt seine eigene Synthese katalysiert. Das Produkt ist also sein eigenes Medium. Bei der Cross-Katalyse katalysieren zwei durch verschiedene Reaktionen entstandene Produkte ihre Synthesen gegenseitig. Die Produkte sind also bei der Produktion wechselseitig füreinander Medium. Die Elemente eines Hyperzyklus sind durch Autokatalyse gekennzeichnet, und jedes Element wirkt als Katalysator für das nächste. Dadurch entsteht eine zirkuläre Kausalität. Es geht in der Hyperzyklustheorie um eine Kopplung selbstorganisierter Einheiten, die als "Zyklen" bezeichnet werden, ein Hyperzyklus ist demnach ein katalytischer Kreislauf von Autokatalysatoren. Der Hyperzyklus ist quasi eine Cross-Katalyse mehrerer autokatalytischer Systeme. Die Cross-Katalyse bewerkstelligt den Kopplungseffekt, das jeweilige Produkt eines autokatalytischen Prozesses katalysiert die Synthese der jeweiligen anderen Autokatalyse. Beim Hyperzyklus ist also jedes beteiligte Molekül sein eigenes Medium (Autokatalyse), jedes Molekül ist gleichzeitig Medium für die Produktion des nächsten autokatalytischen Zirkels innerhalb eines großen, geschlossenen, zirkulären Hyperzyklus.

Bei der Entstehung von Leben sind Protein- und Nukleinsäuremoleküle in einen Hyperzyklus getreten, jedes Element produziert sich selbst, ist also sein eigenes Medium (Autokatalyse) und jede Molekülart ist auch Medium der Produktion der anderen Art (Crosskatalyse). So entsteht biologische Information (Leben) als Verhältnis zwischen den Molekülen durch einen Selbstorganisationsprozess. Zellen sind selbst eine Form der biologischen Information, es besteht ein komplexes Wechselverhältnis zwischen einerseits Nukleinsäuren und Eiweißen innerhalb der Zelle, der Zelle und ihrer Wirkumgebung andererseits.

Biologische Medien im menschlichen Körper

Im menschlichen Körper gibt es eine Vielzahl von biologischen Medien und Kommunikationsprozessen. Der Körper und seine Organe sind autopoietische Systeme (Maturana/Varela 1984), d.h. sie besitzen die Fähigkeiten zur Selbstreproduktion ihrer Teile und damit ihrer Ganzheit, zur Selbstaufrechterhaltung und zur Ausbildung ihrer eigenen Grenze. Es können dabei drei Levels unterschieden werden: intrazelluläre, interzelluläre und interorganismische Prozesse. Auf allen drei finden Autopoiesis und Informationsproduktion, organisiert über biologische Medien, statt.

Intrazelluläre Kommunikation: Medien bei der DNS-Replikation

Bei der Zellteilung wird die DNS (Desoxyribonucleinsäure) repliziert, als Medium wirken *Enzyme*. Enzyme schneiden, kopieren, transportieren und setzen die DNS zusammen. Nur durch die Enzyme kann die DNS geteilt und vermehrt werden. Nach dem Watson-Crick-Modell kann man sich die DNS als schraubenförmige Zusammensetzung von zwei durch Wasserstoffbrücken zwischen den Basenpaaren Adenin/Thymin bzw. Guanin/Cytosin verbundenen Polynucleotidsträngen vorstellen. Bei der Replikation "entschraubt" das Enzym *Helicase* die Doppelhelix, *Gyrase* und *Proteine* stabilisieren die Einzelstränge, durch die *Primase* entsteht ein Stück komplementäre Nukleotid-RNA (Primer). *DNA-Polymerase* wird an den Primer gebunden und es entsteht mit Hilfe von *Nukleotidtriphosphaten (dNTP)* ein Komplementärstrang, der Führungsstrang. Die *Polymerase* kann nur in eine Richtung arbeiten, der andere Strang verläuft jedoch in die entgegengesetzte Richtung, daher ist der Syntheseprozess hier aufwendiger: Es wird ein zweites DNA Polymerase-Molekül benutzt, um an den anderen DNA-Strang zu bilden. Durch die DNA-Polymerase entstehen mehrere kleine Stücke Polynukleoitdsequenzen (sogenannte Okazaki-Fragmente), die durch das Enzym *DNA-Ligase* zu einem Komplementärstrang verbunden werden. Das Resultat sind also zwei neue, komplementäre Stränge, jeder der beiden neuen Stränge verbindet sich mit dem alten, dazu komplementären Strang. Dabei wird durch ein zusätzliches Polymerasemolekül die RNA-Primer durch DNA ersetzt und noch ein anderes DNA-Polymeraseenzym prüft, ob bei der Synthese keine Fehler aufgetreten sind. Eine zusätzliche Polymerase ersetzt die RNA-Primer durch DNA und zuletzt prüft ein drittes DNA-Polymeraseenzym, ob bei der Synthese keine Fehler gemacht wurden. Bei der Replikation ist Information anfangs ein Verhältnis zwischen DNA-Strängen, beim Prozess selbst entsteht Information als Verhältnis zwischen einem alten Strang und einem neuen komplementären Strang. Information entsteht bei der Replikation als Verhältnis zwischen einer alten und einer neuen Zelle. Medien der Replikation sind Helicase, Gyrase, Proteine, Primase, DNA-Polymerase, Nukleotidtriphosphate und DNA-Ligase. Die DNA-Replikation ist kein vollständig determinierter Prozess, es entstehen immer wieder spontane Mutationen und durch Umweltfaktoren bedingte Mutationen. Dies ist ein Element des Zufalls, während die ständige Replikation notwendig stattfindet. Replikation umfasst daher zufällige und notwendige Aspekte. Mutationen können meist über Reparaturmechanismen ausgeglichen werden, bei Krankheiten wie Krebs kann dies jedoch sehr schwierig werden, äußere menschliche, d.h. medizinische Eingriffe werden erforderlich.

Intrazelluläre Kommunikation: Medien bei der Proteinsynthese

Ein wichtiger Prozess, der in Zellen stattfindet, ist die Protein-Synthese, dadurch wird die Zellinformation praktisch realisiert und der Genotyp (Summe der Gene) wird in einen Phänotyp (morphologisches Aussehen eines Menschen, wandelt sich im Lauf des Lebens) übersetzt. Dieser Prozess besteht aus zwei Teilen, der Transkription und der Translation. Bei der Transkription wird mit Hilfe der *DNA-Polymerase* eine Messenger-RNA (mRNA) erzeugt, die eine Art Genkopie darstellt. Die *Polymerase* ist also das Medium dieses Prozesses, ihr Ergebnis, die *mRNA*, ist selbst wieder Medium der Translation. Dabei zeigt sich, wie von Marshall McLuhan (1992) festgestellt, dass der „Inhalt" eines Mediums ein anderes Medium ist. Ein Medium braucht zu seiner Produktion und Existenz sowie zur Realisierung seiner Funktion andere Medien. Die Translation findet in den Ribosomen statt, dabei „scannen" die *Ribosomen* mit Hilfe der *tRNA* die mRNA und erzeugen Proteine. Zur Proteinsynthese sind Aminosäuren in den Ribosomen notwendig, diese werden über die Nahrung aufgenommen und durch die tRNA an die Ribosomen geliefert. Bei der Proteinsynthese entsteht Information als Verhältnis zwischen DNA und Proteinen durch Translation und Transkription. Bei der Translation wird ein Verhältnis zwischen DNA und mRNA erzeugt, bei der Translation zwischen mRNA und Proteinen. Beides sind Prozesse der Informationsproduktion. Medien der Synthese sind DNA-Polymerase, mRNA, Ribosomen und tRNA. Information ist dabei nicht ein Ding, das in den Genen gespeichert ist und mechanisch an die Proteine übertragen wird, sondern die Informationsspeicherung in den Genen ist unvollständig (Fuchs-Kittowski/Rosenthal 1998): Die Syntax existiert materiell in den Genen, im Syntheseprozess findet eine Interpretation statt, bei der mehrere Informationsverhältnisse durch chemische Mediatisierung entstehen. Information hat also auch semantische Aspekte, die nicht vollständig materiell im Gen gespeichert werden können. Der syntaktische Teil der genetischen Information, der in der DNS gespeichert ist, wird durch die Proteine semantisch interpretiert und im Phänotyp umgesetzt.

Die Position des genetischen Reduktionismus geht davon aus, dass die gesamten Verhaltensweisen eines Menschen in den Genen codiert sind. Der Informationsprozess vom Genotyp zum Phänotyp wird als lineare, mechanische und eindeutig determinierte Informationsübertragung aufgefasst. Es wird dabei übersehen, dass die syntaktische Information einer Interpretation bedarf, die wesentlich durch die natürliche und soziale Umwelt des Individuums beeinflusst wird. Der genetische Reduktionismus übersieht die Sozialität des Menschen und sucht beispielsweise nach speziellen Genen für Egoismus, Eifersucht, Konkurrenz, Hass usw. Damit ist er auch politische Ideologie, die ein genetisch determiniertes Wesen des Menschen proklamiert, diesen als statisch erscheinen lässt und die Einbindung und Verhaltensformung des Menschen in sozialen Netzwerken und Gruppen ausblendet. Die bestehende Gesellschaftsordnung, die wesentlich auf Phänomenen wie Herrschaft, Ausbeutung und Konkurrenz basiert, wird damit naturalisiert und unhistorisch als im Wesen des Menschen angelegt hypostasiert.

Eine alternative Sichtweise, die eine Einheit von Zufall und Notwendigkeit in die Genetik einführt, wurde durch die Forschungen zur biologischen Selbstorganisation möglich. Im genetischen Reduktionismus wird die Umwelt nur als Trigger angesehen, der fixe genetisch codierte Verhaltensprogramme auslöst.

Die Theorie der epigenetischen Netzwerke (Strohman 1994, 2001; Ellerdsdorfer 1998) geht davon aus, dass es oberhalb der Gene ein zweites Informationsverarbeitungssystem gibt, ein Proteinnetzwerk, das Umwelteinflüsse verarbeitet und an die DNA rückkoppelt, wodurch sich die Muster der DNA-Expression verändern können. Epigenetische Netzwerke funktionieren nach Regeln, die unabhängig von der DNA sind. Es ist beispielsweise falsch, anzunehmen, bestimmte Krankheiten wie Krebs seien durch ein Gen codiert und würden in bestimmten Situationen durch Umwelteinflüsse mechanisch ausgelöst. Tatsächlich spielen viele interagierende Gene *und* Umwelteinflüsse wie Ernährung, Lebensweise, Signale aus anderen Zellen und Organen etc. gleichermaßen bedeutende Rollen (Strohman 2001). Umweltfaktoren können zur Mutation einzelner Gene führen, die nicht rückgängig gemacht werden können und durch die Interaktion mit anderen Genen in Krankheiten resultieren. Bei Lungenkrebs ist beispielsweise das Rauchen ein wesentlicher externer Faktor, der nicht einfach ein Auslöser ist, sondern ein eigenständiger Einfluss. Das Humangenomprojekt basiert konzeptionell auf einem genetischen Reduktionismus aus und geht daher davon aus, durch Genmanipulation ließe sich der menschliche Körper verbessern und vollständig reparieren. Die Theorie der epigenetischen Netzwerke nimmt hingegen an, dass nicht einzelne Gene linear zu einzigartigen Verhaltensweisen und Erscheinungen führen, dass beides nicht in der DNS codiert ist, sondern durch Wechselwirkungen zwischen Umwelt, epigenetischem Netzwerk und DNS komplex bestimmt wird. „Epigenetische Mechanismen schalten bestimmte Gene während der Ontogenese eines Organismus an oder ab und bewirken somit vorübergehende oder permanente Veränderungen ihrer Aktivitätsmuster" (Ellersdorfer 1998, S. 191). Diese Theorie geht davon aus, dass das Gen kein isoliertes, statisches Etwas ist, sondern eine in Netzwerke eingebundene, dynamische Entität, die im Zusammenwirken mit anderen Genen und unter Umwelteinflüssen verschiedene Muster hervorbringt. Die zelluläre Information ist dabei also nicht nur durch eine Syntax in einzelnen Genen gegeben, sondern auch als ein veränderungsfähiges Muster zwischen Genen. Durch epigenetische Phänomene kommt es nicht zur Änderung der syntaktischen Information in den Genen, aber zur Änderung der Chromosomenstruktur. Epigenetische Mechanismen sind dabei z.B. das Aktivieren oder Deaktivieren bestimmter Genabschnitte (Gene Imprinting, Genomic Imprinting), die Änderung der Genexpression (=Ausbildung einer genetischen Veranlagung) und des Phänotyps durch Umweltbedingungen oder Paramutationen (ebd.). Der Phänotyp ist nicht auf den Genotyp reduzierbar, sondern eine emergente Eigenschaft, die sowohl vom Genotyp als auch vom epigenetischen Proteinnetzwerk abhängig und durch verschiedene Einflüsse wandelbar ist.

Medien bei der interzellulären und interorganischen Kommunikation
Bei der interzellulären und interorganischen Kommunikation ist zwischen endokriner, parakriner und synaptischer Kommunikation zu unterscheiden. Zellen verfügen über Rezeptoren, die Signale aufnehmen können, bei der Signaltransduktion werden externe Signale in interne Signale umgewandelt, die in der Zelle weiterverarbeitet werden. Die interzelluläre Kommunikation funktioniert einerseits über direkte Zellkontakte, andererseits über Moleküle, die Signale übermitteln. Direkte Kontakte bestehen z.B. über Zelladhäsionsmoleküle wie *Cadherin*, zytoplasmatische Moleküle, die über *Gap-Junctions* übertragen werden und über die Bindung von Zellen an die *extrazelluläre Matrix* (Substrat, das Zelle umgibt). Kommunikation der Zellen über die extrazelluläre Matrix findet z.B. im Epithelgewebe statt. Gap-Junctions sind Transportkanäle (elektrische Synapsen, z.B. im Herzmuskel) zwischen benachbarten Zellen. Die molekularen Botenstoffe umfassen *Neurotransmitter*, *Wachstumsfaktoren*, *Cytokine* und *Hormone*. Medien auf diesen beiden Ebenen der innerkörperlichen Kommunikation sind also Cadherin, zytoplasmatische Moleküle, Gap-Junctions, die extrazelluläre Matrix, Neurotransmitter, Wachstumsfaktoren, Cytokine und Hormone[47].

Bei der Kommunikation zwischen Organen und Zentralnervensystem (ZNS) handelt es sich um synaptische Kommunikation. Die *peripheren Nervenbahnen* sind das Medium zwischen Organen und ZNS (ZNS = Gehirn und Rückenmark). Das vegetative Nervensystem besteht also aus einem Zentrum und einer Peripherie. Es ist u.a.

verantwortlich für Blutkreislauf, Herztätigkeit, Atmungsfrequenz, Blutdruck, Körpertemperatur, Kontrolle der Magensaftsekretion. Seine Hauptfunktion ist die Aufrechterhalung des inneren Milieus, d.h. es werden die inneren Körperwerte in bestimmten Grenzen gehalten. Besonders bei Belastungen tritt das vegetative NS in Aktion. Die Peripherie besteht aus afferenten Nervenfasern in inneren Organen, die als Medium der Informationsübermittlung von Organen an das ZNS fungieren („Eingangsleitungen", geben Signale der Organrezeptoren über z.B. Füllungszustand, Säure- und Salzgehalt, Schmerzen weiter) und den efferenten Nervenfasern („Ausgangsleitungen"), die als Medium der Informationsübermittlung des ZNS an die Organe dienen. Die Nervenbahnen sind also Kommunikationsmedien des menschlichen Körpers und sind aus Neuronen (Nervenzellen) aufgebaut. Ein Neuron besteht aus einem Zellkörper und Fortsätzen wie Neurit (Axon), Dendriten und Synapsen. Das Axon ist ein langer Fortsatz einer Nervenzelle, der zur Weiterleitung elektrischer Impulse dient. Er endet in einer Synapse, an der bei einer ausreichend großen Erregung (Aktionspotential) die Übertragung des Energiepotentials auf das nächste Neuron stattfindet. Die Synapse ist eine Kontaktstelle zwischen einem Neuron und einer Empfängerzelle. Ein Dendrit ist ein verzweigter Ausläufer des Neurons, der dem Erregungsempfang dient. Die Synapse ist eine Umschaltstelle für diskontinuierliche Erregungsübertragung von einem Neuron auf ein anderes. Synapsen können entstehen zwischen dem Ende eines Neurons und dem Dendrit oder Zellkörper des nächsten Neurons, zwischen Axon oder Dendriten zweier Nervenzellen oder zwischen Axon und einer Muskelzelle. Es gibt Medien der biochemischen Übertragung, die *Neurotransmitter*. Diese Überträgersubstanzen werden durch den Erregungsimpuls am Ende des Axons freigesetzt. Wichtige Neurotransmitter sind Azetylcholin, Aminosäuren wie Gamma Amino Butter-

---

47. Ähnlich geht Sadie Plant (2000) davon aus, dass Hormone und Neurotransmitter chemische Kommunikationsmedien des Körpers sind. Plant sieht Drogen als Kommunikationstechnologien. Der Mensch sei ein informationsverarbeitendes System. Drogen würden diese Informationsverarbeitung verändern und würden in die körperliche Kommunikation manipulativ eingreifen. Durch Drogen könnten die körperinternen Kommunikationen erweitert oder blockiert werden. Sie seien daher chemische Maschinen, die die körperliche Kommunikation verändern. Der Cyborg sei nun nicht Resultat der Informationstechnologie oder der Kybernetik, sondern resultiere aus den Überlegungen zum Einsatz von Drogen im Weltraum. Der Begriff des/der Cyborg(s) wurde von Clynes/Kline (1960) geprägt. Sie dachten, dass für die Raumfahrt Hybride aus Mensch und Maschine notwendig seien, damit diese in außerirdischen Welten überleben können. Cyborgs seien „self-regulating man-machine-systems". Dier Aufsatz von Clynes/Kline (1960) beschäftigt sich u.a. mit der Schaffung von Cyborgs, die in außerirdischen Welten mittels maschineller Prothesen überleben können. Diese Prothesen sollten, so hebt Plant hervor, die kontinuierliche Versorgung des Körpers mit speziellen Drogen garantieren. Drogen sind für Plant Waffen: Als Medizin kämpfen sie gegen Schmerz und Infektionen. Die Verteidigungsstrategien von Pflanzen würden häufig auf dem Einsatz von chemischen Substanzen als Waffen basieren. Und auch im militärischen Bereich seien Drogen schon immer als Waffen eingesetzt worden. Z.B. um die Ausdauer von Piloten zu erhöhen oder um Kriminalisierungen unerwünschter Gruppen durchzusetzen. Die Computertechnologie ermögliche es heute, Drogen synthetisch herzustellen, da die chemische Struktur am Bildschirm genau geplant werden könne. Plant geht mit ihren Überlegungen noch einen Schritt weiter und stellt damit den Kontext zum Zusammenhang von Körper und Technologie wieder her: Wenn es möglich sei, Drogen heute am Bildschirm genau zu planen, müsse es auch möglich sein, das Gehirn durch Anschluss an einen Computer zu manipulieren. Sie hält also die Schaffung eines kybernetischen Cyborgmenschen heute für möglich. Bei dem nun geführten Krieg gegen Drogen (War on Drugs) gehe es vor allem um die Herstellung eines staatlichen Monopols der Produktion von und des Handels mit Drogen. Dieser Aspekt der Monopolisierung sei ein typisches Phänomen für die anhaltende Krise des Kapitalismus.

säure (GABA), Glutamat, Glycin; und die Monamine Dopamin, Noradrenalin, Adrenalin und Serotonin. Teilweise fungieren auch Peptide (z.B. Enkephalin, beta-Endorphin, Dynorphin) als Transmitter. Neurotransmitter entstehen in den Enden der Nervenfasern aus einer Aminosäure. Die Nervenzelle nimmt Tyrosin aus dem Blut auf und verwandelt es in Dopa, dann in Dopamin und schlussendlich in Noradrenalin. Dabei wirken *Enzyme* als Katalysatoren. Nach der Produktion werden die Transmittermoleküle in den synaptischen Vesikeln (durch Membranen begrenzte Bläschen) an den Enden der Nervenfasern gespeichert. Neuronentypen unterscheiden sich dadurch, welchen Neurotransmitter sie in den synaptischen Endköpfchen herstellen.

Bei der Erregungsübertragung entsteht ein Aktionspotential in der Synapse (es kommt zu einer Änderung der Spannung im Axon), Ca^{2+}-Ionen strömen in das Axonende und an den Ort, wo sich die Vesikel befinden, die synaptischen Vesikel wandern zur präsynaptischen Membran, verschmelzen mit ihr und entleeren ihren Inhalt, den Transmitter, in den synaptischen Spalt. Der Transmitter wandert durch den Spalt zur postsynaptischen Membran, bindet sich an Rezeptoren, die mit Natrium-Ionenkanälen gekoppelt sind. Diese Kanäle öffnen sich nun, Ionen strömen in die benachbarte Nervenzelle ein, bei Überschreitung eines Schwellwerts entsteht ein Aktionspotential. Der Transmitter wird von Enzymen unbrauchbar gemacht, die dabei anfallenden Spaltprodukte werden synthetisiert und in den Vesikeln gespeichert. Bei der Entstehung eines Aktionspotentials in einem Neuron strömen Natrium-Ionen durch Natrium-Kanäle der Nervenzellenmembranen in die Zelle und Kaliumionen durch Kaliumkanäle aus der Zelle. Ein Neuron ist entweder im Ruhe- oder im Aktionszustand. Neuronen haben innen eine andere Stoffkonzentration als außen. Im Ruhezustand ist die Natriumkonzentration außen hoch, innen gering; die Kaliumkonzentration außen gering, innen hoch; die Chloridkonzentration außen hoch, innen gering und die Proteinkonzentration außen gering und innen hoch. Im Aktionszustand kehrt sich dies um.

Information wird einerseits in Neuronen syntaktisch als Erregung gespeichert, andererseits besteht Information als Verhältnis zwischen Neuronen. Durch die Produktion von Information als Weiterleitung von Erregungen fungiert die Nervenbahn als Medium der Signalübertragung vom Gehirn zu den Organen. Bei der Informationsproduktion zwischen einzelnen Neuronen agieren Neurotransmitter als Medien. Das Medium Nervenbahn benötigt für seine Existenz und Funktion also weitere Medien.

Kommunikation zwischen zwei Organen außerhalb des ZNS erfolgt langsam und über die Medien *Hormone* und *Blut*. Dies ist die endokrine Kommunikation. Hormone sind Botenstoffe im Organismus, biochemische Vermittler, die die Tätigkeit eines bestimmten Organs beeinflussen und regulieren. Sie sind chemische Botenstoffe, die die Aktivitäten von Zellen in vielzelligen Organismen koordinieren. Ein Hormon ist ein Molekül, das zu einer Zelle geht, dort in einen Rezeptor passt und der Zelle Anweisungen gibt. Endokrine Hormone werden in Drüsen (z.B. Bauchspeicheldrüse, Nebenniere, Schilddrüse) produziert, in den Blutkreislauf abgegeben und an Organe transportiert, die durch Rezeptoren die Signale interpretieren. Zu den endokrinen Hormonen gehören Insulin, Glucagon, Kortisol, Wachstumshormon, Schilddrüsenhormone (T3, T4), Östrogen, Testosteron, Leptin, Renin, Erythropoetin. Das Datenzentrum der endokrinen Hormone ist der Hypothalamus, der permanent von den Organen Millionen Signale erhält, sie interpretiert und als Reaktion Hormone (TRH, CRH, Gn-RH, GH-RH, GH-IH, MSH-RH, MSH-IH, PRL-RH, PRL-IH, ADH, Oxytocin) produziert und ins Blut abgibt. Der Hypothalamus steuert z.B. die Kontrolle des Wasserhaushaltes, die Überwachung der Körpertemperatur, die Überprüfung der Kreislauffunktionen, des Magen-Darm-Traktes und der Blasenfunktion, die Steuerung der Nahrungs- und Flüssigkeitsaufnahme sowie des Sättigungszentrums, die Entwicklung von Emotionen wie Wut und Aggression.

Bei der parakrinen Kommunikation agieren parakrine Hormone als Medium, es erfolgt kein Transport über das Blut, sie legen nur kurze Wege in der Nähe des produzierenden Organs zurück, z.B. vom Hypothalamus zur Hypophyse. Die Mediatoren diffundieren in die unmittelbare Umgebung ihrer Produktionsstätte. Parakrine Hormone sind z.B. Melatonin, Serotonin und die Releasing-Hormone. Sie legen genau definierte Wege über Nerven oder Gänge zurück.

Autokrine Hormone (z.B. Eicosanoide, Prostaglandine, Thromboxane, Leukotriene, Lipoxigenasen, hydroxilierte Fettsäuren) geben Information von einer Zelle zu benachbarten Zellen weiter und beeinflussen alle anderen Hormone.

Hormone sind Medien, die dabei behilflich sind, Information als Verhältnis zwischen Organen herzustellen. Wie diese Ausführungen zeigen, ist der menschliche Körper nicht einfach ein informationsverarbeitendes System, sondern ein informationsproduzierendes. In der Autopoiesis des lebendigen Organismus entstehen permanent vielfältige Informationsverhältnisse zwischen Zellen und zwischen Organen. Im Gegensatz zu physikalischen, selbstorganisierenden Systemen zeigt der Körper ausgeprägtere semantische Interpretationen. Bei der Selbstorganisation physikalischer Systeme entstehen einfache Muster als Widerspiegelungen von Reizen. Der Körper produziert nicht nur Muster, sondern interpretiert Signale und wählt verschiedene Reaktionsweisen aus. Dies gilt für die Zelle, Organe und den gesamten Organismus. Damit Autopoiesis möglich ist, muss dem Körper Energie über Nahrungsaufnahme zugeführt werden. Signale erreichen den Körper über „Empfangsstationen", die als Schnittstellen zur sozialen und natürlichen Umwelt des Menschen dienen: Haut, Zunge, Nase, Augen, Ohren. In diesen Organen werden die Signale in Impulse umgesetzt, die über das Medium *Nervensystem* ans Gehirn weitergeleitet wird, das semantische Interpretationen durchführt. Es wird damit Information als ein Verhältnis zwischen Außenwelt und Körperinnerem produziert. Signale aus der Umwelt werden nicht einfach im Körperinneren abgebildet, sondern komplexe Reaktionsweisen werden durch Informationsproduktion und Selbstorganisation hervorgerufen. Das Ergebnis, gewisse Reaktionen, ist nicht schon im vorhinein determiniert. Es gibt auf allen Stufen des Informationsgeschehens sowohl Zufall als auch Notwendigkeit, bei der Signalinterpretation aus der Umwelt, der interorganischen, der interzellulären und der intrazellulären Kommunikation.

Medien bei der	
Signalinterpretation aus der Umwelt	Nervensystem, Sinnesorgane (Haut, Zunge, Nase, Augen, Ohren)
interorganischen Kommunikation	Periphere Nervenbahnen, Neurotransmitter, Hormone, Blut
interzellulären Kommunikation	Zelladhäsionsmoleküle, Gap-Junctions, extrazelluläre Matrix, Neurotransmitter, Wachstumsfaktoren, Cytokine, Hormone
intrazellulären Kommunikation	Enzyme, Helicase, Gyrase, Proteine, Primase, DNS-Polymerase, Nukleotidtriphosphat, DNS-Ligase, mRNA, tRNA,

5.4.3. Gesellschaftliche Medien:

Auch in der Gesellschaft gibt es Medien. Sie vermitteln die sozialen Beziehungen der Menschen. Sie agieren also zwischen lebendigen, sozialen Akteuren. Der Mensch ist ein soziales, selbstbewußtes, kreatives, reflektierendes, lernfähiges, kulturelles, Symbole und Sprache benutzendes, aktives natürliches, arbeitendes, produzierendes, gegenständliches/objektives, körperliches, lebendiges, reales, sinnliches, antizipierendes, visionäres, phantasievolles, gestaltendes, kooperierendes, sehnsüchtiges, hoffungsvolles Wesen, das seine eigene Geschichte macht und nach Freiheit und Autonomie streben kann. Das Individuum ist kein isoliertes Wesen, sondern geht soziale Beziehungen ein, dies sind wechselseitige, sinnhafte Bezugnahmen von mindestens zwei Akteuren auf das Handeln des jeweils anderen. Der Mensch ist also ein Gruppen- und Beziehungswesen.

Strukturen als Medium und Resultat von Handlungen
Eine Grundfrage der Soziologie ist jene nach dem Verhältnis von gesellschaftlichen Strukturen und Handlungen. Strukturen sind dem menschlichen Handeln nicht äußerlich, sondern ermöglichen die identische Reproduktion von sozialen Praktiken über bestimmte Zeit- und Raumspannen hinweg. Eine Struktur umfasst eine Totalität von Handlungen, sozialen Beziehungen und Artefakten, die eine gewisse zeitliche und räumliche Konstanz haben. Strukturen werden zur Reproduktion sozialer Praktiken angewendet, sie gehen in die Produktion und Reproduktion sozialer Systeme ein. Sie ermöglichen Kontinuität und Veränderungen sozialer Systeme. Die Beziehung zwischen Strukturen und Akteuren ist nach Anthony Giddens durch das Theorem der Dualität der Struktur als eine wechselseitige gegeben. „Gemäß dem Begriff der Dualität von Struktur sind die Strukturmomente sozialer Systeme sowohl *Medium wie Ergebnis* der Praktiken, die sie rekursiv organisieren...Struktur darf nicht mit Zwang gleichgesetzt werden: sie schränkt Handeln nicht nur ein, sondern ermöglicht es auch" (Giddens 1984a, S. 77f).

Die Selbstorganisation der Gesellschaft
Die Selbstorganisation der Gesellschaft bedeutet einen doppelten Prozess: Durch soziales Handeln in Gruppen und zwischen Gruppen differenziert sich die Sozialstruktur, dies ist ein kreativer Prozess (Kreation), der zur Bottom-Up-Emergenz neuer Strukturqualitäten führt. Strukturen beschränken und ermöglichen andererseits das Handeln der Akteure, dies führt zur Top-Down-Emergenz neuer Qualitäten des Denkens und Handelns. Den gesamten Prozess bezeichnen wir als Re-Kreation oder soziale Selbstorganisation (vgl. Abb. II.3.1.), durch diesen permanent stattfindenden Wirkungskreislauf können sich soziale Systeme verändern, selbst aufrechterhalten und reproduzieren.

Der Begriff Re-Kreation bezieht sich auf die permanente Herstellung neuer Realität und die Reproduktion und Differenzierung vorhandener Realität eines sozialen Systems. Re-Kreation begründet sich durch die menschliche Fähigkeit der Kreativität, d.h. der Mensch kann bewusst soziale Systeme und Strukturen schaffen und gestalten, das sozio-kulturelle Individuum besitzt die Fähigkeit, die Bedingungen für seine gesellschaftliche Evolution selbst zu schaffen. Die Veränderung sozialer Realität ist allerdings kein vollständig bewusster Vorgang, da Handlungen unbewusste Folgen nach sich ziehen, die ebenfalls systemische Differenzierungen auslösen.

Die Bezeichnung der Selbstorganisation der Gesellschaft als „Re-Kreation" anerkennt die Bedeutung der Menschen als vernunftbegabte und kundige Akteure für die Gesellschaftstheorie. Auch Giddens hebt hervor, dass Strukturdualität und Rekreation miteinander zu tun haben: "Human social activities, like some self-reproducing items in nature, are recursive. That is to say, they are not brought into being by social actors but continually *recreated* by them via the very means whereby they express themselves as actors" (Giddens 1984b, S. 2). Das Konzept der Re-Kreation korrespondiert mit jenem der Strukturdualität, da die strukturellen Kategorien sozialer Systeme Medium und Resultat von Praktiken sind, die sie rekursiv organisieren.

Gesellschaftsstrukturen
Strukturen gibt es in allen gesellschaftlichen Bereichen: in Technik, Ökologie, Ökonomie, Politik und Kultur. *Werkzeuge* sind Mittel zum Erreichen von definierten Zielen, vom Menschen organisierte *natürliche Ressourcen* sind dazu notwendig, durch *Eigentum* wird die Produktion von Gebrauchsgütern und Bedürfnisbefriedigung möglich, *Entscheidungsmacht* ist notwendig, um Abläufe ergebnishaft zu orientieren und *Definitionen* (Normen, Werte, Wissen) dienen zur Reflexion und zur Bewertung des konkreten menschlichen Daseins. Wir finden in der Gesellschaft also technische, ökologische, ökonomische, politische und kulturelle Strukturen, die die Beziehungen der Menschen untereinander und damit die Reproduktion sozialer Systeme vermitteln. Sie sind *Medium* und Resultat des sozialen Handelns, als Medium schränken sie das Handeln einerseits ein, ermöglichen es aber andererseits auch. Konkrete soziale Organisationen und Institutionen wie Unternehmen, Vereine, politische Parteien etc. sind dauerhaftere soziale Systeme, die nicht ausschließlich einem Gesellschaftsbereich zuzuordnen sind, sondern durch Strukturen aus allen gesellschaftlichen Bereichen beeinflusst werden und selbst technische, ökologische, ökonomische, politische und kulturelle Aspekte umfassen. Niklas Luhmanns Theorie der funktionalen Differenzierung der modernen Gesellschaft wird dem Umstand nicht gerecht, dass Organisationen heute mit vielen Gesellschaftsbereichen konfrontiert sind und sich nicht aus-

schließlich auf ein Medium beziehen. Ein Unternehmen als ökonomische Organisation ist nicht nur mit dem – wie jedoch von Luhmann angenommen – symbolisch generalisierten Kommunikationsmedium Geld konfrontiert, sondern muss auch Entscheidungen treffen, Machtverhältnisse aushandeln, Macht verteilen, Technologien einsetzen, ökologische und ideologische Fragen berücksichtigen. Die Subsysteme der modernen Gesellschaft sind nicht autonom, sondern eng miteinander verwoben. Soziale Beziehungen und Praktiken in Gruppen funktionieren nur durch den Bezug auf unterschiedliche Medien. Wir sprechen bewusst von Eigentum als ökonomischer Struktur und nicht von Geld, Kapital, Wert oder Profit. Ein gesellschaftlicher Medienbegriff muss zunächst allgemein genug sein, um alle möglichen Gesellschaftsformationen abzudecken. Eigentum, Technologien, Werkzeuge, Entscheidungsmacht und Definitionen gibt es in jeder Gesellschaft, Geld und Kapital etc. nur in bestimmten, modernen Gesellschaften. Luhmanns Medienbegriff ist einer, der die bestehende Gesellschaftsordnung fälschlicherweise verallgemeinert. Luhmann sieht nur die einschränkenden Wirkungen der Medien, wenn er meint, dass diese die Annahme gewisser Selektionsvorschläge wahrscheinlicher machen. Außer Acht bleiben die ermöglichenden Aspekte.

Soziale Information
Gesellschaftliche Medien bedeuten weder die vollständige Wahrscheinlichkeit, noch die hohe Unwahrscheinlichkeit bestimmter sozialer Beziehungen, ihre Wirkungsweisen umfassen zufällige und notwendige Aspekte. Soziale Information ist ein Verhältnis zwischen Akteuren unter Einbindung von Artefakten, die zur Zielerreichung und Sinngebung eingesetzt werden. Information existiert also nicht ausschließlich in einem Individuum oder in einem Ding, das an Empfänger erfolgreich oder erfolglos übertragen wird, sondern soziale Information ist ein objektives gesellschaftliches Verhältnis zwischen Akteuren. Wissen als organisierte Form von Daten, die interpretiert, bewertet und miteinander verglichen werden, steckt in gesellschaftlichen Artefakten. Gebrauchsgegenstände speichern Arbeit und Wissen des Menschen, bei Wissensprodukten (Bücher, Zeitschrift, Zeitung, Artikel, Video, Film, Musik, Software etc.) ist das Wissen selbst der eigentliche Gebrauchswert. Auch das menschliche Gehirn ist ein Wissensspeicher, Kommunikation bedeutet den Austausch und Vergleich von Wissen, Normen, Werten, Meinungen, Ideen etc. Das Wissen von Akteuren steckt auch in den Informationsverhältnissen, die sie eingehen. Jede Kommunikation bedeutet Informationsproduktion, diese Information kann jedoch unterschiedlich sinnvoll sein. Durch die Masse an wechselseitig vermitteltem Wissen kann neues Wissen entstehen, das Akteure als sinnvoll erachten mögen. Soziale Information bedeutet einen permanenten Fluss von Wissen zwischen Akteuren, der produktiv sein kann. Dadurch verändert sich die kognitive Wissensstruktur der Beteiligten in bestimmten Ausmaßen. Wir erleben tagtäglich unzählige Kommunikationen, die uns nicht weiter tangieren und unser Wissen nicht erweitern. Andere Erlebnisse, Beziehungen und Kommunikationen verändern jedoch unseren Wissensstand, unsere Realitätssichten, Normen, Werte und Interpretationen. Dabei erachten wir Wissensflüsse als sinnvoll, die informationellen Verhältnisse sind produktiv tätig.

Information und Erkenntnis
Information existiert in jeder sozialen Beziehung objektiv, sie hat jedoch unterschiedliche Wirkungen. Wir bilden weder das Wissen anderer automatisch mechanisch ab, noch sind wir autonome Wissensproduzenten. Gelingende Kommunikation ist nicht unwahrscheinlich, sondern findet praktisch mit ausreichender Wahrscheinlichkeit tagtäglich und kontinuierlich statt. Die Wirkungen der Information und der Wissensflüsse im Subjekt sind nicht vollständig vorherbestimmt und nicht vollständig zufällig. Einerseits wird Realität (also auch das Wissen anderer) kognitiv wahrgenommen, die daraus gezogenen Interpretationen können jedoch vielfältig sein, da diese abhängig von der kognitiven Struktur des interpretierenden Subjekts sind. Auf Grund bestehender Norm- und Wertdispositionen sind bestimmte Reaktionsweisen und Interpretationen auf einen Stimulus meist naheliegender als andere. Der Mensch ist aber ein Wesen, das im produktiven Diskurs seine Meinungen verändern kann, daher tragen gesellschaftliche Informationsverhältnisse nicht nur zur Wissensvermehrung im Subjekt bei, sondern auch zum (langsameren oder schnelleren) Wandel von Definitionen. Menschliche Interpretation ist weder mechanische Abbildung, noch zufällige Konstruktion, sondern konstruktive Widerspiegelung. Widerspiegelung bedeutet dabei nicht Abbildung, sondern die Reaktion auf Außenreize im Rahmen von Kommunikationen, bei der auf Grund der menschlichen Reflexionsfähigkeit unterschiedliche alternative Interpretationen möglich sind. Es ist abhängig vom Partizipations- und Demokratisierungsgrad der Gesellschaft und der gesellschaftlichen Teilsysteme, inwiefern die Interpretations- und Reflexionsfähigkeiten des Subjekts aktiviert werden und diese die Möglichkeit zur aktiven Partizipation und kritischen Reflexion nutzen können. In der kapitalistischen Gesellschaft gibt es Zwänge und Einschränkungen, die die vollständige Entfaltung des Menschen unterbinden und ihn zum Objekt degradieren. Die Interpretation von Wissen ist auf Grund dieser Herrschaftstechniken, Manipulationstechniken und Ideologien daher häufig stärker einfache Abbildung vorgegebener Ideologien als kritische Reflexion und Interpretation.

Information als Widerspiegelungsverhältnis in physikalisch-chemischen Systemen hat einen relativ geringen Autonomiegrad, es findet lediglich eine Reaktion auf Einflüsse statt. In biologischen, selbstorganisierenden Systemen bedeutet Informationsproduktion auch Interpretation des Geschehens und Auswahl bestimmter Reaktionsweisen. Das Informationsgeschehen hat hier nicht nur rein syntaktische Aspekte, sondern auch semantische und zeichnet sich bereits durch einen höheren Autonomiegrad aus. Der höchste Autonomiegrad besteht in sozio-kulturell selbstorganisierenden, also re-kreativen Systemen. Dabei kommt die Fähigkeit des Menschen hinzu, neue Realitäten und Systeme zu schaffen. Im Informationsgeschehen re-kreativer Systeme wird Information nicht nur als Reaktion auf Einflüsse produziert, Information umfasst hier auch nicht nur bestimmte Interpretationen, sondern hat auch zu tun mit den auf Basis von Informationen stattfindenden Handlungen, die eine Auswahl aus mehreren Alternativen darstellen. Information hat eine Wirkung in sozialen Systemen, sie schließt ein die menschliche Kreativität, Norm- und Wertbildung, das Abwägen von Handlungsalternativen, die Auswahl bestimmter Handlungen und die Schaffung neuer Realitäten. Dies sind Aspekte der Pragmatik, die das Informationsgeschehen sozialer System durch einen höheren Autonomiegrad als Information in biologischen und physikalischen Systemen auszeichnet.

Gesellschaftliche Medien sind strukturelle Artefakte (Werkzeuge, natürliche Ressourcen, Eigentum, Entscheidungsmacht, Definitionen), die Handlungen und soziale Beziehungen der Menschen ermöglichen und vermitteln. Soziale Beziehungen sind Informationsverhältnisse (bestimmte Gruppen und Organisationen wie Parteien, Vereine, Freundeskreis, Familie, Betrieb, Kollegenkreis usw.), Medien reproduzieren sich als Resultat dieser Verhältnisse.

Charakteristika gesellschaftlicher Medien
- Medien speichern und fixieren gesellschaftliches Wissen und vereinfachen dadurch das menschliche Handeln, da gewisse Handlungsgrundlagen nicht permanent neu produziert werden müssen, sondern durch Rückgriff auf Medien bewerkstelligt werden können. In diesem Sinn sind Medien auch Träger von Wissen, das weitergegeben wird. Medien sind eine Basis der räumlichen und zeitlichen Ausdehnung von Sozialsystemen.
- Medien ermöglichen eine Kontinuität der sozialen Reproduktion über Raum und Zeit hinweg, sie führen zu einer räumlichen und zeitlichen Entfernung sozialer Beziehungen ohne Kontinuitätsverlust. Medien stellen aber auch besondere Weisen der Nähe her und heben damit Distanzen auf, indem die raum-zeitlich entfernten Beziehungen wiedereingebettet werden.
- Medien sind Handlungsgrundlage und ermöglichen eine gewisse Mobilität.
- Medien vermitteln, organisieren und koordinieren soziale Beziehungen, Kommunikation, Wissensaustausch, Produktion, Kooperation und Konkurrenz, Herrschaft, Entscheidungsprozesse, die Aushandlung von Normen und Werten sowie die Produktion und Materialisierung von Ideologien.
- Medien bringen Akteure, Individuen und Gruppen in Verbindung.
- Medienumgang erfordert spezielle Kenntnisse, Regeln, Organisationsformen und Normen (media literacy). Medien legen bestimmte Verwendungsweisen nahe und schließen andere aus.
- Medien vermitteln und verändern menschliche Wahrnehmung.
- Medien sind Symbol- und Verweissysteme (so verweisen Technologien auf Zwecke, Eigentum auf materielle Möglichkeiten und Positionen, Macht auf Entscheidungen, Definitionen auf Lebensweisen und Geschmack).
- Medien haben materielle und ideelle Aspekte. So sind etwa bei der computervermittelten Kommunikation sowohl die technische Übertragung als auch die von den Menschen erzeugten Inhalte relevant.
- Medien eröffnen neue Erfahrungen und Erfahrungsweisen, die die unmittelbare Erfahrung körperlicher Präsenz transzendieren.
- Medien lösen einerseits Öffentlichkeit, Zeitlichkeiten und Räumlichkeiten auf, schaffen aber andrerseits neue Orten, Zeiten, Öffentlichkeiten und Versammlungsräume.
- Medien entstehen nicht zufällig, sondern in bestimmten historischen Situationen und aus bestimmten kulturellen Bedürfnissen und gesellschaftlichen Interessen heraus. Medien haben ihre eigene Geschichte.
- Medien haben Bezüge und Referenzen auf die objektive Realität, diese Bezüge sind aber zumeist keine Abbildungen der Realität, sondern umfassen neue Bedeutungen und Inhalte. Medien bringen unterschiedliche Kontexte zusammen, beispielsweise unterschiedliche subjektive Bewertungsschemata bei der Face-to-

Face-Kommunikation oder unterschiedliche kulturelle Kontexte in virtuellen Diskussionsforen. Mediale Vermittlung bedeutet häufig, dass vermittelte Realitäten aus Kontexten gelöst werden und in neue Kontexte wiedereingebettet werden. So können beispielsweise im Internet und durch Filmmontage Elemente aus unterschiedlichen Kontexten in einen neuen Kontext gestellt werden, der neue, emergente Bedeutungen vermittelt, die der einzelne Inhalt nicht vermittelt. Sprachliche Vermittlung ermöglicht die Entbindung von Inhalten aus einem individuellen Kontext und die Einbindung in den Lebenskontext anderer Menschen.
- Medien verfahren nach Ordnungsprinzipien. So ist etwa die Linearität ein Ordnungsprinzip des Mediums Buch, Verlinkung und Netzwerkbildung eines des Mediums Hypertext und Genauigkeit eines des Mediums Geld.
- Medien werden mit bestimmten Bedeutungen, Ideologien, Mythen und Weltsichten semantisiert.

5.5. Medientypen

Gesellschaftliche Medien sind Informationstechnologien, sie ermöglichen die Produktion und Verbreitung von Information in zwischenmenschlichen Beziehungen. Mit einem derart weiten Begriff der Informationstechnologie könnte gesagt werden, dass jede Gesellschaft eine Informationsgesellschaft ist. Dies auch aus dem Grund, da in jeder Gesellschaft Information produziert und genutzt wird. Im Lauf des 20. Jahrhunderts haben maschinelle und werkzeugorientierte Medien wie Funk, Fernsehen, Radio und Computer eine immer größere Bedeutung bekommen. Es handelt sich dabei um elektronische Medien. Vor allem der Computer als mikroelektronische und digitale Technologie prägt unsere Gesellschaft heute umfassend. In einem engeren Sinn bezeichnet man mit Informationstechnologien maschinelle Kommunikationsmittel. Von der Informationsgesellschaft wird dann als einer Gesellschaft gesprochen, in der neue Informations- und Kommunikationstechnologien wie der Computer und das Internet und Wissen zu wesentlichen Faktoren in allen gesellschaftlichen Teilsystemen sind. In diesem engeren Sinn ist also erst die kapitalistische Gesellschaft des späten 20. Jahrhunderts als Informationsgesellschaft zu betrachten.

Gesellschaftliche Medien sind strukturelle Artefakte, unter Technik wird eine Einheit von strukturellen und subjektiven Faktoren verstanden, die der Mensch benutzt, um Ziele zu erreichen. Nur bei bestimmten (den strukturellen) Aspekten der Technik handelt es sich um Medien. So ist beispielsweise der Computer ein Medium, nicht jedoch das Programmieren als Tätigkeit. Gesellschaftliche Medien sind (strukturelle) Techniken, durch die Information produziert und organisiert wird. Nicht alle Medien sind jedoch Techniken, physikalische und biologische Medien sind keine Techniken, denn Technik existiert nur im menschlichen Bereich, sie hat zu tun mit Mitteln beim zielorientierten, selbstbewußten Handeln. Gesellschaftliche Medien sind also Informationstechniken im allgemeinen Sinn, im engen Sinn bezeichnet die Informationstechnik nur die maschinenbasierten Kommunikationsmedien.

Sehen wir uns abschließend einige Unterscheidungen gesellschaftlicher Medien an.

Primär-, Sekundär-, Tertiär- und Quartärmedien
Der publizistische Medienbegriff trifft eine Unterscheidung zwischen Primär-, Sekundär- und Tertiärmedien. Primärmedium ist der Mensch selbst, der bei der Primärkommunikation und den menschlichen Elementarkontakten nur seiner selbst und keiner zusätzlichen technischen Apparaturen bedarf. „Wir nennen Sekundärmedien solche Kommunikationsmittel, die eine Botschaft zum Empfänger transportieren, ohne dass der ein Gerät benötigt, um die Bedeutung aufnehmen zu können ... – alle jene Medien also, die nach einem Gerät, der Druckerpresse, als Presse im weitesten Sinn bezeichnet werden" (Pross 1972, S. 128). Zu den Sekundärmedien sind daher Bild, Schrift, Druck, Graphik, Fotographie, Brief, Flugschrift, Buch, Zeitschrift und Zeitung zu zählen. Tertiärmedien sind Medien, „bei deren Gebrauch sowohl Sender wie Empfänger Geräte benötigen" (ebd.). Dazu gehören z.B. elektronische Telegraphie und alle elektronischen Kommunikationsmittel. Neuerdings findet sich in einigen Werken auch die Kategorie der Quartärmedien, bei denen die Digitaltechnik eine wesentliche Rolle spielt und bei denen sich durch dezentrale und vernetzende Technologien das traditionelle Verhältnis von Sender und Empfänger (one-to-one- und one-to-many-Kommunikation) verändert darstellt (many-to-many-Kommunikation) (Faulstich 1994, Hörisch 1998).
Primärmedien kommen ohne Technikeinsatz aus, bei Sekundärmedien gibt es Technikeinsatz auf der Produktionsseite (z.B. Zeitung), bei Tertiärmedien Technikeinsatz auf der Produktions- und Rezeptionsseite (z.B. Radio) und bei Quartärmedien spielt die Digitaltechnik eine wesentliche Rolle. Werner Faulstich (1994) unterscheidet 17 verschiedene Einzelmedien: Blatt/Flugschrift, Brief, Buch, Computer, Fernsehen, Film, Foto, Heft(chen), Hörfunk, Neue Medien, Plakat, Schallplatte/CD, Telefon, Theater, Video, Zeischrift und Zeitung.

Heiße und kalte Medien
Marshall McLuhan (1992) unterscheidet zwischen heißen und kalten Medien. Heiße Medien erweitern einen Sinn und versorgen ihn detailreich mit Daten, die eher passiv verarbeitet werden können. Kalte Medien übertragen weniger, unspezifischere Daten. Z.B. ist Photographie ein heißes Medium, da sie detailreich ist, Karikatur ein kühles, da sie nur Andeutungen macht. Zu den heißen Medien gehören auch Buch, Radio und Film, sie versorgen jeweils einen Sinn mit vielen Informationen. Bei kalten Medien muss der Empfänger auf Grund der Detailarmut Ergänzungen und Vervollständigungen anstellen. Dies ist z.B. bei Sprache und Telefon der Fall. Das Internet könnte in diesem Sinn als heißes und kaltes Medium bezeichnet werden, es versorgt Menschen mit vielen Informationen, die allerdings nicht einen, sondern viele Sinne ansprechen und daher auch menschliche Interpretations- und Zusammensetzungsleistungen gefordert sind, um einen kohärenten Eindruck zu gewinnen.

Speicher-, Übertragungs und Verarbeitungsmedien
Friedrich Kittler (1986, 1993, 1995) unterscheidet zwischen Speichermedien, Übertragungsmedien und Verarbeitungsmedien. Zuerst sei Speichern von Daten möglich gewesen, später das Übertragen und mit dem Computer schließlich auch die Datenverarbeitung. Ein Aufschreibesystem, dass Speichern von Daten ermöglicht, sei Anfang des 19. Jahrhunderts entstanden. Es zeichne sich aus durch Alphabetisierung (lesen, schreiben, rechnen), große Bedeutung des Buches, Dichtung, Aufstieg von

Nationalstaat und Universität. Das Buch sei das wesentliche Medium der Datenspeicherung gewesen. Um 1900 sei ein neues Aufschreibesystem entstanden, das erstmals technische Datenspeicherung ermöglichte und durch Film, Phonograph und Grammophon möglich wurde. Teil dieses Systems seien Quantifizierungen, statistische Mathematik, Zerlegung als Methode, Messung, Tests, Literatur, Psychoanalyse. Das Buch habe früher Reales, Imaginäres und Symbolisches gespeichert, nun sei ihm nur mehr die symbolische Komponente geblieben, da das Grammophon nun das Reale und der Film das Imaginäre okkupiere. Die Speichermedien seien in einer ersten Phase (seit dem amerikanischen Bürgerkrieg) der Medienentwicklung entstanden (Printmedien), die Übertragungsmedien (Funk, Fernsehen) in einer zweiten (seit dem ersten Weltkrieg) und die Medien der Berechnung (Computer) in einer dritten (seit dem zweiten Weltkrieg). Die wesentlichen Triebkräfte der Medienentwicklung seien Krieg und Militär gewesen. In den bisherigen Medien seien Sprache, Bild und Ton getrennt gewesen, der Computer führe durch Digitalisierung zu einer vereinheitlichenden Entwicklung, durch die an Stelle vieler Medien (Radio, Fernsehen, Film, Telephon, Stereoanlage etc.) ein Medium tritt.

Gesellschaft als Mediengesellschaft
Im Gegensatz zu jenen Gesellschaftstheorien, die die Mediatisierung der Gesellschaft als ein relativ junges Phänomen beschreiben, das sich seit der Erfindung des Buchdrucks und durch Aufkommen der kapitalistischen Gesellschaftsformation ausbreitet und heute in einer Mediengesellschaft kulminiert, geht Werner Faulstich (1996, 1997) davon aus, dass jede Gesellschaft eine Mediengesellschaft ist und versucht die Medienverwendung historisch zu rekonstruieren. Kommunikation habe lange vor Jagd, Werkzeugen, Arbeit und Geräten existiert, das erste Leitmedium der Geschichte sei die Frau gewesen[48], in der Frühzeit habe es Menschenmedien (Frau, Opferritual, Fest, Tanz, Priester, Schamane, Zauberer, Theater, Schauspieler, Lehrer, Brief, Druide...), Gestaltungsmedien (Holz, Pyramiden, Obelisk, Relief, Skulptur...) und Schreibmedien (Höhlenwand, Papyrusrolle, Tafel, Buch, Brief...) gegeben (Faulstich 1997). Im Mittelalter habe es Menschenmedien (Hofnarr, Sänger, Erzähler, Fest, Spiel, Theater, Prediger), Schreibmedien (Blatt, Buch, Brief, Glasfenster) und intersystemische Medien (Bettelmönche (zirkulieren zwischen Kloster/Universität, Kirchenraum und Stadt), Fahrende (zirkulieren zwischen Hof/Burg, Land/Dorg und Stadt) und Brief (zirkulieren zwischen Hof/Burg, Kirchenraum und Stadt)) gegeben (Faulstich 1996).

Faulstich (1994) unterscheidet vier große Phasen der Mediengeschichte:

---

48. Faulstichs Konzentration auf die weibliche Vulva als erstes Medium der Gesellschaft orientiert sich an einem patriarchalen Diskurs, der Frauen primär in der Funktion des Gebärens begreift. Abgesehen davon, dass Fortpflanzung ein wechselseitiger sozialer und biologischer Prozess ist, wird verkannt, dass Sexualität das primäre Medium der menschlichen Fortpflanzung darstellt und dass dadurch der Mensch als soziales und biologisches Wesen das Medium seiner eigenen Existenz und der Reproduktion der Gesellschaft darstellt.

1. Dominanz der Primär- oder Menschmedien (bis 1500)
Das vermutliche älteste Medium ist das Theater, weiters waren Erzähler, Dichter, Sänger, Redner, Rhetoriker, Geschichtenschreiber in der oralen Kultur, die von der Zeit der alten Griechen und Römer bis ins Mittelalter hineinreichte, prägend.

2. Dominanz der Sekundär- oder Druckmedien (1500-1900)
Gutenbergs Erfindung des Buchdrucks veränderte die Gesellschaft. Die Flugschrift diente als politisches Propagandamittel (z.B. Luthers Schriften) und als Medium der Unterhaltung.
Das 15. und 16. Jahrhundert waren geprägt durch kirchliche und fürstliche Zensurmaßnahmen, da die neuen Druckmedien von den Herrschenden als Bedrohung empfunden wurden. Mit der Aufklärung, der bürgerlichen Revolution und der Entstehung des Kapitalismus entfaltete sich eine bürgerliche Öffentlichkeit, Buch, Zeitung, Presse und Zeitschrift gewannen an großer Bedeutung. Die Mensch-Medien veränderten sich derart, dass an die Stelle von Live-Medien Konservierungsmedien traten (gedruckte Balladen, Märchenbücher). „Die Mensch-Medien hatten einer stärker von der Gemeinschaftlichkeit geprägten Gesellschaft entsprochen; die Druckmedien entsprachen nun einer stärker vom einzelnen geprägten Gesellschaft. Gemeinsames Vorlesen, Erzählen, Aufführen, Vortragen wurde tendenziell abgelöst oder überlagert vom individuellen Lesen" (Faulstich 1994, S. 33).

3. Dominanz der Tertiär- oder elektronischen Medien (Anfang bis Ende des 20. Jahrhunderts)
Der Anfang des 20. Jahrhunderts war geprägt durch den Aufstieg der elektronischen Medien (Schallplatte, Film, Telefon, Radio, später Fernsehen). Die Unterhaltungsfunktion verlagerte sich zunehmend von den Druck- auf die elektronischen Medien. Druckmedien hatten nun vorwiegend Informations- und Speicherfunktion. Der Brief wurde entscheidend von Telefon und computervermittelter Kommunikation beeinträchtigt. Die Entwicklung verlief von den auditiven Medien (Telefon, Schallplatte, Hörfunk) zu den (audio-)visuellen Medien (Foto, Film, Fernsehen) und dann von diesen optischen Einzelmedien zu den multifunktionalen und multimedialen Medienverbünden (Video, Computer, Neue Medien).

4. Dominanz der Quartär- oder Substitutionsmedien (ca. ab 2000)
Es zeichnet sich ab, dass den Druckmedien in Zukunft weitere Funktionen abgenommen werden: die Speicherfunktion durch den Computer, die Informationsfunktion durch Fernsehen und Neue Medien. Das Buch wird immer stärker zu einem Elitemedium (das wissenschaftliche Fachbuch kann beispielsweise nur mehr durch massive Druckkostenzuschüsse der Autoren existieren). Das Plakat wird tendenziell durch Videowände abgelöst. Die Zeitung verändert durch die Existenz des Internets ihre Form. Ausgangspunkt für die neuen Substitutionsmedien war Multimedia, eine Entwicklung, die auf der Verbindung von Text, Grafik, Ton, Bild und Animation sowie der Interaktivität beruht.

Für eine Diskussion weiterer medientheoretischer Aspekte sei auf Kapitel 8 dieses Buches verwiesen. Dort werden u.a. der Zusammenhang von Medien und kapitalistischer Entwicklung, Massenmedien, Medienoptimismus (8.1.), Medienpessimismus

(8.2.), Mediendialektik (8.3.), Wirkungen der Medien auf das menschliche Bewusstsein (8.3.3.1.) sowie der Zusammenhang von Medienkultur und Politik (8.3.3.2.) diskutiert.

Literatur:

Bromley, Roger et al. (Hrsg.) (1999) *Cultural Studies*. Lüneburg. zu Klampen.

Clynes, Manfred/Kline, Nathan (1960) *Drugs, Space and Cybernetics*. In: Hables Gray, Chris/Figueroa-Sarriera, Heidi J./Mentor, Steven (Hrsg.) (1995) *The Cyborg-Handbook*. London. Routledge

Ellersdorfer, Günther (1998) *Epigenetische Netzwerke. Die Emergenz „zellulärer Information" durch Selbstorganisation*. In: Fenzl, N./Hofkirchner, W./Stockinger, G. (Hrsg.) (1998) *Information und Selbstorganisation: Annäherung an eine vereinheitlichte Theorie der Information*. Studien-Verlag, Innsbruck/Wien, S. 189-210.

Faßler, Manfred (1997) *Was ist Kommunikation?* München. Fink.

Faulstich, Werner (1994/2000) *Grundwissen Medien*. München. Fink.

Faulstich, Werner (1996) *Medien und Öffentlichkeit im Mittelalter 800-1400*. Göttingen. Vandenhoeck & Ruprecht.

Faulstich, Werner (1997) *Das Medium als Kult. Von den Anfängen bis zur Spätantike (8. Jahrhundert)*. Göttingen. Vandenhoeck & Ruprecht.

Fiske, John (1989) *Politik. Die Linke und der Populismus*. In: Bromley et al. (1999), S. 237-278.

Fleissner, Peter/Hofkirchner, Wolfgang (1996) *Emergent Information*. In: BioSystems 2-3(38)/1996, 243-248.

Fleissner, Peter/Hofkirchner, Wolfgang (1997) *Actio non est reactio*. In: World Futures 3-4(49) & 1-4(50)/1997, 409-427.

Fuchs, Christian (2001) *Technisch vermittelte Entkörperlichung – Emanzipation oder Risiko?* In: Utopie Kreativ, H. 129/130 (Juli/August 2001). S. 644-658.

Fuchs, Christian (2002a) *Concepts of Social Self-Organisation*. INTAS Project "Human Strategies in Complexity" Report (HSIC-Paper No. 4). 69 pages. Vienna. Vienna University of Technology. http://www.self-organization.org/results/papers/pdf/hsicpaper4.pdf

Fuchs, Christian (2002b) *Some Aspects of Anthony Giddens' Works for a Theory of Social Self-Organisation*. In: Emergence, Vol. 4, No. 3.

Fuchs-Kittowski, K./Kaiser, H./Tschirschwitz, R./Wenzlaff, B. (1976) *Informatik und Automatisierung*. Berlin. Akademie-Verlag

Fuchs-Kittowski, Klaus (1997) *Information neither Matter nor Mind On the Essence and on the Evolutionary Stages Concept of Information*. In: Wolfgang Hofkirchner (Ed.) (1997) *The Quest for a Unified Theory of Information*. In: World Futures, 1997, Vol. 50. pp. 551-570

Fuchs-Kittowski, K./Rosenthal, H. (1998) *Selbstorganisation, Information und Evolution: Zur Kreativität der belebten Natur*, in: Fenzl, N./Hofkirchner, W./Stockinger, G. (Hrsg.) (1998) *Information und Selbstorganisation: Annäherung an eine vereinheitlichte Theorie der Information*. Studien-Verlag, Innsbruck/Wien, S. 141-188.

Giddens, Anthony (1984a) *Die Konstitution der Gesellschaft. Grundzüge einer Theorie der Strukturierung.* Frankfurt/New York. Campus. 3. Aufl.

Giddens, Anthony (1984b) *The Constitution of Society. Outline of the Theory of Structuration.* Cambridge. Polity Press.

Habermas, Jürgen (1981) *Theorie des kommunikativen Handelns. Band 1 und 2.* Frankfurt. Suhrkamp.

Habermas, Jürgen (1983) *Moralbewusstsein und kommunikatives Handeln.* Frankfurt. Suhrkamp.

Hall, Stuart (1980) *Kodieren/Dekodieren.* In: Bromley et al. (1999), S. 92-110.

Hofkirchner, Wolfgang (1999) *Towards a Unified Theory of Information – The Merging of Second-Order Cybernetics and Semiotics into a Single and Comprehensive Information Science.* In: 15e Congrès International de Cybernétique, Namur 1998, Namur 1999. S. 175-180. Online unter: http://igw.tuwien.ac.at/igw/menschen/hofkirchner/papers/InfoScience/Unified_Infotheory/namur.html

Hofkirchner, Wolfgang (2002) *Projekt Eine Welt. Kognition, Kommunikation, Kooperation. Versuch über die Selbstorganisation der Informationsgesellschaft.* Münster. LIT

Hiebel, Hans H. et al. (1999) *Große Medienchronik.* München. Fink.

Hiebert/Ungkrait/Bohn (1988) Mass Media V. An Introduction to Modern Communication. White Plains. Longman.

Hörisch, Jochen (1998) *Einleitung.* In: Ludes, Peter (1998) *Einführung in die Medienwissenschaft.* Berlin. ESV.

Hörz, Herbert/Röseberg, Ulrich (1981) *Materialistische Dialektik in der physikalischen und biologischen Erkenntnis.* Berlin. Akademie

Jahraus, Oliver (2001) *Theorieschleife. Systemtheorie, Dekonstruktion und Medientheorie.* Wien. Passagen-Verlag.

Kittler, Friedrich (1986) *Grammophon Film Typewriter.* Berlin. Brinkmann & Bose.

Kittler, Friedrich (1993) *Draculas Vermächtnis. Technische Schriften.* Leipzig. Reclam

Kittler, Friedrich (1995) *Aufschreibesysteme 1800 1900.* München. Fink.

Knilli, Friedrich (1979) *Medium.* In: Faulstich, Werner (Hrsg.) (1979) *Kritische Stichwörter zur Medienwissenschaft.* München. Fink. S. 230-251.

Luhmann, Niklas (1981) *Die Unwahrscheinlichkeit der Kommunikation.* In: *Soziologische Aufklärung 3.* Opladen. Westdeutscher Verlag. S. 25-34

Luhmann, Niklas (1984) *Soziale Systeme.* Frankfurt/Main. Suhrkamp.

Luhmann, Niklas (1996) *Die Realität der Massenmedien.* Opladen. Westdeutscher Verlag.

Luhmann, Niklas (1998) *Die Gesellschaft der Gesellschaft.* Frankfurt/Main. Suhrkamp.

Maturana, Humberto R./Varela, Francisco J. (1987) *Der Baum der Erkenntnis: Die biologischen Wurzeln des menschlichen Erkennens.* Bern-München-Wien. Scherz. 3. Auflage.

McLuhan, Herbert Marshall (1992) *Die magischen Kanäle. Understanding Media.* Düsseldorf etc. ECON

McQuail, Dennis (1987) *Mass Communication Theory*. 2. Aufl. Beverly Hills/Newsbury Park. Sage.

Münch, Richard (1991) *Dialektik der Kommunikationsgesellschaft.* Frankfurt/Main. Suhrkamp.

Plant, Sadie (2000) *Writing on Drugs*. London. Faber.

Pross, Harry (1972) *Medienforschung.* Darmstadt. Habel.

Rajewsky, Irina O. (2002) *Intermedialität.* Tübingen/Basel. Francke.

Ratzka, Dietrich (1984) *Handbuch der Neuen Medien.* Stuttgart. Deutsche Verlags-Anstalt

Schmidt, Siegfried J. (1998) *Konstruktivismus als Medientheorie.* In:Nöth, Winfried/Wenz, Karin (Hrsg.) (1998) *Intervalle 2. Schriften zur Kulturforschung: Medientheorie und die digitalen Medien.* Kassel. Kassel University Press. S. 21-46.

Schmidt, Siegfried J. (1999) *Media Societies – Fiction Machines.* Paper presented at the Two-Day International Conference on "Discourse - Society - Interaction. Interdisciplinary Approaches", Edinburgh, 19-20 November 1999.

Shannon, Claude E./Weaver, Warren (1949) *A Mathematical Theory of Communication.* Urbana. University of Illinois Press.

Straßner, Erich (1980) *Sprache in den Massenmedien.* In: Lexikon der germanistischen Linguistik. 2. Aufl. Tübingen. Niemeyer

Strohman, Richard (1994) *Epigenesis : The Missing Beat in Biotechnology.* In: Biotechnology, Vol. 12 S. 156-163.

Strohman, Richard (2001) *Toward a new paradigm for life. Beyond genetic determinism.* Internet: http://www.psrast.org/strohmnewgen.htm

Thompson, John B. (1995) *The Media and Modernity. A Social Theory of the Media.* Cambridge. Polity.

Wiegerling, Klaus (1998) *Medienethik.* Stuttgart/Weimar. Metzler.

Wolf, Werner (1999) *Musicalized Fiction and Intermediality.* In: Bernhart/Scher/Wolf (1999) *Word and Music Studies.* Amsterdam. S. 37-58.

6. Technik und Gesellschaft

6.1. Das Verhältnis von Technik und Gesellschaft

6.1.1. Technikdeterminismus und Sozialkonstruktivismus

Wir wollen nun das Verhältnis von Technik und Gesellschaft näher betrachten. Es stellt sich hier eine ähnliche Frage wie beim soziologischen Problem der Vermittlung von Struktur und Handeln bzw. Gesellschaft und Individuum: Bestimmt die Technik die Gesellschaft oder die Gesellschaft die Technik? Wird die Technik als eine die Gesellschaft determinierende Größe betrachtet, so kann von einem Technikdeterminismus gesprochen werden. Dabei wird oft angenommen, dass die Folgen des Technikeinsatzes aus Eigenschaften der Technik selbst entspringen. Wird das Hauptgewicht auf die Betonung der Technikgenese (=Technikentwicklung) in dem Sinn gelegt, dass die Gesellschaft den Einsatz und die Auswirkungen von Technologien determiniert, so kann von Sozialkonstruktivismus gesprochen werden. Dieser geht davon aus, dass die Technikgenese ein gesellschaftlicher Prozess ist, in dem Technologien als Produkte sozialen Handelns entstehen. Diese Position geht davon aus, dass Technik ein soziales Konstrukt ist. Dabei wird häufig angenommen, dass die Auswirkungen der Technik nicht aus der Technik selbst entspringen, sondern gesellschaftliche Verhältnisse widerspiegeln. Eine weitere Ansicht, die in soziodeterministischen Technikdiskursen häufig zum Ausdruck gebracht wird, ist, dass die Folgen des Technikeinsatzes durch die soziale Konstruktion in die Technik eingebaut sind. Dies bedeutet, dass der Einsatz einer Technologie gewisse Folgen nach sich ziehen *muss*, da sie schon im sozialen Entstehungsprozess der Technik angelegt sind. Bei solchen Ansätzen wird übersehen, dass der Einsatz von Technologien eine Eigendynamik gewinnen kann, die nichtvorhersehbare Folgen nach sich zieht. Diesem Ansatz kann auch entgegengehalten werden, dass nicht generalisiert werden kann, dass alle Technologien automatisch bestimmte Folgen nach sich ziehen. Bei der Militärtechnologie trifft dies z.B. zwar in dem Sinn zu, dass ihr Einsatz immer Tote als Opfer haben wird, da sie ausschließlich als Kriegsmaschinerie konstruierbar ist. Bei der Computertechnologie sind aber z.B. abhängig von gesellschaftlichen Rahmenbedingungen durchwegs verschiedene Szenarien des Einsatzes vorstellbar. Ein Beispiel: Unter den derzeitigen Bedingungen wird die Computertechnologie vielfach zur Rationalisierung und Automation eingesetzt. Dies kann einen Anstieg der Arbeitslosigkeit und damit der Armut mit sich bringen. Vorstellbar ist aber auch, dass die gesellschaftlichen Rahmenbedingungen so verändert werden, dass dieselben oder leicht modifizierte Technologien so eingesetzt werden, dass die Arbeitszeit für alle im gleichen Ausmaß verkürzt wird und dass alle von der dadurch entstehenden tendenziellen Aufhebung der Arbeit im gleichen Ausmaß profitieren. Dies ist aber auch abhängig von gesellschaftlichen Rahmenbedingungen: Es kann argumentiert werden, dass ein rein profitorientiertes und auf permanente Kostenreduktion orientiertes ökonomisches System „negative" Folgen des Technikeinsatzes wie Arbeitslosigkeit zwar nicht vollständig determiniert, aber zumindest begünstigt.

Technikdeterministisch ist z.B. folgende Aussage des amerikanischen Soziologen Alvin Toffler: „Mit Hilfe neuer Technologien, die sich noch im Kindheitsstadium befinden, wird sich abstumpfende körperliche Arbeit mit der Zeit durch befriedigendere geistige Arbeit ersetzen lassen" (aus einem Interview mit Toffler). Aus neuen technischen Entwicklungen wird eine automatische Verbesserung der Arbeitsbedingungen abgeleitet, es bleibt unerwähnt, dass Arbeitsbedingungen nicht vorwiegend ein Resultat des Technikeinsatzes, sondern politischer Kämpfe und Aushandlungsprozesse sind.

Ein Beispiel für eine sozialkonstruktivistische Theorie der Technik ist die Actor Network Theory von Bruno Latour (1987). Unter einem Aktor versteht Latour „Entitäten, die Dinge machen". Damit ist die Unterscheidung zwischen Mensch und Nicht-Mensch (wie z.B. Technik) in der Form von Aktoren aufgehoben. Eine Münze gilt in der Actor-Network-Theory (ANT) z.B. als Aktor, die ein Netzwerk von Verbündeten aufbaut, um einen Tausch zu bewerkstelligen. Als Vorteil dieses Ansatzes betrachtet Latour, dass die Soziologie für nichtmenschliche Akteure geöffnet werde. Unter einem Netzwerk wird in der ANT eine Serie von Transformationen und Übersetzungen verstanden. Es bezeichnet nicht die Gesellschaft, sondern eine Zusammenfassung der Interaktionen zwischen den Akteuren. Unter einer Vermittlungsinstanz (Intermediary) wird alles verstanden, das während einer Übersetzung zwischen Akteuren ausgetauscht wird (z.B. Produkte, Geld, Leistungen, usw.). Ein Aktor will Interessen durchsetzen. Um diese zu erreichen, wirbt er in der ANT Verbündete an, die bei der Stabilisierung des Netzwerks mithelfen sollen. Der Aktor versuche, andere Akteure gleichzuschalten, damit sie dieselben Interessen vertrete wie er. Dadurch wachse die Größe des Netzwerks und damit die Größe/Macht des bestimmenden Aktors. Als Übersetzung können also Verhandlungen, Intrigen, Berechnungen, Überzeugungen und Gewalt verstanden werden, die von einem Aktor eingesetzt werden, um andere Akteure im eigenen Sinn beeinflussen zu können und ihnen das eigene Interesse aufzuprägen.

Ein neues Netzwerk, so die ANT, entsteht aus bereits existierenden. Eine Vermittlungsinstanz (Geld etc.) wird in Zirkulation versetzt, um zusätzliche Akteure ins Netzwerk zu ziehen, um ihnen das Interesse des Netzwerks aufzuprägen. Ein Netzwerk kann sich in zwei Richtungen entwickeln: zur Konvergenz oder Divergenz der Akteure. Durch neue Akteure im Netzwerk nimmt die Divergenz zu, es besteht, so die ANT, eine Heterogenität der Interessen. Übersetzungen seien notwendig, da die neuen Akteure möglicherweise auch Teile anderer Netzwerke seien und von dort beeinflusst würden. Werden derartige heterogene Elemente übersetzt, so steigt die Stabilität und Vorhersagbarkeit des Netzwerkes an. Ein stabiles Netzwerk wird zu einer Black Box: es kann als Tatsache behandelt werden, bei der nur mehr Input und Output zählt. Was dazwischen passiert, ist nicht mehr relevant. Die Stabilität im Netzwerk kann abnehmen, indem z.B. Maschinen kaputt werden, Menschen ihre Meinungen oder ihr Handeln verändern. Die Zirkulation von Vermittlungsinstanzen wird in so einem Fall immer schwieriger, die Übersetzung wird abgeschwächt, die Black Box verliert an Integrität und Divergenz sowie Heterogenität nehmen zu. Ein Netzwerk strebt in der ANT grundsätzlich nach Stabilität. Darunter ist ein Konsens der Akteure über die Bedeutung von Artefakten zu verstehen.

Die ANT geht davon aus, dass soziale Beziehungen in Artefakte wie Technologien durch Übersetzungen hineingeschmiedet werden. Bei der Übersetzung werden die Artefakte durch die Interessen des Netzwerks und seines bestimmenden Aktors geprägt und in Kontrolle gesetzt. Technik ist für Latour dauerhaft gemachte Gesellschaft. Hier zeigt sich der Sozialkonstruktivismus der ANT, da davon ausgegangen wird, dass Eigenschaften und Folgewirkungen in die Technologie durch Übersetzungen eingebaut werden. Als ein konkretes Beispiel kann die Wissenschaft betrachtet werden: Die ANT geht davon aus, dass sich WissenschaftlerInnen in Akteursnetzen bewegen und eine Vielfalt an Materialien, Personen und Techniken nutzbar machen, um ihren Einfluss über das Labor hinaus zu erweitern. Sie wollen ihre Reputation erhöhen und ihre Macht erweitern, indem sie Verbündete in ihr Netzwerk holen, die übersetzt werden, um dasselbe Interesse zu verfolgen. IngenieurInnen und WissenschaftlerInnen etablieren demnach Netzwerke, um Projekte zu realisieren. Die ANT meint, dass sie dabei nicht alleine handeln, sondern die Beziehungen zwischen den Akteuren seien wesentlich. Die Infrastruktur, die von der Wissenschaft benützt wird, erscheint dabei als relevant. Latour geht z.B. davon aus, dass Newton seine Theorien nicht alleine erschaffen hat, sondern durch Hilfe der Royal Society, Geometrie, Astronomie, Mechanik, Arbeitsräume, Labors, Assistenten, dem Essen, usw.

Die ANT vermenschlicht Technik, dies ist ein anthropomorphistischer Fehlschluss, der sich aus der mangelnden Einsicht in das wechselseitige, dialektische Verhältnis von Technik und Gesellschaft ergibt. Kategorien aus der Sozialwissenschaft (Beziehung, Interesse, Macht, handeln, sprechen, kommunizieren, usw.) werden auf nichtsoziale Bereiche (Technik, Biologie, Physik, Chemie, usw.) übertragen. Technik kann als ein Subsystem der Gesellschaft betrachtet werden, das vom Menschen geschaffen und verändert wird. Gesellschaft ist also der Technik immer vorgelagert. Es gibt keine Gleichwertigkeit von Mensch und Technik, Technik kann keine Interessen haben, kann nicht handeln, keine Macht ausüben, kann keine Befehle ausführen, usw.

6.1.2. Technikoptimismus und Technikpessimismus

Eine weitere Unterscheidung, die gemacht werden kann, ist jene zwischen Technikpessimismus und Technikoptimismus: Wird der Einfluss von Technik auf Gesellschaft bzw. von Gesellschaft auf Technik vorwiegend in einem positiven Licht gesehen, kann von Technikoptimismus gesprochen werden, wird er negativ bewertet, so sprechen wir vom Technikpessimismus.

Die klassische Techniksoziologie war durch Technikpessimismus geprägt. Derartige Positionen wurden z.B. von Jacques Ellul (1964), Hans Freyer (1960, 1987), Arnold Gehlen (1958), Martin Heidegger (1962), Friedrich Georg Jünger (1956), Lewis Mumford (1974), Helmut Schelsky (1965) und Oswald Spengler (1931). In den 1920ern argumentierten konservative, rechtsgerichtete deutsche Wissenschaftler, dass eine "konservative Revolution" gegen die Moderne notwendig sei, sie identifizierten Gesellschaftsprobleme mit der Technik an sich. Mit dem Aufstieg des Nationalsozialismus sahen vielen eine solche Revolution als gegeben, Denker wie Freyer, Gehlen, Heidegger und Schelsky wurden Teil der faschistischen Intelligenz. Andere wie Spengler oder Ernst Jünger (der Bruder von F. G. Jünger), die zu den Hauptproponenten der konservativen Revolution gehörten, distanzieren sich sanft von Hitler und vom Nationalsozialismus, hatten jedoch zu einem geistigen Klima beigetragen, dass den Aufstieg des Faschismus begünstigte. Sie argumentierten auch für einen autoritären Staat. Arnold Gehlen sprach davon, dass die Technik den Menschen passiv und unpolitisch mache, es komme zur „Verbegrifflichung und Entsinnlichung" (Gehlen 1958, S. 25) und zur „Primitivisierung" des Geistes. Die Gefährdung des Menschen durch die Technik bestand für Hans Freyer darin, dass die „Personalität" der Menschen von Sachzwängen verschüttet werde. Helmut Schelsky sprach von der Technik als Sachgesetzlichkeit, die Politik und Demokratie zerstöre. Oswald Spengler sprach vom Mensch in der Moderne als dem „Sklaven der Maschine" (Spengler 1931, S. 75). Martin Heidegger sprach von der Technik als „das Gestell", es verstelle dem Menschen den Zugang zu Wahrheit und Erkenntnis. Technischer Fortschritt führe in die Seinsvergessenheit. Gemeinsam ist diesen konservativen Denkern, dass sie extrem technikpessimistisch und technikdeterministisch argumentierten. Die Ambivalenz und gesellschaftliche Bedingtheit der Technikgestaltung und des Technikeinsatzes werden übersehen.

Mit den Veränderungen hin zur Informationsgesellschaft resultierte bei vielen Akteuren in Politik und Wissenschaft in einem ungebremsten Technikoptimismus. Technischer und gesellschaftlicher Fortschritt werden häufig als Einheit dargestellt (vgl. Fuchs 2002a). Unzählige Beispiele für diese Ideologie lassen sich gerade auch in Bezug auf die Informatisierung der Gesellschaft in Wissenschaft, Politik, Management und Medien finden. So meinte etwa Gerd Schröder: „Wir wollen und werden den Fortschritt, den die Industriegesellschaft durch Information und Kommunikation machen kann, so gestalten, dass er den Menschen in Europa zugute kommt. Wir werden dafür sorgen, dass dieser Fortschritt übrigens genauso wie seinerzeit der Fortschritt von der Agrar- zur Industriegesellschaft zu mehr Wohlstand und einer besseren Lebensqualität für die Menschen in Europa führt" (Regierungserklärung Gerhard Schröder, 6.4.2000). Ähnlich die Progress & Freedom Foundation: „The foundation embraces the idea of progress – i.e., the belief that Mankind has advanced in the past, is presently advancing, and will continue to advance through the foreseeable future. And it believes that the sort of progress brought about by the digital revolution is inherently favorable to enhanced human individuality and freedom" (Mission statement of the PFF).

6.1.3. Die Dialektik von Technik und Gesellschaft

Neben Technikdeterminismus und Sozialkonstruktivismus ist auch eine dialektische Position in bezug auf das Verhältnis von Technik und Gesellschaft möglich: Technik und Gesellschaft stehen in einem dialektischen Verhältnis, es bestehen wechselseitige Abhängigkeiten und Wechselwirkungen. Technik kann auf einer Mikroebene (die Ebene der Teile eines Systems) als Teilsystem der Gesellschaft (Makroebene) gesehen werden. Die Wirkung der Gesellschaft auf die Technik besteht darin, dass der Mensch die Technik gestalten kann und über den Technikeinsatz und dessen Form entscheidet. Da die Technik auf die Gesellschaft rückwirkt, entstehen soziale Auswirkungen des Technikeinsatzes. Diese sind nicht immer vorhersehbar, oft entstehen unerwünschte Folgen. Der Technikeinsatz kann gesellschaftliche Probleme, emergente Phänomene der Gesellschaft, nach sich ziehen. Emergenz bedeutet dabei das Auftauchen neuer Systemeigenschaften, die nicht auf die Teile des Systems zurückgeführt werden können. Technik ist dabei Medium und Resultat des sozialen Handelns angesehen.

Eine solche dialektische Herangehensweise ermöglicht eine ausreichende Berücksichtigung der Wechselwirkungen zwischen Technik und Gesellschaft. Sowohl Technikgenese als auch Technikfolgenabschätzung wird in einem solchen Ansatz gleichermaßen berücksichtigt.

„Technik hat [...] unwiderruflich neben den erwarteten Wirkungen auch nichtintendierte, nicht im einzelnen vorhersehbare und oft unerwünschte Folgen, weil die [...] Dynamik [der Wechselwirkungen von Technik und Gesellschaft; Anm. CF] emergente Phänomene nach sich zieht, auch wenn die Gesellschaft noch so stark ihre Interessen und Motive an der Gestaltung der Technik als Instrument zur Erfüllung bestimmter gesellschaftlicher Funktionen der Technik aufherrscht und in sie einschreibt, denn die constraints, die die Gesellschaft vorgibt, reichen ebenfalls nicht aus, die Technik ganz zu kontrollieren. Weder bestimmt die Technik völlig, was die Zwecke sind, die im Ergebnis ihrer Anwendung bedient werden, noch bestimmt die Gesellschaft völlig, wie die Mittel auszusehen haben, über die sie verfügen möchte. Der Technik ist also durchaus zuzugestehen, dass sie relativ ungeachtet ihrer vorgängigen gesellschaftlichen (Teil-)Bestimmung den Charakter der Gesellschaft im nachhinein (mit-)bestimmt." (Hofkirchner 1999).

Der Technikdeterminismus ist eine reduktionistische Herangehensweise in dem Sinn, dass er soziale Probleme auf ein Teilsystem der Gesellschaft, nämlich das technische, reduziert. Der Sozialkonstruktivismus kann als projektionistisch angesehen werden, da er soziale Prozesse und soziales Handeln auf Technik projiziert, indem behauptet wird, dass die Folgen der Technik in diese bereits unwiderruflich durch ihren sozialen Entstehungsprozess eingebaut werden. Dialektische Herangehensweisen gehen hingegen davon aus, dass Widersprüche sich einerseits bedingen und anderseits ausschließen. Sie sagen nicht: Entweder dieses oder jenes, sondern: Beides ist gleichzeitig möglich. D.h.: Technik beeinflusst Gesellschaft und Gesellschaft beeinflusst Technik.

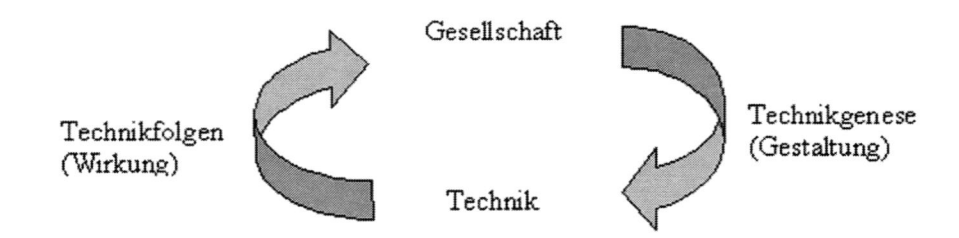

Karl Marx verstand das Verhältnis von Technik und Gesellschaft als dialektisches: Gesellschaftliche Wirkungen werden nicht als von der Technik an sich verursacht angesehen, sondern die Wirkungen des Technikeinsatzes werden als abhängig von der Gesellschaftsgestaltung und von der gesellschaftlichen Einbettung der Technologien gesehen. Gesellschaftliche Probleme, die mit Technikeinsatz zu tun haben, entstünden aus der kapitalistischen Anwendung von Maschinen. Eine Technologie könne unter veränderten gesellschaftlichen Rahmenbedingungen völlig andere Auswirkungen haben[49]. Maschinen seien eigentlich „das gewaltigste Mittel, die Produktivität der Arbeit zu steigern, d.h. die zur Produktion einer Ware nötige Arbeitszeit zu verkürzen"[50] (Marx 1867, S. 425). Und das bewertet Marx an sich positiv, denn die Freiheit könne erst dort beginnen, wo die Lohnarbeit aufgehört habe: „Das Reich der

---

49. Marx: „In einer kommunistischen Gesellschaft hätte daher die Maschinerie einen ganz andren Spielraum als in der bürgerlichen Gesellschaft" (Marx 1867, S. 414, Fußnote 116a)

Freiheit beginnt in der Tat erst da, wo das Arbeiten, das durch Not und äußere Zweckmäßigkeit bestimmt ist, aufhört" (Marx 1894, S. 828).

Der dialektische Technikbegriff und die Ablehnung des Technikdeterminismus zeigen sich bei Marx auch an Hand des Beispiels des Maschinensturms: Der Maschinensturm in der Form der Zerstörung von Maschinen war ein sozialer Protestschrei im sich industrialisierenden England. Das erste derartige Aufbegehren gegen die neue Verwertungslogik war 1811 die Luditische Rebellion der Strumpfarbeiter in Nottingham. Sie protestierten gegen Entlassungen und Lohnkürzungen, indem sie nachts durch die Straßen zogen und Maschinen zerstörten. Sie hielten also die Technik für den Verursacher sozialer Probleme. 1812 wurde Maschinensturm mit der Todesstrafe belegt. Ist an Armut, Lohnkürzungen und Arbeitslosigkeit die Technik selbst Schuld oder ihre kapitalistische Nutzungsweise? Marx meinte zum Maschinensturm: „Es bedarf Zeit und Erfahrung, bevor der Arbeiter die Maschinerie von ihrer kapitalistischen Anwendung unterscheidet und daher seine Angriffe vom materiellen Produktionsmittel selbst auf dessen gesellschaftliche Exploitationsform übertragen lernt" (Marx 1867, S. 452).

Nicht die Maschinerie selbst sei also Schuld an den Folgen ihrer Anwendung, sondern die Art und Weise ihrer Anwendung. Für Marx ist der Technikdeterminismus ein Mittel bürgerlicher Denker, um den möglicherweise Widerstand leistenden Arbeitenden einzureden, der Gegner sei nicht die kapitalistische Anwendung der Technik, sondern die Technik selbst. In der folgenden Passage wird Marxens dialektischer Technikbegriff schön zusammengefaßt: „Die von der kapitalistischen Anwendung der Maschinerie untrennbaren Widersprüche und Antagonismen existieren nicht, weil sie nicht aus der Maschinerie selbst erwachsen, sondern aus ihrer kapitalistischen Anwendung! Da also die Maschinerie an sich betrachtet die Arbeitszeit verkürzt, während sie kapitalistisch angewandt den Arbeitstag verlängert, an sich die Arbeit erleichtert, kapitalistisch angewandt ihre Intensität steigert, an sich die Arbeit erleichtert, kapitalistisch angewandt ihre Intensität steigert, an sich ein Sieg des Menschen über die Naturkraft ist, kapitalistisch angewandt den Menschen durch die Naturkraft unterjocht, an sich den Reichtum des Produzenten vermehrt, kapitalistisch angewandt ihn verpaupert usw., erklärt der bürgerliche Ökonom einfach, das Ansichbetrachten der Maschinerie beweise haarscharf, daß alle jene handgreiflichen Widersprüche bloßer Schein der gemeinen Wirklichkeit, aber an sich, also auch in der Theorie gar nicht vorhanden sind" (Marx 1867, S. 465).

Technik ist also für Marx prinzipiell ein Mittel, um den Menschen das Leben einfacher zu machen und ihnen mehr Zeit und Raum für die freie und selbstbestimmte Gestaltung ihres Lebens zu ermöglichen. Durch die kapitalistische Anwendung der Technik zeige sich aber genau das Gegenteil: Verlängerung des Arbeitstages, Arbeitslosigkeit und Armut. Marx argumentiert weder technikoptimistisch noch –pessimistisch. Es sei sowohl ein Einsatz der Maschinerie mit positiven als auch einer mit negativen Folgen

---

50. Oder anderswo: Technik sei „das gewaltigste Mittel zur Verkürzung der Arbeitszeit" (Marx 1867, S. 430)

für die Menschheit vorstellbar. Dies sei jedoch abhängig vom Einsatz und von der Gestaltung der Technik.

Im Kapitalismus besteht eine Umkehr der Zweck-Mittel-Relation: Es werden nicht mehr Zwecke identifiziert, zu deren Erreichen Technik ein Hilfsmittel ist, sondern Technik wird zum Selbstzweck. Ihr Hauptsinn besteht nun in der effektiven Organisation der Kapitalakkumulation in Form des technischen Produktionsmittels. Technik dient nicht mehr den Menschen zur Erleichterung ihres Daseins und ihrer Auseinandersetzung mit der Natur, sondern der effektiven Ausbeutung der Arbeitenden durch das Kapital und der Produktion des Mehrwerts. Sie ist im Kapitalismus Mittel zur Produktion von Mehrwert und dadurch in die Widerspruchhaftigkeit des Kapitalismus eingebunden. Technik ist für Marx eine Form der relativen Mehrwertproduktion. Durch ihre Entwicklung als Produktivkraft ist sie Mittel um die lebendige Arbeitskraft effizienter zu gestalten. D.h., dass der permanente Fortschritt von Wissenschaft und Technik dafür sorgt, dass die Mehrwertproduktion zeitlich immer mehr komprimiert wird. Mit Hilfe immer neuer und besserer Maschinen kann immer mehr Mehrwert in immer kürzerer Zeit hergestellt werden. Der Ausbeutungsgrad der Arbeitenden steigt dadurch immer mehr an.

Die Technik erleichtert an sich die Arbeit, im Kapitalismus wird sie jedoch zum Herrschaftsmittel über die Arbeitenden und intensiviert den Ausbeutungsgrad der Arbeit. Dies entspringt jedoch nicht aus Eigenschaften der Technik, sondern aus der Anwendung und Entwicklung der Technik als Mittel der kapitalistischen Herrschaft (vgl. Marx 1867, S. 465).

Dass die Technik in die Widersprüchlichkeit des Kapitalismus eingebunden ist, zeigt sich auch an der Rolle, die sie im Widerspruch zwischen lebendiger und vergegenständlichter Arbeit spielt. Da Technik Mittel zur Produktion von Mehrwert ist, führt der Zwang, sie beständig weiter zu entwickeln, zur Ersetzung von lebendiger durch vergegenständlichte Arbeit. Basis des Werts ist jedoch die lebendige Arbeit, der Mehrwert entspringt nur aus dem variablen Kapital. Wir haben bereits gesehen, dass dieser Widerspruch eine wesentliche Rolle beim TFPR spielt, aber nicht dessen einziger Faktor ist. Technik ist Medium und Resultat dieses Widerspruchs: Sie vermittelt die Ersetzung von lebendiger durch vergegenständlichte Arbeit, als Resultat davon wird die Entwicklung der Produktivkräfte, und damit auch die Technikgenese, aber weiter vorangetrieben.

Durch den eben beschriebenen Widerspruch steigt die Arbeitslosigkeit im Zug des Voranschreitens der Automatisierung langfristig relativ an. Gleichzeitig erhöht sich die Ausbeutungsrate der verbleibenden Lohnarbeitenden durch die technisch vermittelte Intensivierung der Arbeit. Die verfügbare Zeit (disposable time) der Gesellschaft wird dadurch erhöht, dass die gesellschaftlich notwendige Arbeitszeit vermindert wird und gleichzeitig die Mehrarbeit erhöht wird. Auch hier ist Technik Medium und Resultat des Widerspruchs. „Es liegt also in der Anwendung der Maschinerie zur Produktion von Mehrwert ein immanenter Widerspruch, indem sie von den beiden Faktoren des Mehrwerts, den ein Kapital von gegebner Größe liefert, den einen Faktor, die Rate des Mehrwerts, nur dadurch vergrößert, dass sie den anderen Faktor, die Arbeiterzahl, verkleinert" (Marx 1867, S. 429).

Die Lohnarbeitenden sind im Kapitalismus zum Anhängsel des fixen Kapitals (Maschinen) geworden. Einerseits technisch, da die Arbeitsmittel nicht mehr von einem einzelnen Individuum beherrscht werden können, sondern nur im Rahmen der Arbeitsteilung (Trennung von Produzent und Produktionsmittel). Andererseits sozial, da die Arbeitsmittel den Arbeitenden als Kapital gegenübertreten. „Innerhalb des kapitalistischen Systems vollziehn sich alle Methoden zur Steigerung der gesellschaftlichen Produktivkraft der Arbeit auf Kosten des individuellen Arbeiters; alle Mittel zur Entwicklung der Produktion schlagen um in Beherrschungs- und Exploitationsmittel des Produzenten, verstümmeln den Arbeiter in einen Teilmenschen, entwürdigen ihn zum Anhängsel der Maschine, vernichten mit der Quelle seiner Arbeit ihren Inhalt, entfremden ihm die geistigen Potenzen des Arbeitsprozesses, im selben Maße, worin letzterem die Wissenschaft als selbständige Potenz einverleibt wird" (Marx 1867, S. 674).

Auch der marxistische Philosoph Herbert Marcuse vertrat einen dialektischen Technikbegriff (vgl. Fuchs 2002b). Technik bedeutet für Marcuse zunächst ganz allgemein „von Menschenhand geschaffene Entitäten, durch die Veränderung ‚natürlicher' Bedingungen" hervorgebracht werden (Marcuse 1961, S. 49). Im Kapitalismus werde die Technik zum Selbstzweck, nicht mehr das Leben als Zweck stehe im Vordergrund, sondern das Leben als Mittel. Die Aufgabe der Technik im Kapitalismus sei es, neue Formen sozialer Kontrolle zu etablieren. Technik sei daher kapitalistisches Herrschafts- und Kontrollmittel. Kapitalistische Anwendung der Technik ließe sich durch die Formel „technischer Fortschritt = wachsender gesellschaftlicher Reichtum = größere Knechtschaft" (Marcuse 1972, S. 13) zusammenfassen.

Technik bedeutet für Marcuse weder an sich Herrschaft, noch Befreiung, aber auch nicht Neutralität. Befreiung sei in erster Linie ein sozialer Prozess, der ein bestimmtes Niveau der Produktivkräfte voraussetze, sich aber gesellschaftlich und im Rahmen sozialer Kämpfe durchsetze. „die wahrhaft befreienden Wirkungen der Technik sind im technischen Fortschritt als solchem nicht enthalten; sie setzen gesellschaftliche Veränderungen voraus, die sich auch auf die grundlegenden ökonomischen Institutionen und Verhältnisse erstrecken" (Marcuse 1957, S. 238). Die fortschreitende Technisierung der Gesellschaft sei weder automatisch fortschrittlich, noch automatisch regressiv oder barbarisch, „sie kann fortschrittlich oder regressiv, humanisierend oder dehumanisierend" sein (Marcuse 1966, S. 172).

Marcuse hat einen dialektischen Technikbegriff: Er geht zwar davon aus, dass die Technik im Kapitalismus so verwendet wird, dass sie ein Mittel ist, um die Menschen gleichzuschalten und ohnmächtig zu halten. Ein freiheitlicher Gebrauch der Technik scheint ihm unter diesen Umständen nicht möglich. Unter postkapitalistischen Verhältnissen, so Marcuse, kann Technik so eingesetzt werden, dass sie die gesellschaftlich notwendige Arbeit, die durch den Menschen zu verrichten ist, auf ein Minimum reduziert und ihm ein höchstes Maß an Freiheit und Selbstbestimmung garantiert. Der Einsatz von Technik bedeute dann nicht Gleichschaltung, Manipulation und Ende der Individualität, sondern die Möglichkeit eines Wohlstandes für alle, eines „Daseins in freier Zeit auf der Basis befriedigter Lebensbedürfnisse" (Marcuse 1967, S. 242).

Marcuse weist immer wieder darauf hin, dass bestimmte technische Entwicklungen zwar durchwegs Basis für die historische Stufe der Menschheit sind, „auf der diese technisch imstande ist, eine Welt des Friedens zu schaffen – eine Welt ohne Ausbeutung, Elend und Angst" (Marcuse 1965, S. 123), „eine technische und natürliche Umwelt [...], in der nicht länger Gewalt, Hässlichkeit, Beschränktheit und Brutalität" dominieren (Marcuse 1972, S. 12). Genauso sei aber auch möglich, dass technische Entwicklung zur Ausbildung einer Standardisierung des Denkens und des Handelns, einer technologischen Rationalität, einem eindimensionalen und falschen Bewusstsein sowie falschen Bedürfnissen beiträgt. Marcuse betont immer wieder diese Ambivalenz der Wirkungsweisen moderner Technologien, dass eben nicht determiniert ist, welche Entwicklung dominiert und dass sich grundsätzlicher gesellschaftlicher Wandel nicht notwendigerweise durchsetzt. So meint er etwa: „Ich möchte nochmals hervorheben, dass ich diese [technische] Entwicklung (noch) nicht bewerte: sie kann fortschrittlich oder regressiv, humanisierend oder fortschrittlich sein" (1966, S. 172). Oder: „Die Technik selbst kann Autoritarismus ebenso fördern wie Freiheit, den Mangel so gut wie den Überfluss, die Ausweitung von Schwerstarbeit wie deren Abschaffung" (Marcuse 1941, S. 286). Es sei „nicht die Technologie, nicht die Technik und nicht die Maschine Hebel der Unterdrückung [...], sondern die ihnen innewohnende Gegenwart der Herren, die ihre Zahl, ihre Lebensdauer, ihre Macht, ihren Platz im Leben und das Bedürfnis nach ihnen bestimmen".

Der eigentliche Zweck der Technik, der aber im Kapitalismus nicht realisierbar sei, ist für Marcuse die Ermöglichung eines „befriedeten Daseins", das einen Sieg über den Mangel herstelle. Dieses würde auch qualitativ andere Beziehungen zwischen den Menschen und zwischen Mensch und Natur eröffnen (Marcuse, 1967, S. 246). Die technische Unterwerfung der Natur sei bisher einhergegangen mit einer Zunahme der Herrschaft des Menschen über den Menschen (Marcuse 1967, S. 264). Die geschichtliche Alternative sei „die geplante Nutzung der Ressourcen zur Befriedigung der Lebensbedürfnisse bei einem Minimum an harter Arbeit, die Umwandlung der Freizeit in freie Zeit, die Befriedung des Kampfes ums Dasein" (1967). Möglich sei die „freie Verfügung über freie Zeit" (Marcuse 1961, S. 41). „Freie Zeit gehört zu einer freien Gesellschaft, Freizeit zu einer repressiven" (Marcuse 1966, S. 185).

Die moderne Technik sei so weit entwickelt, dass sie einen Umsturz der gesellschaftlichen Verhältnisse notwendig mache. Dann sei eine „Aufhebung der Arbeit" durch Automatisierung möglich: „Die fortgeschrittene Industriegesellschaft nähert sich dem Stadium, wo weiterer Fortschritt den radikalen Umsturz der herrschenden Richtung und Organisation des Fortschritts erfordern würde. Dieses Stadium wäre erreicht, wenn die materielle Produktion (einschließlich der notwendigen Dienstleistungen) dermaßen automatisiert wird, dass alle Lebensbedürfnisse befriedigt werden und sich die notwendige Arbeitszeit zu einem Bruchteil der Gesamtzeit verringert. Von diesem Punkt an würde der technische Fortschritt das Reich der Notwendigkeit transzendieren, in dem er als Herrschafts- und Ausbeutungsinstrument diente, was wiederum seine Rationalität eingeschränkt hat; die Technik würde dem freien Spiel der Anlagen im Kampf um die Befriedigung von Natur und Gesellschaft unterworfen" (Marcuse 1967, S. 36).

Marcuse argumentiert weder technikoptimistisch noch technikpessimistisch, sondern spricht von Chancen und Risiken, die sich durch neue Technologien ergeben. Die Wirkungen der Technik seien von den gesellschaftlichen Verhältnissen abhängig. In einer Klassengesellschaft sei die Technik eine klassenförmige Technik und würde daher gesellschaftliche Probleme mitproduzieren. Zugleich würden aber durch die Entwicklung der Produktivkräfte (d.h. Produktivitätserhöhung durch technischen Fortschritt) die Vorbedingungen für eine freie Gesellschaft geschaffen. Ob diese Möglichkeiten genutzt werden, sei abhängig von der menschlichen Praxis. Marcuse spricht sich für eine andere Technik in einer anderen Gesellschaft aus. Er vertritt jedoch Ansicht, dass sich eine qualitative Änderung der Gesellschaft nicht nur in Ökonomie und Politik einstellen müsse, sondern dass auch die „technische Basis" umgeformt werden müsse. Eine neue Richtung des technischen Fortschritts sei nötig, nicht eine quantitative Fortentwicklung der herrschenden technologischen und wissenschaftlichen Rationalität, sondern deren radikale Umwandlung (Marcuse 1967, S. 239)

„Die technische Transformation ist zugleich eine politische, aber die politische Änderung würde nur in dem Maße in eine qualitative gesellschaftliche Änderung übergehen, wie sie die Richtung des technischen Fortschritts ändern – das heißt eine neue Technik entwickeln würde. Denn die bestehende Technik ist zu einem Instrument destruktiver Politik geworden" (Marcuse 1967, S. 238). „Die Vollendung des technischen Fortschritts impliziert die bestimmte Negation dieser [der im Kapitalismus entwickelten] Technik" (Marcuse 1961, S. 65). Die Technik müsste aber nicht vollständig erneuert werden, da sie auch schon heute Bedürfnisbefriedigung und die Verringerung harter Arbeit ermögliche (ebd., S. 242f). Ein Umbau der Technik sei aber notwendig. Eine andere Technik in einer anderen Gesellschaft bedeute Technik als Kunst, die auch das Schöne umfasse: „Technik als Kunst, als Konstruktion des Schönen [...] als Form einer Lebenstotalität, die Gesellschaft und Natur umfasst. [Dies] [...] stellt das Gegenteil jener Technologie und Technik dar [...], die die heutigen repressiven Gesellschaften beherrschen – eine Technik, die von der destruktiven Kraft, mit der Menschen und Dinge, Geist und Materie als bloß zu bearbeitender Stoff erfahren werden, befreit ist" (Marcuse 1967b, S. 80; vgl. auch Marcuse 1969, S. 261f).

Aus dem wechselseitigen Verhältnis von Technik und Gesellschaft ergeben sich zwei wesentliche Forschungsfelder: die Technikgeneseforschung und die Technikfolgenabschätzung.

6.2. Technikgeneseforschung

Definition
Die Technikgeneseforschung beschäftigt sich mit Technikentwicklung und Technikgestaltung: „Arbeiten zur Technikgenese behandeln den Entstehungsprozess von Technik, indem sie entweder ein Erklärungsmuster für die gesamte technische Entwicklung anbieten oder sich speziell auf die Phasen der Technikgestaltung, der Innovation und der Forschung beziehen oder exemplarisch einzelne Fälle von Technikentwicklung rekonstruieren" (Rammert 1993, S. 19). Eine wesentliche Grundthese der Technikgeneseforschung ist, dass Technikentwicklung ein Prozess der sozialen Kon-

struktion durch Akteure ist. Da diese Konstruktion in gesellschaftliche Strukturen eingebettet sei, wäre es möglich, die bereits in der Technikentwicklung angelegten Folgen frühzeitig zu erkennen. Ansätze, die von dieser These ausgehen, können als sozialkonstruktivistisch charakterisiert werden, da sie meinen, dass die Folgen in eine Technologie durch soziale Prozesse eingebaut werden. Rammert betont z.B., dass Technikgenese darauf abziele, „die soziale Erzeugung und Prägung einzelner Techniken und die sozialen Umgangsformen mit einer Technik zu rekonstruieren" (Rammert 1994, S. 17)

Rammert vertritt die Ansicht, dass die Technikentwicklung in unterschiedlich strukturierten Teilbereichen der Gesellschaft abläuft und dass am Prozess der Technikgenese unterschiedliche Akteure mit verschiedenen Interessen und Machtpotentialen beteiligt sind. In jedem Teilbereich der Gesellschaft werde Technik mit einer anderen Orientierung entwickelt. So würden sich z.B. militärische, kommerzielle und öffentliche technische Systeme durch verschiedene Nutzungsweisen auszeichnen. Technikentwicklung sei ein zeitintensiver Prozess, bei dem es in den seltensten Fällen eine Instanz gebe, die diesen durch seine Orientierungen und Interessen steuere. Vielmehr würden sich viele verschiedene Orientierungen zeitlich nacheinander zeigen. Eine Technik sei nicht einfach da, sondern durchlaufe einen vielschichtigen Prozess von der Erfindungsidee zu einer technischen Konstruktionsvorstellung, vom Prototyp bis zur marktgängigen Innovation. Gilfillan (1935) betont, dass Technikgenese ein vielfältiger und endloser Zuwachs von kleinen Modifikationen und Perfektionierungen sei. Normalerweise werden von der Öffentlichkeit nur große Neuerungen wahrgenommen, der komplexe Prozess der Technikentwicklung und die vielen Stufen die dieser umfasst, bleiben dabei ausgeblendet. Erst durch die Kombination von kleinen Innovationen und Entwicklungen sei eine technische Neuerung möglich. Gilfillan betont auch, dass selten etwas wirklich Neues erfunden werde, sondern dass diese Neuerungen zumeist eine Neukombination bereits bestehender Elemente seien. Dies kommt z.B. dadurch zustande, dass sich IngenieurInnen und ErfinderInnen am bestehenden Wissen orientieren. WissenschaftlerInnen setzen sich mit dem State of the Art der Scientific Community auseinander. Daher hat dieser auch Einfluss auf die Entwicklungen und Ideen.

Akteure in der Technikgenese
Entwicklung und Einsatz einer Technik werden von den verschiedensten Interessen bestimmt: Wissenschaft, UnternehmerInnen, ForscherInnen, Staat, Bürgerinitiativen, Konsumenten, NutzerInnen, KritikerInnen usw. Die Macht dieser Akteursgruppen ist aber unausgeglichen, und daher ist der Einfluss, den diese Gruppen auf die Technikgenese ausüben, unterschiedlich. Die ökonomische Macht unterliegt bei der Technikgenese einer Asymmetrie, und der Profitabilität einer Technologie kommt auf Grund der Dominanz des Interesses organisierter ökonomischer Akteure eine wesentliche Bedeutung zu. Eine Technologie, von der erwartet wird, dass sie sich nicht verkauft und die daher wenig Profit einbringt, wird kaum die Unterstützung von Unternehmen und Staat erlangen. Das Bild des autonom nach Eigeninteressen agierenden Forschers und von der Pluralität der Interessen in der Technikgenese, das von einigen Techniksoziologen wie Werner Rammert (1993) vermittelt wird, erscheint etwas zweifelhaft, wenn bedacht wird, dass WissenschaftlerInnen und ForscherInnen nach

Reputation in der Öffentlichkeit und innerhalb der Scientific Community streben. Daher kann angenommen werden, dass die Mehrheit der IngenieurInnen sich bei der Entwicklung neuer Ideen an den Marktchancen orientieren. Die Marktfähigkeit stellet also ein übergeordnetes Interessen dar, auf die sich mehrere Akteure, die in die Technikgenese involviert sind, beziehen. Es gibt übergeordnete ökonomischen Zusammenhänge. Die Interessen der Akteure Staat, Forschung und Ökonomie sind es, die die Technikgenese im weiten Ausmaß bestimmen. Es sollte auch beachtet werden, dass es immer weniger der Fall ist, dass die Wissenschaft autonom von der Ökonomie agieren kann. Unternehmen finanzieren immer stärker die Wissenschaft im Rahmen von Forschungskooperationen und Auftragsarbeiten. Die laufenden Diskussionen über Universitätsreformen gehen in die Richtung, dass den organisierten Unternehmerinteressen mehr Mitsprache gegeben werden soll. Forschung ist kein autonomes Tätigkeitsfeld, sondern eines, das ganz wesentlich mit den herrschenden ökonomischen Interessen verknüpft ist. Jedes größere Unternehmen hat heute z.B. seine eigene Forschungsabteilung, in der WissenschaftlerInnen an den Grundlagen der Warenproduktion arbeiten. Die Infragestellung der vollständigen Divergenz der großen Interessen und der weitgehenden Autonomie der Akteure im Prozess der Technikentwicklung bedeutet nicht, dass eine Homogenität der Interessen der Akteure unterstellt wird. Dies wäre angesichts der Pluralität der institutionalisierten Interessen tatsächlich verfehlt. Was aber sehr wohl gesagt werden kann, ist, dass eine wesentliche Aufgabe des Staates ist, die Rahmenbedingungen für möglichst optimales ökonomisches Handeln zu setzen. Wird also die Bedeutung dieser Verbindungslinie zwischen ökonomischen Interessen und politischen Funktionen berücksichtigt, so kann gesagt werden, dass sich die Technikentwicklung in der Phase der Forschung und der Entstehung in letzter Instanz weitgehend nach den Kriterien der Marktfähigkeit bestimmt.

Nichtsdestotrotz kann nicht angenommen werden, dass ökonomische Interessen die Technikentwicklung vollständig bestimmen. Es wird nur festgehalten, dass sie eine dominante Position in diesem Prozess einnehmen. Technikgenese umfasst jedoch nicht nur die Forschungsphase, sondern auch die Institutionalisierung der Techniken in der Gesellschaft, also den konkreten Einsatz. Und ob es zu so einem Einsatz kommt, ist nicht nur die Frage ökonomischer Interessen, sondern auch eine der organisierten politischen Interessen der von den Folgen des Einsatzes unmittelbar Betroffenen. Kommt es zu einem Konflikt hinsichtlich der Anwendung einer Technologie, so ist dabei zu unterscheiden, ob eine Seite den Einsatz grundsätzlich in Frage stellt oder ob es vorwiegend um das *Wie* des Einsatzes geht. Welche Seite sich schlussendlich durchsetzen kann ist eine Frage der Aushandlung, Argumentationsfähigkeit, der Mobilisierung öffentlicher Meinung, Ausdauer, Organisierung von zusätzlichen mächtigen Akteuren für die eine oder die andere Seite, usw. Ergebnis kann dann letzten Endes ein Konsens, ein Kompromiss oder die weitgehende Durchsetzung des Interesses einer Seite des Konfliktes sein. Dies ist abhängig von den gewählten Vorgangsweisen, vom Geschick der Akteure und den Machtpositionen. Es ist immer weniger der Fall, dass die mächtigeren Akteure (in letzter Instanz jene, die über mehr ökonomische Macht verfügen) ihre Interessen gegen jeden Widerspruch durchsetzen. Unternehmen versuchen beim Einsatz neuer Technologien immer stärker mit den VertreterInnen von organisierten Gegeninteressen in einen Dialog zu treten. Von wesentlicher Bedeutung sind dabei Mediationsverfahren, die versuchen, durch Dialog eine für alle Beteiligten akzeptable Lösung herbeizuführen.

Phasen der Technikentwicklung

Zu Beginn der Technikentwicklung, so Rammert, gibt es einen Pool technischer Ideen. Auf diesen hätten ältere technische Entwicklungen, Innovationen und soziale Interessen Einfluss. In der zweiten Phase erfolgt eine Selektion aus diesem Pool, in dem der Staat durch Forschungs- und Entwicklungsprogramme nur bestimmte Ideen fördert. Die dritte Phase ist jene der Forschung. Rammert vertritt die Ansicht, dass nicht gesagt werden könne, ForscherInnen vertreten ökonomische Interessen, da das Forschungshandeln einen hohen Grad an Selbstorganisation aufweise (Rammert 1993, S. 41). Wer am Prozess der Technikentwicklung bestimmend teilnimmt und wie dessen Resultat aussieht, ist für Rammert nicht im vorhinein festgelegt, dies sei der sozialen Dynamik der strategischen Akteure unterworfen. Dabei seien nicht nur die Machtchancen ausschlaggebend, sondern auch die Mobilisierungsfähigkeit und die Fähigkeit zur Organisierung von argumentativen Diskursen. Vor allem sollte nicht davon ausgegangen werden, dass ein Akteur, z.B. ein Unternehmer, mit seinem Interesse den gesamten Prozess der Technikentwicklung prägen könnte.

Nelson und Winter (1977) identifizieren folgende Phasen der Technikentwicklung: In der ersten Phase seien die innovativen Ideen der handelnden Akteure besonders wichtig. So könne der Pool der Varianten vergrößert werden. In der zweiten Phase würden Selektionsmechanismen wie Staat, Markt und kultureller Wandel eine Auswahl aus dem Pool treffen. In der dritten Phase würden dann die Techniken durch Institutionalisierung in die Gesellschaft eingeführt.

Werner Rammert vertritt die Ansicht, dass ohne Betrachtung des Prozesses der Technikgenese Technikfolgenabschätzung nicht ernsthaft zu betreiben sei. Diese würde nämlich durch das immer höhere Tempo technischer Innovationen, die Vielfalt der Technisierungsprozesse (dadurch entsteht eine Unübersichtlichkeit über die komplexen Wirkungen innerhalb eines technischen Systems und zwischen gekoppelten Systemen) und die Gestaltung der Technik durch organisierte Interessen und kulturelle Visionen erschwert (Rammert 1993, S. 48). Eine wesentliche These Rammerts lautet daher:

„Wer gegenwärtig kompetent die Folgen neuer Techniken abschätzen will, kann dies nicht ohne genauere Kenntnis über die sozialen Bedingungen der Erzeugung und Gestaltung technischer Produkte angehen. Denn in den organisierten Prozessen der Technikentwicklung, in den Forschungsinstituten und Industrielabors, fallen schon die Vorentscheidungen über Gestalt und Verwendung neuer Produkte und damit auch für einen Teil der Folgen. Der restliche Teil der Folgen wird durch die institutionellen Bedingungen und kulturellen Muster der Aneignung und des Umgangs mit den Dingen in den jeweiligen gesellschaftlichen Bereichen hervorgerufen" (Rammert 1993, S. 49).

Daher sei die Technikgeneseforschung von wesentlicher Bedeutung und müsste stärker forciert werden. Die Trennung von Technikerzeugung und Technikfolgenabschätzung sei fatal. Um unerwünschte soziale Folgen des Technikeinsatzes zu vermeiden, müssten in Zukunft soziale Kompetenzen zur Diagnose von sozialen Folgen und zum Dialog mit sozialen Akteuren über Alternativen in den Prozess der Technikentwicklung selbst eingebaut werden. Man müsse sich von der Fixierung auf die Technikfolgenabschätzung lösen und sich verstärkt dem Entstehungsprozess neuer Techniken und ihrem sozialen Kontext zuwenden. Die Kritik daran lautet, dass Technikgeneseforschung und Technikfolgenabschätzung zwei nicht voneinander zu trennende Bereiche seien, die notwendig sind, um das wechselseitige Verhältnis von Technik und Gesellschaft in der modernen Gesellschaft adäquat zu fassen.

Otto Ullrich: Technik und kapitalistische Herrschaft

Otto Ullrich (1979) sieht einen Zusammenhang zwischen Technik, Wissenschaft und Kapital. Seine zentrale These lautet, „dass das System von Wissenschaft und Technik in vielfältiger Weise von Interessen durchsetzt ist und mit Interessen in Beziehung steht. Das System Wissenschaft und Technik erzeugt in den es reproduzierenden Menschen eine bestimmte Interessen- und Motivationsdisposition, und durch diese wiederum wird das System seinerseits geprägt und 'weiterentwickelt'. Aus bestimmten Gründen separieren sich diese Interessen von 'allgemeinen' Interessen, stehen mit ihnen zum Teil im Widerspruch und 'kooperieren' mit den Interessen des Kapitals" (S. 434). Der kapitalistische Produktionsprozess müsse prinzipiell so organisiert werden, dass er von außen beherrscht werden kann. Eigene Bewegungen des Arbeitenden würden die Verwertungsinteressen des Kapitals gefährden. Ullrich argumentiert, dass auf Grund des Maschineneinsatzes die Herrschaft zwischen Arbeiter und Kapitalist durch das zwischengeschaltete Medium entpersonalisiert werde: „Der Herrschaftswille des Herrn wird durch die Maschinerie in der Tendenz entpersonalisiert, 'versachlicht'. Zwischen Herr und Knecht tritt mediatisierend die Maschine, und im Horizont des Arbeiters erscheinen nur noch *ihre* Zwänge, die in ihrem Rhythmus zwingender werden als die personale Herrschaft" (Ullrich, 1979, S. 121). Die mediatisierte Herrschaft im Fabriksystem stütze sich also auf die Maschine und die Trennung von Hand- und Kopfarbeit. Die Arbeitszeit sei mit 8 Stunden geregelt, da dies kurz genug sei, um die Arbeit gerade noch erträglich zu finden und lang genug, um keine Zeit zu finden, über größere Systemzusammenhänge nachzudenken.

Die Wissenschaft habe heute einen bedeutenden Stellenwert im Kapitalismus. Der Entwicklungsprozess der Technologie, so Ullrich, wird immer größer und dieser Prozess immer wissenschaftlicher. Wissenschaft sei eine wichtige Produktivkraft. Die Wissenschaft sei notwendig herrschaftsorientiert, da sie von der herrschenden Klasse abhänge (S. 133). Typisch für Ingenieure sei eine „dienende" Haltung: Sie interessieren sich nicht dafür, dass ihre Erfindungen und ihre Arbeit wesentliche Basis der Kapitalakkumulation sei, sondern akzeptieren diese Struktur und ihre eigene Aufgabe kritiklos (S. 134f). Ullrich meint, er habe noch nie von einem organisierten Protest der Ingenieure gehört. Sie würden im Kapitalismus keine Gegner sehen, sondern ein Entwicklungsfeld für „ihre" Technik. Das Kapital sei zur Produktion von relativem Mehrwert gezwungen. Zu dieser Steigerung der Produktivität seien Wissenschaft und Technik wesentliche Voraussetzungen. Daher habe sich die Produktion verwissenschaftlicht. Das Kapital fördere die Wissenschaft und die Technik, da es relativen Mehrwert nur mit deren Hilfe produzieren könne (S. 139f).

Unter Herren-Macht versteht Ullrich ein asymmetrisches soziales Zwangsverhältnis zwischen Herr und Knecht, bei dem der Knecht seine Arbeitskraft mehr im Interesse und zum Vorteil des Herrn einsetzt als umgekehrt. Unter Asymmetrie ist dabei ein ungleich verteilter Gewinn und/oder eine ungleiche Verteilung von Kosten in der sozialen Beziehung zu verstehen. Im Kapitalismus sei der Gewinn der Transfer der Arbeitskraft des Knechtes zum Herrn, der den Mehrwert gratis konsumiert und in Profit verwandelt. Das Verhältnis zwischen Herr und Knecht, so Ullrich, wird vorwiegend vom Herrn bestimmt. Die Asymmetrie wird auch gegen den Willen des Knechts aufrechterhalten. Diese Macht sei keine Eigenschaft, sondern ein soziales Verhältnis zwischen Herr und Knecht. Der Herr habe nicht Macht, sondern Macht *über* den Knecht (S. 153). Unter Herren-Macht versteht Ullrich also im wesentlichen ein durch Zwang aufrechterhaltenes Ausbeutungsverhältnis. Unter Zwang versteht er die erfolgreiche Übertragung eines fremden Willens auch gegen den eigenen Willen (S. 159).

Als Herrschaft bezeichnet Ullrich ein zeitlich stabiles Machtverhältnis. Sie bedeute eine „asymmetrische Verfügung über fremde Arbeitskraft durch abgeschöpfte fremde Arbeitskraft" (S. 168). Der Zweck der Herrschaft im kapitalistischen Produktionsbetrieb sei die Verfügung der Kapitalisten über die Arbeitskraft auch gegen den Willen der betroffenen Arbeitenden. Den Arbeitenden, so Ullrich, werde im Kapitalismus eine Unterwerfungsbereitschaft eingeübt, sie lernen, zu gehorchen und Anweisungen ohne Hinterfragen zu befolgen (S. 163). Die Scientific Community, so Ullrich, habe großen Einfluss auf technische Großprojekte und könne so eine maßgebende Herrschaftsstruktur mitbestimmen. Das Spezialwissen der Ingenieure habe sowohl für Kapital als auch für Staat eine wesentliche Bedeutung.

Ullrich ist trotz seiner Betonung, dass die Technik im Kapitalismus Herrschaftsinstrument sei, kein Technikpessimist, da er sieht, dass mit ihrer Hilfe eine humanere Welt gestaltbar sei. Technik sei heute eine unverzichtbare Lebensbasis (S. 142). Es gehe nicht darum, die Technik zu verdammen oder sie zu verklären, sondern um eine Analyse ihrer Rolle in der Gesellschaft und eine Abschätzung, was sie dem Menschen an Freiheit bringen könne. Ullrichs Technikbegriff ist also durchaus dialektisch: „Die Realisierungschancen sind gerade durch die technisch real möglichen Hilfen nie so groß gewesen wie heute; die Utopie einer mündigen Gesellschaft ist eine konkrete Utopie, eine Utopie in der Reichweite unserer Möglichkeiten" (S. 148).

Ullrich ist der Meinung, dass eine Veränderung der Makrostruktur des Kapitalismus (z.B. die Aufhebung der privaten Verfügung über Produktionsmittel) eine notwendige, aber keine hinreichende, Bedingung für die Veränderung der Herrschaftsstrukturen im Betrieb und der technischen Entwicklung sei (S. 138). In einer postkapitalistischen Gesellschaft, so Ullrich, müssten Wesen und Funktionsweise der Technik grundsätzlich verändert werden. Es ginge nicht darum, die Technik abzuschaffen, sie aber in veränderter Weise anzuwenden. Eine qualitative Änderung der ökonomischen und politischen Rahmenbedingungen sei dazu eine notwendige Basis. Die Alternative sei nicht ein Zurück zum Urwald ohne Technik, sondern eine andere Technik als Synthese aus Elementen der „alten" Technik und aus Elementen einer erst noch zu entwickelnden „neuen" Technik. Notwendig sei auch eine dezentrale Technik im Rahmen von kleinen Produktionsstätten. Diese müssten ohne Hierarchien, Befehl und Gehorsam auskommen. Eine solche angepasste Technologie könne eine schonende Nutzung der Natur bieten und die Bedürfnisse der Menschen adäquat befriedigen. Eine solche Technik müsse überschaubar bleiben, um die Notwendigkeit von Herrschaft auszuschließen. Die Realisierung großtechnologischer Projekte sei vor allem ein Profitinteresse des Kapitals und ein Herrschaftsinteresse von Kapital, Staat und Wissenschaft. In einer postkapitalistischen Gesellschaft, wo diese Interessen wegfallen, wäre, so Ullrich, die Technik notwendigerweise weniger groß.

6.3. Technikfolgenabschätzung

Bespiel: Der große Knall: 31 Dezember 1999 - 23.59.59 Uhr (von Olivier Minkwitz)
Telepolis, *Olivier Minkwitz*, 26.05.1999
http://www.heise.de/tp/deutsch/inhalt/te/2884/1.html

Atomwaffen und Y2K. Das sogenannte Jahr 2000-Problem (Y2K) lässt viele Amerikaner unruhig schlafen. Denn jede Woche werden neue Problemfelder entdeckt, die davon betroffen sein könnten, wenn zum Jahresende die digitale Datumsangabe von 1999 auf 2000 springt. Von der Nahrungsmittelproduktion, der Flugverkehrskontrolle bis hin zu militärischen Frühwarnsystemen funktioniert heute kein technologisches Großsystem ohne Computer.
Doch auch das andere Extrem, die optimistische Sorglosigkeit und Nachlässigkeit insbesondere bei Atomwaffen, kann zum Problem werden. Zwar sind sich die Experten einig, dass ein alter Computerchip in einer Atombombe am Silvesterabend keine atomare Explosion auslösen wird. Dennoch ist auch bei den scheinbar sicheren Nuklearsprengköpfen erhöhte Aufmerksamkeit geboten. Atomraketen werden von einem Kommando-, Kontroll- und Kommunikationssystem (Command, Control and Communication - C3) gesteuert und gezündet. Genau dieses hochkomplexe System könnte auf Grund eines Softwarefehlers bei der Jahresumstellung jedoch versagen. Ebenfalls geht eine Gefahr vom russischen Frühwarnsystem aus, das nach Zeitungsberichten wegen Geldmangel langsam veraltet, zerfällt und funktionsuntüchtig wird.

Deshalb wird es höchste Zeit, dass noch vor Jahresende amerikanische und russische Atomraketen und Bomben in ihrem Alarmbereitschaftsstatus herabgesetzt ("De-Alerting") oder ganz aus dem Betrieb genommen und abgerüstet werden. Bislang aber weigert sich die US Regierung, diesen Schritt zu tun. Als Antwort darauf sind auch die russischen Militärs nicht bereit, von ihrer nuklearen "Erstschlagsdoktrin" abzurücken. Amerika steht mit dem Atomwaffen-Y2K-Problem nicht alleine da. Jedoch ist von den anderen offiziellen Atommächten so gut wie gar nichts über ihr Y2K Problem und Atomwaffensicherheit bisher an die Öffentlichkeit gelangt.

Das Jahr 2000-Problem

Im Prinzip ist das Jahr 2000-Problem eine Glaubensfrage. Entweder man ist der Überzeugung, dass es ein wirkliches Problem ist, oder man hält es schlicht für einen technischen Hype, mit dem sich einige Softwarefirmen und Programmierer eine goldene Nase verdienen wollen. Trotzdem sollte dem Problem und seinen Auswirkungen auf Atomwaffen einige Aufmerksamkeit geschenkt werden, damit an Silvester wirklich nur mit Feuerwerksraketen geschossen wird.
Die ganze Aufregung und die Millionen an US Dollar, die jetzt für die Überprüfung von kommerzieller und militärischer Computersoftware ausgegeben wird, rührt daher, dass man in sich in den 70er Jahren wenig Gedanken über den Datumswechsel am Ende des Jahrtausends machte. Als Hardware noch teuer war, mussten Programmierer sparsam mit dem Speicherplatz umgehen. Jedes Byte und jede Programmzeile zählte. Infolgedessen ließ man die ersten zwei Stellen bei der Datumsangabe weg. Nun steht man vor dem Problem, dass einige Rechner das Jahr 2000 als das Jahr 1900 interpretiert könnten und das moderne Computerzeitalter gleich zu Beginn des nächsten Jahrtausends in ein globales Chaos stürzt. Dabei wird es unmöglich sein, alle Computerbauteile und jeden Programmcode zu testen, um eine alte Programmzeile in einem unwichtigen Computerbauteil zu finden, die möglicherweise das Großsystem zum Absturzen bringt.
Die größte Gefahr, so befürchten Experten, geht von zivilen Großsystemen wie der Flugsicherung und besonders von Atomkraftwerken aus. Atomwaffen und Interkontinentalraketen (ICBM) sind nicht im selben Maße vom Jahr 2000-Problem betroffen, wie kommerzielle Großsysteme. Trotzdem legen die Militärs nicht alle Karten auf den Tisch und halten Informationen über mögliche Auswirkungen auf US Atomwaffen zurück. Dass eine Atombombe gezündet oder eine Interkontinentalrakete durch einen Y2K-Fehler gestartet wird, ist nahe zu unmöglich. Für das Militär und die nuklearen Streitkräfte ergeben sich jedoch indirekt erhebliche Probleme durch den digitalen Datumswechsel, die nicht vernachlässigt werden dürfen. Außerdem können Fehlfunktionen bei Atomraketen und Sprengköpfen zu andern Unfällen führen, bei denen Radioaktivität freigesetzt werden kann. Außerdem sind Atomwaffen selbst nur ein System innerhalb eines Geflechtes von sozialen Organisationen und Technologie, das von den Atomwaffenlabors, die die Bomben entwickeln, bis hin zu Satelliten im All reicht, die einen Raketenabschuss melden. Solche "Makrosystem" sind aufgrund ihrer Komplexität sehr anfällige Risikosysteme. Gefährlich wird dieses System dadurch, dass sich noch mehr als 4000 amerikanische und russische Atomraketen gegenüberstehen, die innerhalb von 15-30 Minuten für einen nuklearen Schlagabtausch ins Ziel gebracht werden können. Ein kleiner Computerfehler, sei es Y2K oder eine Fehlinterpretation durch einen Offizier, kann in diesem schmalen Zeitfenster zu fatalen Folgen führen.
Mit was die C3I Kommandoketten zum Jahreswechsel zu rechnen haben, zeigte ein Test des nordamerikanischen Frühwarnsystems. Als das North American Aerospace Defense Command (NORAD), das ein dichtes Netz von Satelliten, Radar und Kommunikationsnetzen zur Überwachung der Aktivitäten der russischen Nuklearstreitkräften betreibt, für eine Simulation 1993 das Datum auf den 1. Januar 2000 stellte, schaltete sich das ganze System ab.

Die Sicherheit von Atomsprengköpfen, abgeschaltete Interkontinentalraketen, menschliche Fehler und Y2K

Atomsprengköpfe sind durch zwei von einander unabhängig funktionierende elektronische Sperren vor dem versehentlichen oder unerlaubten Zünden gesichert. Ein Sensor (Environmental Sensing Device) verhindert, dass ein Sprengkopf durch gewaltsame Einflüsse von außen zur Explosion gebracht wird. Die zweite Sperre (Permissive Action Links) macht eine unautorisierte Zündung unmöglich. Wird eine Sicherheitsmaßnahme umgangen, wird der Sprengkopf automatisch abgeschaltet und eine Explosion unmöglich gemacht. Eine nukleare Detonation durch Y2K ist deshalb so gut wie ausgeschlossen, auch wenn diese Sicherungssysteme Y2K anfällig sein sollten. Das Schlimmste, das passieren kann, ist, dass sich sämtliche Atomsprengköpfe in der Silvesternacht von alleine abschalten. Genau darin aber sieht das Strategic Command ein Problem für die Einsatzbereitschaft ihrer Waffen durch Y2K.

Nicht nur die Elektronik im Sprengkopf der Bombe ist Y2K anfällig. Eine andere Problemquelle ergibt sich aus den Trägersystemen. Atomraketen enthalten kleine Computer, die die monatliche Wartung überwachen. Wenn die Datumsanzeige auf "00" springt, könnten die Sicherheitschips und Wartungssysteme dies so interpretieren, als habe seit 1900 keine Wartung mehr stattgefunden und würden dann die Raketen bzw. Sprengköpfe automatisch abschalten. Alle weiteren Funktionen würden dadurch blockiert werden. Damit wären die Nuklearstreitkräfte für einige Zeit außer Gefecht gesetzt. Ebenso kann die Zielgenauigkeit der ICBMs durch ein nichtfunktionierendes Leitsystem, das während dem Flug die Zielkoordinaten übermitteln, abnehmen. Zum Beispiel ist in der Minuteman-III-Rakete eine elektronische Zielsteuerung eingebaut, die auf mathematischen Operationen basiert, die Datumsangaben enthalten könnten. Dies könnte für den gegenwärtigen Kosovo-Krieg böse Folgen haben. Cruise Missiles werden durch das Globale Positioning System (GPS) in Ziel gesteuert, dessen Datumswechsel schon ein paar Monate vor dem Jahreswechsel von Experten erwartet wird. Die interne GPS Uhr basiert auf einer relativen Datumsangabe, die sich von der absoluten Zeitangabe nach unserem Julianischen Kalender unterscheidet. Relative Datumsangaben können zum Beispiel mit dem Baujahr beginnen. GPS könnte in diesem Falle schon am 22. August 1999 mitten in der heißen Phase des Kosovo Krieges Cruise Missiles vom Kurs abbringen.

Schließlich besteht noch die Gefahr, dass durch ein mangelhaftes Wartungs- und Sicherheitssystem ein Kurzschluss und ein Brand entstehen und dadurch Radioaktivität freigesetzt werden könnte. Der Brand des Treibstoffes einer Trident II Rakete kann Temperaturen von über 1000 Grad Celsius erreichen, die die Sprengkopfummantelung nicht mehr aushält. Dies kann zur Explosion des konventionellen Sprengsatzes in den W76 und W88 Atombomben und zur Verseuchung weiter Gebiete führen.

Ein weiteres Problem ergibt sich aus dem Zusammentreffen von Mensch und Maschine. Wenn ein Computer ausfällt und deshalb improvisiert wird, steigt die Gefahr, dass Fehler gemacht werden. Im Falle komplexer Systeme, wie Atomkraftwerken, Flugsicherung und Nuklearwaffen, kann dies unabsehbare Folgen haben.

Komplexität und Redundanzen

Atomwaffen werden von der Risiko-Fachterminologie als "ein System innerhalb eines Systems" bezeichnet. Das bedeutet, dass Atomwaffen von der Makroperspektive aus gesehen nur ein System innerhalb des komplexen Systems von Nuklearwaffenlabors, Raketensilos und C3-Frühwarnsystemen sind. Das Makrosystem wird zur Hochrisikotechnologie, wenn die Koppelung und die Interaktion zwischen den Einzelsystemen sehr eng beziehungsweise hoch ist. Unter Koppelung versteht die Risikotheorie Systeme, die in Folge voneinander, ähnlich wie Fließbänder, abhängen. Interaktion findet man in Systemen, die mit anderen Teilsystemen verzahnt sind oder mehrere Funktionen gleichzeitig ausführen. Zusätzliche Sicherheitssysteme (Redundanzen) bringen in solchen Systemen paradoxerweise keine zusätzliche Sicherheit, sondern machen Systeme noch komplexer.

Genau diese prekäre Situation findet sich im Makrosystem der Nuklearwaffen wieder. Die Kommandostellen sind in Folge voneinander abhängig und eng verzahnt. Immer noch sind die amerikanischen Interkontinentalraketen in hoher Alarmbereitschaft und können innerhalb von einer Minute aktiviert werden. Die kurze Reaktionszeit kann so zum tödlichen Problem werden, wenn zum Jahreswechsel ein Softwarefehler fälschlicher Weise auf dem Radarschirm anfliegende Raketen zeigt und schnelles Handel gefordert ist. Da helfen auch nicht die von einander unabhängigen Frühwarnsysteme am Boden (Radarstationen) und im All (Satelliten). Schon einmal interpretierte das russische Frühwarnsystem den Abschuss einer norwegischen Rakete zur Erforschung des Wetters als einen nuklearen Angriff.

Löcher im Käse

Besonders besorgniserregend ist der Zustand des russischen Frühwarnsystems, das sich mit der anhaltenden ökonomischen Krise zunehmend verschlechtert. Zu Sowjetzeiten bestand das russische Überwachungssystem aus 9 geostationären und kreisenden Satelliten und einigen Radarstationen am Boden. Auf Grund der chronischen Finanzkrise wurden die alten Satelliten nicht mehr durch neue ersetzt, so dass mittlerweile nur noch drei funktionierende Satelliten einen Raketenabschuss registrieren können. Somit entstehen Löcher im russischen Frühwarnsystem. Die Löcher sind aber noch größer geworden, da einige Bodenradars verloren gegangen sind, die sich in ehemaligen Sowjetrepubliken befanden. Im Prinzip ist Russland nun der Gefahr eines Raketenangriffes ausgesetzt, der nicht einmal auf ihren Monitoren der Streitkräfte erscheinen würde. Den russischen Offizieren der Kommandostellen fehlen deshalb essentielle Informationen, mit denen ein Fehlalarm von einem wirklichen Angriff unterschieden werden kann. Y2K könnte hier die Situation verschlimmern, wenn noch weitere Systeme ausfallen oder es zu Fehlanzeigen kommt.

Um diese Gefahr wenigstens etwas zu mildern, haben sich die USA bereit erklärt, den russischen Nuklearstreitkräften unter die Arme zu greifen und finanzielle und technische Hilfe zugesichert. Im September gaben Jelzin und Clinton eine gemeinsame Erklärung über den Austausch von Informationen über Raketenstarts und Frühwarnung ab. Nun werden 190 Mio. US$ für ein gemeinsames Projekt zum Bau neuer Satelliten von den Amerikanern bereitgestellt. Den Russen wird ebenfalls erlaubt, neue Supercomputer und Sensortechnik zu kaufen. Ebenso wurde ein gemeinsames "Center for Y2K and Strategic Stability" in Colorado Springs, dem Sitz von NORAD und dem US Space Command, ins Leben gerufen, das den Informationsaustausch zwischen den Streitkräften sichern und somit vor einem versehentlichen Atomschlag schützen soll. Kritiker weisen jedoch darauf hin, dass der Datenaustausch nur schleppen in Gang kommt.

Silvesternacht - Wenn weltweit die Korken knallen

Y2K ist nicht nur auf die USA und Russland beschränkt. Zwar sieht es derzeit ganz danach aus, weil die amerikanischen Medien dem Problem größere Aufmerksamkeit schenken und Atomwaffengegner in Y2K die Chance zu weiterer nuklearer Abrüstung und zum "De-Alerting" sehen. Die Ungewißheit der Nuklearwaffensicherheit durch das Jahr-2000-Problem und das marode russischen Frühwarnsystem sind Gründe genug, diesen Schritt, den auch Command und Control Experten schon lange fordern, endlich zu tun. Bislang sperrt sich das Pentagon vehement, die Alarmbereitschaft der Nuklearwaffen für den Jahreswechsel auszusetzen. Dahinter steht die Befürchtung des Militärs und des Nuklearwaffenkomplexes, dass Nuklearwaffen in ihrer sicherheitspolitischen Rolle herabgesetzt werden und an Bedeutung verlieren könnten, sobald einmal der Einsatzstatus der Waffen reduziert wurde. Im Prinzip aber sind alle atomwaffenbesitzenden Staaten, China, Frankreich, Großbritannien, Israel, Indien und Pakistan, nicht vor dem Problem geschützt. Neuste Studien zeigen, dass den beiden neuen Nuklearstaate, Indien und Pakistan elementare Sicherheitssysteme wie die Permissive Action Links und C3 Frühwarninstallationen, die die nukleare Abschreckung zwischen den USA und Sowjetunion aufrecht erhielten, fehlen. Die logische Konsequenz wäre ein weltweites "De-Alerting" und eine weltweite nukleare Abrüstung. So lange dies unmöglich ist, bleibt zu hoffen, dass an Silvester nur die Sektkorken knallen.

Definition

Der im Englischen verwendete Begriff ist „Technology Assessment" (TA), was eigentlich soviel bedeutet wie Technologiebewertung. Die erste Verwendung fand dieser Begriff in einem Bericht des US-Repräsentantenhauses im Jahr 1966. 1972 wurde TA vom US-Senat folgendermaßen definiert: „Technology Assessment is a term, used to identify a process for generating accurate, comprehensive and objective information about technology to facilitate its effective social management by political decisionmakers. Specifically, technology assessment is the thorough and balanced analysis of all significant primary, secondary, indirect and delayed consequences or impacts, present and foreseen of a technological innovation on society, the environment or the economy" (US-Senate, 1972). Diese Definition versteht unter TA also die Analyse aller vorhandenen und vorhersehbaren Folgen und Konsequenzen einer technologischen Innovation auf Gesellschaft, Umwelt und Ökonomie.

Aufgaben der Technikfolgenabschätzung

Prinzipiell kann der Eindruck entstehen, dass Technikfolgenabschätzung nur an einer quantitativen Analyse der Technikfolgen interessiert ist. Es wurde jedoch immer wieder betont, dass TA einen qualitativen Aspekt hat und insbesondere auch eine Bewertung der Folgewirkungen und die Diskussion möglicher Alternativen beinhalten sollte.

Eine solche Sichtweise vertritt Paschen (1982), der die Aufgaben der Technikfolgenabschätzung folgendermaßen sieht:
1. Erforschung und Bewertung des Einsatzes neuer Technologien
2. Identifikation von Konflikten, die durch den Technikeinsatz entstehen könnten
3. Handlungsmöglichkeiten zur Verbesserung der betrachteten Technologien aufzeigen

Technikbewertung
Im deutschen Sprachgebrauch werden Technikfolgenabschätzung und Technikbewertung zumeist nicht synonym verwendet. Technikfolgenabschätzung wirkt auf den ersten Blick eher neutral, während Technikbewertung explizit die politische Bewertung einer Technologie miteinbezieht. Technikfolgenabschätzung hat jedoch (wie jede Wissenschaft) keinen politisch neutralen Charakter, da sie grundsätzlich in soziale und ökonomische Prozesse eingebunden ist und politisch verwendet wird. Wenn z.B. Gutachten über die Auswirkungen einer Technologie von Staat oder Unternehmen in Auftrag gegeben werden, so dienen die Ergebnisse als politisches und ideologisches Mittel, um Akzeptanz oder Ablehnung für den Einsatz einer Technologie zu schaffen. Gesellschaftliche Dimensionen, in denen sich Auswirkungen des Technikeinsatzes zeigen können, sind z.B. Technik, Wissenschaft, Ökonomie, Ökologie, Kultur, Politik, Administration, Gesundheit, Justiz, Alltag und Verkehr.

Probleminduzierte- und technikinduzierte Technikfolgenabschätzung
Paschen (1986) trifft folgende Einteilung der Technikfolgenabschätzung:
Die *probleminduzierte Technikfolgenabschätzung* sucht nach technischen Lösungen für bereits vorhandene Probleme. Es sollen die Vor- und Nachteile des Einsatzes bestimmter Technologien für die technische Lösung gesellschaftlicher Probleme gefunden werden. Dies kann zu einer veränderten Bewertung des Beitrags von Technologien zur Problemlösung führen. Paschen betont als wesentliches Ziel, dass bei der probleminduzierten Technikfolgenabschätzung alternative Lösungen für vorhandene Probleme gefunden werden sollten. Die *technikinduzierte Technikfolgenabschätzung* versucht die mit dem Einsatz einer Technologie verbundenen Folgen und Gestaltungsmöglichkeiten für die Weiterentwicklung aufzuzeigen. Ziel ist die Verbesserung technischer Lösungen, Resultat kann die Neubewertung einer vorhandenen Technologie sein. Bei der *probleminduzierten Technikfolgenabschätzung* gibt es zuerst ein Problem, zu dessen Lösung eine Technik beitragen soll. Bei der technikinduzierten ist die Technik hingegen vor der Technikfolgenabschätzung vorhanden und wird selbst als der Problemfaktor angesehen. Der Unterschied besteht als in einer Wirkungsweise a priori bzw. posteriori.

Innovative und reaktive Technikbewertung
In der VDI-Richtlinie 3780 wird eine weitere Unterscheidung getroffen: *Innovative Technikbewertung* erfolgt, wenn für vorhandene Probleme technische Lösungen gesucht werden bzw. dann, wenn bereits erste Lösungen entwickelt worden sind. Technikbewertung kann hier also den Entwicklungsprozess beeinflussen. Die *reaktive Technikbewertung* setzt erst bei weitgehendem Abschluss von Forschung und Entwicklung ein. Die Gestaltungsmöglichkeit ist dadurch geringer. Diese Differenzierung scheint jener zwischen problem- und technikinduzierter Technikfolgenabschätzung

ähnlich zu sein. Der Unterschied besteht darin, dass probleminduzierte Technikfolgenabschätzung noch vor Forschung und Entwicklung einer Technologie angewandt wird. Innovative und reaktive Technikbewertung setzen in frühen bzw. späten Phasen der Technikentwicklung an. Technikinduzierte Technikfolgenabschätzung betrachtet erst die Auswirkungen eines konkreten Einsatzes.

Experten- und Bürgerdiskurse
Eine andere Unterscheidung ist jene zwischen *Experten- und Bürgerdiskursen*. Letztere können als partizipative Verfahren der TA gesehen werden, die versuchen, vom Einsatz von Technologien Betroffene in einen Diskurs mit KritikerInnen, BefürworterInnen, ExpertInnen, BetreiberInnen, PolitikerInnen, usw. einzubinden, um eine Konsenslösung zu finden. Partizipation verlangt Beteiligung relevanter Akteure und Betroffener sowie Fairness und die Repräsentativität vorhandener Meinungen im Diskurs. Diskursivität meint im Sinn von Habermas, dass Meinungen durch kommunikatives Handeln ohne Zwang (im „herrschaftsfreien Dialog", auf den die Geltungsansprüche der Kommunikation zutreffen) erörtert werden.
Zu Beginn der Geschichte der TA war diese eine reine Expertenangelegenheit. Die Gestaltungsmöglichkeit der Betroffenen fehlten vollständig. Es wurde im Laufe der Zeit deutlich, dass auf Grund des dynamischen Charakters technischer Systeme keine Sicherheit über deren Verhalten und Auswirkungen zu erlangen ist. Dies führte zu einem Niedergang des Vertrauens in die ExpertInnen. Der Boom partizipativer Verfahren „ist zum einen aus der wachsenden Einsicht in die Grenzen der Möglichkeit, politische Entscheidungen durch eindeutige wissenschaftliche Aussagen über zu erwartende Technikfolgen zu programmieren, und nicht zuletzt auch aus dem wachsenden politischen Konsensbedarf hinsichtlich neuer 'Risikotechnologien', wie z.B. der Gentechnik, erklärbar" (Hennen 1999, S. 565).

Phasen der Technikfolgenabschätzung
Die VDI-Richtlinie 3780 trifft folgende Einteilung der Phasen der Technikfolgenabschätzung:
1.   Definiton und Strukturierung des Problems:
1.1 Themengenerierung: Es wird für notwendig erkannt, die möglichen Folgen des Einsatzes einer Technologie zu analysieren.
1.2. Problemdefinition: Abgrenzung der Aufgabe, Was genau soll untersucht werden?
1.3 Strukturierung: Festlegen der Rahmenbedingungen, Woher kommen die benötigten Daten und Informationen?, Aufbereitung des Problems
2.   Folgenabschätzung:
     Mit problemgerechten Methoden werden die möglichen Folgen des Technikeinsatzes analysiert. Auf mögliche Methoden werden wir noch näher zu sprechen kommen.
2.1. Ermitteln des Standes der Technik
2.2. Formulieren des erwarteten Entwicklungszieles der Technik
2.3. Ermitteln des zeitlichen Horizonts der Entwicklung der Technik
2.4 Aufarbeiten historischer Daten ähnlicher Technologien in der Vergangenheit (historische Analogiebildung)

2.5 Ermittlung direkter Folgen der gegenwärtigen und zukünftigen Anwendung der Technik bzw. nach Erreichen des Entwicklungsziels der Technik
2.6 Abschätzung von Folgen, die nicht mehr direkt abgeleitet werden können. Hier spielen Wechselwirkungen eine wesentliche Rolle
2.7. Betrachten möglicher Alternativen
2.8. Formulieren von Bewertungskriterien:
2.9 Vergleich von Folgenabschätzung der analysierten Technologie und der möglichen Alternativen
3. Bewertung
4. Entscheidung

Politikferne und politiknahe Technikbewertung
Werte spielen in diesem Schema eine wesentliche Rolle. Die Technikfolgenabschätzung ist daher nicht wertneutral, sondern einerseits Instrument der Politik und andererseits Mittel der politischen Einflußnahme. Jeder Versuch, eine „objective value-free analysis of the consequences of technological applications for society" durchzuführen, ist prinzipiell nicht möglich (Wynne 1975, S. 117). In der Technik sind Interessen und Werte geronnen, die Handlungen von Individuen und Organisationen strukturieren (Wynne 1975, S. 136). Die politikferne Bewertung ist jene der Institutionen, die die Technikbewertung durchführen. Die politiknahe hingegen jene die im institutionalisierten politischen Bereich stattfindet und konkrete Auswirkungen in Form von Gesetzen haben kann. Politikferne und politiknahe Bewertung müssen nicht notwendigerweise übereinstimmen. Die von den durchführenden Institutionen angelegten Bewertungskriterien sind daher nicht zwingend jene derer, die konkrete politische Entscheidungen über den Technikeinsatz treffen. Eine gewisse Übereinstimmung ist jedoch zumeist vorhanden. Oft werden verschiedene Gutachten eingeholt, die zumeist auch unterschiedliche Bewertungskriterien zu Grunde legen. In der politiknahen Bewertung findet häufig eine Selektion der zu berücksichtigten Werte statt. Die politikferne Bewertung kann versuchen, durch Festlegung ihrer eigenen Bewertungskriterien Wertorientierungen in den öffentlichen Diskurs einfließen zu lassen.

Ethik und Technikbewertung
Technikbewertung und Technikfolgenabschätzung kann als grundsätzlich wertgebunden und politisch betrachtet werden. Welche Werte zur Anwendung kommen oder allgemein gültig sein sollten ist umstritten und wird in Aushandlungsprozessen und Konflikten sozialer Akteure entschieden. Die VDI-Richtlinie 3780 nennt z.B. Werte wie Wirtschaftlichkeit, Funktionssicherheit, Sicherheit, Umweltverträglichkeit, Sozialverträglichkeit und Erweiterung des Wohlstandes der Menschen. Die Probleme, die sich bei der Formulierung solcher Werte stellen, sind, dass es keinen gesellschaftlichen Konsens darüber gibt und dass Werte einem sozialen und historischem Wandel unterliegen. Werte stehen außerdem häufig miteinander in Widerspruch. Gethmann und Grunwald (1996) betonen, dass die Autoren der VDI-Richtlinie nicht berücksichtigen, dass „die faktische Akzeptanz von Werten noch nichts über ihre moralische Legitimation aussagt" (S. 24).

Der Kriterienkatalog der Stuttgarter Erklärung der christlichen Kirche nennt als Werte, die im Rahmen der Technikbewertung eine Rolle spielen sollten: Überschaubarkeit,

Rückholbarkeit, Fehlertoleranzfreundlichkeit, Bedürfnisgerechtigkeit, Lebensdienlichkeit, Menschengerechtheit, Sozialverträglichkeit, Naturverträglichkeit und Friedensförderlichkeit der Technik.

Weiters werden häufig grundsätzliche Rechte der Menschen genannt, die durch den Technologieeinsatz nicht in Frage gestellt werden dürften: die Rechte auf Muße, Schönheit, Gesundheit, Vertraulichkeit, Aufrichtigkeit, Bildung, Reisen, sexuelle Erfüllung, Frieden und Individualität.

Grundsätzlich sollte bedacht werden, dass die hier genannten universellen Werte und Rechte nicht allgemein gültig sind. Die Weltgesellschaft zeichnet sich vielmehr durch vielschichtige Widersprüche aus, die alles andere als eine globale Gültigkeit der Werte der bürgerlichen Revolution Freiheit, Gleichheit und Gerechtigkeit, auf die sich die westliche Gesellschaft in ihren Verfassungsdimensionen heute ganz wesentlich beruft, bedeutet. Technik ist ein potentieller Mittler und Verstärker dieser Widersprüche und gesellschaftlichen Probleme. Daher stellt sich die grundsätzliche Frage, ob Technikfolgenabschätzung durch eine Korrektur der Rahmenbedingungen des Technikeinsatzes zur Lösung dieser Widersprüche und zur Garantierung einer humanen und friedlichen Welt ausreichend beitragen kann oder ob sie ideologisches Instrument zur Konservierung dieser Widersprüche ist.

Dabei muss auch diskutiert werden, ob Technikfolgenabschätzung und Technikbewertung in ihrem Selbstverständnis die Möglichkeit zur grundsätzlichen Gesellschaftskritik vorsehen, da sie sich darüber bewusst sind, dass Werte niemals objektiv sind und daher ein wertneutrales Vorgehen grundsätzlich nicht möglich ist, oder sich auf Vorschläge zur Verbesserung des Einsatzes von Technologien beschränken. Es kann gesagt werden, dass Technikfolgenabschätzung das wechselseitige Verhältnis von Technik und Gesellschaft ausreichend berücksichtigen sollte und daher die Dynamik des Technikeinsatzes und der daraus erwachsenden Auswirkungen und Probleme *und* die Bedeutung der Gestaltung der Rahmenbedingungen des Technikeinsatzes betrachten und bewerten sollte. Der Technikeinsatz ist von seiner gesellschaftlichen Dimension nicht zu trennen, daher kann Technikfolgenabschätzung grundsätzlich die gesellschaftlichen Probleme und Widersprüche sowie ihre Ursachen in ihre Analyse miteinbeziehen und müsste sich nicht auf äußerliche Kosmetik beschränken. Es ist möglich, zu argumentieren, dass Technikfolgenabschätzung ein ideologisches Mittel ist, um gesellschaftliche Widersprüche als unbedeutend und technisch handhabbar erscheinen zu lassen. Öfters ist also die Kritik an der Technikfolgenabschätzung zu hören, dass sie „affirmativ den gegebenen Techniken und dahinter stehenden politischen und wirtschaftlichen Interessen verhaftet [bleibt], statt auf eine gesellschaftlich für alle Gruppen akzeptierbare Technikeinführung und -gestaltung abzuzielen" (Petermann 1999, S. 26).

Als Alternative zur Technikbewertung und Technikfolgenabschätzung wurde Technikkritik als Gesellschaftsanalyse vorgeschlagen (Holt 1977) oder eine interdisziplinäre Technikforschung als Kritik der Probleme der wissenschaftlich-technischen Zivilisation („technology criticism", Winner 1977). Werner Rammert (1993) meint, dass der Technikfolgenabschätzung deutliche Grenzen gesetzt sind: Der dynamische Charakter technischer Entwicklungen mache es für die Technikfolgenabschätzung unmöglich, das Tempo mitzuhalten. Resultat sei, dass, wenn die Technikfolgenabschätzung an einem Ziel angelangt ist, sich die betrachtete Technologie längst in eine andere verwandelt hat oder durch eine neue Variante abgelöst wurde (S. 51). Rammert hebt auch hervor, dass durch eine Vernetzung technischer Systeme für die Technikfolgenabschätzung nicht im vorhinein absehbare Probleme auftauchen können. Ein Problem sei auch die Bewertung der Folgen, die sich nicht so einfach als gewünschte und unerwünschte, als nützliche und schädliche oder als sozial verträgliche und unverträgliche klassifizieren lassen.

Technikfolgen und Komplexität

Die Chaos- und die Selbstorganisationstheorien betonen, dass komplexe Systeme nicht einer einfachen Kausalität folgen, sondern dass es ein komplexes Verhältnis von Ursache und Wirkung gibt. Eine mechanistische Herangehensweise geht im Gegensatz dazu davon aus, dass jede Wirkung eine Ursache hat, dass alle Ursachen und Wirkungen eindeutig einander bijektiv zuzuordnen sind. Folgt man dieser Logik, müsste davon auszugehen sein, dass Technikfolgen weitgehend abschätzbar und daher vermeidbar sind. Die chaostheoretische Herangehensweise vertritt die Auffassung, dass eine Ursache viele Wirkungen haben kann und dass eine Wirkung auf das Zusammenwirken mehrerer Ursachen zurückzuführen sein kann. Eine solche Argumentation geht in Bezug auf die Technikfolgenabschätzung davon aus, dass es keine sicheren technischen Systeme gibt und dass mit unvorhersehbaren Wirkungen gerechnet werden muss. Das in der Technikfolgenabschätzung zuweilen vorherrschende Bild, dass Risiken vermindert oder ausgeschlossen werden können, wurde von Charles Perrow (1987) getrübt, der davon ausgeht, dass Unfälle in komplexen technischen Systemen unvermeidbar sind. Daher lautet die entsprechende Forderung, dass Systeme mit hohem Risiko nicht gebaut werden sollten. Zur Einschätzung der Risiken technischer Systeme benutzt Perrow folgende Unterscheidungen:

- lose vs. eng gekoppelte Systeme: Sind die Elemente des Systems lose gekoppelt, so bestehen Spielräume für alternative Verhaltensweisen (z.B. dezentrale Computer-Netzwerke). In eng gekoppelten Systemen sind die Betriebsabläufe standardisiert und vorprogrammiert, Abweichungen von diesen Normverhalten sind nur sehr begrenzt möglich (z.B. Atomkraftwerk). Eng gekoppelte Systeme sind daher störanfälliger als lose gekoppelte.
- lineare vs. komplexe Interaktion der Systemelemente: Bei linearen Interaktionen ist der zukünftige Zustand des Systems aus den Ausgangsbedingungen ableitbar (z.B. Fließband). Bei komplexen Interaktionen gibt es hingegen Rückkopplungen. Ergebnisse werden dabei zu Inputs des Systems, Kettenreaktionen und Selbstverstärkungen sind möglich (z.B. Atomkraftwerk). Meist bestehen auch Mehrfachfunktionen in dem Sinn, dass ein Element mehrere Prozesse gleichzeitig steuert. Tritt eine Störung auf, kann dies zu unvorhersehbaren Interaktionen führen. Die Steuerung und Kontrolle eines komplexen Systems ist daher sehr schwierig bis unmöglich.

Die Sicherheit eines technisches Systems kann, so Perrow, nicht auf die Qualität einzelner Teile reduziert werden, sondern es kommt auf die „Art und Weise, wie die Teile ineinandergreifen und interagieren" (Perrow 1987, S. 410) an. Systeme, die eng gekoppelt und komplex sind, sieht Perrow als Hochrisikosysteme. Sie sollten entweder verändert werden oder es sollte gänzlich auf sie verzichtet werden.

Kritik an der Technikfolgenabschätzung

Otto Ullrich (1979) kritisiert an der technikinduzierten Technikfolgenabschätzung, dass nicht versucht werde, die Technik so zu gestalten, dass Folgewirkungen unterbleiben. Vielmehr würde versucht, die Folgen kostspielig zu beseitigen. „Dieses Verfahren paßt nun bestens ins System einer kapitalistischen Gesellschaft: Probleme werden nicht grundsätzlich gelöst, sondern nur durch einen zusätzlichen Apparat kompensiert. [...] Die großen Firmen verdienen so 'zusätzlich auch noch an der Beseitigung der von ihnen verursachten Schäden'" (Ullrich 1979, S. 394). Auch die Technikbewertung biete keine ausreichende Lösung. Sie sei nicht kreativ und ließe den Entstehungsprozess technologischer Projekte unangetastet. Eine äußere institutionelle Kontrolle von großtechnologischen Projekten sei außerdem problematisch, da negative Auswirkungen oft schwer zu beweisen seien, wenn der Informationfluss nach außen eingeschränkt wird. „Durch TA in der äußeren institutionellen Form allein wird also insgesamt eine ausreichend sichere Bannung der Gefährdung durch den 'technische Fortschritt' nicht zu erreichen sein, und durch TA allein wird auch nicht kreativ eine andere, neue Technik produziert werden können, die schon von Haus aus weniger bedrohlich wäre" (Ullrich 1979, S. 398). Als weitere Vorwürfe an TA sind immer wieder die mangelnde Wertsensibilität der TA-AnalytikerInnen und der bereits erwähnte Vorwurf der Integration von TA in das herrschende ökonomische und politische System zu hören. Ropohl (1985) kritisiert, dass TA keine gesicherten Annahmen über die Auswirkungen von Technologien liefern könne, da es an Grundlagenforschung und Gesetzen über das Zusammenwirken von Techniken und ihren Wirkungsfeldern mangle. Nur eine Theorie des technischen Wandels könne eine bessere Prognose bieten. An dieser Ansicht kann kritisiert werden, dass Technikfolgenabschätzung hier mit der Möglichkeit nach sicheren Prognosen gleichgesetzt wird. Technische Systeme verhalten sich jedoch dynamisch, daher sind die Folgen ihres Einsatzes z.T. schwer oder gar nicht absehbar. Durch die Kopplung mehrerer technischer Systeme steigt z.B. die Komplexität des neuen Gesamtsystems, was zu zusätzlichen Prognoseproblemen führt. Immer wieder taucht auch der Vorwurf des Technikdeterminismus auf, wobei davon ausgegangen wird, dass Technikfolgenabschätzung Technik nicht als sozialen Prozess versteht. Die Gestaltung von Technologien a priori werde nicht berücksichtigt, sondern nur die Anpassung von bereits bestehenden Technologien.

Beispiel: Der Jahr-2000-Fehler wurde zum Fehlerchen (von Armin Medosch)
Telepolis, *Armin Medosch,* 04.01.2000
http://www.heise.de/tp/deutsch/inhalt/te/5643/1.html

Kernkraftwerke und andere industrielle Makrostrukturen flogen glücklicherweise nicht in die Luft, aber eine ganze Menge an Websites zeigt(e) falsche Jahreszahlen an. Die Entwarnung bezüglich des Jahr-2000-Fehlers ist inzwischen offiziell. Die USA erklären den Millenniumsbug für ausgerottet und auch der Y2K-Krisenstab in Deutschland hat seine Arbeit eingestellt. Doch das Jahr-2000-Fehlerchen, der harmlose und manchmal recht amüsante kleine Bruder des "Bugs", sorgt dafür, dass sich so manche Website weit in der Zukunft oder der Vergangenheit wähnt.

Beispiele für das Datums-Fehlerchen fanden und finden sich zahlreich. Einige Beispiele erscheinen hervorhebenswert:
Da ist jener etwas irregeleitet wirkende junge Mann, der seinen Namen offiziell in DotComGuy ändern ließ, in ein bis auf einen Computer leeres Haus einzog und für ein Jahr alle lebensnotwendigen Dinge über das Internet beziehen will. Wie ungerecht, dass ausgerechnet seine Website vom "Fehlerchen"

geplagt wurde. So funktionierte in den ersten 3 Tagen im Jahr 2000 sein tägliches Journal nicht, weil alle Einträge das Jahr 19100 anzeigten.

Die British Broadcast Corporation hat zwar am Beginn des 20.Jahrhunderts sicherlich Pionierarbeit im Bereich der Rundfunkübertragungen geleistet, doch das Datum 1.Januar 1900 für eine Sendung von BBC Radio One, wie auf deren Website zu lesen war, klingt doch recht unwahrscheinlich. Und TVToday listete ein korrektes Fernsehprogramm für ein falsches Datum auf, den 1.1.100.

Die Website des Flughafens Auckland in Neuseeland konnte gleich am ersten Januar die frohe Botschaft von der Entwarnung geben. Alle Flüge verkehren planmäßig, eine um 4 Minuten nach Mitternacht gestartete Boing 747 von Quantas Airline erhob sich in die Luft und blieb auch dort. Kleiner Haken an der Sache: Auch hier lautete das Datum für den beruhigenden Eintrag 1. 1. 100.

Auch Technik-Sites bleiben vom "Fehlerchen" nicht verschont, wie z.B. Gigabyte-UK, deren Website am 04.01.2000 immer noch den 04.01.2100 anzeigt.

Viele dieser Datumsfehler scheinen mit der Datumsimplementation via Javascript in den Browsern zusammenzuhängen. IE und Netscape zeigen bei ein und derselben Seite verschiedene Jahreszahlen an. Weitergehende Erklärungen dazu finden sich bei Theregister und Wired News. Betanews scheinen als allererste auf das Fehlerchen gekommen zu sein und interpretierten es schon am 01.01.2000 als einen Bug in IE 5.0. Microsoft rät laut diesem Bericht dazu, statt der Javascript-Abfrage getYear() die Abfrage getFullYear() zu benutzen und schiebt die Verantwortung für den Fehler auf Javascript selbst ab. Interessanterweise ist das "Fehlerchen" auf regionalen Websites sowohl von Microsoft (Finnland) als auch von Netscape (Brasilien) aufgetreten.

Andere Erscheinungsformen des "Fehlerchens" gibt es angeblich bei manchen Apple-Webservern. "Fehlerchen" kann auch dann auftreten, wenn Perl in Zusammenhang mit UNIX in falscher Weise eingesetzt wird. So jedenfalls die verschiedenen Behauptungen, deren weitere Evaluation wir gerne unseren technikkundigen Lesern (Forum!) überlassen.

6.4. Methoden der Technikfolgenabschätzung

Typisierung der Methoden
In Steinmüller (1999) werden die Verfahren in 3 Gruppen gegliedert:
1. komplexe Verfahren, die den gesamten Prozess der Technikfolgenabschätzung (siehe das Ablaufschema der VDI-Richtlinie oben) umfassen (z.B. Planungswerkstatt, Szenariostudie, Ökobilanz, Delphimethode)
2. Verfahren, die in einzelnen Phasen des TA-Prozesses angewandt werden (z.B. Trendextrapolation, Umfragen, Brainstorming)
3. methodische Hilfsmittel (z.B. statistische Auswertungsverfahren im Rahmen einer Umfrage)

Kreibich (1995) teilt die Vorgehensweisen in der Technikfolgenabschätzung folgendermaßen ein:
1. ein exploratives (vorausschauendes) Vorgehen. Entweder werden dazu empirische Daten wie bei der Trendextrapolation oder Expertenurteile wie bei der Delphimethode herangezogen
2. ein normatives, bewertendes Vorgehen. Die Bewertungskritierien werden entweder vom Gesetzgeber vorgegeben oder in einem Diskurs ausgehandelt
3. ein gestaltendes, planendes Vorgehen. Dies sind i.d.R. partizipative Verfahren

Ludwig (1995) gibt folgende Übersicht über angewandte Methoden:

	Herkunft			Anwendung				Art	
	Ö	T	M	A	P	B	E	Ql	Qn
Szenariotechnik	•		•	•	•	•	•	•	
Brainstorming	•			•	•	•	•	•	
Delphi-Methode	•			•	•	•	•	•	•
Morphologie	•	•		•		•		•	
Relevanzbaum-Analyse	•		•	•	•	•			•
Entscheidungsbaum	•		•	•	•			•	•
Nutzwertanalyse	•	•		•	•	•			•
Kosten-Nutzen-Analyse	•			•	•	•			•
Lineare Optimierung	•		•	•					•
Dynamische Optimierung	•		•	•					•
Entscheidungstheorie	•		•	•			•	•	•
Simulation	•	•	•	•			•	•	•
Wertanalyse	•	•	•	•				•	
Trendextrapolation	•				•	•		•	•
Verflechtungsmatrix	•			•	•	•		•	•
Synektik				•	•			•	
Regression/Korrelation	•		•	•					•
Interview	•			•				•	
Historische Analogiebildung				•	•			•	
Ökonomische Modellbildung	•			•	•				•
Checklisten	•		•	•	•	•	•		•
Risiko-Analyse		•	•	•			•		•
Netzplantechnik	•	•	•			•			•
Input-Output-Analyse	•			•	•				•
Planungszelle			•	•	•	•		•	
Petri-Netze		•		•	•			•	•

Ö...Ökonomie T...Technik M...Militär A...Analyse P...Prognose B...Bewertung
E....Entscheidung Ql...Qualitativ Qn...Quantitativ

Einige Methoden der Technikfolgenabschätzung werden nun kurz vorgestellt:

Delphi-Methode

Die Delphi-Methode ist ein Expertenverfahren, bei dem versucht wird, eine Prognose über zukünftige Entwicklungen zu erreichen. Von einer Fachkommission erarbeitete Thesen werden ExpertInnen zur Beurteilung vorgelegt. In darauffolgenden Runden sollen die ExpertInnen ihre Meinung noch einmal überdenken, indem sie sich die anonymisierten Bewertungen und Kommentare ihr KollegInnen anschauen.

Entwickelt wurde diese Methode in den 50er-Jahren in der militärischen RAND-Corporation in den USA. Ziel war, herauszufinden, welche Angriffsziele in den USA die Sowjetunion möglicherweise in Betracht zieht. Als wissenschaftliche Methode verallgemeinert wurde Delphi in den 60ern im Rahmen einer Studie über die Vorhersage von Zukunftstrends auf den Gebieten Wissenschaft und Technologie sowie deren gesellschaftliche Folgen.

Ein Problem dieser Methode ist sicherlich, dass Prognosen angesichts der Komplexität und Dynamik der Gesellschaft immer mit Unsicherheit behaftet sind. Als Kennzeichen der Delphi-Methode können festgehalten werden:

- Verwendung eines weitgehend formalisierten Fragebogens,
- Befragung von ausgewählten Experten,
- Anonymität der Einzelantworten zur Vermeidung persönlicher Einflussnahmen und gruppendynamischer Effekte,
- Ermittlung einer statistischen "Antwort" der "Gruppe" zu den einzelnen Fragen (Median, Quartile),
- Statistische Rückmeldung der Einschätzungen der Gruppe (Median, Quartile),
- (Mehrfache) Wiederholung der Befragung für eine erneute Urteilsbildung der Experten im Lichte der rückgemeldeten Gruppenurteile (meist 2-3 Delphi-Runden),
- Beendigung der Befragung bei einer hohen Konvergenz der einzelnen Einschätzungen (synthetische "Gruppenmeinung").

Konsensus-Konferenzen, Planungszelle

Die Konsensus-Konferenz ist ein partizipatorisches und diskursives Verfahren. Laien diskutieren mit Experten relevante Fragen neuer Technologien. Die Laien verfassen danach ein Gutachten, dass der Öffentlichkeit und dem Gesetzgeber zugänglich gemacht wird. Solche Konferenzen werden z.B. in Dänemark, Großbritannien und den Niederlanden veranstaltet. Es wird eine Reihe von Experten ausgewählt, die den Laien bei der Konferenz Rede und Antwort stehen. Im Gegensatz zu anderen Verfahren werden hier nicht Bewertungen von ExpertInnen oder Betroffenen abgeben, sondern von zufällig ausgewählten Laien.

Die Planungszelle unterscheidet sich von der Konsensus-Konferenz dadurch, dass es mehrere kleine Arbeitsgruppen nebeneinander gibt. Die ExpertInnen stellen sich jeder dieser Zellen. Bei der Planungszelle sind 25 zufällig gewählte Erwachsene beteiligt. Bei jeder Sitzung gibt es fünf Gruppen. Die Zusammensetzung ändert sich nach jedem Beratungsschritt. Jeder Referent besucht die 5 Planungszellen. Nach entsprechenden Beratungen und Bewertungen der Mitglieder der einzelnen Zellen werden die 25 Personen neu gruppiert, und die nächste Sitzungsrunde beginnt. Am Ende werden die Ergebnisse, Vorschläge, Empfehlungen und Bewertungen in einem BürgerInnengutachten zusammengefasst.

Mediation

Mediation (siehe Vorwerk 1999, Keller/Poferl 1994) ist an Verhandlung und Konsens orientiert. Es handelt sich um ein diskursiv-partizipatives Verfahren. Konflikte sollen durch die Hilfe eines Dritten friedlich beigelegt werden. Der/Die MediatorIn regelt dabei den Kommunikationsfluss und soll insbesondere Blockaden aufbrechen und den Einigungsprozess in Gang halten. Mediation kann als partizipatorisches Verfahren der Technikfolgenabschätzung eingestuft werden, das versucht, Betroffene in den Entscheidungsprozess einzubeziehen.

Besonders im Bereich der Umweltkonflikte wird Mediation häufig eingesetzt (z.B. beim Bau von Sondermülldeponien, Kraftwerken, Autobahnen, Flughäfen usw.). Die erste Mediation fand 1973 im amerikanischen Bundesstaat Washington statt, als es einen Konflikt um einen Dammbau am Fluss Snoqualmie gab.

Mediation kann als eine Form des kommunikativen Handelns im Sinn von Habermas interpretiert werden (siehe Keller/Poferl 1994), da versucht wird, die Geltungsansprüche der Kommunikation (Verständlichkeit, Wahrheit, Wahrhaftigkeit, Richtigkeit) zu realisieren und einen „herrschaftsfreien Dialog" herzustellen. Mediationsverfahren zielen darauf ab, durch kommunikatives Handeln einen Konsens zu erreichen.

Eine Mediation verläuft in drei Phasen (siehe Vorwerk 1999, S. 708):

Vorbereitungsphase: Die mit der Mediation Beauftragten analysieren den Konflikt und die sich streitenden Parteien. Es wird versucht, die wesentlichen Interessen und Konfliktpotentiale zu identifizieren. In Gesprächen mit den Konfliktparteien wird abgeklärt, ob eine Mediation überhaupt sinnvoll ist oder ob der Konflikt in so einem Ausmaß eskaliert ist, dass jede Vermittlung zwecklos ist. In der ersten Phase werden auch finanzielle und zeitliche Aspekte geplant und Regeln für das Mediationsverfahren aufgestellt, denen alle Konfliktparteien zustimmen müssen.

Durchführung: Ziel dabei ist, dass Lösungen herbeigeführt werden, die für alle akzeptabel sind (win-win-Lösung). Ziel sind verbindliche schriftliche Vereinbarungen, zu deren Einhaltung auch Sanktionen vorgesehen werden.

Umsetzung: Verträge werden aufgesetzt und unterschrieben. Die darin vorgesehenen Maßnahmen werden verwirklicht.

Mediationsverfahren erzeugen zwar möglicherweise einen Konsens, bieten aber keinen Umgang mit unbeherrschbaren, da unvorhersagbaren, Risiken von Großtechnologien. Bei der Mediation geht man häufig sicherheitsoptimistisch davon aus, dass das Katastrophenrisiko quantifiziert und daher auf ein Minimum reduziert werden kann. Durch die Garantie, dass die Technologie „sicher" gemacht wird, werden die vom Einsatz Betroffenen häufig beruhigt und leichter davon überzeugt, dass die entsprechende Technologie notwendig sei. Eine andere Position geht davon aus, dass eine Technologie niemals sicher sein kann und dass immer ein Restrisiko besteht. Dieser Risikobegriff betont die Bedeutung von Unsicherheit, Ambivalenz, Unbeherrschbarkeit und Nichtvorhersagbarkeit eines komplexen technischen Systems.

Eine andere Kritik an Mediationsverfahren lautet, dass deren Proponenten zwar die Vorteile der Partizipation anpreisen, aber nicht darauf hingewiesen wird, dass Mediationsverfahren erst dann ansetzen, wenn gesellschaftliche Widersprüche auftreten. Es erfolgt keine Beteiligung der Betroffenen an der Entscheidung, ob eine Technologie überhaupt benötigt wird und am Entstehungsprozess der Technologie selbst. Es wird also nur die Art des Einsatzes verhandelt, nicht aber die Notwendigkeit und Legitimität einer Technologie an sich. Daher lautet auch ein immer wieder auftauchender Vorwurf, dass Mediation ein Mittel sei, mit dem mächtige Akteure Proteste noch vor ihrem Entstehen auffangen wollen, indem Betroffene von der Notwendigkeit des Einsatzes der entsprechenden Technologie überzeugt werden. Durch eine Einbindung sei eine Identifikation mit der neuen Situation leichter zu erreichen und Widerstand im vorhinein vermeidbar.

Beispiel für Mediation: Der Ausbau der Startbahnen des Flughafens Frankfurt/Main

Die Mediationsgruppe Flughafen Frankfurt
Quelle: http://www.mediation-flughafen.de

Pro und contra Ausbau - das Mediationsverfahren hilft vermitteln
Der Frankfurter Flughafen stößt an die Grenzen seiner Leistungsfähigkeit. Immer mehr Menschen fliegen zu immer weiteren Zielen. Muss der Flughafen deshalb erweitert werden? Oder sind die Menschen in der Region schon jetzt durch den Flugverkehr zu stark belastet? Die künftige Entwicklung des Frankfurter Flughafens hat für die Region und auch für das Land Hessen eine große wirtschaftliche Bedeutung. Aber wie lassen sich diese wirtschaftlichen Aspekte mit den Interessen der betroffenen Bürger vereinbaren? Mit diesen Fragen und Themenbereichen hat sich seit Mitte 1998 eine "Mediationsgruppe" intensiv beschäftigt und dabei die möglichen Entwicklungen sowie deren Auswirkungen auf die Region untersucht. Mediation steht für Vermittlung - Ziel des Mediationsverf ahrens war es also, eine Lösung zu finden, die von möglichst vielen Beteiligten akzeptiert werden kann.
[...]
Nach ursprünglich etwa 20 Varianten hat die Mediationsgruppe sieben unterschiedliche Möglichkeiten für eine neue Bahn betrachtet - und die Auswirkungen auf die Lärmbelastung sowie auf Wald, Natur, Luft und Wasser ermittelt.
[...]
Das Mediationsverfahren wurde im Sommer 1998 vom damaligen Ministerpräsidenten Hans Eichel in Gang gesetzt und nach dem Regierungswechsel im Frühjahr 1999 von seinem Nachfolger Roland Koch weiter unterstützt. In der Mediationsgruppe waren 21 Vertreterinnen und Vertreter von Städten und Gemeinden, der Wirtschaft (inklusive Flughafen AG, Lufthansa und Deutscher Flugsicherung), der Gewerkschaften, der Landes- und Bundesregierung sowie einer Bürgerinitiative vertreten. Geleitet wurde das Verfahren von drei Mediatoren: von Prof. Kurt Oeser, bekannt als ehemaliger Umweltpfarrer der Evangelischen Kirche in Deutschland, Dr. Frank Niethammer, dem Präsident der Industrie- und Handelskammer Frankfurt, sowie von Prof. Dr. Klaus Hänsch, dem ehemaligen Präsidenten des Europäischen Parlamentes. Die Umweltverbände sowie der überwiegende Teil der Bürgerinitiativen konnten leider nicht für eine Teilnahme gewonnen werden.
[...]
Ergebnisse
Die Mediationsgruppe hat entsprechend ihres Auftrags Empfehlungen zur Zukunft des Frankfurter Flughafens abgegeben. Diese Empfehlungen sind in einem Paket gebündelt worden, das aus fünf Einzelteilen besteht.
Das Mediationspaket wurde in dieser Form von allen Vertretern der Mediationsgruppe einvernehmlich verabschiedet. Die Gruppe betont, dass das Paket nur als Ganzes besteht und nicht in einzelne Bestandteile aufgeteilt werden kann. Wer einen Teil aus diesem Paket herauslöst, kann sich nicht auf das Ergebnis der Mediation berufen.
Baustein I: Optimierung des bestehenden Systems
Baustein II: Kapazitätserweiterung des Flughafens durch den Bau einer neuen Bahn
Baustein III: Nachtflugverbot
Baustein IV: Anti-Lärm-Pakt
Baustein V: Regionales Dialogforum
Der im Mediationsverfahren begonnene Dialog zwischen dem Flughafen und seiner Nachbarschaft sollte in geeigneter Weise fortgeführt und intensiviert werden. Auch über die längerfristigen Perspektiven des Frankfurter Flughafens ist nach Ansicht der Mediatio nsgruppe die Diskussion mit der Bevölkerung zu beginnen. Dies könnte durch die Einrichtung eines Dialogforums erfolgen. Im Rahmen einer solchen Gruppe könnte zudem die Umsetzung des von der Mediationsgruppe empfohlenen Paketes überprüft werden.

Kritik am Mediationsverfahren: Bündnis der Bürgerinitiativen gegen Flughafenerweiterung
Quelle: http://www.startbahn.de/

Mediation – ein anderes Wort für Sand in die Augen und Lärm ins Ohr
Stadtverordnetenvorsteher Herr Prof.Dr. Kurt Oeser treten Sie zurück!
Zum Ergebnis des „Mediationsverfahrens"

Das von der „Mediationsgruppe" Flughafen Frankfurt vorgestellte Ergebnis – vollmundig als „Anti-Lärm-Pakt"
bezeichnet – ist in Wirklichkeit ein Pakt mit dem Teufel. Die Mediationsgruppe will der Bevölkerung einen
„Anti-Lärm-Pakt" bei gleichzeitigem gigantischen Ausbau des Flughafens verkaufen.
Die „Mediationsgruppe" setzt sich eindeutig für den weiteren Ausbau des Flughafens ein, ein Erhalt des Status quo oder gar ein Rückbau des Flughafens wurden zu keiner Zeit in Betracht gezogen. Die Mediation war das, was von Anfang an politisch von SPD und CDU gewollt war – eine gigantische Augenwäscherei.
Mehr noch – die Mediation hat im Laufe des Verfahrens „selbständig" eine Variante des Ausbaus in die Diskussion gebracht, die nicht Gegenstand ihres Auftrages war: Bau einer Südbahn mit Option zum Bau einer zweiten Südbahn – die sogenannte Atlanta Variante. Diese Variante gibt dem Flughafen die bei weitem „besten" Ausbau- und Entwicklungsmöglichkeiten.
Die drei Mediatoren stellen als Ergebnis der Variantenwahl fünf Punkte fest, die im Ergebnis den Bau einer Südbahn mit dem dazugehörenden Entwicklungspotential favorisieren. Das heißt für die Zukunft: Walldorf-Nord ist nicht mehr bewohnbar und der Flughafenzaun beginnt am Gundhof.
Die Mediation hat uns belogen: Sie hat nicht nur die Frage „OB" überhaupt ausgebaut werden soll ignoriert und von vorn herein als Möglichkeit aufgegeben – sie hat nur Argumente für eine Erweiterung gesucht und dabei noch die ökonomisch ertragreichste und die umweltpolitisch schlechteste Lösung überhaupt erst aus dem Hut gezaubert.
Dieses Spiel ist und war ein „brillante" Leistung der Ausbaubetreiber und ihrer mediativen Handlanger. Das vom
ehemaligen Ministerpräsidenten Hans Eichel gemachte und angewärmte Bett der Mediation konnte und kann von Roland Koch kuschelig genutzt werden – es ist alles nach Plan gelaufen.
Für unsere Stadt Mörfelden-Walldorf, die 20 Jahre nach dem Bau der Startbahn 18 West nun wieder den nächsten ökologischen „Schwedentrunk" eingeschenkt bekommt, ist dies eine absolute soziale und ökologische Katastrophe. Das Beschämendste an diesem ganzen Mediationsverfahren ist darüber hinaus, dass der erste Bürger der Stadt – Stadtverordnetenvorsteher Prof. Dr. Kurt Oeser – als einer der drei Mediatoren und Mitinitiator des Verfahrens, dieses Ergebnis auch noch als positiv bewertet und über die Mitglieder der gesamten Mediationsgruppe hinaus im Konsens mit den anderen beiden Mediatoren eine solche Varianten-Empfehlung abgibt.
Es mag sein, dass der der SPD angehördende „Umweltpfarrer" Kurt Oeser seine Pflicht als „Parteisoldat" getan hat – seine Verantwortung gegenüber der Bevölkerung in Mörfelden-Walldorf hat er mit dieser Empfehlung sicher nicht wahrgenommen. Wir fordern ihn daher zum sofortigen Rücktritt von seinem Amt als Stadtverordnetenvorsteher der Stadt Mörfelden-Walldorf auf.
Wer der Erhöhung der stündlichen Flugbewegungen auf 120 und der Aufgabe des mühsam erkämpften Bannwaldes seine Stimme erteilt und dabei auf „Almosen" in Form von Lärmtalern setzt kann die Interessen der betroffenen Bevölkerung nicht ernsthaft vertreten.
Unsere Stadt, die von diesem Ausbau existenziell betroffen sein wird, kann und darf sich einen solchen Stadtverordnetenvorsteher nicht mehr leisten, wenn sie im weiteren Kampf gegen den Ausbau des Flughafens und die Erhöhung der Kapazitäten glaubhaft bleiben will.

Franz-Rudolf Urhahn
Fraktionsvorsitzender Die Grünen
Mörfelden, 31.01.00

Planungswerkstatt

Die Planungswerkstatt unterscheidet sich von den Konsensus-Konferenzen und der Planungszelle dadurch, dass nicht Laien ausgewählt werden, sondern dass sie von Betroffenen selbst organisiert werden soll. Zuerst erfolgt die Problemfeststellung. Es gilt, eine konkrete Fragestellung zu erarbeiten und es soll entschieden werden, wer aller an der Planungswerkstatt teilnehmen soll. In der „Erkundungsphase" untersuchen die Beteiligten die Problemlage (mit Hilfe von Interviews). In der Zukunftswerkstatt werden schließlich Zukunftsszenarien entwickelt: Das Wissen aus der Erkundungsphase wird bewertet und darauf aufbauend die bestehende Situation kritisiert. Danach sollen möglichst phantasievolle Vorschläge zur Problemlösung entwickelt werden, wobei mögliche Hindernisse (Gesetze, Vorschriften, Geld, Zwänge, Normen usw.) nicht berücksichtigt werden sollen. Anschließend sollen auf Basis dieser Szenarien realistische Zukunftsentwürfe entwickelt werden. Dabei werden ExpertInnen einbezogen, die Auskunft über gesetzliche und politische Rahmenbedingungen geben können. Resultat sind schließlich Problemlösungsstrategien.

Produktlinienanalyse

Dieses Verfahren beschäftigt sich mit der Analyse und Bewertung der Auswirkungen von Waren auf Gesellschaft, Ökonomie und Ökologie. Mit Hilfe einer Produktlinienmatrix wird versucht, einzelne Kriterien (z.B. Wirtschaftlichkeit, Nachhaltigkeit, Ausmaß der Umweltschonung, Arbeitsqualität bei der Herstellung) in den einzelnen Stufen (Rohstoffgewinnung, Produktion, Transport, Distribution, Handel, Konsum, Beseitigung etc.) des gesamten Prozesses, den die Ware durchläuft, zu quantifizieren.

Qualitatives Interview

Diese Methode geht von der Erhebung des Ist-Zustandes des Technologieeinsatzes aus. Die sozialen Folgewirkungen sollen aufgezeigt werden. Zuerst werden an Hand der Sichtung von Forschungsliteratur Hypothesen aufgestellt. Danach wird ein Fragenkatalog ausgearbeitet, der helfen soll, in Interviews mit Betroffenen die Hypothesen zu verifizieren bzw. zu falsifizieren. Nach Durchführung der Interviews erfolgen Auswertungen und es wird entschieden entschieden, ob die Hypothesen zutreffen oder nicht. Danach erfolgt eine Synthese, die ein Endergebnis bringt.

Eine andere Interviewform geht von einer anderen Problemsituation aus: Eine bestehende Weise der Problemlösung soll hinsichtlich der zu erwartenden Folgen mit angestrebten neuen verglichen werden. Es wird ein Fragebogen erarbeitet, der Fragen behandeln soll wie: Kann durch die neuen Maßnahmen das intendierte Ziel erreicht werden? Treten positive Effekte in Vergleich zu der bestehenden Lösung ein? Treten Folgen auf, die diese positiven Wirkungen beeinträchtigen? usw.

Szenariotechnik

Szenarien werden als Zukunftsentwürfe verstanden. Ein Szenario beinhaltet eine qualitative Beschreibung und detaillierte Darstellung einer zukünftigen Situation und ein Aufstellen des Entwicklungspfades, der dazu führt. Es werden i.d.R. mehrere Szenarien nebeneinander entworfen. Es gibt verschiedene Szenariotechniken. Gemeinsam ist den meisten folgende Vorgehensweise, die z.T. auch wiederholt wird (Steinmüller, 1999b, S. 674):
1. Problem- bzw. Aufgabenanalyse, Strukturierung des Untersuchungsfeldes
2. Umfeldanalyse, Identifikation der Einflußfaktoren (Deskriptoren)
3. Erarbeiten von Projektionen für die Deskriptoren (Trends bzw. Annahmen über die zukünftige Ausprägung)
4. Konsistenzprüfung, Alternativenbündelung: Bildung konsistenter Annahmenbündel über die künftige Ausprägung der Deskriptoren
5. Konstruktion der Szenarien aus den konsistenten Annahmebündeln, Scenario Writing
6. Störereignisanalyse; Akteursanalyse
7. Wirkungsanalyse: Identifikation möglicher Konsequenzen der Szenarien für das Untersuchungsfeld
8. Szenario-Transfer: Lösungssuche, Maßnahmenvorschläge, Implementierung

Systemische Organisationsdiagnose und -redesign (OSTO)

Dieses von Rieckmann entwickelte Verfahren ist auf der Basis der allgemeinen Systemtheorie von Bertalanffy und Rappoport entstanden. Es wird dabei davon ausgegangen, dass jede Organisation aus wechselseitig miteinander verbundenen Elementen (soziales Teilsystem, technisches Teilsystem, Organisationsstruktur, Aufgaben, Entscheidungssystem, Informationssystem, Belohnungs- und Kontrollsystem, Entwicklungs- und Erneuerungssystem) besteht. Jede derartige Organisation habe einen Existenzgrund, der sich auf die Bedürfnisse der Umwelt des Systems und die sich daraus ergebenden Austauschprozesse bezieht. Der Sinngrund verweist auf eine längerfristige Sinnhaftigkeit des Existenzgrundes. Um den Existenzgrund zu gewährleisten, produziert die Organisation Outputs (Waren, Dienstleistungen, usw.). Damit dies möglich ist, werden Inputs benötigt (Produktionsmittel, Energie, Information, Rohstoffe, usw.).

Das OSTO-Verfahren versucht all diese Charakteristika und Teilsysteme einer konkreten Organisation zu analysieren. Diese „Diagnose" genannte Phase ist Basis für ein Redesign der Organisation, das Abläufe optimieren helfen soll. Bei der Analyse werden die Outputs betrachtet und versucht, Rückschlüsse auf Vor- und Nachteile der Organisation zu ziehen. Es wird versucht die kausalen Zusammenhänge zwischen Outputs und Systemverhalten aufzuklären. Als weitere Schritte wird versucht, sukzessive Rückschlüsse auf die Gestaltungskomponenten, Strategien, Ziele und den Existenzgrund des Systems zu ziehen. Dadurch sollen Mängel aufgedeckt werden. Das Redesign ist eine Korrekturphase, die sukzessive in umgekehrter Reihenfolge verläuft. D.h., dass zuerst eine mögliche Korrektur des Existenzgrundes in Betracht gezogen wird, dann darauf aufbauend ein Redesign der Systemziele, dann der Strategien der Organisation, usw. erfolgt.

Wertbaumanalyse

Dieses Verfahren soll die Werte von Personen und Gruppen nachvollziehbar machen. In Konfliktsituationen werden dabei VertreterInnen der einzelnen Gruppen interviewt und befragt, welche Werte für sie bei einer Entscheidung (z.B. darüber, ob eine Sondermülldeponie gebaut wird) von Bedeutung sind. Die AnalytikerInnen tragen dann die Werte der befragten Personen in eine Baumstruktur ein (Oberwerte im Stamm des Baumes, Unterwerte in den Ästen). Der aufgestellte Wertbaum muss von der/dem Interviewten bestätigt werden. Ein Problem besteht danach darin, die Wertbäume der verschiedenen Gruppen zu integrieren und daraus einen gemeinsamen Wert- und Kriterienkatalog abzuleiten. Der Gesamtwertbaum ist erst dann vollständig und gültig, wenn er von allen Gruppen akzeptiert wird. Ansonsten muss er immer wieder modifiziert werden. Die Wertbaumanalyse ist sicherlich kein eigenständiges Verfahren der Technikfolgenabschätzung, sondern kann in diskursiven Prozessen unterstützend eingesetzt werden.

Literatur:

Brüchler, Stephan/Simonis, Georg/Sundermann, Karsten (Hrsg.) (1999) Handbuch Technikfolgenabschätzung. 3 Bände. Berlin. Edition Sigma

Ellul, Jacques (1964) *The Technological Society*. New York. Vintage Books

Freyer, Hans (1960) *Über das Dominantwerden technischer Kategorien in der Lebenswelt der industriellen Gesellschaft*. Wiesbaden. Steiner

Freyer, Hans (1987) *Herrschaft, Planung und Technik. Aufsätze zur politischen Soziologie*. Weinheim. VCH, Acta humaniora

Fuchs, Christian (2002a) *Die Bedeutung der Fortschrittsbegriffe von Marcuse und Bloch im informationsgesellschaftlichen Kapitalismus*. In: Utopie Kreativ, H. 141/142 (Juli/August 2002). S. 724-736.

Fuchs, Christian (2002b) *Zur Aktualität ausgewählter Aspekte des Werks Herbert Marcuses*. In: ders. (2002) *Krise und Kritik in der Informationsgesellschaft*. Norderstedt. Libri BOD. S. 20-67.

Gehlen, Arnold (1957) *Die Seele im technischen Zeitalter. Sozialpsychologische Probleme in der industriellen Gesellschaft*. Hamburg. Rowohlt.

Gethmann, C./Grunwald, A. (1996) Technikfolgenabschätzung: Konzeptionen im Überblick. Bad Neunahr-Ahrweiler.

Gilfillan, S. Colum (1935) The Sociology of Invention. Chicago. Follet

Heidegger, Martin (1962) *Die Technik und die Kehre*. Pfullingen. Neske

Hennen, Leonhard (1999) Partizipation und Technikfolgenabschätzung. In: Brüchler/Simonis/Sundermann (1999). S. 565-571

Hofkirchner, Wolfgang (1999) Die halbierte Informationsgesellschaft. In: Buchinger, Eva (Hg.), *Informations-?-Gesellschaft*. OEFZS-Berichte. Jänner 1999. S. 49-58

Holt, R.T. (1977) Technology Assessment and Technology Inducement. In: American Journal of Political Sciences 21. S. 283-301

Jünger, Friedrich Georg (1956) *The Failure of Technology*. Chicago. Regnery.

Keller, Reiner/Poferl, Angelika (1994) Habermas und Müll. Zur gegenwärtigen Konjunktur von Mediationsverfahren (nicht nur) in den Sozialwissenschaften. Wechselwirkung 68. S. 34-40

Latour, Bruno (1987) Science in Action. Cambridge, Mass. Harvard University Press

Ludwig, Björn (1995) Methoden zur Modellbildung in der Technikbewertung. CUTEC-Institut. Göttingen. Cuvillier

Marcuse, Herbert (1941) *Einige gesellschaftliche Folgen moderner Technologien*. In: Herbert Marcuse Schriften Band 3: *Aufsätze aus der „Zeitschrift für Sozialforschung"*. 1979. Frankfurt am Main. Suhrkamp. S. 286-319

Marcuse, Herbert (1957) *Die Gesellschaftslehre des sowjetischen Marxismus*. In: Herbert Marcuse Schriften, Band 6. Frankfurt/Main. Suhrkamp

Marcuse, Herbert (1961) *Das Problem des sozialen Wandels in der technologischen Gesellschaft*. In: Peter-Erwin Jansen (Hrsg.) (1999) *Herbert Marcuse Nachgelassene Schriften 1. Das Schicksal der bürgerlichen Demokratie*. Lüneburg. Zu Klampen. S. 37-66

Marcuse, Herbert (1965a) *Bemerkungen zu einer Neubestimmung der Kultur*. In: Ders. Schriften, Band 8. Frankfurt/Main. Suhrkamp. S. 115-135

Marcuse, Herbert (1966) *Das Individuum in der Great Society*. In: Marcuse Schriften 8. S. 167-193

Marcuse, Herbert (1967) *Der eindimensionale Mensch: Studien zur Ideologie der fortgeschrittenen Industriegesellschaft [One-Dimensional Man]*. München. dtv. Neuauflage 1994

Marcuse, Herbert (1967b) *Kunst in der eindimensionalen Gesellschaft [Art in the One-Dimensional Society]*. In: Peter-Erwin Jansen (Hrsg.) (2000) *Herbert Marcuse Nachgelassene Schriften Band 2. Kunst und Befreiung*. S. 71-85

Marcuse, Herbert (1969) *Versuch über die Befreiung [Essay on Liberation]*. In: Herbert Marcuse Schriften 8. Frankfurt/Main. Suhrkamp. S. 237-317

Marcuse, Herbert (1972) *Konterrevolution und Revolte [Counterrevolution and Revolt]*. In: Herbert Marcuse Schriften 9. Frankfurt/Main. Suhrkamp. S. 11-128

Marx, Karl (1867) *Das Kapital. Band 1: Der Produktionsprozess des Kapitals*. Berlin. Dietz. MEW, Band 23.

Marx, Karl (1894) *Das Kapital. Kritik der politischen Ökonomie. Band 3: Der Gesamtprozess der kapitalistischen Produktion*. Berlin. Dietz. MEW, Band 25.

Mumford, Lewis (1974) *Mythos der Maschine. Kultur, Technik und Macht*. Wien. Europa Verlags-AG

Nelson, Richard/Winter, Sidney (1977) In Search of a Useful Theory of Innovation. In: Stroetmann, K.A. (Hrsg.) (1977) Innovation, Economic Change and Technology Policies. Basel. Birkhäuser. S. 215-245

Paschen, Herbert (1986) Technology Assessment - ein strategisches Rahmenkonzept für die Bewertung von Technologien. In: Dierkes, M./Petermann, T./Von Thienen, V. (Hrsg.) (1986) Technik und Parlament. Technik-Folgenabschätzung: Konzepte, Erfahrungen, Chancen. Berlin. Edition Sigma. S. 21-46

Perrow, Charles (1987) Normale Katastrophen. Die unvermeidbaren Risiken der Großtechnik. Frankfurt/Main. Campus

Petermann, Thomas (1999) Technikfolgen-Abschätzung - Konstituierung und Ausdifferenzierung eines Leitbides. In: Bröchler/Simonis/Sundermann (1999). S. 13-49

PFF (Progress and Freedom Foundation *A Magna Charta for the Knowledge Age*. Washington: Progress and Freedom Foundation.

Rammert, Werner (1993) Technik aus soziologischer Perspektive: Forschungsstand, Theorieansätze, Fallbeispiele. Ein Überblick. Opladen. Westdeutscher Verlag

Ropohl, Günther (1985) Die unvollkommene Technik. Frankfurt/Main. Suhrkamp

Rammert, Werner (1994) Vom Nutzen der Technikgeneseforschung für die Technikfolgenforschung. In: Bechmann, Gotthard/Petermann, Thomas (Hrsg.) (1994) Interdisziplinäre Technikforschung. Genese, Folgen, Diskurs. Frankfurt/Main. Campus S. 15-33

Schelsky, Helmut (1965) *Der Mensch in der wissenschaftlichen Zivilisation*. In: ders. (1965) *Auf der Suche nach der Wirklichkeit*. Düsseldorf/Köln. Diederichs

Spengler, Oswald (1931) *Der Mensch und die Technik. Beitrag zu einer Philosophie des Lebens*. München. Beck

Steinmüller, Karlheinz (1999) Methoden der TA - ein Überblick. In: Bröchler/Simonis/Sundermann (1999). S. 655-667

Steinmüller, Karlheinz (1999b) Szenarien in der TA. In: Bröchler/Simonis/Sundermann (1999). S. 669 - 677.

Ullrich, Otto (1979) Technik und Herrschaft. Vom Hand-Werk zur verdinglichten Blockstruktur industrieller Produktion. Frankfurt/Main. Suhrkamp. 3. Auflage 1988

US-Senate (1972) Report of the Committee on Rules and Administration. Technology Assessment Act of 1972. 13.9.1972

VDI-Richtlinie 3780 (1991) Verein Deutscher Ingenieure. Technikbewertung, Begriffe und Grundlagen. Düsseldorf

Vorwerk, Volker (1999) Mediation. Konfliktvermittlung im Umweltbereich: Ein Verfahren zur Beteiligung, Verhandlung oder Konfliktlösung?. In: Bröchler/Simonis/Sundermann (1999). S. 705-712

Winner, L. (1977) On Criticizing Technology. In: Teich, Albert (Hrsg.) (1977) Technology and Man's Future. New York. St. Martin's Press. S. 354-375

Wynne, B. (1975) The Rhetoric of Consensus Politics. A Critical Review of Technology Assessment. In: Research Policy 4. S. 108-158

7. Informationsgesellschaft

In welcher Gesellschaft leben wir?
Die wesentlichste Frage für die Soziologie ist heute: In welcher Gesellschaft leben wir? Die gesellschaftlichen Umbrüche, die wir heute erleben, werden mit unterschiedlichen Schlagworten bedacht: "Ära der Simulation und der Hyperrealität" (Baudrillard) "Arbeitsgesellschaft" (Offe), "Bildungsgesellschaft" (Mayer), "Bürgergesellschaft" (Dahrendorf), "desintegrierende Gesellschaft" (Heitmeyer), "digitaler Kapitalismus" (Glotz), "dynamische Gesellschaft" (Mayntz), "Erlebnisgesellschaft" (Schulze), "flexible Gesellschaft" (Sennett), "funktional differenzierte Gesellschaft" (Nassehi), "gespaltene Gesellschaft" (Honneth), "Informationsgesellschaft" (Lash), "informationsgesellschaftlicher Kapitalismus" (Fuchs) "Mediengesellschaft" (Postman), "Multioptionsgesellschaft" (Gross) "reflexive Modernisierung" (Beck, Giddens), "polyzentrische Gesellschaft" (Willke), "postindustrielle Gesellschaft" (Bell), "postmoderne Gesellschaft" (Lyotard, Inglehart, Baudrillard), "Risikogesellschaft" (Beck), "transkulturelle" oder "multikulturelle Gesellschaft" (Welsch, Leggewie), "Single-Gesellschaft" (Hradil), "Tätigkeitsgesellschaft" (Arendt, Biesecker, Mutz), "transparente Gesellschaft" (Vattimo) "Verantwortungsgesellschaft" (Etzioini), "virtuelle Gesellschaft" (Bühl), "Weltgesellschaft" (Albrow), "Wissensgesellschaft" (Willke, Knorr-Cetina).

Aus der Fülle der Ansätze, die die Veränderungen der modernen Gesellschaft, mit denen wir heute konfrontiert sind, beschreiben, können wir hier nur eine kleine Anzahl kurz darstellen. Wir beschränken uns dabei auf jene, die sich mit der Rolle von Information und modernen Technologien auseinandersetzen. Wir teilen diese Ansätze danach ein, welchen Bereich sie als die gesellschaftliche Veränderungen vorantreibend erachten und kommen dadurch zu einer Typologie, in der technische, biologische, ökonomische, politische, kulturelle und räumliche Theorien der Informationsgesellschaft unterschieden werden.

Das Modell, das wir unseren eigenen Überlegungen zum Aufbau der Gesellschaft zu Grunde legen, sieht die Verwendung der Technik (Technosphäre) und den Stoffwechsel des Menschen mit der Natur (Biosphäre) als Basis der Gesellschaft, der Soziosphäre. Durch das wechselseitige Zusammenwirken dieser Teilsysteme kann sich die Gesellschaft reproduzieren, dies ist der Prozess der Re-Kreation (vgl. Fuchs 2002, S. 303-311). Gesellschaftsstrukturen werden im Rahmen der Auseinandersetzung des Menschen mit der Natur und des Menschen mit sich selbst und anderen konstituiert. Der Mensch als arbeitendes und soziales Wesen tritt in Stoffwechsel mit der Natur (der Ökosphäre), um mit Hilfe von Werkzeugen bestimmte Ziele zu erreichen. Die Herstellung dieser Werkzeuge ist der eigentliche Kern der Technosphäre, die das Verhältnis Mensch – Technik beschreibt. Hinzu kommt als notwendige Bedingung der Gesellschaft die Ökosphäre, das Verhältnis des Menschen zur Natur, in dem Naturkräfte für den Menschen lebenserhaltend nutzbar gemacht werden. Schließlich ist auch die Soziosphäre ein notwendiges Element der gesellschaftlichen Reproduktion, sie bezeichnet die Beziehungen der Menschen untereinander, die zur Produktion von Sinn führen. Die Soziosphäre basiert notwendigerweise auf Öko- und Technosphäre, geht durch emergierende soziale Qualitäten aber über diese hinaus. Die Selbstorganisation der Gesellschaft basiert auf allen drei Bereichen, die hierarchisch miteinander in Beziehung stehen und bei der es von jeder höheren Ebene Rückwirkungen auf die darunterliegende gibt. Gesellschaft besteht also aus den Bereichen der Techno-, Öko- und der Soziosphäre. Den eigentlichen sozialen Kern der Gesellschaft bildet die Soziosphäre. In jedem sozialen System gibt es drei wesentliche Strukturen: gesellschaftliche Ressourcen, Entscheidungsmacht, Wissen und soziale Normen/Werte.

Sie speichern Informationen über vergangenes soziales Handeln und vereinfachen zukünftige gesellschaftliche Situationen, da durch den Bezug auf sie Grundlagen des sozialen Handelns nicht immer neu geschaffen werden müssen. Gesellschaftsstrukturen sind dauerhafte Grundlagen sozialen Handelns und sozialer Systeme, die sich nichtsdestotrotz dynamisch verändert. Die Ökonomie befasst sich mit der Produktion, Distribution und Allokation von Gebrauchswerten und Ressourcen. In der Politik geht es um Entscheidungen, die sich darauf beziehen, wie gesellschaftliche Ressourcen eingesetzt und verteilt werden. Politik beschäftigt sich mit Entscheidungen, die Lebensstile und Gewohnheiten der Gesellschaftsmitglieder beeinflussen. Kultur kann als jenes Subsystem der Gesellschaft betrachtet werden, in dem Ideen, Habitus, Wissen, Sichtweisen, Meinungen, Ideologien, soziale Normen und soziale Werte im Rahmen von Gewohnheiten, Lebensstilen, Traditionen und sozialen Praxen entstehen und sich verändern.

Die in unserem Modell unterschiedenen Dimensionen der Gesellschaft (Technik, Ökologie, Ökonomie, Politik und Kultur) werden auch in den existierenden Theorien der Informationsgesellschaft betont. Dabei wird die Informationsgesellschaft zumeist als eine Form der Gesellschaft verstanden, die sich vorwiegend durch Veränderungen in einem dieser gesellschaftlichen Bereiche auszeichnet. Dies führt zu Theorien, die zumeist technizistisch, biologistisch, ökonomistisch, politizistisch oder kulturalistisch argumentieren. Es fehlt eine umfassende Perspektive, die Informationsgesellschaft als eine Formation versteht, die Veränderungen in allen gesellschaftlichen Bereichen mit sich gebracht hat. Dieses Kapitel möchte zur Behebung dieses Defizits beitragen, indem technische, ökologische, ökonomische, politische und kulturelle Aspekte der Informatisierung der Gesellschaft diskutiert werden.

In diesem Kapitel geben wir eine Einführung über bestehende Theorien der Informationsgesellschaft. Die Kategorisierung dieser Theorien schließt an die Unterscheidung zwischen Technikdeterminismus, Sozialkonsturktivismus und Dialektik aus Kapitel II.6. an. Die technikdeterministischen Theorien lassen sich in technische (Abschnitt 1) und biotechnologische (Abschnitt 2) Theorien unterscheiden, die sozialkonstruktivistischen Theorien unterteilen sich in räumliche (Abschnitt 3), ökonomische (Abschnitt 4), politische (Abschnitt 5) und kulturelle (Abschnitt 6) Theorien der Informationsgesellschaft. Die räumlichen Theorien behandeln wir hier als eigenen Abschnitt, obwohl wir Raum nicht als gesellschaftliches Teilsystem verstehen. Der Mensch bewegt sich in unterschiedlichen Räumen, damit Gesellschaft möglich wird (so etwa im geographischen, städtischen, nationalstaatlichen, virtuellen oder familiären Raum). In den behandelten Theorien wird Raum vorwiegend geographisch verstanden, dieser ist eigentlich Teil der Ökosphäre, die Soziosphäre organisiert sich im Wechselspiel mit der Ökosphäre, dem naturalen und geographischen Raum. Die räumliche Dimension stellt eine eigene Betrachtungsweise der Gesellschaft dar, denn jedes soziale System und jedes gesellschaftliche Teilsysteme benötigt Raum, um sich zu organisieren. Raum bedeutet allgemein die materiellen Bedingungen und Zusammenhänge eines Systems, innerhalb derer sich die Elemente, Strukturen und das Verhalten und die Interaktionen der Elemente zueinander abspielen.

7.1. Technikdeterminismus

Technikdeterministische Theorien der Informationsgesellschaft definieren die Informationsgesellschaft als eine durch neue Technologien stark geprägte Gesellschaft. Einerseits gibt es dabei Theorien, die neue Informationstechnologien wie den Computer betonen, andererseits solche, die biologische Veränderungen des Menschen durch neue Technologien hervorheben.

7.1.1. Technische Theorien der Informationsgesellschaft

Diesen Theorien ist gemeinsam, dass sie die heutige Gesellschaft als eine fassen, die in allen Bereichen wesentlich durch moderne Informations- und Computertechnologien geprägt wird. I.d.R. wird dabei davon ausgegangen, dass durch diese Informatisierung und Technisierung gesellschaftlicher Fortschritt erreicht wird und humanisierende Effekte freigesetzt werden.

Die „Datenautobahn"

Beispiel Ein neues, schnelles Super-Internet (von Hans-Arthur Marsiske)
Telepolis, *Hans-Arthur Marsiske 12.12.2001*
http://www.heise.de/tp/deutsch/inhalt/lis/11322/1.html
Wir danken Hans-Arthur Marsiske und der Redaktion Telepolis für die Abdruckgenehmigung

Wenn die Datenübertragung im Rechnernetz genauso schnell erfolgt wie zwischen den verschiedenen Komponenten der einzelnen Computer (Prozessor, Festplatte, Soundkarte, usw.), lösen sich die einzelnen Rechner auf und verschmelzen mit dem Netz zum Metacomputer oder, wie es jetzt auch genannt wird, zu einem Grid - vorausgesetzt, sie verstehen einander.

Neben den schnellen Datennetzen, die zum Teil bereits realisiert sind und in wenigen Jahren Übertragungsraten bis zu 40 Gigabit pro Sekunde erreichen sollen, ist das Realisierung dieser Vision daher in erster Linie ein Softwareproblem. Mehrere hundert Wissenschaftler in aller Welt arbeiten derzeit an der Entwicklung dieser Middleware, die in Zukunft die Zusammenschaltung beliebiger Rechnerressourcen nach Bedarf ermöglichen soll.

Es ist auch höchste Zeit: Immer mehr Wissenschaftsdisziplinen produzieren Datenmengen, die mit traditionellen Methoden nicht mehr verarbeitet werden können. Astronomische Observatorien, die regelmäßig den gesamten Himmel in mehreren Frequenzbereichen abtasten, sind auf das Word Wide Grid ebenso angewiesen wie die Physiker, die ab 2006 am Europäischen Kernforschungszentrum CERN mit dem neuen Teilchenbeschleuniger Large Hadron Collider experimentieren wollen. Bei der Suche nach dem Higgs-Teilchen, das Aufschluss über den Ursprung der Masse bringen soll, werden Daten in der Größenordnung von mehreren Petabyte (Millionen Gigabyte) pro Jahr anfallen. Auf CD gepresst würde das einen mehrere Kilometer hohen Turm ergeben - das ist selbst für die größten Supercomputer zu viel.

Hans-Arthur Marsiske sprach mit Manuela Campanelli, Physikerin am Albert-Einstein-Institut in Golm und Mitarbeiterin im Grid Physics Network, über das neue Hochleistungs-Computernetz "Grid".

Frau Campanelli, da Sie sich als Physikerin mit Gravitationswellen beschäftigen und Kollisionen von Schwarzen Löchern simulieren, wüsste ich zunächst gerne, warum diese Simulationen so kompliziert sind. Können Sie uns den mathematischen Aufwand veranschaulichen?
Manuela Campanelli: Schwarze Löcher und Gravitationswellen sind grundlegende Voraussagen aus Einsteins allgemeiner Relativitätstheorie. Ihr experimenteller Nachweis wird sicher mit einem Nobelpreis ausgezeichnet werden. Um herauszufinden, wie Schwarze Löcher kollidieren, müssen die Forscher Einsteins Gleichungen im Bereich des hochdynamischen, extrem starken Schwerefelds lösen,

was nur mit Hilfe von Computersimulationen möglich ist. Solche Simulationen erfordern gewaltige Computer und ausgefeilte Software, weil Einsteins Gleichungen ein sehr kompliziertes System aus zehn miteinander gekoppelten, nicht-linearen, partiellen Differentialgleichungen zweiter Ordnung bilden. Die können nur numerisch mit entsprechend komplexer Software auf leistungsfähigen Supercomputern gelöst werden. Vor Kurzem ist es einem Team junger Forscher an unserem Institut, dem "Lazarus-Team", gelungen, die bei der Vereinigung zweier Schwarzer Löcher entstehende Strahlung detaillierter und zuverlässiger vorherzusagen als je zuvor. Sie können das in Physical Review Letters, Vol 87, 121103 (2001), nachlesen.

Sie und auch Wissenschaftler in anderen Disziplinen wollen sich zukünftig stärker auf das sogenannte "Grid Computing" stützen. Was ist das Besondere an Grids und inwiefern unterscheiden sie sich von traditionellen Computern? Könnte man stattdessen nicht einen einzigen, großen Supercomputer bauen?
Manuela Campanelli: Der Bedarf, sehr komplexe Probleme zu lösen, hat in allen wissenschaftlichen Disziplinen, wie Physik, Biologie, Astronomie und Ingenieurwissenschaften, so dramatisch zugenommen, dass heute selbst große Supercomputer nicht mehr ausreichen. Die Verbindung von Computern in der ganzen Welt über ein neues, schnelles "Super-Internet", wie das Grid, wird eine neue Generation ungemein leistungsfähiger Maschinen hervorbringen. Hinzu kommt, dass der exklusive Einsatz von Supercomputern häufig sehr teuer ist und sie auch nicht immer zur Verfügung stehen.
Grid Computing wird es den Wissenschaftlern in aller Welt ermöglichen, große Netzwerke billigerer und weniger leistungsfähigerer, aber dafür verfügbarer Prozessoren zu nutzen. Grid Computing wird es den über die ganze Welt verstreuten Wissenschaftlern ermöglichen, die gewaltigen Mengen an Daten zu betrachten und zu analysieren, die bei Experimenten zur Hochenergie- und Nuklearphysik, Forschungen zu Gravitationswellen, in der Astronomie, Biologie und in anderen Bereichen anfallen. Große Netzwerke billiger und weniger leistungsfähiger Prozessoren sind schon seit langem als natürliche Alternative zu Supercomputern empfohlen worden, aber bislang fehlte es an der Technologie, die in der Lage ist, solche verteilten Computerressourcen zu nutzen. Es ist das Ziel des Grid Computing, diese Technologien zur Verfügung zu stellen.

Worin bestehen die Hauptschwierigkeiten beim Bau eines Grids?
Manuela Campanelli: Das Ziel des Grid Computing ist es, so viele Computer wie möglich zur Lösung komplexer wissenschaftlicher Probleme zu nutzen. Diese Computer werden im allgemeinen verschiedener Bauart sein und können über den ganzen Globus verteilt sein. Um miteinander kommunizieren zu können, müssen sie daher in der Lage sein, die gleiche Sprache zu sprechen.

Gibt es für die Inbetriebnahme des World Wide Grid einen Zeitplan?
Manuela Campanelli: Gegenwärtig arbeiten viele akademisch orientierte Grid-Projekte auf der ganzen Welt an der Inbetriebnahme erster Prototypen. Das US-Projekt GriPhyN (Grid Physics Network) zum Beispiel befindet sich im zweiten Jahr eines fünfjährigen Entwicklungsplans, an dessen Ende es der akademischen Forschung eine Rechenkapazität zur Verfügung stellen will, die mindestens um das Tausendfache über der jedes anderen, gegenwärtig existierenden Netzwerks liegt.
Was das World Wide Grid betrifft, so entwickelt sich die Informationstechnologie gegenwärtig sehr schnell. Die Regierungen Europas und der USA geben für die kürzlich begonnen Projekte wie das European DataGrid und das International Virtual Data Grid Laboratory iVDGL mehrere Millionen Dollar aus.

Inwieweit können Sie auf Technologien von Parallelrechnern aufbauen?
Manuela Campanelli: Das Grid-Konzept ist weit komplexer als das des Parallelcomputers. Die Idee des Grid Computing ist es, eine große Vielfalt von Prozessoren zu nutzen, die über die ganze Welt verteilt und durch unterschiedliche Netzwerke miteinander verbunden sind. Beim Parallelrechnen nutzen wir dagegen typischerweise große, an einem Ort befindliche Supercomputer mit einer einheitlichen Rechnerumgebung, also baugleichen Prozessoren und Netzwerkverbindungen.

Inwieweit stützen Sie sich auf Internet-Technologien?
Manuela Campanelli: Das Grid wird eine Erweiterung des Internet sein. Das Internet ist ein Werkzeug, das uns den Austausch von Dateien über gewöhnliche Telefonverbindungen erlaubt. Jeder kann heutzutage das Internet nutzen. Das Grid wird sehr viel mehr Möglichkeiten bieten. Und es wird Ultra-Hochgeschwindigkeitsnetze nutzen, die die großen Laboratorien in den USA, Europa und Asien

miteinander verbinden, um gewaltige Mengen hochkomplexer Daten auszutauschen. Letztlich wird das Grid den Nutzern in ähnlich transparenter Weise zugänglich sein wie heute das Elektrizitätsnetz.

Wie organisieren Sie den Austausch von Speicherkapazität und Rechenzeit zwischen verschiedenen Computern? Wird es besondere Abrechnungsschemata geben oder eine Art "Datenwährung"?
Manuela Campanelli: Jeder Rechenjob und jede Dateneinheit werden ihren eigenen Namen oder Identifikationsnummer haben.

Das Grid ist zwar in erster Linie ein wissenschaftliches Projekt, wie beim Internet wird es aber mit großer Sicherheit unerwartete Entwicklungen geben. Gibt es Bestrebungen, die kulturellen, sozialen und politischen Auswirkungen des Grid abzuschätzen?
Manuela Campanelli: Das ist eine sehr schwierige Frage. Es ist unmöglich, genau vorherzusehen, was passieren wird, wenn das Grid allgemein zugänglich wird. Vor 15 Jahren nutzte ich als junge Physikstudentin bereits das Internet, um mit anderen Wissenschaftlern in aller Welt zu kommunizieren. Damals diente das Internet vorrangig wissenschaftlichen Zwecken. Niemand hätte vorhersagen können, was heute passiert. Jetzt, 15 Jahre später, habe ich das Gefühl, erneut den Beginn eines neuen Zeitalters mitzuerleben.
Sie kennen vermutlich James Lovelocks Gaia-Hypothese, die den Planeten Erde als ein Lebewesen betrachtet.

Man könnte nun sagen, dass Gaia mit dem Grid sein eigenes, globales Gehirn entwickelt. Was halten Sie von dieser Idee?
Manuela Campanelli: Nun, das Grid hat nur insofern Ähnlichkeit mit Gaia, als es Rechnerleistung über die ganze Welt miteinander verbindet. Aber lassen Sie uns nicht vergessen, dass das Grid von Menschen betrieben wird und wir vorläufig noch keine Künstliche Intelligenz haben. Fürs Erste ziehe ich den Vergleich mit dem Internet vor.

Charakteristisch für diese Herangehensweise sind eine Reihe von Metaphern, die den gesellschaftlichen Umbruch zu beschreiben versuchen: Cyberspace, Digitale Stadt, Telepolis, Global Village, Virtuelle Gemeinschaft, Datenautobahn/Information Super-Highway usw. Die Metapher des Information-Highways wurde von der Clinton/Gore-Administration geschaffen. In einer Regierungserklärung der Clinton/Gore-Administration wurde 1993 die Schaffung einer nationalen Informationsinfrastruktur (NII) angekündigt. Diese Infrastruktur werde einer Datenautobahn gleichen. Al Gore verdeutlichte dies folgendermaßen: "One helpful way is to think of the National Information Infrastructure as a network of highways much like the Interstates begun in the '50s. These are highways carrying information rather than people or goods. [...] Some highways will be made up of fiber optics. Others will be built out of coaxial or wireless" (Gore 1993). 1996 wurde im US-Kongress ein Telekommunikationsakt verabschiedet, der durch Deregulierung mehr Wettbewerb in den Bereichen Kabelfernsehen und Telefondienste bringen soll.

Al Gore stellt mit dem Gebrauch der Metapher "Datenhighway" eine Assoziation zur Forcierung des Autobahnbaus im und nach dem New Deal her. Damit sollen bei der Bevölkerung positive Assoziationen im Kontext der Schaffung von Arbeit geweckt werden. Interessanterweise war Al Gores Vater 1956 an der Ausarbeitung des Federal Aid Highway Act wesentlich beteiligt, der Name Gore steht in den USA für den Autobahnausbau.
Es handelt sich bei der "Datenautobahn" um eine Geschwindigkeitsmetapher, die vermitteln soll, dass das Auffahren auf diesen Highway schnell erfolgen kann und genauso einfach ist wie das Lenken eines Autos (siehe Bühl 1997, S. 16ff). Die Scheu vor neuen Informationstechnologien, die als irgendwie kompliziert und schwer beherrschbar gelten, soll so abgebaut werden. Diese Metapher stellt die Informationsgesellschaft als unproblematisch dar, jedeR könne einfach daran teilhaben. Dass jedoch gesellschaftliche Probleme auf der Datenautobahn widergespiegelt werden und dieser Informationshighway auch an der Schaffung neuer Probleme beteiligt ist, wird völlig ausgeblendet. Etwa die ungleichen Zugangsbedingungen zum Internet bleiben bei der Metapher der "Datenautobahn" unberücksichtigt: Es gibt ungleiche Chancen der Partizipation im Netz, die sich aus der ungleichen Verteilung von Macht herleiten. Diese Ungleichheiten zeigen sich zwischen den Mann/Frau, Arm/Reich, Industrieland/Entwicklungsland usw. Darauf weisen auch William H. Dutton, Jay G. Blumler, Nicholas Garnham, Robin Mansell, James Cornford und Malcolm Peltu in ihrer Auseinandersetzung mit der Metapher der "Datenautobahn" (The Politics of Information and Communication Policy: The Information Superhighway, 22. Kapitel in Dutton 1996, S.

387-406) hin: "One of the main threats to the public interest is the potential for the information superhighway to exacerbate inequalities across socio-economic groups by creating widening divisions between the 'information-rich' and 'information-poor'".

Kritisiert wurde an der Metapher der "Datenautobahn", dass sie den Diskurs über die Informationsgesellschaft auf eine technische Ebene reduziert, auf der einzig die schnelle Übertragbarkeit von Information aus ökonomischen Interessen von Bedeutung ist. Dies entspreche dem vorherrschenden Technologieverständnis, das Technik auf ihre kommerziellen Aspekte reduziert. Kritisiert wird häufig ebenfalls, dass politische, kulturelle u.a. Aspekte ausgeblendet werden und dass nicht berücksichtigt wird, dass moderne Technologien auch in die Verschärfung gesellschaftlicher Probleme eingebunden sind. Achim Bühl kritisiert an der Metapher der "Datenautobahn", dass "Assoziationen wie Staus, Umweltzerstörung, Raserei, Verkehrstote, Smog, Tempolimit und Massenkarambolagen" genauso dazu gehören wie "die Verkürzung von Wegstrecken und -zeiten, schneller Raumzugriff und die Urlaubsfahrt" (Bühl 1997, S. 18). Eine Kritik an der Metapher kommt auch von Bill Gates, der das eher technikreduktionistische Verständnis der Informationsgesellschaft von Clinton/Gore sicherlich teilt, aber in der Metapher eine Gefahr für die kommerzielle Verwertbarkeit der Informationstechnik sieht: Beim Information Superhighway denke man an "eine Entfernung zwischen zwei Punkten, und dahinter steckt die Vorstellung, dass man reisen muss, um von einem Ort zum anderen zu gelangen. Einer der bemerkenswertesten Aspekte dieser neuen Kommunikationstechnik ist aber, dass sie die Entfernung aufhebt" (Gates 1995, S. 21). Inspiriert durch den geplanten Aufbau einer NII in den USA, empfiehlt der Bangemann-Report im EU-Raum, dass der Privatsektor die Verantwortung und Finanzierung des Aufbaues einer europäischen Informationsinfrastruktur übernehmen sollte. Der öffentliche Sektor solle die Rahmenbedingungen dafür schaffen.

Cyberspace, virtuelle Gemeinschaft und virtuelle Gesellschaft

Eine andere Metapher der Informationsgesellschaft ist jene des „Cyberspaces", die erstmals von William Gibson in seinem Roman „Neuromancer" (1987) verwendet wurde. Bisher sei der Bildschirm die Grenze zwischen Mensch und Maschine gewesen, nun verschwimme diese zusehends, indem die UserInnen interaktiv in einem Raum hinter dem Bildschirm navigieren. Der Cyberspace sei ein computergenerierter Erlebnisraum, in dem man sich bewegen kann. Gibson sieht in diesen Entwicklungen Gefahren, die sich aus den zunehmenden Kapazitäten der Überwachung und Kontrolle. Eine weitere Metapher ist jene der virtuellen Gemeinschaft von Howard Rheingold (1994). Diese Gemeinschaften hätten vielfältige Kulturen und würden sich durch eine Anzahl von Mitgliedern computervermittelter sozialer Gruppen auszeichnen. „Virtuelle Gemeinschaften sind soziale Zusammenschlüsse, die im Netz entstehen, wenn genug Leute diese öffentlichen Diskussionen lange genug führen und dabei ihre Gefühle einbringen, so dass im Cyberspace ein Geflecht persönlicher Beziehungen entsteht" (Rheingold 1994, S. 16). Das Internet habe ein großes Kommunikationspotential, das Menschen über nationale und ideologische Grenzen hinweg verbindet. Rheingold betont Aspekte der computervermittelten Kommunikation (Computer Mediated Communication, CMC). Als Kritik an diesem Ansatz wurde immer wieder vorgebracht, dass das Netz neue Ausschlüsse produziert, da etwa nur sehr wenige Prozent der Weltbevölkerung, und dabei zu einem großen Prozentsatz weiße, männliche US-Amerikaner, Zugang hätten. Die technisch vermittelte Erzeugung künstlicher Realitäten erachtet Achim Bühl (1997) als das Wesen der heutigen Gesellschaft. Er spricht daher von der Virtuellen Gesellschaft. Unter Virtuellem versteht er dabei einen „Zustand [...], der quasi-existent ist und seine Seinsweise einer Simulation verdankt. [...] [Das Virtuelle] beabsichtigt [...] den Eindruck zu vermitteln, es handle sich um die Realität selbst" (Bühl 1997, S. 76). Bei der Virtuellen Realität handle es sich um Hard- und Softwaresysteme, die es NutzerInnen ermöglichen, in virtuelle Welten einzutauchen. Der Virtuelle Raum sei ein derart erzeugter immaterieller Raum menschlicher Erfahrung, die Virtualisierung der Gesellschaft sei ein computervermittelter Prozess, der an Seite oder anstelle real-existierender Strukturen virtuelle Konstrukte setzt. Als ein Beispiel der Virtualisierung seien Multi User Dungeons (MUDs) erwähnt. Dies sind vernetzte Computerrollenspiele, bei denen jeder Mitspieler einen eigenen Charakter erzeugt, in diese künstliche Identität schlüpft und vernetzte, virtuelle Abenteuer erlebt.

Die Theorie der langen Wellen

In Anlehnung an die Theorie der kapitalistischen Entwicklung Joseph Schumpeters wurden neoschumpeterische Ansätze geschaffen, die das Informationszeitalter als technisch implizierte lange Welle der gesellschaftlichen Entwicklung begreifen. Der einzelne Unternehmer, so Schumpeter, habe einen Drang, technische Innovationen zu schaffen, da er von einem privaten Reich träume, von Machtgefühl, Herrenstellung, Siegerwille.

Schumpeter (1911) geht davon aus, dass die Dynamik des ökonomischen Systems sich dadurch ergibt, dass zunächst einzelne Unternehmer neue Kombinationen einführen. Neue Produktionsweisen würden die Profite erhöhen und den Kapitalstock der Ökonomie erhöhen. Durch Innovationen verändere sich das ökonomische System, diese Dynamik werde endogen verursacht. Bei der Einführung neuer Kombinationen unterscheidet Schumpeter zwischen Produktinnovationen (Produktion neuer Waren, Dinge, Qualitäten) und Prozessinnovationen (Einführung neuer Produktionsmethoden). Neue Kombinationen umfassen bei Schumpeter das Auftauchen von neuen Produkten, Prozessen, Markt- und Unternehmensorganisationen, neuen Absatzmärkten im In- und Ausland und neuen Liefer- und Bezugsquellen. Durch neue Kombinationen werde die kapitalistische Entwicklung kontinuierlich in Ungleichgewicht versetzt, dies sei auf das Streben der Einzelunternehmer nach Innovationen zurückzuführen. Unter Unternehmertum versteht Schumpeter das Ausführen neuer Kombinationen: „For actions which consist in carrying out innovations we reserve the term Enterprise; the individuals who carry them out we call Entrepreneurs" (Schumpeter 1939, S. 102). Neben Unternehmern spielen für Schumpeter Banken eine bedeutende Rolle, denn bevor jemand Unternehmer werden könne, müsse er Schuldner werden. In der zweiten Auflage der Theorie der wirtschaftlichen Entwicklung (1911), führte Schumpeter das Konzept der Innovationen ein, mit dem er neue Kombinationen bezeichnet. Profit sei „the result of carrying out new combinations" (Schumpeter 1934, S. 136).

Durch die Einführung neuer Kombinationen würde sich zuerst ein Monopolprofit für den entsprechenden Unternehmer einstellen. Diese hohe Profiten würden andere Firmen dazu bringen, die Innovation zu imitieren. Durch das massive Auftreten imitierender Firmen stelle sich ein Aufschwung des Konjunkturzyklus und Prosperität ein. Die Basisinnovation diffundiere in die Ökonomie, indem sich Anschlussinnovationen zeigen, woraus sich das „scharenweise" Auftreten von Unternehmern und Innovationen ergebe. Die neuen Kombinationen würden sich gegen alte Formen durchsetzen und sie verdrängen. Die Nachfrage nach Krediten nehme zu, die Zinsrate steige an, aber auch die Lohnrate würde sich erhöhen. Die innovierende Branche würde neue Arbeitskräfte benötigen, wodurch sich ein Absinken der Arbeitslosigkeit ergebe. Durch diese Prozesse komme es zu einem Ende des Monopolprofits und schließlich zu einer Erschöpfung des ökonomischen Wachstums. Überkapazitäten bauen sich auf, Preisverfall und Nachfrageschwierigkeiten treten ein. Die Abschwächung der Konjunktur führe zu einem Rückgang der Nachfrage nach zusätzlichen Krediten und zu einem Absinken der Zinsrate. Eine Planung für die einzelnen Unternehmen erschwere sich in dieser Situation, ein ansteigender Bankrott von Firmen - speziell in den neuen Branchen - stelle sich ein. Es ergebe sich schließlich eine neue Depression und damit die erneute Suche nach neuen Kombinationen und der Versuch deren Durchsetzung.

Schumpeter (1939) erläutert den Gedanken, dass sich die kapitalistische Ökonomie wellenartig verhalte, was durch Innovationen und Imitationen verursacht werde. Von Kondratieff übernimmt Schumpeter dabei das Konzept der langen Wellen. Eine solche Welle dauere etwa 50 bis 60 Jahre und ergebe sich aus Innovationen wie Eisenbahn, Elektrizität und Automobil. Während der langen Wellen würden sich kürzere Wellen, sogenannte Juglar-Zyklen zeigen, die etwa 10 Jahre dauern. Der Juglar-Zyklus bezieht sich nicht auf große technologische Innovationen, sondern auf kleinere Erfindungen wie den Generator oder den Elektromotor. Ein Juglar-Zyklus beinhalte wiederum drei Kitchin-Zyklen, die jeweils etwa 40 Monate dauern. Eine Welle beinhalte also mehrere kleine Zyklen, die sich wiederum in kleinere Zyklen zerteilen.

Die Kondratieff-Zyklen
Schumpeter identifiziert drei Kondratieff-Zyklen seit dem Ende des 18. Jahrhunderts. Der erste davon sei durch die industrielle Revolution eingeleitet worden, der zweite durch die Stahlindustrie, die Eisenbahn und die Dampfmaschine und der dritte durch Elektrifizierung, Automobil und chemische Industrie. Durch diese grundlegenden ökonomischen Innovationen habe sich ein Aufschwung und die Einleitung einer langen Welle des Wachstums ergeben.
Die bestimmende Rolle der Innovationen sei dafür verantwortlich, dass der Kapitalismus ein evolutionäres System sei. „The essential point is that in dealing with capitalism, we are dealing with an evolutionary process" (Schumpeter 1942, S. 82). Innovationen würden zu einer ständigen Revolutionierung ökonomischer Strukturen führen, alte Strukturen würden permanent zerstört, neue erschaffen. Dies bezeichnet Schumpeter als schöpferische Zerstörung: „This process of creative destruction is the essential fact about capitalism" (Schumpeter 1942, S. 83). Kapitalismus bedeute einen ewigen Sturm der schöpferischen Zerstörung, Unternehmertum und das Ausführen neuer Kombinationen führe zu einem permanenten endogenen Wandel. Schumpeter argumentiert also, dass technische Innovationen ökonomische Prosperität einleiten, die sich in einer neuen langen Welle der gesellschaftlichen Entwicklung manifestiert. Durch Anschlussinnovationen wird diese Dynamik vorangetrieben, bis sie schließlich erlahmt, da nicht mehr genug Wachstumseffekte von den neuen Technologien ausgehen. Dies führe schließlich in die Rezession und die Suche nach neuen Innovationen werde notwendig.

Die Informationsgesellschaft als fünfte lange Welle
Im Anschluss an Schumpeter gibt es mehrere Versuche, den Zusammenhang von technologischer und ökonomischer Entwicklung näher zu untersuchen. Diese Ansätze gehen i.d.R. davon aus, dass die Entwicklung des Kapitalismus in langen Wellen verläuft, dass es für jede lange Welle ein zugehöriges technolgisches Paradigma gibt und dass technologische Innovationen im Rahmen solcher Paradigmen neue lange Wellen der ökonomischen Prosperität einleiten. So versteht Giovanni Dosi (1982) unter einem technologischen Paradigma ein Modell und ein Muster der Lösung selektierter technologischer Probleme auf der Basis von selektierten Prinzipien, die durch die Naturwissenschften unter Verwendung ausgewählter materieller Technologien geschaffen werden. Carlsson und Stankiewicz (1991) sprechen ähnlich wie Dosi von einem technologischen System. Freeman/Perez (1988) erläutern den Zusammenhang von technologischen Paradigmen und ökonomischer Entwicklung. Sie gehen davon aus, dass Phasen des Booms (wie in den 1950ern und -60ern sowie den 1850ern und -60ern) auf der Diffusion neuer technologischer Paradigmen basieren und Depressionen auf Perioden der strukturellen Anpassung. In jedem technologischen Paradigma gebe es einen Schlüsselfaktor, der es erlaube, Kosten zu senken,

der langfristig verfügbar sei und sich in viele Produkte und Prozesse integrieren lasse. Ein solcher Schlüsselfaktor des heutigen technologischen Paradigmas sei die Mikroelektronik (vorhergehende Schlüsselfaktoren seien Öl, Stahl und dampfbetriebenes Transportwesen gewesen). Den Schlüsselfaktor des technologischen Systems der vierten langen Welle stellt für Freeman und Perez das Öl in Kombination mit energieintensiven Materialien dar. Ursachen der Krise des Fordismus seien Unflexibilitäten der Fließbänder, Limitierungen der Material- und Energieintensität und hierarchische Firmenstrukturen gewesen. Die energie- und materialintensive Massenproduktion habe sich als immer teurer und inflexibel herausgestellt. Seit den 80er-Jahren habe sich eine neue, fünfte lange Welle herausgebildet. Das zugehörige technologische Paradigma basiere auf der Mikroelektronik, seine Trägerindustrien seien die Computer-, Telekommunikations- und IT-Bereiche. Hinsichtlich der Regulationsweise seien dabei die Regulation strategischer IT-Infrastrukturen, Deregulierung und die potentielle Emergenz eines neuen partizipatorischen, dezentralisierten Wohlfahrtsstaates auf Basis von IKT und rot-grünen Allianzen von Bedeutung. Auch Freeman und Soete (1994) betrachten IKT als ein neues technologisches Paradigma (S.42), durch das sich die Kosten der Speicherung, Verarbeitung und Kommunizierung von Information reduziert hätten. Sie gehen davon aus, dass sich durch IKT in Kombination mit politischen Reformen eine neue Phase des stabilen Wachstums des Kapitalismus ergebe. Freeman und Soete meinen, dass der IKT-Sektor ein so starkes Wachstum aufweise, dass er mit Hilfe staatlicher Bildungsoffensiven ein neues Jobwunder hervorbringen könnte. Alvin Toffler (1980) geht nicht von der Informationsgesellschaft als der fünften, sondern der dritten langen Welle aus. Die erste sei die Agrargesellschaft, die zweite die Industriegesellschaft gewesen. Geschichte verlaufe in der Form langer Wellen der Veränderung, die kollidieren, überlappen und gesellschaftliche Konflikte erzeugen. Generell lässt sich sagen, dass Ansätze, die sich in der Tradition Schumpeters, mit der Entwicklung des Kapitalismus im 20. Jahrhundert auseinandersetzen, generell davon ausgehen, dass es durch die Durchsetzung von neuen technologischen Paradigmen zur Einleitung einer langen Welle der kapitalistischen Entwicklung kommt. Es wird dabei ein enger Zusammenhang zwischen technologischer und ökonomischer Entwicklung angenommen.

Kritik an der Theorie der langen Wellen
Kritisiert wurde an all diesen Ansätzen, dass sie gesellschaftliche Veränderungen (ebenso wie Stabilität, Wachstum und Fortschritt) aus technologischen Neuerungen ableiten und dabei verkennen, dass Technologie kein Faktor ist, der die Gesellschaft dominiert, sondern ein soziales Konstrukt, das als Mittel eingesetzt wird, um bestimmte Zwecke zu erreichen. Gesellschaftliche Verhältnisse und Prozesse würden also der Technikentwicklung vorausgehen. Des weiteren sei eine fünfte lange Welle nicht in Sicht, da dies einen ökonomischen Aufschwung mit sich bringen müsste, der sich aber in den letzten 25 Jahren für die Weltökonomie nicht gezeigt habe.

7.1.2. Biologische Theorien der Informationsgesellschaft

Vertreter derartiger Theorien gehen davon aus, dass durch Bio- und Informationstechnologien der Mensch positiv verändert wird. Der künstliche Cyborg-Mensch sei eine große Chance. Diese Theorien sind technikdeterministisch und technikoptimistisch.

Beispiel: Der Forscher als Publicity Stuntman (von Armin Medosch)
Telepolis, Armin Medosch, 26.08.1998
http://www.heise.de/tp/deutsch/inhalt/co/2448/1.html
Wir danken der Redaktion Telepolis für die Abdruckgenehmigung
Sie betreten das Bürogebäude Ihres Arbeitgebers. Die Tür schwingt automatisch auf und eine freundliche Stimme begrüßt Sie mit den Worten "guten Morgen Herr Müller, Sie haben 5 neue Emails und um 11.30 möchte Sie der Gruppenleiter in seinem Büro empfangen".
So könnte schon in naher Zukunft der Büroalltag vieler Menschen aussehen, zumindest wenn es nach den Forschern des Instituts für Kybernetik an der Universität von Reading geht. Solche und ähnliche "wissenschaftliche Erkenntnisse" hatte das Institut in einer groß aufgemachten Pressekonferenz am Dienstag verkündet.

Doch der Reihe nach: Schon vor mehreren Wochen war ein geheimnisvolles Fax in der Telepolis-London Außenstelle eingelangt. Am 25.August werde Prof. Kevin Warwick an der Universität Reading eine wissenschaftliche Weltneuheit präsentieren. Weitere Details könnten naturgemäß noch nicht verraten werden, doch man solle sich den Termin schon einmal freihalten. Wenig später erfolgte dann die tatsächliche Einladung zur Pressekonferenz, klarerweise wieder ohne detaillierte Informationen, welche wissenschaftliche Sensation nun vor dem staunenden Auge der Presse enthüllt werde.
Nach langer Fahrt mit U-Bahnen und Vorortezügen endlich am Institut für Kybernetik der Universität Reading angekommen, eröffnete Grant Foster, Projektleiter der Forschungsabteilung über Intelligente Gebäude die Pressekonferenz.
In den letzten Jahren sei sehr viel von der Informationsrevolution die Rede gewesen. Meistens würde dieser Begriff auf Internetanwendungen und LAN/WAN Netzwerke angewendet werden. Parallel dazu würde sich eine stille Informationsrevolution ankündigen, die auf der Verwendung wesentlich kleinerer Computer, der Microcontroller und deren Vernetzung, basiere. Die immer leistungsfähigeren, vernetzten und in die Struktur von Gebäuden integrierten Chips würden ein "Infranet" bilden, ein Netzwerk, das die Infrastruktur von Gebäuden zusammenhält.
Grant Foster sprach davon, wie solche Infranets im Zusammenspiel mit Smartcards zahlreiche neue Anwendungsmöglichkeiten eröffnen würden:
Smartcards, die zunächst einfachen Zwecken dienen sollten, wie z.B. der Speicherung von Kunden-Loyalitätspunkten bei Supermarkt-Club-Mitgliedsprogrammen, würden - wegen des "function creep" Phänomens - mit immer neuen Funktionen bestückt werden. Von der Bankinformation über die Krankengeschichte bis hin zu biometrischen Daten könnten alle möglichen Daten darauf Platz finden. "Kontaktlose" Smartcards geben diese Informationen nicht erst ab, wenn sie durch ein Lesegerät gezogen werden, wie die altmodischen Magnetstreifenkarten, sondern ihr Datengehalt kann aus einigen Metern Entfernung von Sensoren aufgefangen werden.
Damit sind z.B. Anwendungen wie "Hot Desking" denkbar. Mr. X nähert sich einem unbesetzten Arbeitsplatz in einem neuen, offenen Bürosystem ohne fest zugeteilte Arbeitsplätze, das System liest die Daten auf seiner Smartcard aus und fährt den Rechner sofort mit der Mr.X entsprechenden Konfiguration hoch.
Nach dieser Aufwärmrunde betrat schließlich Prof. Kevin Warwick das Podium. Scheinwerferlicht umgab ihn mit einer Popstar-Aura. Er werde nun von den eher abgründigen Anwendungsmöglichkeiten der neuen Technologien sprechen.
"Im Vergleich zu Smartcards", so Warwick, "können Chip-Implantate als dauerhaftere Form der Identifizierung betrachtet werden." Auf einem Chip-Implantat können Informationen zur Personenidentifizierung gespeichert sein. Zusätzlich würden aber auch Kreditkarteninformationen Platz finden. Eine Reihe von Anwendungen sei vorstellbar, von relativ harmlos und nützlich wirkenden Ideen, bis hin zu den sinistren Seiten der Technologien, wie z.B. Zwangsimplantate für Strafgefangene.
Der Büromensch der Zukunft würde vielleicht nicht mehr seinen Computer starten, sondern sich beim Betreten des Gebäudes virtuell einloggen. In der Gebäudesicherheit würde es dann drei Sorten von Leuten geben. Solche mit Implantaten, welche das höchste Vertrauen genießen, weil diese Informa-

tionen fälschungssicher seien, solche mit Smartcards, die immerhin noch einen gewissen User-Status erhalten könnten, und solche ohne jede technische Identifikation (bei denen dann gleich die Sicherheitssysteme hochgefahren werden).

All das, so Warwick, "stinkt nach dem Großen Bruder. Mit einem Implantat weiß die Maschine immer ganz genau, wo sich ein Individuum im Gebäude aufhält. Individuen sind dann möglicherweise nicht einmal mehr in der Lage, die Toilette aufzusuchen, ohne von der Maschine die Erlaubnis dazu zu erhalten. Ist es das was wir wollen?"

Dann zeigte Warwick einen Mikrochip-Transponder. Dieses Ding ist außen aus Glas, 22 mm lang und mißt 3 mm im Durchmesser. Im Inneren befindet sich eine Spirale und eben besagter Chip. Wenn der Träger des Chips durch ein elektromagnetisches Feld geht, lädt sich die Spirale auf und der Chip sendet ein Signal mit einer (heute) 64 bit Zeichenkette ab. Größere Speichermengen seien aber schon bald mit kleineren Chips erzielbar.

Daraufhin erfüllten unhörbare Trommelwirbel den Raum, Prof. Warwick krempelte seinen linken Hemdsärmel hoch und zeigte, am Unterarm, knapp unterhalb der Ellbogensenke, eine frisch verarztete Operationsnarbe.

"Seit gestern, 16.00 Uhr bin ich technisch gesehen ein Cyborg, denn gestern wurde mir dieser Chip, den Sie hier sehen, implantiert".

Die Operation hatte Dr. George Boulos vorgenommen, bei nur örtlicher Betäubung. Wie mehrfach beteuert wurde, ist Kevin Warwick damit der *erste* Mensch mit einem Chip-Implantat. Auf die Nachfrage, ob man sich dessen so sicher sei, kam die Antwort, Mitarbeiter des Instituts und des BBC hätten diesbezüglich umfangreiche Recherchen im WWW (!!?) angestellt. Da das Verhalten des Chips im Körper, z.B. seine Robustheit gegen Stöße, nicht bekannt sei, würde Prof. Warwick ein großes Risiko eingehen.

Das Gebäude des Instituts für Kybernetik wurde mit einem umfassenden Netz ausgestattet, das von nun an für eine Woche - dann wird der Chip entfernt - jede Bewegung von Prof. Warwick registrieren wird. Türen werden sich automatisch öffnen, Alarmlampen werden angehen, Computer-Terminals hochgefahren und eine metallische Stimme wird sagen, "guten Morgen Prof. Warwick, Sie haben 7 neue Emails."

Wie sich Prof. Warwick immer wieder festzuhalten bemühte, sei all dies nun nicht mehr "Science Fiction sondern Science Fact". Eine Demonstration an der sensorbestückten Eingangstür des Instituts bestätigte dann auch, dass der Chip funktionierte (und eben jene schnarrende Computerstimme losging, was im Zeitalter der 32-bit Stereosoundkarten etwas verwunderlich stimmt).

Bei der folgenden Befragung wiederholte Prof. Warwick, dass es ihm darum ginge, eine Diskussion über ethische Aspekte der neuen Technologien anzuregen, indem er zeigt, was heute schon möglich ist. Bei den daran anschließenden Schilderungen möglicher Weiterentwicklungen (Chips zur Erhöhung der menschlichen Gehirnkapazität, damit die Menschen den Maschinen überlegen bleiben) geriet jedoch genau die Grenze zwischen Science Fiction und Science Fact wiederholt durcheinander. An einer Stelle war sich Prof. Warwick auch nicht zu gut, sich mit jenen Ärzten im 19.Jahrhundert zu vergleichen, die sich mit Bakterien ansteckender Krankheiten absichtlich infizierten, um die Wirkung neuer Impfstoffe zu erproben.

Prof. Warwicks Aktion mag von lauteren Intentionen getragen sein. Sicherlich ist es begrüßenswert, wenn ein Forscher die Diskussion um ethische, gesellschaftliche Implikationen neuer Technologien anregen will. Andere Kybernetik-Forscher arbeiten stillschweigend für den militärisch-industriellen Komplex, ohne je einen Gedanken an moralische Implikationen zu verschwenden.

Doch eines hatte Prof.Warwick letzten Dienstag ganz sicherlich nicht anzubieten, die angekündigte wissenschaftliche Neuerung. Chips dieser Art gibt es seit längerer Zeit. Letztlich handelt es sich um ein Stück Glas - und wieviele Leute, Unfallopfer z.B., laufen nicht unfreiwillig mit Glas im Körper herum. Auch das verwendete Feldbusnetzwerk (LonBuilder) ist nicht gerade eine wissenschaftliche Weltneuheit.

So blieb letztlich vor allem der fade Nachgeschmack hängen - "eine Mischung aus Enttäuschung, Schlafmangel, Adrenalin und aufgebrochenen Metaamphetaminketten" würde es in einer Cyberpunktstory a la Gibson wahrscheinlich heißen - , dass sich hier ein Wissenschaftler in die Rolle eines Publicity-Stuntmen begeben hat, um seinem Institut wieder ein wenig Presse und zusätzliche Fördergelder zu verschaffen. Da kann es einem schon schön langsam unheimlich werden, in Blairs Großbritannien, wenn sich auch die "harte Wissenschaft" plötzlich wie ein Teil der "kreativen Industrie" verhält. Und sollte das Institut für Kybernetik wieder einmal eine "wissenschaftliche Weltneuheit" ankündigen, so könnte es gut sein, dass nur eine sehr dezimierte Journalistenschar antanzt, denn die hängenden Mundwinkel waren nicht nur beim Autor dieses Berichts zu verzeichnen.

Die Gaia-Hypothese

Es kann hier eigentlich nicht von biologischen Theorien gesprochen werden, da das Charakteristikum dieser Ansätze darin besteht, dass sie biologische Metaphern gebrauchen, um gesellschaftliche Veränderungen zu beschreiben. Ausgangspunkt ist dabei häufig die Gaia-Hypothese von James Lovelock (1991, 1992). Gaia bezeichnet die Erdgöttin der griechischem Mythologie, die durch Selbstbegattung den Himmel und den Menschen schafft. Lovelock spricht vom gesamten Ökosystem der Erde als Gaia. Die Erde mit allen in ihr enthaltenen Systemen der Biosphäre sei ein homöostatisches System, dessen oberstes Ziel die Erhaltung lebensfreundlicher Bedingungen sei. Sämtliche lebenden Systeme seien in diesem Gaia-System auf komplexe Weise miteinander vernetzt. Der Mensch agiere heute zerstörerisch und das gesamte Gaia-System sei daher von Zerstörung bedroht.

Gregory Stock (1993) argumentiert, dass sich im Rahmen der Evolution immer größere Organismen zusammenschließen, der nächste Evolutionsschritt sei die Ausbildung eines erdumspannenden Superorganismus – „Metaman". Arbeitsteilung, Ackerbau und Viehzucht, Sprache, Schrift, Maschinen und Telekommunikation seien Faktoren, die bei der Geburt Metamans Pate standen. Damit setze sich Metaman nicht nur aus dem Menschen zusammen, sondern auch aus den Kulturpflanzen und domestizierten Tieren und den abiotischen technischen Artefakten. Metaman besitze ein Kreislaufsystem wie andere Organismen, nur mit dem Unterschied, dass die modernen Transportmittel die benötigten Stoffe genau an den Ort bringen können, an dem sie gebraucht werden. Metaman habe auch ein Hormonsystem – dies sieht Stock in der Wirtschaft mit ihren Angebot-Nachfrage-Mechanismen, die in der Lage sind, auf Gefahrenmoment wie z.B. Missernten effizient zu reagieren. Metaman werde in Zukunft eine Fortpflanzung haben, sobald er die Geschlechtsreife erreicht und sich vielleicht in den Weltraum hinaus vermehrt; und Metaman habe nicht zuletzt einen Geist – er verfüge über Sensorik, Informationsverarbeitung und Aktorik. Sensoren seien neben den Menschen etwa Satellitenteleskope, Laborausstattungen, Meinungsumfragen, also Instrumente, die Daten sammeln. Diese Daten würde gefiltert, z.B. durch die Medien, sie würden durch Buchdruck und elektronisch gespeichert, sie würden interpretiert, d.h. in einem riesigen Netzwerk weiterverarbeitet, das aus Menschen und Computern besteht, die durch leistungsfähige Netze miteinander verbunden sind. Und letztlich dienten sie als Grundalge der Aktionen, die Metaman setzt, um seinen inneren Zustand zu verändern, z.B. wenn er das Ozonloch bekämpft.

Global Brain

Tom Stonier geht im zweiten Band seiner Trilogie zur Informationswissenschaft (1992) vom Standpunkt der naturgeschichtlichen Entwicklung aus, um Phasenübergänge mit Qualitätssprüngen bei der Evolution der Intelligenz bis zur Herausbildung eines globalen Gehirns zu beschreiben. Als intelligent definiert er ein solches Verhalten eines Systems, welches dessen Überlebensfähigkeit erhöht, zu dessen Vermehrung beiträgt und, falls das System zielorientiert ist, zur Erreichung eben dieser Ziele. Ein System weise kollektive Intelligenz auf, wenn zwei oder mehr seiner Subeinheiten miteinander interagieren und dadurch intelligentes Verhalten auf der Systemebene hervorbringe. Soziale Intelligenz sei die Fähigkeit zur Analyse und Beurteilung des Verhaltens anderer Gruppenmitglieder und das Zeigen eines entsprechenden Antwortverhaltens. Einen Hauptunterschied der menschlichen Spezies zu anderen intelligenten Lebensformen sieht Stonier in der Verfügung über kollektives Wisssen durch Sprache, Schrift, Buchdruck und letztlich elektronische Medien. Damit wachse ein globales Nervensystem heran und ein globales Gehirn, so dass die Intelligenz aus der Verschmelzung von Menschen und Maschinen schließlich die Ausmaße einer globalen Intelligenz annehme. Dem maschinellen Part misst Stonier große Bedeutung bei. Die menschliche Intelligenz werde zwar noch einige Zeit der maschinellen überlegen sein, aber früher oder später würden die Computer intelligenter sein, ja, die Computer würden sogar fühlen können.

Gleiche Vorstellungen entwickelt der Bremer Informatiker Klaus Haefner, wenn er auf die Zukunft der Menschheit zu sprechen kommt (Haefner 1992). Fast alle materiellen Systeme sind seiner Meinung nach imstande, Informationen zu verarbeiten. Die Evolution habe bisher zu fünf Klassen informationsverarbeitender Systeme geführt, der Umbruch zu einer sechsten stehe bevor: physikalische, genetische, neuronale, soziale, technische und nunmehr sozio-technische Systeme – so lautet die Reihe. Mit Stonier weiß er sich eins darin, dass die Intelligenz sozio-technischer Systeme die von Menschen oder Maschinen heute in größerem Maße übertreffen wird wie die humane Intelligenz die vorhumane.

Der erste Autor, der die Vision des „Global Brain" beschworen hat, war Peter Russell (1991) in seinem 1982 veröffentlichten Buch über die erwachende Erde. In seinem Analogieschluss von den im menschlichen Gehirn tausendfach vernetzten Neuronen auf die durch die Verbreitung der Informations- und Kommunikationstechniken immer mehr und engere Verbindungen eingehenden Mitglieder der menschlichen Weltgesellschaft bemüht er noch an Kabbalistik gemahnende Argumente von einer magischen Zahl – einer bestimmten Größenordnung, ab der er gleichartigen Entitäten die Wirksamkeit zur Generierung eines Qualitätsumschlages zuspricht, und deren Erreichen mit dem Bevölkerungswachstum auf unserem Planeten abzusehen sei.

H.G. Wells (1938) antizipierte das Internet durch die Vorstellung eines Weltgehirns, das eine Unmenge an Wissen speichert: „An immense and ever-increasing wealth of knowledge is scattered about the world today, a wealth of knowledge and suggestion that – systematically ordered and generally disseminated – would probably [...] suffice to solve all the mighty difficulties of our age, but that knowledge is still dispersed, unorganised, impotent" (Wells 1938, S. 47). Wells schlug die Schaffung eines Weltgehirns (world brain) vor, „a new world organ for the collection, indexing, summarising and release of knowledge".

Künstlicher Mensch
Vertreter des Artificial Life gehen davon aus, dass durch die Entwicklung der modernen Technologien Leben nicht mehr an die Kohlenstoffchemie gebunden ist und dass ein künstlicher Mensch den heutigen vollständig ersetzen wird. Nach Langton (1989) ist Artificial Life (AL) „the study of man-made systems that exhibit behaviors characteristic of natural living systems". Es gehe nicht nur darum, zu beobachten, wie Eigenschaften lebendiger Systeme in AL-Systemen emergieren („life-as-we-know-it", Leben, wie es ist), sondern auch um die theoretische Beobachtung künstlichen Lebens, um Rückschlüsse darüber, wie Leben sein könnte, auf natürliches Leben zu ziehen („life-as-it-could-be", Leben, wie es sein könnte). Langton hat einen zellulären Automaten (CA) programmiert, dessen Agenten sich selbst reproduzieren. Diese CA zeigen Phasenübergänge, an denen chaotische Attraktoren auftreten. Langton meint nun, dass dabei nicht vorhersehbare Signale auftreten. Die simulierten Phasenübergänge wären äquivalent zu jenen in lebendigen Systemen. Daher habe er tatsächliches Leben erzeugt. Viele AI- und AL-ForscherInnen haben heute das Ziel, „menschliche Roboter" zu erschaffen. So meint z.B. Rodney Brooks: „Ich möchte völlig autonome mobile Agenten erschaffen, die in der Welt mit Menschen koexistieren und die von Menschen als eigenständige intelligente Wesen betrachtet werden" (Brooks

1987, S. 7). Marvin Minksy (1994) beschreibt ein KI-System, in dem menschenähnliche Agenten vorkommen. Er nimmt an, dass der Geist aus maschinellen Agenten zusammengesetzt werden kann: „Jeder mentale Agent ist für sich allein genommen nur zu einfachen Tätigkeiten fähig, die weder Geist noch Denken erfordern. Wenn wir diese Agenten jedoch auf eine ganz bestimmte Weise zu Gesellschaften zusammenfassen, ist das Ergebnis echte Intelligenz" (Minsky 1994, S.17). Der Mensch ist für Minsky folglich ein Computer, der Geist also eine Maschine. Es sei nur mehr eine technische Frage, Computer mit Bewusstsein und Gefühlen zu entwickeln.

Auch Hans Moravec (1990) vertritt ähnliche Ansichten wie Minsky. Der Mensch werde in Zukunft von Robotern ersetzt, menschliche Intelligenz durch künstliche substituiert. Dadurch werde der Mensch unsterblich. „Wir Menschen werden eine Zeitlang von ihrer Arbeit [jene der Roboter, Anm. CF] profitieren. Doch über kurz oder lang werden sie, wie biologische Kinder, ihre eigenen Wege gehen, während wir, die Eltern, alt werden und abtreten" (Moravec 1990, S. 13). Der menschliche Geist könne in naher Zukunft auf Maschinen übertragen werden. Ein Roboterchirurg müsse dazu die Schädeldecke eines Menschen öffnen und das Gehirn schichtweise abtragen und mit Sensoren abtasten. So sei es möglich, die Kognition eines Individuums auf einen Roboter zu übertragen. Donna Haraway greift das Bild des Cyborgs auf, um die Technisierung des menschlichen Körpers zu beschreiben. „Cyborgs sind kybernetische Organismen, Hybride aus Maschine und Organismus, ebenso Geschöpfe der gesellschaftlichen Wirklichkeit wie der Fiktion" (Haraway 1995, S. 33). Der Mensch befinde sich heute im 2. Jahrtausend, das durch gesellschaftliche Veränderungen, die durch Bio-, Kommunikations- und Computertechnologien vermittelt werden, und durch die Technoscience geprägt sei. Im Gegensatz zu Vertretern wie Moravec sieht Haraway auch die Gefahren der neuen Technologien, betont aber gleichzeitig, dass sich auch neue Chancen ergeben. Damit meint sie vor allem die Beendigung von Frauenunterdrückung und des Patriarchats. Durch die neuen Technologien könnten in Zukunft möglicherweise Cyborgs geschaffen werden, die kein eindeutiges Geschlecht mehr besitzen. Denkbar sei daher ein(e) FrauMann als hybrides Cyborgwesen, das zur Etablierung einer Post-Gender-World beiträgt (Haraway 1997). Durch die Kombination von Gentechnologie und Cyborgisierung erhofft sich Haraway den Übergang in eine nichtpatriarchale Gesellschaft.

Es ist fraglich, ob es möglich und wünschenswert ist, dass ein künstlicher Mensch geschaffen werden kann. So rücken Mittermayer und Klosterhalfen (2000) alle Überlegungen in Richtung der Kreation eines „künstlichen Menschen" als utopisch in weite Ferne. Implantationen und Transplantationen seien zwar heute in der Medizin an der Tagesordnung und werden auch in Zukunft weiterentwickelt und verbessert werden, ein künstlicher Mensch setze jedoch auch künstliches Bewusstsein voraus. Und da heute völlig unklar ist, was Bewusstsein genau sein soll, würde der künstliche Mensch „nicht so schnell Wirklichkeit" werden (Mittermayer/Klosterhalfen 2000, S. 23).

Auch eine Reihe von ethischen Fragen wird durch Überlegungen zum künstlichen Menschen aufgeworfen (vgl. dazu Fuchs 2001b, c): Wer würde Denken und Handeln solcher künstlicher Menschen steuern? Zu welchen Zwecken würden sie in einer auf Profit orientierten Gesellschaft eingesetzt werden? Bringen solche Thesen Überlegungen einer neuen Eugenik auf die Tagesordnung?

Gefahren der Bio- und Reproduktionstechnologien

Auch für Bio- und Reproduktionstechnologien gilt jedoch, dass sie in die Widersprüchlichkeit der kapitalistischen Gesellschaftsformation eingebunden sind und gesellschaftliche Probleme (mit)produzieren. Unter dem spezifischen Umfeld einer kapitalistischen Gesellschaft sind ebenfalls Medizin und Forschung nicht ausschließlich am Allgemeinwohl interessiert, sondern sind Teil des Verwertungssystems und daher auch Mittel zur Durchsetzung der Interessen herrschender ökonomischer Klassen. Die Linderung menschlichen Leids ist im Kapitalismus eben oftmals demagogisch genutztes Mittel, um die tatsächlichen Gefahren neuer Technologien zu verschleiern und um diese für die effiziente Organisierung der Kapitalherrschaft nutzbar zu machen. Heute wird konkret über die „Optimierung" der Kosten des Gesundheitswesen, über bevölkerungspolitische Maßnahmen zur Eindämmung der „Bevölkerungsexplosion" oder (vorerst „nur") über das Klonen von Tieren diskutiert. Dabei erhält die Biotechnologie reale Bedeutung für die Organisation von Verwertungsprozessen, von Emanzipationstendenzen durch diese Technologien ist nichts zu erkennen. Die liberal gesinnten Rufe nach der Zivilisierung der neuen Praktiken werden spätestens dann verstummen, wenn die angeblichen großen Vorteile der Humantechnologie durch die Medienmaschinerie noch viel intensiver ins Bewusstsein der Menschen gebracht werden. Es ist unter den herrschenden sozioökonomischen Verhältnissen nicht auszuschließen, dass mittelfristig die „Entsorgung" nicht mehr verwertbarer – d.h. kranker, alter oder schwacher – humaner Körper sowie die ökonomisch effektive Kreation neuer Körper an der Tagesordnung sein wird.

Ein Gesellschaftssystem, das permanent mit dem Leben von Menschen kalkuliert und zur Prekarisierung der Lebensverhältnisse immer größerer Teile der Weltbevölkerung führt, wird keine moralischen Bedenken vor ökonomische Interessen stellen. Die Gefahr einer neuen Eugenik kann nicht einfach als Übertreibung abgetan werden, denn heute sprechen beispielsweise immer mehr Ärzte von der Euthanasie von „zu teuren" Kranken oder es wird in wissenschaftlichen Kreisen ernsthaft über faschistoide bevölkerungspolitische Maßnahmen diskutiert. So sprach sich z.B. Peter Sloterdijk bei einer Veranstaltung zur Kritik des Humanismus durch den nationalsozialistischen Paradephilosoph Martin Heidegger für eine vorgeburtliche Selektion aus. Würden Beiträge wie jener von Sloterdijk geistige Hegemonie erlangen, so stünde einer neuen Eugenik tatsächlich nur mehr wenig im Weg. Die neuen Biotechnologien sind mit der in einer kapitalistischen Gesellschaftsordnung sehr realistischen Gefahr verbunden, dass erwünschte Fähigkeiten und Eigenschaften und unerwünschte definiert werden. Erwünscht sind dabei immer jene, die die Akkumulation des Kapitals effizienter gestalten helfen. Die Biotechnologie könnte nun eingesetzt werden, um die „unerwünschten" Elemente zu selektieren.

Eugenikähnliche Herangehensweisen zeigen sich heute vor allem in der Bevölkerungspolitik. Eine „Bevölkerungsexplosion" und eine daraus resultierende „Überbevölkerung" werden für die Armut in der „Dritten Welt" verantwortlich gemacht. Dabei wird ignoriert, dass Armut ein gesellschaftliches Problem ist, dass ganz wesentlich mit der globalen Dimension der Kapitalakkumulation des kapitalistischen Weltsystems verschränkt ist. Die (Re)Produktion von Armut wird mit fragwürdigen Argumenten als genetisch bedingte, vorwiegend Schwarzen inhärente Eigenschaft zugeschrieben. Daraus abgeleitet, wird die Bekämpfung der Armut oft nicht als mit den sozioökonomischen Verhältnissen verschränkt begriffen. Donna Haraway spricht als Kritik an solchen Diskursen in Anlehnung an Marxens Kritik des Warenfetisch vom Genfetisch (Haraway 1997, S. 141-148). Bevölkerungspolitische Maßnahmen wie Zwangssterilisationen verstärken den Eindruck, dass die Menschen in der Dritten Welt an ihrer Armut selbst Schuld sind. Gleichzeitig werden die großteils weißen Menschen in den Metropolen des kapitalistischen Weltsystems zur vermehrten Fortpflanzung animiert. Wenn Donna Haraway behauptet, KritikerInnen der Biotechnologien wollten „reine Herrenrassen" schaffen, dann besteht tatsächlich jedoch genau die umgekehrte Gefahr, dass diese neuen Biotechnologien zur Selektion unerwünschter und als minderwertig betrachteter Bevölkerungsgruppen eingesetzt werden, um ein „neues Herrenmenschentum" zu schaffen. Eine weitere Dimension ist, dass durch die Schaffung und Züchtung eines künstlichen Menschen versucht werden könnte, besonders leistungsfähige und willenlose Individuen zu klonen.

Der Umstand, dass im Kapitalismus die die lebendige Arbeitskraft die einzige Ware der Arbeitenden ist, führt dazu, dass auch der menschliche Körper grundsätzlich zur Ware wird. Durch die Fortpflanzungstechnologie bekommt die Kommodifizierung des Körpers eine neue Dimension (vgl. Russell 1994/1997, Mies 1995b). Leihmutterschaft via In-Vitro-Vertilisation geht von der Annahme aus, dass der weibliche Körper und seine Organe Waren sind. Der weibliche Körper erhält so eine neue Dimension des Tauschwerts – ein menschlicher Körper, der nun als von der Frau hergestelltes Produkt betrachtet werden muss, tauscht sich gegen Geld aus. Nicht unrealistisch ist die Negativvision von Frauen als Gebärmaschinen, die dafür bezahlt werden, dass sie durch technische Eingriffe und Befruchtung mit genmanipuliertem Sperma Kinder mit speziellen Fähigkeiten zur Welt bringen. Eine spezielle Variante wäre schließlich die Vorstellung, dass arme Frauen Kinder für Reiche gebären. Dazu könnten eigene Firmen geschaffen werden, die Frauen als Lohnarbeiterinnen für das Gebären von Kindern anstellen. Gena Corea spricht von der Horrorvorstellung eines „Brutbordells".

Fortpflanzungstechnologie wird zumeist als Fortschritt angepriesen, der Frauen mehr Wahlmöglichkeiten gibt sowie Erbkrankheiten und Unfruchtbarkeit beseitigen hilft[51]. Tatsächlich steigt der Druck auf Frauen, perfekte Kinder zu gebären. Unfruchtbarkeit wird heute als Krankheit definiert, die technisch beseitigbar ist. Tatsächlich wäre es aber sinnvoll, die sozialen Komponenten der Unfruchtbarkeit, die sich aus gesellschaftlichen Verhältnissen ergeben, in Betracht zu ziehen. Dann würde nämlich nicht die technische Machbarkeit im Vordergrund stehen, sondern ausgehend davon, dass Unfruchtbarkeit nicht ausschließlich als biologisch, sondern auch als gesellschaftlich bedingt begriffen wird, käme es vor allem auch auf die Veränderung der gesellschaftlichen Verhältnisse an, in denen Frauen beherrscht und ausgebeutet werden.

Eine weitere Gefahr besteht darin, dass weibliche Körper als Testlabor für biotechnologische Entwicklungen benutzt werden. Vor allem Frauen, die in prekären Verhältnissen leben, oder Frauen aus der „Dritten Welt" wären sicherlich bereit, im Tausch gegen etwas Geld ihren Körper für derartige Versuchszwecke zur Verfügung zu stellen, um ihre soziale Situation zu verbessern. Ziel der Forschung wäre dabei, die Kapitalakkumulation durch den Test an Menschen und die Entwicklung neuer Technologien effektiver zu gestalten. Auch Desinformationen könnten dabei eine Rolle spielen, indem Frauen vorgetäuscht wird, dass gewisse Eingriffe in ihren Körper sinnvoll sind, um bestimmte Limitierungen oder Krankheiten zu beseitigen oder ihnen vorzubeugen.

FeministInnen bringen auch immer wieder das Argument vor, dass die neuen körpermanipulierenden Technologien zur Enteignung des weiblichen Körpers führen (vgl. Werlhof 1996). Die Selbstbestimmung von Frauen über ihren Körper werde durch gesellschaftliche Zwänge, technische Eingriffe in die Körperlichkeit vornehmen zu lassen, um bestimmte Vorgaben zu erfüllen (keine behinderten Kinder, perfekte Kinder, Kinder für Unfruchtbare durch Leihmutterschaft, In-Vitro-Vertilisation, künstliche Befruchtung etc.), unterminiert. Jene, die für die neuen Fortpflanzungstechnologien argumentieren, meinen jedoch genau das Gegenteil: das Selbstbestimmungsrecht der Frau würde technisch erweitert. Judy Wajcman (1994) weist darauf hin, dass der weibliche Körper in der westlichen Medizin als Maschine betrachtet wird. Frauen waren daher schon immer das Hauptobjekt medizinischer Versuche und Interventionen. Auch die neuen Technologien dienen vor allem als Mittel der Kontrolle und Beherrschung von Frauen. Die technologische Rationalität ist heute human orientierten Technik entgegengesetzt. Denn eine solche Technik würde eine am Menschen orientierte Gesellschaft voraussetzen. Entkörperlichung und technische Eingriffe in den Körper bleiben jedoch der Waren- und Akkumulationslogik des Kapitals unterworfen.

Den anthropologischen und biologischen Metaphern und Theorien ist gemeinsam, dass sie davon ausgehen, die Informatisierung und Computerisierung der Gesellschaft bringe eine Emanzipation des Menschen von körperlichen Limitierungen und gesellschaftlichen Problemen mit sich. Dieser übertriebene Technikoptimismus ist blind dafür, dass technischer Fortschritt nicht gleich gesellschaftlichem Fortschritt ist, dass in der Tat der derzeitiger Einsatz moderner Technologien wesentlich zur Zerstörung sozialer und natürlicher Lebenswelten beiträgt. Zu den auf der Gaia-Hypothese aufbauenden Theorien wurde kritisiert, dass sie die Natur mystifizieren, dem Menschen im Rahmen eines holistischen Systems gleichstellen oder sie sogar über ihn stellen. Dieser Biologismus und Biozentrismus verkenne, dass der Mensch ein Produkt der Evolution ist, dass sich von anderen Spezies durch wesentliche Eigenschaften wie Rationalität, Kultur, Sprache und Selbstbewusstsein auszeichnet. Obwohl der Mensch in seinem Dasein in der modernen Gesellschaft die Gefahr der ultimativen Vernichtung verursacht hat, ist er auch das einzige

---

51. Z.B.: „Es geht darum, denjenigen zu helfen, die unfruchtbar sind, und Unfruchtbarkeit unter Kontrolle zu halten. [...] Die Forscher sind keine Ungeheuer, sondern Wissenschaftler. Es sind Mediziner, die mit ihrer Forschung auf ein großes menschliches Bedürfnis reagieren. Wir sollten stolz auf sie sein" (Pfeffer 1987, S. 81).

Wesen, dass die Intelligenz besitzt, eine sozial und ökologisch nachhaltigere Ordnung zu etablieren, die ihm sein Dasein vereinfacht und gleichzeitig eine Lösung der globalen Probleme bereitstellt.

Beispiel: Realweltliche Probleme eines Cyborg (Florian Rötzer)

Telepolis, Florian Rötzer, 1.4.2002
http://www.heise.de/tp/deutsch/html/result.xhtml?url=/tp/deutsch/inhalt/te/12210/
1.html&words=Steve%20Mann
Wir danken Florian Rötzer und der Redaktion Telepolis für die Abdruckgenehmigung

Steve Mann, Pionier für wearable computing, fühlt sich von Air Canada als Cyborg diskriminiert. Steve Mann ist der Pionier in Sachen wearable computing. Schon seit Jahren ist jetzige Professor an der Universität Toronto, der am renommierten MIT promovierte, permanent mit einem Computer, der mit dem Internet vernetzt ist, und einer Datenbrille oder früher einer Kamera unterwegs, um das total vernetzte Leben technisch und in allen anderen Hinsichten zu testen. Doch seit dem 11.9. haben sich die Zeiten auch für technische Pioniere verändert. Mann durfte wegen seines Outfits erst einmal in Toronto nicht ins Flugzeug.

Steve Mann, der einen schon einmal übers Netz verfolgen ließ, was er so alles einkauft oder einfach visuell erlebt, der aber, was sein Intimleben betrifft, im Unterschied zu anderen stets zurückhaltend war und auch kritisch die Überwachungsmöglichkeiten des wearable und ubiquitous computing kommentierte, ist natürlich klar, dass er mit seiner Ausstattung nicht einfach durch die Sicherheitsmaßnahmen auf Flugplatz durchgelassen wird. Auch am 16. Februar diesen Jahres hatte er die Air Canada schriftlich vorgewarnt, dass er in Neufundland mitsamt seiner Ausrüstung an Bord gehen will. Dazu gehörte eine Datenbrille, mit der er stets auch Einblick auf Internetseiten haben konnte, und einem mit Elektroden ausgestatteten System zur Kontrolle seines Herzens.
Dummerweise aber ging die Ankündigung bei der Fluglinie verloren. Der Professor, der zwei Tage zuvor ohne Probleme von Toronto nach Neufundland geflogen war, zeigte seine Dokumente, die belegen sollten, dass er technisch und medizinisch ein international bekanntes Experiment durchführt, bei dem er ununterbrochen vernetzt ist. Er bat wie immer darum, das sein Computer nicht geröntgt werden soll, weil er empfindlicher als andere Notebooks sei. Doch am 16. 2. hatte stieß er auf Unwillen. Er musste nicht nur seinen Computer an- und ausschalten und ihn durchleuchten lassen, sondern er wurde auch einer für ihn demütigenden und schmerzhaften Leibesvisitation unterzogen, weswegen er sein Flugzeug verpasste und drei Tage warten musste.
Das war freilich nicht Schlimmste, denn bei der Leibesvisitation entfernten die Sicherheitsangestellten nicht nur den Sensor zur Kontrolle seiner Herzfrequenz von seiner Haut, was durch das Herausreißen der Elektroden Blutungen und Schmerzen verursachte, auch seine Datenbrille wurde entfernt und offensichtlich trotz seiner Warnung zu kalt gelagert, so dass sie kaputt gegangen ist. Mann, der sich auch als Cyborg bezeichnet, klagt nun gegen die Fluggesellschaft. Weil ein Cyborg heute noch eine teure Sache ist, hatte er Technik im Wert von einer halben Million Dollar dabei. Allein die Brille sei 50.000 Dollar teuer. Aber dazu kommt noch Schlimmeres, denn was ist ein Cyborg ohne seine Technik?
Mann verlangt also nicht nur Schadensersatz für die beschädigte Technik, sondern auch für die erlittenen Schmerzen und vor allem für die Diskriminierung als Cyborg. Er hat sich einen Rechtsanwalt genommen und klagt auf eine Million Dollar Schadensersatz. Schließlich sei er nach der Entfernung seiner Ausrüstung völlig desorientiert gewesen. Ohne Verbindung mit dem Internet, ohne Unterstützung seines Gedächtnisses und ohne Kontrolle seiner Lebensfunktionen, habe er sich nicht mehr richtig orientieren können und sich schwindlig gefühlt. Jetzt könne er sich nicht mehr konzentrieren und verhalte sich anders. Schadensersatz verlangt er unter anderem dafür, dass sein Gehirn - das eines Cyborg! - so plötzlich von seinen technischen Hilfen getrennt worden ist.
Zudem fühlt sich Mann - als Cyborg - benachteiligt und fordert, dass er genau so wie alle anderen Menschen mit einer besonderen Ausrüstung wie etwa einem Rollstuhl behandelt werden müsse. "Mein Klient", so Rechtsanwalt Gary Neinstein, der mit dieser Klage Neuland betritt, "ist ein Cyborg, kein Terrorist." Und Mann sagte: "Wir müssen sicher stellen, dass wir nicht einen Polizeistaat erhalten, in dem das Reisen für bestimmte Menschen unmöglich wird."

7.2. Sozialkonstruktivismus

Sozialkonstruktivistische Theorien der Informationsgesellschaft gehen von der gesellschaftlichen Bedingtheit und Konstruktion der neuen Informationstechnologien aus. In Bezug auf neue Medien werden jeweils bestimmte gesellschaftliche Zusammenhänge betont: räumliche (7.2.1.), ökonomische (7.2.2.), politische (7.2.3.) oder kulturelle (7.2.4.). Es fehlt diesen Theorien an einer umfassenden Perspektive.

7.2.1. Räumliche Theorien der Informationsgesellschaft

Beispiel: Die Mutter aller elektronischen Kommunen: Das digitale Amsterdam (von Rolf Sachsse)
Telepolis, *Rolf Sachsse, 10.01.2001*
http://www.heise.de/tp/deutsch/special/digi/4650/1.html
Wir danken Rolf Sachsse und der Redaktion Telepolis für die Abdruckgenehmigung

Surfer, kommst Du nach dds-dot-nl so werden Dir keinesfalls die Augen übergehen. Zu sehen ist eine schwarze Fläche mit einer knappen Handlungsanweisung: Touristen bitte rechts oben klicken. Daneben findet sich ein wenig Werbung. Für alles Andere ist die persönliche Email-Adressenvergabe mit Rückantwort in einem Formular vorgesehen, die sich keine deutsche Straßenverkehrsbehörde als Kraftfahrzeug-Anmeldeschein vorzulegen traut. Verkehrssprachen sind Englisch und Niederländisch.

Wer als Tourist einsteigt, erhält als Basis aller kommenden Bildformen ein achteckiges, nicht ganz regelmäßig abgerundetes Spielbrett auf den Bildschirm - von hier aus geht Alles weiter. Rund ums Spielbrett sind Texte gruppiert, gelegentlich mit kleinen Schaltern garniert, die aber schon das Äußerste an Ornament darstellen. Auch setzt die Auswahl des richtigen Vierkants zum weiteren Angebot einiges Abstraktionsvermögen voraus: Nehmen Sie bitte unten links neben dem Spielbrett den Schalter 'Plattegrond', also Karte.
Was nun folgt, ist ein weiteres Spielbrett mit vielen kleinen achteckigen Schaltern. Aus ihnen den Richtigen auszuwählen, hat Lotto-Qualität - es gibt keine Schalterprogrammierung, die etwa den Inhalt des Angebots beim Überziehen mit dem Pfeil als Text darstellen. Also hilft nur beherztes Raten und eine Portion Geduld. Die Symbole von Frauenbewegung, Tod und Europäischer Gemeinschaft sind leicht zu entziffern; beim Ohr, dem Buch, dem @-Zeichen und der 13 fällt die Lösung mit etwas Nachdenken ein; und für die Kunst bemüht man lokalpatriotisch ein Bild von Piet Mondriaan. Alle anderen Bildchen geben ihren Sinn erst nach dem Einschalten frei, um die Ecke gedacht. Jeweils ein Doppelklick auf diese Schalterchen erzeugt - wieder einen achteckigen Spielplan, und jenseits von dessen Segmenten sind die gesuchten Inhalte tatsächlich erreichbar.
Der - eher technische denn ästhetische - Purismus dieses Angebots hat zwei Seiten: Zum Einen ist er, wenn man ihn sich ein Mal erarbeitet hat, selbst für uralte Rechner, Modems und Browser rasend schnell im Zugriff (dem stehen nur die vielen Ebenen entgegen, durch die man zum einzelnen Angebot hindurch muss), und zum Anderen lenkt er in keiner Weise vom eigentlichen Angebot ab. Bezahlt wird diese Geschwindigkeit und Strenge mit einer eher abschreckenden Farbgestaltung, die noch immer auf dem Btx-16-Farb-Schema beruht, und mit einem formalen Rückgriff auf allererste Computerspiele aus dem Umfeld brettbasierter Glücksspiele. Dieser Kritik gegenüber steht die nostalgische Qualität, die wohl zunehmend den Empfang der Site bestimmt. Hierher kommen wohl nur zwei Sorten Netz-Benutzer. Die Einen sind die echten Netz-Freaks, die sich seit mehr als zehn Jahren auf den Schreibbrettern dieser Welt tummeln; die Anderen sind diejenigen, die etwas über das digitale Amsterdam erfahren oder sein Angebot nutzen wollen. Und das kann sich wahrhaft sehen lassen.
Beispielsweise in der Kunst: Neben den üblichen Links zu städtischen Museen und der Artothek, bei der schon einige Werke vor dem Ausleihen zur Ansicht im Netz bereitstehen, findet sich ein kleiner Stadtplan, der wiederum nach Stadtteilen aufteilbar ist. Ihm kann man sich per Zoom so weit nähern, dass neben den Straßen- und Platznamen einzelne rote Punkte erkennbar sind: Sie zeigen die Plätze, auf denen öffentliche zugängliche Skulpturen stehen, jeweils mit Namen der Künstler, Titel, genauem

Aufstellungsort, kurzer Beschreibung und Datierung. Meist findet sich ein kleiner Daumennagel von Ansichtsphoto mit dem klassischen Händchen zur Vergrößerung. Schade, dass dies in den Fällen, die ich probierte, nicht immer klappte. Aber vielleicht ist da noch etwas im Aufbau oder schon im Abbau. Das Angebot unter der Rubrik '13' ist beachtenswert. Eine exzellent geführte Seite der Amsterdamer Pfadfinder lässt sich von dort ebenso erreichen wie die Angebote des Zoos oder einiger Museen, die Kinder und Jugendliche sicher interessieren. Hier sind obendrein die Schalter neben dem Spielbrett wichtig: Vom Sorgentelephon über die Drogenberatung (für die es sonst ein eigenes Spielbrett gibt) bis zu sozialen Diensten wird fast nichts ausgelassen, was Jugendliche ebenfalls oft genug brauchen. Andere Ebenen sind der medizinischen Versorgung gewidmet und machen darunter selbst die Defizite des niederländischen Gesundheitswesens deutlich, das hoffentlich nie als Vorbild deutscher Verhältnisse angesehen werden wird. Einzig die Rubrik 'Tourist' mag den neuen Besucher irritieren: Außer den Schwulen-Touren und einer FAQ-Abteilung gibt es hier so gut wie nichts. Das Signet dieser Abteilung sind übrigens einige Windmühlen - ein Schelm, wer dabei Böses denkt.

Nicht alle Spielbretter sind voll belegt, manche können noch - von sozialen und gemeinnützigen Institutionen oder Verbänden - gemietet werden und andere tragen den Hinweis 'Versammlungsgebäude', womit auf weitere werbende Angebote auf der nächst unteren Ebene verwiesen wird. Gelegentlich findet sich unter einem Etikett kein gültiges Angebot mehr, was wohl bei jeder größeren Website vorkommen mag. Insgesamt ist die durchaus umfangreiche Site jedoch technisch wie inhaltlich ordentlich gepflegt und scheint in den meisten Angeboten hinreichend aktuell zu sein. Ein wenig enttäuschte das Stadtbild im Bereich seiner Architektur: Weder gab es einen Verweis auf alte, denkmalswerte Bauten noch auf ganz neue Gebäude - oder es war so gut versteckt, dass ich es nicht gefunden habe. Was gut zu finden war, ist der ohnehin als Buch existierende Atlas der Sozialwohnungsbauten und -siedlungen. Hier ist er allerdings durch die Suchmöglichkeit nach Wohnungen erweitert, die unter Anderem den Tausch von großen und kleinen Appartments beinhaltet.

Die Digitale Stad Amsterdam ist durch und durch sozialistisch, obendrein von protestantischer Ethik geprägt. Ein Besuch in ihr ist alles Andere als eine Tour im flachen Boot durch Grachten und Kanäle - aber mindestens ebenso lohnend und spannend. Als Mutter aller digitalen Städte hat dieses Angebot Maßstäbe gesetzt, die sonst nirgendwo eingelöst werden: umfassend zu informieren, in jeder nur denkbaren Notlage zu helfen und dann noch intelligent auf alle Formen möglicher Unterhaltung hinzuweisen. Die soziale Fürsorge schaut aus allen Knöpfen auf den Bildschirm, aber sie drängt sich nicht auf.

Selbstverständlich finden sich neben den Diensten immer wieder Schalter zu kommerziellen Anbietern, denn irgendwie muss sich die Site finanzieren. Wer übrigens als Tourist so viel Gefallen an dieser digitalen Stadt gefunden hat, dass er in ihr wohnen will, wird auf den ältesten Grassroot-Server Europas mit dem schönen Namen XS4ALL verwiesen. Über die ersten Internet-Cafés sorgte dieser wiederum in den frühen und mittleren 1990er Jahren für die Schnittstelle zwischen digitaler und analoger (realer?) Stadt: Wer ein Email zu versenden hatte, ging einfach dorthin, erhielt für einige Minuten eine Zugangskennung und sandte sein Material ab wie über eine Faxleitung. Auf diese Weise habe ich meine erste Internet-Buchproduktion abgewickelt - man sollte die Digitale Stad Amsterdam unter digitalen Denkmalschutz stellen

Eben das ist nicht geschehen. Seit wenigen Wochen präsentiert sich die Digitale Stad Amsterdam im dreidimensional angehauchten Einheitslook der weltweit verbreiteten Spinnenstädte. Der Plattegrond ist in die Schräge gekippt worden und hat keine Funktion mehr denn die einer müden Referenz auf vergangene Modelle. Die Aufschlüsselung von Symbolen ist der langweiligen Datenbankabfrage gewichen und führt vor, wie sich arbeitslose LehramtskandidatInnen bei Oracle die Schulung dummer NutzerInnen vorstellen. Das Angebot mag konsumentenfreundlicher geworden sein und besser funktionieren als die frühere Stadt - nur ist aus dem digitalen Amsterdam genauso eine langweilige Touristenfalle geworden wie aus der realen Stadt. Niederländische Kunst und Design kommen schon lange nicht mehr von dort, sondern aus Rotterdam, Breda, Tilburg oder selbst Boxtel.

Etwas Nostalgie bietet immerhin ein Schalter der dritten Ebene unterhalb des neuen Outfits: Archief. Dort können noch ein paar alte Bilder abgerufen werden - wer weiß wie lange noch -, und dort gibt es auch einige der älteren Links. Denn das eigentliche Problem der neuen Stadt Amsterdam ist nicht die graphische Oberfläche, sondern der Content [der deutsche Begriff "Inhalt" greift zu tief oder daneben]: Vom sozialen Engagement, von der lockeren Eigenart der Niederländer, vom laissez-faire des Lebens zwischen den Grachten ist nichts mehr übrig geblieben. Die event culture hat sie in ihrer niederträchtigsten Form globalisiert - Amsterdam ist überall, auch digital.

Diesen Theorien ist gemeinsam, dass sie die Veränderungen bestimmter Räume in der Informationsgesellschaft hervorheben. Diese Transformationen kommen z.B. in Metaphern wie jene der „Digitalen Stadt" (Florian Rötzer) oder des „globalen Dorfs" (Marshall McLuhan/Quentin Fiore 1984) zum Ausdruck. McLuhan möchte damit darauf hinweisen, dass durch die modernen Medien weit entfernte Ereignisse nah erlebt werden, Globales und Lokales vermischen sich. Unsere Sinne würden sich technisch erweitern, Medieninhalte würden technisch geprägt und man würde über die Medien in das Leben anderer einbezogen (und umgekehrt). So entstünden globale Gemeinschaften. Die Medien an sich seien das wesentliche, da sie die Gesellschaft wesentlich verändern („The medium is the message"). Die Kritik an dieser Sichtweise lautet kurz zusammengefasst folgendermassen: „Der Cyberspace ist kein global village, sondern ein von lautstarken weißen Männern bevölkerter Vorstadtclub der weltweiten amerikanisierten Mittelklasse" (Rilling 1995, S. 20).

Global Cities

Der „Global Cities"-Ansatz geht davon aus, dass zwischen den global operierenden Unternehmen und dem Netz der Städte ein wesentlicher Zusammenhang besteht. Die Städte seien die „primären geographischen Knotenpunkte" des transnationalen Kapitalismus. Die bedeutendsten Großstädte seien daher jene, in denen sich die Kommandozentralen des kapitalistischen Weltsystems befinden. Die Hierarchie der Städte ergebe sich aus der Verteilung der Zentralen der transnationalen Konzerne (TNK). Moulaert/Swyngedouw (1990) gehen davon aus, dass die ökonomische Gesellschaftsstruktur mit einer spezifischen räumlichen Struktur korrespondiert. Durch die Flexiblisierung der Ökonomie im Zuge der Krise des Fordismus komme es zu einer Erschließung neuer Räume. Einige bisher abgelegene Städte könnten nun vermehrt als Standorte fungieren, da das Kapital Faktoren wie geringe Lohnkosten nutzen wolle.

Krätke (1991) meint, dass sich international gesehen im Postfordismus flexible Produktionsstrukturen vor allem in verschiedenen Gebieten ansiedeln (S. 32):
1. in Randzonen von Großstädten
2. in innerstädtischen Büro- und Geschäftszentren
3. in bisher nicht-industrialisierten Regionen
4. in traditionell handwerklich geprägten Regionen

Manuel Castells

Manuel Castells (1989) setzt sich intensiv mit der Rolle der Stadt im Informationszeitalter auseinander. Die Kombination von kapitalistischer Restrukturierung und technologischen Innovationen transformiere die Gesellschaft und dabei auch Raumstrukturen. Castells unterscheidet die kapitalistische Produktionsweise von einer informationellen Entwicklungsweise. Erste bezeichnet die auf Profit und Markt basierende Form der Produktion, die Entwicklungsweise (mode of development) sei ein Mittel, um ein bestimmtes Produktivitätsniveau zu erreichen. Heute würde die Informationsverarbeitung eine neue Entwicklungsweise ankündigen, sie führe zu „the rise of a new technological paradigm [which] herlads a new mode of development" (Castells 1989, S. 12).

Informationsverarbeitung verändere die Formen der Produktion, Distribution, Konsumtion und des Managements. Castells unterscheidet also zwischen den Wegen der Gesellschaftsorganisation (Produktionsweise) und den technischen Mitteln der Produktion (Entwicklungsweise). Beides ist für ihn zwar eng miteinander verknüpft, in gewisser Weise aber auch unabhängig. Entwicklungsweisen hätten eine eigene autonome Logik, nach der sie sich entwicklen, die informationelle Entwicklungsweise sei relativ autonom von der kapitalistischen Produktionsweise. Damit möchte Castells zum Ausdruck bringen, dass moderne Technologien auch in einer nichtkapitalistischen Form der Gesellschaft notwendig sind. Diese Unterscheidung zwischen den sozioökonomischen und den technischen Aspekten der Gesellschaft hat Castells aber auch Kritik eingebracht, da argumentiert wurde, dass er davon ausginge, dass die technologische Entwicklungsweise die Entwicklung der Produktionsweise determiniere. Dies sei eine Form des Technikdeterminismus. In der Tat stellt Castells fest, dass die technologische Informationsrevolution der Hintergrund aller großen strukturellen gesellschaftlichen Veränderungen sei (Castells 1994, S. 20). Gleichzeitig betont er aber auch, dass die Technik diese Veränderungen nicht determiniere.

Die Zeit von 1945-1973 sei eine der relativ stabilen, regulierten ökonomischen Entwicklung gewesen. Seit der Weltwirtschaftskrise Mitte der 70er sei es zu Umstrukturierungen des Kapitalismus gekommen, bei denen die Informatisierung eine wesentliche Rolle spiele. Die Ausbildung der neuen informationellen Entwicklungsweise spiele hier eine wesentliche Rolle.
Castells (1989, 1996) betont die durch I&K-Technologien vermittelte Auflösung von räumlichen und zeitlichen Distanzen im *Space of Flows*. Die gesellschaftliche Evolution zeichne sich durch die Einheit der Entwicklung eines ökonomischen (Produktionsweise) und eines technischen Modells (Entwicklungsweise) aus (vgl. Castells 1989, S. 10-12). Die derzeitige Entwicklungsweise sei die informationelle Entwicklungsweise (Informational Mode of Development), die das informationstechnologische Paradigma konstituiere (vgl. Castells 1996, S. 60-65). Resultate davon seien neue Geographien und eine Netzwerklogik. Wesentliches Moment dieser Logik ist bei Castells der Raum der Flüsse (Space of Flows). Dieser besitzt für Castells eine technische (Kreislauf elektronischer Impulse, die die technologische Infrastruktur des Netzwerks bilden), eine geographische (Topologie des Raumes, die sich durch Knoten und Zentren auszeichnet) und eine soziale Ebene (räumliche Organisation der Elite des Managements, die das Netzwerk benutzt).

Im Space of Flows zeigt sich nun für Castells die Aufhebung von raum-zeitlicher Entfernung. Er zeichne sich nämlich durch die zeitlose Zeit und den ortslosen Raum aus. Der Raum der Flüsse löst die sequentielle zeitliche Organisation durch die Herstellung einer Gleichzeitigkeit auf: "Timeless time [...] occurs when the characteristics of a given context, namely, the informational paradigm and the network society, induce systemic perturbation in the sequential order of phenomena performed in that context" (Castells 1996, S. 464). "The space of flows [...] dissolves time by disordering the sequence of events and making them simultaneous" (ebd., S. 467). Genauso wie die zeitliche löst sich die räumliche Distanz im Space of Flows auf: "The more organizations depend, ultimately, upon flows and networks, the less they are influenced by the social context associated with the places of their location" (Castells 1989, S. 169). Der

Space of Flows, so Castells, sei die dominante soziale Logik in der Netzwerkgesellschaft. Da die Menschen jedoch im realen physikalischen Raum leben (im *Space of Places*), zeige sich eine Schizophrenie der Räume, die einen Verlust des Selbst der Individuen bedeute, der sich wiederum in Versuchen der Wiederfindung der eigenen Identität ausdrücke, die charakteristisch für das informationelle Zeitalter seien (Castells 1997). Damit verbunden sei die zunehmende Bedeutung der Neuen Sozialen Bewegungen.

Die globalen, informationellen Städte, so Castells (1989), seien Kontrollpunkte der globalisierten Ökonomie. Ein hoher Prozentsatz der Beschäftigten dieser Städte (etwa 30 Prozent) seien Informationsarbeiter. In diesen zentralen Städten seien die wesentlichen politischen und ökonomischen Kräfte versammelt. Die Mehrheit der neu entstehenden Jobs sei instabil, mit schlechter sozialer Absicherung, schlecht bezahlt und unqualifiziert. Dies treffe z.B. für Reinigungspersonal, VerkäuferInnen, Babysitter, KellnerInnen etc. zu. So entstehe eine neue Unterklasse, während nebenher eine kleinen Elite Privilegierter (hohe Löhne, hohe Qualifikationen, aber auch lange Arbeitszeiten, viel Stress, z.B. im IT-Bereich) existiert. Die informationelle Stadt zeichne sich durch krasse soziale Unterschiede und Spaltungen aus. Castells (1989, S. 224) spricht von einer neuen Form des urbanen Dualismus von Reichtum und Armut. So sei etwa New York gleichzeitig eine Stadt der Träume und der Albträume. Es sei einerseits die Stadt der Wall Street und florierenden Reichtums, andererseits auch jene massiver Armut und Kriminalität. Extremer Reichtum und extreme Armut existieren in Städten wie New York und Los Angeles eng nebeneinander, werden jedoch territorial separiert. Einerseits werden reiche Viertel militärisch bewacht und gesichert, während andererseits die Ausbreitung der Armut zur Ghettoisierung ganzer Stadtviertel führt. Mike Davis (1990), der sich insbesondere mit der Situation in Los Angeles auseinandergesetzt hat, spricht von einer Südafrikanisierung der Städte, die Exklusion der Armen bedeute die Schaffung von „high-tech castles" (Davis 1990, S. 248).
Der Lebensstil der neuen Elite, die eine hegemoniale Klasse formen würde, so Castells, würde das Leben in den globalen Städten prägen. Die kosmopolitischen Yuppies hätten vielfältige Interessen, hohen Lebensstandard, internationale Kontakte und einen dynamischen Lebensstil. Die sich ausweitende und immer weiter verarmende Unterklasse sei von diesem Luxus ausgeschlossen und müsse ums Überleben kämpfen.

Globale Städte als Knotenpunkte der Weltwirtschaft und der technischen Netzwerke
Die globalen Städte wie New York, London, Tokyo, Paris, Frankfurt, Zürich, Amsterdam, Los Angeles, Sydney, São Paulo, Mexiko City und Hong Kong zeichnen sich derzeit dadurch aus, dass sie die Kommandozentralen der Kapitalakkumulation sind. Sie sind Kommandostellen in der Organisation der Weltökonomie, Marktplätze und Standorte der führenden Industrien und Produktionsräume für die Innovationen dieser Industrien (Sassen 1998, S. 180, vgl. auch Sassen 1991). „The more globally the economy becomes, the higher the agglomeration of central functions in a relatively few sites, that is, the global cities" (Sassen 1991, S. 5). Die globalen Städte sind im Gegensatz zu unterentwickelten Regionen reich an Infrastruktur. Aber auch in diesen Städten gibt es ein Gefälle, eine Geographie mit Unterschieden von Zentralität und Marginalität. Eine globale Stadt differenziert sich also intern wiederum in zentrale und

marginale Räume. Es könnte gesagt werden, dass die Weltökonomie in dem Sinn fraktalisiert und selbstähnlich wird, dass sich die Unterschiede zwischen entwickelten und unterentwickelten Räumen – jener Geographie also, die sich durch Dominanz auf der einen und Marginalität auf der anderen Seite auszeichnet –, in den Städten der entwickelten Räume und Staaten reproduziert.

Die räumlichen Ungleichheiten der globalen Städte seien eng verkoppelt mit jenen des virtuellen Raums. Saskia Sassen (1998) argumentiert, das dezentrale Internet führe zu neuen virtuellen und real-räumlichen Zentralisierungen und Segmentierungen: Die mächtigsten und infrastrukturell weit überlegenen Räume seien die Finanzzentren des Kapitalismus wie New York, London, Tokyo, Paris, Frankfurt, Zürich, Amsterdam, Los Angeles, Sydney und Hong Kong (Sassen 1998, S. 182). Weniger entwickelte Regionen haben kaum Anteil an der angeblich "virtuellen Gemeinschaft", dies bedeute ungleiche Zugangsbedingungen und -geographien. Die virtuell dezentralen Zentralen fungieren als strategische Punkte des Weltmarktes und Marktplatz der führenden Industrien. Globale Ökonomie und globale Kommunikation können in Bezug auf das Internet somit vor allem als ein Ausdruck asymmetrischer Machtverteilung betrachtet werden. Der virtuelle Raum ist dieser Argumentation folgend also hochgradig segmentiert in Herrschaftszentren mit vielen bedeutenden Knotenpunkten und peripheren virtuellen Punkten und in Orte, die eine untergeordnete virtuelle Rolle spielen und wenige oder keine Knotenpunkte enthalten. Es zeigt sich eine neue Geographie der Macht und Zentralität im realen und elektronischen Raum: "The sharpening inequalities in the distribution of the infrastructure for electronic space, whether private computer networks or the Net, in the conditions for access to high-powered segments and features, are all contributing to new geographies of centrality on the ground and in electronic space" (Sassen 1998, S. 178).

7.2.2. Ökonomische Theorien der Informationsgesellschaft

Beispiel: Kartell-Prozess: Microsoft und US-Justizministerum sind sich einig
Heise Online-Newsticker, 2.11.2002
http://www.heise.de/newsticker/data/wst-02.11.01-002/
Wir danken der Redaktion c't für die Abdruckerlaubnis
Mit einer Presserklärung hat das US-Justizministerium am heutigen Freitagmorgen (Washingtoner Ortszeit) erstmals offiziell die Berichte über eine außergerichtliche Einigung mit Microsoft im Anti-Trust-Verfahren gegen den Software-Riesen bestätigt. Falls die an der Klage beteiligten 18 US-Bundesstaaten und die Richterin Colleen Kollar-Kotelly dem Kompromiss zustimmen, wäre der historische Anti-Trust-Prozess gegen Microsoft damit beigelegt.
Die Details des von US-Justizminister John Ashcroft als "historischem Kompromiss" bezeichneten Papiers entsprechen im wesentlichen den Informationen, die bereits durchgesickert sind: Microsoft muss PC-Herstellern größere Freiheiten bei der Installation konkurrierender Software geben und sicherstellen, dass die Software von Mitbewerbern reibunglos mit Software aus dem eigene Haus zusammenarbeitet. Die zu diesem Zweck notwendigen technischen Informationen, beispielsweise Software-Schnittstellen für Middleware-Produkte und Server-Protokolle, müssen gegenüber dem jeweiligen Wettbewerber offengelegt werden.
Jedem Konkurrenten, der Microsoft-Technologien lizenzieren will, muss der Software-Konzern eine solche Lizenz auch erteilen. Exklusiv-Verträge mit PC-Herstellern werden explizit verboten; für alle großen PC-Hersteller sollen einheitliche Geschäftsbedingungen gelten. Ein Gremium von drei Com-

puterfachleuten, die vollen Zugang zu allen Microsoft-internen Informationen bekommen, soll fünf Jahre lang sicherstellen, dass Microsoft die Auflagen einhält.

Die 18 am Kartellverfahren beteiligten US-Bundesstaaten baten sich jedoch weitere Bedenkzeit aus. Sie hatten an den Vergleichsverhandlungen nicht teilgenommen und wollen nun den Einigungsvorschlag genauer prüfen. Die Bundesrichterin setzte den Staaten eine Frist bis zum kommenden Dienstag, um die Vereinbarung zu überprüfen. Sollten die Staaten den Kompromiss nicht akzeptieren, seien gesonderte Anhörungen über strengere Maßnahmen gegen Microsoft möglich. Einige Staatsanwälte der beteiligten Bundesstaaten haben bereits signalisiert, dass sie unter Umständen eine härtere Linie einnehmen wollen als das republikanisch geführte Justizministerium. Insbesondere New York und Kalifornien hatten in den vergangenen Monaten immer wieder betont, dass sie keinen Kompromiss zu Lasten der Verbraucher akzeptieren werden. Viele der Staatsanwälte gehören der Demokratischen Partei an.

Kritikern geht der Kompromiss zwischen Microsoft und dem Justizministerium nicht weit genug. Sie sehen darin einen Sieg für den Konzern. Der Präsident des Verbandes der Software- und Informations-Industrie, Ken Wasch, sagte: "Es wird an Microsofts Geschäftspraktiken nichts ändern."

Bill Gates, Vaterfigur und "Chief Software Architect" von Microsoft, sieht das natürlich ganz anders: "Die Einigung ist fair, vernünftig und - besonders wichtig - im besten Interesse von Verbrauchern und Wirtschaft." Auch wenn die Einigung sehr strenge Regeln und Einschränkungen für das Geschäft von Microsoft beinhalte, glaube er, dass die Beendigung des Rechtsstreits die beste Vorgehensweise im Interesse "unserer Kunden, der gesamten Technologie-Branche und der Ökonomie" sei, betonte Gates.

Informationsökonomie

Von der Informationsgesellschaft als Informationsökonomie sprachen zuerst Youichi Ito und Fritz Machlup (1962). Neben die traditionellen ökonomischen Sektoren der Landwirtschaft, Industrie und Dienstleistungen trete nun die Wissensindustrie. Machlup unterscheidet fünf informationelle Industriegruppen: Bildung, Kommunikation (Radio, TV, Werbung etc.), Informationsmaschinen (Computerzubehör etc.), Informationsdienstleistungen (Justiz, Versicherungen, Medizin etc.) und andere informationelle Aktivitäten (Forschung und Entwicklung etc.). Es sei nun möglich, herauszufinden, welchen Beitrag jeder dieser Bereiche zur ökonomischen Wertbildung liefere. Ergebe sich dabei, dass die genannten fünf Bereiche einen großen Teil zum Bruttosozialprodukt (BSP) beitragen, so könne von einer Informationsökonomie gesprochen werden. Für die USA seien 1958 29% des Sozialprodukts aus den Wissensindustrien gekommen.

Es geht diesen Ansätzen darum, quantitative Verfahren zu entwickeln, mit denen gemessen werden kann, inwiefern eine Gesellschaft Informationsgesellschaft ist. Als mögliche Maße werden z.B. die Anzahl der Informationsarbeiter oder die Wertschöpfung herangezogen. So spricht etwa Karl Deutsch davon, dass Informationsgesellschaften nationale Ökonomien seien, in denen mehr als die Hälfte der Berufstätigen in überwiegend informationsorientierten Berufen tätig sind und die Wertschöpfung aus diesen Beschäftigungen mehr als die Hälfte des Bruttosozialproduktes beträgt. Ein OECD-Kriterium legt fest, dass von einer Informationsgesellschaft gesprochen werden sollte, wenn der Anteil der InformationsarbeiterInnen an der Gesamtzahl der Beschäftigten 50 Prozent übersteigt. Die OECD zählt dabei zu den Informationsarbeitern alle Erwerbstätigen, die Information produzieren, verarbeiten und verteilen und jene, die dazu beitragen, dass die Infrastruktur für diese Tätigkeiten geschaffen und in Stand gehalten wird. Otto/Sonntag (1985) gehen davon aus, dass in der Agrargesellschaft die Mehrheit der Erwerbstätigen in der Landwirtschaft tätig gewesen ist, in der Industriegesellschaft sei dies für die Industrieberufe zutreffend gewesen, in der Informationsgesellschaft nun für die Informationsberufe. „Eine Informationsgesellschaft ist eine stark von Informationstechnik geprägte Gesellschaft" (Otto/Sonntag 1985). Der Übergang in eine Informationsgesellschaft sei ein längerer Prozess, der etwa um 1900 begonnen habe.

Peter Drucker (1969) argumentiert, dass Wissen heute die Basis der modernen Ökonomie darstelle. Daher habe ein Übergang von einer auf materiellen Gütern zu einer auf Wissen basierenden Ökonomie stattgefunden. Marc Porat (1977) unterscheidet zwischen einem primären und einem sekundären Informationssektor und dem nicht-informationellen ökonomischen Bereich. Der primäre Sektor umfasse all jene Industrien, die Information vermarkten, um Wert zu produzieren (Massenmedien, Bildung, Werbung, Computerindustrie etc.). Der sekundäre Bereich umfasse vorwiegend Aspekte von Forschung und Entwicklung (R&D). Porat berechnete, dass mehr als 46% des US Bruttosozialprodukts durch den Informationsbereich zu Stande kämen. Daher seien die USA eine informationsbasierte Ökonomie. In Porat (1978) findet sich eine etwas geänderte Einteilung der Informationsarbeiter: „The first category includes those workers whose output as primary activity is producing and selling knowledge. Included here are scientists, inventors, teachers, librarians, journalists, and authors. The second major class of workers covers those who gather and disseminate information. These workers move information within firms and within markets; they search, co-ordinate, plan and process market information. Included here are managers, secretaries, clerks, lawyers, brokers, and typists. The last class includes workers who operate the information machines and technologies that support the previous two activities. Included here are computer operators, telephone installers, and television repairers" (Porat 1978, S. 5f). In einer Kritik an diesen quantitativen Ansätzen wird meist erwähnt, dass hier rein ökonomische Faktoren ins Treffen gebracht werden, während etwa politische oder kulturelle unberücksichtigt bleiben würden. Es würden sich außerdem auch neue qualitative Phänomene zeigen, die nicht messbar sind. Michael Rubin und Mary Taylor Huber (1986) erwähnen in einer Kritik, dass der Beitrag der Wissensindustrien zum BSP der USA von 1958 28,6% auf 1980 34,3% zugenommen habe. Seither habe es kaum Veränderungen gegeben. Das Wachstum sei also geringer als angenommen, die Wirkungen der neuen, informationsbasierten Wirtschaftsbereiche seien von den erwähnten Ansätzen deutlich überschätzt worden.

Die Dienstleistungsgesellschaft
Worauf all diese Ansätze hinweisen, ist, dass eine Veränderung der Beschäftigungsstruktur der modernen Gesellschaften stattgefunden hat. Es zeigt sich sektoraler Strukturwandel: I.d.R. nimmt der primäre Sektor der Landwirtschaft stark ab (meist unter 10% der Zahl der Gesamtbeschäftigten), der sekundäre, industrielle Sektor ist rückläufig (etwa 30%), während der Dienstleistungssektor immer größer wird (60-70%). Harold Perkin (1990) argumentiert, dass sich die moderne Gesellschaft durch den Aufstieg Professioneller auszeichne. Alvin Gouldner (1979) spricht in diesem Zusammenhang von einer neuen Klasse, die sich aus Intellektuellen und technisch Qualifizierten zusammensetze. Toni Negri und Michael Hardt (1997) gehen vom Aufstieg der techno-wissenschaftlichen Arbeiter aus. Diese „Cyborgs" würden ein neues Subjekt der gesellschaftlichen Veränderung darstellen, ihre Arbeit sei typisch für die Tendenz der Immaterialisierung und Vergeistigung der Arbeit. „Arbeit heißt in den gegenwärtigen metropolitanen Gesellschaften mit ungebrochener Tendenz immaterielle Arbeit - also intellektuelle, affektiv-emotionale und technowissenschaftliche Tätigkeit, Arbeit des Cyborg. [...] Computerisierung weiter Zweige der Arbeitsprozesse charakterisieren den Übergang, den Arbeit in ihren Grundlagen gegenwärtig durchläuft. Marx antizipierte diese Transformation und versuchte sie unter dem Begriff des ‚General Intellect' zu fassen" (Negri/Hardt 1997, S. 14f). Eine quasi intellektuelle Produktivkraft habe sich entwickelt.

Daniel Bell: Die postindustrielle Gesellschaft
Der bedeutendste Ansatz in diesem Bereich, der auf die Veränderungen der Berufsstrukturen hinweist, ist jener von Daniel Bell (1976), der einen Übergang von der industriellen zur postindustriellen Gesellschaft konstatiert. Die Gesellschaftsstruktur teilt Bell in 3 Bereiche ein: Sozio-Ökonomie, Politik und Kultur. Jeder dieser Bereiche habe ein bestimmendes Prinzip, ein sogenanntes "axiales Prinzip". Er beschreibt den Übergang der Industriegesellschaft zur "postindustriellen Gesellschaft": In der Industriegesellschaft stand die Erzeugung materieller Güter im Vordergrund der Ökonomie. Als wesentlich galt dabei die Gewinnorientierung und das Privateigentum an Produktionsmitteln. Damit sollten Investitionen garantiert werden. In der postindustriellen Gesellschaft treten für Bell die Dienstleistungen ökonomisch in den Vordergrund, zentral sei im Wirtschaftsbereich nunmehr das Zusammenspiel von wissenschaftlicher Theorie und Betrieben. In der postindustriellen Gesellschaft dominiert demnach nicht mehr wie zuvor der sekundäre - der industrielle und produktive - Wirtschaftsbereich. Der Anteil von WissenschaftlerInnen und IngenieurInnen an der Zahl der Erwerbsarbeitenden steige an und ihr Einfluss werde immer größer: "Die wichtigste Ressource der postindustriellen Gesellschaft sind ihre wissenschaftlichen Fachkräfte, deren Aufteilung nach Sektoren (Industrie, Staat, Universität) und Funktionen (Produktion, Forschung, Lehre) den Ausgangspunkt jeder konsequenten, auf optimale Verteilung der knappen gesellschaftlichen Ressourcen bedachten Wissenschaftspolitik bildet" (Bell 1976, S. 227). Es komme zum "Vorrang einer Klasse professionalisierter und technisch qualifizierter Berufe", da die wissenschaftliche Forschung die ökonomische Basis der neuen Gesellschaftsformation sei.

Wissen als zentrales Prinzip
Die Anwendbarkeit von Wissen, das von Wissenschaft und Forschung zur Verfügung gestellt wird, in der Ökonomie, gewinnt in der postindustriellen Gesellschaft immer mehr an Bedeutung. Universitäten werden immer relevanter, da sie qualifizierte LohnarbeiterInnen und Führungskräfte liefern und die Forschung, die für die Industrie eine zentrale Rolle spielt, forcieren. Die technische Basis der Ökonomie sei in der Industriegesellschaft die Energie gewesen, in der postindustriellen Gesellschaft spiele diese Rolle nunmehr die Information. Während das axiale Prinzip der Industriegesellschaften für Bell das Wirtschaftswachstum durch den Ausbau des Produktionsapparates ist, ist es in der postindustriellen Gesellschaft das Wissen. "War die Industriegesellschaft eine güterproduzierende, so ist die nachindustrielle Gesellschaft eine Informationsgesellschaft" (Bell 1976, S. 32). Der Umgang mit Information gewinne gegenüber dem Umgang mit Stoffen an Bedeutung. Gleichzeitig nimmt die alltägliche Bedeutung der Information und der I&K-Technologien zu. Auf der politischen Ebene gab es in der Industriegesellschaft laut Bell Kämpfe um materielle Besserstellungen und Anerkennungen als politische Kräfte. Dies betraf vor allem die ArbeiterInnenbewegung und die Gewerkschaften, als Resultat dieser Kämpfe kann der Aufbau des keynesianischen Wohlfahrtsstaates begriffen werden. In der postindustriellen Gesellschaft geht es nach Bell in der Politik nicht mehr so sehr um den Aspekt des Kampfes um Mitbestimmung, sondern um die Organisation und Finanzierung von Wissenschaft und Technik, die Kontrolle und Steuerung der Wissenschaft (damit sie "richtig" forscht) sowie um die Koordination des Verhältnisses Unternehmen-Staat-Bildung. Wissenschafts- und Bildungspolitik seien von immer größerer Bedeutung. Postindus-

trielle Konflikte seien vor allem Konflikte über die Verteilung staatlicher Dienstleistungen: Die Löhne im Dienstleistungsbereich orientierten sich am sekundären Bereich. Durch die hohe Produktivität in letzterem Bereich und den hohen Lohnkosten bei Dienstleistungen komme es zu einer Verteuerung der Dienstleistungen. Das wesentliche politische Problem der postindustriellen Gesellschaft sei deshalb, welche staatlichen Dienstleistungen erbracht werden sollen und wie sie verteilt werden sollen.

Im Bereich der Kultur betont Daniel Bell in der Industriegesellschaft die Leistungs- und Konsumorientierung. In der postindustriellen Gesellschaft komme es, so Bell, über die öffentliche Verteilung von Dienstleistungen zu einer Untergrabung des Leistungsprinzips. Bell geht davon aus, dass soziale Veränderungen (wirtschaftlich, berufsstrukturell usw.) von politischen und kulturellen Veränderungen begleitet werden. Daniel Bell sieht die postindustrielle Gesellschaft nicht als eine Dienstleistungsgesellschaft, sondern als eine Gesellschaft, in der Dienstleistungen eine veränderte Bedeutung zukommt. Die Entwicklung der Dienstleistungen müsse also historisch gesehen werden: In den Industriegesellschaften seien Dienstleistungen in den Bereichen Kredit-, Versicherungs- und Bankwesen sowie im Transport und im Handel zentral gewesen, da sie die Rahmenbedingungen der Massenproduktion ermöglichten und aufrechterhielten. Durch die gesteigerten Masseneinkommen seien auch Dienstleistungen im Freizeit- und Erholungsbereich immer bedeutender geworden. In der postindustriellen Gesellschaft seien vor allem jene Dienstleistungen von Bedeutung, die im Zusammenhang mit der Entwicklung, Verteilung und Verarbeitung des Wissens stehen (Wissenschaft, Bildungswesen, Forschung, Informationswesen, Organisation und Planung in Unternehmen und Staat). Der weiter anwachsende Wohlstand forciere wiederum die Dienstleistungen der Bereiche Kultur und Gesundheit. Bell teilt Dienstleistungen in 4 Typen ein, die sich in Industriegesellschaft und postindustrieller Gesellschaft unterschiedlich darstellten. Tabelle 1 gibt einen Überblick über die Bereiche, die er zu den jeweiligen Typen zählt. Bildung und Gesundheit bezeichnet Daniel Bell dabei als kommunale Dienstleistungen, da sie in den USA vorwiegend in den Aufgabenbereich der Kommunen fallen.

Dienstleistungstyp	Industrielle Gesellschaft	Postindustrielle Gesellschaft
produktionsbezogen	Kreditwesen Versicherung Verkehr	Wissenschaft Forschung Informationswesen Organisation und Planung Verwaltung
persönlich	Handel Erholung	Kultur
kommunal		Bildung Gesundheit
staatlich	Sicherheit öffentliche Verwaltung	Finanzierung und Organisation von Wissenschaft und Forschung

Tab. 7.1.: Entwicklung der 4 Typen von Dienstleistungen in industrieller und postindustrieller Gesellschaft bei Daniel Bell (nach Ofner 1997, S. 259)

Kritisiert wurde an Ansätzen wie jenem von Bell u.a., dass mit dem Übergang in eine „postindustrielle" Dienstleistungsgesellschaft die Vorstellung verbunden würde, dass es zu einer Phase dauerhaften Wachstums und einem neuen Beschäftigungswunder kommen würde. Tatsächlich zeige sich nämlich eine anhaltende ökonomische Krise seit Mitte der 70er-Jahre und durch technologische Rationalisierung ein massiver Anstieg struktureller Arbeitslosigkeit. Der Dienstleistungs- und Informationsbereich sei ohne materielle industrielle Produktion nicht vorstellbar, denn es entstünden neue industriell gefertigte Waren (Computer, Disketten, CDs, Videos, DVDs etc.). In Anlehnung an Bell wurde des öfteren auch davon ausgegangen, dass die moderne Ökonomie immer mehr zu einer Weightless Economy werde, die nicht mehr vorwiegend auf industriell verarbeitenden materiellen Ressourcen wie Stahl und Eisen basiere, sondern auf immateriellem Wissen. Tatsächlich geht die Informatisierung der Gesellschaft aber mit einer Intensivierung des Verbrauchs materieller Ressourcen einher. So zeigen etwa Ökobilanzen der Produktion von Computern, dass diese massenhaft materielle Ressourcen verschlingt. Immaterielle und geistige Arbeit werden zwar immer bedeutender, ökonomische Prozesse benötigen aber immer noch eine stoffliche Basis. Es lässt sich hinzufügen, dass sich die Notwendigkeit einer stofflichen Basis der Ökonomie im Rahmen der New Economy bereits daran zeigt, dass die angeblich immateriellen Produkte sehr wohl eine stoffliche Basis haben (Infrastruktur, Modem, Computer, Glasfaserkabel, CD-ROMs, Datenträger etc.).

Neomarxismus: Herbert Schiller
Eine neomarxistische Theorie der Informationsgesellschaft, die vorwiegend ökonomische Aspekte betont, stammt von Herbert Schiller (1981, 1984b, 1989a). Wesentlich sei heute als gesellschaftliches Phänomen die Produktion und Verteilung von Information. „There is no doubt that more information is being generated now than ever before. There is no doubt also that the machinery to generate this information, to store, retrieve, process and disseminate it, is of a quality and character never before available. The actual infrastructure of information creating, storage and dissemination is remarkable" (Schiller 1983a). Schiller interessiert sich für die strukturellen Eigenschaften von Information wie Besitzverhältnisse und Quellen des Profits. Der Ausgangspunkt der Analyse ist die Feststellung, dass wir noch immer in einer kapitalistischen Gesellschaft leben, die sich jedoch in gewissem Ausmaß gewandelt habe. Schillers Analyse basiert methodologisch auf einer Dialektik von Kontinuität und Diskontinuität.

Informationskapitalismus

Information sei heute in erster Linie eine Ware, d.h. ein Produkt, das sich im Verkauf gegen Geld tauscht, um Profit zu produzieren. "Information today is being treated as a commodity. It is something which, like toothpaste, breakfast cereals and automobiles, is increasingly bought and sold" (Schiller/Schiller 1982, S. 461). Klassengesellschaftliche Ungleichheiten seien wesentliche Charakteristika der Verteilung von und des Zugangs zu Information. Es gebe Sieger und Verlierer der Informatisierung, diese würden sich aus der gesellschaftlichen Hierarchisierung ergeben. Die moderne Gesellschaft sei eine Klassengesellschaft, daher würde sich diese Eigenschaft auch im Umgang mit Information widerspiegeln. Die moderne Ökonomie werde von großen Konzernen dominiert, die national und international operieren. Heute würde ein Informationsimperialismus bestehen, der die Stimmen der Unterdrückten nicht sichtbar werden lasse. Daher spricht sich Schiller für eine New World Information Order (NWIO) aus, in der ärmeren Nationen Stimme gegeben werde, um gesellschaftliche Kämpfe für eine gerechtere Weltordnung zu unterstützen. Derzeit würden die verfügbaren Informationen durch die westlichen Länder, und dabei insbesondere die USA dominiert. Durch die weltweite Verbreitung westlichen Wissens und Lebensstils entstehe ein kultureller Imperialismus. Die Vermarktung von Information führe dazu, dass große Teile der Weltbevölkerung von der Informationsproduktion ausgeschlossen werden. Innovationen würden vorwiegend von großen Konzernen und vom Militär ausgehen. "The military's preoccupation with communication and computers and satellites [...] is not some generalized interest in advanced technology. The mission of the USA's Armed Forces is to serve and protect a world system of economic organization, directed by and of benefit to powerful private aggregations of capital" (Schiller 1984a, S. 382). "What is called the 'information society' is, in fact, the production, processing, and transmission of a very large amount of data about all sorts of matters – individual and national, social and commercial, economic and military. Most of the data are produced to meet very specific needs of super-corporations, national government bureaucracies, and the military establishment of the advanced industrial state" (Schiller 1981, S. 25). Typisch für die Informationsgesellschaft sei auch die Privatisierung und Deregulierung des ehemals öffentlichen Bereichs. Dies resultiere etwa in kürzeren Öffnungszeiten von Bibliotheken, der Einführung von Gebühren für Bildung und sozialer Grundversorgung etc. Dies bedeute eine Verarmung des sozialen und öffentlichen Raums (Schiller 1989b).

Dadurch, dass Information dem Privateigentum unterliege, so Herbert Schiller, würde sehr vieles verzerrt oder gar nicht dargestellt; "a great amount of information is withheld from the public because it is regarded and treated as proprietary by its corporate holders" (Schiller 1991, S. 44). Information unterliege häufig Patenten oder intellektuellen Eigentumsrechten (Intellectual Property Rights, IPR), durch die Profit durch Information ermöglicht werde. Die Kommerzialisierung führe in der Informationsgesellschaft zum Konsumkapitalismus – „all spheres of human existence are subject to the intrusion of commercial values [...] the most important of which, clearly, is: CONSUME" (Schiller 1992, S. 3). Die Informationsrevolution treibe diese Entwicklungen voran. „Falsche Bedürfnisse" seien ein Resultat der Ideologie des heutigen Kapitalismus. Schiller spricht sich für grundsätzlichen gesellschaftlichen Wandel aus, die Experimente des Realsozialismus würden keine humane Alternative darstellen (Schiller 1992). Eine Humanisierung des menschlichen Daseins müsse nichtsdestotrotz über den Kapitalismus hinausgehen.

Informationsreichtum, Informationsarmut
Schiller unterscheidet zwischen Informationsreichtum und Informationsarmut (Schiller 1983b, S. 88) zwischen und innerhalb von Nationen. Die durch die Gesellschaftsordnung Privilegierten hätten nun besseren Zugang zu qualitativ hochwertiger Information, während Menschen in armen Ländern und aus unteren Schichten und unterdrückten Klassen mit Informationsmüll (garbage information) konfrontiert würden. Mehr Information über Massenmedien würde nicht automatisch eine Bereicherung des individuellen und sozialen Daseins bedeuten. Die Mehrheit werde mit wertloser, einfach hergestellter, oberflächlicher Masseninformation konfrontiert, die einen ideologischen Charakter trage. Schiller kommt zu folgendem Resümee: „we see and hear more and more about what is of less and less importance. The morning television 'news', which provides an hour and a half of vacuous or irrelevant chatter, epitomizes the current situation" (Schiller 1987, S. 30). Informationsarmut meine Seifenopern, Skandalisierung und Kommerzialisierung, nicht jedoch die Bereitstellung von kritischer Information für die Massen, die diese über den tatsächlichen Zustand der Gesellschaft aufkläre. Den größten Vorteil aus der Informationsrevolution ziehe der korporative Kapitalismus.

Hinsichtlich Informationsarmut und –reichtum argumentiert Wolfgang Hofkirchner, dass die heutige quantitative Zunahme der Information nicht automatisch Informationsreichtum bedeute, denn eine Informationsgesellschaft müsse auch Weisheit als Form der Information besitzen. Weisheit würde vor allem auch bedeuten, dass die sich heute verschärfenden globalen Probleme gelöst werden. Dies sei aber bis heute nicht der Fall, daher würden wir nur in einer halbierten Informationsgesellschaft leben. „Die Schichten, Klassen, Nationen, denen im undifferenzierten Sinn gerne Informationsreichtum attestiert wird, erweisen sich bisher in großem Maße als unfähig, Maßnahmen einzuleiten, die geeignet sind, auf lange Sicht das Funktionieren ihrer sozialen Systeme sicherzustellen. In dieser Hinsicht sind sie informationsarm. Es fehlt ihnen nicht so sehr an Daten, es fehlt ihnen schon mehr an Wissen, es fehlt ihnen gänzlich an Weisheit" (Hofkirchner 1996); „eine ‚weise' Gesellschaft würde Weisheit zu erlangen versuchen, indem sie einen sozialen Ausgleich zwischen den Mitgliedern der Weltgesellschaft herbeiführen würde, die einen ungleichberechtigten Zugang zur Verfügung über ihre Lebensbedingungen haben" (Hofkirchner 1999).

Die Regulationstheorie
Einen anderen Ansatz, der ökonomische Dimensionen des gesellschaftlichen Umbruchs beschreibt, und dabei auch die Bedeutung der politischen Faktoren besonders hervorhebt, stellen die Arbeiten der französischen Regulationstheorie dar (vgl. etwa Aglietta 1979, Boyer 1990, Lipietz 1987; siehe detaillierter zur Regulationstheorie Fuchs 2002, Kapitel 3.1.). Es wird von sogenannten Entwicklungsmodellen des Kapitalismus gesprochen. Ein solches sei eine Einheit eines Akkumulationsregimes und einer Regulationsweise. Mit dem Akkumulationsregime werden die vorherrschenden Formen der ökonomischen Warenproduktion bezeichnet, unter der Regulationsweise wird ein zugehöriges Netz von institutionellen und politischen Rahmenbedin-

gungen verstanden. Es wird argumentiert, dass die gesellschaftliche Entwicklung so lange stabil bleibe, wie Akkumulationsregime und Regulationsweise nicht zueinander in Widerspruch geraten. Früher oder später würden sich allerdings solche Widersprüche manifestieren, die in einer gesellschaftlichen Krise resultieren. Erst die Etablierung eines neuen Entwicklungsmodells könne eine zeitweise Stabilisierung der gesellschaftlichen Entwicklung erneut einleiten.

Die Krise des Fordismus
Den heutigen gesellschaftlichen Umbruch fassen die Regulationstheoretiker als Übergang vom fordistischen zum postfordistischen Entwicklungsmodell des Kapitalismus. Der Fordismus habe u.a. auf Massenproduktion, Massenkonsum, Fließband, Arbeitskontrollen, betrieblichen Hierarchien, lenkenden staatlichen Eingriffen in ökonomische Prozesse und dem Aufbau des Wohlfahrtsstaats (der durch die Anhebung von Lohnniveaus und sozialer Absicherung den Massenkonsum ermöglichen sollte) basiert. Dabei wird auch häufig von tayloristischer Arbeitsorganisation gesprochen, da Frederick Winslow Taylor der erste war, der Fließbandproduktion und die Optimierung des Produktionsprozesses durch zeitsparende Veränderungen des Arbeitsprozesses in der industriellen Produktion vorschlug. Henry Ford führte dieses Prinzip schließlich zu Beginn der 1920er-Jahre in seinen Automobilfabriken im großen Ausmaß ein. Mitte der 70er-Jahre sei es aber zu einer großen Weltwirtschaftskrise gekommen, Akkumulationsregime und Regulationsweise seien in Widerspruch geraten.
Ende der 60er-/Anfang der 70er-Jahre seien die Widersprüche des Fordismus deutlich hervorgetreten, worauf eine gesellschaftliche Krise des Kapitalismus einsetzte. Dafür gab es mehrere Gründe: Die tayloristische Produktionsweise habe ihre eigenen Grenzen erreicht. Die Arbeitenden rebellierten immer stärker gegen die hohen physischen und psychischen Belastungen der zumeist monotonen Arbeiten, hinsichtlich der technischen Apparatur waren hohe Wartezeiten und Unregelmäßigkeiten bei der Fließbandproduktion immer häufiger. Vor allem die voranschreitende Entfremdung der Arbeitenden habe zu einer Zunahme der Arbeitsverweigerungen und Streiks und zur Erschöpfung der Produktivitätszuwächse geführt. All dies habe zu einem Anstieg der Lohnkosten und zur Abnahme des Produktivitätswachstums geführt. Des weiteren habe sich eine immer stärkere internationale Konkurrenz am Weltmarkt gezeigt, die den USA schwer zu schaffen machte (Aufstieg von Japan und Europa), und die Rohstoff- und Arbeitskosten stiegen stark an. Zur ökonomischen Krise sei eine ideologische gekommen, die sich in der Zunahme der Auflehnung gegen Autoritäten manifestierte (68er-Bewegung, neue soziale Bewegungen), und eine staatliche, da der Staat durch die ökonomische Krise zu wenig Einnahmen zur Verfügung hatte und sich durch das keynesianische Deficit Spending Finanzlücken ergaben.

Der Postfordismus
Als Reaktion auf die Weltwirtschaftskrise habe sich ein neues Entwicklungsmodell, der Postfordismus, ausgebildet. Dieser zeichne sich u.a. durch flexible Produktionsweisen (Outsourcing, Just-in-Time-Produktion), Dezentralisierung und Enthierarchisierung von Betrieben, die Zerlegung des Produktionsprozesses in kleinere Einheiten und die Verlagerung einzelner Schritte in Länder, in denen günstige Investitionsbedingungen herrschen; die Deregulierung der institutionellen Rahmenbedingungen der Ökonomie und den Abbau des Wohlfahrtsstaates aus („Neoliberalismus"). David Har-

vey (1989) spricht in Bezug auf den Postfordismus von einem flexiblen Akkumulationsregime, es komme zur Flexibilität der Arbeitszeiten (unsichere Jobs, mehrere Jobwechsel, längere und ungeregelte Arbeitszeiten, Teilzeitarbeit), der Löhne (Trend zum Abgehen von kollektivvertraglich geregelten Löhnen und Übergang zur Bezahlung nach individueller Leistung), der Produktion („Globalisierung", Internationalisierung, Verlagerung der Produktion) und der Konsumtion (individuell gefertigte Waren, weg vom Massencharakter der Güter, hin zu Spezialisierung und diversifizierter Qualitätsprodukte für spezielle, eingeschränkte Marktsegmente, d.h. kleine Stückzahlen mit hoher Qualität). Harvey weist darauf hin, dass durch die Flexibilisierung Arbeitsverhältnisse immer unsicherer und prekärer werden. Durch die modernen Technologien komme es heute zu einer Intensivierung der raum-zeitlichen Kompression (Harvey 1989, S. 284) sozialer Beziehungen. Damit ist z.B. gemeint, dass Computertechnologien es ermöglichen, Arbeitsvorgänge von ehemals zentralen räumlichen Institutionen räumlich zu entkoppeln und strikte Zeitgebundenheiten aufzuheben (Beispiel Telearbeit). Räumliche und zeitliche Unabhängigkeit würden immer weiter ansteigen, dies nütze vorwiegend ökonomischen Interessen und großen, global agierenden Konzernen.

Technik in der Regulationstheorie
Die Regulationstheoretiker kritisieren am Neoschumpeterismus häufig dessen Technikdeterminismus, der Technik wird in der Regulationsschule keine zentrale Bedeutung zugemessen, nichtsdestotrotz wird sie berücksichtigt. Alain Lipietz geht davon aus, dass Akkumulationsregime und Regulationsweise von einem dritten Modell begleitet werden: dem Arbeitsprozessmodell oder technologischem Paradigma. Darin werden aber nicht nur die für ein Entwicklungsmodell spezifischen Technologien zusammengefasst, sondern vor allem auch die Organisationsweise der Arbeit und die Art der Arbeitsteilung. Lipietz spricht auch vom „industriellen Paradigma", das „die Entwicklung der Arbeitsorganisation während der Periode der Vorherrschaft dieses Modells leitet" (Lipietz 1992a, S. 194; siehe auch 1992b, S. 2ff) und das die „allgemeinen Grundsätze, die die Entfaltung der Organisation der Arbeit bestimmen" (Leborgne/Lipietz 1990, S. 109) umfasst. Andere Ansätze subsummieren das industrielle Paradigma in das Akkumulationsregime. Lipietz beschreibt das industrielle Paradigma des Fordismus als gekennzeichnet durch den Taylorismus, die Mechanisierung, große Firmenkomplexe und eine immer weiter voranschreitende Rationalisierung der Produktion durch die Taylorisierung (Lipietz 1992b, S. 3f). Außerdem seien im Fordismus Normen und Zwänge in der automatischen Apparatur der Maschinen enthalten. D.h., dass der Maschinentakt den Arbeitsgang diktiert.
Im Rahmen der Diskussion der Internationalisierung des Kapitals erwähnt Lipietz, dass diese dazu führe, dass vor allem die unqualifizierten und daher stark mechanisierten Arbeiten in Niedriglohnländer und -regionen verlagert werden (Lipietz 1998, S. 136). Die Informatik bringe die Möglichkeiten mit sich, die Maschinen permanent zu betreiben, die Produktion zu flexibilisieren und konstantes Kapital einzusparen. Daraus ergebe sich aber auch ein Anstieg der Arbeitslosigkeit (ebd., S. 171-173). Leborgne/Lipietz (1990) diskutieren die Bedeutung der Elektronik im Postfordismus. Diese ermögliche den Betrieben ein hohes Ausmaß an Flexibilität. Das Betriebsmanagement verändere sich dadurch, dass nun eine Just-in-Time-Produktion möglich sei und der Arbeitsprozess stärker modularisiert werden könnte. Leborgne und Lipietz

sehen nun drei Alternativen der technologischen/industriellen Entwicklung: Erstens könnte die Technik heute so eingesetzt werden, dass sie den Arbeitenden jede Initiative nimmt und eine tendenzielle Vollautomatisierung die Arbeitenden auf einige unqualifizierte Tätigkeiten reduziert. Die zweite Alternative sei eine individuelle und die dritte eine kollektive Einbindung der Arbeitenden. Bisher habe keine dieser Alternativen den Boden für ein neues Akkumulationsregime bereitet. Das Fazit ist für Lipietz und Leborgne, dass sie betonen, dass die neuen Technologien zwei Gesichter hätten. Eines bedeute sozialen Fortschritt, das andere Rückschritt.

Der Regulationstheoretiker Robert Boyer (1988) argumentiert ähnlich, dass die fordistische Massenproduktion wesentliche technologische Veränderungen mit sich gebracht habe: Ausbreitung der Elektrizität und neuer Technologien wie Fließband, Auto und Haushaltsgeräte. Die Form der monopolistischen Regulation des Fordismus habe raschen technologischen Wandel mit sich gebracht. Der wesentliche Unterschied der Zwischenkriegsperiode und der Phase nach 1945 sei nicht ein technologischer, sondern einer der Regulationsweise. Bezogen auf technologische Aspekte der Krise des Fordismus habe sich gezeigt, dass die Unternehmenskomplexe immer größer wurden und es daher immer schwieriger wurde, den Output einer Fließbandkette mit dem realen Bedarf abzustimmen. Wesentlich seien auch die Grenzen des Taylorismus gewesen, die zu Arbeitsverweigerungen führten. Der Rückgang der Produktivitätszuwächse habe sich daraus ergeben, dass der Fordismus zwar effektiv alte Arbeits- und Organisationsmethoden ersetzt, deren Verfeinerung allerdings nicht adäquat realisiert habe (Boyer 1988, S. 86). Die internationale Konkurrenz, die zur Erosion der US-Hegemonie geführt habe, sei auch eine um neue Technologien. Ein wesentliches Ergebnis faßt Boyer abschließend zusammen: „Out leitmotiv is simple [...] the fate of any technological system cannot be disentangled from social (particularly the wage-labour nexus) and economic determinants (the evolution of the mode of development as a whole)" (Boyer 1988, S. 89).

Mit technologischen Aspekten der Regulationstheorie in Bezug auf die Telekommunikation befassen sich die Beiträge in Esser/Lüthe/Noppe (1997a). Ein technikdeterministischer Ansatz wird abgelehnt und zu Gunsten eines sozialkonstruktivistischen im Sinn der Actor-Network-Theorie (siehe Latour 1987; vgl. auch Fuchs 2000) vermieden. Technikentwicklung sei ein Ergebnis von Interessenskämpfen und Aushandlungsprozessen. Resultat davon seien Kompromisse der verschiedenen beteiligten Akteure. Technologienentwicklung sei ein Institutionalisierungsprozeß. Als De-Kontextualisierung wird der Eingang unterschiedlicher Interessen, Bedürfnisse, Traditionen, Strategien, Kontakte, Regulierungsvorstellungen, unterschiedlichen Wissens etc. mit unterschiedlichen Bewertungen in diese Aushandlungsprozesse bezeichnet; als Re-Kontextualisierung der Aufbau konkreter Anwendungs- und Nutzungsbedingungen einer Technologie, also deren Implementierung in sozio-ökonomische Kontexte (Esser/Lüthe/Noppe 1997b, S. 15). Esser et al. meinen, dass das Konzept des technologischen Paradigmas bei Lipietz und Boyer schumpeterianisch sei, da dabei Technik und Institutionen getrennt voneinander betracht würden und Technikentwicklung als dem Akkumulationsregime exogen angesehen werde. Der von Esser et al. vertretene Ansatz geht jedoch davon aus, dass die Form der Technikentwicklung Teil des Akkumulationsregimes ist.

Es kann festgehalten werden, dass die Regulationstheorie den gesellschaftlichen Umbruch als Wandel vom fordistischen zum postfordistischen Entwicklungsmodell beschreibt. Es werden vorwiegend ökonomische (Akkumulationsregime) und politische (Regulationsweise) Faktoren der gesellschaftlichen Veränderung beschrieben, modernen Technologien wird keine den gesellschaftlichen Wandel determinierende Rolle zugemessen. Moderne Informations-, Kommunikations- und Computertechnologien gelten nichtsdestotrotz als eine prägendes Phänomen des Postfordismus, mit dem versucht werde, gesellschaftliche Restrukturierungen einzuleiten, die die Krise der Profitanhäufung beenden sollen (Dezentralisierung, Flexibilisierung, Enthierarchisierung, Internationalisierung). Alain Lipietz und Robert Boyer sprechen dabei von einem eigenständigen industriellem Paradigma der Informationstechnologie, das nicht Teil von Akkumulationsregime oder Regulationsweise ist, während die Forscher um Josef Esser technologische Aspekte eines Entwicklungsmodell als Teil des Akkumulationsregimes ansehen.

Kritisiert wurde am Regulationsansatz immer wieder, dass dieser Theorie entsprechend, heute eine ökonomisch stabile Einheit von Akkumulationsregime und Regulationsweise vorhanden sein müsste. Tatsächlich sei aber eine neue Regulationsweise nicht in Aussicht, und stabiles ökonomisches Wachstum zeige sich ebenfalls nicht. Vielmehr halte die ökonomische Krise nun seit Mitte der 70er-Jahre dauerhaft an. Dieser Einwände entkräftet sich aber tw. durch die Tatsache, dass auch eine neue Regulationsweise darstellt, und dass eine neue Entwicklungsweise sich vor allem durch neue Qualitäten, nicht unbedingt durch stabile ökonomische Entwicklung auszeichnet. Positiv erwähnt wurde an der Regulationstheorie hingegen immer wieder, dass dieser Ansatz im Gegensatz zur klassischen marxistischen Krisentheorie – die nach universellen ökonomischen Widersprüchen als Erklärung für Krisen des Kapitalismus sucht und dabei Krisen auf den ökonomischen Bereich und darin meist wiederum auf einen gesellschaftlichen Antagonismus reduziert – auch politische, kulturelle und ideologische Faktoren als mögliche Krisenursachen hervorhebt und dass er eine umfassende Analyse der modernen Gesellschaft liefere.

Piore und Sabel: Flexible Spezialisierung

Michael Piore und Charles Sabel (1984) sehen als Wesen der heutigen Gesellschaft die flexible Spezialisierung. Der Fordismus hätte auf standardisierter Massenproduktion basiert (sehr ähnliche Waren, die einfach zu produzieren sind und einen weiten Verbreitungsgrad erreichen), der spezielle Maschinen und Kenntnisse erfordert habe. Dies habe zu niedrigen Qualifikationen geführt. Vor allem die Fließbandarbeit sei monoton und niedrig qualifiziert gewesen. Nun finde ein Übergang statt, der ein Anheben des Qualifikationsniveaus und eine höhere Variationsbreite hinsichtlich der produzierten Waren erlaube. An Stelle der standardisierten Massenproduktion trete die Produktion von speziell gefertigten Waren mit kleiner Stückzahl und hoher Qualität sowie die Kundenorientierung in den Vordergrund. Die Computerunterstützung bedinge zusehends eine Erodierung der alten hierarchischen und zentralisierten Organisationsformen von Unternehmen und einen Übergang zu Dezentralisierung, Enthierarchisierung, verstärkter inner- und interbetrieblicher Kooperation und Netzwerkstrukturen. Der auf Hierarchie und Kontrolle setzende Taylorismus werde immer stärker durch neue Formen der Arbeitsorganisation wie Teamarbeit ersetzt. So könne es zur Widerherstellung menschlicher Kontrolle über den Produktionsprozess kommen. Der Taylorismus habe sich durch eine Trennung planender (Management) und ausführender (Arbeiter) Tätigkeiten ausgezeichnet, nun komme es zur Informatisierung der Arbeit auch in dem Sinn, dass die Arbeitenden jene Informationen selbst kontrollieren und steuern, die den Ablauf ihrer Tätigkeiten bestimmen. Das Wissen über den Produktionsprozess und die eigenen Tätigkeiten werde immer bedeutender. Larry Hirschhorn (1984) spricht in diesem Zusammenhang von postindustriellen Arbeitern, für die Lernen, Aufmerksamkeit, Selbstkontrolle und Wissen von zentraler Bedeutung sei.

Als Kritik an diesem Ansatz wurde in der Tradition des marxistischen Arbeitstheoretikers Harry Braverman (1974) häufig formuliert, dass die Computerisierung, Dezentralisierung und Flexibilisierung nicht zu einer Humanisierung der Arbeit führe, sondern einerseits zwar eine neue Klasse hochqualifizierter und gut bezahlter Jobs in den Bereichen der New Economy schaffe, andererseits aber in anderen Bereichen die Dequalifizierung, Prekärisierung, Rationalisierung und Monotonisierung der Arbeit vorantreibe (ein Beispiel dafür sei die zunehmende Zahl ungesicherter, prekärer Beschäftigungsverhältnisse im Rahmen von Teilzeitarbeit, Leiharbeit, Werkverträgen, geringfügige Beschäftigungen, zeitlich befristeten Arbeitsverhältnissen etc.) (siehe zu dieser Diskussion auch Fuchs 2001a, S. 78-80, 101-107).

Die hier kurz diskutierten Ansätze verbindet, dass sie vorwiegend ökonomische Aspekte der Informationsgesellschaft betonen. Es gibt jedoch auch wesentliche Unterschiede. So betont eine Gruppe von Forschern Veränderungen in der Beschäftigungsstruktur, die zu einer Informationsökonomie oder einer postindustriellen Gesellschaft führen würden. Neomarxistische Ansätze wie jener von Herbert Schiller verweisen auf die Ware Information, die konstitutiv sei für einen informationsgesellschaftlichen Kapitalismus. Ebenfalls marxistisch beeinflusst ist die Regulationstheorie, die neben ökonomischen auch politische und kulturelle Aspekte hervorhebt und davon ausgeht, dass wir in einem postfordistischen Kapitalismus leben, der sich aus gesellschaftlichen Restrukturierungen in Folge der Krise des fordistischen Entwicklunsmodells ergeben habe. Schließlich gibt es auch noch jene Ansätze, die als charakteristisches Merkmal der heutigen Gesellschaft die flexible Spezialisierung hervorheben, wobei dabei allerdings möglicherweise allzu undifferenziert davon ausgegangen wird, dass die technisch vermittelte Dezentralisierung und Flexibilisierung automatisch gesellschaftlichen Fortschritt mit sich bringt.

7.2.3. Politische Theorien der Informationsgesellschaft

Beispiel: Für den Antiterrorkampf erhält das FBI mehr Geld, mehr Technik und mehr Rechte (von Florian Rötzer)
Telepolis, *Florian Rötzer, 31.05.2002*
http://www.heise.de/tp/deutsch/html/result.xhtml?url=/tp/deutsch/inhalt/te/12638/1.html&words=FBI
Wir danken Florian Rötzer und der Redaktion Telepolis für die Abdruckerlaubnis
Anstatt einer Fehleranalyse der Infokalypse wird das FBI zu einer geheimdienstähnlichen Antiterrorbehörde reorganisiert und nähert sich wieder den Zeiten des Kalten Kriegs. Das FBI hat bei Aufklärung und vor allem Verhinderung der Anschläge vom 11.9. nicht besonders geglänzt. Das Problem scheint allerdings nicht nur in fehlenden Informationen gelegen zu haben, sondern vor allem in der Auswertung und Weitergabe. Wenn das FBI jetzt im Zuge der Reorganisation den Schwerpunkt weg von der Bekämpfung des organisierten Verbrechens mit einer neuen großen Abteilung auf den der Bekämpfung des Terrorismus verlegt und zudem nochmals erweiterte Überwachungsmöglichkeiten erhält, bleibt die Frage, ob die Infokalypse damit wirklich behoben wird.
Robert Mueller, der FBI-Direktor, hat zumindest Glück, denn er kam erst am 4. September an die Spitze der Bundespolizei, zu kurz, um für die Schlampereien im Umgang mit Warnungen vor einem großen Anschlag auf die USA noch verantwortlich gemacht werden zu können. Verantwortlich aber ist er zwar für die nachfolgende Untersuchung, bei der weder das FBI noch die Geheimdienste großes geleistet hatten. Nicht einmal die wohl von einem amerikanischen Täter ausgeführten Anschläge mit den Anthrax-Briefen wurden bislang aufgeklärt. Jetzt beschäftigt sich die Öffentlichkeit aber erst einmal mit der Vorgeschichte, die Fehler bei der Aufklärung und auch die wieder von Amnesty International monierten Rechtsbrüche sind damit erst einmal aus en Augen verschwunden.
Dafür darf die Behörde, um es in Zukunft besser zu machen, gehörig aufrüsten. Fast 1.000 Menschen sollen neu eingestellt werden. 3.700 Agenten, ein Drittel der Gesamtzahl, werden sich alleine der Terrorismusbekämpfung widmen, an zweiter Stelle der Prioritäten folgt die Gegenspionage. Das organisierte Verbrechen, das es zwar trotz Terrorismus noch gibt, tritt ebenso in den Hintergrund wie die Bekämpfung von Korruption und Cyberkriminalität. Der "Schutz der Bürgerechte" wird zwar aufgeführt, aber nicht weiter ausgeführt. Nach dem 11.9. sei es klar geworden, so Mueller, "dass wir die Art, wie wir unsere Aufgaben erfüllen, radikal ändern müssen". Allein für den Aufbau der neuen Antiterrorabteilung hat Mueller für das Haushaltsjahr 2003 225 Millionen US-Dollar beantragt, für die Beschaffung und Weiterentwicklung der Informationstechnologie 125 Millionen.
Entscheidend verändert werden soll auch die technische Ausstattung. Das FBI habe noch mit 10 Jahren alten Computersystemen gearbeitet und sei nicht einmal in der Lage gewesen, Fotos über das Internet zu versenden. Um die Behörde wenigstens technisch einsatzfähiger zu machen, bedeute nicht nur, dass neue Computer angeschafft werden müssten, so Mueller, sondern auch, dass "jeder, von ganz unten angefangen, mit dem Computer umgehen kann, den Computer versteht und weiß, wie die Technologie uns helfen kann, unseren Job besser zu machen". Man werde sich auch stärker auf

die Erhebung und Auswertung von Kommunikations- und Finanzdaten konzentrieren. Gerade ist erst wieder ein Fehler im Umgang mit dem Schnüffelsystem Carnivore aufgekommen, aber das scheint das Setzen des FBI auf Technik nicht zu beeinflussen. Ein Angestellter hatte, nachdem mit Carnivore auch mehr Benutzer ungenehmigt überwacht wurden als die Zielperson, einfach alle Emails gelöscht. Die Zielperson war "UBL", angeblich die interne Abkürzung für Usama bin Ladin.

Auch wenn bislang offenbar die vor dem 11.9. vorhandenen rechtlichen Mittel zur Überwachung zu Erkenntnissen geführt haben, die nur nicht richtig ausgewertet wurden, erweitert das US-Justizministerium die Rechte des FBI, Websites, Bibliotheken und religiöse Institutionen, vor allem natürlich muslimische, zu überwachen. Ohne Anlass ausgespäht können nun auch alle religiösen und politischen Organisationen. Im Antiterrorkampf ist jeder verdächtig und bröckeln die Bürgerrechte immer mehr ab. US-Justizminister John Ashcroft begründet dies damit, dass man präventiv "vorhandene Informationsquellen" nutzen müsse, "um terroristische Bedrohungen und Aktivitäten identifizieren zu können". Die Richtlinien, die die Rechte des FBI einschränkten, stammen aus den 70er Jahren. Damals wurde kritisiert, dass das FBI seine Macht missbraucht habe, indem es Kriegsgegner oder Bürgerrechtler wie Martin Luther King überwachte. Heute nimmt der Terrorismus die Rolle des damaligen kommunistischen Feindes an.

Die FBI-Agenten benötigen für die Überwachung im Dienste der Terrorabwehr keine spezifischen Informationen über einen Verdacht oder eine Untersuchung im Rahmen einer Strafverfolgung mehr nachweisen. Sie können nun einfach öffentliche Orte oder Websites betreten und dort observieren. Moscheen werden, so ein Angehöriger des Justizministeriums, als öffentliche Räume betrachtet, die nun ohne besonderes Anlass überwacht werden können. Auch Websites können permanent ohne konkreten Anlass überwacht werden. Die Richtlinien ermöglichen es, durch Surfen im Netz Websites und Foren zu identifizieren, in denen "Anleitungen zum Herstellen von Bomben, Vorbereitungen für Cyberterrorismus, Kinderpornographie und gestohlene Kreditkartendaten offen gehandelt und verbreitet werden".

Laura Murphy von der Bürgerrechtsorganisation ACLU sieht in den neuen Richtlinien die Umschaltung auf einen Generalverdacht. Sie würden den amerikanischen Bürgern sagen, "dass sie nicht mehr etwas Verbotenes machen müssen, damit das FBI an die Türe klopft. Die Regierung belohnt das Scheitern. Anscheinend ist die Reaktion der Bush-Regierung auf das Scheitern des FBI, der Behörde neue Rechte zu geben, anstatt erst einmal genau zu schauen, warum die Fehler bei den Geheimdiensten und Strafverfolgungsbehörden geschehen sind."

Mit den neuen Technologien, zusätzlichem Personal und erweiterten Überwachungsrechten dürfte eine noch größere Flut an Daten über das FBI hereinbrechen. Und bekanntlich spricht nichts dafür, dass "mehr" auch schon "besser" bedeutet. Der Schaden, den der demokratische Rechtsstaat nimmt, steht dagegen im Kampf gegen den Terrorismus ebenso in den USA wie anderen Orts fest.

Anthony Giddens: Nationalstaat und Kapitalismus als Informationsspeicher

Eine Theorie, die politische Aspekte des gesellschaftlichen Umbruchs hervorhebt, ist jene von Anthony Giddens. In der modernen Gesellschaft würde die Bedeutung von Verwandtschaftsverhältnissen abnehmen und durch Freund- und Partnerschaften ersetzt, die Ortsgebundenheit werde aufgehoben, zunehmend würde raum-zeitliche Entfernung sozialer Beziehungen hergestellt (z.B. pendeln, weit verstreuter Freundes- und Familienkreis). Dies führe nicht automatisch zur Unpersönlichkeit sozialer Beziehungen, denn intime Beziehungen könnten nun nicht zuletzt auf Grund moderner Transportmittel und Technologien über weite Entfernungen aufrecht erhalten werden.

Entbettung sozialer Beziehungen

Anthony Giddens (1995) spricht in diesem Zusammenhang von der Entbettung (Disembedding) als einem wesentlichen Prozess der Moderne. Unter Entbettung versteht er die raum-zeitliche Entfernung von sozialen Beziehungen. Sie gehe einher mit einem Prozess der Wiedereinbettung (Reembedding), bei dem die ausgelagerten sozialen Beziehungen wieder an die lokalen (zeitlichen und örtlichen) Gegebenheiten angepasst werden. Die Entbettung versteht Giddens als "Herausheben sozialer Beziehungen aus ortsgebundenen Interaktionszusammenhängen und ihre unbegrenzte Raum-Zeit-Spannen übergreifende Umstrukturierung" (Giddens 1995, S. 33). Als ein Beispiel dafür nennt Giddens, dass Verwandte heute durch die Entbettung oft örtlich voneinander weit entfernt leben. Moderne Transport- und Kommunikationsmittel ermöglichen aber die Wiedereinbettung in dem Sinn, dass der kommunikative Kontakt und Besuche jederzeit möglich sind. Ein anderes Beispiel für das Verhältnis von Dis- und Reembedding ist der Zusammenhang von Globalem und Lokalem. Durch die Entbettung werden lokale Angelegenheiten global erfahrbar. Andererseits drückt sich Globales im Lokalen in dem Sinn aus, dass globale Geschehnisse auf lokale Prozesse zurückwirken und diese beeinflussen. Über das Fernsehen oder heute auch über das Internet beeinflusst das Weltgeschehen das alltägliche Handeln der Menschen. Medien, Fernsehen und Zeitungen machen uns mit weit entfernten Sachverhalten vertraut. Globales und Lokales seien heute vermischt, Lokales drücke Globales aus und umgekehrt.

Reflexive Moderne, Risikogesellschaft
Die Risiken seien heute wesentlich größer als in der Vormoderne (Krieg, Umweltzerstörung, Arbeitslosigkeit, Vereinsamung etc.). Vor allem würden auch jene Risiken zunehmen, die alle betreffen (z.B. ökologische Krise, atomare Vernichtung). Gleichzeitig würde aber auch das Risikobewusstsein ansteigen. Giddens meint, die Moderne sei ein Moloch, der zu gewissen Maßen vom Menschen kontrolliert werden kann, sich aber auch zu verselbständigen drohe. In der Moderne sei Fachkenntnis und Expertenwissen mit Intimität beschäftigt (Psychotherapie, Beratung etc.), technisches Wissen würde von Laien immer häufiger in ihren eigenen Routinen und ihrem Alltag angewandt. Es sei wahrscheinlich, dass die Vermeidung von Engagement und der Rückzug ins Privatleben ab und zu von aktivem Engagement der Individuen abgelöst werde. Die Reflexivität der Moderne (die Moderne selbst wird zum Thema) bewirke in vielen Fällen eher Aktivismus als Rückzug. Giddens spricht von der modernen Gesellschaft oder der reflexiven Moderne, da er davon ausgeht, dass diese seit ihrem Beginn Informationsgesellschaft gewesen sei; „although it is commonly supposed that we are only now in the late twentieth century entering the era of information, modern societies have been ‚information societies' since their beginnings" (Giddens 1987, S. 27).

Organisation und Überwachung
Die moderne Gesellschaft sei wesentlich organisierter als die vormoderne. Routinehafte Überwachung sei eine notwendige Bedingung sozialer Organisation (Volkszählungen, medizinische Datenbanken, Telephonrechnungen, Bevölkerungsstatistiken, Konsumpräferenzen, Meinungsumfragen, Wählerevidenz etc.). Organisation und Überwachung seien zwei sich bedingende Kategorien, die sich mit der Entwicklung der modernen Gesellschaft immer weiter ausgebildet hätten. Informationen müßten gesammelt werden, um die Funktionsweise komplexer Organisationen zu ermöglichen. Die moderne Gesellschaft sei seit Anbeginn nationalstaatlich ausgebildet gewesen. Nationalstaaten seien immer Informationsgesellschaften, da sie Informationen über ihre Bürger sowie über allokative und autoritative Ressourcen benötige. Giddens (1984) unterscheidet Regeln und Ressourcen als soziale Strukturen. Letztere unter-

teilt er weiters in allokative und autoritative Ressourcen. Die ersten beziehen sich auf Fähigkeiten, die die Herrschaft über Objekte, Dinge und materielle Phänomene ermöglichen. Letztere beziehen sich auf auf die Herrschaft über Individuen und Akteure (Giddens 1984, S. 86). Hinsichtlich der Institutionen einer Gesellschaft meint Giddens, dass sich symbolische Ordnungen, Diskursformen und rechtliche Institutionen mit der Konstitution von Regeln, politische Institutionen mit autoritativen Ressourcen und ökonomische Institutionen mit allokativen Ressource befassen. Regeln und Ressourcen seien Medium und Resultat sozialen Handelns. Da der Staat nun notwendigerweise Informationen sammeln müsse, benötige er immer bestimmte Mechanismen der Überwachung: „modern societies have been [...] ‚information societies' since their inception. There is a fundamental sense [...] in which all states have been 'information societies', since the generation of state power presumes reflexively gathering, storage, and control of information, applied to administrative ends. But in the nation state, with its peculiarly high degree of administrative unity, this is brought to a much higher pitch than ever before" (Giddens 1985, S. 178). Vor allem Besteuerung und Volkszählung seien notwendige Verfahren der modernen Gesellschaft, die gewisse Formen der Überwachung notwendig machen. Jede Nation müsste auf Krieg vorbereitet sein, seit dem Ersten Weltkrieg seien Wissenschaft und Forschung wesentliche Instrumente der Kriegsführung (Giddens 1985, S. 237), es komme außerdem zur Industrialisierung des Krieges. Die moderne Kriegsführung mache sich Information und Informationstechnologien zunutze.

Michel Foucault. Überwachung als disziplinierendes, totalitäres Moment

Aspekte totalitärer Herrschaft seien eine Gefahr in der modernen Gesellschaft, da alle fortgeschrittenen Gesellschaften Überwachung maximieren müssten, um die komplexen Organisationsweisen zu ermöglichen. Auch in kapitalistischen Unternehmen würden bestimmte Formen der Überwachung notwendige Organisationsformen darstellen. Giddens ist jedoch auch der Meinung, dass moderne Überwachungsformen nicht automatisch zu totalitären Kontrollen werden. Vieles davon sei notwendig, um den Menschen das Leben zu vereinfachen und angenehmer zu gestalten. Die zunehmende Organisierung der Gesellschaft erfordere mehr Überwachung, dies bedeute nicht automatisch Orwellsche Big Brother-Szenarien. Die Kritik an Giddens setzte genau an diesem Punkt an. Mit Foucault wird häufig festgestellt, dass der Sinn der ansteigenden Überwachungen und Kontrollen, deren wesentliches Medium moderne Informations-, Kommunikations- und Computertechnologien sind, stärkere Disziplinierungsmaßnahmen seien. Die moderne Gesellschaft, so Foucault (1976), sei eine Disziplinargesellschaft. Die sich seit dem 18. Jahrhundert entfaltende Macht sei die Disziplinarmacht. Als Disziplinen können Methoden bezeichnet werden, „welche die peinliche Kontrolle der Körpertätigkeiten und die dauerhafte Unterwerfung ihrer Kräfte ermöglichen und sie gelehrig/nützlich machen" (Foucault 1976 , S. 175). Disziplinarsysteme wirken laut Foucault normend, normierend und normalisierend (Foucault 1976, S. 236): Die Individuen werden vereinheitlicht, standardisiert, klassifiziert, nivelliert - genormt -, an Standards werden sie und ihre Abweichungen beurteilt, gemessen, belohnt, bestraft, sanktioniert, verurteilt - normiert - und all dies wird zur Alltäglichkeit und zum Selbstverständnis - Normalisierung. Die Macht wirke in Disziplinarordnungen und realisiere sich in Einschlussmilieus wie Schulen, Krankenhäusern, Familien, Psychiatrie, Gefängnis, Städten, Nationalstaaten, Häusern, Kasernen, Fabriken, Büros, sexuellen Beziehungen und Werkstätten. Der Staat sei nicht einziger Lokalisationspunkt der Macht, er habe aber die wesentliche Aufgabe der gesellschaftlichen Durchsetzung der Disziplin durch die Polizei (Foucault 1976 , S. 277). Die Disziplinarmacht und die Überwachungssysteme sind „so glaube ich, eine der großen Erfindungen der bürgerlichen Gesellschaft" (Foucault 1978, S. 91). Überwachungsmechanismen beschreibt Foucault in Bezug auf das Benthamsche Panoptikum. Dabei handelt es sich um eine Gefängnisarchitektur, bei der der Aufseher die Gefangenen sieht, diese jedoch ihn nicht. Das Panoptikum steht für Foucault als Metapher für das moderne Leben, das als Panoptikum ohne physische Mauern gesehen werden könnte.

Für Foucault ist wie für Giddens die Überwachung ein Phänomen der modernen Gesellschaft. Foucault meint dabei im Gegensatz zu Giddens nicht, dass dies ein Anwachsen an individueller Freiheit mit sich bringen könne, sondern vielmehr, dass sich die moderne Gesellschaft durch umfassende Disziplinarsysteme auszeichne. Elektronische Fahndungs- und Überwachungssysteme wie VAS, PAS, AFIS, ISIS, DOSIS, SIS, EIS, CIS/ZIS; Schengen, Echelon, Lauschangriff, Rasterfahndung, Chipkarten, Videoüberwachung im öffentlichen Raum sind nur wenige Schlagwörter, die die grundsätzlichen Kontrollmöglichkeiten, die heute bestehen, verdeutlichen. Inwiefern diese tatsächlich genutzt werden, und vor allem, in welchem Ausmaß und in welcher Weise, ist eine Frage der politischen Regulation. Mit Foucault könnte gesagt werden, dass heute die Errichtung einer Sichtbarkeit über alle Lebensbereiche der Individuen stattfindet, die Herstellung eines umfassenden Systems der panoptischen Wahrnehmung im Sinn des von Foucault (1976) aufgegriffenen Benthamschen Panoptikums. Es geht dabei um die Durchsetzung von Disziplinen, die mit Blicken operieren, die „sehen, ohne gesehen zu werden" (Foucault 1976, S. 221). Die Systeme der modernen panoptischen Wahrnehmung bedienen sich der modernen Computer-, Informations- und Kommunikationssysteme, sie bleiben nahezu unsichtbar und errichten eine Sichtbarkeit. Die modernen Technologien sind also Medium einer Panoptisierung der Wahrnehmung.

Nico Stehr: Demokratie in der Wissensgesellschaft
Politische Aspekte der gesellschaftlichen Veränderung betont auch Nico Stehr (1994). Wir würden heute in einer Wissensgesellschaft leben, wobei Wissen die Fähigkeit zu sozialem Handeln bedeute. Alle wichtigen politischen, sozialen und ökonomischen Handlungskomplexe würden ohne wissenschaftliche Legitimation nicht mehr auskommen. Stehr sieht die modernen Technologien nicht grundsätzlich als Repressionsinstrumente, sondern geht davon aus, dass die Wissensgesellschaft potentiell den demokratischen Charakter liberaler Demokratien erhöhe. Wissen sei heute nicht gleich verteilt, habe aber in erster Linie befreienden Charakter. Kritisiert wurde an Stehr, dass er nicht beachte, dass Wissen heute in erster Linie eine Ware sei, die in die bestehenden ungleichen Partizipationschancen und Verteilungen gesellschaftlicher Ressourcen eingebunden ist.

Helmut Willke: Die polyzentrische Gesellschaft
Helmut Willke (1996) geht mit dem deutschen Soziologen Niklas Luhmann davon aus, dass die moderne Gesellschaft eine funktional differenzierte Gesellschaft sei (siehe Luhmann 1984), d.h. dass diese derart komplex ausgestaltet ist, dass für das Erreichen bestimmter Ziele spezielle Organisationen und gesellschaftliche Teilsysteme wie Ökonomie, Politik, Justiz, Erziehung und Wissenschaft entstehen. Der Staat sei früher die hierarchische Spitze einer hierarchischen Gesellschaft gewesen, so Willke. Nun finde ein Übergang in eine polyzentrische Gesellschaft statt, in der heterarchische Teilsysteme immer bedeutender würden. Daher können nicht mehr von einzelnen Zentren der Gesellschaft gesprochen werden, sondern von einer Vielfalt zentraler Subsysteme. Um die Komplexität der polyzentrischen Gesellschaft zu managen, sei eine wissensbasierte Infrastruktur notwendig, um eine nichthierarchische Koordination zwischen Politik und gesellschaftlichen Akteuren zu realisieren. Die politische Steuerung durch externe, autoritative Intervention in komplexe Subsysteme und Organisationen (wie die Ökonomie) müsse zwangsläufig scheitern, Politik und Staat würden heute aber weiters bei gesellschaftlichen Problemlösungen existent bleiben. Der Staat solle ein Supervisionsstaat sein, der gesellschaftliche Subsysteme zur Selbststeuerung anregt. Er solle zum Aufbau einer wissensbasierten Infrastruktur beitragen, um eine dezentralisierte und enthierarchisierte Selbststeuerung der gesellschaftlichen Subsysteme zu ermöglichen. Kritisiert wurde an diesem Ansatz, dass das Vokabular der Systemtheorie benutzt werde, um neoliberale politische Strömungen, die auf den Abbau sozialstaatlicher Mechanismen und staatlicher Regulationsinstanzen zielen, zu legitimieren. Tatsächlich sei die moderne Gesellschaft nicht fähig, sich ohne staatliche Eingriffe in arbeits-, sozialrechtliche und ökonomische Angelegenheiten aufrechtzuerhalten.

Würden die staatlichen Interventiosmechanismen zu stark dereguliert, führe dies unvermeidlich zu einem Anstieg sozialer Probleme.

Die diskutierten politischen Theorien der modernen Gesellschaft setzen unterschiedliche Schwerpunkte. Foucault und Giddens betonen Mechanismen der Überwachung als Charakteristikum der Moderne. Giddens folgert daraus, dass die moderne Gesellschaft grundsätzlich eine Informationsgesellschaft sei, in der Überwachung ein notwendiges Organisationsprinzip darstelle, das nicht notwendigerweise einen totalitären Charakter annehme. Foucault betont hingegen, dass Überwachungsmechanismen disziplinierend wirken. Nico Stehrs Theorie der Wissensgesellschaft steht stellvertretend für jene (vielleicht allzu) optimistischen Ansätze, die davon ausgehen, dass die zunehmende Bedeutung des Wissens vorwiegend demokratisierend wirke. Helmut Willke ist ein Vertreter der Systemtheorie, der wie Luhmann davon ausgeht, dass der Staat die heutige polyzentrische Gesellschaft nicht zentral lenken könne, sondern dass er die gesellschaftlichen Subsysteme und Organisationen zur optimalen Selbststeuerung anregen sollte.

Beispiel: Websites des Weltwirtschaftsforums lahm gelegt (von Florian Rötzer)
Telepolis, *Florian Rötzer, 01.02.2002*
http://www.heise.de/tp/deutsch/inhalt/te/11723/1.html
Wir danken Florian Rötzer und der Redaktion Telepolis für die Abdruckgenehmigung

In New York hat gestern das Weltwirtschaftsforum begonnen, das aus Davos geflüchtet ist und nun symbolisch in der Weltmetropole stattfinden sollte, in der das Wahrzeichen der Globalisierung mit den Anschlägen vom 11.9. zerstört wurde und die zum Auslöser des Kriegs gegen den Terrorismus wurde. Offenbar blieb es am ersten Tag ruhig, gerade einmal 1.000 Menschen sollen in den Straßen um das gut abgeriegelte Waldorf-Astoria Hotel demonstriert haben. Dafür scheint im Internet mehr los gewesen zu sein.

Aufgerufen wurde zu Protesten nicht nur auf der Straße, sondern auch im Web. Wie schon bei vielen anderen internationalen Treffen von Politikern und Unternehmern, die für die negativen Seiten der Globalisierung verantwortlich gemacht werden, weil sie den Neoliberalismus vertreten, wollten Globalisierungskritiker auch dieses Mal die Website der Konferenz durch ein virtuelles Sit-In als Protest zu blockieren.
In diesem Fall waren es das Electronic Disturbance Theater, RTMark und die Federation of Random Action, die zu einem Netzstreik der Websites des Weltwirtschaftsforums oder www.weforum.org aufriefen - und offenbar damit auch Erfolg hatten. Beide Websites waren bereits am Nachmittag vom Netz und ließen sich auch um ein Uhr in der Nacht nicht mehr aufrufen. Anders als bei Demonstrationen auf der Straße kann an Internetaktionen jeder teilnehmen, der sich das Programm herunterläst. Keine beschwerlichen Reisen, keine Gefährdungen durch schlagende Polizisten, kaum eine Arbeit ist notwendig, um seinen stummen Widerstand zu äußern, der bestenfalls zu einer Blockade der Webpräsenz der angegriffenen Organisation wird.
Gerne wurden solche doch recht harmlosen und vorübergehenden Protestaktionen gleich als Cyberterrorismus verurteilt. Im Internet fehlt jedoch noch auf der ganzen Welt, wie und wo die durch die Verfassung in demokratischen Ländern garantierten Grundrechte der Meinungs- und Versammlungsfreiheit ausgeübt werden können.
"DISTURB the electronic infrastructure of the WEF's corporate membership, in a collective demand that the FOOLS LISTEN UP when the people of Earth are speaking, MOVE YOUR DATA-BUTT and place your data-body alongside the REAL BUTTS of thousands who will be taking to the streets in NYC, and help advance an alternative vision where people are more important than profit."
Beim letzten Treffen des Weltwirtschaftsforums in Davos wurde in Teilen der Schweiz der Ausnahmezustand verhängt, nach den Anschlägen vom 11.9. bekannten die zuständigen Stellen des Kantons

Graubünden, dass sie das Treffen nicht ausreichend sichern könnten. Im November fiel dann die Entscheidung, das Treffen der politischen und wirtschaftlichen Elite, das dieses mal zeitgleich mit der Sicherheitskonferenz in München zusammen fällt und sich ebenfalls mit Sicherheit beschäftigt, nach New York zu verlegen.

Dass jetzt zwar noch der Beginn ziemlich ruhig verlief, aber die Websites durch Protestierer lahm gelegt wurden, ist vermutlich für die Veranstalter des WEF peinlich. Letztes Jahr konnten sich Hackerprotestierer oder Hacktivisten problemlos Zugang zu den auf den Servern gespeicherten Daten der Teilnehmer verschaffen. Die Gruppe "Virtual Monkeywrench" konnte sich Email-Adressen, Passwörter, Terminpläne, Flüge, Telefon- und Kreditkartennummern von Tausenden von VIPs wie Clinton, Arafat, Peres oder Gates beschaffen.

Aus Angst vor Ausschreitungen hatte bereits die Weltbank ein Treffen in Barcelona abgesagt und in das Internet, angeblich mit Erfolg, verlegt. Wenn nun die Proteste eher im Internet als am Ort der Konferenz stattfinden, dann zeigt dies einerseits, dass virtuelle Konferenzen nicht unbedingt eine Lösung sind, aber auch, dass die Globalisierungsgegner noch immer durch die Terroranschläge gelähmt sind. Das G8-Treffen in Genua, das noch vor dem Terroranschlägen stattfand und eher den Staatsterrorismus der italienischen Polizei und die Absurdität von Treffen vor Augen führte, die nur noch unter massiven Sicherheitsvorkehrungen stattfinden können, wirft seinen Schatten auch auf New York und München.

7.2.4. Kulturelle Theorien der Informationsgesellschaft

Postmoderne Theorien

Bei den kulturellen Ansätzen sind insbesondere Theorien der Postmoderne hervorzuheben. Postmodernistische Ansätze betonen Begriffe wie Differenz, Pluralität, Identität, Multiperspektivität, Subjektivität und soziale Konstruiertheit des Wissens; dabei grenzen sie sich von Ansätzen ab, die als modern bezeichnet werden, da sie auf Begriffe wie Einheit, Universalismus, Wahrheit und Solidarität setzen. Der Postmodernismus entstand als eine Kritik am strukturalistischen Marxismus (Louis Althusser u.a.), da dieser zu totalisierend sei. Er wendet sich u.a. gegen große Gesellschaftstheorien, Jean Francois Lyotard spricht in diesem Zusammenhang vom Ende der großen Erzählungen. Im Marxismus wurde oftmals der Anspruch der universellen Befreiung durch Klassensolidarität vertreten. Ebenfalls wurden Widersprüche wie die Unterdrückung von Frauen und Rassismus oft als Nebenwidersprüche angesehen, die durch die Aufhebung des Klassenantagonismus zwischen Kapital und Lohnarbeit automatisch verschwinden würden. Gegen diese Sichtweisen wendeten sich seit den 70er-Jahren u.a. der Feminismus und die antirassistischen Bewegungen. Postmoderne Ansätze schließen daran an und meinen, dass es heute nicht um universelle Befreiung durch soziale Revolution ginge, sondern um die Befreiung des Individuums und um Kämpfe der Anerkennung der Identität unterdrückter Gruppen. Die sich daraus ergebende Identitätspolitik betont die Zugehörigkeit zu einer bestimmten Gruppe (Feminismus, Antirassismus, LesBiSchwulen-Bewegung, Friedensbewegung, Ökobewegung etc.) und grenzt sich i.d.R. von einer Klassenpolitik ab. Postmoderne Denker wie Foucault, Lyotard und Rortry betonen, dass es heute nicht um revolutionäre Veränderung gehe, sondern um lokale Reformen und die Besserstellung des Individuums und benachteiligter Gruppen. Im Feminismus betonen seit den 70ern schwarze Frauen, dass ihre Unterdrückung sich von jener von weißen Frauen, die oft von der universellen Unterdrückung der Frau und der daraus notwendigen universellen Befreiung sprachen, unterscheide, da sie spezifische Lebensverhältnisse im Kontext von Rassismus und Frauenunterdrückung hätten. Sie plädierten daher für mehr Differenz in der Herangehensweise, für eine Berücksichtigung der verschiedenen Erfahrungen, Identitäten und Lebensverhältnisse, die unterdrückte Gruppen aufweisen und voneinander unterscheiden. Der schwarze Feminismus war seither oft Anhaltspunkt für die Entwicklung postmoderner politischer Strategien, die auf Differenz- und Identitätspolitik setzen.

Moderne Herangehensweisen, so postmoderne Ansätze, hätten sich durch Wahrheitsansprüche und der Behauptung der Objektivität bestimmter Sichtweisen ausgezeichnet, um Herrschaft zu legitimieren. Dem Postmodernismus geht es um eine Dekonstruktion von Wahrheitsansprüchen, daher betont er, dass es viele Sichtweisen geben müsse und dass subjektive Meinungen an Stelle von Objektivität ausschlaggebend seien.

Realität sei eine Angelegenheit von Sprache und Diskurs, keine objektive Gegebenheit. Es gebe keine Eindeutigkeit, da alles durch Sprache konstruiert werde. Sprache sei die eigentliche Realität. Um Wahrheitsansprüche zu dekonstruieren, werden oft alternative Leseweisen von Texten vorgeschlagen, postmoderne Texte selbst spielen häufig mit Sprache, haben oft literarischen Charakter und legen viele mögliche Interpretationen nahe. Es ginge nicht um Eindeutigkeit, sondern um subjektive Leseweisen und Interpretationen. Daher wird oft bewusst Verwirrung gestiftet und vieles der Interpretation und Vorstellungskraft der Lesenden überlassen.

Jean Baudrillard: Hyperrealität und simulierte Realitäten

Jean Baudrillard spricht vom Ende der Moderne und dem Beginn der Postmoderne. Die Postmoderne zeichne sich durch die Hyperrealität aus. Baudrillard (1983b) verwendet den Begriff der Simulation, dem Prozess des Ersetzens des Realen durch das Virtuelle. Immer mehr Symbole, Zeichen, elektronische und digitale Bilder würden reale Objekte ersetzen. Simulakren können dabei als künstliche Ersetzungen des Realen verstanden werden, die omnipräsent sind und immer ununterscheidbarer von der Realität werden. Es entsteht, so Baudrillard, eine Hyperrealität als neuer Raum der Erfahrung, der durch Simulakren konstituiert wird. Das Hyperreale bedeute „the generation by models of real without origin or reality" (Baudrillard 1988b, S. 166), "the real is abolished" (Baudrillard 1983a, S. 99), die Bedeutungen der Zeichen implodieren. Die reale Welt werde immer mehr durch selbstreferentielle Zeichen ersetzt, moderne Medien würden eine Multiplizierung und Kopierung der Realität bewirken. Die Omnipräsenz der Zeichen sei das Wesen der postmodernen Gesellschaft. Marx hatte vom ökonomischen Wert als einem Wesen der Moderne gesprochen. Damit ist gemeint, dass sich Produkte als Waren gegen Geld tauschen, um Profit zu ermöglichen. Baudrillard argumentiert, dass heute der Wert der Zeichen den ökonomischen Wert ersetzt.

Die heutige Kultur, so Baudrillard, sei eine der Zeichen, alles sei eine Angelegenheit der Signifikation (Generierung von Bedeutung). Wenn wir unseren eigenen Alltag betrachten, so wird Baudrillards Ansicht verständlich: Wir werden darin permanent von Zeichen, die bestimmte Bedeutungen tragen, umgeben: Radio, Fernsehen, Zeitungen, Musik, Kleidung, symbolische Artefakte, Statussymbole, Lebensstile, Hobbys, Aussehen, Einrichtung, Architektur, öffentlicher Raum usw. vermitteln bestimmte Bedeutungen, die gesellschaftlich kodiert werden. Baudrillard argumentiert, dass das heutige Leben eine endlose Zirkulation von Zeichen sei, Zeichen, die für Nachrichten, Identitäten, Status, Architekturen, Ästhetik usw. stehen. Dies sei der wesentliche Unterschied zwischen der modernen und der heutigen postmodernen Gesellschaft. Wir würden heute nicht einfach ein mehr an Kommunikation und Signifikation erleben, die Postmoderne stelle einen radikalen Bruch mit der Moderne dar. Die Realität sei heute notwendigerweise konstruiert, künstlich und unauthentisch. Zeichen seien heute selbstreferentiell, sie würden auf sich selbst und aufeinander komplex verweisen. Das Universum der Zeichen sei mit beliebigen Bedeutungen belegbar, unterschiedliche Bedeutungen von Zeichensystemen würden konstruiert. Zeichen würden heute nicht mehr eindeutige Repräsentationen darstellen, die für eine objektive Realität stehen, sie würden die Realität ersetzen und sie simulieren.

Einfache Menschen würden heute genauso viel über die Welt wissen wie Intellektuelle. Jeder sei sich über die Hyperrealität und die durch Zeichen simulierte Realität bewusst. Niemand glaube etwa an jene Versprechungen, die in der Reklame durch den Konsum bestimmter Waren versprochen werde. Die „stillen Mehrheiten" (Baudrillard 1983a) seien sich über all dies bewusst und würden dies nicht weiter als schlimm empfinden. Werbung sei ein Spektakel und eine Faszination und jeder würde dies wissen. Politik könne den Menschen nicht die „Wahrheit" vermitteln, denn auch jede alternative Sichtweise, die vermittelt wird, sei wiederum nur eine simulierte Realität. Jede Vermittlung alternativer Sichtweisen, Zeichen und Bilder sei wiederum nur eine konstruierte Realität aus Zeichen, die in bestimmter Weise zusammengesetzt werden, um bestimmte Bedeutungen zu konstruieren. Die Zeichen würden heute ihre Bedeutungen verlieren, sie werden selbstreferentiell und bedeutungslos. Simulationen hätten also keine wahre Realität, für die sie stehen. So würde etwa Disneyland nicht das wirkliche Amerika repräsentieren, Amerika und Disneyland selbst seien künstliche Realitäten. „Disneyland is presented as imaginary in order to make us believe that the rest is real, when in fact all of Los Angeles and the America surrounding it are no longer real, but of the order of the hyperreal and of simulation" (Baudrillard 1983b, S. 25). In der Postmoderne würden die Unterscheidungen zwischen wahr und falsch, authentisch und unauthentisch, wirklich und unwirklich zusammenbrechen. Es bestehe kein Bezug der Zeichen mehr zu einer dahinterliegenden Realität, alles sei künstlich, simuliert und konstruiert.

Abb. 7.1: Ein Beispiel für Hyperrealität: Lifestyle-Magazine

Wir brauchen nur eine beliebige Zeitschrift oder ein Lifestyle-Magazin aufzuschlagen, um einen Eindruck davon zu bekommen, wovon Baudrillard spricht (vgl. Abb. 1). Es werden künstliche Realitäten präsentiert, Zeichen, die bestimmte Lebensstile und Bedeutungen simulieren. Cinderellas aus dem wirklichen Leben, motivierende

Geschichte erfolgreicher Frauen, Was eine Frau unwiderstehlich macht, Sex im Vergleich, Sparen bei Mode; 101 Tips, um jene Frisur zu bekommen, die man will, 790 neue Looks in allen Formen, Größen und Preisen, die 656 besten Modeeinkäufe, Fashion: Was ist in, was out; welche Kleidung Männer am meisten anzieht, was manche Männer für besseren Sex machen, Universität – Fashion, Lebensstil – Abschluss noch notwendig?, sich schlank essen, Shopping Channels etc. sind Symbole, die für bestimmte konstruierte Realitäten und Bedeutungen wie Zufriedenheit, Eleganz, Schönheit, Wohlstand etc. stehen, nach denen sich Menschen heute sehnen, die sie aber auf Grund gesellschaftlicher Dispositionen immer schwieriger erreichen können. Es wird dabei vermittelt, dass der Kauf der entsprechenden Zeitschriften eine Anteilnahme an diesen Qualitäten mit sich bringe. Symbole wie Kleidung, Sex, Universität, Frisuren, Aussehen, Lebensstil etc. werden mit Bedeutungen wie Modernität, Flexibilität, Dynamik etc. semantisiert, die bestimmte Wünsche, Träume und Reaktionen bei den Rezipienten hervorrufen sollen.

Kultur und „falsches Bewusstsein"
Im Unterschied zu Baudrillard sind Vertreter der Kritischen Theorie wie Herbert Marcuse, Max Horkheimer und Theodor W. Adorno davon ausgegangen, dass Menschen die Realität heute nicht richtig erkennen könnten, da durch die Massenkultur eine Manipulation des Bewusstseins stattfinde. So argumentiert etwa Herbert Marcuse, dass die Menschen sich in ihren Waren wiedererkennen, sie würden für ihr Auto, ihren Hi-Fi-Empfänger oder ihr Küchengerät leben (Marcuse 1967, S. 29). Durch die Manipulation des Geistes mit Hilfe der Technik, der Massenmedien und der Waren entsteht, so Marcuse, ein eindimensionales Denken und Verhalten: „So entsteht ein Muster *eindimensionalen Denkens und Verhaltens*, worin Ideen, Bestrebungen und Ziele, die ihrem Inhalt nach das bestehende Universum von Sprache und Handeln transzendieren, entweder abgewehrt oder zu Begriffen dieses Universum herabgesetzt werden" (Marcuse 1967, S. 32). Heute würden „falsches Bewusstsein" und „falsche Bedürfnisse" vorherrschen, die durch Kontrolle und Manipulation entstehen. Dies habe einen ideologischen Zweck, die Menschen stillzuhalten. Es existiere aber eine objektive Wahrheit, das Glück und die Freiheit aller Menschen. Diese könne aber heute nicht erreicht werden, da die Menschen in ihrem eigenen Unglück gefangen gehalten würden. Auch die Sprache sei im Spätkapitalismus eindimensional. Attribute wie „Freiheit", „Gleichheit" und „Demokratie" würden z.B. zur Charakterisierung des Kapitalismus herangezogen (freie Wirtschaft, Initiative, Wahlen usw.). Das täusche jedoch über die Tatsachen hinweg, dass die herrschende Art der Freiheit Knechtschaft und die herrschende Art der Gleichheit Ungleichheit bedeute (Marcuse 1967, S.107f). Das Neue sei, dass die öffentliche und private Meinung diese Manipulationen allgemein akzeptiere. Sprache und Kommunikation immunisiere sich zunehmend gegen den Ausdruck von Protest und Weigerung. Die Reklame bediene sich der Technik der Belegung von Waren mit Bedeutungen und Images, um die Güter zu verkaufen. Gefragt sei also nicht kritisches Denken der potentiellen KonsumentInnen, sondern die stupide, reflexartige Reaktion der Objekte der Reklame. Die Werbung bediene sich einer widersprüchlichen, manipulierenden Sprache, sie schafft neue Wortkreationen, die Waren lobpreisen, eben um jene an den Mann bzw. die Frau zu bringen. Die Kritische Theorie betonte also im Gegensatz zu Baudrillard eine Manipulation des Bewusstseins, während Baudrillard die Ansicht vertritt, jeder sei sich darü-

ber bewusst, dass es Realitäten simuliert werden. Nichtsdestotrotz wurden die Gemeinsamkeiten beider Ansätze betont (so etwa bei Best/Kellner 1997), da beide darstellen würden, dass und wie Realitäten manipuliert werden.

Gianni Vattimo
Gianni Vattimo (1989) betont, dass das Wachstum moderner Medien ausschlaggebend bei der Konstitution der Postmoderne sei. Das Wachstum des Wissens hätte das typisch modernistische Vertrauen in Wahrheit und Realität unterminiert. Massenmedien würden nicht das Bewusstsein manipulieren, sondern Möglichkeiten bieten, alternative Sichtweisen darzustellen. Daher würden diese einen befreienden Charakter haben. Positionen wie jene von Herbert Schiller betonen im Gegensatz dazu, dass die Kommerzialisierung des Wissens alternative Sichtweisen ausschließe, da diese in der Waren- und Informationsflut untergehen und nicht gehört werden. Eine dritte Position geht davon aus, dass neue Medien wie das Internet Vor- und Nachteile für alternative Publizistik bieten. Einerseits wird die Veröffentlichung alternativer Informationen einfacher, schneller und billiger. Andererseits ist die Sichtbarkeit im Netz ein Problem, da es finanzielle Kapazität erfordert, auf sich aufmerksam zu machen und Interesse zu erwecken. Auch hier gibt es also neue Zugangsschwellen. Ähnlich wie in der Mitte des 20. Jahrhunderts Walter Benjamin, wird in einigen postmodernen Ansätze heute davon ausgegangen, dass Massenmedien in erster Linie demokratisierend wirken.

Mark Poster
Mark Poster (1990) betont die Rolle der neuen Informations- und Kommunikationstechnologien in der postmodernen Gesellschaft. Elektronisch vermittelte Information würde unsere Netzwerke sozialer Beziehungen fundamental verändern. Er unterscheidet eine Ära der oralen Face-to-Face-Kommunikation, die von einer Ära des schriftlichen Austausch gefolgt worden sei. Heute würden wir in der Ära der elektronischen Meditation leben, in der Zeichen Realitäten simulieren und ihren repräsentativen Charakter verlieren. Dadurch würden dezentralisierte, verteilte und multiple Identitäten ermöglicht.

Jean-Francois Lyotard
Auch Jean-Francois Lyotard (1984) – neben Baudrillard und Jacques Derrida der wohl bedeutendste Theoretiker der Postmoderne – setzt sich mit Aspekten der Informationsgesellschaft auseinander. Wissen hätte in der Postmoderne seine Rolle und Funktion verändert. Es würde vorwiegend dann produziert, wenn es ökonomisch effizient sei. Dies nennt Lyotard das Prinzip der Performativität. Wie Herbert Schiller betont Lyotard, dass Wissen immer mehr zur Ware werde, also zu einem Produkt, das sich am Markt gegen Geld tauscht. Wissensproduktion sei dadurch nicht mehr eine ausschließliche Domäne der Universitäten. Die Bereiche Bildung, Universität und Forschung würden sich drastisch wandeln, Umstrukturierungen nach Performativitätskriterien erfahren. Traditionellerweise hätten Intellektuelle Wahrheitsansprüche angemeldet. Dies sei heute nicht mehr möglich, da diese Ansprüche durch das postmoderne Wissen ihre Legitimität verlieren würden. Es gebe heute nicht mehr fixe Wahrheiten, sondern eine Pluralität von Wahrheiten. Auch der Marxismus könne seine Wahrheitsansprüche wie universelle Befreiung, Klassenkampf und soziale Revolution nicht mehr aufrechterhalten. Keine Disziplin, Ideologie oder Lebensstil sei heute privilegiert, besser oder der Wahrheit näher. Das postmoderne Wissen habe befreienden Charakter, da der Rückgang universeller Ideen freies Denken und Leben ohne totalisierende Obsessionen ermöglichen würde.

Kritisiert wird an Lyotard u.a., dass die Kommerzialisierung des Wissens nicht befreiend wirke, da häufig nur mehr jenes Wissen produziert werden könne, das Profit verspricht. Nicht marktfähiges Wissen würde entweder nicht mehr produziert oder friste ein Randdasein. Es würden also neue Zentralitäten und Eliten durch die Kommerzialisierung und Marktfähigkeit des Wissens entstehen. Wie wir gesehen haben, meint etwa Herbert Schiller, dass dies zur Verarmung des sozialen Lebens führe.

Postmoderne als radikaler Bruch oder Wende?
Kritisiert wird an postmodernen Herangehensweisen u.a., dass sie zu stark auf Differenz setzen und nicht berücksichtigen, dass neben aller Pluralität in gewissen Situationen auch ein gewisses Maß an Einheit notwendig ist. So sei es etwa sinnvoll, dass Menschen, die mit Nachteilen konfrontiert sind, die gemeinsamen strukturellen Ursa-

chen suchen und sich gegen diese wenden. Die dazu notwendige Einheit müsse nicht automatisch zu einer Totalisierung einer Sichtweise und neuen Wahrheitsansprüchen führen, es sei auch so etwas möglich wie eine Einheit in der Vielfalt (siehe Fuchs/Hofkirchner 2000). Es wurde auch kritisiert, dass postmoderne Theoretiker wie Baudrillard und Lyotard davon ausgehen, dass die heutige Gesellschaft eine radikal andere sei. Tatsächlich seien aber gewisse Strukturen wie der Markt und die auf Profit basierende Produktion weiter vorhanden und würden gewisse dominante Einflüsse ausüben. Die postmoderne Konzentration auf Identitätspolitik, Pluralisierung der Lebensstile und lokale Reformen sei eine Form des liberalen Reformismus und des bürgerlichen Individualismus, der die strukturellen Ursachen gesellschaftlicher Probleme verkenne. Neben KritikerInnen, die den Postmodernismus vollständig ablehnen, gibt es auch solche, die bei aller Kritik gewisse Elemente für brauchbar halten. So betonen etwa Steven Best und Douglas Kellner (1997), dass postmoderne Theorien eine Reaktion auf die gesellschaftlichen Umbrüche vom Fordismus zum Postfordismus seien. Diese Theorien seien für viele so ansprechend, da sie gesellschaftliche Veränderungen artikulieren. Best und Kellner gehen nicht davon aus, dass die Postmoderne einen radikalen Bruch mit der kapitalistischen Moderne bedeute, sondern dass heute eine postmoderne Wende stattfinde, im Rahmen derer neue Charakteristika der Gesellschaft auftreten, aber kein radikaler Bruch mit der Moderne. Phänomene, die heute als postmodern beschrieben werden, seien oft durch die Warenlogik des Kapitalismus und die Entwicklungen eines neuen globalen Kapitalismus erklärbar. Best und Kellner gehen davon aus, dass weder objektive Wahrheitsansprüche, noch die Betonung von Differenz totalisiert werden sollten. Bestimmte Elemente des Postmodernismus seien durchwegs brauchbar, um rassistische, sexistische und andere problematische Aspekte des heutigen Denkens aufzudecken. Im Postmodernismus würden Identität und Differenz aber häufig zu einer Art Fetisch, so als ob eine bestimmte Identität ein wahres Ich darstellen würde. Best und Kellner sprechen sich für eine Politik aus, die moderne und postmoderne Elemente enthält. Es sei eine Einheit von Herangehensweisen der "modernen Politik" wie die Betonung von Solidarität, Allianzen, Konsens, universellen Rechten, Makropolitik sowie von Herangehensweisen der "postmodernen Politik" wie die Betonung von Differenz, Pluralität, Multiperspektivität, Identität, Mikropolitik notwendig. Eine solche Dialektik von Moderne und Postmoderne könne bei der Lösung der großen politischen Probleme fruchtbar sein. "A postmodern politics must learn to be at once local, national, and global, depending on specific territorial conditions and problems. [...] To the slogan, 'Think globally, act locally', we may thus add the slogan, 'Think locally, act globally'. [...] The task today is to construct what Hegel called a 'differentiated unity', where the various threads of historical development come together in a rich and mediated way" (Best/Kellner 2001: 115f). Ähnlich argumentiert auch David Harvey (1989), der die Ansicht vertritt, dass jene gesellschaftlichen Phänomene, die postmoderne Theorien beschreiben, ein Resultat der Entwicklung des Kapitalismus darstellen. Das flexible Akkumulationsregime des Kapitalismus – flexible Beschäftigung, Produktion und flexibler Wandel – würde die postmoderne Kultur hervorbringen. Der Fordismus habe auf standardisierte Massenproduktion gesetzt, der Postfordismus setze auf Wahl, Varietät und Differenz, um die bestehende ökonomische Krise in den Griff zu bekommen. „The raltively stabile aesthetic of Fordist modernism has given way to all the ferment, instability, and fleeting qualities of postmodernist aesthetic that celebrates difference, ephemerality, spectacle, fashion, and the commodification of cultural forms" (Harvey 1989, S. 156). Die ökonomische Logik des Kapitalismus sei ausschlaggebend für gesellschaftliche Veränderungen, die postmoderne Wende bezeichne damit einhergehende kulturelle Veränderungen.

Beispiel: Gerüchte und Verschwörungen (von Janko Röttgers)
Telepolis, *Janko Röttgers*, 8.09.2001
http://www.heise.de/tp/deutsch/inhalt/te/9584/1.html
Wir danken Janko Röttgers und der Redaktion Telepolis für die Abdruckerlaubnis

Angeblich gefälschte CNN-Bilder jubelnder Palästinenser sorgen für Aufruhr. Stunden nach dem Attentat auf das World Trade Center gingen die Bilder jubelnder Palästinenser um die Welt. Doch schon bald machte sich das Gerücht breit, CNN habe für diesen Beitrag Filmmaterial von 1991 verwendet. Für die FAZ ein klarer Fall von Verschwörung.

Einen Tag nach dem Attentat tauchte eine erregte Nachricht im Weblog der Indymedia-Website auf. Darin erklärte ein brasilianischer Student voller Empörung, die Berichterstattung nach dem Attentat sei ein typisches Beispiel für unsere Abhängigkeit von großen Medienkonglomeraten wie CNN. Weltweit würden Sender ihre Bilder übernehmen, ohne sie auf ihren Wahrheitsgehalt zu prüfen. Dabei seien sie in diesem Fall eindeutig gefälscht gewesen: "Diese Bilder wurden 1991 aufgenommen!!! Diese Bilder zeigen Palästinenser, die den Überfall auf Kuwait feiern!"
Das Gerücht verbreitete sich rasend schnell um den Erdball, fand sich bereits nach Stunden auf zahllosen Mailinglisten wieder. Doch bald tauchten Zweifel auf, ob CNN hier wirklich auf Archivbilder zugegriffen hatte. Vom Sender selbst folgen hochrangige Dementis. So erklärte Chief News Executive Tom Jordan auf der Mediennews-Website Poynter.org, das Gerücht sei "grundlos und lächerlich". Der Beitrag sei vielmehr von einem Reuters-Team am Tag des Attentats in Ost-Jerusalem aufgenommen worden. Ein Beweis dafür sei auch, dass einer der Palästinenser Osamar bin Laden lobe, und der sei schließlich gar nicht am Golfkrieg beteiligt gewesen. Auch Reuters und CNN Deutschland dementierten.

FAZ: "Die erste Verschwörung geht um"

Tatsächlich gibt es keine Gründe, den offiziellen Dementis nicht zu trauen. Für einen Beitrag in der gestrigen Ausgabe der Frankfurter Allgemeinen Zeitung (FAZ) war der Fall damit klar: CNN wurde Opfer einer Verschwörung von Globalisierungsgegnern, die durch gezielte Falschinformationen Zweifel am Nachrichtensender sähen wollten. Weshalb, so FAZ-Autor Michael Hanfeld, in den E-Mails auch der Hinweis nicht fehle, "dass die "Propagandamaschine" CNN nichts anderes zu tun habe, als Hass zwischen den Völkern zu schüren und die Welt auf einen Krieg vorzubereiten". Natürlich hätten die namentlich in dem Artikel nicht weiter benannten Globalisierungsgegner gar nicht erst bei CNN nachfragen müssen, um ihren Verdacht zu erhärten oder zu widerlegen. Für die FAZ ein klarer Fall von fehlender journalistischer Sorgfaltspflicht aufgrund ideologischer Scheuklappen.
Offenbar sind aber Recherchen aber auch für eine Zeitung wie die FAZ nicht mehr notwendig, wenn der Gegner erst einmal feststeht. Wer dem Gerücht einmal bis zum Ursprung folgt, landet früher oder später bei einem brasilianischen Studenten namens Marcio A. V. de Carvalho, der sich mittlerweile geläutert gibt. Am Tag des Attentats hatte eine Professorin in einem seiner Seminare erklärt, sie habe die Bilder bereits 1991 im Fernsehen gesehen und besitze dafür auch Beweise auf Video. Erhitzt von den Geschehnissen des Tages und der Tragweite der Vorwürfe veröffentlichte er diese im Netz und versprach, die Beweise in Form der Videoaufnahmen so bald wie möglich nachzuliefern. Als er seine Professorin jedoch darauf ansprach, erklärte diese plötzlich, keine derartigen Aufnahmen zu besitzen. Carvalho erklärte dazu bereits am Freitag letzter Woche: "Ich entschuldige mich aufrichtig für diese ungeprüften Informationen, leider kann ich sie nicht belegen."

Fälschungen, Verschwörungen und der Wahrheitsgehalt der Bilder

Viel Aufregung um nichts, könnte man meinen. Interessant ist allerdings, warum das Gerücht so schnell auf fruchtbaren Boden fiel und sich im Netz in Windeseile verbreitete. Einerseits hat dies sicher mit den Strukturen der Aufmerksamkeitserzeugung und -verstärkung zu tun, die im Netz schon mal weitaus harmlosere Nichtigkeiten weltbekannt und Seltsamkeiten zum Kult werden lassen. Wie sonst ist zu erklären, dass die weltweit berühmteste aller Webcams nichts anderes zeigte als eine billige Kaffeemaschine? Andererseits hat die Ausnahmesituation direkt nach den Attentaten sicher zur schnellen Verbreitung des Gerüchts beigetragen.

Vielleicht lohnt es sich aber auch, noch einmal einen Blick auf die fraglichen Bilder zu werfen. Die Kamera zeigt auf einen Cafe-Eingang, in dem sich ein paar Leute aufhalten. Ein Auto wird gezeigt, dann eine Frau und ein paar Kinder vor dem Cafe. Die Kamera schwenkt zurück auf den Cafe-Eingang, dann wieder auf das Auto. Insgesamt treten nicht viel mehr als 15 Personen auf, auch wenn die Kameraführung auf den ersten Blick eine größere Gruppe suggeriert. Dass die Aufnahmen dieser 15 Personen stellvertretend für "die feiernden Palästinenser" um die Welt ging, hat vielerorts Verwunderung hervorgerufen. So erklärte auch der Vorsitzende des Deutschen Journalistenverbandes Siegfried Weischenberg gegenüber der Netzeitung, man habe diese Bilder nicht immer wieder zeigen dürfen, ohne sie richtig einzuordnen. Weischenberg wörtlich: "Mit solchen Szenen werden Vorurteile gestützt."

Das große Echo auf das Fälschungsgerücht entsprang wohl nicht zuletzt einem allgemeinen Unbehagen im Umgang mit diesem Bildern. Einer Verschwörung bedurfte es dafür nicht. Zumal gerade die dafür von der FAZ verantwortlich gemachten Globalisierungsgegner zu den ersten gehörten, die sich an eine fundierte Faktenprüfung machten. Im Weblog der Indymedia-Website erklärte am Sonntag ein gewisser Mackie, warum die Bilder nicht von 1991 stammen können: In dem Film sei ein Ford Transit einer Baureihe zu sehen, die erst seit 1995 hergestellt werde.

7.3. Dialektik

Die Verkürzungen technikdeterministischer und sozialkonstruktivistischer Theorien der Informationsgesellschaft können durch eine Vereinheitlichte Theorie der Informationsgesellschaft aufgehoben werden, die auf der Dialektik als Methode beruht. Wir möchten hier einige mögliche konzeptionelle Grundlagen einer derartigen Theorie andeuten.

Gesellschaft als dialektisches System

Gesellschaftsmodelle müssen einerseits allgemein genug sein, um alle möglichen Gesellschaftsformationen zu erklären, andererseits muss es Konkretisierungen geben, die helfen, spezifische Gesellschaftsformationen wie den Kapitalismus zu erklären. Des weiteren müssen dann noch verschiedene Phasen konkreter Gellschaftsformationen unterschieden werden. Theorien der Gesellschaft sollten also auf einer Dialektik von Allgemeinem und Konkretem basieren.

Als allgemeine Teile der Gesellschaft betrachten wir Techno-, Öko- und Soziosphäre. Der Mensch als Wesen existiert nur im Rahmen der Auseinandersetzung mit der Natur und mit sich selbst, d.h. anderen Menschen. Der Mensch als arbeitendes und soziales Wesen tritt in Stoffwechsel mit der Natur (der Ökosphäre), um mit Hilfe von Werkzeugen bestimmte Ziele zu erreichen. Die Herstellung dieser Werkzeuge ist der eigentliche Kern der Technosphäre, die das Verhältnis Mensch – Technik beschreibt. Hinzu kommt als notwendige Bedingung der Gesellschaft die Ökosphäre, das Verhältnis des Menschen zur Natur, in dem Naturkräfte für den Menschen lebenserhaltend nutzbar gemacht werden. Schließlich ist auch die Soziosphäre ein notwendiges Element der gesellschaftlichen Reproduktion, sie bezeichnet die Beziehungen der Menschen untereinander, die zur Produktion von Sinn führen. Die Soziosphäre basiert notwendigerweise auf Bio- und Technosphäre, geht aber durch emergierende soziale Qualitäten über diese hinaus. Techno-, Öko- und Soziosphäre sind hierarchisch angeordnet, es gibt jedoch nicht nur Wechselwirkungen von unten nach oben, sondern auch Rückwirkungen der jeweils darüber liegenden Ebene auf die darunter liegenden.

Die Ökonomie als Basis der Soziosphäre befasst sich mit der Produktion, Distribution und Allokation von Gebrauchswerten und gesellschaftlichen Ressourcen. Die Grundlagen jedes ökonomischen Prozesses stellen die Produktivkräfte dar. Lebendige Arbeit und ihre Faktoren bilden eine Beziehung, die sich historisch wandelt und von einer konkreten Gesellschaftsformation (wie dem Kapitalismus) abhängig ist. Unter Produktivkräften verstehen wir in Anlehnung an Marx ein System der lebendigen Arbeit und diese näher bestimmende subjektive, objektive und naturbedingte Faktoren begreifen. Diese Faktoren stellen nur in Kombination mit der lebendigen Arbeit Produktivkräfte dar. Der Produktivkraftbegriff ist also nicht reduzierbar auf einzelne Elemente des Systems der Produktivkräfte, er zeichnet sich durch emergente Eigenschaften aus. Das System der Produktivkräfte ist also mehr als die Summe seiner Teile. Unter subjektiven Produktivkräften (Marx 1857/58, S. 403) kann die Einheit von physischer Produktionsfähigkeit und geistigen Produktivkräften (ebd., S. 410) wie Qualifikation, Kenntnisse, Wissen, Erfahrung, Fähigkeiten und General Intellect (zu diesem Begriff vgl. Marx 1857/58, S. 602) verstanden werden. Objektive Produktivkräfte sind hingegen die nicht auf das Individuum bezogenen Faktoren des Arbeits- und Produktionsprozesses: z.B. Arbeitsmittel, Arbeitsgegenstände, Wissenschaft, Technik, Arbeitsteilung, Kooperation, Vergesellschaftungsgrad der Arbeit. Im Kapital spricht Marx weiters von den naturbedingten Produktivkräften der Arbeit und betont immer wieder die zentrale Bedeutung der lebendigen Arbeit im System der Produktivkräfte. Diese Faktoren stehen in einem sich historisch dynamisch wandelnden Verhältnis.
Ökonomie meint einen doppelten Prozess der Produktion und Reproduktion: Materielle und nichtmaterielle Ressourcen der Gesellschaft werden benutzt, indem das System der Produktivkräfte angewandt wird. Andererseits werden produzierte Ressourcen eingesetzt, um das System der Produktivkräfte zu reproduzieren. Reproduktion bedeutet etwa die Reproduktion der lebendigen Arbeitskraft (Konsum, freie Zeit usw.) oder wissenschaftlichen Fortschritt.

Produktion und Reproduktion können als die materielle Basis jeder Form der Gesellschaft betrachtet werden. Eine solche materialistische Position ist keine reduktionistische, wenn berücksichtigt wird, dass politische und kulturelle Strukturen von ökonomischen Prozessen abhängen, aber nichtsdestotrotz in relativer Autonomie funktionieren und die Ökonomie durch Rückwirkungen beeinflussen. Ökonomie, Politik und Kultur sind in dialektischer Weise verbunden, da ökonomische Einwirkungen zur Emergenz neuer kultureller und politischer Phänomene führen können und umgekehrt. Es existiert auch für jedes Subsystem spezifischer endogener Wandel.

Politik beschäftigt sich mit Entscheidungen, die sich darauf beziehen, wie Ressourcen eingesetzt und verteilt werden und die Lebensstile und Gewohnheiten der Gesellschaftsmitglieder beeinflussen. Kultur und Habitus beziehen sich dabei immer auf Einsatz und Verteilung gesellschaftlicher Ressourcen. Politik bedeutet einen doppelten Prozess des Entscheidens und Ausführens: In Beziehung zu verfügbaren Ressourcen werden Entscheidungen getroffen, um das Funktionieren der Gesellschaft zu organisieren. Diese Entscheidungen nehmen entweder kodifizerte oder nichtkodifizierte Formen an. Werden sie einmal getroffen, so ist der nächste Schritt ihre Umsetzung und Ausführung. Dies bedeutet immer, dass gesellschaftliche Ressourcen in einer spezifischen Art und Weise eingesetzt werden.

Kultur kann als jenes Subsystem der Gesellschaft betrachtet werden, in dem Wissen, Ideen, Sichtweisen, Meinungen, soziale Normen und soziale Werte im Rahmen von Gewohnheiten, Lebensstilen, Traditionen und sozialen Praxen entstehen und sich verändern. Die emergierenden sozialen Normen und Werte sind eine Form der sozialen Information, die im Bereich der Kultur entstehen. Kultur beinhaltet einen doppelten Prozess der Formierung und Partizipation. Auf der einen Seite werden soziale Normen und Werte in Beziehung zu bereits getroffenen Entscheidungen konstituiert und differenziert (Formierung), andererseits sind sie eine Basis für weitere und Differenzierungen bereits bestehender Entscheidungen (Partizipation). Die Art der Partizipation bestimmt, ob, wie und zu welchem Grad individuelle Akteuren und soziale Gruppen Entscheidungen beeinflussen können, die sie betreffen.
Weder Kultur, noch Politik werden von ökonomischen Prozessen determiniert. Jedes gesellschaftliche Subsystem hat eine relative Autonomie, nichtsdestotrotz üben ökonomische Prozesse im Kapitalismus eine stark prägende Wirkung auf Politik und Kultur aus. Für den Bereich der Kultur folgen wir der Sichtweise des Kulturellen Materialismus Raymond Williams' (1961), der großen Einfluss auf die heutigen Cultural Studies ausübt. Williams argumentiert, dass Kultur „the whole way of life" (Williams 1961, S. 122) inkludiert. Dazu gehören kollektive Ideen, Institutionen, Beschreibungen, durch die Gesellschaft Erfahrungen reflektiert und diesen Sinn gibt, Weisen und Traditionen des Handelns und Denkens sowie Intentionen, die daraus resultieren. Williams betont weiters, dass Kultur die Formierung von Werten als soziale Kategorien umfasst. Edward P. Thompson (1961) hat Williams Kulturtheorie aufgegriffen und die Idee hinzugefügt, dass die Gesamtheit von Lebensstil und Erfahrungen durch Klassenkämpfe und soziale Konflikte beeinflusst wird.
Die Kultur ist auch jener Bereich, in dem Ideologien entstehen. Darunter kann „ein System von Ideen und Vorstellungen, dass das Bewusstsein eines Menschen oder einer gesellschaftlichen Gruppe beherrscht" (Althusser 1977) verstanden werden.

Kultur ist weder unabhängig von politischen und ökonomischen Prozessen, noch kann sie auf diese beiden Bereiche reduziert werden. Sie wird weder politisch, noch ökonomisch determiniert. Bereits Antonio Gramsci betonte, dass Strukturen des „Überbaus" nicht auf die ökonomische Basis reduziert werden können (Gramsci 1930/31). Materialistische Theorien, die sich mit Kultur eingehender befassen, haben immer kulturelle Information, deren relative Autonomie und Beziehung zu sozio-ökonomischen Prozessen betont, nur Vulgärmaterialismen reduzieren Kultur oder Politik auf die Ökonomie. Kultur als die oberste Ebene in unserem Modell ist von Ökonomie und Politik abhängig, sie formt ein integrales Ganzes des gesellschaftlichen Lebens, das sowohl die Gebiete der ideellen Reproduktion als auch der materiellen Reproduktion umfasst (Marcuse 1937, S. 62). Politische und ökonomische Beziehungen haben ihre eigene Form der Kultur, Kultur kann ihrerseits wiederum nur in Verbindung zu Politik und Ökonomie gedacht werden, obwohl sie einen bestimmten Grad der Autonomie umfasst.

Ökonomie, Politik und Kultur bauen hierarchisch aufeinander auf und sind wechselseitig miteinander vermittelt. Auf einer höheren Ebene zeigen sich neue, emergente Eigenschaften, die diese von der darunterliegenden unterschieden und die von letzterer beeinflusst werden. Andererseits gibt es von jeder höheren Ebene Rückwirkungen auf die darunter liegenden Levels. Die Kausalität, die diesen wechselseitigen Beziehungen zu Grunde liegt, ist keine mechanistische. D.h., dass nicht jede Wirkung auf genau eine Ursache zurückzuführen ist. Vielmehr haben wir es mit einer multidimensionalen Form der Kausalität zu tun: Eine Wirkung kann viele Ursachen haben, und eine Ursache kann viele Wirkungen zu Folge haben. Gesellschaft ist ein hochkomplexes System, daher können Ursachen und Wirkungen einander nicht bijektiv zugeordnet werden. Auf Grund dieser komplexen Kausalität ist es nicht der Fall, dass ein gesellschaftliches Subsystem das Geschehen in anderen determiniert. Gesellschaft folgt daher auch nicht einem simplen Basis-Überbau-Modell. Es ist jedoch der Fall, dass in der kapitalistischen Gesellschaft die Ökonomie ein dominantes Verhältnis zu Politik und Kultur hat. D.h., sie determiniert nicht das politische und kulturelle Handeln und deren Entwicklung, aber sie beeinflusst sie in so einem Ausmaß, dass auch Politik und Kultur von der ökonomischen Logik des Kapitalismus geprägt sind. Derartige Beeinflussungen können aber niemals einen vollständigen Charakter annehmen, da solche Argumentationen des strukturalistischen Ökonomismus wenig Spielraum für alternative Entwicklungen lassen und daher qualitative Veränderung der Gesellschaft eher ausschließen. Resultat sind statische und mechanistische Gesellschaftsmodelle. Gesellschaft als komplexes System ändert sich jedoch dynamisch und unterliegt keiner mechanistischen Kausalität. Politik und Kultur haben daher auch immer Rückwirkungen auf den Bereich der Ökonomie.

Der offene Charakter der Informatisierung.
Die fortschreitende Durchdringung aller Bereiche der Gesellschaft mit Informations- und Kommunikationstechnologien (IKT) wird als „Informatisierung" der Gesellschaft bezeichnet. Der Term „Informatisierung" wurde von den französischen Wissenschaftlern Simon Nora und Alain Minc Ende der 70er Jahre des 20. Jahrhunderts geprägt.

Die Informatisierung ist allerdings kein Prozess, der allein quantitativ zu beschreiben ist. Sie muss auch als ein qualitativer Prozess verstanden werden. D.h., je nach dem Charakter der IKT, die verbreitet werden, verändert die Informatisierung auch den Charakter der Gesellschaft, und entsprechend dem Charakter der Gesellschaft nehmen die IKT, die erfunden und entwickelt werden, den einen oder anderen Charakter an.

Z.B. waren die ersten Computer Anlagen zur Berechnung von Flugbahnen, mit denen die Arbeit britischer Frauen im Militär, die während des Zweiten Weltkrieges noch anhand logarithmischer Tabellen kalkulierten, vereinfacht und beschleunigt werden sollte; Großbritannien wurde durch die Einführung der Computer in den Stand gesetzt, effektiver Krieg zu führen; das war auch das Ziel. Heute ist es beispielsweise erklärtes Ziel der Europäischen Union, die gemeinsamen Außengrenzen sicherer zu machen; zu diesem

Zweck entwickeln spanische Informatiker den digitalen Fingerabdruck; die Einführung dieser polizeistaatlichen Maßnahme wird die Verwandlung der EU in eine Festung Europa vorantreiben.
Es zeigt sich, dass die IKT – wie jede Technologie – keinen vorbestimmten, eindeutigen Charakter an sich haben, sondern Potenzen in sich tragen, die mehr oder weniger verwirklicht werden können.

Z.B. diente die Rundfunktechnologie in der Gestalt des sogenannten „Volksempfängers" zur Aufrechterhaltung der Hitlerdikatatur, während Empfangsgeräte, wie wir sie heute noch haben, eine freie Wahl zwischen mehreren Sendestationen zuließen. Heute schottet beispielsweise eine Firewall in Vietnam das Internet gegen unerwünschte ausländische Einflüsse ab, während rechtsradikales und neonazistisches Propagandamaterial, das auf Servern in den USA eingespeist wird, ungehindert in Österreich abgerufen werden kann.

Deshalb kann formuliert werden: Die Informatisierung ist ihrem Charakter nach nicht festgelegt, sie ist offen.

Im Folgenden soll ein Aufriss darüber gegeben werden, in welcher Weise die Gesellschaft durch die Anwendung von IKT verändert wird/werden kann. Dazu wird eine Einteilung der Gesellschaft in verschiedene Bereiche unternommen. Für jeden dieser Bereiche werden zunächst die grundlegenden Prozesse dargestellt, die für ihn wesentlich sind. Danach wird gefragt, wie die Informatisierung diese Prozesse beinflusst bzw. beeinflussen kann.

Soziale Systeme.
Jeder gesellschaftliche Teilbereich kann als ein soziales System dargestellt werden.

Ein System besteht aus Elementen, die in Relationen zueinander stehen, aus denen mindestens eine Eigenschaft entsteht, die dem System zukommt, aber keinem seiner Elemente.

Beispiel: Ein Organismus besteht aus Organen, die arbeitsteilig zusammenwirken. Aus diesem Zusammenwirken geht die Psyche des Organismus hervor, obwohl kein einzelnes Organ eine Psyche hat.

In jedem System können eine *upward causation* und eine *downward causation* auseinander gehalten werden. Der nach oben gerichtete Einfluss kommt von den Elementen und beeinflusst das System, der nach unten gerichtete fließt vom system zu den Elementen.
Jedes System kann selbst wieder Element eines übergeordneten Systems sein, jedes Element selbst ein System untergeordneter Elemente.

Ein soziales System (siehe Abb. II.3.1.) besteht aus Akteuren, nämlich Menschen als Elementen, die interagieren, nämlich sich in ihrem Handeln aufeinander beziehen und damit Relationen eingehen, und, ob gewollt oder nicht, Strukturen produzieren, nämlich Regeln und Regelmäßigkeiten, die eine Systemeigenschaft darstellt, nicht aber ein einzelnes Element charakterisieren. Aus dem gegenseitigen Verhalten der gesellschaftlichen Menschen gehen gesellschaftliche Verhältnisse hervor, die zwar ohne Verhalten nicht existieren würden, die aber eine eigenständige Existenz gegenüber ihren ErzeugerInnen gewinnen. Dies zeigt sich darin, dass diese Verhältnisse auf das weitere Verhalten der Menschen zurückwirken und den Akteuren Handlungsmöglichkeiten einräumen und/oder diese einschränken. Gleichwohl sind die Menschen die GestalterInnen ihrer sozialen Systeme.

Beispiel: Eine politische Partei ist ein soziales System. Sie stellt eine Kraft dar, über die ein Einzelner sonst nicht verfügt (Systemeigenschaft). Die Parteimitgliedschaft gibt den Mitgliedern Macht, sie müssen sich aber auch einer gewissen Disziplin unterwerfen, um nicht ausgeschlossen zu werden (*downward causation*). Trotzdem ist es die Parteibasis (Elemente), die über die Linie der Partei bestimmt (*upward causation*).

Folgende Bereiche der Gesellschaft sollen als soziale Systeme begriffen werden:
Technik
Umwelt
Wirtschaft
Politik
Kultur

Technik und Umwelt werden hier als Bereiche der Gesellschaft im weiteren Sinne angesehen. Wirtschaft, Politik und Kultur gehören zur Gesellschaft im engeren Sinne.

Die Informatisierung der Technik.
Jede Gesellschaft verfügt über eine technische Infrastruktur. Dazu zählen nicht nur Gegenstände wie Maschinen, Anlagen, Werkzeuge, sondern auch die Verfahren, die Methoden, und die Menschen als Arbeitskraft mit ihren Fähigkeiten und Fertigkeiten, im ganzen genommen die Art und Weise, wie die Gesellschaft mit welchen Ausschnitten der Natur oder Gesellschaft auch immer umgeht. Immer wenn Menschen tätig sind, betätigen sie sich auf eine bestimmte Art und Weise und verwenden bestimmte Mittel und Wege. Menschen sind TechnikerInnen.

Sie erfinden und entwickeln die Methoden ihrer Betätigung – sie gestalten die Technik –, und sie setzen sie ein (siehe Abb. 2).

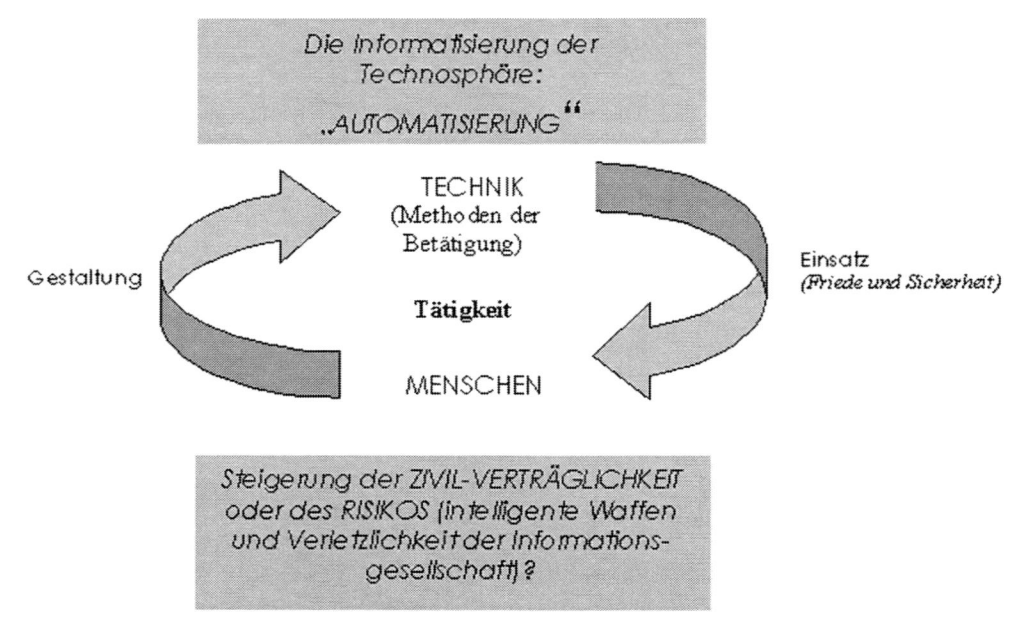

```
          Die Informatisierung der
             Technosphäre:
           „AUTOMATISIERUNG"

                    TECHNIK
                 (Methoden der
                   Betätigung)
Gestaltung                                Einsatz
                    Tätigkeit          (Friede und Sicherheit)

                   MENSCHEN

        Steigerung der ZIVIL-VERTRÄGLICHKEIT
         oder des RISIKOS (intelligente Waffen
         und Verletzlichkeit der Informations-
                  gesellschaft)?
```

Abb. 7.2.: Soziales System: Technosphäre

Die technische Infrastruktur einer Gesellschaft bildet damit jene Sphäre, in der Technik gestaltet und eingesetzt wird: die Technosphäre.

Sinn des Einsatzes – und damit der Gestaltung – der Technik ist die Wahrung und Förderung einer ungestörten Entwicklung der Zivilisation. Dies umfasst Frieden und Sicherheit, d.h. die Möglichkeit zur gesellschaftlichen Entwicklung, die weder in absichtlicher Weise von Menschen noch unbeabsichtigt durch Instrumente gestört oder gar zerstört wird.

Die Informatisierung der Technosphäre bringt nun die Automatisierung mit sich. Die Maschine der industriellen Revolution wandelt sich durch die Kopplung mit der universellen Maschine – dem Computer, der bestimmte Leistungen des menschlichen Kopfes mechanisiert – zum Automaten.

Die Grundfrage der Automatisierung lautet: Trägt sie bei zu Frieden und Sicherheit, steigert sie die Verträglichkeit der Technik mit der Zivilisation, die Zivilverträglichkeit, oder dient sie kriegerischen Zwecken und erhöht sie die Wahrscheinlichkeit katastrophaler Entwicklungen, steigert sie das Risiko der Informationsgesellschaft, an hochentwickelten Waffensystemen oder hochentwickelten zivilen Technologien zugrundezugehen?

Die Informatisierung der Umwelt.

```
        Die Informatisierung der Ökosphäre:
              „CONTROL REVOLUTION"

                      UMWELT
                 (Mittel fürs Überleben)
Gestaltung                                    Aneignung
                      Arbeit                 (Nachhaltigkeit)

                      MENSCHEN

           Steigerung der UMWELT-
        VERTRÄGLICHKEIT oder der UMWELT-
         VERSCHMUTZUNG UND -VERNUTZUNG?
```

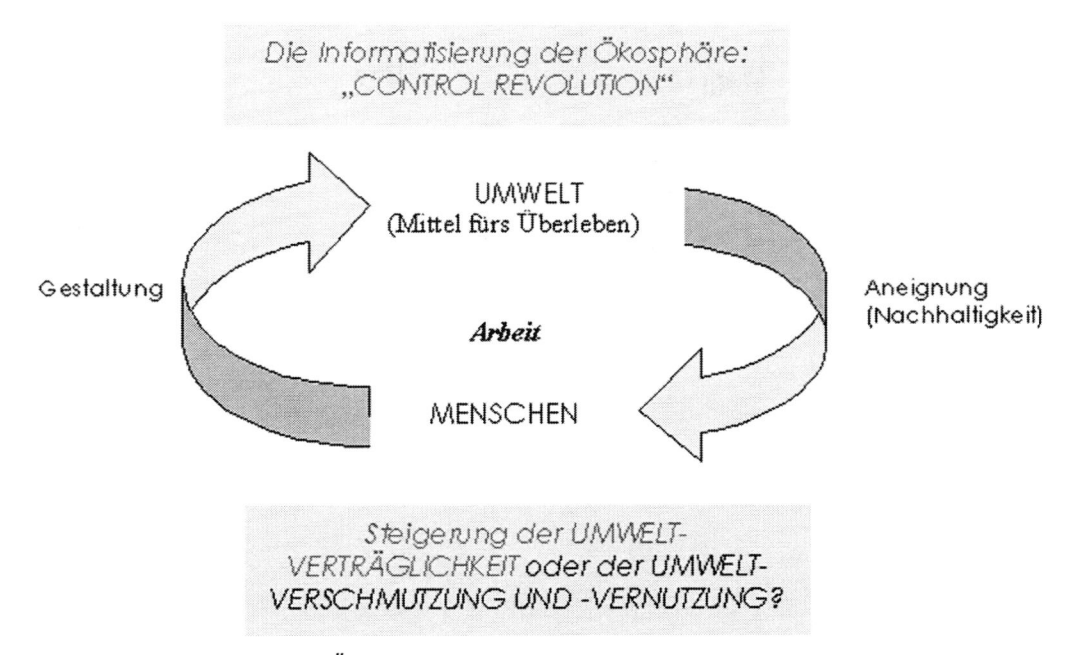

Abb. 7.3: Soziale Systeme: Ökosphäre

Der Teil der Natur, mit dem die Gesellschaft in Wechselwirkung steht, den sie braucht, um ihren Stoffwechsel aufrecht zu erhalten, wird Umwelt genannt. Zur Ökosphäre gehören aber nicht nur die Bedingungen der außermenschlichen Natur, die für das Überleben der menschlichen Natur notwendig sind, sondern auch die menschliche Natur selbst, d.h. die Menschen als Lebewesen. Als Lebewesen wirken die Menschen auf die Natur ein, sie gestalten diese, um sich diese in der Form lebenserhaltender Mittel anzueignen (siehe Abb. 3).

Im Gegensatz zu den anderen Lebewesen auf der Erde können die Menschen ihren Stoffwechsel bewusst gestalten und die Umwelt durch reproduktive Arbeit in der Form herzustellen versuchen, in der sie für das weitere Überleben der Menschen gebraucht wird, wenn die Natur nicht von selber in der Lage ist, sich in dieser von den Menschen geforderten Qualität zu reproduzieren. Ein Verhältnis von Mensch und natürlicher Umwelt, in dem eine solche Balance gegeben ist, wird nachhaltig genannt.

Der Prozess der Industrialisierung hat einen Stoff- und Energiefluss von noch nie dagewesenem Ausmaß hervorgerufen. Die Informatisierung der Ökosphäre besteht nach James R. Beniger in einer *control revolution*, die in der Gestalt des Computers die Mittel bereitstellt, um den Stoff- und Energiehaushalt der Industriegesellschaften rechnerisch zu bewältigen.

Die informatorische Bewältigung des gesellschaftlichen Stoffwechsels steht aber vor einer Grundfrage: Wird sie dazu benutzt, die Nachhaltigkeit zu fördern und die Umweltverträglichkeit zu steigern? Oder leistet sie der fortschreitenden Umweltverschmutzung und Umweltvernutzung Vorschub?

Die Informatisierung der Gesellschaft (im engeren Sinne).

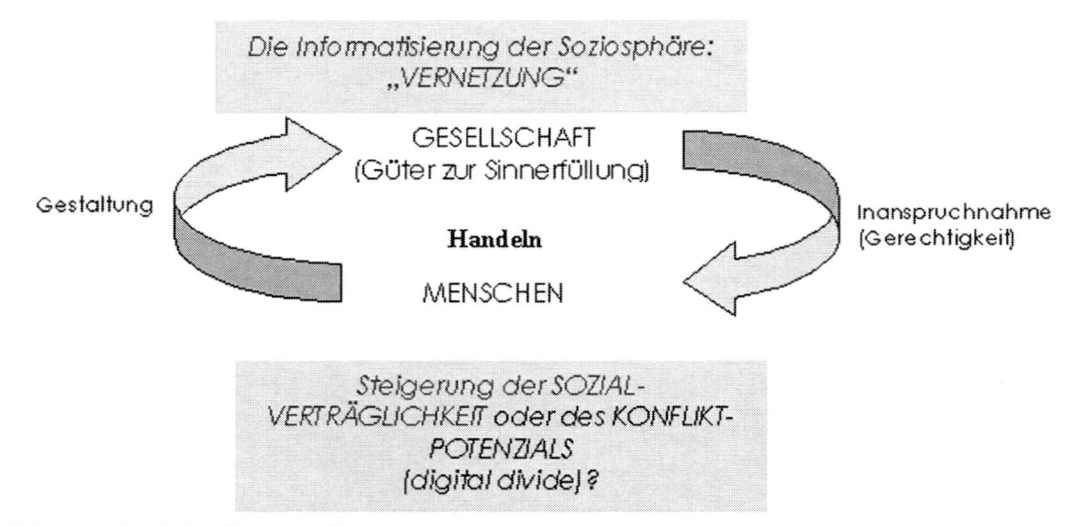

Abb. 7.4: Soziales System: Soziosphäre

Die Technosphäre und die Ökosphäre bilden die Basis jeder Gesellschaft, in der die Gesellschaftsmitglieder durch ihr Handeln materielle und ideelle Güter herstellen, die Sinn konstituieren. Diese Güter können Waren und Dienstleistungen sein, sie können in der Mitbestimmung bestehen, und sie können allgemein-menschliche Werte darstellen. Die Güter werden von den Gesellschaftsmitgliedern in Anspruch genommen, um ein sinnerfülltes Dasein zu führen (siehe Abb. 4).

Sie sollen auch von jedem Mitglied in Anspruch genommen werden können. Sie müssen allerdings gerecht verteilt werden, damit alle Zugang zu den Gütern erhalten, die sie zur Sinnerfüllung brauchen.

Die IKT verändern die Soziosphäre, indem sie die Vernetzung der Gesellschaftsmitglieder stärker vorantreiben. Die Grundfrage lautet demnach, ob durch die Zunahme der Vernetzung der Zugang zu den Gütern erleichtert wird, Gerechtigkeit gemehrt wird und die Verträglichkeit des individuellen Lebens mit der Vergesellschaftung, sprich: die Sozialverträglichkeit, gesteigert und Konfliktpotenziale abgebaut werden, oder ob soziale Verwerfungen vertieft und verbreitet werden und sich in einem *digital divide* zwischen denen, die Zugang zu den IKT – und über diese zu den immer mehr über die IKT erschließbaren Gütern – haben, und denen, die ihn nicht haben, manifestieren.

Das Handeln der Akteure kann in ökonomisches, politisches und kulturelles Handeln unterteilt werden.

Die Informatisierung der Wirtschaft.

Die Informatisierung der Wirtschaft:
„VIRTUALISIERUNG"

Gestaltung

WIRTSCHAFT
(Ressourcen)
ökonomisches
Handeln
MENSCHEN

Absicherung der
Selbsterhaltung
(Solidarität)

„OPEN SOURCE"
FÜR ALLE
oder KOMMERZIALISIERUNG
(Information
als Ware)?

Abb. 7.5.: Soziales System: Wirtschaft

Die Wirtschaft ist diejenige Sphäre der Gesellschaft, in der es um die Absicherung der Selbsterhaltung ihrer Mitglieder durch Zugriff auf Ressourcen geht (siehe Abb. 5).

Hier kommt der Wert der Solidarität zum Tragen. Eine Wirtschaft ist solidarisch, wenn alle Gesellschaftsmitglieder beteilt werden.

Die Verbreitung der IKT entmaterialisiert die Wirtschaft insofern, als Güter wie *intangibles* Wissen, Humankapital usw., die sich aufgrund ihrer immateriellen Natur einer proprietären Nutzung entziehen, einen immer höheren Stellenwert erhalten. Wissen verbraucht sich nicht, wenn es gebraucht wird. Das macht Wissen zu einer schier unerschöpflichen gesellschaftlichen Ressource, die schwer in privaten Grenzen zu halten ist. Daher wird die Frage der Vergesellschaftung und der Öffnung dieser Ressource für alle gegen die Kommerzialisierung der Information zur Grundfrage der Entwicklung in der Sphäre der Wirtschaft unter den Bedingungen der Informatisierung.

Die Informatisierung der Politik.

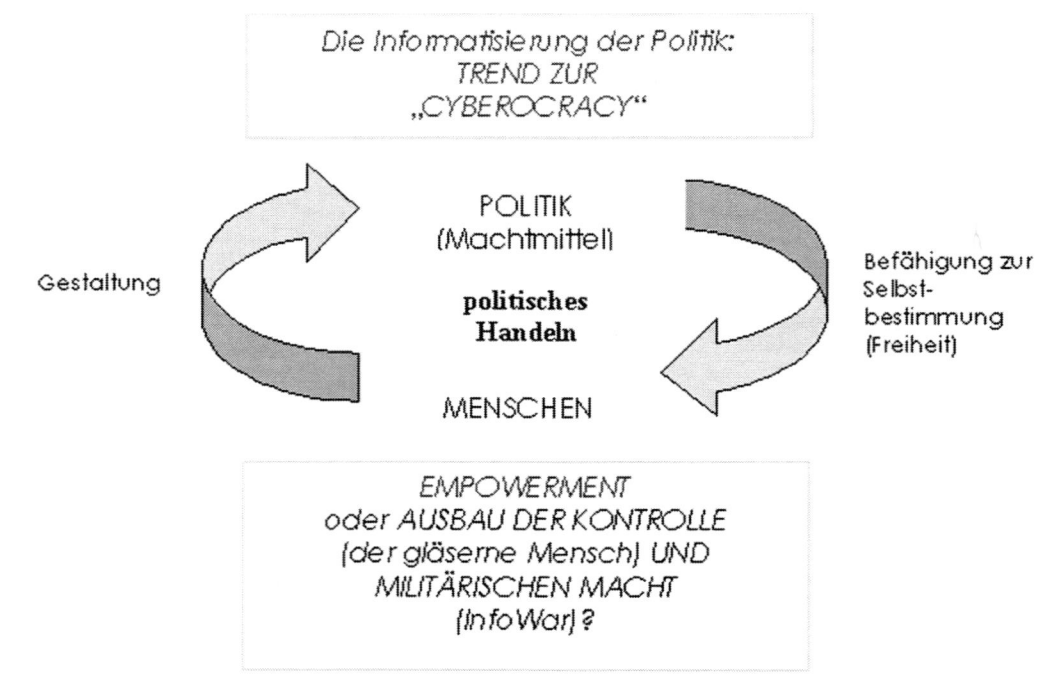

```
        Die Informatisierung der Politik:
              TREND ZUR
             „CYBEROCRACY"

                  POLITIK
                (Machtmittel)
Gestaltung                              Befähigung zur
                 politisches            Selbst-
                 Handeln                bestimmung
                                        (Freiheit)
                  MENSCHEN

             EMPOWERMENT
         oder AUSBAU DER KONTROLLE
          (der gläserne Mensch) UND
            MILITÄRISCHEN MACHT
                (InfoWar)?
```

Abb. 7.6: Soziales System: Politik

Die Politik ist diejenige Sphäre der Gesellschaft, in der Mittel zur Ausübung von Macht erzeugt werden. Die Verfügung über derartige Mittel befähigt die Menschen, sich selbst zu bestimmen (siehe Abb. 6).

Je mehr Selbstbestimmungsmöglichkeiten eingeräumt werden, um so freier sind die Mitglieder der Gesellschaft.

Auch die Politik wird informatisiert. Dies zeigt sich im Trend zur *cyberocracy*, also darin, dass die Ausübung von Macht schrittweise an den Gebrauch elektronischer Medien geknüpft wird. Bedeutet diese Elektronisierung aber die erweiterte Befähigung der Mitglieder der Gesellschaft zur Selbstbestimmung – *empowerment* – oder den Ausbau der Kontrolle über sie (Stichwort „gläserner Mensch") und der Mittel zur Androhung oder Anwendung militärischer Gewalt (Stichwort *information war*)?

Die Informatisierung der Kultur.
Die Kultur schließlich ist diejenige Sphäre der Gesellschaft, in der ideelle Werte bzw. materielle Werte, die ideelle verkörpern, als anzustrebende Ziele gesetzt werden – diese Ziele sind es dann, die das Handeln der Menschen als Selbstverwirklichung legitimieren (siehe Abb. 7).

Alle Individuen haben das Recht, sich in der Gesellschaft selbst zu verwirklichen. Es gilt also Gleichheit aller.

```
                Die Informatisierung der Kultur:
                   "VERWISSENSCHAFTLICHUNG"

                         KULTUR
                         (Werte)
Gestaltung              kulturelles              Begründung
                         Handeln                 der Selbst-
                                                 verwirklichung
                        MENSCHEN

                       NOOGENESE
              oder Verstärkung der MANIPULATION
                (Infotainment und Desinformation)?
```

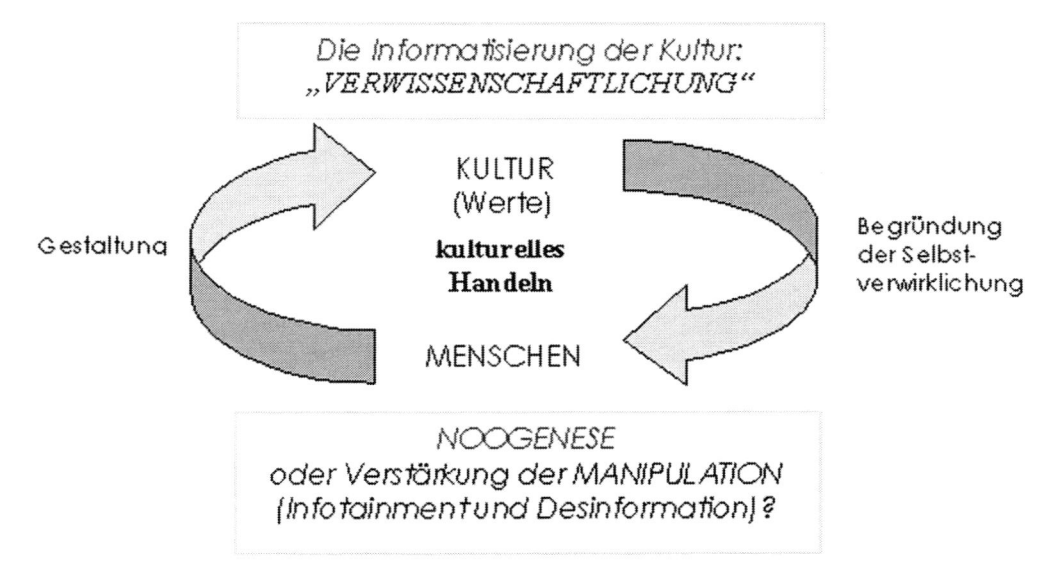

Abb. 7.7: Soziales System: Kultur

Die Informationsrevolution bedeutet für die Kultur eine Änderung in der Qualität der Begründung der Selbstverwirklichung, weil immer mehr Informationen verfügbar werden über unterschiedliche Lebensstile und über die Erforschung der Welt, in der die Menschen ihre Ziele umsetzen wollen. Diese Informationsrevolution bewirkt einen Schub in der Ausgestaltung von Kultur. Sie kann ihrem Inhalt nach zu einer Stärkung der Vernunft führen – der französische Jesuitenpater Pierre Teilhard de Chardin und der russische Begründer der Biogeochemie Vladimir Vernadskij haben in den 20er und 30er Jahren des 20. Jahrhunderts eine Vision der Herausbildung einer Sphäre der Vernunft, der Noogenese, entworfen, die heute mit der informationstechnischen Vernetzung Gestalt anzunehmen scheint. Andererseits kann aber auch die Unvernunft gestärkt werden – Kritiken an der Kulturindustrie, an der Verblödung der Menschen durch die Massenmedien, scheinen dies zu belegen.

Neue Widersprüche.
Am Übergang zum globalen Informationszeitalter verschärfen sich also gesellschaftliche Widersprüche, die schon vorher für eine Epoche der gesellschaftlichen Entwicklung charakteristisch waren, die nicht frei von Herrschaft von Menschen über Menschen war (siehe Tab. 2). Diese Antagonismen gewinnen durch die IKT ein neues Gewicht.

Technologisch gesehen war die Betätigung der Menschen in dieser Epoche von einem Antagonismus zwischen Frieden und Sicherheit auf der einen Seite und der Entfremdung von der Technik, die nicht das zu tun scheint, was von ihr erwartet wird, auf der anderen gekennzeichnet. Durch die Einführung der Computer finden sich die Menschen einer Art „Megamaschine" (Lewis Mumford) gegenüber, in der alle Maschinen zu einer einzigen Maschine zusammengespannt sind und der sie sich ausgeliefert wähnen.

Was den Stoff- und Energieaustausch auf der naturalen Ebene betrifft, ist unter den Bedingungen der Existenz von Herrschaft das Überleben immer schon vom Widerspruch zwischen Einhaltung der Bedingungen für die Nachhaltigkeit und der Verfremdung der Natur bei Nichteinhaltung dieser Bedingungen geprägt gewesen. Die Natur nimmt heute die Gestalt eines von den Menschen abkoppelbaren Netzwerks von ineinandergreifenden, aufeinander abgestimmten Kreisläufen an, das auch und vielleicht besser ohne menschliche Interventionen auskommt.

	soziale Systeme	in der Epoche nicht herrschaftsfreier Ordnungen	am Übergang zum globalen Informationszeitalter
gesellschaftlich	Sinnerfüllung	als Antagonismus zwischen	
		Gerechtigkeit und Fremdbestimmung durch andere Menschen	Menschen und Netzwerken
natural	Überleben	als Antagonismus zwischen	
		Nachhaltigkeit und Verfremdung der Natur	Menschen und „Gaia"
technologisch	Betätigung	als Antagonismus zwischen	
		Frieden wie Sicherheit und Entfremdung von der Technik	Menschen und der „Megamaschine"

Tab. 7.2: Informatisierung und Widersprüche in Technik, Umwelt und Gesellschaft im engeren Sinne

In der Gesellschaft im engeren Sinne gab es, seitdem es Herrschaft gibt, den Kampf für Gerechtigkeit und gegen die Fremdbestimmung durch andere Menschen. Die Umwandlung der Gesellschaften in Informationsgesellschaften bewirkt eine Entgegensetzung zwischen den Menschen und den sich über ihren Köpfen herausbildenden Netzwerken. Der Konflikt zwischen dem Selbst, der eigenen Identität, und dem Netz sei der Grundwiderspruch des Informationszeitalters, schreibt der US-Soziologe Manuel Castells.

	soziale Systeme	in der Epoche nicht herrschaftsfreier Ordnungen	am Übergang zum globalen Informationszeitalter
kulturell	Selbstverwirklichung	als Antagonismus zwischen	
		Gleichheit und Einflusslosigkeit	Noosphäre und „falschem Bewusstsein"
politisch	Selbstbestimmung	als Antagonismus zwischen	
		Freiheit und Ohnmacht	E-democracy und Big Brother nach innen bzw. nach außen
ökonomisch	Selbsterhaltung	als Antagonismus zwischen	
		Solidarität und Armut	Open Source und Kommerz

Tab. 7. 3: Informatisierung und Widersprüche in der Gesellschaft im engeren Sinne

Dieser Grundwiderspruch hat seine ökonomischen, politischen und kulturellen Formen (siehe Tab. 3).

Ökonomisch zeigt er sich im Konflikt zwischen Open Source und Kommerz, politisch im Konflikt zwischen *e-democracy* und Big Brother nach innen wie nach außen, kulturell im Konflikt zwischen Noosphäre und falschem Bewusstsein. In diesen Widersprüchen kommen die jahrhunderte- und jahrtausendelangen Antagonismen der Selbsterhaltung zwischen Solidarität und Armut, der Selbstbestimmung zwischen Freiheit und Ohnmacht und der Selbstverwirklichung zwischen Gleichheit und Einflusslosigkeit zum Ausdruck.

Die Möglichkeit all dieser Widersprüche ist darin angelegt, dass jedes soziale System in einem Wechselspiel von Individuum und Gesellschaft gründet (siehe Tab. 4). Dieses Wechselspiel wird zu einem unversöhnlichen Widerstreit, wenn Herrschaft auf den Plan tritt. Herrschaft heißt Ausschluss von Menschen von der Teilnahme am kulturellen, politischen oder ökonomischen Leben, am Stoffwechselprozess mit der Umwelt oder an der Benutzung von Technologien. Nach der Logik von Nullsummenspielen geht die Entwicklung der einen auf Kosten der Enwicklung anderer. Die, die „drinnen" sind, entwickeln sich auf Kosten derer, die „draußen" sind. Unter den Bedingungen der Informatisierung verwandelt sich dieser Konflikt zu einem zwischen den *information rich* und den *information poor*, den *haves* und *have nots* im Informationszeitalter.

Systemtheoretisch gesprochen handelt es sich um negative externe Effekte, die bei jedem System auftreten können. Wo es Inklusion und Exklusion gibt, werden sie jedoch unvermeidbar. Und heute, da die vielen einzelnen Gesellschaften sich immer stärker vernetzen, werden die externen Effekte zu internen für das im Entstehen begriffene Gesamtsystem der Weltgesellschaft, die einen Systemzusammenbruch hervorrufen können.

	soziale Systeme	in der Epoche nicht herrschaftsfreier Ordnungen	am Übergang zum globalen Informationszeitalter
sozial	Wechselspiel von Individuum und Gesellschaft	Antagonismus zwischen	
		Inklusion und Exklusion (Zero Sum)	„information rich" und „information poor"
systemisch	negative externe Effekte		
	sind möglich	werden realisiert	schließen den drohenden System-zusammenbruch ein

Tab. 7.4: Informatisierung und Widersprüche in der Gesellschaft im weiteren Sinne und ihre systemtheoretischen Grundlagen

Literatur:

Aglietta, Michel (1979a) A Theory of Capitalist Regulation. The US Experience. London. NLB

Althusser, Louis (1977) *Ideologie und ideologische Staatsapparate (Anmerkungen für eine Untersuchung)*. In: ders. *Ideologie und ideologische Staatsapparate*. Hamburg/Berlin. Verlag für das Studium der Arbeiterbewegung. S. 108-169

Baudrillard, Jean (1983a) In the Shadow of the Silent Majorities, or, The End of the Social and other Essays. New York. Semiotext(e)

Baudrillard, Jean (1983b) Simulations. New York. Semiotext(e)

Bell, Daniel (1976) Die nachindustrielle Gesellschaft. Frankfurt/Main. Suhrkamp

Best, Steven/Kellner, Douglas (1997) The Postmodern Turn. New York/London. Guilford Press

Best, Steven/Kellner, Douglas (2001) Dawns, Twilights, and Transitions: Postmodern Theories, Politics, and Challenges. In: Democracy and Nature, 7 (2001). pp 101-117

Boyer, Robert (1988) Technical Change and the Theory of 'Régulation'. In: Dosi et al. (1988). S. 67-94

Boyer, Robert (1990) The Regulation School. A Critical Introduction. New York. Columbia University Press

Braverman, Harry (1974) Labor and Monopoly Capital. The Degradation of Work in the Twentieth Century. New York. Monthly Review Press.

Brooks, Rodney A. (1987) Intelligence without Representation. Manuskript

Bühl, Achim (1997) Die virtuelle Gesellschaft: Ökonomie, Politik und Kultur im Zeichen des Cyberspace. Westdeutscher Verlag. Opladen/Wiesbaden

Castells, Manuel (1989) The Informational City. Information Technology, Economic Restructuring and the Urban Regional Process. Cambridge, Mass./Oxford. Blackwell

Castells, Manuel (1994) European Cities, the Informational Society, and the Global Economy. In: New Left Review, 204. S. 18-32

Castells, Manuel (1996) The Rise of the Network Society. The Information Age: Economy, Society and Culture, Vol. I. Cambridge, Mass./Oxford. Blackwell

Castells, Manuel (1997) The Power of Identity. The Information Age: Economy, Society and Culture, Vol. II. Cambridge, Mass./Oxford. Blackwell

Davis, Mike (1990) City of Quartz. Excavating the Future in Los Angeles. Verso.
Demirovic, Alex/Krebs, Hans-Peter/Sablowski, Thomas (Hrsg.) (1992) Hegemonie und Staat. Kapitalistische Regulation als Projekt und Prozeß. Münster

Dosi, Giovanni (1982) Technological paradigms and technological trajectories. In: Hanusch (1999). Vol. 1. S. 472-487

Dosi, Giovanni et a. (Hrsg.) (1988) Technical Change and Economic Theory. London. Pinter

Drucker, Peter (1969) The Age of Discontinuity. Heinemann.

Dutton, William (Hrsg.) (1996) Information and Communication Technologies: Visions and Realities. Oxford.

Esser, Josef/Lüthe, Boy/Noppe, Ronald (Hrsg.) (1997a) Europäische Telekommunikation im Zeitalter der Deregulierung. Infrastruktur im Umbruch. Münster. Westfälisches Dampfboot.

Esser, Josef/Lüthe, Boy/Noppe, Ronald (Hrsg.) (1997b) Europäische Telekommunikation im Zeitalter der Deregulierung - Fragestellungen und theoretischer Bezugsrahmen. In: Esser/Lüthe/Noppe (1997). S. 7-35

Foucault, Michel (1976) Überwachen und Strafen: Die Geburt des Gefängnisses. Frankfurt am Main. Suhrkamp

Foucault, Michel (1978) Dispositive der Macht. Über Sexualität, Wissen und Wahrheit. Berlin. Merve

Freeman, Christopher/Perez, Carolta (1988) Structural crises of adjustment, business cycles and investment behaviour. In: Hanusch (1999). S. 86-114

Freeman, Christopher/Soete, Luc (1994) Work for all or Mass Unemployment. Computerised Technical Change into the 21st Century. London/New York. Pinter

Fuchs, Christian (2000) Die Actor-Network-Theory. http://stud4.tuwien.ac.at/~e9426503/technsoz/actor-network.html

Fuchs, Christian (2001a) Soziale Selbstorganisation im informationsgesellschaftlichen Kapitalismus. Wien/Norderstedt. Libri Books on Demand

Fuchs, Christian (2001b) Technisch vermittelte Entkörperlichung – Emanzipation oder Risiko? In: Utopie Kreativ, H. 129/130 (Juli/August 2001), S. 644-658. Online: http://cartoon.iguw.tuwien.ac.at/christian/entkoerp.html

Fuchs, Christian (2001c) Informations- und Biotechnologie - Befreiende oder herrschaftsförmige Technik?
http://stud4.tuwien.ac.at/~e9426503/infogestechn/entkoerp.html

Fuchs, Christian (2002) Krise und Kritik in der Informationsgesellschaft. Wien/Norderstedt. Libri Books on Demand

Fuchs, Christian/Hofkirchner, Wolfgang (2000) Die Dialektik der Globalisierung in Ökonomie, Politik, Kultur und Technik. In: Online-Proceedings of the Congress of the Austrian Society of Sociology (OEGS) 2000.
http://www.univie.ac.at/OEGS-Kongress-2000/On-line-Publikation/FuchsHofkirchner.pdf

Gates, Bill (1995) Der Weg nach vorn: Die Zukunft der Informationsgesellschaft. Hamburg

Gibson, William (1987) Neuromancer. München.

Giddens, Anthony (1984/1997) Die Konstitution der Gesellschaft. Frankfurt/Main. Campus. 3. Auflage
Giddens, Anthony (1985) The Nation State and Violence. Cambridge. Polity Press

Giddens, Anthony (1987) Social Theory and Modern Sociology. Cambridge. Polity

Giddens, Anthony (1990) Consequences of Modernity. Cambridge. Polity Press

Giddens, Anthony (1995) Konsequenzen der Moderne. Frankfurt/Main. Suhrkamp

Gore, Al (1993) Rede vor dem nationalen Presseclub, http://www.ibiblio.org/nii/goremarks.html

Gouldner, Alvin (1979) The Future of Intellectuals and the Rise of the New Class. Macmillan

Gramsci, Antonio (1930/31) *Basis und Überbau*. In: Gramsci (1980). *Zu Politik, Geschichte und Kultur*. Leipzig. Reclam. S. 219f

Haefner, Klaus (1992) Information Processing at the Sociotechnical Level. In: Haefner (Hrsg.) (1992) Evolution of Information Processing Systems. Berlin u.a. Springer. S. 307-319

Hanusch, Horst (Hrsg.) (1999) The Legacy of Joseph A. Schumpeter. Cheltenham, UK/Northampton, MA, USA. Edwar Elgar Publishing

Haraway, Donna (1995) Ein Manifest für Cyborgs. In: Haraway, Donna (1995) Die Neuerfindung der Natur: Primaten, Cyborgs und Frauen. Frankfurt/New York. Campus. S. 33-72

Haraway, Donna (1997) Modest_Witness@Second_Millenium.FemaleMan©_Meets_OncoMouse^{TM}. Feminism and Technoscience. New York/London. Routledge

Harvey, David (1989) The Condition of Postmodernity. An Enquiry into the Origins of Cultural Change. Oxford. Blackwell

Hennessy, Rosemary/Ingraham, Chrys (Hrsg.) (1997) *Materialist Feminism. A Reader in Class, Difference, and Women's Lives*. New York/London. Routledge

Hirschhorn, Larry (1984) Beyond Mechanization. Work and Technology in a Postindustrial Age. Cambridge, MA. MIT Press

Hofkirchner, Wolfgang (1996) Informationsreichtum = Informationarmut. Beitrag zur 2. Diskussionsrunde "Was ist und wie entsteht Informationsarmut und Informationsreichtum" des Workshops "Informationsarmut und Informationsreichtum" am 20. Nov. 1996 in der HBI Stuttgart.
http://igw.tuwien.ac.at/igw/menschen/hofkirchner/papers/InfoSociety/Inforeichtum/Informationsreichtum.html

Hofkirchner, Wolfgang (1999) Die halbierte Informationsgesellschaft. In: In: Buchinger, E. (Hg.), Informations-?-Gesellschaft, Beiträge der Sektion Techniksoziologie der Österreichischen Gesellschaft für Soziologie zu einem kontrovers diskutierten Thema, OEFZS-Berichte 1999, Seibersdorf, 49-58 http://igw.tuwien.ac.at/igw/menschen/hofkirchner/papers/InfoSociety/Halbierte_Infoges/infoges.html

Krätke, Stefan (1991) Strukturwandel der Städte. Städtesystem und Grundstücksmarkt in der „post-fordistischen" Ära. Frankfurt am Main/New York. Campus

Langton, Chris (Hrsg.) (1989) Artificial Life. Redwood City, California. Addison-Wesley.

Latour, Bruno (1987) Science in Action. Cambridge, Mass. Harvard University Press

Leborgne, Danièle/Lipietz, Alain (1990) Neue Technologien, neue Regultionsweisen: Einige räumliche Implikationen. In: Borst, Renate et al. (Hrsg.) Das neue Gesicht der Städte. Theoretische Ansätze und empirische Befunde aus der internationalen Debatte. Basel/Boston/Berlin. Birkhäuser. S. 109-129

Lipietz, Alain (1987) Mirages and Miracles. The Crises of Global Fordism. London. Verso

Lipietz, Alain (1992a) Allgemeine und konjunkturelle Merkmale der ökonomischen Staatsintervention. In: Demirovic/Krebs/Sablowski (1992). S. 182-202

Lipietz, Alain (1992b) Towards a New Economic Order. Postfordism, Ecology and Democracy. Cambridge/Oxford. Polity Press/Blackwell Publishers

Lipietz, Alain (1998) Nach dem Ende des „Goldenen Zeitalters". Regulation und Transformation kapitalistischer Gesellschaften. Hamburg. Argument-Verlag

Lovelock, James (1991) Das Gaia-Prinzip. Die Biographie unseres Planeten. Zürich u.a. Artemis & Winkler

Lovelock, James (1992) Gaia. Die Erde ist ein Lebewesen. Bern u.a. Scherz

Luhmann, Niklas (1984) Soziale Systeme. Frankfurt am Main. Suhrkamp

Lyotard, Jean-Francois (1984) The Postmodern Condition. A Report on Knowledge. Manchester University Press

Machlup, Fritz (1962) The Production and Distribution of Knowledge in the United States. Princeton. Princeton University Press

Marcuse, Herbert (1967) Der eindimensionale Mensch: Studien zur Ideologie der fortgeschrittenen Industriegesellschaft.. München. dtv. Neuauflage 1994

Marx, Karl (1857/58) *Grundrisse der Kritik der politischen Ökonomie*. Berlin. Dietz. MEW, Band 42

McLuhan, Marhall/Fiore, Quentin (1984) Das Medium ist Message. Frankfurt am Main (amerikanisches Original 1967)

Mies, Maria (1995) Vom Individuum zum Dividuum, oder: Im Supermarkt der käuflichen Körperteile. In: Mies/Shiva (1995). S. 271-283

Mies, Maria/Shiva, Vandana (1995) Ökofeminismus. Beiträge zur Praxis und Theorie. Zürich. Rotpunkt.

Minsky, Marvin (1994) Mentopolis. Stuttgart. Klett-Cotta

Mittermayer, Christian/Klosterhalfen, Bernd (2000) Möglichkeiten und Grenzen des Gewebe- und Organersatzes. Technische Möglichkeiten - gesellschaftliche Zukunft. In: Wechselwirkung Nr. 103/104. S. 20-23

Moravec, Hans (1990) Mind Children. Der Wettlauf zwischen menschlicher und künstlicher Intelligenz. Hamburg. Hoffmann u. Campe

Moulaert, Frank./Swyngedouw, Erik (1990) Regional Development and the Geography of the Flexible Production System. Theoretical Arguments and Empirical Evidence from Western Europe and the U.S. In: Borst, Renate et al. (1990) (Hrsg,) Das neue Gesicht der Städte. Theoretische Ansätze und empirische Befunde aus der internationalen Debatte. Basel/Boston/Berlin. Birkhäuser

Negri, Toni/Hardt, Michael (1997) Die Arbeit des Dionysos: Materialistische Staatskritik in der Postmoderne. Berlin. Edition ID-Archiv

Ofner, Franz (1997) Machtverteilung und Organisation: Zur Dynamik von wirtschaftlicher Entwicklung, Arbeitsbeziehungen und betrieblichen Strukturierungsprozessen. Habilitationsschrift. Klagenfurt

Otto, Peter/Sonntag, Philipp (1985) Wege in die Informationsgesellschaft. Steuerungsprobleme in Wirtschaft und Politik. München

Perkin, Harold (1990) The Rise of Professional Society. Routledge

Piore, Michael/Sabel, Charles (1984) The Second Industrial Divide. New York. Basic Books

Porat, Marc (1977) The Information Economy. Sources and Methods for Measuring the Primacy Information Sector. Washington, DC. US Department of Commerce, Office of Telecommunications Special Publication 77-12 (2).

Porat, Marc (1978) Communication Policy in an Information Society. In: Robinsion (1978). S. 3-60

Poster, Mark (1990) The Mode of Information. Cambridge. Polity

Rheingold, Howard (1994) Virtuelle Gemeinschaft. Soziale Beziehungen im Zeitalter des Computers. Bonn/Paris/Reading

Rilling, Rainer (1995) On the other Side of the Web. In: Forum Wissenschaft, 1/1995

Robinson, Glen (Hrsg.) (1978) Communications for Tomorrow. New York. Praeger

Rubin, Michael Rogers/Huber, Mary Taylor (1986) The Knowledge Industry in the United States, 1960-1980. New Haven. Yale University Press

Russell, Kathryn (1994/1997) *A Value Theoretic Approach to Childbirth and Reproductive Engineering.* In: Hennessey/Ingraham (1997). S. 328-344

Russell, Peter (1991) Die erwachende Erde. München. Heyne (engl. Original The Awakening Earth, The Global Brain. 1982)

Sassen, Saskia (1991) The Global City. Princetion, New York. Princetion University Press.

Sassen, Saskia (1998) Globalization and its Discontents. New York. New Press

Schiller, Herbert (1981) Who Knows: Information in the Age of the Fortune 500. Norwood, NJ. Ablex

Schiller, Herbert (1983a) The Communications Revolution. Who Benefits? In: Media Development, 4. S. 18-20

Schiller, Herbert (1983b) The World Crisis and the New Information Technologies. In: Columbia Journal of World Business, 18 (1). S. 86-90

Schiller, Herbert (1984a) New Information Technologies and Old Objectives. In: Science and Public Policy, 12/1984. S. 382f

Schiller, Herbert (1984b) Information and the Crisis Economy. Norwood, NJ. Ablex

Schiller, Herbert (1987) Old Foundations for a New (Information) Age. In: Schement and Lievroux (Hrsg.) (1987) Competing Visions, Complex Realities. Aspects of the Information Society. Norwood, NJ. Ablex S. 23-31

Schiller, Herbert (1989a) Culture, Inc. The Corporate Takeover of Public Expression. New York. Oxford University Press

Schiller, Herbert (1989b) Communication in the Age of the Fortune 500. An Interview with Herbert Schiller. In: Afterimage, Nov. 1989

Schiller, Herbert (1991) Public Information Goes Corporate. In: Library Journal, 1 October. S. 42-45

Schiller, Herbert (1992) The Context of Our Work. In: Société Francaise des Sciences de l'Information et de la Communication. Hutième Congrès National, Lille, 21st May 1992. S. 1-6

Schiller, Anita/Schiller, Herbert (1982) Who Can Own What America Knows? In: The Nation, 17th April. S. 461-463

Schumpeter, Joseph Alois (1911/1993) Die Theorie der wirtschaftlichen Entwicklung. Eine Untersuchung über Unternehmergewinn, Kapital, Kredit, Zins und den Konjunkturzyklus. Berlin. Duncker + Humblot

Schumpeter, Joseph Alois (1934) The Theory of Economic Development. Cambridge. Harvard University Press

Schumpeter, Joseph Alois (1939) Business Cycles. A Theoretical, Historical and Statistical Analysis of the Capitalist Process. London/New York. McGraw-Hill

Schumpeter, Joseph Alois (1942) Capitalism, Socialism and Democracy. New York. Harper & Brothers

Stehr, Nico (1994) Arbeit, Eigentum und Wissen. Zur Theorie von Wissensgesellschaften. Frankfurt am Main

Stock, Gregory (1993) Metaman. The Merging of Humans and Machines into a Global Superorganism. New York. Simon & Schuster

Stonier, Tom (1992) Beyond Information: Information. The Natural History of Intelligence. London u.a. Springer

Thompson, Edward P. (1961) *Review of Raymond Williams' The Long Revolution*. In: Munns, Jessica/ Rajan, Gita (Eds.) (1995) *A Cultural Studies Reader*. London. S. 155-162

Toffler, Alvin (1980) Die Dritte Welle. Perspektiven für die Gesellschaft des 21. Jahrhunderts. München

Vattimo, Gianni (1989) The Transparent Society. Cambridge. Polity

Wajcman, Judy (1994) *Technik und Geschlecht. Die feministische Technikdebatte*. Frankfurt am Main/ New York. Campus

Werlhof, Claudia von (1996) *Der Leerkörper. Leibeigenschaft - Leibeigentum - Körperschaft*. In: Werlhof, Claudia von (1996) *Mutterlos. Frauen im Patriarchat zwischen Angleichung und Dissidenz*. München. Frauenoffensive. S. 85-95

Wells, H.G. (1938) World Brain. London. Metheun

Williams, Raymond (1961) *The Long Revolution*. London/New York. Columbia University Press.

Willke, Helmut (1996) Ironie des Staates. Grundlinien einer Staatstheorie polyzentrischer Gesellschaft. Frankfurt am Main

Zinn, Karl Georg (1994) Die Wirtschaftskrise. Wachstum oder Stagnation. Zum ökonomischen Grundproblem reifer Volkswirtschaften. Mannheim/Leipzig/Wien/Zürich. BI-Taschenbuchverlag.

8. Informationstechnik und Informationsgesellschaft

In diesem abschließenden Kapitel soll der Zusammenhang von neuen Informationstechnologien und gesellschaftlichen Umbrüchen verdeutlicht werden. Es werden zunächst einige Theorien vorgestellt, die sich mit diesem Zusammenhang näher beschäftigt haben. Zur Kategorisierung übernehmen wir aus Kapitel II.6. die Unterscheidung zwischen Technikoptimismus (8.1.), Technikpessimismus (8.2.) und Dialektik (8.3.). Es geht in diesem Kapitel um den Zusammenhang von neuen Medien und gesellschaftlicher Entwicklung.

Medien und kapitalistische Entwicklung
In der modernen, kapitalistischen Gesellschaft erfüllen Medien bestimmte Zwecke. Die Entwicklung der technischen Medien wurde vorangetrieben, um die ökonomische Produktion effizienter zu organisieren. Eine treibende Kraft bei der Entwicklung dieser Medien ist also die Kapitalakkumulation und das Streben nach einer möglichst effizienten ökonomischen Organisationsweise. Mit der Ausweitung der Reichweite technischer Medien (Eisenbahn, Telegraph, Verkehrssysteme, Massentransportmittel, Telephon, Radio, Auto, Flugzeug, Fernsehen, Fax, Computer etc.) können soziale Beziehungen immer flexibler gehandhabt werden. Da ein ökonomisches und militärisches Interesse an diesen Technologien besteht, bedeutet die Entwicklung dieser Medien auch die Globalisierung des Kapitalismus. Anthony Giddens (1985) hat gezeigt, dass die Herausbildung und Ausweitung des Kapitalismus parallel zur Ausbildung und Weiterentwicklung staatlicher Überwachungsmechanismen verlaufen ist. Hier handelt es sich einerseits um Organisationsmethoden (Volkszählung, Gesundheits- und Bevölkerungsstatistiken, Melderegister), andererseits um Disziplinarmethoden, die die politische Kontrolle der Bevölkerung ermöglichen. Die Entwicklung moderner Medien hat daher auch mit politischen und ideologischen Interessen zu tun. Dabei spielt das militärische Interesse eine wesentliche Rolle, wenn die globale Durchsetzung bestimmter herrschender Interessen auf militärisch effiziente Technologien angewiesen ist.

Die Massenmedien
In dem auf Massenproduktion und Massenkonsum basierenden fordistischen Entwicklungsmodell des Kapitalismus haben sich die Massenmedien als eigenständiges gesellschaftliches Subsystem herausgebildet. Die Anfänge sind schon früher durch das Pressewesen gegeben, durch Funk, Film und Fernsehen wurde diese Entwicklung vorangetrieben. Im System der Massenmedien werden Ideologien produziert und verbreitet, es ist ein Diffusionskanal von Wissen. Daher können Massenmedien als ein Subsystem des kulturellen Teilsystems der kapitalistischen Gesellschaft erachtet werden. Massenmedien organisieren sich um bestimmte technische Medien (Druckerpresse, Funktechnik, Fernsehtechnik, Computer), die in soziale Institutionen eingebettet werden. Massenmedien bezeichnen daher nicht bestimmte Technologien, sondern soziale Gefüge, die sich zur Zielerreichung technischer Medien bedienen. Die Massenmedien sind mit den gesellschaftlichen Subsystemen Ökonomie, Politik und Technik eng verwoben, sie können ihre Ziele nur durch die Benutzung technischer, ökonomischer, politischer und kultureller Medien erreichen. Institutionen der

Massenmedien verfolgen ökonomische Zwecke und bedienen sich dazu technischer Medien. So wird etwa Wissen als Ware verkauft (Software, Videos, Filme, Bücher, CDs, DVDs etc.), wobei man sich der einfachen Kopierbarkeit von Wissen bedient. Die massenmediale Verwertung und Kommodifizierung symbolischer Formen zielt in direkter oder indirekter Weise auf Kapitalakkumulation ab. In direkter Weise erfolgt dies durch den Verkauf von Informationswaren, in indirekter Form durch den Verkauf von Werbemöglichkeiten (Werbung im Fernsehen, Banner-Werbung im Internet). Durch den Aufstieg der neuen elektronischen Massenmedien, die auf dem Computer als Leittechnologie basieren, sind neue Formen der Kapitalakkumulation entstanden wie digitales Pay-per-View-Fernsehen oder Online-Shopping.

Von *Massen*medien kann gesprochen werden, wenn Technologien benutzt werden, mit Hilfe derer eine möglichst große Anzahl an Menschen erreicht werden soll. Charakteristisch für die derzeitigen kapitalistischen Verankerung der Massenmedien, dass die Inhalte von einer relativ kleinen Anzahl an Menschen kontrolliert werden, während der Empfängerkreis wesentlich größer ist. Die Massenmedien haben also zumeist einen elitären Charakter, der der Befestigung dominierender ökonomischer und politischer Interessen dient. Traditionellerweise funktionierten die Massenmedien in einer Richtung vom Sender zum Empfänger und erlaubten nur ein geringes Maß an Interaktivität (one-to-many-Kommunikation). Gewisse interaktive, rückkoppelnde Elemente wie der Leserbrief sind aber schon seit langem vorhanden. Durch die Kombination von Computer und Netzwerktechnologie wurde many-to-many-Kommunikation möglich, und das traditionelle Schema der Massenmedien wurde aufgebrochen. Dies ermöglicht einerseits alternative Verwendungsweisen moderner Medien, andererseits bedienen sich auch die herrschenden Massenmedien interaktiver Elemente für ihre Zwecke. Interaktivität ist z.B. durch Diskussionsforen, Gewinnspiele, spezielle Internetdiskussionen, Chats, Wunschprogramme, Telefonspiele, spezielle Internetangebote zu Filmen, Sendungen, Radioprogrammen etc. gegeben. Klassische Medien wie Zeitungen, Radio und Fernsehen nutzen die interaktiven und multimedialen Dimensionen des Internets und der Computertechnologie, um das Interesse und die Aufmerksamkeit der Massen zu wecken. Die wesentlichen Entscheidungen werden in Unterhaltungsunternehmen weiter von einer Elite getroffen.

Eine Unterscheidung in Untersegmente der Massenmedien wie Printmedien, Film, Radio und Fernsehen ist heute nicht mehr sinnvoll, da es zur Konvergenz der Leittechnologien und der Medieninstitutionen kommt. Durch Digitalisierung und Vernetzung ist es möglich, mehrere klassische Medien durch den Computer zu vereinen. Eine derartige Kombination von Schrift, Ton, Bild, Film, Musik, Kommunikation und Körper[52] ermöglicht die multimediale Dimension der Massenmedien. Das Internet als neues technisches Medium ist ein typischer Ausdruck dieser Konvergenz von Medien und Technologien. Diese technische Konvergenz machen sich Medienorganisationen zu nutze, um eine möglichst weite Verbreitung ihrer Inhalte zu erreichen. Bei der institutionellen Konvergenz kommt es zur Konvergenz unterschiedlicher Märkte und Insti-

---

52. Körperliche Reaktionsweisen wurden bereits beim klassischen Computerspiel ins Medium eingebunden, durch Virtual Reality-Anwendungen wie dem Datenanzug oder der Cyberbrille erfolgt eine weitere technische Einbindung der Körperreaktion ins multimediale System.

tutionen. Monopolisierung ist ein wesentlicher Aspekt der Massenmedien. Dadurch kommt es zur Konvergenz verschiedener Märkte. So sind etwa Medienkonzerne bestrebt, nicht nur in einem, sondern in vielen Bereichen, Fuß zu fassen und nicht nur Inhalte (Film, Musik, Videos, Bücher, TV-Serien etc.) anzubieten, sondern auch als entsprechende Distributionskanäle und Provider (Verkäufer, Fernsehsender, Kinoketten etc.) aufzutreten. Ein Beispiel dafür ist etwa die Fusion des Unterhaltungsproduzenten Walt Disney mit dem US-amerikanischen TV-Netzwerk Capital Cities/ABC Network Ende der 1990er Jahre. Aus solchen Fusionen und Konvergenzen ergibt sich auch die Gefahr einer verstärkten Kontrolle und Lenkung des Kauf- und Konsumverhaltens und politischer Meinungen.

Das System der Massenmedien ist heute zwar technisch multimedial, aber institutionell wird es von einigen großen, global agierenden Multimediakonzernen dominiert, die in so unterschiedlichen Bereichen wie Software, Internet, Film, Sendestationen, Musik etc. *gleichzeitig* auftreten. Die Massenmedien werden weltweit von wenigen großen Konzernen beherrscht. Der größte ist Time Warner Inc., der durch eine Fusion zwischen Time und Warner 1989 und Time Warner und Turner Broadcasting 1996 entstand. 2000 fusionierte AOL, der größte Internetprovider, mit Time Warner, dem größten Medien- und Unterhaltungsunternehmen. So entstand AOL Time Warner.
Die Massenmedien sind kapitalistisch geprägt und verfolgen bis zu einem bestimmten Grad ökonomische Zwecke. Dieter Prokop (2002) spricht daher vom Medien-Kapitalismus: „Das heutige ‚Mediensystem' besteht aus supranationalen Konzernen. Man muss es ‚kapitalistisch' nennen, weil der Zweck die Erzielung von Mehrwert, vor allem von shareholder value ist. [...] Der Medien-Weltmarkt hat die Form eines Oligopols: Weltweit beherrschen supranationale, in den USA ansässige Medienkonzerne – AOL Time Warner, Disney, Viacom, Bertelsmann, Murdoch, AT&T, Sony, Seagram, etc. – einen Primärmarkt der teuren Attraktionen, und hierfür verlangen sie von den Rechte-Verwertern oder vom Publikum Höchstpreise: Daneben gibt es viele kleinere Firmen, die sich den Sekundärmarkt der Special-Interest-Programme teilen, die sich für die Großen nicht lohnen. Weltweit läuft das Konzerne-Aufkaufs-Karussell auf Hochtouren: Kapitalkräftige Konzerne kaufen Musik-, Film- und Fernseh-Konzerne auf; die kleineren bilden übernationale Produktionsgemeinschaften für Koproduktionen; die Medien-Konzerne investieren Milliarden in neue Distributionsformen wie digitale Satellitentechnik und Multimedia/Internet. Ihre Bereitschaft wird durch die allgemeine Deregulierungspolitik gefördert" (Prokop 2002, S. 11, 184).

Die Auflösung von Systemgrenzen und die Hybridisierung im Medienbereich können unter den Begriff „Mediamatik" (Latzer 1997, 2000) gefasst werden. Aus der Konvergenz von Telekommunikation (alle Formen der Datenübertragung in analoger Weise über Netze) und Informatik entstand der Bereich der Telematik, in dem es um die digitale Datenübertragung mit Hilfe von computerbasierten Informations- und Kommunikationstechnologien geht. Der Begriff „Mediamatik" verweist auf die technische, inhaltliche und ökonomische Konvergenz von Telekommunikation, Computer und klassischen Medien (Film, Rundfunk, Fernsehen, Printmedien)[53]. Mediamatik ist das

---

53. Latzer (1997) führt hier nur das elektronische Medium Rundfunk an. Gerade die global agierenden Unterhaltungskonzerne zeigen aber, dass Konvergenzprozesse darüber hinausgehen.

Produkt aus einer Kombination der technisch-ökonomischen und politischen Trends der Digitalisierung, Liberalisierung, Konvergenz und Globalisierung im Kommunikationssektor.

Das Beispiel der Unterhaltungskonzerne zeigt, dass gesellschaftliche Medien nicht getrennt voneinander operieren. Menschen greifen in ihrem Alltag permanent auf unterschiedliche Medien zurück (oft auch gleichzeitig), um ihr Leben zu organisieren und Ziele zu erreichen. Technologien, organisierte natürliche Ressourcen, Eigentum, Entscheidungsmacht und Definitionen existieren nicht unabhängig voneinander, sondern bilden als Totalität Strukturmerkmale aller sozialer Systeme. Zur sozialen Existenz muss der Mensch also unterschiedliche Medien einsetzen, technische Medien (Sprache, Schrift, Computer etc.) genauso wie kulturelle (Normen, Werte, Wissen), ökonomische (Produkte, Geld etc.) und politische (Gesetze, Mechanismen zur politischen Meinungsbildung und Mitbestimmung etc.). Das System der Massenmedien verankert technische Medien institutionell, es kann aber ebenfalls nur mit Hilfe ökonomischer, politischer und kultureller Medien funktionieren. Sein Ziel ist die massenhafte Verbreitung von bestimmtem Wissen, das oft ideologische und ökonomische Form annimmt und durch ökonomische, politische und ideologische Interessen stark geprägt ist.

Medienoptimismus, Medienpessimismus, Mediendialektik
In bezug auf die Bewertung der gesellschaftlichen Änderungen, die durch Medien ausgelöst werden, lassen sich drei Positionen unterscheiden: Medienoptimismus (neue Medien verbessern zwangsläufig das menschliche Dasein), Medienpessimismus (neue Medien verschlechtern zwangsläufig das menschliche Dasein) und Mediendialektik (die Auswirkungen neuer Medien sind abhängig von politischer Gestaltung.

8.1. Optimismus: Herbert Marshall McLuhan

Herbert Marshall McLuhan (1995) unterscheidet vier geschichtliche Epochen: orale Stammeskultur, literale Manuskriptkultur, Gutenberg-Galaxis und das elektronische Zeitalter. Für den Übergang sei jeweils ein neues Medium verantwortlich: Schrift, Buchdruck und Elektrizität. Die orale Kultur habe auf Sprache als zentralem Medium basiert, das Ohr sei das wichtigste Sinnesorgan gewesen. Die phonetische Schrift habe die Dominanz des Ohres in der Wahrnehmung beendet und Visualität in den Vordergrund gestellt. Das handgeschriebene Buch sei in diesem Zeitalter von großer Bedeutung gewesen, es wurde laut gelesen und aktiv zugehört, daher habe ein Zusammenspiel von Sehen und Gehör stattgefunden.

Durch Gutenbergs Erfindung des Buchdrucks (1450) sei es zu tiefgreifenden gesellschaftlichen Veränderungen gekommen (vgl. Tab. 1). Es sei zur Mechanisierung der Schreibkunst gekommen, Bewegungen seien in statische Abfolge gebracht worden, dies sei Ausgangspunkt der industriellen Mechanisierung gewesen, das gedruckte Buch gilt als das erste uniforme Massenprodukt. Der Druck fördere eine Zentrierung auf das Auge und eine Dominanz des Visuellen. Der Starrheit und Methode der Zerlegung habe zum Reduktionismus in den Wissenschaften und Nationalismus in der Politik geführt. Die vereinheitlichende Tendenz des Buchdrucks habe zu fixen grammatikalischen und orthographischen Regeln geführt, auf deren Basis Nationalbewusstsein und -literatur entstehen hätte können.

Durch die Erfindung der Elektrizität sei es zu tiefgreifenden gesellschaftlichen Veränderungen gekommen und der Übergang ins globale, elektronische Zeitalter eingeleitet worden (vgl. Tab. 1). Durch diese Technik würde der Atomismus aufgebrochen und an seine Stelle würden organische Einheiten und ineinandergreifende Abläufe treten. Das elektrische Netz sei ein Modell des menschlichen ZNS, durch die neue Technik sei ein bewusstes Erfassen und Ordnen durch den Menschen gefordert. Das 20. Jahrhundert sei ein Zeitalter des Übergangs, die alte, starre Weltordnung sei noch nicht verschwunden, aber es würde bereits Aufbrüche in ein neues Zeitalter geben. Das Netzwerkdenken und die Netzwerktechnik würden räumliche und zeitliche Distanzen überwinden und damit die Welt zu einem Dorf zusammenziehen. „Unsere heutige Beschleunigung ist nicht eine Zeitlupenexplosion vom Zentrum hinaus zur Peripherie, sondern eine augenblickliche Implosion und Verquickung von Raum und Funktionen. Unsere spezialisierte und atomisierte Zivilisation vom Zentrum-Peripherie-Typus erlebt nun plötzlich, wie alle ihre Maschinenteilchen auf der Stelle zu einem organischen Ganzen neu zusammengesetzt werden. Das ist die neue Welt des globalen Dorfes" (McLuhan 1992, S. 113). Das Fernsehen als Netzwerktechnologie erlaube die aktive Partizipation aller am politischen Geschehen. Information werde zu einem zentralen gesellschaftlichen Prinzip, in der Ökonomie habe Arbeit mit Information und Lernen zu tun und alle Formen von Reichtum seien das Ergebnis von Informationsbewegungen (McLuhan 1992, S. 76). Diese Entwicklung sei noch nicht erreicht, deute sich jedoch bereits an. Das Zeitalter der Automation sei eine positive Vision einer Welt, in der die Menschheit von Lernen und Wissen bestimmt wird und Produkte ausschließlich durch Programmierung entstehen. Die natürlichen Zwänge wären überwunden, an die Stelle von Arbeit trete Kunst und Kreativität (edd, S. 76f, 393ff). Das elektronische Zeitalter ist für McLuhan eine positive Vision, die sich durch die technischen Entwicklungen realisiere.

Medium	Buchdruck (Gutenberg Galaxis)	Elektrizität (Global Village, elektronisches Zeitalter)
Ökonomie	industrielle Mechanisierung, Massenproduktion	Informationsökonomie
Politik	Nationalstaat und Nationalismus	Globalisierung, Welt als globales Dorf, Partizipation
Kultur	Reduktionismus als wissenschaftliche Methode, Reduktion der Sinneserfahrung auf das Auge, Vereinheitlichung, mechanistisches Weltbild	Ganzheitlichkeit, organische Einheiten, Netzwerklogik

Tab. 8.1.: Gesellschaftliche Wirkungen von Medien bei Marshall McLuhan

McLuhan überschätzt die Wirkungen von technischen Medien, ökonomische, politische und kulturelle Entwicklungen leitet er aus technischen Innovationen ab. Seine Theorie ist daher eine technikdeterministische, die übersieht, dass Medien nicht rein zufällig entstehen und automatisch bestimmte Folgen nach sich ziehen. Technikentwicklung ist vielmehr durch ökonomische, politische und kulturelle Kräfte und Interessen bestimmt, daher entstehen neue Medien eher geplant als rein zufällig. Die genauen Wirkungen der Technologien sind ebenfalls größtenteils nicht in der Technologie selbst angelegt, sondern in der ökonomischen, politischen und kulturellen Gestaltung der Technik. Bei McLuhan führt die Elektrizität zwangsläufig zu einer freien Gesellschaft, tatsächlich ist dies aber keine Selbstverständlichkeit. McLuhans Geschichtsauffassung ist daher nicht nur technikzentriert, sondern er geht auch von eindeutigen, deterministischen Wirkungen der Technologien aus. Tatsächlich können moderne Technologien den Menschen von harter Arbeit und Mühsal befreien, sie können aber auch sein Unglück und seine Mühsal verlängern und verstärken. Unter den herrschenden kapitalistischen Bedingungen ergeben sich durch den Technikeinsatz viele gesellschaftliche Probleme (wie Arbeitslosigkeit etc.), McLuhans Technikoptimismus übersieht die *heutigen* negativen Auswirkungen des Technikeinsatzes. „Unfähig zu jeder Theoriebildung, bringt McLuhan sein Material nicht auf den Begriff sondern auf den Generalnenner einer reaktionären Heilslehre" (Enzensberger 1970, S. 121).

8.2. Pessimismus: Neil Postman und Paul Virilio

Neil Postman (1992, 1995) konstatiert ähnliche Bedeutungen und Auswirkungen der Medien, bewertet diese jedoch ganz anders als McLuhan. Medien seien Metaphern, die unser Leben stillschweigend verändern. Das wichtigste Medium sei die Sprache. Die Medien-Metaphern würden den Inhalt unserer Kultur schaffen. Ein Medium sei ein Behälter von Information und eine Ersatzsprache, die den Inhalt auf bestimme Weise übersetzt. Grundsätzliche gesellschaftliche Veränderungen seien durch drei Medienrevolutionen ausgelöst worden: jener des Buchdrucks, der optisch-elektronischen Medien und der Computer.

Der Buchdruck habe sehr positive Auswirkungen gehabt, der Mensch sei sich seiner Individualität bewusst geworden, das isolierte private Lesen habe individuelle Meinungsbildung ermöglicht, alte zentrale Wissensmonopole wie die Autorität der katholischen Kirche seien zerstört worden, durch die Standardisierung von Ortographie und Grammatik sei ein neuer Denkstil entstanden, Texte seien weit verbreitet und vereinfacht worden, was zu einer Demokratisierung und Explosion von Wissen geführt habe. Die Schule sei als Ort der vernünftigen Informationsvermittlung entstanden und Eltern hätten die Rolle von Wächtern, Beschützern und Pflegern der Informationsvermittlung bekommen. Vernunft und die Ausbildung der Nationalsprachen habe Institutionen erfordert – Nationalstaat und Demokratie.

Durch Erfindung und Einsatz des Telegraphen und der parallel dazu verlaufenden optischen Revolution sei die Gesellschaft grundlegend verändert worden: Information sei vom persönlichen Gut zur anonymen Ware geworden, über den Markt würden die

Menschen mit belanglosen Informationen überschwemmt und vermasst. Der moderne Massenmensch sei entstanden, der in Massenproduktion gefertigte, standardisierte Waren konsumiert. Das Fernsehen vereine elektronische und optische Revolution, durch das bildbestimmte Medium werde dem Menschen die intellektuelle Anstrengung genommen, er werde zum passiven Konsumenten ohne direkte aktive Reaktion. Die Politik werde zu einer Image-Politik, in der nicht mehr Inhalte, sondern Aussehen, Sympathie und Showbusiness zählen. An die Stelle der Vernunft trete Emotionalität und Oberflächlichkeit. Fernsehen sei rein gegenwartsbezogen, es setze die menschliche Erinnerung an die Vergangenheit und die Reflexion durch ständige Abwechslung, Schnelligkeit, Einfachheit und Neuigkeiten außer Kraft. Fernsehen infantilisiere die Menschen und Erwachsene würden nun wie Kinder nach direkter Bedürfnisbefriedigung streben und sich durch eine naive Infantilität auszeichnen. Die Menschen würden nun an eine einfache Käuflichkeit von Problemlösungen glauben. Das Fernsehen kenne keinen Respekt vor Privatsphäre und Intimität und zerstöre das Schamgefühl. In der Erziehung hätten früher Erwachsene Kinder Informationen bis zu bestimmten Zeitpunkten vorenthalten, um vernünftiges Denken beständig zu entwickeln. Heute seien alle Informationen für alle jederzeit zugänglich, was zu einem Zusammenbruch der Anstandsformen führe. Alles, was nicht amüsant sei, werde in der Kultur nun ignoriert und der Mensch würde sich dadurch zu Tode amüsieren. „Wenn ein Volk sich von Trivialitäten ablenken lässt, wenn das kulturelle Leben neu bestimmt wird als eine endlose Reihe von Unterhaltungsveranstaltungen, als gigantischer Amüsierbetrieb, wenn der öffentliche Diskurs zum unterschiedslosen Geplapper wird, kurz, wenn aus Bürgern Zuschauer werden und ihre öffentlichen Angelegenheiten zur Varieté-Nummer herunterkommen, dann ist die Nation in Gefahr – das Absterben der Kultur wird zur realen Bedrohung" (Postman 1992, S. 120).

Technik werde nun immer weniger hinterfragt und als eine Art Gott angesehen, es gebe keine Auseinandersetzung über positive und negative Auswirkungen. Der technische Fortschritt habe sich durch die Ausbreitung technischer Medien beständig zu einem kulturellen Paradigma ausgeweitet, das an die Stelle von Ethik, Moral und Religion die Technokratie, den Glauben an die technische Machbarkeit, setzt. Der Mensch solle laut dieser Ideologie für die Maschinen existieren, Entscheidungen würden nicht mehr dem Menschen überlassen, sondern durch Technokratien getroffen. Wenn alle Formen kulturellen Lebens der Herrschaft der Technik unterworfen sind, könne von einem Technopol gesprochen werden. Der Computer gelte dabei als die perfekte Maschine, Postman wendet dagegen ein, dass nur der Mensch Bedeutung, Gefühle, Erfahrungen und Empfindungen erzeuge. Der Mensch gelte nicht mehr als ein einzigartiges Wesen. Das Technopol bedeute „Kultur-AIDS": Anti-Information-Defekt-Syndrom. Man könne alles sagen und auf keinen Widerspruch stoßen, wenn man sich auf die Perfektheit der Experten, Maschinen und Wissenschaftler berufe.

Medium	Buchdruck (Zeitalter der Erörterung)	Optisch-elektronische Medien (Zeitalter des Showbusiness)
Ökonomie	Information als persönliches Gut	Information als Ware, Massenproduktion
Politik	Nationalsprache, Nationalstaaten, Demokratie	Image-Politik, Technokratie und Technopol
Kultur	Vernunft, Bewusstsein von Individualität, Aktivität, Zusammenbruch von Wissensmonopolen, Demokratisierung und Explosion des Wissens, Schule, Pädagogik, Vernunft	Emotionalität, Oberflächlichkeit, Massenmensch, Passivität, Zerstörung von Schamgefühl, Anstand und Privatsphäre

Tab. 8.2: Gesellschaftliche Wirkungen von Medien bei Neil Postman

Für McLuhan bedeutet der Buchdruck ein Zeitalter der Vereinheitlichung, Standardisierung und Vermassung. Die elektronischen Medien verbindet er mit Vernetzung, Partizipation und Kooperation. Für Postman hingegen bedeutet der Buchdruck ein Zeitalter der Vernunft und Individualität, das durch Staat und moralische Instanzen gesichert werde. Das Aufkommen des vermassten, passiven Menschen führt er auf die elektronischen Medien Fernsehen und Computer zurück. Beide Theoretiker übersehen, dass sowohl Buchdruck als auch elektronische Medien eingesetzt wurden, um kapitalistische Interessen voranzutreiben. Beide idealisieren eine jeweils durch ein bestimmtes Medium geprägte Zeit und sehen nicht, dass das entscheidende Kriterium die gesellschaftlichen Rahmenbedingungen des Medieneinsatzes sind. Buchdruck, Fernsehen und Computer haben weder automatisch positive, noch negative Auswirkungen. Fernsehen kann beispielsweise als Medium der einseitigen Informationsvermittlung genutzt werden, das Menschen ideologisch manipuliert, oder aber auch als offener Kanal, den jeder nutzen kann und der politische Aktivitäten und Dialoge in Gang setzt. Genauso können elektronische Netzwerke wie das Internet durch sinnlosen Informationsmüll, der auf Profitmaximierung und anspruchsloses Entertainment abzielt, verschmutzt werden, oder aber die Menschen politisch vernetzen und Diskussionen, Meinungsvielfalt, kulturellen Austausch etc. anregen. Es kommt also auf die politische Gestaltung und die Rahmenbedingungen des Medieneinsatzes an. Dies übersehen McLuhan und Postman, McLuhan ist einseitig optimistisch, Postmans Position lässt sich als konservativer Kulturpessimismus kennzeichnen. Beide übersehen die gesellschaftliche Einbettung der Medien und leiten fälschlicherweise aus technischen Entwicklungen gesellschaftliche Entwicklungen ab, die als zwangsläufige Automatismen betrachtet werden. Unberücksichtigt bleibt, dass viele der Probleme der modernen Gesellschaft ihren Ursprung nicht in der Technik selbst, sondern im Profitstreben und der Warenform haben.

Vorwiegend negative Auswirkungen von Medien sieht auch der französische postmoderne Theoretiker Paul Virilo (1978, 1986, 1992, 1993). Jedes Medium bewirke Veränderungen von Geschwindigkeiten. Durch den Aufstieg des Transportwesens im Rahmen der industriellen Revolution seien menschliche Beziehungen unabhängig von Tieren geworden. Die elektronischen Übertragungsmedien (Fernsehen, Funk, Video) würden durch Lichtgeschwindigkeit operieren und damit die Entfernungen zwischen Menschen auslöschen und physische Bewegung unnötig machen. Die modernen Medien würden den menschlichen Körper nicht verbessern, sondern den Menschen ausschließen. Vor allem die elektronischen Medien würden durch die Herstellung raum-zeitlicher Entfernung den Menschen von persönlichen, direkten Kontakten ausschließen. Die letzte, noch nicht vollständig vollzogene mediale Revolution, sei jene der Transplantationstechniken, die den Körper des Menschen maschinisieren würden. Die technischen Medien würden dann in den menschlichen Körper eingepflanzt, dieser werde technisch kolonialisiert und sein Verhalten schließlich von Außen gesteuert. All diese Entwicklungen würden auch militärische Ziele verfolgen, Medien würden benutzt, um die Wahrnehmung militärischer Institutionen zu verbessern und Krieg effizienter zu organisieren. Moderne Medien seien Kriegs-, Propaganda- und Manipulationsmittel. Durch die Echtzeitübermittlung von Information sei heute keine Zeit für ruhige, überlegte politische Entscheidungen, dies führe zum Ende der Demokratie, diesen Zustand bezeichnet Virilio mit der Kategorie des Transpolitischen. Durch die schnellen Informationsflüsse komme der menschliche Körper zum Stillstand, er werde von seiner Umwelt immer stärker abgeschlossen und immer schwerfälliger. Virilo spricht in diesem Zusammenhang vom rasenden Stillstand. Denkbar wäre, dass sich der Mensch gar nicht mehr bewegt, sondern nur mehr Knotenpunkt von Informationsflüssen ist und sich in rein virtuellen Realitäten bewegt. Die Medien würden den menschlichen Körper und seine Sinne zerstören.

8.3. Dialektik

Mediendialektik: Vilém Flusser
Eine ähnliche Utopie wie McLuhan hat Vilém Flusser (1996), allerdings teilt er weder McLuhans Optimismus, noch Postmans Pessimismus, und auch nicht den Technikdeterminismus beider. Flussers Einschätzung ist, dass die neuen Medien die Gesellschaft zerstören könnten und sie in eine sinnlose Informationsflut führen könnte, oder dass sie aber das menschliche Dasein positiv bereichern könnten.
Technische Bilder würden heute die bisher vorherrschenden linearen Bilder ersetzen, sie seien nulldimensional, da aus Punktelementen zusammengesetzt. Produzenten der Bilder seinen die Bediener der Apparate, die diese in Gang setzen. Flusser nennt sie die Einbildner. Durch die neuen Entwicklungen gerate die Geste des Suchens in eine Krise. Diese ziele darauf ab, unbelebte Gegenstände in eine Form zu bringen (informieren) und sie ökonomisch zu verwerten und den Menschen manipulativ zu informieren. Dadurch sei ein sich verselbständigender Apparat entstanden, die Technokratie. Flusser ist ein postmoderner Denker, der sich für die Aufgabe des Anspruchs auf absolutes Wissens und für Differenz ausspricht.

Flusser verwendet den Begriff Information im Sinn von etwas in eine Form bringen. Jede Arbeit bedeutet daher Informationsproduktion und Ordnung von Materie. Durch den Weltprozess entstehe jedoch Entropie, Unordnung. Niedrige Entropie bedeute Ordnung und Information, hohe Entropie Unordnung und Desinformation. Information ist für Flusser das Auftauchen des Unwahrscheinlichen. Der Mensch sei „ein Wesen, das gegen die sture Tendenz des Universums zur Desinformation engagiert ist. Seit der Mensch seine Hand gegen die ihn angehende Lebenswelt ausstreckt, um sie aufzuhalten, versucht er, auf seinen Umstand Informationen zu drücken. Seine Antwort auf den ‚Wärmetod' und den Tod schlechthin ist: ‚informieren'" (Flusser 1996, S. 23). Es gehöre als zum Wesen des Menschen, Information und Ordnung in die Welt zu bringen.

Der Mensch setze sich gegen die Entropie zu Wehr, heute könne er dazu auch die technischen Bilder benutzen, denn diese seien Staudämme von Informationen.

Für Flusser gibt es in jeder Gesellschaft Diskurse und Dialoge. Dialoge erzeugen Information, Diskurse verbreiten sie. Während der Schriftkultur habe es eine Balance von Dialogen und Diskursen gegeben, die eine politische Öffentlichkeit ermöglichte, in der man Informationen erhielt, die man als privates Individuum hinterfragen konnte, um neue Information herzustellen. Gesellschaften, in denen Diskurse dominieren, seien autoritär, da Dialoge fehlen. Dies sei z.B. in totalitär, faschistisch und katholisch regierten Staaten der Fall. Dialogische Gesellschaften seien hingegen revolutionär, alte Diskurse würden aufgebrochen und Neues entstehe.

Durch die technischen Bilder werde eine „telematische Gesellschaft" möglich. Telematik (Telekommunikation und Informatik) mache die Starrheit persönlicher Anwesenheit und nichtdigitale Information überflüssig. Diese Gesellschaft sei bisher noch Utopie, denn noch würden Diskurse dominieren und die Entfaltung der Telematik behindern. Telematik impliziere eigentlich die dialogische Vernetzung der Menschen und neue partizipative Formen der Politik, die auf Diskursen basierende Gesellschaft versuche, dies zu verhindern, um den Menschen in manipulativer Objekthaftigkeit zu halten. Das Problem seien nicht die Technologien, sondern ihre falsche Gestaltung, man könnte sie zu einer demokratischen Funktion umformen. Für Flusser ist die politische Gestaltung der entscheidende Faktor für die Auswirkungen des Technikeinsatzes. In einer telematischen Gesellschaft würde der Mensch dialogisch Information erzeugen. „Eine telematische Gesellschaft wäre ein dialogisches Spiel in methodischer Suche nach neuen Informationen. Diese disziplinierte Suche kann ‚Freiheit' genannt werden und die Richtung der Suche ‚Absicht'" (Flusser 1996, S. 103). Der Mensch könne dann das erste mal wirklich Mensch sein, und die telematische Gesellschaft wäre die erste tatsächlich freie Gesellschaft.

Die Politik werde in der telematischen Gesellschaft „kybernetisch" im Sinn von Selbststeuerung an Stelle von Autorität. Kybernetik bedeute „automatische Lenkung und Steuerung von komplexen Systemen, um unwahrscheinliche Zufälle auszubeuten und Informationen herzustellen" (Flusser 1996, S. 137). Schule, Feier, Akademie und Sabbat würden sich in der telematischen Gesellschaft verbinden, das Dasein werde zum feierlichen Dasein für den anderen. Der Mensch würde dann das Mit-anderen-in-der-Welt-Sein begreifen. Ökonomie bedeute dann eine Störung des Unterrichts, der Muße und des Lebens und wäre ein notwendiges Übel (159). Die Ökonomie werde weitgehend automatisiert sein und dem Menschen weit weniger Leiden zufügen. „Man wird weder arbeiten noch Werke schaffen, und in diesem Sinn wird sich die Gesellschaft der platonischen Utopie nähern: Alle werden Könige sein, alle werden in der Schule (Muße) leben, alle werden philosophieren. Und doch wird zufällig notwendigerweise die Sache manchmal nicht klappen. Notwendige Unfälle werden sich ereignen. Man wird leiden (und sterben)...Da solche Unfälle notwendig sind (voraussehbar, nicht überraschend, redundant), wird man versuchen, sie zu minimieren. Wahrscheinlich wird man dafür immer perfektere Methoden ausgearbeitet haben: Man wird immer seltener leiden und immer später sterben" (Flusser 1996, 162). Flusser sieht die Telematik als Möglichkeit der Realisierung einer kommunistischen Utopie an, obwohl er dies nicht explizit sagt. Wie Marx geht er davon aus, dass dann die entfremdete, harte Arbeit, der Zwang und die Notwendigkeit verschwinde, der Mensch sich frei auseinandersetzen und vielseitig betätigen könne. Marx sprach in diesem Zusammenhang vom allseitigen Individuum: Heute „hat Jeder einen bestimmten ausschließlichen Kreis der Tätigkeit, der ihm aufgedrängt wird, aus dem er nicht heraus kann; er ist Jäger, Fischer oder Hirt oder kritischer Kritiker und muss es bleiben, wenn er nicht die Mittel zum Leben verlieren will - während in der kommunistischen Gesellschaft, wo Jeder nicht einen ausschließlichen Kreis der Tätigkeit hat, sondern sich in jedem beliebigen Zweige ausbilden kann, die Gesellschaft die allgemeine Produktion regelt und mir eben dadurch möglich macht, heute dies, morgen jenes zu tun, morgens zu jagen, nachmittags zu fischen, abends Viehzucht zu treiben, nach dem Essen zu kritisieren, wie ich gerade Lust habe, ohne je Jäger, Fischer, Hirt oder Kritiker zu werden" (Marx/Engels 1846, S. 33).

Erst in einer menschenwürdigen, humanen, telematischen Gesellschaft würden Medien ihren Namen als Mittel mit der Fähigkeit zur Vermittlung verdienen. „Doch stünde im Kern einer derartigen Gesellschaft nicht mehr der Verkehr zwischen Bild und Mensch, sondern der Verkehr zwischen Mensch und Mensch durch Bilder. Und erst dann würden die 'Medien' ihren Namen verdienen, den sie sich gegenwärtig zu unrecht anmaßen. Dann erst nämlich würden sie Menschen mit Menschen verbinden, etwa wie die Nervenstränge die Nervenzellen miteinander verbinden" (Flusser 1996, S. 75).
Heute würden im Zentrum der Gesellschaft die Sender stehen, sie würden dazu auch technische Bilder benützen. Es bestehe ein Mangel an Dialog und eine einseitige Form der Kommunikation. Die Medien wären von den Zentren, den Sendern, ausgestrahlte Bündel. Bündel heisst lateinisch "fasces", die Gesellschaft sei wegen der gegenwärtigen Schaltung der Bilder daher heute fascistisch.

Wird das Verhältnis von Informationstechnik und Informationsgesellschaft dialektisch verstanden, so bedeutet dies, dass die Ambivalenz der Wirkungsweisen neuer Medien berücksichtigt werden müssen. Wir haben es also nicht ausschließlich mit Chancen *oder* Risiken zu tun, sondern mit gesellschaftlichen Antagonismen, in die der Technikeinsatz eingebettet ist, und die zugleich in Chancen *und* Risiken resultieren. In Kapitel II.7.3. haben wir mehrere Widersprüche identifiziert, die die Informationsgesellschaft prägen. Wir möchten nun drei davon genauer erläutern: den ökonomischen Widerspruch zwischen Monopolisierung und Open Source (8.3.1.), den politischen Widerspruch zwischen Überwachung und Partizipation (Big Brother VS. E-Democracy) (8.3.2.) und den kulturellen Widerspruch zwischen falschem Bewusstsein und Noosphäre (8.3.3). Während sich durch diese Transformationen grundsätzlich Möglichkeiten ergeben würden, die die Verbesserung der Lebensbedingungen aller Menschen nahe legen würden, kommt es tatsächlich vielfach zur Verstärkung von Ungleichheiten und der Monopolisierung von Macht.

8.3.1. Ökonomie: Monopolisierung VS. Open Source

Ökonomisch zeigen sich in der Informationsgesellschaft u.a. eine Tertiarisierung, Technisierung und Rationalisierung der Produktion, eine flexible und dezentrale Produktionsweise und Wissen als ein immer bedeutender werdender Produktionsfaktor. Dies bedeutet sowohl Chancen als auch Risiken. Kennzeichnend ist dabei ein Antagonismus zwischen Wissen als Ressource und als Ware (bzw. zwischen Open Source und Kommerz). Während die immer Verfügbarkeit neuer Gebrauchsgüter grundsätzlich durchwegs positive Effekte der Wohlstandssteigerung mit sich bringt, entstehen durch die Warenform dieser Güter neue Probleme wie die ungleiche Verteilung und Monopolisierung von Ressourcen, Wissen und Macht. Eine Ware ist ein Gut, das verkauft wird, damit Profit entstehen kann. Im Kapitalismus tritt der Aspekt des Gebrauchswerts (d.h. die Nützlichkeit der Produkte) hinter jenen des Tauschwerts (die Warenform der Produkte) zurück. Dieser Antagonismus zwischen Gebrauchswert und Tauschwert zeigt sich in der Informationsgesellschaft vor allem auch in bezug auf das Wissen, das zu einem immer bedeutenderen gesellschaftlichen Faktor wird.

8.3.1.1. Die Tertiarisierung, Technisierung und Rationalisierung der Produktion

Tertiarisierung
In den letzten Jahrzehnten hat eine immer stärkere Verlagerung der Tätigkeiten vom primären und sekundären ökonomischen Bereich in den Dienstleistungssektor stattgefunden (Tertiarisierung). Der primäre Sektor Landwirtschaft nimmt ab (meist unter 10 Prozent der Beschäftigten sind darin tätig), der sekundäre, warenproduzierende Sektor ist rückläufig (und beläuft sich meist um die 30 Prozent), während der Dienstleistungssektor immer größer wird (60 bis 70 Prozent). Es kann daraus aber nicht automatisch gefolgert werden, dass deshalb heute ein Übergang zu einer nachindustriellen Gesellschaft (Bell 1976) stattfindet. Vielmehr entspringt diese Veränderung der Logik der ökonomischen Entwicklung. Daraus entsteht ein Zwang für die Unternehmen, die Produktivität permanent zu steigern, also immer mehr in immer kürzerer Zeit zu produzieren. Es ergeben sich die Automatisierung und der technische Fortschritt als Sachzwänge. Resultat ist auch, dass immer weniger menschliche Arbeitskraft benötigt wird, um Waren zu produzieren, die Masse der im industriellen Bereich verausgabten Arbeit nimmt ab. Durch die mikroelektronische Revolution und die Computerisierung der Arbeit werden diese Entwicklungen beschleunigt.

Jobwunder Dienstleistungsbereich?
Die Ausweitung des Dienstleistungssektors stellt nun einerseits den Versuch dar, freigesetzte Arbeitende zu absorbieren und andererseits wird nach neuen Investitionsterritorien gesucht, die es ermöglichen sollen, die anhaltende ökonomische Krise in den Griff zu bekommen. Es erscheint zumindest fraglich, ob der Dienstleistungsbereich das Phänomen der Massenarbeitslosigkeit kompensieren kann, denn auch er unterliegt Rationalisierungstendenzen (denken wir z.B. an den Bereich der Versicherungen und Banken, an Internetversand, E-Commerce, Kassenautomaten, Kundenkarten, Scannerkassen, Online-Banking, Point of Sale- und Point of Interest-Applikationen etc.), es zeigt sich ein Qualifikationsproblem (die Rationalisierungsopfer sind vorwiegend Menschen in niedrig qualifizierten Bereichen, die einfach automatisiert werden können, da standardisierte Tätigkeiten maschinell einfach in der Form von if..then..else-Verzweigungen dargestellt werden können; die neu entstehenden Jobs in der New Economy verlangen aber

zumeist hohe Qualifikationen) und es entsteht das Problem, dass mit dem Anstieg der Arbeitslosigkeit aus Käufern Nichtkäufer werden, woraus sich eine Verstärkung von Nachfrageschwierigkeiten und Realisierungsproblemen in verschiedenen ökonomischen Bereichen ergeben kann.

Dass die ökonomische Krise des Weltsystems weiter anhält zeigt sich daran, dass das Wachstum des Bruttoinlandsprodukts der westlichen Länder und der Profitraten heute wesentlich geringer ist als im „Goldenen Zeitalters" des Fordismus, in dem von einer immerwährenden Prosperität geträumt wurde. Aus fallenden Profitraten ergibt sich die Suche nach neuen Investitionsbereichen. Auch dies ist ein Grund für den Boom des Dienstleistungsbereiches und dabei vor allem der Softtwareindustrie, des E-Commerces, der Lizenzvergabe und den sonstigen Bereichen der New Economy. In der Tat zeigen sich hier extrem hohe Wachstumsraten, die Hoffnungen auf einen gesamtökonomischen Aufschwung aufkommen lassen. Allerdings sollte bedacht werden, dass die New Economy ein Bereich ist, der vor allem weiter dazu beiträgt, dass im Rahmen der Automatisierung lebendige Arbeit durch tote ersetzt wird. Dem von Marx formulierten Wertgesetz (vgl. Marx 1867, S. 54f) zu Folge schafft jedoch nur lebendige Arbeit Wert. Daher erscheint es auch denkbar, dass der Boom der New Economy die Krise der „Old Economy" verschärft und dass die gesamtgesellschaftliche Krise weiter anhalten wird. Auch im Zuge der Pleitenwelle im New Economy-Bereich, die seit dem Jahr 2000 um sich greift, und durch die unlängst erfolgten Einbrüchen an den Technologiebörsen wurde deutlich, dass die New Economy selbst krisenanfällig ist. Die realökonomische Krise des Kapitalismus hat seit Mitte der 80er zu großen Hoffnungen in die New Economy geführt, was zu einem irrationalen Überschwang der Börsenwerte solcher Unternehmen an den Aktienmärkten geführt hat. Da diese fiktiven Werte aber kein reales Fundament haben, sondern einen Vorgriff auf erst zu akkumulierendes Kapital darstellen, ist eine gewaltige Finanzblase die Folge. Die Börsenwerte der New Economy-Unternehmen stimmen also meist nicht mit jenen realökonomischen Werten überein, die tatsächlich erzielt werden. Wenn sich die Hoffnungen auf hohe Gewinne schließlich nicht einstellen, platzt die Finanzblase langsam auf, es zeigen sich Panikwellen, die zu Rückzügen und Verkäufen führen, die Börsenkurse purzeln und Konkurse von New Economy-Unternehmen stellen sich ein.

Die Ambivalenz der Technisierung

Die Technisierung der Produktion führt zu wesentlichen Veränderungen. Dieser Prozess ist ein äußerst ambivalenter. Einerseits ermöglicht Rationalisierung dem Menschen neue Freiheitspotentiale, da sie grundsätzlich die Masse der gesellschaftlich notwendigen Arbeit, die der Mensch leisten muss, um seinen Wünschen entsprechend zu leben, immer weiter reduziert. Ein Leben, das sich durch ein Maximum an Freizeit und Freiheit für den Einzelnen auszeichnet, kann als wünschenswert erachtet werden. In der auf Warenform und Profit basierenden kapitalistischen Gesellschaft zeigt sich nun aber ein Antagonismus zwischen Technik und Wissen als Gebrauchsgütern und Waren. Während die Potentialität der Verbesserung der menschlichen Existenzbedingungen durch die Informatisierung gegeben ist, zeigt sich faktisch heute dadurch eine Zunahme gesellschaftlicher Probleme. So kommt es etwa zu einer Zunahme der Arbeitslosigkeit, einer Kluft zwischen gut bezahlten, hoch qualifizierten Jobs und schlecht bezahlten, prekären Jobs und immer stärkeren Unterschieden zwischen Arm und Reich.

Technisierung und Arbeitslosigkeit

So hat etwa in der BRD die Arbeitslosigkeit von 1980 etwa 900.000 Arbeitslosen auf 1990 2 Millionen, 1995 3,2 Millionen und 2000 4 Millionen zugenommen. In Frankreich erhöhte sich die Arbeitslosigkeit von 1980 etwa 1,5 Millionen auf 1995 nahezu 3 Millionen. Für andere westliche Staaten sind diese Zahlen ähnlich. Parallel dazu steigen die Reallöhne kaum an. „In der BRD hat die Lohnquote (der Anteil der Löhne am sogenannten Volkseinkommen) 1998 den niedrigsten Stand seit 1949 erreicht. In den USA sind die Reallöhne (also die reale, 'inflationsbereinigte' Kaufkraft der Löhne) in den 90er Jahren unter das Niveau der 70er Jahre gefallen" (Kurz 1999 , S. 673). „[...] das Bruttoinlandsprodukt der Vereinigten Staaten zwischen 1973 und 1993 real um 29 Prozent angestiegen ist, was die entsprechenden Produktivitätszuwächse widerspiegelt. Unter den abhängig Beschäftigten kamen die Lohnerhöhungen gleichwohl lediglich den 20 Prozent der bestverdienenden Lohnempfängern zugute, während die Mehrheit der US-Arbeiter - zum ersten Mal in der Geschichte des Landes - während zwei aufeinanderfolgender Jahrzehnte eine Reduzierung ihrer Reallöhne hinnehmen musste. Der Durchschnittslohn von männlichen Arbeitern in Vollzeitanstellung ist von 34.048 Dollar 1973 auf 30.407 Dollar 1993 gesunken" (Chomsky/Dieterich 1999, S. 91).

Eine Vielzahl von Arbeitsplätzen ist heute sozial schlecht abgesichert und niedrig bezahlt. Es wird daher von „prekären Jobs" gesprochen. 1994 waren z.B. 2/3 der in den USA geschaffenen Jobs extrem schlecht bezahlt, die Reduktion der Arbeitslosigkeit wurde vor allem auch dadurch erreicht, dass die Armutsfalle Teilzeitarbeit extrem ausgebaut wurde. So ist etwa der Beschäftigungsvermittlungsbetrieb Manpower, der vorwiegend auf prekäre Beschäftigungsverhätlnisse setzt, mit 560.000 Beschäftigten der größte Arbeitgeber der USA. 1993 arbeiteten mehr als 34 Millionen US-Amerikaner auf „Bedarf", teilzeit, freiberuflich, in Gelegenheitsjobs usw. Mehr als 25% der US-Arbeitnehmer haben einen zeitlich befristeten Arbeitsvertrag oder einen bzw. mehrere Teilzeitjobs (alle Daten nach Rifkin 1995).

Auch die Kluft zwischen Arm und Reich wird immer größer. So sind etwa in Österreich mehr als 1 Million Menschen armutsgefährdet. Das Gesamtvermögen der drei reichsten Milliardäre übersteigt das gemeinsame Bruttosozialprodukt der 48 ärmsten Länder. Die Einkommenskluft zwischen jenem Fünftel der Bevölkerung des kapitalistischen Weltsystems, das in den reichsten Ländern lebt, und dem Fünftel in den ärmsten Ländern hat sich zwischen 1990 und 1997 von 60 zu eins auf 74 zu eins ausgeweitet. Das Vermögen des reichsten Mannes der Welt (63 Milliarden Dollar) ist größer als das gesamte Jahreseinkommen der 31 ärmsten Länder. 1,2 Milliarden Menschen müssen von weniger als einem Dollar pro Tag leben, 2,8 Milliarden von weniger als zwei Dollar. Über eine Milliarde Menschen hat keinen Zugang zu sauberem Trinkwasser. An vermeidbaren Krankheiten sterben täglich 30.000 Kinder. 70 Prozent der Armen und zwei Drittel der AnalphabetInnen sind Frauen. 1999 betrug die Entwicklungshilfe westlicher Staaten 56 Milliarden Dollar. Im selben Jahr flossen jedoch 135 Milliarden Dollar Zinszahlungen von den Entwicklungsländern in die westlich-industrialisierten Länder (alle Angaben nach Der Standard, 4.9.2001). Diese gesellschaftlichen Probleme sind ebenfalls charakteristisch für die heutige Informationsgesellschaft und stellen große Risiken dar. Die Möglichkeiten, die sich durch die Informatisierung der Gesellschaft ergeben, werden offenbar nicht richtig realisiert, sondern es dominiert eine auf Profitinteressen basierende Durchsetzung der Informatisierung, die zur Verschärfung gesellschaftlicher Probleme führt.

In Ländern wie Australien, Frankreich, den Niederlanden, Deutschland, Italien, Schweden und Großbritannien betrugen die Arbeitslosenraten 1960-1970 immer 0,5%-3%, seit 1985 liegen ihre Arbeitslosenraten zwischen 7-12%. Zwischen 1980 und 1995 stieg die Zahl der Arbeitslosen in der BRD von 890.000 auf 3,2 Millionen, in Frankreich von 1,5 Millionen auf 3 Millionen, in Großbritannien von 1,5 Millionen auf 2,5 Millionen. Auch in Österreich zeigen die Arbeitslosenzahlen einen deutlichen Anstieg: 1975 58.400, 1985 139.500, 1995 215.700, 2002 240.000.

Parallel dazu hat sich die Produktivität westlicher Wirtschaften massiv erhöht. Die Produktivität der amerikanischen Wirtschaft hat sich von 1950 bis 1990 verdoppelt. Würde diese Produktivität bei gleich anhaltendem Wachstum auf Freizeit umgerechnet, so könnte die Arbeitswoche 6,5 Stunden kurz sein. In den USA wurde die im Jahr 1958 innerhalb einer Stunde produzierte Automenge im Jahr 2000 in weniger als 18 Minuten hergestellt. Und die 1987 in einer Stunde produzierten Computer wurden 2000 bereits in weniger als 3 Minuten gefertigt.

Daten zur Informatisierung und Computerisierung

Durch die Ausbreitung neuer Computer-, Informations- und Kommunikationstechnologien ergaben sich tiefgreifende gesellschaftliche Veränderungen. Zur Produktion einer Ware muss weniger Arbeitskraft aufgewendet werden als zuvor. Die notwendigen Arbeitskosten und Arbeitsstunden in der Industrie wurden dadurch in den letzten Jahrzehnten wesentlich gesenkt:

Die Arbeitskosten pro hergestellter Ware in der verarbeitenden Industrie reduzierten sich im Laufe der 90er-Jahre in den meisten westlichen Ländern um 10-40%: so etwa in USA, Norwegen um etwa 10%; in Kanada, der BRD um etwa 20%; in Korea, Belgien, Dänemark, Frankreich, Italien, Niederlanden um etwa 30%, in Schweden um etwa 40%, etwa gleichbleibend waren die Kosten in Japan und Großbritannien[54].

Die verausgabten Stundenzahlen in der verarbeitenden Industrie nahmen im Zeitraum 1979-2000 deutlich ab: USA −8,7%, Japan −14,5%, Belgien −26,1%, Frankreich −36,2%, Deutschland −28,4%, Italien −18,3%, Niederlande −17,8%, Norwegen −20,6%, Schweden −13,5%, Großbritannien −46,3%[55]..

---

54. BLS 2002a, Tab. 10
55. BLS 2002a, Tab. 4

Gleichzeitig nahm die industrielle Produktivität in diesen Ländern massiv zu. In den Jahren 1979-2000 wurden folgende Zunahmen der Produktivität pro Arbeiter in der verarbeitenden Industrie erzielt: USA +111,3%, Japan +96,4%, Belgien +119,2%, Dänemark +49,0%, Frankreich +89,9%, Deutschland +43,0%, Italien +78,2%, Niederlande +89,5%, Norwegen +30,8%, Schweden +137,0%, Großbritannien +102,8%[56].

Die Technisierung und ökonomische Globalisierung der Produktion resultierte in ökonomischen Vorteilen großer Unternehmen, gleichzeitig stieg die Arbeitslosigkeit in den westlichen Ländern stark an und zeigte sich ein sektoraler Strukturwandel der Ökonomie.

Die Arbeitslosenraten betrugen im gesamten EU-Raum während der 90er-Jahre meist um die 10%, zuletzt etwa 7,5%. In Ländern wie Deutschland, Italien, Frankreich, Finnland, Griechenland belief sie sich seit 1993 stets über 8%, in Spanien stets über 10% mit bis zu 25%[57]. In Ländern wie Australien, Japan, Frankreich, den Niederlanden, Deutschland, Italien, Schweden und Großbritannien lagen die Arbeitslosenraten zwischen 1960-1970 immer im Bereich von 0,5%-3%, seit 1985 gibt es in diesen Ländern (mit Ausnahme von Japan) permanent Arbeitslosenraten im Bereich von 7-12%[58]. In der BRD stieg die Zahl der Arbeitslosen von 1980 890.000 auf 1995 3,2 Millionen, in Frankreich im selben Zeitraum von 1,5 Millionen auf 3 Millionen, in Großbritannien von 1,5 Millionen auf 2,5 Millionen und in Japan von 1,1 auf 2,1 Millionen. Eine Ausnahme stellen die USA dar, wo durch eine massive Ausweitung prekärer Beschäftigungsverhältnisse und die Schaffung von Niedriglohnsektoren die offiziellen Arbeitslosenstatistiken in etwa gleich blieben, während jedoch die Armutsraten massiv zunahmen. Die Arbeitslosenzahlen in Österreich zeigen einen deutlichen Anstieg: 1975 58400, 1985 139500, 1995 215700, 2002 240000[59].

Die Technisierung und Informatisierung der Gesellschaft resultiert in sektoralem Strukturwandel. Der primäre Sektor Landwirtschaft nimmt ab (meist unter 10 Prozent der Beschäftigten sind darin tätig), der sekundäre, warenproduzierende Sektor ist rückläufig (und beläuft sich meist um die 30 Prozent), während der Dienstleistungssektor immer größer wird (60 bis 70 Prozent). Während 1960 in den westlichen Staaten etwa 10-30% der Beschäftigten in der Landwirtschaft, 30-45% in der Industrie und 35-55% im Dienstleistungssektor tätig waren, sind es 2000 in der Landwirtschaft 2-5%, in der Industrie 20-30% und im Dienstleistungsbereich 60-75%[60].

Im Bereich der Landwirtschaft nahmen die Beschäftigtenzahlen im Zeitraum 1960-2000 deutlich ab: USA −1,5%, Japan −47,4%, Frankreich −50,5%, Deutschland −24,5%, Italien −62,4%, Niederlande −15,1%, Schweden −49,6%, Großbritannien −36,0%[61].

Auch in der verarbeitenden Industrie nahmen die Beschäftigtenzahlen in den letzten 20 Jahren deutlich ab: so etwa in den USA im Zeitraum 1979-2000 um 12,5%, in Japan um 6,3%, in Belgien um 26,8%, in Dänemark um 3,2%, in Frankreich um 28,5%, in Deutschland um 18,3%, in Italien um 20,3%, in den Niederlanden um 14,9%, in Norwegen um 19,0%, in Schweden 23,7% und in Großbritannien um 41,5%[62].

Im Dienstleistungsbereich sind massive Zuwächse zu verzeichnen (1979-2000): USA +55,5 %, Australien +69,9%, Japan +39,3%, Frankreich +42,9%, Deutschland +69,1%, Italien +38,1%, Niederlande +67,5%, Schweden +19,3%, Großbritannien +35,4%[63].

Zusammenfassend kann also gesagt werden, die Informatisierung der Gesellschaft führt zu Produktivitätszuwächsen, einer Reduktion der Arbeitskosten und notwendigen Arbeitsstunden, einem starken Anstieg der Arbeitslosenzahlen und sektoralem Strukturwandel hin zu einer Dienstleistungsgesellschaft, in der keine Kompensation der ansteigenden Arbeitslosigkeit möglich ist. Das Zeitalter der Vollbeschäftigung ist unter diesen Bedingungen zu Ende, die Lohnarbeit steckt in einer Krise, die ein logisches Resultat der kapitalistischen Entwicklung darstellt.

Daten zur Prekarisierung der Arbeits- und Lebensverhältnisse

Das Profitwachstum wurde in den letzten beiden Jahrzehnten in den westlichen Industriestaaten auch durch die beständige Ausweitung einer neoliberalen Politik ermöglicht, die auf Niedriglohnpolitik, die

---

56. BLS 2002a, Tab. 2
57. BLS 2002b
58. BLS 2002b, Tab. 2
59. Wirtschaftskammer 2002, S. 26; Der Standard, 4.9.2002
60. BLS 2002b, Tab. 7
61. BLS 2002b, Tab. 6
62. BLS 2002a, Tab. 5
63. BLS 2002b, Tab. 6

Schaffung prekärer und atypischer Beschäftigungsverhältnisse und die Begünstigung von Reichen und Gruppen mit großer ökonomischer Macht setzt:

Ungleiches Wachstum von Lohn- und Kapiteleinkommen:

Kapitaleinkommen stiegen in den letzten 20 Jahren wesentlich stärker an als Lohneinkommen, die Verteilungsunterschiede nahmen dadurch zu. Während in den meisten westlichen Staaten die Löhne der Produktionsarbeiter in den Jahren 1980-2000 jährlich nur um durchschnittlich 2,5-4,5% stiegen, erhöhten sich die Profite im selben Zeitraum deutlich stärker[64].
So betrug etwa das Profitwachstum in den USA 1980-2000 jährlich durchschnittlich 7,6%[65], das durchschnittliche jährliches Wachstum der Löhne der Produktionsarbeiter 3,6%. Die durchschnittliche jährliche Ertragsrate betrug in Großbritannien 1980-2000 11,2%[66], das durchschnittliche jährliche Wachstum der Löhne der Produktionsarbeiter hingegen 4,0%.
Die Lohnquoten, also der Anteil der Personalkosten am Umsatz, haben in Europa in den Jahren 1981-1990 und noch stärker 1991-1998 deutlich abgenommen. In Österreich in den Jahren 1991-1998 betrug beispielsweise die durchschnittliche jährliche Abnahme 3,1%[67]. Je geringer die Lohnquote, desto höher die Profite. In den Jahren 1991-2001 betrug das durchschnittliche jährliche Wachstum der realen Nettoeinkommen je Arbeitnehmer lediglich +0,4%.

Atypische Beschäftigungsverhältnisse:

Atypisch Beschäftigte befinden sich außerhalb von Vollarbeitsverhältnissen, dies betrifft vor allem Werkverträge, freie Dienstverträge, Scheinselbständigkeit, befristete Arbeitsverhältnisse, Leiharbeit, Teilzeitarbeit, geringfügige Beschäftigung und Arbeit auf Abruf. Menschen in solchen Verhältnissen haben i.d.R. keinen oder einen verringerten Anspruch auf Sozialhilfe, geringe Arbeitnehmerrechte und keine betrieblichen Mitbestimmungsrechte. Die Möglichkeit auf atypisch Beschäftigte zurückzugreifen ermöglicht Unternehmen Profitsteigerungen durch staatlich legitimierte Einsparungen bei Lohnnebenkosten. Etwa 1 Million Menschen befinden sich in Österreich in atypischen Beschäftigungsverhältnissen, dies ist etwa ein Drittel aller Beschäftigten. Den Großteil der atypisch Beschäftigten machen Teilzeitarbeitende aus, davon waren 1999 87% Frauen[68].
1994 waren 2/3 der in den USA geschaffenen Jobs extrem schlecht bezahlt, die Reduktion der Arbeitslosigkeit wurde vor allem dadurch erreicht, dass die Armutsfalle Teilzeitarbeit extrem ausgebaut wurde. Der Beschäftigungsvermittlungsbetrieb Manpower, der vorwiegend auf prekäre Beschäftigungsverhältnisse setzt, mit 560.000 Beschäftigten der größte Arbeitgeber der USA. 1993 arbeiteten mehr als 34 Millionen US-Amerikaner auf „Bedarf", teilzeit, freiberuflich, in Gelegenheitsjobs usw. Mehr als 25% der US-Arbeitnehmer haben einen zeitlich befristeten Arbeitsvertrag oder einen bzw. mehrere Teilzeitjobs (alle Daten nach Rifkin 1995).

Armut und Einkommensverteilung:

In Österreich gibt es je nach Berechnungsmethode zwischen 750.000 und 1,5 Millionen Armutsgefährdete. Jedes fünfte Kind, jede vierte Alleinerzieherin mit ihren Kindern, jede dritte Pensionistin, jede zweite Durchschnittsfamilie und jeder zweite Arbeitslose ist armutsgefährdet. Laut offiziellem Sozialbericht 1997 des österreichischen Bundesministeriums für Arbeit, Gesundheit und Soziales sind ca. 1,1 Millionen Menschen in Österreich armutsgefährdet, wenn als Kennziffer ein Pro-Kopf-Haushaltseinkommen unter

---

64. BLS, Annual percent change in hourly compensation costs in U.S. dollars for production workers in manufacturing, 29 countries or areas and selected economic groups, selected periods, 1975-2000.
65. Economic Report of the President 2001, Tab. B91, corporate profits by industry 1959-2000. Die durchschnittliche jährliche Ertragsrate betrug in den Jahren 1980-2000 8,33% (net rates of return of NFCs, Walton 2000).
66. UK National Statistics Time Series, PNFCs gross rate of return. Die durchschnittliche jährliche Netto-Ertragsrate betrug in den Jahren 1980-2000 11,6% (net rates of return of NFCs, Walton 2000).
67. Europäische Kommission 1998
68. alle Zahlen nach Holzinger 2001

der Hälfte des durchschnittlichen Pro-Kopf-Einkommens verwendet wird. Laut Sozialbericht 1999 leben offiziell 340.000 Menschen in akuter Armut, wobei jedoch eine hohe Dunkelziffer anzunehmen ist, da zu den offiziellen Zahlen noch die verdeckte Armut hinzukommt.

In den USA zeigte sich in der Reagan-Ära (1980-1988) ein deutlicher Anstieg der Armut. Waren es laut offizieller Statistik 1979 25.3 Millionen Arme (11.6% der Bevölkerung), so stieg diese Zahl 1981 auf 31.8 Millionen (14%), 1982 auf 34.4 Millionen (15%) und 1983 auf 35.3 Millionen (15.2%) an (U.S. Department of Commerce/Bureau of the Census 1990, S. 458). Bis 1989 sanken die offiziellen Armutszahlen zwar wieder langsam ab, erhöhten sich jedoch bis 1993 wieder auf 15 Prozent. In Deutschland befanden sich 1994 im Westen 36,8% und im Osten 24,5% der jeweiligen Bevölkerung an oder unter der Armutsgrenze (60% des Durchschnittseinkommens)[69].

Nach Angaben der Luxembourg Income Study befanden sich in Österreich 1987 11,7% der Bevölkerung unter der Armutsgrenze, 1995 17,0%; in Deutschland 1994 13,1%, in Frankreich 1994 14,1%, in Italien 1995 21,1%, in Russland 1995 25,7%, in Großbritannien 1999 21,3% und in den USA 1997 23,9%[70].

Zur Messung der Einkommensverteilung eignet sich der sogenannte Gini-Koeffizient. Daran gemessen ist die Einkommensverteilung in Österreich deutlich ungleicher als im EU-Durchschnitt (Ö: 31,6%, EU: 28,3%[71]). Besonders hoch ist die Ungleichverteilung laut Luxembourg Income Study in den USA (1997: 37,2%), Großbritannien (1999: 34,5%), Russland (1995: 44,7%) und Mexiko (1998: 49,4%)[72]. In vielen westlichen Industrieländern hat das oberste Fünftel der Haushalte knapp die Hälfte der Vermögenseinkommen und über zwei Drittel der Ersparnisse.

Das Gesamtvermögen der drei reichsten Milliardäre übersteigt das gemeinsame Bruttosozialprodukt der 48 ärmsten Länder. Die Einkommenskluft zwischen jenem Fünftel der Bevölkerung des kapitalistischen Weltsystems, das in den reichsten Ländern lebt, und dem Fünftel in den ärmsten Ländern hat sich zwischen 1990 und 1997 von 60 zu eins auf 74 zu eins ausgeweitet. Das Vermögen des reichsten Mannes der Welt (63 Milliarden Dollar) ist größer als das gesamte Jahreseinkommen der 31 ärmsten Länder. 1,2 Milliarden Menschen müssen von weniger als einem Dollar pro Tag leben, 2,8 Milliarden von weniger als zwei Dollar. Über eine Milliarde Menschen hat keinen Zugang zu sauberem Trinkwasser. An vermeidbaren Krankheiten sterben täglich 30.000 Kinder. 70 Prozent der Armen und zwei Drittel der AnalphabetInnen sind Frauen. 1999 betrug die Entwicklungshilfe westlicher Staaten 56 Milliarden Dollar. Im selben Jahr flossen jedoch 135 Milliarden Dollar Zinszahlungen von den Entwicklungsländern in die westlich-industrialisierten Länder[73]. Die reichsten fünf Prozent der Weltbevölkerung haben Einkommen, die 114 mal höher sind als jene der ärmsten fünf Prozent. In den 1990er-Jahren stieg die Anzahl der extrem Armen in den Ländern Afrikas unterhalb der Sahara von 242 auf 300 Millionen. 20 dieser Länder sind heute ärmer als 1990, 23 ärmer als 1975. 90% der 22 Millionen Menschen, die an AIDS gestorben sind, stammen aus Entwicklungsländern[74]

Es zeigt sich also entlang mehrerer Dimensionen, dass die Ungleichverteilung des Reichtums zwischen industrialisierten Ländern und Entwicklungsstaaten und in den westlichen Ländern selbst stark zugenommen hat. Der Großteil der Weltbevölkerung lebt und arbeitet heute in prekären Verhältnissen und der kapitalistischen Weltgesellschaft droht die Verwandlung in eine Vier-Fünftel-Gesellschaft.

Beispiel: Mitarbeiter werden behandelt wie Kriminelle ... (von Brigitte Zarzer)
Telepolis, Brigitte Zarzer, 30.4.2001
http://www.heise.de/tp/deutsch/html/result.xhtml?url=/tp/deutsch/inhalt/te/7503/1.html&words=Pixelpark
Wir danken Brigitte Zarzer und der Redaktion Telepolis für die Abdruckgenehmigung

---

69. Habich/Krause 1995, S. 76f
70. Die dabei verwendete Berechnungsmethode setzt die Armutsgrenze bei 60% des Medians des verfügbaren persönlichen Einkommens.
71. Unger 2001
72. Es wurde dabei die Einkommensverteilung in 26 Staaten untersucht
73. alle Angaben nach Der Standard, 4.9.2001
74. alle Daten nach UNDP 2002

In den USA werden Dot-Commers buchstäblich vor die Tür gesetzt - auch in Deutschlands New Economy laufen Kündigungen teils recht unfein ab. Die New Economy ist in der Krise. Gewinnwarnungen und Personalabbau stehen auf der Tagesordnung. In den USA werden Mitarbeiter von einem Tag auf den anderen entlassen. Kündigungen sind sicher nie einfach, auch nicht in der Internetbranche. Doch wo noch vor wenigen Monaten ein ausgeprägtes "Wir-Gefühl" herrschte, macht sich jetzt soziale Kälte breit. Immer häufiger tauchen in den USA Berichte auf über das unprofessionelle und entwürdigende Verhalten der Chefetagen bei Kündigungen in New Economy-Betrieben. Wie aber sieht es in Deutschland aus? Telepolis ging dieser Frage nach und traf auf connexx-av, ein gewerkschaftliches Pilotprojekt des DAG und der IG Medien für den Multimediabereich. Projektmanagerin Meike Jäger und ihr Kollege Wille Bartz sind neuerdings im Dauereinsatz. Sie können ein trauriges Lied von der branchenspezifischen Härte bei Entlassungen singen.

Fast täglich rattern Meldungen über Personalabbau in der IT- und New Media-Branche über den Nachrichtenticker. Besonders schlimm ist es momentan in den USA. Aber auch in Deutschland zeichnet sich ein Brancheneinbruch ab. Hatten Sie bei connexx.av bereits mit Massenkündigungen in der New Economy zu tun?
Meike Jäger: Ja, das ist in den letzten Monaten - leider - häufiger vorgekommen. Die letzten Fälle, die mir bekannt geworden sind, waren PopNet (Gold Redaktion), Kabel (30-40 Beschäftigte vor einigen Tagen, Eurogay (ca. 30 Leute).

Wille Bartz: Erst gestern erreichten mich diverse Anrufe von Kollegen der Ponton.de, dass ihnen gekündigt wurde. Ebenso übrigens von RB3M Interactive Group.

Aus den USA kommen Berichte über teilweise sehr "brutales" Vorgehen bei den Massenentlassungen in der New Economy. So wurden im Zuge der Umstrukturierung von listen.com Dutzende Mitarbeiter überfallartig aufgefordert, binnen 45 Minuten zu packen und das Gebäude zu verlassen. Wie sieht es in Deutschland aus? Sind Ihnen hier ähnlich gelagerte Fälle bekannt?
Meike Jäger: "Brutal" gelaufen ist es jetzt wohl dieser Tage bei Kabel. Die Leute wurden von einer Stunde zur anderen von der Arbeit freigestellt, mussten ihre Schlüssel und Code-Karten abgeben, bekamen keinen Zugang mehr zu ihren PCs (das heißt: auch private Daten waren nicht mehr zugänglich). Es gab keine Arbeitsübergabe ... Leute, die in Urlaub oder krank waren, wurden angerufen und für eine kurze Besprechung ins Büro gebeten - ohne Vorwarnung bekamen sie dort ihre Kündigung. Die Restbelegschaft wurde informiert (in Grüppchen, es gab keine große Mitarbeiterversammlung), als alles schon gelaufen war - einen Tag später.
Die Stimmung war sehr aufgebracht, besonders als Peter Kabel eine Mail versandte, dass man den Prozess des Ausscheidens "würdevoll" über die Bühne bringen wolle... Einige sprachen von Vertrauensverlust und beklagten, dass die gekündigten Mitarbeiter wie "Kriminelle" behandelt worden seien. Die Atmosphäre scheint momentan sehr angespannt im Unternehmen zu sein.

Wille Bartz: Mir wurde von einigen der Gekündigten berichtet, dass sie nach Verkündung ihrer Entlassung sofort einen sogenannten Paten an die Seite gestellt bekamen, der sie bis zum Verlassen des Hauses nicht mehr aus den Augen lassen durfte. Unter seiner Aufsicht mußten die Gekündigten sofort ihr persönliches Habe zusammenraufen und dann das Gebäude verlassen.

Meike Jäger: Ähnlich ist es im übrigen auch bei PopNet im letzten Jahr gelaufen. Auch bei Tomorrow Internet AG gab's die Kündigung ohne Vorwarnung, einige Tage vor Weihnachten. Angeblicher Grund: Die Mitarbeiter dürften nicht vor den Aktionären informiert werden; das könne die Kurse zu sehr drücken. Als Grund wurden auch bevorstehende Gesellschafter Versammlungen angeführt - Kündigungen im "vorauseilenden Gehorsam".

Wille Bartz: Diese Argumentation ist meines Erachtens dummes Zeug. Die Benachrichtigung über geplante Betriebsänderungen muss bei Vorhandensein eines Betriebsrats mit diesem und den Betroffenen im Betrieb erörtert werden. Bevor endgültig eine Entscheidung über Kündigungen gefällt wird, müssen alle Gründe erörtert und beraten werden, um nach sozial verträglichen Lösungen zu suchen. Unterrichtet ein Unternehmen in diesem Fall zuerst die Aktionäre und danach den Betriebsrat, handelt es in Bezug auf das Betriebsverfassungsgesetz ungesetzlich. Es handelt sich hierbei im übrigen erst einmal um eine betriebsinterne Information, die mit dem Aktiengesetz und explizit dem § 15 WpHG ("Veröffentlichung und Mitteilung kursbeeinflussender Tatsachen") nichts zu tun hat. Mit dieser Argumentation will sich die Unternehmensführung meiner Auffassung nach lediglich der Diskussion mit den Mitarbeitern entziehen, sie vor vollendete Tatsachen stellen. Wäre ja schrecklich, wenn sich plötzlich die Beschäftigten gegen die Entlassungen zusammen tun würden und womöglich noch auf Managementfehler verweisen.

In der New Economy gibt es ja kaum Betriebsräte. Hier herrschte bis vor wenigen Monaten ein starkes "Wir-Gefühl". Es gab eine ausgeprägte Identifikation der Mitarbeiter mit dem Unternehmen.
Wille Bartz: Aufgrund des sehr komplizierten Wahlverfahrens gibt es zur Zeit noch gar nicht so besonders viele Betriebsräte. Als Beispiele möchte ich aber hier doch zumindest Tomorrow Internet, EM TV, Me, Myself & Ey und Amazon nennen. Beispiele für gewählte Wahlvorstände sind u.a. Pixelpark Berlin, Pixelpark West, MeOMe, Schwartzkopff-TV, Junior Web und onyx.tv.
Hier wird sich allerdings in nächster Zeit noch einiges tun. An die 20 Firmen in Berlin und Hamburg stehen mit uns im Kontakt, um die Einleitung von Wahlen voranzutreiben. Da die Unternehmensführungen nur selten von diesen Aktivitäten begeistert sind und nicht selten völlig hysterisch auf Beschäftigte reagieren, die sich für die Umsetzung der vom Gesetzgeber gewünschten Mitbestimmung einsetzen, müssen wir leider häufig erst einmal in sehr engem Kreis die Vorbereitungen diskutieren. In Fällen von offenem Vorgehen sind bedauerlicherweise schon zu viele engagierte Mitarbeiter durch Kündigungen aus den entsprechenden Betrieben entfernt worden.

In Österreich tauchten jüngst Gerüchte auf, dass bei dem geplanten Personalabbau der Telekom Austria Mobbing gezielt eingesetzt würde. Sind das übliche "Methoden" der Unternehmen im New Media/Telekom-Segment, um die Leute los zu werden? Oder verhält man sich in Deutschland zivilisierter?
Meike Jäger: Keinesfalls zivilisierter - jedenfalls nicht in der sogenannten "New Economy" Unternehmen. Wenig Fingerspitzengefühl beim Umgang mit Menschen; keine soziale Auswahl. Alles basiert auf der Frage: "Wer ist entbehrenswert?!" Viele Beschäftigte führen inzwischen Kündigungsschutzklagen, meistens über Anwälte. Es geht dann meist um Abfindungen, weniger um den Erhalt des Arbeitsplatzes.

Wille Bartz: Zunehmend wird auch der gewerkschaftliche Rechtsschutz in Anspruch genommen. Nicht zuletzt aus diesem Grund verzeichnen wir in letzter Zeit bei connexx.av Anfragen und Beitritte in einer Anzahl, wie wir sie noch im letzten Jahr nicht gekannt haben.

Laufen die Kündigungen in der New Economy "brutaler" ab als in anderen Branchen?
Wille Bartz: Zur Zeit muss man diese Frage wohl eindeutig bejahen. Schon die Beispiele Kabel New Media und Popnet zeigen ja, wie man mit Menschen, mit denen man sehr gut zusammen gearbeitet hat, plötzlich umgeht. Von heute auf morgen handelt es sich bei dem Gekündigten plötzlich um eine persona non grata.
"Hire and Fire" wie zu Beginn des Zeitalters der Industriellen Revolution feiern fröhliche Urständ in der New Economy. Übrigens nicht nur in Bezug auf Entlassungen, wo den Delinquenten mitunter nahegelegt wird, freiwillig ihren Job aufzugeben, damit eine Kündigung nicht im Zeugnis erscheint - was im übrigen dummes Zeug ist, da eine betriebsbedingte Kündigung im Zeugnis nichts zu suchen hat. Auch im Arbeitsalltag der New Economy ist die Wirklichkeit rauer geworden. Da werden schon mal Unitleiter angehalten, das Erreichen der Zielvorgaben der Teammitglieder um jeden Preis schlecht zu reden, um nur eine möglichst geringe Prämie zahlen zu müssen. Anderen wird in ihrer Probezeit bis zum letztmöglichen Tag mündlich versprochen, dass sie übernommen werden, um dann doch die Kündigung wortlos zu überreichen. Gleiches lässt sich in den letzten Monaten in den unterschiedlichsten Betrieben auch bei Personen mit befristeten Arbeitsverträgen beobachten. Jungunternehmer, wie Peter Kabel, mögen Visionen in Bezug auf die Entwicklung der New Economy usw. haben, in puncto Per-

sonalführung scheinen mir aber doch nach den Vorkommnissen der letzten Zeit erhebliche Defizite feststellbar zu sein.

Welche Hilfestellung bietet connexx.av Arbeitnehmern an?
Meike Jäger: Wir bieten Rechtsberatung in individuellen Fällen (z.B. auch Vorgehen gegen Abmahnungen, Kündigung, Zeugnis...) an. Überdies versuchen wir, Betriebsräte in den Unternehmen aufzubauen, damit bestimmte unwürdige Verhaltensweisen gar nicht erst zum Tragen kommen und - notwendige - Entlassungen sozial und korrekt ablaufen. Betriebsräte können durch ein kreatives "Co-Management" auch helfen, bei negativen Entwicklungen im Unternehmen gegenzusteuern, z.B. indem neue Ideen von Mitarbeitern aufgegriffen und weitergegeben werden. Insgesamt kann das Klima im Unternehmen durch Information und Kommunikation verbessertwerden. Beides leidet aber in Phasen der Rationalisierung.

Wille Bartz: Darüber hinaus organisieren wir zunehmend "Stammtische", Events und Veranstaltungen zu allen möglichen Fragen und Themen rund um den New Media und Multimedia Bereich. Auch sind wir z.Zt. dabei, ein Netzwerk unter den (zukünftigen) Betriebsräten und Beschäftigten aufzubauen, über das sie sich austauschen können. Wir hoffen, in absehbarer Zeit auch Seminarreihen zu unterschiedlichen Themenschwerpunkten auf den Weg bringen zu können. Dies kann sowohl Fragestellungen zur Rechtssituation der Selbständigen und freien Mitarbeiter betreffen, als auch Fragen zur beruflichen Weiterbildung und Qualifizierung. Ich bin sicher, dass wir als connexx.av auch viel früher in die Pflicht betreffs Schaffung tariflicher Standards genommen werden, als wir uns das bisher selbst vorgestellt haben.

Angesichts der von Ihnen beschriebenen Vorgangsweise in der New Economy wäre vielleicht psychologische Hilfestellung angebracht. Bieten Sie in dieser Richtung auch etwas an?
Meike Jäger: Fachmännische Hilfe, wie sie ein Psychologe oder Therapeut leisten kann, wird von uns nicht erwartet und auch nicht geleistet. Von Fall zu Fall sprechen wir aber behutsam einen möglichen psychologischen Beratungsbedarf an - und verweisen die Betroffenen auf entsprechende Beratungsstellen.

Wille Bartz: Abgesehen davon ist aber schon jedes Gespräch mit uns eine kleine psychologische Hilfestellung. Anders als möglicherweise bei Behörden nehmen wir uns sehr viel Zeit auch für die ganz persönlichen Probleme des Einzelnen, die zum Beispiel aufgrund einer Kündigung oder Mobbing entstanden sind.

New Economy Mitarbeiter gelten als eher gewerkschaftskritisch. Hat sich das in der letzten Zeit geändert?
Wille Bartz: Eine Trendwende ist eindeutig zu beobachten. Vor allem durch die Tatsache, dass Beschäftigte bei Pixelpark sich für die Bildung eines Betriebsrats unterstützt durch connexx.av entschieden haben und dies öffentlich wurde, scheinen eine erhebliche Anzahl von Mitarbeitern der New Economy neu über die Rolle von Gewerkschaften nachzudenken.
Nun muss man aber auch dazu sagen, dass mit dem Projekt connexx.av und seinen Mitarbeitern Ansprechpartner zur Verfügung stehen, die so gar nicht in das Bild einer verkrusteten und anachronistischen Gewerkschaftsorganisation passen. Alle Projektmanager kamen nicht als hauptamtliche Gewerkschaftssekretäre in das Pilotprojekt, sondern standen vorher selbst mit beiden Beinen im Wirtschaftsleben, teils in der Kinoszene, teils beim Privatfunk oder auch als Rechtsanwälte. Natürlich spielte die Entmystifizierung der New Economy, der Niedergang von Nemax und NASDAQ etc. vor allem in den letzten drei Monaten keine unwichtige Rolle.
Was diejenigen, die sich mit uns in Verbindung setzen aber nach wie vor sehr bewegt, ist die Enttäuschung über nicht eingelöste Versprechen. Kaum kommt ein Unternehmen in Schwierigkeiten, ist es vorbei mit Friede-Freude-Eierkuchen. Ganz oben auf der Beschwerdeskala rangieren Unfähigkeit der Unternehmensführungen betreffs Transparenz und Kommunikationsfähigkeit - und das in der Branche, die sich der Zukunft der Kommunikation verschrieben hat. Dass in Zeiten schwieriger Auftragslagen auch die Defizite der Manager in den Unternehmenszentralen viel offensichtlicher zu Tage tritt, tut sein Übriges in Bezug auf die angesprochene Trendwende.

Sie verzeichnen demnach mehr Anfragen von Arbeitnehmern in jüngster Zeit?
Wille Bartz: Seitdem die Entscheidung der Pixelpark-Beschäftigten, einen Betriebsrat zu gründen, die Öffentlichkeit) derart bewegt, scheint ein Gordischer Knoten durchschlagen zu sein. Nicht nur an den Standorten des Pilotprojekts connexx.av sondern bundesweit ist beinahe exponentiell eine Zunahme von Anfragen einzelner oder von Gruppen zu beobachten. Wenn ver.di sich nicht ganz rasch entschließt, unser Projekt personell und finanziell aufzustocken, werden wir diesen Ansturm nicht gewachsen sein. Man kann eben gerade die New Economy, genauer den New Media Bereich, nicht bundesweit mit nur vier Projektmanager handeln. Hier ist dringend Handlungsbedarf auf unserer Seite gefordert.

8.3.1.2. Flexible und dezentrale Produktion

Beispiel: IBM lagert Produktion von Mainz nach Mexiko und China aus
Heise Online Newsticker, 4.6.2002
http://www.heise.de/newsticker/data/tol-04.06.02-003/
Wir danken der Redaktion c't für die Abdruckgenehmigung

Nun ist es heraus: Kaum ist die Tinte unter den Verträgen für die Allianz von IBM und Hitachi im Bereich der Plattenspeicher trocken, da schlagen bei IBM Speichersysteme GmbH die Wellen hoch. In einem Schreiben, das heise online vorliegt, informierte die Geschäftsführung heute die Mainzer Belegschaft davon, dass die Speichersysteme GmbH zwar als Gesellschaft in der IBM Deutschland bestehen bleibe, aber unmittelbar vom Joint-Venture mit Hitachi betroffen sein werde. Bis Ende des Jahres soll die Waferproduktion nach San Jose und die Sliderproduktion nach Mexiko und China ausgelagert werden.
"Trotz dieser erheblichen Veränderungen unserer Mission ist es gelungen, ein Paket von Lösungen zu erarbeiten, das uns eine reelle Chance für eine Zukunft gibt", heißt es weiter in der Erklärung der beiden Geschäftsführer Walter Meizer und Dieter Münk. So soll für einen nicht näher definierten "bestimmten Zeitraum" auch aus Mainz Zulieferarbeit gemacht werden. Ein Teil der Arbeitsplätze in der Plattenfertigung werde dafür zumindest für diesen Zeitraum erhalten. Insgesamt werde es aber unvermeidbar sein, die Anzahl der Beschäftigten zu reduzieren. Von den 2500 Arbeitsplätze werden mindestens 1300 wegfallen
Das HDD Geschäft von IBM und Hitachi soll an elf Produktionsstandorten weltweit erhalten bleiben. In Mainz sollen 120 Mitarbeiter der Speichersysteme das HDD Geschäft unterstützen und später in das neue Unternehmen wechseln. Aus dem Produktionsgeschäft werde sich IBM allerdings definitiv verabschieden. Am morgigen Mittwoch sollen die Mitarbeiter auf Betriebsversammlungen dazu informiert werden.
Der Betriebsrat hält die Entscheidung von IBM, "sich aus der Technologie zu verabschieden", für einen strategischen Fehler. Trotz der Bemühungen der Mainzer Geschäftsführung um den Standort müssten wieder einmal die Arbeitnehmer die Zeche für Managemententscheidungen zahlen, heißt es in einer Stellungnahme der Arbeitnehmervertreter. "Abschließend bleibt festzustellen, dass die vom Betriebsrat veröffentlichten Informationen durch den jetzigen Sachverhalt bestätigt werden." Unternehmensvertreter waren gegenüber heise online zu keiner Stellungnahme bereit.

Der Fordismus
Ökonomisch gesehen ist die den Kapitalismus vom zweiten Weltkrieg bis in die 70er-Jahre prägende Phase vielfach als Fordismus bezeichnet worden (siehe z.B. Coriat 1979, Fuchs 2002d, Gottl-Ottilienfeld 1926, Gramsci 1971, Hirsch 1991, Horatschek 1939, Lipietz 1987). Der Begriff Fordismus bezog sich zunächst auf die „Wissenschaftliche Betriebsführung", die von Frederick Winslow Taylor eingeführt wurde (Optimierung der Organisation der Arbeitsorganisation durch die Anwendung wissenschaftlicher Methoden auf die Arbeitsorganisation), und von Henry Ford in seinen Betrieben eingeführt wurde. Der Begriff wird jedoch auch allgemeiner für eine Phase des Kapitalismus benutzt, dessen Produktionsweise auf der Verallgemeinerung stan-

dardisierter Massenproduktion und einer sich daraus ergebenden Beeinflussung aller Lebensbereiche beruht.

Elemente des Taylorismus
1. Zerlegung und Teilung des Produktionsprozesses
2. Strikte Vorgaben, wie die Arbeit auszuführen ist, und eine dementsprechende Betriebsorganisation, die auf einer hierarchischen Organisationsweise, Kontrollen, Überwachungen, Disziplinierungen, einer Standardisierung der Abläufe und einer Einengung des Handlungsspielraum der Arbeitenden basierte.
3. Trennung von planenden (Kopfarbeit) und ausführenden (Handarbeit) Tätigkeiten: „Alle Kopfarbeit unter dem alten System wurde von dem Arbeiter mitgeleistet und war ein Resultat seiner persönlichen Erfahrung. Unter dem neuen System musste sie notwendigerweise von der Leitung getan werden in Übereinstimmung mit wissenschaftlich entwickelten Gesetzen" (Taylor 1919, S. 40). „Taylorism can be seen as the *rationalization* of production, based on an increasing separation of the 'ideas people' and organizers of production (engineers, and organization and maintenance staff) an the 'operatives' carrying out production - semi-skilled manual workers performing repetitive tasks" (Lipietz 1992, S. 4).
4. Versuch der zeitlichen Optimierung der Produktion durch Zeit- und Bewegungsstudien: Optimierung heißt, dass versucht wurde, die Produktivität durch diese Methoden zu erhöhen. In Marxschen Kategorien kann dies als eine Form der relativen Mehrwertproduktion verstanden werden. Marx (1867) hat dies auch als die Methode der relativen Mehrwertproduktion bezeichnet: Der Arbeitstag zerfällt dabei in zwei Teile: Die Arbeit, die notwendig ist, um das Lohnäquivalent zu produzieren und jene unbezahlte Mehrarbeit, die den Mehrwert produziert. Durch den technischen Fortschritt, d.h. die Entwicklung der technischen Produktivkraft, wird die Mehrarbeit verlängert. Der Einsatz produktiverer Maschinerie als Methode des relativen Mehrwerts hat zur Folge, dass der Arbeiter in derselben Zeit mehr produziert als zuvor, d.h. die Produktivität steigt. Durch die tayloristische Optimierung des Produktionsprozesses wurde versucht, mehr Mehrwert in kürzerer Zeit zu produzieren, also die Mehrwertproduktion zeitlich zu straffen. Die Arbeit wurde im großen Ausmaß verdichtet. Daher handelt es sich um eine Form der Produktion des relativen Mehrwerts. Dadurch erhoffte man sich bei der Realisierung des Mehrwerts einen Anstieg des Profits.
5. Normierung und Vereinheitlichung der verwendeten Einzelteile
6. Auswahl der Geeignetsten für eine Arbeit

Prinzipien des Fordismus
Der Fordismus als das verallgemeinerte ökonomische Modell, das die Gesellschaftsentwicklung nach 1945 prägte, beruht auf folgenden Prinzipien:

1. Verkopplung von Massenproduktion, Massenkonsum und Massenbeschäftigung: „Der Fordismus ist, in wenigen Worten, ein auf Massenproduktion und Massenkonsum basierendes Modell der Kapitalakkumulation" (Jessop 1986, S. 12). Das Automobil als Schlüsselprodukt wurde zum Symbol dieser Massenproduktionsweise. Die absolute Beschäftigungszahl nahm in den fordistischen Zentren des Westens zu, und es zeigte sich eine Verlagerung der Beschäftigung von der Landwirtschaft in die Industrie und den Dienstleistungsbereich.

2. technische Veränderung der Produktionsweise: ausgehend von der Autoindustrie in den Fabriken Fords wurde die Fließbandproduktion großflächig ausgebaut. Bereits 1908 wurde von Ford das „Modell T" als erstes fließbandmäßig produziertes Auto präsentiert.
3. Einsatz des Taylorismus als Organisationsweise der Arbeit
4. Durch die Steigerung der Produktivität sollte das Lohnniveau gehoben werden, was den Massenkonsum und damit die Massenproduktion erst ermögliche. Damit wurde die Hoffnung auf einen Anstieg der Profitraten verbunden. Massenprodukte brauchen einen Absatzmarkt, ansonsten kann der Profit nicht realisiert werden. Daher war es für Ford logisch, dass die Löhne erhöht werden müssten. Wäre dies nicht der Fall gewesen, so hätte sich schon bald eine Überproduktionskrise eingestellt hätte. Daher war auch die Verbilligung der Produkte eine Notwendigkeit. Auch die Arbeitszeiten wurden verkürzt[75]. Dies sollte die Arbeitenden ermutigen, mehr zu leisten. Es wurde davon ausgegangen, dass durch die Produktion immer größerer Stückzahlen die Stückkosten sinken, dadurch die Nachfrage stimuliert wird und so eine immer größere Anzahl von KonsumentInnen erreicht werden kann.
5. Die Erhöhung der Löhne war Teil einer umfassenderen Restrukturierung der Gesellschaft. Teil dessen war, dass „persönliche Dienstleistungen [...] durch industriell produzierte Waren oder kommerzialisierte Dienstleistungen ersetzt" wurden (Hirsch 1995, S. 77). Damit hielt die Warenform Einzug in große Bereiche der Freizeit. Man denke etwa daran, dass es üblich wurde, dass jeder Haushalt Artefakte wie Küchengeräte, Fernseher, Auto, Radio, Kühlschrank etc. besitzt.
6. Revelli (1999) nennt als ein Merkmal des Fordismus, dass die Unternehmen zentralistisch organisiert waren. Alle für die Produktion entscheidenden Abläufe waren in einem Unternehmen räumlich und zeitlich lokalisiert. Es entstanden riesige Fabriksgelände, wie z.B. River Rouge von Ford, in dem es 105.000 Beschäftigte gab und das eine Oberfläche von 1.115 ha umfasste. Die fordistische Produktionsweise zeichnete sich damit durch eine unmittelbare Nähe aus.
7. Die vertikale Integration spielte eine wesentliche Rolle in der Produktionsweise. Es wurde versucht, die Zulieferindustrie und verwandte Industriezweige aufzukaufen und in den eigenen Produktionskomplex zu integrieren (Revelli 1999).
8. Robert Castel (1997) nennt folgende Charakteristika des fordistischen Arbeitsverhältnisses:
    8.1. Eine klare Trennung zwischen Arbeitenden und Arbeitslosen
    8.2. Die Internalisierung der Konsumnorm durch die Arbeitenden
    8.3. Den zentralen Arbeitsplatz und eine reglementierte Zeitverwaltung des Arbeitsverhältnisses
    8.4. Die Etablierung öffentlicher Dienstleistungen, der Pflichtversicherung und die Verankerung eines Rechts auf Gesundheit, Unterricht, Ausbildung, Arbeit, Wohnen etc. (betrifft bereits die staatliche Ebene des Fordismus, siehe auch weiter unten)
9. Nochmals extra erwähnt (obwohl bereits in die Charakteristika des Taylorismus aufgenommen) werden soll die relative Mehrwertproduktion durch die Steigerung

---

75. 1914 kündigte Ford an, dass der Tageslohn von 2,30 Dollar auf 5 Dollar angehoben wird. Gleichzeitig wurde der 8-Stunden-Tag eingeführt. Bei 6 Arbeitstagen ergab sich damit die 48-Stunden-Woche.

der Produktivität (Erhöhung der Geschwindigkeit der Maschinen, Taylorisierung, neue Produktionsmaschinerie). Wie erwähnt, hatte bereits Marx davon gesprochen. Werner Sombart (1927) unterscheidet in Analogie dazu eine extensive und eine für den Fordismus typische intensive Zeitökonomie. In der Regulationstheorie ist eine Unterscheidung zwischen einer extensiven und einer intensiven (wie im Fordismus) Akkumulationsweise üblich.

Die Krise des Fordismus
Ende der 60er-/Anfang der 70er-Jahre traten die Widersprüche des Fordismus deutlich hervor, worauf eine gesellschaftliche Krise einsetzte. Dafür gab es laut der Regulationstheorie mehrere Gründe (siehe dazu die Ausführungen zur Regulationstheorie in Abschnitt 2 des Kapitels über Theorien der Informationsgesellschaft), u.a. die Internationalisierung der Produktion, das Erreichen organisatorischer, physischer und psychischer Grenzen der tayloristischen Produktionsweise sowie eine ideologische und staatliche Krise. Die monotone Fabrikarbeit wurde als immer entfremdender entfunden, die technisch und organisatorisch war wenig Flexibilität der Produktion möglich, was zu immer höheren Unregelmäßigkeiten führte (zu den Ursachen der Krise des Fordismus vgl. auch Aglietta 1979, Destanne de Bernis 1988, Hirsch/Roth 1986, Lipietz 1987). Im Zuge der Krise des Fordismus ergab sich der Übergang zum Postfordismus.

Die Dezentralisierung der Produktion
Die standardisierte Massenproduktion wird heute immer stärker durch eine diversifizierte Qualitätsproduktion ersetzt, die sich durch Kundenorientierung und kleine Stückzahlen mit hoher Qualität charakterisieren lässt. Produziert wird immer häufiger mit einer flexiblen Fertigungsmaschinerie, die individuell gefertigte Produktserien im Rahmen einer Just-in-Time-Produktion ermöglicht. Begriffe, mit denen derartige organisatorische Veränderungen von Unternehmen beschrieben werden, sind etwa: Fraktale Unternehmen (Hans-Jürgen Warnecke), Virtuelle Unternehmen (William Davidow, Michael Malone), Atomisierte Organisationen (Balz Ryf), Modulare Fabriken (Horst Wildemann), Business Reengeneering (James Champy, Michael Hammer), Lean Management/Lean Production (Daniel Jones, Daniel Ross, James Womack vom MIT). Gemeinsam sind all diesen Konzepten und den darauf basierenden betrieblichen Restrukturierungen folgende Charakteristika:
- Bildung kleiner organisatorischer Einheiten im Unternehmen
- Delegation von Entscheidungskompetenzen von oben nach unten in der Hierarchie Erweiterung des Handlungs- und Entscheidungsspielraums unterer Einheiten
- diese Dezentralisierung führt zum Aufbau einer Netzwerkorganisation, die relativ abgeschlossenen organisatorischen Einheiten koordinieren ihre Interaktionen miteinander.
- dazu eignen sich moderne I&K-Technologien. Der Informationsaustausch kann dabei intrabetrieblich zwischen organisatorischen Einheiten erfolgen, aber auch interbetrieblich im Rahmen globalerer Unternehmensnetzwerke und organisatorischer Einheiten (Zentrale, Zulieferbetriebe, dezentrale Tochterunternehmen, Kunden, etc.).
- Die Dezentralisierung und die flacheren Hierarchien im Unternehmen sind die Basis von Programmen mit aktiver Beteiligung der Beschäftigten

Produktionseinheiten folgen heute immer weniger einem zentralistischen Aufbau, sondern differenzieren sich immer stärker aus. D.h., dass der Produktionsprozess immer stärker in autonom voneinander abwickelbare Teile zerlegt wird, die von selbständigen betrieblichen Einheiten durchgeführt werden. Innerbetrieblich bedeutet dies den Aufstieg von Teamarbeit und teilautonomen Arbeitsgruppen, auf die gesamtbetriebliche Organisationsstruktur bezogen zeigt sich eine Tendenz zum Outsourcing, d.h. zur Auslagerung von Teilen der Produktion an Subunternehmen und günstige Zulieferfirmen. Das moderne kapitalistische Unternehmen und damit die Ökonomie bekommt immer mehr einen Netzwerkcharakter. Die alten zentralistischen, kommandohaften, auf Überwachung und Kontrolle basierenden Organisationsmethoden des Taylorismus scheinen passé, gefragt sind heute bei den Beschäftigten nicht die Eingliederung in einen monotonen Arbeitsprozess, sondern Motivation, Selbstbewußtsein, Verantwortungsbewußtsein, Identifikation mit dem Betrieb, Kooperationsfähigkeit, Qualitätsbewußtsein, Eigeninitiative, permanentes Lernen und verantwortungsvolles Handeln. Arbeitende sollen stärker unternehmerisch denken, woraus sich automatisch die Frage ergibt, ob die neuen flexiblen und partizipativen Arbeitsformen eine stärkere Selbstbestimmung der Arbeitenden mit sich bringen oder eine neue raffinierte Form der Ausbeutung darstellen.

Gilles Deleuze: Von der Disziplinar- zur Kontrollgesellschaft

Gilles Deleuze (1993) beschreibt den Aufstieg der neuen Produktionsformen als Übergang von der Disziplinar- zur Kontrollgesellschaft: Er charakterisiert Kontrollen im Gegensatz zu Disziplinen als ultraschnell und freiheitlich aussehend. Disziplinen, so Deleuze, ähnelten Gussformen, das Individuum wurde regelrecht in verschiedene Einschließungsmilieus eingeschmiedet. Kontrollen hingegen ähneln Modulationen. Diese verändern sich dynamisch, und auch für das Leben in der Kontrollgesellschaft werden Charakteristika wie „flexible" Löhne und Arbeitszeiten, permanente Weiterbildung, häufigere Jobwechsel oder wechselnde Phasen von Arbeitstätigkeit und -losigkeit immer bedeutender.
An die Stelle der Fabrik tritt laut Deleuze in der Kontrollgesellschaft das Unternehmen, ein „gasähnliches" Etwas. Nicht mehr das Eingeschlossensein, die Überwachung und die Disziplinierung stehen im Vordergrund, sondern zunehmend die Motivation zur Identifikation und verstärkten Mitbestimmung. Dies ähnelt einem Fließen und Ausströmen aus den gusseisenförmigen Milieus. Das Unternehmen in seiner Organisationsform ist mit dem Gas symbolisiert als eine Instanz der globalen Dezentralisierung und der damit verbundenen weltweiten Kapital- und Informationsflüsse.
„Der alte Geldmaulwurf ist das Tier der Einschließungs-Milieus, während das der Kontrollgesellschaften die Schlange ist. Der Übergang von einem Tier zum anderen, vom Maulwurf zur Schlange, ist nicht nur ein Übergang im Regime, in dem wir leben, sondern auch in unserer Lebensweise und unseren Beziehungen zu anderen. Der Mensch der Disziplinierung war ein diskontinuierlicher Produzent von Energie, während der Mensch der Kontrolle eher wellenhaft ist, in einem kontinuierlichen Strahl, in einer Umlaufbahn. [...] Die Windungen einer Schlange sind noch viel komplizierter als die Gänge eines Maulwurfbaus" (Deleuze 1993).
Der Maulwurf als Symbol der Disziplinargesellschaft ist gesichtslos, stumm, gräbt pausenlos und monoton seine finsteren Gänge. Der fordistische Arbeiter war ein normiertes Individuum, das monotone Arbeiten ausführte und sich wie der Maulwurf in Milieus bewegte. Die Schlange hingegen ist agil, vielgestaltig, elegant und kann sich häuten, vom kontrollgesellschaftlichen Arbeiter wird zusehends Innovation, Flexibilität, Wendigkeit und Bereitschaft zur Veränderung verlangt.
Den unveränderten Herrschaftscharakter der Kontrollgesellschaft und eine gewisse Ohnmacht in Bezug auf die Erkennung der Funktion von Kontrollen bei deren Objekten merkt Deleuze an: „Es ist nicht nötig zu fragen, welches das härtere Regime ist oder das erträglichere, denn in jedem von ihnen stehen Befreiung und Unterwerfungen einander gegenüber. [...] Viele junge Leute verlangen seltsamerweise, 'motiviert' zu werden, sie verlangen nach neuen Ausbildungs-Workshops und nach permanenter Weiterbildung; an ihnen ist es, zu entdecken, wozu man sie einsetzt, wie ihre Vorgänger nicht ohne Mühe die Zweckbestimmung der Disziplinierungen entdeckt haben" (Deleuze 1993).

Lean Production

Vorreiter der flexiblen Produktionsweise war die japanische Lean Production bei Toyota, weshalb auch häufig vom Toyotismus gesprochen wird. Wesentliches Ziel ist, Profite durch Kostenreduktion zu erhöhen. Dazu werden folgende Maßnahmen eingesetzt:

- Kaizen (vgl. Imai 1992): Die Ware und der Produktionsprozess sollen permanent verbessert werden. Wer sich an Kaizen-Aktivitäten beteiligt, hat bessere Aufstiegschancen im Betrieb. Lange Transportwege und Lagerzeiten, Wartezeiten, unnötige Bewegungen, Ausschüsse, Überproduktion etc. sollen vermieden werden, um die Herstellungskosten zu senken und die Profite dadurch zu erhöhen. Kaizen soll auch zu einer Qualitätserhöhung führen.
- Kundenorientierung der Produktion: Marktforschung, genaue Erhebung der Kundenwünsche, Integration der Kunden in den Produktionsprozess
- Teamarbeit, Enthierarchisierung, Dezentralisierung
- Simultaneous Engineering: simultan mit der Produktentwicklung werden alle dafür benötigten und noch nicht vorhandenen Werkzeuge und Produktionsmittel hergestellt (Daum/Piepel 1992)
- Just-in-Time-Produktion: „Just-in-time basically means to produce the necessary units in necessary quantities at the necessary time" (Monden 1983, S. 2).
- Kanban-System: es werden nur die Teile angeliefert, die tatsächlich benötigt werden. Der benötigte Bedarf wird dazu in Arbeitskarten (Kanban) eingetragen.
- Geringe Fertigungstiefe[76]: Teilprozesse der Herstellung werden an Subunternehmen ausgelagert oder zugekauft. Dadurch sollen die Herstellungskosten sinken.
- Autonomation: Die Produktionsmaschinen halten bei Störungen automatisch an (vgl. Imai 1992, S. 121f)

Dezentralisierung pro und contra

Beispiel: Wer fertig ist, kann gehen (von Michaela Simon)
Telepolis, Michaela Simon, 26.05.2002
http://www.heise.de/tp/deutsch/inhalt/co/12609/1.html
Wir danken Michaela Simon und der Redaktion Telepolis für die Abdruckgenehmigung

Immer mehr Japaner sterben an Arbeit. It's only work'n work but I like it: *Karoshi* (Tod durch Überarbeitung) heißt das in Japan, wenn man zu viel arbeitet und daran stirbt, ein Phänomen, das erstmals 1987 bemerkt wurde und mittlerweile auch juristisch als haftungspflichtige Todesart anerkannt wird.

Nach einem vom japanischen Gesundheitsministerium veröffentlichten Report sind, wie die Nando Times berichtet, letztes Jahr 143 Karoshi-Tote registriert worden, Männer und Frauen, darunter vor allem Büroarbeiter, Fließbandarbeiter und Fahrer. Obwohl diese Zahl einen traurigen Rekord darstellt, könnten es inoffiziell noch viel mehr gewesen sein, eine Schutzvereinigung geht von 10 000 Karoshi-Toten aus. Der Todesarten gibt es mehrere, nicht nur durch Stress bedingte Herzinfarkte, sondern auch Selbstmorde und andere Kollapse, manche schlafen einfach in der U-Bahn ein und wachen nicht mehr auf. Dass es die Arbeit war, die den Sensemann rief, wird nachträglich geprüft. Dabei müssen die Hinterbliebenen dem Arbeitsministerium beweisen, dass das *Karoshi*-Opfer am Tage seines Ablebens extrem belastende Arbeit hinter sich hatte. Im *Karoshi-Manual* ist dazu verzeichnet, dass Überarbeitung als Todesursache in Frage kommt wenn der Betreffende am Tag seines Ablebens mindestens 24 Stunden (!) gearbeitet hat oder in der Woche vor seinem Tod jeden Tag mindestens 16 Stunden. Wenn er in der Woche vor dem Zusammenbruch einen Tag frei hatte, ist es schon kein *Karoshi* mehr und Unterhaltsforderungen greifen ins Leere.
Karoshi könnte typisch für eine neue Gruppe von Syndromen sein, welche die Japaner *gourika -byou* nennen, "Rationalisierungskrankheiten", die mit den Produktionsmethoden des späten 20.Jahrhunderts aufkamen. Fallstudien legen nahe, dass der Grund für die selbstaufopfernde Vielarbeit eher im

---

76. Fertigungstiefe: Ausmaß, in dem die erforderlichen Verarbeitungsschritte bei der Herstellung einer Ware selbst oder von fremden Betrieben durchgeführt werden. Die *Fertigungstiefe* ist ein Maß dafür, in welchem Ausmaß der Hersteller die Ware selbst herstellt.

japanischen Produktionsmanagement als im Kopf der Arbeitenden angelegt ist. 88 Prozent aller Firmen rechnen fest mit Überstunden. So warb ein Pharmakonzern mit dem Slogan "Sind Sie bereit, 24 Stunden für ihre Firma zu kämpfen?" für ein neues Power-Getränk. *All work and no play*. Dabei zerfressen die Konzerne mit den von Kritikern "Toyota's human management method" oder "corporate fascism" genannten Methoden die Identität ihrer Angestellten anscheinend so gründlich, dass diese teilweise ihre Namen aufgeben und sich im täglichen Umgang unter dem Namen des Konzerns als bloße Anhängsel desselben vorstellen und anreden.

In Folge der Dezentralisierung der Produktion zeigt sich eine Ambivalenz von Chancen und Risiken. Es wird heute viel davon gesprochen, dass eine zentrale, hierarchische Steuerung von Entscheidungsprozessen nicht zielführend ist. Sie sei ökonomisch nicht effizient und unterlaufe das Recht des Menschen auf Partizipation und Selbstbestimmung. Die Dezentralisierung und Enthierarchisierung von Entscheidungsprozessen könnte grundsätzlichen den Übergang zu einer partizipatorischen Demokratie mit sich bringen, in der die Menschen in allen Lebensbereichen Entscheidungen selbst treffen, über die gesellschaftlichen Ressourcen gemeinsam und kooperativ verfügen und bestimmen und Selbstbestimmung an die Stelle von Fremdbestimmung tritt. Die reale gesellschaftliche Entwicklung orientiert sich heute aber nicht an dieser Möglichkeit, sondern stellt ökonomische Imperative vor umfassende Partizipation. Dadurch sind neue Risiken und Gefahren entstanden. So wurde etwa häufig betont, dass diese neuen dezentralen und flexiblen Produktionsweisen z.B. Zwang zu Überstunden bei Produktionsmittelausfall sowie Nichterfüllung des Plan-Solls, lange Arbeitszeiten und hohen Streß mit sich bringen. Daher wird in bezug auf die japanischen Produktionsmethoden häufig vom „Management by Stress" gesprochen. Sinn dieser Flexibilisierung ist, dass die Warenproduktion effizienter gestaltet und beschleunigt werden soll.

In den Betrieben selbst lastet tw. ein ungeheurer Druck auf den einzelnen Arbeitsgruppen, der zu Feindeseligkeiten und Konkurrenz der Arbeitenden untereinander führt. Auch die Übertragung des japanischen Modells auf Europa bringt nicht unbedingt eine Humanisierung der Arbeit mit sich, wie etwa das Opelwerk Eisenach exemplarisch vor Augen führt: „Die 'Fertigungsstätte mit Modellcharakter' für ganz Europa (Opel-Selbstlob) mag wegweisend für die Fabrik der Zukunft sein. Ein Beispiel für humane Arbeitsbedingungen ist sie nicht [...] Gerade in diesen edlen Werkhallen herrscht Stress, und mittlerweile haben die Folgen der neuen Arbeitsbedingungen auch einen Namen: Flexibilitätssyndrom, Just-in-time-Syndrom, Qualitätssyndrom. [...] In den Teams entwickelt sich bisweilen eine Gruppendynamik, die mehr belastet als ein autoritärer Chef. Um Anwesenheits- und Leistungskontrollen braucht sich in Eisenach kein Vorgesetzter mehr zu kümmern, das regeln die Gruppen wie von selbst. Denn niemand ist längere Zeit bereit, die Minderleistung eines schwächeren Kollegen auszugleichen" (Gottschall 1994, S. 242ff).

Eine ähnliche Kritik an der Teamarbeit kommt von Jeremy Rifkin (1995): „Viel ist gesagt und geschrieben worden über Qualitätszirkel, Teamarbeit und mehr Mitbestimmung am Arbeitsplatz. Nur wenig ist dagegen gesagt oder geschrieben worden über die wachsende Anspruchslosigkeit der Arbeit, die zunehmende Geschwindigkeit der Produktion, die steigende Belastung oder die neuen Formen des sanften Zwangs und der subtilen Einschüchterung, mit denen die Beschäftigten in die postfordistische

Produktion eingepasst werden. [...] Oft verlässt sich das Management darauf, dass die Teams ihre Mitglieder disziplinieren. Mitarbeiterkomitees üben Druck auf unwillige oder langsame Kollegen aus. [...] Das führt dazu, dass die Arbeiter sich gegenseitig unter Druck setzen, stets zur Arbeit zu kommen" (Rifkin 1995, S. 128f).

Die Flexibilisierung, Dezentralisierung, Spezialisierung, Diversifizierung, Informatisierung und Enthierarchisierung der organisatorischen Strukturen der Ökonomie lässt sich vor allem in Bezug auf die Suche nach neuen Strategien und Bereichen der Investition im Zuge der anhaltenden Krise des Fordismus betrachten. Resultat ist eine postfordistische Restrukturierung der Ökonomie.

Tendenzen der postfordistischen Ökonomie
Als Tendenzenden postfordistischer Veränderungen der kapitalistischen Ökonomie des Kapitalismus können wir abschliessend folgende festhalten:
- diversifizierte Qualitätsproduktion, flexible Spezialisierung
- Dezentralisierung der Unternehmensstruktur, Outsourcing, Netzwerkstrukturen
- Enthierarchisierung der internen Unternehmensorganisation, flache Hierarchien
- Teamarbeit
- partizipatorisches Management und neue Unternehmensphilosophien
- Just-in-time-Produktion
- neuer Schub der ökonomischen Globalisierung
- weitere Tertiarisierung und Informatisierung der Ökonomie
- Abbau der institutionellen Schranken der Ökonomie durch Deregulierung
- Triadisierung des Welthandels und des Kapitalexports

8.3.1.3. Wissen in Gesellschaft und Produktion

Beispiel: Wieder umsonst: Die Encyclopedia Britannica (von Ralf Grötker)
Telepolis, Ralf Grötker, 08.04.2002
http://www.heise.de/tp/deutsch/inhalt/on/12227/1.html
Wir danken Ralf Grötker und der Redaktion Telepolis für die Abdruckgenehmigung

Die Ausgabe von 1911 ist jetzt "drin" und enthält manches mehr als Wissen.de & Co. Bisher war nicht einmal die Signatur per Internet zu finden: "A 10281^{11} 4°". So lautet die Adresse der elften Auflage der Encyclopedia Britannica in der Bibliothek der Berliner Humboldt-Universität. Jetzt steht die gesamte Ausgabe in einer Betaversion im Netz(http://www.1911encyclopedia.org/). Für manche Aufgaben ist sie besser geeignet als aktuelle Nachschlagewerke - ob gedruckt oder digital.

"Denken Sie an den leichten Geruch von altem Leder, wenn Sie durch diese Schatzkammer stöbern", schwärmen die Herausgeber. Gleiches wäre auch dem zu empfehlen, der das gedruckte Original aufsucht. "A 1028111 4°" steht in einer schummrigen Ecke im Magazin, auf einem wackligen Stahlregal mit weiß-rotem Absperrband davor. Die Sektion ist um "Umzug" begriffen" - auch wenn hier nichts danach aussieht, als ob es sich je bewegen würde. Der Einband der neunundzwanzig Bücher ist aus blauem Leinen. Der Geruch: pilzig. Die gut 25 000 Seiten Papier sind fleckig und gewellt, und unter der Schicht aus feinweißem Staub, der ein deutliches Kratzen im Hals verursacht, ist die einst goldene Schnittkante kaum mehr zu erkennen.
Soweit zu den sinnlichen Qualitäten, die eine Papierversion der 1911er Britannica ihrer digitalen Schwester voraushat. Hinzu kommen Verzeichnisse mit den Initialen der Autoren, diverse Vorworte, Karten, Tabellen, Zeichnungen und Fotografien. Diese in die Onlineversion mit aufzunehmen, wäre zu teuer gewesen. Auch der Index, der Band fehlt - noch. Aber der Herausgeber, Byron Reese, ver-

spricht: "When we finish, the index which is available by "searching" the site will better than Volume 29."

Die 1911er Online-Britannica ist ein profitorientiertes Unternehmen des Internetverlages PageWlse. Werbeanzeigen sollen die Investitionskosten in Höhe von 200.000 Dollar im Laufe der Zeit wieder einspielen. Drei Mitarbeiter waren ein ganzes Jahr damit beschäftigt, die eingescannten Documente mittels Optical Character Recognition (OCR) in die geeignete digitale Form zu bringen. Noch immer läuft die Version nicht ganz fehlerfrei. Manche Seiten lassen sich nicht öffnen, Sonderzeichen wie die Buchstaben des griechischen Alphabets werden falsch wiedergeben, und manche Artikel - "Berlin" zum Beispiel - muss man unter den Einträgen der benachbarten Stichworte suchen.

Trotz ihres Alters ist die 1911er Britannica nicht nur für Historiker ein brauchbares Lexikon. Durch die damals noch vergleichsweise überschaubare Menge nachschlagerelevanten Wissens steht hier im Vergleich zu neueren Enzyklopädien für die einzelnen Stichworte unvergleichlich mehr Platz zur Verfügung - insbesondere für Schriftsteller, Philosophen, Künstler, für geschichtliche Themen und für die zeitgenössische Bevölkerungs-, Siedlungs- und Wirtschaftsgeographie. Im Vergleich zu ihren Vorgängern zeichnet sich die 1911er Britannica durch etwas kürzere Artikel und durch einen eher journalistischen Stil aus - auch wenn die Beiträge von Fachgelehrten verfasst wurden. Damit kann die 1911er zumindest auf einigen Gebieten durchaus mit zeitgenössischen Werken konkurrieren. Das gilt allemal für die Netz-Lexika.

Online-Enzyklopädien Seit letztem Juli nämlich steht die Online-Ausgabe der aktuellen Britannica(www.britannica), die das volle Spektrum der gedruckten Ausgabe umfasst und das derzeit größte digitale Lexikon darstellt, in ihrem vollen Umfang nur noch angemeldeten (und zahlenden) Benutzern zur Verfügung.

Wirkliche Alternativen, die das verloren gegangene Gratis-Angebot ersetzen könnten, gibt es kaum. Die Microsoft Encarta hält zwar 18. 000 Artikel bereit, verweist in den Suchergebnissen immer wieder auf die Einträge in der CD-Version des Lexikons. Xipolis bietet kostenlos hauptsächlich einen einbändigen Brockhaus. Für die Benutzung des großen Brockhauses, des Dudens, von Kindlers Neuem Literaturlexikon, dem Film-Dienst-Lexikon, dem Archiv von "Spektrum der Wissenschaft" und anderen Angeboten muss man bezahlen. infoplease.com, ein Angebot des US-amerikanischen Learning Network, enthält immerhin die sechste Auflage Columbia Encyclopedia mit 57.000 Artikeln und einen Almanach mit einer Reihe von populär aufgemachten Dossiers zu verschiedenen Themen. Außerdem gibt es noch wissen.de – ein Angebot des Bertelsmann-Verlages, das das Wahrig Wörterbuch umfasst.

Der digitale Brockhaus von 1906 Auch von Seiten anderer historischer Nachschlagewerke erwächst der 1911er Britannica wenig Konkurrenz. Alte Enzyklopädien gibt es so gut wie gar nicht in elektronischer Form. Lediglich die Digitale Bibliothek etwa, in deren Verlagsprogramm bereits etliche historische Titel erschienen sind, hat vor kurzem den Brockhaus von 1906 herausgebracht - leider nur das "Kleine Konversations-Lexikon", nicht den siebzehnbändigen Großen Brockhaus. So viel wie in einem zwölfbändigen Taschenlexikon, behauptet der Verlag, steht aber im Konversationslexikon trotzdem drin. Neben den 80.000 Einträgen - darunter so illustre Stichworten wie "Berme", "Besemschon" und "Pomolog" - enthält die Version diverse Suchfunktionen, dazu zahlreiche bunte Karten und Diagramme.

Zum Vergleich: Der aktuelle CD-Brockhaus, Brockhaus Multimedial, bietet auch nur 190 000 Stichworteinträge. Der verbleibende Speicherplatz des mehr"bändigen" CD-Lexikons ist belegt mit bewegten und mit stillen Bildern: Unter "BSE" gibt es ein Video und ein Bild zu sehen, das eine tote Kuh auf einem Lieferwagen zeigt. Damit kann weder der Brockhaus noch die 1911er Britannica dienen, auch wenn diese zum vielleicht vergleichbaren Thema Cholera einen Eintrag führt, der in einer Tageszeitung mehrere ganze Seiten füllen würde - ohne Fotografien.

Der Antagonismus zwischen Wissen als kollektiver Ressource und Ware (Open Source VS. Kommerz)

Wissen wird zu einem gesellschaftlich immer wichtigeren Faktor. Es zeigt sich hier in mehrerer Hinsicht ein Antagonismus zwischen Wissen als Ressource und als Ware. Während Wissen als kollektive gesellschaftliche Ressource grundsätzlich allen zur Verfügung stehen sollte, um ihr Leben interessanter und nachhaltiger gestalten zu können, dominiert heute die Warenform. Dies führt dazu, dass in erster Linie ein Profitinteresse an Wissen und Technik besteht, es findet eine immer stärkere werdende Monopolisierung der Verfügungsmacht statt.

Dass Auto und das Fließband stellten das technologische Paradigma des Fordismus dar. Sie symbolisierten die Massenproduktion und den Massenkonsum. Henry Ford meinte, dass die Arbeitenden das von ihnen hergestellte „Modell T" selbst kaufen können sollten. Anders wäre die neue Produktionsweise auch gar nicht möglich gewesen. Nach 1945 wurde dieses Modell verallgemeinert, in standardisierter Fließbandproduktion hergestellte Massenwaren kurbelten das auf Massenproduktion und Massenkonsum basierende Akkumulationsmodell an. Schon bald hatte jeder nicht nur sein eigenes Auto, sondern auch ein Fernsehgerät, einen Kühlschrank, Haushaltsgeräte, Telefon etc. Für den Massenkonsum waren vor allem auch Techniken wie das Fernsehen, das Telefon und das Radio charakteristisch. Die großflächige Durchsetzung des Fließbandes im Fordismus war ein weiterer Schub der Rationalisierung, der die Lohkosten verkleinern und die Produktion beschleunigen sollte, um mehr Profit zu generieren. Mehrfach wurde in der Kulturkritik die These aufgestellt, dass die fordistische Standardisierung durch die Massenkultur vom Fließband auf das Bewusstsein und Denken übergreife, wodurch sich ein eindimensionales Denken und die Formierung von ohnmächtigen Subjekten herstelle, die durch die psychische Bindung an die Konsumgesellschaft ihr eigenes Unglück im Kapitalismus nicht erkennen könnten (Marcuse 1941, 1967; Adorno/Horkheimer 1969, Debord 1979). Wir können davon ausgehen, dass für jede Phase des Kapitalismus ein spezifisches technologisches Paradigma ausschlaggebend ist. Sind die Produktivitätszuwächse jedoch nicht mehr ausreichend, so müssen andere Techniken gefunden werden, die die Organisationsweise des Kapitalismus effektiver gestalten helfen. Durch einen sich nach einer bestimmten Dauer strukturell einstellenden Produktivitätsmangel wurde im Fordismus dem postfordistischen Aufstieg der Computertechnologie und der darauf basierenden modernen Informations- und Kommunikationstechnologien (IKT) der Weg geebnet.

Informationsgesellschaftlicher Kapitalismus

Wenn von der „Informationsgesellschaft" gesprochen wird, so wird diese allzu häufig auf rein technische Veränderungen, also die vermehrte gesellschaftliche Nutzung von IKT, reduziert. Manifest wird dies etwa in Metaphern wie jener von der Datenautobahn, da ein herrschendes Technologieverständnis befördert wird, das einem ungebremsten Fortschrittsoptimismus das Wort redet und letztlich vor allem auf die Maximierung von Profit orientiert ist. Tatsächlich ist Information aber ein gesellschaftliches Verhältnis, das nicht nur in der Form von IKT zunehmende Bedeutung erfährt; des weiteren haben wir es nicht nur mit technischen Veränderungen zu tun, sondern vor allem mit ökonomischen und politischen Umbrüchen, die vom fordistischen zum postfordistischen und vom keynesianischen zum neoliberalen Kapitalismus führen: diese gesellschaftlichen Umbrüche sind nicht automatisch mit gesellschaftlichem Fortschritt verbunden, ganz im Gegenteil: wir sind heute mit einer Verschärfung der globalen Probleme konfrontiert, die inzwischen zu Überlebensproblemen der Menschheit geworden sind.

Information umfasst immer die Produktion von Zeichen und entsteht dann, wenn sich ein System selbst organisiert (vgl. Fuchs/Hofkirchner 2001a). Es handelt sich um keine rein technische Kategorie, sondern um eine, die sich in Systemen unterschiedlicher Art finden lässt (in technischen und sozialen genauso wie in physikalisch-chemischen und lebendigen Systemen). Information finden wir in der Gesellschaft einerseits auf einer individuell-kognitiven Ebene in der Form von wahrgenommenen Daten, interpretiertem Wissen und bewerteter Weisheit (vgl. ebd.) und andererseits als soziale Information in der Form von Ressourcen, Entscheidungen, Normen und Werten, die vergangenes soziales Handeln speichern und zukünftiges soziales Handeln erleichtern. Es muss nicht immer von neuem eine Grundlage für soziales Handeln geschaffen werden, da diese in der Form von sozialer Information dauerhaft zur Verfügung steht. Soziale Information ist eine dauerhafte Grundlage sozialen Handelns, die sich aber in ihrer eigenen gesellschaftlichen Dynamik permanent verändert.

Der gesellschaftliche Umgang mit Wissen umfasst dessen Produktion, Verteilung und Differenzierung. Im Rahmen der Verteilung stehen unterschiedliche Mittel zur Verfügung. Moderne IKT stellen neben z.B. Büchern, Bibliotheken oder Gesprächen nur eine Form der Wissensverteilung dar. Mit Hilfe von Computertechnologien kann Wissen heute in polydirektionaler, interaktiver und multimedialer Form produziert und verteilt werden. Dabei ist zu beachten, dass Wissen immer eine soziale Kategorie ist, es wird niemals nur individuell produziert, sondern nimmt einerseits immer Bezug auf bereits bestehendes Wissen und beeinflusst andererseits das zukünftige soziale Handeln (wenn auch abhängig von Macht- und Klassenverhältnissen mehr oder weniger).

Vom informationsgesellschaftlichen Kapitalismus können wir heute sprechen, da Wissen zu einer immer bedeutenderen Produktivkraft wird, die gesellschaftliche, und dabei insbesondere ökonomische Prozesse wesentlich beeinflusst. Wir haben bereits gesagt, dass der Dienstleistungsbereich einen immer bedeutender werdenden Sektor der Ökonomie darstellt. Teil dieses Bereiches ist auch das, was wir unter die Begriffe Informations- oder Wissensarbeit subsumieren können. Darunter sind jene Tätigkeiten zu zählen, die mit der Schaffung, Verarbeitung und Instandhaltung von Wissen zu tun haben. Also etwa die Tätigkeiten eines Programmieres genauso wie jene einer Wissenschaftlerin, eines Sekretärs, eines Information-Brokers, einer Marktforscherin oder einer Zeitungsredakteurin. Wissensarbeit wird heute zu einer für die weitere Funktionsweise des Kapitalismus immer wichtigeren Kategorie.

Immaterielle Arbeit
Immaterielle und geistige Arbeit werden zwar immer bedeutender, die Ökonomie benötigt aber immer noch eine stoffliche Basis. Daher ist auch die Vorstellung einer Weightless Economy oder einer postindustriellen gesellschaft ein Mythos. Es lässt sich hinzufügen, dass sich die Notwendigkeit einer stofflichen Basis der Akkumulation auch im Rahmen der New Economy bereits daran zeigt, dass die angeblich immateriellen Produkte sehr wohl eine stoffliche Basis haben (Infrastruktur, Modem, Computer, Glasfaserkabel, CD-ROMs, Datenträger etc.). Auch Ökobilanzen der New Economy zeigen, dass diese Unmassen an stofflichen Ressourcen verschlingt. So fallen etwa bei der Herstellung eines PC 16-19 Tonnen Ressourcen und 700 unterschiedliche Inhaltsstoffe an, dabei vorwiegend Metall (50%), Kunststoff (23%), Glas (15%) und Elektronik (12%), unzählige Schwermetalle werden verarbeitet, im Herstellungsprozess eines PCs entstehen über 300 kg Abfall und 3 Tonnen Kohlendioxid (vgl. Grote 1994, 1996, Junker/Lang 2002). Ursula Huws (2000) formuliert als Gegenthese zur Annahme, wir würden in einer Weightless Economy leben, dass „die Verwandlung von Dienstleistungen in materielle Produkte im Kapitalismus auf lange Sicht die vorherrschende Tendenz ist" (Huws 2000, S. 648).

Die Rolle der Wissenschaft

Mit der Zunahme der Bedeutung der Rahmenbedingungen und der Infrastruktur der Warenproduktion, wird auch der Stellenwert der Wissenschaft in der heutigen Gesellschaft immer größer. Unter Wissenschaft kann zunächst die Verallgemeinerung von neue geschaffenem Wissen mit Bezugnahme, Analyse und Kritik auf das im Kontext dazu bereits existierende Wissen verstanden werden. Als Produktivkraft hat die Wissenschaft eine wesentliche Funktion für die ökonomische Entwicklung. Sie stellt dabei eine Organisationsweise der Rahmenbedingungen und infrastrukturellen Einrichtungen der Produktion dar, sie sorgt für den Fortschritt der Produktions- und Organisationsmethoden und bringt dabei Maschinen hervor, die immer effizienter in der Produktion eingesetzt werden können (d.h. die immer mehr Waren in immer kürzerer Zeit produzieren helfen). Mit der Verwissenschaftlichung der Produktion und der immer stärkeren Zunahme der Bedeutung der Produktivkraft Wissen werden wissenschaftliche Vorleistungen der Produktion, die Schaffung von Know-How durch Forschung und die Ausbildung qualifizierter ArbeiterInnen an Universitäten immer bedeutender. Viele Firmen und nahezu alle Konzerne kooperieren nicht nur mit Universitäten, sondern haben auch eigene Forschungsabteilungen, die kein allgemein zugängliches Wissen schaffen, sondern Wissen, das dem eigenen Betrieb vorbehalten bleibt. Wissen hat im Produktionsprozess einen äußerst günstigen Charakter, der ökonomischen Interessen nützt: Es verbraucht sich nicht stofflich und muss nicht durch Neukauf reproduziert werden. Einmal angeeignetes Wissen kann und muss zumeist weiterentwickelt werden, was weitere Kosten verursacht, aber es gibt fast keine Reproduktionskosten des vorhandenen Wissens, es muss nicht permanent neu (re)produziert werden wie Arbeitskraft oder Rohstoffe. Wissen kann zu einem sehr geringen Preis unendlich vervielfältigt werden (es wird also in der Form von Kopien billig reproduziert, muss aber selbst nicht reproduziert werden), kann in digitaler Form mittels moderner I&K-Technologien global sehr schnell verbreitet werden und die Grenzkosten der Vervielfältigung des Wissens sinken durch die technische Produktivkraftentwicklung immer weiter.

Karl Marx sah voraus, dass Wissen zu einem bedeutenden Produktionsfaktor wird. In den „Grundrissen" wird der Produktivkraft der Wissenschaft wesentliche Aufmerksamkeit geschenkt. Diese „allgemeine Produktivkraft des gesellschaftlichen Hirns" (Marx 1857/58, S. 594) sei die „unmittelbare Produktivkraft" (ebd., S. 602), schaffe jedoch selbst keinen Wert. Das allgemeine gesellschaftliche Wissen spiegelt sich im fixen Kapital, und dabei vor allem in der Maschinerie, wider. Für dessen Fortschritt und Entwicklung sorgt die Wissenschaft. Die Produktivkraft der lebendigen, gesellschaftlichen Arbeit hängt also auch ab vom „allgemeinen Stand der Wissenschaft und dem Fortschritt der Technologie, oder der Anwendung dieser Wissenschaft auf die Produktion" (ebd., S. 600).

Dem gesellschaftlichen Wissen, dem General Intellect, der sich in der Entwicklung des fixen Kapitals widerspiegelt, misst Marx also als Produktivkraft eine wesentliche Bedeutung zu. Im 3. Band des Kapitals spricht Marx von „allgemeiner Arbeit des menschlichen Geistes", eben jenem General Intellect (Marx 1894, S. 114). „Allgemeine Arbeit ist die wissenschaftliche Arbeit, alle Entdeckung, alle Erfindung. Sie ist bedingt teils durch Kooperation mit Lebenden, teils durch Benutzung der Arbeiten Früherer" (ebd.). In den Grundrissen benutzt Marx den Begriff des General Intellect für das allgemeine soziale Wissen oder die kollektive Intelligenz einer Gesellschaft. Das fixe Kapital, dabei vor allem in Form der Maschinerie, kann sich diese Intelligenz quasi einverleiben, das Wissen vergegenständlicht sich in ihnen: Maschinen „sind von der menschlichen Hand geschaffne Organe des menschlichen Hirns; vergegenständlichte Wissenskraft. Die Entwicklung des capital fixe zeigt an, bis zu welchem Grade das allgemeine gesellschaftliche Wissen, knowledge, zur unmittelbaren Produktivkraft geworden ist und daher die Bedingungen des gesellschaftlichen Lebensprozesses selbst unter Kontrolle des general intellect gekommen und ihm gemäß umgeschaffen sind" (Marx 1857/58, S. 602).

Die Ambivalenz neuer Technologien
Moderne IKT wie das Internet sind Mittel wesentlicher gesellschaftlicher Veränderungen. Die Computertechnologie ist Medium und Resultat der Rationalisierung und der gesellschaftlichen Umstrukturierung. Ihre Genese ist das logische Resultat der Weiterentwicklung der Produktionsweise. Gleichzeitig ist sie das Medium der Ersetzung menschlicher Arbeitskraft durch Maschinen. Eine logische Folgerung ist heute der Anstieg der Arbeitslosigkeit. Die ökonomische Diffusion der Computertechnologien hängt auch mit der Krise des Fordismus zusammen. Als eine Reaktion auf den relativen Fall der Profitraten wurde die Computerisierung und damit die Automatisierung weiter vorangetrieben, um Arbeitskosten einzusparen und die Profitraten zu steigern. Die neuen Technologien unterliegen wiederum einer Ambivalenz von Chancen und Risiken. Während sie grundsätzlich bessere Bedingungen für Kommunikation, Unterhaltung, Diskussion, Kooperation und Austausch bieten, stehen diese äußerst positiven Möglichkeiten nicht allen Menschen zur Verfügung. Dies ist auf einen Antagonismus zwischen Wissen und Technologien als Ressourcen und als Waren zurückzuführen. Sinnfällig wird dies an Hand folgender Fakten über das Internet: In technischen Artefakten widerspiegeln sich gesellschaftliche Verhältnisse. Dies gilt auch für das Internet. Der Zugang zum Cyberspace kostet Geld für Telefon, Modem, Computer, Provider usw., gleichzeitig kommt es aber zu einer immer stärkeren sozialen Spaltung und Polarisierung. Nur ca. 2-3% der Weltbevölkerung hat Zugang zum Netz, dabei handelt es sich mehrheitlich um weiße, männliche US-Amerikaner. Es zeigt sich also die Widerspiegelung von gesellschaftlichen Dichotomisierungen nach Klasse, Geschlecht, Herkunft, Alter und Qualifikation im Internet. Der Zugang ist in diesem Sinn ganz und gar nicht „frei", die Forderung nach „Access for all" ist etwas verkürzt, denn sie blendet aus, dass ihre Realisierung weitergehende gesellschaftliche Transformationen umfassen müsste. Afrika stellt etwa 12% der Weltbevölkerung, verfügt aber nur über 2% der weltweit verfügbaren Telefonanschlüsse. Durchschnittlich gibt es in Afrika weniger als 2 Telefonanschlüsse pro 1000 EinwohnerInnen. Das Internet ist vorwiegend ein Mittel zur Erzielung von Profit, aus einer ursprünglich rein militärisch eingesetzten Technologie (ARPA-Net) wurde ein Mittel zur Restrukturierung und Beschleunigung betrieblicher Abläufe, ein neuer Ort der Kapitalakkumulation und ein Werbemittel mit interaktiven und multimedialen Dimensionen. Politik stellt ein minoritäres Feld im Web dar, maximal 1-2% der Webseiten behandeln politische Inhalte, es überwiegen Sex und Kommerz. Es zeigen sich auch positive Effekte, wie etwa, dass moderne IKT von sich selbst organisierenden Protestbewegungen unterstützend eingesetzt werden können. Vor allem eine globale Vernetzung und Vereinfachung sowie Beschleunigung kommunikativer Abläufe kann so erreicht werden. Es

gibt viele Beispiele, die zeigen, dass kritische und oppositionelle Tätigkeiten durch die Vernetzung effizienter selbst organisiert werden können (vgl. Fuchs 2001).

Aspekte moderner Informations- und Kommunikationstechnologien
Halten wir einige Aspekte der modernen IKT fest, die eine Bedeutung bei derzeitigen gesellschaftlichen Veränderungen spielen. Dies zeigt wiederum die Ambivalenz von Chancen und Risiken, die mit der Informatisierung der Gesellschaft auftritt.

1. IKT führen zu Delokalisierungs- und Entbettungsprozessen im Sinn der Herstellung einer raum-zeitlichen Entfernung sozialer Beziehungen. Damit im Zusammenhang steht die Internationalisierung der Produktion. IKT sind Medium und Resultat der ökonomischen, kulturellen und politischen Globalisierung.
2. IKT können einer Derealisierung Vorschub leisten, bei der die Wirklichkeit mit künstlichen Realitäten verschwimmt. Dies zeigt sich im Cyberspace z.B. bei Chats oder MUDs/MOOs, bei denen die handelnden Akteure unterschiedliche konstruierte Identitäten annehmen können.
3. IKT vermitteln eine Dezentralisierung und Enthierarchisierung der internen Unternehmensorganisation.
4. IKT können den Zugang zu Informationen, den Informationsaustausch, die Kooperation und die Kommunikation prinzipiell erleichtern. Zugleich zeigt sich aber, dass der virtuelle Raum segmentarisiert ist und dass sich die gesellschaftlichen Ungleichheiten im Cyberspace reproduzieren.
5. IKT können einen kulturellen Austausch und eine kulturelle Einheit in der Vielfalt prinzipiell vermitteln. Gleichzeitig tragen sie heute jedoch auch zu einer Verschärfung der globalen Probleme bei.
6. Die Anwendung von IKT verändert die Arbeitswelt auch dadurch, dass es im Bereich der neuen Medien und der Softwareindustrie zu einem hochqualifizierten Segment des Arbeitsmarktes kommt. Gleichzeitig verschärfen sich jedoch die Spaltungen am Arbeitsmarkt. Vor allem niedrig qualifizierte Jobs werden wegrationalisiert, als Folge tritt Massenarbeitslosigkeit auf. Es ist zweifelhaft, dass die Entstehung hoch qualifizierter Jobs im High-Tech-Bereich diese Arbeitslosigkeit kompensieren kann.
7. IKT sind Teil des Rationalisierungsprozesses, der zu einer Ersetzung menschlicher Arbeit durch Maschinen führt. An sich stellt die Verringerung der durch den Menschen zu leistenden gesellschaftlich notwendigen Arbeit eine zivilisatorische Errungenschaft dar, die dem Menschen mehr freie Zeit und Muse bietet. Heute bedeuten Rationalisierung und Automatisierung jedoch eine Zunahme der Arbeitslosigkeit und der Armut. IKT sind Medium und Resultat der Rationalisierung.
8. IKT führen zu einer stärkeren Digitalisierung des Sozialen (d.h. zur Diffusion der neuen Medien und Technologien in alle gesellschaftlichen Bereiche und Lebensverhältnisse) und ermöglichen damit eine Verstärkung von Kontroll- und Überwachungsabläufen. IKT machen Abläufe nachvollziehbar, dies ist jedoch nicht nur eine Chance, sondern auch ein Risiko der Zunahme von Überwachung und Kontrolle.
9. IKT können geistige Tätigkeiten fördern. Gleichzeitig unterliegt aber auch der Bereich der geistigen Arbeit der Rationalisierung. Es zeigt sich also auch eine Automation der Kopfarbeit.

Derealisierung und multiple Identitäten

Beispiel: High-Tech-Lynching im Online-Chat?
aus: Sherry Turkle (1998) *Leben im Netz*. Reinbek bei Hamburg. Rowohlt. S. 373ff

1993 wurde das Computernetz WELL von einer Kontroverse über einen anderen elektronischen Geliebten erschüttert, wobei es hauptsächlich um diese veränderlichen Normen und die Vermischung von Realem und Virtuellem ging. Im „Women's Only"-Forum des WELL hatten mehrere Frauen ihre Aufzeichnungen über das Liebesleben im Cyberspace verglichen. Dabei erkannten sie, dass sie alle von demselben Mann verführt und sitzengelassen worden waren (einige bloß virtuell, andere auch in Wirklichkeit), den eine von ihnen den „Cyberschurken" nannte. Als sie mit anderen Frauen über die Angelegenheit sprachen, stellten sie fest, die Aktivitäten von „Mr. X" hatten sehr viel weitere Kreise gezogen und folgten einem bestimmten Muster. Er umwarb Frauen via elektronischer Post und Telefonaten, mahnte sie eindringlich, kein Wort über ihre Beziehung verlauten zu lassen, und flog sogar einmal quer über den Kontinent, um eine von ihnen in Sausalito, Kalifornien, zu besuchen. Doch dann ließ er sie fallen. Eine der Frauen eröffnete unter dem Motto „Kennen Sie diesen Cyberverführer?" einen Topic (ein Diskussionsforum) im WELL. Binnen zehn Tagen gingen fast eintausend Meldungen ein, die sich mit dem „Outing" von Mr. X befaßten. Einige unterstützten die Frauen, andere meinten, die ganze Sache gleiche einem Fall von „High-Tech-Lynchjustiz". Zu dieser Zeit, als sich dieser Zwischenfall ereignete und von den Massenmedien breitgetreten wurde, führte ich gerade Interviews zum Thema „Online-Romanzen" durch. Dabei kam diese Geschichte immer wieder zur Sprache. Diejenigen, die ein Vergehen darin sahen, warfen Mr. X vor, die Cyberwelt und RL verwechselt zu haben. Er habe nicht bloß die Beziehungen, die er in der Cyberwelt angeknüpft hatte, dazu benutzt, sich in RL danebenzubenehmen. Vielmehr habe er die Beziehungen in der Cyberwelt so behandelt, als wären es CL-Beziehungen. Aus diesen Gesprächen kristallisierte sich eine komplexe Typologie von Beziehungen heraus: echte Beziehungen, virtuelle Beziehungen mit einer „echten" Person und virtuelle Beziehungen mit einem virtuellen Partner. Eine fünfunddreißigjährige Immobilienmaklerin gab sich große Mühe, darzulegen, weshalb diese Beziehungen auseinandergehalten werden sollten.
„In einem MUD oder einem Chat-Room oder im IRC ist es vielleicht in Ordnung, mehrere Seitensprünge mit anderen Personen zu machen, die sich hintern anderen Handles verstecken. Aber dieser Mann kam auf die Frauen zu, als sei er wirklich an ihnen interessiert – er sagte, er habe sich in sie, in sie als die wirklichen Frauen, verliebt. Er hat sogar einige getroffen und sie dann fallengelassen. Verstehen Sie den Unterschied? Von Anfang an hat er nicht respektiert, dass die Online-Welt ihre eigenen Spielregeln hat".
Mr. X selbst war sich keiner Schuld bewusst. Er teilte dem Computernetz mit, dass er zwar zur gleichen Zeit mehrere einvernehmliche Beziehungen unterhalten habe, jedoch glaubte, dies stehe mit den Regeln des Cyberspace in Einklang. Vielleicht stimmt das ja auch. Doch selbst wenn es stimmt, werden hier die Grenzen zwischen dem Virtuellen und dem Realen eisern verteidigt. Sexuelle Kontakte zu mehreren Figuren in MUDs ist eine Sache, doch in einer virtuellen Gemeinschaft wie WELL erzeugen die meisten Benutzer eine elektronische Persona, die sie als getreue Widerspiegelung ihres verkörperten Selbst erleben. Hier kann Promiskuität etwas völlig anderes sein.
Sobald wir die Virtualität als eine Lebensweise ernst nehmen, brauchen wir eine neue Sprache, um über die einfachsten Dinge reden zu können. Jeder muss sich fragen: Welche Qualität haben meine Beziehungen? Wo liegen die Grenzen meiner Verantwortung? Und noch grundlegender: Wer und was bin ich? Welcher Zusammenhang besteht zwischen meinem physischen Körper und meinen virtuellen Körpern? Sieht dieser Zusammenhang in verschiedenen Cyberspaces anders aus. [...] Welche Qualität haben unsere gesellschaftlichen Beziehungen? Welche Verantwortung tragen wir für unsere Handlungen im wirklichen Leben und im Cyberspace? Welche Art von Gesellschaft beziehungsweise Gesellschaften erschaffen wir „on" und „off the screen"?

Gérard Raulet hebt als ein wesentliches Charakteristikum der modernen Technologien hervor, dass sie derealisierend wirken: „Der Übergang zur Digitalisierung stellt eine entscheidende Etappe in der Derealisierung dar. [...] Fiktion und Realität werden austauschbar, selbst dort, wo man die Daten eines realen Objekts aufnimmt, da der Computer eine unendliche Zahl von Bildern produzieren kann" (Raulet 1988, S. 289). Turkle (1996) betont als Beispiel für die Derealisierung, dass Multi User Dungeons (MUDs) – dies sind vernetzte Rollenspiele, die über das Internet gespielt werden – den SpielerInnen ermöglichen, verteilte und multiple Identitäten auszuprobieren. Die Identität eines/r UserIn ist damit nicht mehr eindeutig bestimmbar. Turkle hat untersucht, inwiefern MUDs als Form der sozialen Interaktion Menschen mit Kontaktschwierigkeiten helfen können, diese Probleme zu überwinden. Sie gelangte zu dem Ergebnis, dass MUDs hilfreich sein können, soziale Probleme zu bewältigen, wenn eine Umsetzung der Erfahrungen aus den MUDs ins reale Leben gelingt. Gelingt dies nicht und sind sie ein Medium der reinen Flucht, so können sich bestehende psychische Probleme weiter verschlimmern. Von besonderem Interessen bei den Formen der Herstellung multipler Identitäten in MUDs ist für Turkle (1998) der Geschlechterrollentausch, das Gender-Swapping: „Geschlechtertausch stellt eine Gelegenheit dar, Konflikte zu ergründen, die durch die eigene biologische Geschlechtszugehörigkeit aufgeworfen werden" (Turkle 1998, S. 345). Durch das Medium des virtuellen Raums kommt es also in MUDs in dem Sinn zu einer Entkörperlichung, dass nicht mehr eindeutig feststellbar ist, ob mit einem Mann oder einer Frau kommuniziert wird. Es könnte daher gesagt werden, dass die Körperlichkeit im virtuellen Raum hinter die Identitätsbildung zurücktritt. Virtueller und physischer Körper stimmen nicht mehr notwendigerweise überein. Die Manifestationen von multipler Identität, so Turkle, würden zu einer „umfassenden Überprüfung traditioneller, unitärer Identitätstheorien" beitragen (Turkle 1998, S. 424). Der virtuelle Raum würde es Menschen ermöglichen, ein flexibles und wandlungsfähiges Selbst zu entwickeln. Diese Konzeption des Selbst sei als postmodern zu erachten, da sie eine Vielfalt an flexiblen Identitäten ermögliche. Das Internet besitze die Fähigkeit, Identitätskonzepte zu verändern. Der postmoderne Aspekt der Computertechnologie bestehe darin, dass sie ermögliche, vielfältige Standpunkte einzunehmen. „Ich habe gesagt, die Kultur der Simulation werde uns möglicherweise dabei helfen, die Vision einer multiplen, aber integrierten Identität zu verwirklichen, deren Flexibilität, Elastizität und Genussfähigkeit aus dem freien Zugang zu unseren vielen Selbsten herrührt" (Turkle 1998, S. 437f). Turkle weist aber auch auf die Gefahr hin, im Cyberspace verloren zu gehen oder den Bezug zur Realität zu verlieren.

Auch Donna Haraway betont, dass die modernen Technologien Grenzüberschreitungen ermöglichen, wie etwa jene zwischen den Geschlechtern. Sie spricht in diesem Zusammenhang von Cyborgs: „Cyborgs sind kybernetische Organismen, Hybride aus Maschine und Organismus, ebenso Geschöpfe der gesellschaftlichen Wirklichkeit wie der Fiktion" (Haraway 1995, S. 33). Mit der Cyborgmetapher versucht Haraway Veränderungen in unserer Gesellschaft zu beschreiben und Vorstellungen über die Zukunft zu entwickeln. Dazu gehört die Vorstellung, dass Cyborgs „Geschöpfe in einer Post-Gender-Welt" (Haraway 1995, S. 35) sind. Es geht ihr also um die Auflösung der Grenze zwischen Mann und Frau, da unter den herrschenden Bedingungen Gender als soziales Geschlecht eine Kategorie sei, entlang derer sich Ungleichheiten manifestieren. Es geht ihr also um eine Vision, in der diese Ungleichheiten, die Unterdrückung und Diskriminierung von Frauen zu Folge haben, aufgehoben sind. „Es geht darum zu lernen, uns daran zu erinnern, dass wir [...] körperlich immer noch anders werden können" (Haraway 1996, S. 365). Mit den technologischen Entwicklung, die immer stärker zu einer Entkörperlichung führen, ist auf Grund der hybriden Identität der Cyborgs - d.h. der Unmöglichkeit einer geschlechtlichen Zuordnung - bei Haraway die Vision einer Gesellschaft ohne geschlechtsspezifische Unterdrückung verbunden. Haraway ist in ihren Vorstellungen sehr von der Science Fiction-Literatur beeinflusst, in der Cyborgs als hybride Wesen auftreten, die Mischungen zwischen Menschen und Maschinen darstellen.

Wissen: Kollektive Ressource oder intellektuelles Eigentum?
Wissen ist grundsätzlich eine kollektive gesellschaftliche Ressource. Niemand kann Wissen vereinzelt produzieren, es findet immer ein Bezug auf anderes, bereits existierendes Wissen statt. Gesellschaftliche Innovationen sind nur dadurch möglich, dass auf bereits Bestehendem aufgebaut wird, es wird Bezug auf das „soziale Erbe" der Gesellschaft genommen. Zusätzlich ist Wissensproduktion heute zumeist ein hochgradig verteilter und kooperativer Prozess. Aus ethischer Perspektive sollte Wissen daher allen Menschen gleich zur Verfügung stehen und ihnen Möglichkeiten zur Entfaltung und Vereinfachung ihres Lebens bieten. Tatsächlich wird Wissen heute zwar kooperativ produziert, aber individuelle angeeignet. Dies ist auf einen für den Kapitalismus typischen Antagonismus zwischen Gebrauchswert und Tauschwert zurückzuführen, der sich in der heutigen Informationsgesellschaft als Antagonismus zwischen Wissen als kollektiver Ressource und als Ware (Open Source VS. Kom-

merz) äußert. Die Monopolisierung und Kontrolle von Wissen schränkt die Möglichkeiten umfassender gesellschaftlicher Partizipation und Meinungsfreiheit der Menschen ein.

Wissen ist ein soziales, kollektives und historisches Produkt. Unternehmen greifen gratis auf die in der Vergangenheit produzierten, überlieferten Kenntnisse und die Resultate von Ausbildung, Erziehung[77] und Forschung zu. „Der Wert der diversen Formen von Wissen ist mit den üblichen Maßstäben nicht messbar. Die Entstehungskosten allen Wissens werden ja zum größten Teil von der Gesamtgesellschaft getragen: von den Eltern und Erziehern, vom öffentlichen Unterrichts- und (Aus)Bildungssystem, von den staatlichen Forschungszentren und Hochschulen. Aus diesen gesellschaftlichen Vorleistungen wird Privatunternehmen gratis soziales Kapital zur Verfügung gestellt" (Gorz 2001, S. 3).
Niemand kann Wissen vereinzelt produzieren, es findet immer ein Bezug auf anderes, bereits existierendes Wissen statt. Gesellschaftliche Innovationen sind nur dadurch möglich, dass auf bereits Bestehendem aufgebaut wird, es wird Bezug auf das „soziale Erbe" der Gesellschaft genommen. Wissensproduktion ist heute ein hochgradig verteilter und kooperativer Prozess. Bereits Marx erkannte den sozialen Charakter des Wissens, als er vom vom „General Intellect" als „allgemeines gesellschaftliches Wissen, knowledge" und von „allgemeiner Arbeit des menschlichen Geistes" sprach.
Wissen wird kollektiv produziert, aber als unverdiente externe Ressource ökonomisch verwertet. Trotz dieser kollektiven Produktionsweise werden heute Eigentumsrechte auf Wissen erhoben, die eine individuelle Aneignung ermöglichen. Wissen wird dadurch zur Ware, die der Kapitalakkumulation dient. Dies ist auf einen für den Kapitalismus typischen grundsätzlichen Widerspruch zwischen Gebrauchswert und Tauschwert zurückzuführen, der sich in der heutigen Informationsgesellschaft als Antagonismus zwischen Wissen als kollektiver Ressource und als Ware äußert. Die Monopolisierung und Kontrolle von Wissen dient ökonomischen Zwecken und schränkt die Möglichkeiten umfassender gesellschaftlicher Partizipation und Meinungsfreiheit der Menschen ein. Um eine solche Monopolisierung durchzusetzen, wurde die rechtliche Möglichkeit eines Copyrights auf geistige Produkte geschaffen, sogenannten intellektuellen Eigentumsrechten.

Beispiel: MP3: Netzkommunismus, Urheberrechtsverletzung oder kommerzieller Trick?

MP3 ist ein Kompressionsverfahren, das 1987 vom Frauenhofer Institut Erlangen für die Codierung von Tonspuren in Filmen entwickelt wurde. Wird seit Mitte der 1990er-Jahre vorwiegend zur Kompression von Musikdaten im Internet eingesetzt. Es erfolgt eine Kompression auf etwa 1/10 der eigentlichen Größe, indem irrelevante Information und Frequenzen weggelassen werden. Copyrightgesetze regeln, dass private Sicherheitskopien von kommerziell erworbenen Tonträgern gemacht werden dürfen, eine Weitergabe an Dritte muss jedoch unterbleiben. Das MP3-Format bedeutet die Möglichkeit, Musik global schnell, effizient und gratis zu vertreiben, es unterläuft Urheberrechtsschutzgesetze. Die Musikindustrie ist bestrebt, die freie Verteilung von Musik über das Internet zu unterbinden, da sie dadurch ihre Möglichkeiten zur Profitanhäufung gefährdet sieht. Programme zur Vertreibung von MP3-Dateien im Internet sind bzw. waren u.a. Napster, KaZaA, Audiogalaxy, LimeWire, Morpheus, EDonkey, WinMX, iMesh, Bearshare, Blubster, SoulSeek, Overnet, Toadnode, Grokster, Blubster.

---

77. Erziehung produziert informelles Wissen wie Normen, Sprache und Fertigkeiten, die durch soziale Beziehungen vermittelt werden.

Diese Programme beruhen vorwiegend auf dem dynamischen Peer-to-Peer-Verfahren, es gibt zentrale Indexserver, Dateien werden von den Rechner anderer User, die online sind, heruntergeladen und damit vervielfältigt. Systeme wie Gnutella arbeiten dezentral, es gibt hingegen aber auch Programme wie Audiogalaxy die vorwiegend auf zentralen Servern basieren. Die dezentralen Gratismusikbörsen im Netz entwickeln und verbessern sich durch die Aktivitäten der Nutzer, als Mensch-Maschine-Netzwerke organisieren sie sich selbst. Die Softwaretauschbörsen installieren oft für den Nutzer unsichtbar sogenannte Ad- und Spyware: dies sind Programme, die Benutzerprofile anlegen, Nutzerverhalten ausspionieren und Werbung für kommerzielle Produkte betreiben. Derartige Software zielt auf ökonomische Verwertungsinteressen ab, Betreiber greifen wegen Finanzierungsproblemen auf diese Möglichkeiten zurück. Einige Fakten zu den Konflikten um MP3:

Mai 1999: Gründung von Napster.
November 1999: Klage der Recording Industry Association of America (RIAA) gegen Napster
29. Juli 2000: durch einen Gerichtsbeschluss muss Napster erstmals offline gehen, darf durch eine einstweilige Verfügung den Betrieb aber wieder aufnehmen
Oktober 2000: ein Berufungsgericht beschließt, dass Napster copyrightgeschützte Musikstücke durch Filter identifizieren muss und von der Verbreitung ausschließen muss, Bertelsmann kauft Napster und plant einen kostenpflichtigen Aboservice, der Medienkonzern wollte sich also den hohen Verbreitungsgrad zu Nutze machen, um sein eigenes Medienangebot zu vermarkten
Februar 2001: 57 Millionen Napster-User
Juli 2001: US-Bezirksrichtern Marilyn Hall Patel entscheidet, dass Napster so lange offline bleiben muss, bis die verwendeten Filter perfekt funktionieren
Oktober 2001: Klage der RIAA gegen KaZaA, Grokster und StreamCast (Morpheus)
November 2001: ein niederländisches Gericht verfügt, KaZaA KaZaA müsse Urheberrechtsverletzungen unterbinden, ansonsten hohe Strafen bezahlen. KaZaA war von der niederländischen Verwertungsgesellschaft für Wort und Ton Buma/Stemra verklagt worden.
Jänner 2002: KaZaA BV (Niederlande) verkauft KaZaA an Sharman Networks (Australien), der Download der KaZaA-Software wird vorläufig gesperrt
März 2002: ein niederländisches Berufungsgericht stellt fest, dass KaZaA nicht für die illegale Nutzung seiner Software durch UserInnen verantwortlich sei, das Urteil vom November 2001 wird aufgehoben
April 2002: KaZaA Lite geht online, es handelt sich um eine Version von KaZaA ohne Spyware und Adware. KaZaA installiert ohne Wissen der UserInnen das kommerzielle Altnet und verwendet Werbe-PopUps
November 2001 wird aufgehoben
Mai 2002: Klage der RIAA gegen Audiogalaxy
Juni 2002: außergerichtliche Einigung zwischen der RIAA und Audiogalaxy
September 2002: Audiogalaxy wird in einen kostenpflichtigen Dienst umgewandelt, Eingabe der RIAA an den U.S. Federal District Court in Los Angeles, um das Verfahren gegen KaZaA, Grokster und Audiogalaxy zu beschleunigen
September 2002: ein US-Gericht verbietet die vollständige Übernahme von Napster durch Bertelsmann, dies bedeutet das endgültige Aus für die Umwandlung von Napster in einen kostenpflichtigen Service
November 2002: der CD-Brennersoftware-Hersteller Roxio kauft Markenname und Patente Napsters
Dezember 2002: Das US-Bundesgericht in Los Angeles vertagt die Entscheidung, ob es zu einer Anklage gegen KaZaA, Grokster und StreamCast kommt, diese Rechtsfrage sei äußerst komplex. Es muss beispielsweise geprüft werden, ob Kazaa als australisches Unternehmen mit Firmensitz auf der Pazifikinsel Vanuatu in den USA überhaupt verklagt werden kann.
Dezember 2002: Die Webseite der Recording Industry Association of America (RIAA), die gegen Gratismusikbörsen rechtlich vorgeht, wurde zweimal von Hackern manipuliert. Einmal wurden MP3s auf die Seite gestellt, ein anderes mal wurde die Seite mit sinnlosem Text beschrieben .

Intellectual Property Rights (IPR)

Die Frage, ob es vertretbar ist, dass Wissen monopolisiert und ökonomisch kontrolliert wird, zeigt sich etwa in der Biotechnologiedebatte. Charakteristisch dafür ist etwa das Humangenomprojekt, bei dem es darum geht, die menschlichen Erbanlagen zu entschlüsseln und zu speichern. Vielfach wurden Befürchtungen geäußert, dass dieses

Projekt dazu führt, dass Profit aus menschlichen Anlagen geschlagen wird (etwa durch Genpatentierung). Häufig werden in diesem Zusammenhang auch Ängste geäußert, dass durch Genmanipulation die Kontrollmöglichkeiten über menschliche Körper steigen.

Die Monopolisierung des Wissens dient vorwiegend ökonomischen Zwecken. Um sie durchzusetzen, wurde die rechtliche Möglichkeit eines Copyrights auf geistige Produkte geschaffen. Es wird dabei von sogenannten intellektuellen Eigentumsrechten (Intellectual Property Rights, IPR) gesprochen. Während die einen davon ausgehen, dass ein Recht auf individuelle Wissenskontrolle besteht, meinen andere, dass grundsätzlich garantiert werden müsste, dass Wissen allen Menschen zu Gute kommt. Mit Intellectual Property Rights (IPR, z.B. Patente, Urheberrechte) versuchen auch Softwarefirmen die exklusive Nutzung von geschaffenem Wissen für sich zu garantieren. Ein weiterer Mechanismus, um Profit mit Software zu realisieren, ist, dass von Softwarefirmen Lizenzen zur Nutzung einer Software vergeben werden. Solche Lizenzen sind teuer, die Herstellung des einzelnen Softwareproduktes ist eigentlich jedoch äußerst billig.

„Eine Diskette mit Software, die für einige Cents kopiert werden kann, wird um 50 Dollar verkauft. Eine CDROM, die für 3 Dollar reproduziert werden kann, wird um 300 verkauft. [...] Der Verkäufer macht Profit, indem er vom Staat ein Monopol für die Verwendung und das Kopieren des Informationsproduktes erwirbt und indem das Sharing zwischen UserInnen kriminalisiert wird. [...] Monopole erzeugen die Knappheit. Solche Monopole sind euphemistisch bekannt als 'Intellektuelle Eigentumsrechte' (Intellectual Property Rights, IPR), der Hauptform des Eigentums in einer Informationsökonomie. [...] Die neuesten Veröffentlichungen von populärer Software, Songs und Videos werden sofort in jeder Ecke des Globus kopiert. Tatsächlich globalisiert sich Information automatisch ohne Rücksicht auf den Willen derer, die darauf bestehen, sie zu monopolisieren. [...] Die Produkte einer Informationsökonomie sind aber nichtstoffliche Güter. Die Reproduktionskosten von Informationsgütern sind sehr gering. Dies hat zu der weitverbreiteten sozialen Praxis des freien Teilens und Austausches von Information geführt. Informationsmonopole sind zur Hauptform des Eigentums im Informationssektor geworden. [...] Produkte dieser Informationsökonomie breiten sich weltweit aus, indem Menschen umsonst Informationsgüter teilen und austauschen. [...] Daher braucht eine Informationsökonomie ein globales System, um ihre Monopole geltend zu machen und um Informationsmaterial weltweit zu sammeln, um Intellektuelle abzuhören und natürlich um Zahlungen weltweit einzutreiben. Dies führt zur Globalisierung der Informationsökonomie und ist der Motor der dritten Welle der Globalisierung" (Verzola, Übersetzung aus dem Englischen, CF).

Monopolisierung
Wissen wird heute als eine Ware verkauft. Dies basiert auch auf der Marktkonkurrenz der wissensproduzierenden Unternehmen. Je besser ein bestimmtes Marktsegment von einem Unternehmen oder Konzern kontrolliert werden kann, desto höher sind auch die Profitaussichten. Daraus ergibt sich das Phänomen, dass Konzerne bestrebt sind, durch Fusionen ihre Marktmacht auszubauen. Resultat davon ist eine voranschreitende Monopolisierung und Zentralisierung der Produktion. Monopolisierung erstreckt sich entlang von zwei Dimensionen. Bei der horizontalen Integration geht es

Konzernen um die Übernahme von Unternehmen aus derselben Branche, bei der vertikalen Integration spielt die Erlangung von Kontrolle über angegliederte Marktsegmente eine wesentliche Rolle. Dadurch kommt es zur Konvergenz verschiedener Märkte. So sind etwa Medienkonzerne bestrebt, nicht nur in einem, sondern in vielen Bereichen, Fuß zu fassen und nicht nur Inhalte (Film, Musik, Videos, Bücher, TV-Serien etc.) anzubieten, sondern auch als Distributionskanäle und Provider (Verkäufer, Fernsehsender, Kinoketten etc.) aufzutreten. Ein Beispiel dafür ist etwa die Fusion des Unterhaltungsproduzenten Walt Disney mit dem US-amerikanischen TV-Netzwerk Capital Cities/ABC Network Ende der 90er Jahre. „Wichtig sind für die Oligopolisten die vertikalen Verwertungsketten: Sie können ihre Produkte in eigenen Film- und Fernsehproduktionsfirmen oder Zeitungs-, Zeitschriften- und Buchverlagen herstellen; in eigenen Filmverleih-Konzernen, Kinoketten, Buchclubs, Fernsehsendern, Internet-Providern vertreiben; dafür in eigenen Fernsehsendern, Programmzeitschriften, Zeitungen, Zeitschriften, Buchclubs und Internet-Providern Werbung machen. [...] Die Vorteile horizontaler Konzentration: Ein horizontal konzentrierter Konzern kann zum Beispiel Filme oder Fernsehserien mehrfach verwerten, Kirch kann einen Film erst im Pay-TV-Kanal Premiere zeigen, dann bei PRO7 und als Wiederholung in Kabel 1. Dadurch kann man für exklusive Senderechte höhere Preise bezahlen als Konkurrenten, die keine Mehrfachverwertungsmöglichkeit haben" (Prokop 2002, S. 185). Aus solchen Fusionen und Konvergenzen ergibt sich auch die Gefahr einer verstärkten Kontrolle und Lenkung des Kauf- und Konsumverhaltens und politischer Meinungen. Derart entstandene transnationalen Konzerne (TNK) spielen heute eine wesentliche Rolle in der Weltökonomie. Aus den rund 7.000 TNK, die in den 60ern existierten, sind heute etwa 37.000 geworden. „Ihre Gesamtverkäufe haben ein größeres Volumen als alle Welthandelsexporte zusammen" (Chomsky/Dieterich 1999, S. 44).

Oligopolisierung und Monopolisierung im Medienbereich bedeuten: Nachteile für weniger kapitalkräftige Firmen und weniger kaufkräftige Menschen, Wahrnehmung der Interessen kaufkräftiger Zielgruppen, Nichtberücksichtigung der Interessen weniger kaufkräftiger Gruppen, Steuerung durch die Interessen der Werbekunden, konsumfreundliches Klima, das problematische Themen ausspart, überhöhte Preise, verminderte Qualität, Bildung von vorherrschender Meinungsmacht, die demokratische Willensbildung gefährdet, Monopolisten treiben oft Propaganda zu Gunsten konservativer, neoliberaler Politik, Schleichwerbung durch Product Placement (Prokop 2002, S. 193ff).

AOL Time Warner: Ein Beispiel für Monopolisierung im Medienbereich
Die Massenmedien werden weltweit von wenigen großen Konzernen beherrscht. Der größte ist Time Warner Inc., der durch eine Fusion zwischen Time und Warner 1989 und Time Warner und Turner Broadcasting 1996 entstand. Time Life bezahlte 14 Milliarden Dollar für Warner Communications. An Inhalten ist heute nur mehr der Warenaspekt ausschlaggebend: „Konzentration und Kommerzialisierung auf dem jederzeit heiß umkämpften Medienmarkt machen *alle* publizistischen Produkte immer ausschließlicher zu Waren, die in ausschlaggebender Weise nach den Kriterien der Gewinnmaximierung hergestellt und verbreitet werden. Der *Content* wird zum beliebigen und jederzeit austauschbaren Vehikel für die Gewinnsicherung" (Meyer 2001, S. 59). Als Folge kommt es zu einer Marginalisierung des Politischen als Thema und zur Marginalisierung bestimmter politischer Inhalte. 2000 fusionierte AOL, der größte Internetprovider, mit Time Warner, dem größten Medien- und Unterhaltungsunternehmen. AOL bezahlte 156 Milliarden Dollar in Aktien an Time Warner. So entstand AOL Time Warner. Die International Federation of Journalists (IFJ) warnte daraufhin davor, dass dies demokratische Werte und Meinungsfreiheit bedrohen

könnte. Aiden White, der Generalsekretär der IFJ: "Wir beobachten jetzt die Dominanz einer Handvoll von Unternehmen, die die Information und die Formen kontrollieren, wie diese zu den Menschen kommt." (Telepolis, 13.1.2000). Es wurden auch Befürchtungen geäußert, dass die Kluft zwischen den „Information Rich" und den „Information Poor" zunehmen könne: „Jetzt gibt es ein Unternehmen, dass CNN zu mehr als einer Milliarde Menschen bringen kann, doch fast die Hälfte der Weltbevölkerung hat noch immer keinen Zugang zu einem Telefon. Die Informationskluft zwischen den Reichen und Armen ist bereits inakzeptabel und könnte sich mit einer größeren Konzentration der Technologie und der Informationsressourcen in den reichen Ländern des Nordens weiter verschlimmern" (ebd.).

Open Source: Ein Beispiel für die Infragestellung der Monopolisierung von Wissen

Wie bereits erwähnt, ist die Gegenposition zu einem Recht auf ökonomische Kontrolle von Wissen eine, die von einem Recht auf kollektive Verfügbarkeit von Wissen ausgeht. Charakteristisch dafür ist etwa die Open Source-Bewegung, die sich gegen die Monopolisierung von Wissen wendet. 1985 wurde die Free Software Foundation (FSF) gegründet, die die Verbreitung Freier Software propagiert (zur Kritik siehe Fuchs 2001b). Darunter versteht sie Software, die von jedem verwendet, kopiert und weiterverbreitet werden darf, entweder im Original oder in modifizierter Form. Wesentlich dabei ist, dass der Quelltext der Software offengelegt wird und bei jeder Weitervertreibung (auch nach Modifikationen) diese Bedingung erhalten bleiben muss.

Für die FSF bedeutet die Kategorie der Freiheit (freedom) nicht, dass „freie" Software gratis vertrieben werden muss, sondern dass ihr Quellcode veröffentlicht werden muss. Die FSF propagiert die Weiterentwicklung des freien Betriebssystems GNU/Linux. Dazu gibt es ein spezielles Lizenzabkommen, die GPL (General Public License), der alle WeiterentwicklerInnen zustimmen müssen und die auch für alle Weiterentwicklungen gelten muss. Mit dieser Lizenz wird festgehalten, dass es sich bei den entwickelten Programmen um „freie" Software handelt. Dabei ist auch der Begriff des Copylefts von wesentlicher Bedeutung, denn die GPL legt fest, dass jede Kopie und jede Modifikation/Weiterentwicklung einer unter der GPL erstellten freien Software dieselben Bedingungen erfüllen muss, also der Sourcecode frei zugänglich und modifizierbar gemacht werden muss.

Es gibt auch „freie" Software, die keinem Copyleft unterliegt. D.h. dann, dass Kopien oder Modifikationen dieser Software unter Umständen auch für einen Verkauf ohne Veröffentlichung des Sourcecodes verwendet werden kann. Richard Stallman, der Gründer der FSF, spricht z.B. in Bezug auf GNU Ada von einer „kommerziellen freien Software".

„Freie" Softwareentwicklung und GNU/Linux werden im deutschen Sprachraum vor allem von einer Gruppe um den Betreiber der Homepage Kritische Informatik (http://www.kritische-informatik.de) Stefan Meretz und den Administrator der Mailingliste Ökonux (http://www.oekonux.de, steht für Ökonomie und Linux) Stefan Merten als eine Gegenbewegung zur Monopolisierung des Wissens begriffen. So spricht Meretz in „LINUX & CO. Freie Software - Ideen für eine andere Gesellschaft" (2000) z.B. vom „antikapitalistischen Gehalt Freier Software". VertreterInnen der Freien Softwarebewegung gehen davon aus, dass die Veröffentlichung des Sourcecodes diese Software zu wertloser Software macht („Freie Software ist wertlos - und das ist gut so!", Stefan Meretz 2000, a.a.O.), die aus ökonomisch profitablen Prozessen entkoppelt werden kann.

Ein Beispiel für ein auf CD-Rom vertriebenes Archiv freier Softwareprogramme ist das freie Betriebssystem FreeBSD. Man kann es sich entweder gratis über das Internet herunterladen oder eine CD-ROM-Version kaufen. Letztere kostet etwa 40 Dollar plus ca. 50 Dollar Porto und Verpackung (da nur Versendung mit DHL Worldwide Express) plus Zollgebühr bei der zweiten. Passend zur CD-ROM gibt es auch das Benutzerhandbuch um 40 Dollar und ein spezielles Paket (CD-ROM, Buch plus Spezialprogramme) um 130 Dollar (exklusive Porto, Verpackung, Zollgebühr).

Die Freie Software-Bewegung versteht sich als Gegenbewegung zur Monopolisierung des Wissens durch Konzerne wie Microsoft. So betont beispielsweise die Open Source Initiative von Eric Raymond und Bruce Perens: „The open.source model [...] [is] a way that the little that the little guys can get together and have a good chance at beating a monopoly". Durch die Veröffentlichung von nicht dazu bestimmten Dokumenten (den sogenannten Halloween-Dokumenten) wurde bekannt, dass Microsoft die „freie" Softwareentwicklung als Gefahr für die eigene Monopolstellung betrachtet und daher Gegenmaßnahmen setzen wollte.

Ein anderer Aspekt freier Software sind Projekte wie Mozilla. Dabei wurde der Sourcecode des Internetbrowsers Netscape zur Weiterentwicklung veröffentlicht. Strategen von Netscape erhofften sich dadurch, dass sie mit Hilfe der freien SoftwareentwicklerInnen den Markt für Webbrowser monopolisieren können und dadurch Netscape einen weiteren Schub an Popularität und damit an Profit beim Verkauf von Webservern erfährt. Netscape verkauft nicht nur Webserver und Software, sondern betreibt auch eine eigene virtuelle Shopping-Mall. Die Fusion von Netscape mit dem weltweit größten Onlinedienst AOL bedeutete einen weiteren Schritt in Richtung der Konvergenz von Content- und Infrastruktur-Providern. Die Lizenz von Mozilla (Mozilla Public License, MPL) kann eigentlich im Sinn der GNU General Public License, die festlegt, was unter freier Software zu verstehen ist, nicht als „freie" Software betrachtet werden, da sich Netscape die Kommerzialisierung der Ergebnisse vorbehält. Die GPL soll nach eigener Angabe sicherstellen, „dass die Software für alle Benutzer frei ist".

Die Open Source Initiative (OSI) tritt für die Kommerzialisierung freier Software ein. Sie spricht dabei von Open Source (OS)-Software und hat dafür eine eigene Open Source-Lizenz geschaffen. Auf der Homepage der OSI finden sich dann auch Tips für Unternehmen, wie sie ökonomische Vorteile aus Open Source-Software ziehen können. Als Vorteile werden die hohe Zuverlässigkeit der entstehenden Produkte, die hohe Entwicklungsgeschwindigkeit, die Reduktion von Overhead sowie die Möglichkeit des Outsourcings (was also nichts anderes als die Reduktion von konstantem und variablem Kapital und damit die Hoffnung auf einen Anstieg des Profits bedeutet) und die effizientere Nähe zum Kunden betont.

Auch neue Unternehmen entstehen im Bereich der Open Source-Bewegung, so etwa Red Hat oder Caldera, die OS-Software vermarkten. Im Rahmen der Open Source Bewegung zeigt sich auch die Unterstützung von freier Software und OS durch Hardwareproduzenten, um billige Software für die zu verkaufende Hardware zur Verfügung gestellt zu bekommen, und der Verkauf von Accessoires und Gimmicks (Bücher, speziell kompatible Hardware, komplette OS-Systeme, T-Shirts, Kaffeetassen, Linux-Pinguine usw.). Firmen wie O'Reilly Associates, SSC und VA Research sind im letztgenannten Bereich von Bedeutung.

Stefan Meretz und die Ökonux-Bewegung betonen, dass die freie Software eine dezentrale Form der Wissensproduktion darstelle, die der Monopolisierung des Wissens entgegentreten will. Es handle sich um eine globale, dezentralisierte, vernetzte, kollektive Form der Selbstbestimmung, bei der die ProsumentInnen (gleichzeitig ProduzentInnen und KonsumentInnen) Spaß an ihrer Tätigkeit haben.
Inzwischen gibt es eine Unzahl von Open Source-Projekten: Die kollektive, dezentrale Erstellung einer Enzyklopädie (www.nupedia.com), das gemeinsame Schreiben von Theorien und Aufsätzen als Open Source-Projekt (www.opentheory.org), das mit Hilfe des Internets vernetzte Bauen eines Autos (www.theoscarproject.org), das digitale Weiterschreiben des satirischen Science Fiction-Klassikers „The Hitchhiker's Guide to the Galaxy" (www.h2g2.org) usw.

Freie Softwarebewegung und Monopolisierungstendenzen des Wissens zeigen, dass sich die kapitalistische Informationsgesellschaft u.a. durch einen Antagonismus zwischen Wissen als kollektiver Ressource und als ökonomisch profitabler Ware konstituiert. Entlang dieses Widerspruchs entfalten sich also auch Interessenskonflikte und unterschiedliche Einschätzungen, wie gesellschaftliche Güter zu produzieren und zu verteilen sind.

Die „Global Players" in Zahlen
Quelle: World-Information Exhibition (http://world-information.org)

Konzern	Philosophie	Industrie	Umsatz 1999 (Mrd. USD)	Umsatzsteigerung seit 1999	Staat	Angestellte	Marktkapitalisierung in Mrd. USD
CISCO	„Empowering the Internet generation"	EDV-Zubehör	12 154	43,7%	USA	21 000	451,8
MICROSOFT	„Where do you want to go today?"	Software	19 747	36,3%	USA	31 396	410,9
INTEL	„Making the Internet as powerful as our processors"	Halbleiter	29 389	11,9%	USA	64 500	385,6
AOL TIME WARNER	„AOL anytime, anywhere"	Internetservices, Unterhaltung	32 110	--	USA	79 600	252,7
AT&T	„It's all within your reach"	Telekom	62 391	17,2%	USA	107 800	223,7
DEUTSCHE TELEKOM	„Innovation and service on a global scale"	Telekom	35 300	1,2%	D	203 374	212,2
NTT		Telekom	76 378	-0,3%	JAP	138 150	204,9
LUCENT	„Taking networks forward"	Netzwerkkommunikation	38 303	27,1%	USA	153 000	201,0
IBM	„We're not changing our name. Just everything else"	Software, Hardware, Dienstleistungen	87 548	7,2%	USA	291 067	186,6
MBI	„generation d"	Telekom	37 120	110%	USA	77 000	114,2

8.3.2. Politik: Big Brother VS. E-Democracy

8.3.2.1. Die Veränderung des Staats: Vom Keynesianismus zum Neoliberalismus

Der Keynesianismus

Im fordistischen Staat entwickelte sich das, was mit den Begriffen „Wohlfahrtsstaat" oder „Sozialstaat" bezeichnet wird. Dabei handelt es sich um kollektive soziale Schutzmaßnahmen, die die physische und psychische Existenz der Arbeitenden garantieren sollen. Das Modell des Massenkonsums und der Massenproduktion konnte nur durch eine solche politische Strategie ermöglicht werden. Andererseits war der Wohlfahrtsstaat ein Ergebnis der Kämpfe der Arbeiterbewegung. Die staatliche Sozialpolitik garantierte im Fordismus die Reproduktion der Arbeitskräfte und regulierte das Angebot an Arbeitskräften. Der fordistische Staat war keynesianischer Staat. D.h., dass der Staat lenkend in die Ökonomie eingriff. Der Keynesianismus bedeutete also staatliche Eingriffe in die Ökonomie, den bürokratischen Ausbau des Sozialstaates, geplante Geld-, Fiskal-, Industrie-, Forschungs-, Konjunktur-, Wachstums-, Einkommensverteilungs- und Beschäftigungspolitik sowie die Anerkennung der Gewerkschaften als politische Kraft. John Maynard Keynes sprach von der „Notwendigkeit bewussten Managements" und der „Sozialisierung von Investitionen". Der Staat wurde als Interventionsmechanismus begriffen, der eingreift, wenn private Investitionen nicht ausreichen, um eine Depression oder andere ökonomische Probleme zu beenden.

John Maynard Keynes (1936) ging davon aus, dass das Saysche Theorem falsch sei. Dieses besagt, dass sich durch die „unsichtbare Hand" des Marktes automatisch ein Gleichgewicht von Angebot und Nachfrage einstellen muss. Say galten die Produktionsfaktoren Kapital und Arbeit als substituierbar. Sie werden demnach stets so gewählt, dass es den Bedingungen am besten entspricht: Die Summe der Preise dieser Faktoren sei kleiner als die Summe aller anderen möglichen nutzbaren Faktoren. Ist dies nicht der Fall, so würden die Unternehmer nach billigeren Faktoren suchen. Ein ständiges Gleichgewicht von Kapital und Arbeit wird propagiert, Arbeitslosigkeit könne daher langfristig nicht auftreten. Die Lohnrate regle den Arbeitsmarkt, je nach ökonomischer Situation seien daher niedrigere oder höhere Löhne angebracht. Das Problem sei daher nicht, dass die Arbeitslosen keine Arbeit finden können, sondern dass sie nicht zu jenen Preisen arbeiten, die die Unternehmen bezahlen können/wollen. Keynes meinte im Gegensatz dazu, dass eine mangelnde Nachfrage Arbeitslosigkeit produzieren kann: „Der Hang zum Verbrauch und die Rate der Neuinvestition bestimmen unter sich die Menge der Beschäftigung [...] Wenn der Hang zum Verbrauch und die Rate der Neuinvestition zu einer unzureichend wirksamen Nachfrage führen, wird das tatsächliche Niveau der Beschäftigung hinter dem Arbeitsangebot, das zum bestehenden Reallohn potentiell verfügbar sein mag, zurückbleiben [...] Diese Analyse gibt uns eine Erklärung für das Paradox der Armut mitten im Überfluss. Denn das bloße Vorhandensein einer Unzulänglichkeit der wirksamen Nachfrage kann und wird oft die Zunahme der Beschäftigung zum Stillstand bringen" (Keynes 1936, S. 26f). Keynes Lösungsvorschlag war das sogenannte „Deficit Spending": Der Staat müsse durch Interventionismus in die Ökonomie die Investitionen und den Verbrauch anregen. Das Massenkonsum- und Massenproduktionsmodell des Fordismus benötigte also nach der Theorie von Keynes staatliche Unterstützung und Intervention, um überhaupt zu funktionieren. Die Förderung der staatlichen Investitionen, so Keynes, müssten über ein Defzt des Budgets finanziert werden. Dabei bestand jedoch die Gefahr, dass das „Deficit Spending" die Inflation steigert, also das Defizit durch die Steigerung der im Umlauf befindlichen Geldmenge zu mildern versucht wird. Keynes meinte jedoch, dass nicht jede Zunahme der Geldmenge inflationär wirken müsse.

Der Sicherheitsstaat
Das korporative System, wie es in unseren Breiten in der Form von Sozialpartnerschaften institutionalisiert wurde, stellt im Fordismus einen neuen Verhandlungsmechanismus dar, der einen Ausgleich schaffen soll. Joachim Hirsch (1980) betont, dass der fordistische Staat ein „Sicherheitsstaat" im doppelten Sinn war: Er garantierte eine gewisse soziale Absicherung und fungierte andererseits als eine Art Überwachungsstaat. Auf der einen Seite stand also die Steigerung des Lebensniveaus für die Massen in den fordistischen Zentren, um den Fordismus überhaupt aufrechterhalten zu können, auf der anderen auch ein gewisses Maß an bürokratischer Kontrolle. Der Fordismus war politisch gesehen nationalstaatlich organisiert, eine internationale Dimension stellte das Bretton Woods-System dar, an dessen Ausarbeitung Keynes beteiligt war. Damit wurde die internationale kapitalistische Nachkriegs-Weltwirtschaftsordnung konstituiert. Diese beruhte auf dem Prinzip der Liberalisierung des Welthandels und der Ansicht, dass diese Liberalisierung den Sicherheitsstaat unterminiere, was die Regulation von Kapitalflüssen erforderlich mache, um Kapitalflucht zu vermeiden. In diesem System wurden fixe Wechselkurse zwischen den einzelnen Währungen und dem Dollar installiert. Einzig der Dollar als stabilste Währung, was sich aus der internationalen Hegemonie der USA im Fordismus ergab, hielt seine Deckung mit Gold aufrecht. Andere Nationalwährungen wurden an den Dollar in einem fixen Austauschverhältnis gebunden. Als Grundlagen des Systems wurden der Internationale Währungsfonds (IWF) und die Weltbank geschaffen, die im Fall von Zahlungsunfähigkeit Kredite an die betroffenen Nationalstaaten gaben. Durch das System von Bretton Woods wurde der Dollar zum Weltgeld. Damit wurde der weitere Ausbau der US-Hegemonie begünstigt. Das Bretton-Woods-System „erleichterte den US-Konzernen die Eroberung fremder Märkte durch Direktinvestitionen" (Scherrer 1992, S. 131). Der Wert der Währungen aller 44 dem Bretton Woods-Abkommen beitretenden Staaten wurde 1944 durch ein festes Verhältnis zum Dollar bestimmt. Der Wert des Dollars wurde auf 1/35 Unze Gold festgesetzt. Die USA gingen die Verpflichtung ein, jeden Dollarbetrag jederzeit in die zugrundeliegende Goldmenge umzutauschen.

Staatskrise?
Heute wird vielfach von der Krise des Staates geredet. Diese ist einerseits logische Konsequenz der Krise des Fordismus, da strukturelle ökonomische Krisen und die sich durch die voranschreitende Rationalisierung ausbreitende Massenarbeitslosigkeit auch eine Verringerung der Steuereinnahmen mit sich bringen, andererseits wurde die Dynamik des Deficit Spendings im Rahmen einer Krise der Kapitalakkumulation unterschätzt. Deficit Spending stellt einen permanenten steuerlichen Vorgriff auf erst zu erwirtschaftendes Kapital dar. Wenn sich aber realökonomische Krisenschwierigkeiten ergeben – die ohnehin auf Grund der vorhandenen antagonistischen ökonomischen Strukturen unvermeidlich sind, was aber wegen der großen Hoffnungen auf eine immerwährende fordistische Prosperität übersehen wurde –, so ist ein Scheitern einer solchen politischen Strategie vorprogrammiert.

Staat und Globalisierung
Die Veränderungen von Staat und Politik, die wir heute erleben, hängen unmittelbar mit dem zusammen, was heute als „Globalisierung" bezeichnet wird. In Fuchs/Hofkirchner (2000) haben wir betont, dass Globalisierung einen allgemeinen Prozess der

Menschheitsgeschichte bedeutet, der ein dialektisches Verhältnis von Lokalem und Übergreifendem/Globalem bedeutet (für einen Überblick zu Theorien der Globalisierung siehe Fuchs/Hofkirchner 2001b). Jede Form der Gesellschaft ist geprägt durch eine konkrete Ausprägung dieser Dialektik der Globalisierung. In jeder Gesellschaft entwickeln sich globale Formen der Ökonomie, der Politik und der Kultur. Es gibt also nicht nur eine ökonomische, sondern auch eine politische und eine kulturelle Globalisierung. Grundsätzlich sollten alle diese Ebenen der Globalisierung betrachtet werden und die bestehenden Formen der Dialektiken in diesen Bereichen näher untersucht werden.

Wenn die ökonomische Globalisierung ein der modernen Gesellschaft immanenter Prozess ist, was ist dann im Postfordismus das eigentlich Neue daran? Warum wird so viel Lärm um ein bereits altbekanntes Phänomen gemacht?

Es kann argumentiert werden, dass die ökonomische Globalisierung eigentlich ein Mythos ist, da die Exportquoten der kapitalistischen Länder schon vor etwa hundert Jahren so hoch waren wie heute oder da etwa drei Viertel der ausländischen Direktinvestitionen der OECD-Ländern innerhalb dieses Raumes verbleiben und sich daran in den letzten 15 Jahren nicht viel verändert hat. Im Kontext des Übergangs vom Fordismus zum Postfordismus lässt sich näher bestimmen, was eigentlich unter dem neuen Schub ökonomischer Globalisierung zu verstehen ist: Es kann gesagt werden, dass die derzeitige Form der Globalisierung kein Ergebnis einer seit Jahrzehnten bewusst durchgeführten falschen Regierungspolitik ist (wie Martin und Schumann (1996) in der „Globalisierungsfalle" argumentiert haben), sondern sie kann als eine Strategie zur Lösung der fordistischen Krise durch die Ausnutzung internationaler Standortvorteile begriffen werden. Die Krise der Profitraten soll durch eine Externalisierung der Kosten kompensiert werden, indem versucht wird, durch eine weltweite Umstrukturierung der Unternehmensorganisationsweisen (Lean Production, Verlagerung der Produktion in Billiglohnländer, Outsourcing etc.) Investitionskosten zu senken. Darin wird eine Hoffnung auf Profitratenwachstum gesetzt. Um dies zu erreichen werden auch immer neue und weitere Rationalisierungsschübe durchgesetzt.

Die Nutzung von Standortvorteilen bedeutet die Möglichkeit, den Produktionsprozess in unabhängig voneinander abwickelbare Teile zerlegen zu können, die jeweils dezentral erledigt und von einer Zentrale aus gesteuert werden. Jeder Teilprozess kann in einem anderen Land durchgeführt werden, in dem die Investitionsbedingungen für die entsprechende Aufgabe möglichst günstig sind. Die transnationalen Konzerne (TNK) spielen heute eine wesentliche Rolle in der Weltökonomie. Aus den rund 7.000 TNK, die in den 60ern existierten, sind heute etwa 37.000 geworden. Bei der Internationalisierung des Kapitals waren bis in die 70er-Jahre vor allem die Exportstrategie und die Multinationalisierung wesentlich. Bei der Exportstrategie vertreibt eine von einer Zentrale aus kontrollierte ausländische Niederlassung eines Konzerns das entsprechende Produkt. Bei der multinationalen Strategie sind die ausländischen Niederlassungen relativ autonom und versuchen eine selbständige Kontrolle der nationalen und regionalen Märkte. Als charakteristisch für den Postfordismus können die globale und die transnationale Strategie erachtet werden[78]. Bei der globalen versucht ein Konzern, sein Produkt weltweit durchzusetzen. Die Produktion erfolgt dezentral, eine wesentliche Rolle dabei spielt die Auslagerung (Outsourcing) von Teilen des Produktionsprozesses in Regionen, die für die entsprechende Aufgabe optimale Bedingungen bieten. Die transnationale Strategie läuft darauf hinaus, dass es global verteilte Unternehmen eines Konzerns gibt, die bei der Erzeugung eines vielfältigen Produktschemas zusammenarbeiten. Jedes Unternehmen spezialisiert sich dabei auf gewisse Aspekte und konzentriert sich auf die Vermarktung des Produktprogrammes in der Region, in der es angesiedelt ist. Globale und transnationale Strategie sind nicht zu trennen, TNK verfolgen zumeist beide.

Die ökonomische Globalisierung kann im Zusammenhang des Übergangs vom Fordismus zum Postfordismus und vom Keynesianismus zum Neoliberalismus gesehen werden. Globalisierung bedeutet dann auch die Deregulierung von Schranken wie Schutzzöllen und Steuern sowie von sozialen Sicherungssystemen. Wird die *ökonomische Globalisierung* im Kontext der Einheit eines Akkumulations- und Regulationsmodells erfasst, so bezeichnet sie nicht eine Zunahme des internationalen Warenhandels, sondern vor allem die *Schaffung neuer Rahmenbedingungen für die Ökonomie in der Form des zunehmenden Abbaus von institutionellen Schranken und Grenzen dieser Prozesse, einen neuen Schub der Internationalisierung der Produktion und die Triadisierung (Konzentrierung auf die drei großen Wirtschaftsregionen Europa, USA und Südostasien) des Welthandels und des Kapitalexports in Form ausländischer Direktinvestitionen*. Das qualitativ Neue an ihr ist im Postfordismus, dass es zu einer Deregulierung der im Fordismus gesetzten Schranken der Kapitalakkumulation kommt und dass sich eine Triadisierung des Welthandels einstellt. Der Weltmarkt verändert sich nicht quantitativ durch eine wesentliche Zu- oder Abnahme des Welthandels, sondern qualitativ durch einen Konzentrationsprozess des Handels auf große ökonomische Räume, die durch Freihandelsabkommen wie die EU, NAFTA oder APEC entstanden sind.

Der Neoliberalismus
Im Kontext des Postfordismus und der ökonomischen Globalisierung ist die Herausbildung des Nationalen Wettbewerbsstaates (vgl. Hirsch 1995, S. 103-121, 139-143) von Bedeutung. Die einzelnen Staaten treten miteinander in Wettbewerb um die günstigsten Rahmenbedingungen für ökonomische Investitionen. Die staatliche Politik konzentriert sich „zunehmend darauf, einem global immer flexibler agierenden Kapital in Konkurrenz mit anderen Staaten günstige Verwertungsvoraussetzungen zu verschaffen" (Hirsch 1995, S. 103).
Staatliche Politik wird daher immer mehr vom Diktat der Standortpolitik geleitet. In diesem Kontext steht auch die Deregulierung von Arbeitsrechten und sozialen Sicherungssystemen. Der Staat zieht sich im Neoliberalismus als regulierende Instanz immer stärker aus der Ökonomie zurück und vermindert durch Sozialabbau die Qualität und Quantität der Eingriffe in den sozialen Bereich. Die Politik des Neoliberalismus geht vom sich selbst regulierenden Markt aus. Pierre Bourdieu charakterisiert die neoliberale Politik mit drei Prinzipien, von denen diese ausgeht: „Das neo-liberale Modell basiert auf drei Prinzipien. Zuerst: die Wirtschaft ist ein vom Sozialen getrenn-

---

78. Siehe für die Unterteilung in Exportstrategie, multinationale, globale und transnationale Strategie Hirsch-Kreinsen (1996) S. 12f

ter Bereich, in dem Naturgesetze und universelle Gesetze herrschen, die die Regierungen nicht konterkarieren sollten. Das zweite Prinzip: Der Markt ist das optimale Mittel, um die Produktion und den Austausch in demokratischen Gesellschaften auf effektive und gerechte Weise zu organisieren. Das dritte Prinzip, das mehr konjunktureller Natur ist: Die Globalisierung erfordert eine Reduzierung der öffentlichen Ausgaben, vor allem im sozialen Bereich, soziale Rechte in den Bereichen Arbeit und Sozialversicherung gelten als kostenaufwendig und dysfunktional" (Bourdieu 1999).
"Prototypen" des Neoliberalismus waren die Reagonomics und der Thatcherismus. Reagans Ziel war es, die Unternehmen so weit wie möglich zu entlasten (Einkommens- und Körperschaftssteuern senken, Zurückdrängung der Gewerkschaften usw.). Begleitet wurde dies durch Kürzungen im sozialen Bereich und eine expansive Ausgabenpolitik im Rüstungsbereich.

Wir gehen davon aus, dass Politik als die institutionalisierte Form der Entscheidungsfindung in der Gesellschaft früher oder später eine globale Dimension bekommt. Dies deshalb, weil einzelne politische Einheiten in ihren Entscheidungen nicht autonom sind, sondern viele Entscheidungen von anderen Einheiten[79], die ebenfalls von diesen Fragen betroffen sind, abhängen. Eine Bezugnahme aufeinander und der Versuch, anstehende Entscheidungen mit Bezug auf außerhalb der eigenen politischen Einheit organisierte Menschen zu lösen, wird dadurch notwendig. Diese Bezugnahme muss nicht notwendigerweise eine kooperative sein, sondern kann auch militärische Formen der Auseinandersetzung und Konkurrenz umfassen.
Nach Rosenau (1990) werde die internationale Politik heute nicht mehr von Nationalstaaten gemacht, sondern die post-internationale Politik werde auch wesentlich von transnationalen Konzernen und international agierenden Organisationen geprägt[80]. Dadurch werde die Weltpolitik polyzentrisch. Eine Unzahl von Akteuren sei inzwischen an den politischen Aushandlungsprozessen beteiligt. Die modernen Informations- und Kommunikationssysteme, so Rosenau, haben geographische und soziale Entfernungen aufgehoben und damit eine polyzentrische Weltpolitik ermöglicht.

Nichtregierungsorganisationen als neue politische Akteure

Beispiel: Exilregierung von Österreich im Web (von Florian Rötzer)
Telepolis, Florian Rötzer, 23.2.2000
http://www.heise.de/tp/deutsch/inhalt/co/5827/1.html
Wir danken Florian Rötzer und Telepolis für die Abdruckgenehmigung

Es gibt aber auch eine Virtuelle Regierung mit einer Online-Botschaft. In Österreich tut sich was gegen die ÖVP-FPÖ-Regierung nicht nur auf den Straßen, sondern natürlich auch im Internet. Das hat sich als Organisations- und Informationsmedium der Protestbewegung inzwischen inzwischen etabliert. Es entstanden eine ganze Reihe neuer Websites. Inzwischen gibt es sogar eine Exilregierung im Web und eine Online-Botschaft der Virtuellen Regierung.

Seit dem 17.2. haben sich an die 100 Websites zu einem Webring Gegen Schwarz-Blau zusammengeschlossen, um die Informationen besser zirkulieren zu lassen. Schon am 15.2. aber wurde die "Exil-

---

79. In der modernen Gesellschaft sind diese Einheiten Bündnisse, Nationalstaaten, Regionen und Kommunen
80. Politische Aspekte der Globalisierung betont z.B. auch Zygmunt Bauman (1997, 1998).

regierung" in Brüssel eingerichtet. Was sie genauer machen soll, muss sich vermutlich erst noch entwickeln. Inzwischen fördert sie zumindest die Auswanderung und hat ein "Flüchtlingslager" in Wien eröffnet, das gleichzeitig auch als "Widerstandscamp" dient, wenn ich dies richtig verstanden habe. Retep Sorbma, ein in der Medienbranche tätiger Geschäftsmann, der auch gleich zum Exil-Bundeskanzler ernannt wurde, hat offenbar ein Filmgelände der Widerstandsbewegung zur Verfügung gestellt. Eingeladen in das Camp sind nur Menschen, die sich im Widerstand engagieren oder sich mit ihm solidarisch erklären. Nicht-geladenen Menschen, die stören wollen, soll von den Bewohnern in "Eigenverantwortung" klar gemacht werden, dass sie kein Gastrecht genießen, und Behördenvertreter sind ebenfalls prinzipiell nicht erwünscht. Inzwischen wurde zur Gründung von "Betriebskampfgruppen" aufgerufen, Diplomatenpässe gibt es für "Auslandsösterreicher" und dann wurde auch noch ein "Volkstribunal" im Internet eingerichtet, bei dem aber noch keine Anzeigen eingegangen sind.

Etwas gediegener und weniger volksfrontmäßig gibt sich die Virtuelle Regierung mit ihrer Online-Botschaft, die als "Vertretung des wirklichen Österreich" eingerichtet wurde, "um einen offenen Dialog mit Europa und der Welt zu gewährleisten." Die Virtuelle Regierung ist auch erst seit kurzem angetreten, hat aber die besten Absichten, denn sie soll die "Grundlagen für eine nachhaltig partizipative und demokratische Informationsgesellschaft" schaffen und als Plattform für alle dienen, die für mehr Freiheit, Weltoffenheit und Demokratie eintreten. Aber das ist es auch schon bis zum Augenblick.

Indirekte Unterstützung gefunden hat die Protestbewegung auch durch einen Offenen Brief von österreichischen Unternehmern aus der IT-Branche an den Bundeskanzler Wolfgang Schüssel, den sie auffordern, "alle nötigen Schritte zu unternehmen, um die drohende Isolation unseres Landes zu verhindern." Gerade in der Informationstechnologie und Kommunikation wirke sich eine Isolierung fatal aus. Schon jetzt würden Investitionen aus dem Ausland zurückgestellt, und man erlebe beschämende Reaktionen von Geschäftspartnern. Die Unterzeichner fordern, schnellstens wieder den sozialen Frieden herzustellen, um den Wirtschaftsstandort zu sichern. Auf der CeBit wollen die österreichischen Unternehmen möglichst nicht betonen, aus welchem Land ihre Produkte kommen, berichtet ORF Futurezone.

Ach ja, natürlich gibt es auch eine Website Austria 2 mit einer Unabhängigkeitserklärung: "Europa im Jahr 2000. Ganz Österreich ist von der FVP besetzt. Ganz Österreich? Nein! Eine kleine virtuelle Gemeinde hört nicht auf, kräftig Widerstand zu leisten."

Für die handgreiflicheren Gegner der schwarz-blauen Regierung ist vielleicht das Onlinespiel Jörgerl, Version 1.0, geeignet. Der Kopf des Parteivorsitzenden taucht auf verschiedenen Stellen des Bildschirms immer mal wieder auf. Ziel des Spiels ist es, mit einem virtuellen Hammer so oft und schnell wie möglich ...

Politische Globalisierung bezeichnet heute nicht nur über den Nationalstaat hinausgehende, überstaatliche politische und militärische Bündnisse herrschender politischer und ökonomischer Gruppen (z.B. G8, UNO, Weltsicherheitsrat, NATO, Weltbank, IWF, OECD, WHO etc.), sondern meint insbesondere auch die durch die soziale, kommunikative und technische Vernetzung gegebene Möglichkeit der gemeinsamen politischen Organisierung von Nichtregierungsorganisationen und sozialen Bewegungen.

Weltinnenpolitik ist also nicht (bloßes) Aggregat der staatlichen Außenpolitiken, sondern es betreten (darüber hinaus) neue politische Akteure das Parkett der internationalen Beziehungen: die internationalen Nichtregierungsorganisationen, die Speerspitzen der neuen sozialen Bewegungen, in welchen sich die Zivilgesellschaft globalisiert. Kössler und Melber definieren diese als "ein *Netzwerk von Organisationen und informellen Zusammenhängen*, das geeignet ist, als Widerlager und Widerpart gegenüber dem jeweiligen Staatsapparat aufzutreten" (Kössler/Melber 1993, S. 93). Szusza Hegedus, langjährige Mitarbeiterin Alain Touraines, stellt für die 80er Jahre im Vergleich noch zu den 70er Jahren des 20. Jahrhunderts einen Transnationalisierungsschub der neuen sozialen Bewegungen fest. Diese adressierten direkt planetare Belange und forderten die Problemlösung auf einem globalen Niveau heraus. Gemeint sind Bewegungen wie die für Frieden und Abrüstung, die Ökologiebewegung, die gegen die südafrikanische Apartheid oder die Kampagnen gegen den Hunger (Hegedus 1990, S. 276). Welchen Einfluss derartige Weltbürgerinitiativen ausüben können, macht Ulrich Beck am von Greenpeace 1995 ausgelösten Boykott des Ölkonzerns Shell deutlich (Beck 1997, S. 121-127).

Die moderne globale agierende Weltgesellschaft ist ein komplexes System, in dem viele Entscheidungen eine globale Reichweite erlangt haben. Dies heißt nicht, dass automatisch sämtliche von den anstehenden und zu lösenden Fragen Betroffenen an diesen Entscheidungen partizipieren können. Ganz im Gegenteil, es zeigt sich eine Hegemonie der westlichen Industriestaaten, und dabei insbesondere der USA, was den Einfluss auf globale politische Entscheidungen betrifft. Im Rahmen des Globalisierungsdiskurses wird in der Tat immer häufiger davon gesprochen wird, dass Menschen mit Entscheidungen konfrontiert werden, die fernab ihrer lokalen und regionalen Lebenszusammenhänge getroffen werden und ihnen als anonyme und entpersonalisierte Macht entgegentreten.

Im politischen Bereich spielt im Rahmen der Globalisierung neben der Zunahme der Bedeutung transnationaler politischer Akteure und deren Vernetzung die bereits erwähnte Transformation des Staats eine wesentliche Rolle. Es kommt zur Herausbildung des, wie es heute heißt, Nationalen Wettbewerbsstaates. Die einzelnen Staaten treten miteinander in Wettbewerb um die günstigsten Standortbedingungen. Die Politik konzentriert sich "zunehmend darauf, einem global immer flexibler agierenden Kapital in Konkurrenz mit anderen Staaten günstige Verwertungsvoraussetzungen zu verschaffen" (Hirsch 1995, S. 103).
Diese Transformationen führen auch zu einer Veränderung der politischen Raumstruktur. So geht etwa der Global Cities-Ansatz davon aus, dass zwischen den global operierenden Unternehmen und dem Netz der Städte ein wesentlicher Zusammenhang besteht. Die Städte seien die „primären geographischen Knotenpunkte" des transnationalen Kapitalismus (Sassen 1991; Moulaert/Swyngedouw 1990; Krätke 1991, Castells 1989). Die bedeutendsten Großstädte seien daher jene, in denen die wesentlichen politischen Entscheidungen getroffen werden befinden. Die globalen Städte wie New York, London, Tokyo, Paris, Frankfurt, Zürich, Amsterdam, Los Angeles, Sydney, São Paulo, Mexiko City und Hong Kong zeichnen sich derzeit dadurch aus, dass sie als politische und ökonomische Kommandostellen fungieren. Sie sind Kommandostellen in der Organisation der Weltökonomie, Marktplätze und Standorte der führenden Industrien und Produktionsräume für die Innovationen dieser Industrien (Sassen 1998, S. 180, vgl. auch Sassen 1991).

Als spezifische Aspekte der politischen Globalisierung finden wir heute also die zunehmende Bedeutung transnationaler politischer Akteure, eine globale Vernetzung politischer Akteure, eine globale Verteilung von Entscheidungsstrukturen, den Nationalen Wettbewerbsstaat und Global Cities als Teil einer veränderten politischen Geographie. Global vernetzte politische Akteure müssen nicht homogene Interessen haben und auf eine Homogenisierung ihrer Politik abzielen, um eine gemeinsame politische Perspektive zu erlangen. Sie müssen auch nicht auf ein Zulassen aller möglichen politischen Richtungen – ein anything goes – innerhalb ihres rhizomatischen Netzwerkes[81] hinarbeiten. Vielmehr können sie einerseits die Unterschiede in ihren politischen Herangehensweisen und Vorstellungen sowie in der Ausprägung in ihren spezifischen lokalen und regionalen politischen Situation betonen und andererseits aber nichtsdestotrotz gleichzeitig eine gemeinsame Perspektive entwickeln, indem sie das Verbindende betonen, herausarbeiten und als ein Leitbild der politischen Praxis verwenden. Die Kulturwissenschaftler Steven Best und Douglas Kellner (1997) sehen eine solche politische Position als Synthese von moderner und postmoderner Politik. Es sei eine Einheit von Herangehensweisen der "modernen Politik" wie die Betonung von Solidarität, Allianzen, Konsens, universellen Rechten und einer Makropolitik sowie von Herangehensweisen der "postmodernen Politik" wie die Betonung von Differenz, Pluralität, Multiperspektivität, Identität und einer Mikropolitik notwendig. Eine solche Dialektik von Moderne und Postmoderne könne bei der Lösung der großen politischen Probleme fruchtbar sein.

Politik im Postfordismus
Als Veränderungen der Politik in der Ära des postfordistischen Kapitalismus können wir folgende festhalten:
- Neoliberalismus
- Nationaler Wettbewerbsstaat, Dominanz der Ökonomie über die staatliche Politik
- Deregulierung
- Sozialabbau
- Ende des Wohlfahrtsstaats/„Sicherheitsstaats"
- Neue Formen der Durchstaatlichung nach Innen und Außen
- Emergenz transnationaler Akteure und globaler Politik

Der Antagonismus von Partizipation und Kontrolle in der Informationsgesellsschaft (E-Democracy VS. Big Brother)
Auch bei der Veränderungen der Politik in der Informationsgesellschaft zeigt sich eine Ambivalenz von Chancen und Risiken. Potentiell gibt es neue Möglichkeiten für Partizipation und Freiheit, tatsächlich werden diese jedoch nicht genützt, sondern werden eher eingeschränkt. Die Menschen werden immer stärker von der Politik entfremdet, Entscheidungen werden fernab ihrer Interventionsmöglichkeiten getroffen und erscheinen ihnen als anonyme Mächte. Grundsätzlich würde durch die Informatisierung der Gesellschaft umfassende Partizipation vereinfacht, real kommt es heute zur verstärkten Kontrolle und Zentralisierung von Macht und Entscheidungen. Wir haben es also mit einem Antagonismus zwischen Partizipation/Freiheit und Kontrolle/Zentralisierung zu tun. Es wird heute viel davon gesprochen, dass hierarchische Kontrolle und Steuerung in Organisationen und sozialen Systemen nicht angebracht seien, um Ziele zu erreichen und auch nicht ethisch vertretbar seien. Es habe sich heute gezeigt, dass die Top-Down-Steuerung sozialer Systeme nicht das volle Potential der Individuen hervorrufen könne. Wir hätten individuell und kollektiv das Recht und die Verantwortung, die Systeme selbst zu gestalten, in denen wir leben. Tatsächlich wird die Informationsgesellschaft diesem Anspruch aber heute kaum gerecht. Kontrolle und Zentralisierung sind in vielen gesellschaftlichen Bereichen noch immer politische Leitlinien, eine umfassende Teilhabe der Menschen an Entscheidungen, gesellschaftlichen Prozessen und Ressourcen findet kaum statt.

---

81. In Fuchs (2001) wurde die Herausbildung emanzipatorischer sozialer Netzwerke, die mit Gilles Deleuze und Félix Guattari (1977) als Rhizome angesehen werden können, näher untersucht und in den theoretischen Rahmen der Selbstorganisationstheorie gestellt.

8.3.2.2. Die neuen Technologien im Antagonismus zwischen politischer Partizipation und Kontrolle

Chancen für die Demokratie in der Informationsgesellschaft

Beispiel: Alte Politik mit neuen Mitteln (von Patrick Goltzsch)
Telepolis, *Patrick Goltzsch, 12.09.2000*
http://www.heise.de/tp/deutsch/html/result.xhtml?url=/tp/deutsch/inhalt/te/8705/
1.html&words=dol2day

Wir danken Patrick Goltzsch und der Redaktion Telepolis für die Abdruckgenehmigung

Trotz einer cleveren Spielidee sind bei der Internet Community dol2day, von der eben der zweite "Internetkanzler" gewählt wurde, wirkliche Diskussionen im permanenten Wahlkampf noch rar gesät. Mit Meinungsfreudigkeit zur politischen Karriere? Die Spielregeln des jungen politischen Tummelplatzes im Internet, *democracy online today* – kurz dol2day –, sehen es so vor. Gewinner in diesem Monat ist der neue Internet-Kanzler Urs Fähndrich von den Liberalen.

Wer sich bei dol2day anmeldet, muss einen Spitznamen wählen und eine Reihe persönlicher Daten preisgeben. Anschließend wird den Neuankömmlingen nahegelegt, sich einer der Parteien anzuschließen. Fällt keine Entscheidung für eine der Organisationen, werden Neulinge automatisch der größten Fraktion der dol2day-Community, dem Volk, zugerechnet.

"Stimme über interessante Themen ab und schaue dir an was andere denken. Diskutiere mit anderen in den Foren und bilde dir deine eigene Meinung. Suche dir deine Partei aus, organisiere dich darin und werde Politiker. Finde Unterstützer in deiner Partei, die dir Rückhalt geben und dich in der Partei-Hierarchie nach oben bringen. Verdiene Bimbes für deine Mitarbeit in Partei und Community und steigere damit deinen Einfluss. Werde berühmt! Führe deine Partei als Spitzenkandidat zu einem Wahlsieg und werde der demokratisch gewählte Internet-Kanzler!"

Bislang gleicht die Parteienlandschaft von dol2day der des Bundestags. Konservative, Liberale, Grüne, Sozialdemokraten und Sozialisten geben sich auch hier ein Stelldichein. Demnächst kommen noch die Rechten dazu, deren Partei sich momentan in der Gründungsphase befindet (No Fun). Über die Anlehnung an Namen und Farbgebung der politischen Pendants, etwa "Grüne im Internet" in grün und weiß, bietet sich die gewohnte Orientierung.

Danach beginnt auch schon, ob Parteimitglied oder nicht, die politische Arbeit. Und die besteht bei dol2day darin, die eigene Meinung zu vertreten. Umfragen und Diskussionen laden dazu ein. Dabei reichen die Themen von der Frage, wer die beste Tiefkühlpizza macht, bis zum Problem, wie sich Rechtsradikalismus bekämpfen lässt. Um zumindest einen groben Überblick zu gewähren, ordnet dol2day Umfragen und Diskussionen thematisch in der Art der Web-Kataloge wie Yahoo oder Lycos.

Für die Beteiligung gibt es *Bimbes*. So heißt die allgemeine Währung, mit deren Hilfe politisch Ambitionierte auf der dol2day-Karriereleiter nach oben klettern können. Wenig Bimbes gibt es für die passive Anwesenheit, mehr für Diskussionsbeiträge und gleich einen ganzen Batzen für eine neue Meinungsumfrage.

Raffinesse gewinnt das Spiel durch zwei weitere Möglichkeiten. So wird die Zustimmung anderer zu eigenen Stellungnahmen positiv gewertet, und als Multiplikator funktioniert die Anzahl der Spieler, die einem Aspiranten das Vertrauen ausgesprochen haben. Wer auf diese Weise genug Punkte sammelt, kann sich schließlich von seiner Partei zur Wahl des Internet-Kanzlers aufstellen lassen.

Der erste Eindruck gemahnt an eine Satire einer politischen Szenerie, in der die Kandidaten beim Tingeln durch die Talkshows wenig Wert auf Inhalte legen, sondern mehr die Präsenz auf den Bildschirmen im Auge haben. Eine Satire haben die Macher jedoch nicht im Sinn. Im Gegenteil, dem realen Kalkül, dass die Sympathie für die Kandidaten eine große Rolle spielt, soll mit Stellungnahmen zu allen Lebensbereichen Rechnung getragen werden.

Die Meinungen über dol2day driften weit auseinander. "Drolliger Spielkram" urteilte ein Surfer nach einer Stippvisite auf der Website. Das sieht der neue Kanzler ganz anders. Der unter dem Pseudonym Reto antretende Oberschüler betont noch in voller Wahlkampf-Emphase: "Es ist eine einzigartige Diskussionsplattform."

Darüber lässt sich kaum streiten. Wer Erfahrung mit Mailing-Listen und Usenet-Foren hat, wird schnell den Eindruck gewinnen, dass dol2day mit einzigartiger Umständlichkeit den Meinungsaustausch eher behindert. So sind regelrechte Diskussionen rar gesät, statt dessen sammeln sich auf den entsprechenden Seiten mehr oder weniger zusammenhanglose Statements zu den einzelnen Themen.

Die Plattform startete im Mai, und bereits jetzt haben sich über 4500 Mitglieder dort registriert. Den Machern zufolge fühlen sich von dol2day vor allem Schüler und Studenten angezogen. Dementsprechend soll das Durchschnittsalter bei 27 Jahren liegen. Die Anziehungskraft des Projekts erklärt sich Andreas Hauser, einer der Initiatoren, damit, dass im Gegensatz zu anderen Kommunikationsmöglichkeiten des Internet hier "politisch Interessierte zusammentreffen und die Auseinandersetzung mit dem politischen Gegner im Vordergrund steht".

Es mag dem Wahlkampf bei dol2day - und der tobt bei Amtszeiten des Kanzlers von vier Wochen eigentlich immer - zuzuschreiben sein, dass die "Auseinandersetzung" mager ausfällt. In der Stichwahl um das Kanzleramt warben die Christdemokraten mit dem Slogan: "Die Köpfe ändern sich, die Werte bleiben." Darauf antworteten Fähndrichs Liberale mit der Frage: "Konservieren oder reformieren?" Damit reichen die hausbackenen Sprüche an das intellektuelle Niveau sonstiger Wahlkämpfe heran. Darüber hinaus entsteht der Eindruck, es gehe bei dol2day vor allem darum, sich das jeweilige parteipolitische Brett vor den Kopf montieren zu lassen: Im Vordergrund steht weniger die Kompetenz der Kandidaten, als vielmehr die Partei und das Mobilisieren gängiger Vorurteile.

Als die ersten Theoretiker sich Mitte der 80er Jahre mit dem Phänomen der Kommunikation über das Netz auseinander setzten, sprang ihnen der reduzierte soziale Kontext ins Auge. Mitteilungen ließen sich nicht in ihrer Bedeutung über die herkömmlichen Schienen des Aussehens, der Stimme oder der Handschrift einordnen. Statt dessen waren sie inhaltlich zu bewerten. dol2day arbeitet nun, so scheint es, vor allem daran, bewährten Vorurteilen wieder Geltung zu verschaffen.

dol2day verknüpft die herkömmlichen Rollenspiele der Multi User Dungeons (MUD) mit aktuellen Themen. Letzteres kann zumindest die irritierende Ernsthaftigkeit, mit der sich die Mitspieler engagieren, erklären. So wird das Treiben der Rechten, die sich unter sprechenden Pseudonymen wie Germania, Kriegerin oder Querfront hervortun, misstrauisch beäugt und mit den üblichen Parolen zurückgewiesen.

Bei der Antwort auf die zunehmenden Aktivitäten von Rechtsaußen setzt dol2day auf Selbstregulierung. Ein zwölfköpfiges "Gremium" wurde gebildet, dass sich fragwürdiger Äußerungen annimmt und Mitglieder bei Bedarf aussperren kann. Sinnigerweise wurden die Mitglieder des Gremiums "von den bisher etablierten Parteien nominiert", damit "kein parteipolitischer Klüngel entsteht".

Zwar basiert dol2day auf einer cleveren Spielanlage - belohnt wird das Verhalten, welches dem Spiel dient -, aber noch gerät es allzu bieder. Von einem Blick auf die reale Politik könnte es profitieren. Warum sollten nicht konstruktive Vorschläge oder gar Problemlösungen besonders gewertet werden? Genauso könnten auch fehlgeschlagene Bestechungsversuche oder erfolgreiche Intrigen die Karriere beeinflussen. Für den neuen Kanzler bleibt noch viel zu tun.

Auch in bezug auf die politischen Implikationen der neuen Technologien zeigen sich eine Ambivalenz von Chancen und Risiken und ein Antagonismus zwischen Kontrolle und Partizipation. Neue demokratiestärkende Möglichkeiten sind etwa die folgenden[82]:

1. Senkung der Zugangsschwelle für Informationen: das Internet bietet BürgerInnen einen einfachen und günstigen Zugang zu politischen Informationen),
2. Realisierung einer polydirektionalen Interaktion: Traditionelle Medien der Politik wie Fernsehen, Radio oder Printmedien sind eindimensional, funktionieren nur in der Richtung des Senders zum Empfänger, ohne eine gleichberechtigte Chance der Rückmeldung zu bieten. Durch die Interaktivität des Internets werde dies aufgehoben.
3. Herstellung von Öffentlichkeit und Gegenöffentlichkeit: Politische Bürgeraktionen sind schnell über das Netz organisierbar. Das Internet ist ein Organisationsme-

---

82. Diese Enteilung orientiert sich an Bühl (1997), S. 301ff

dium in zivlgesellschaftlichen Zusammenhängen auf regionaler, überregionaler und globaler Ebene
4. Vergrößerung der Raum- und Zeitunabhängigkeit: Eine Form der Globalisierung durch das Internet sei die Ermöglichung globaler Kommunikation, die zusätzlich nicht mehr räumlich und zeitlich begrenzt sei.
5. Immunisierung der politischen Kommunikation gegen autoritäre Strukturen: Die Dezentralität des Internets verunmögliche Zensur und die Etablierung autoritärer Strukturen, die auf asymmetrischen Machtverteilungen basieren. Das Internet als schwer kontrollierbares Medium kann auch im Fall von politischen Kommunikationsblockaden den Austausch und die Vorbereitung politischer Aktionen vereinfachen (Beispiel serbische Opposition)
6. Möglichkeit einer bürgernahen Verwaltung: Administrative Vorgänge könnten über das Internet für BürgerInnen leichter ersichtlich sein, was die Verwaltung verschlanken und eine bessere Kontrolle durch die BürgerInnen bieten könnte.
7. Verbesserung des Informationsmanagements: Politische Informationen könnten durch das Internet den BürgerInnen viel schneller zugänglich gemacht werden. Dies bedeutet auch einen schnelleren Zugang zu Informationen für aktive politische Gruppen
8. Effektivierung der Meinungsbildung: Viele Quellen sind zur persönlichen Meinungsbildung heranziehbar
9. Soziale und informationelle Dekontextualisierung: In virtuellen politischen Räumen könne man sich anonym bewegen, dies könne neue politische Diskussionskulturen schaffen.
10. Neue Perzeptions- und Handlungsmuster: Komplexe politische Sachverhalte seien im Netz multimedial (Bilder, Texte, Sounds, Videos, usw.) aufbereitbar.
11. Möglichkeit der politischen Themengenerierung im Netz

Beispiel: Zwischen Netzwerk, NGO und Bewegung. Das Selbstverständnis von ATTAC Deutschland
Quelle: http://www.attac-netzwerk.de

Wer bei ATTAC mitmacht, kann christliche oder andere religiöse Motive haben, Atheist, Humanist, Marxist sein oder anderen Philosophien anhängen. ATTAC hat keine verbindliche theoretische, weltanschauliche, religiöse oder ideologische Basis. und braucht eine solche nicht. Vielfalt ist eine Stärke. Dies heißt allerdings nicht völlige Beliebigkeit. Für Rassismus, Antisemitismus, Fremdenfeindlichkeit, Chauvinismus und verwandte Ideologien gibt es keinen Platz.
Der Grundkonsens von ATTAC lautet:
ATTAC lehnt die gegenwärtige Form der Globalisierung, die neoliberal dominiert und primär an den Gewinninteressen der Vermögenden und Konzerne orientiert ist, ab: Die Welt ist keine Ware.
ATTAC wirft die Frage nach wirtschaftliche Macht und gerechter Verteilung auf.
ATTAC setzt sich für die Globalisierung von sozialer Gerechtigkeit, politischen, wirtschaftlichen und sozialen Menschenrechten, für Demokratie und umweltgerechtes Handeln ein.
In diesem Korridor emanzipatorischen Politikverständnisses haben unterschiedliche Vorstellungen über Wege und Instrumente wie dieser Konsens in praktische Politik umgesetzt werden kann, Platz. Das reicht von jenen, die sich für einzelne Aspekte der ATTAC-Programmatik (z.B. Entschuldung der Entwicklungsländer oder Einführung der Tobin-Tax) engagieren wollen, über jene, die für eine demokratische Regulierung und Zivilisierung der Globalisierung und einen radikalen Reformismus eintreten, bis hin zu jenen, die der Auffassung sind, dass das bestehende Wirtschaftssystem als solches in Frage zu stellen ist. Der Respekt dieses Pluralismus ist unabdingbare Geschäftsgrundlage von ATTAC. Die Erarbeitung konkreter Politik und praktischer Maßnahmen werden aus der Vielfalt heraus und in solidarischer Auseinandersetzung unterschiedlicher Meinungen entwickelt.

Am Anfang der ATTAC-Geschichte stand die Ein-Punkt-Orientierung auf die Besteuerung von Devisentransfers, die auch den Namen ATTAC abgab. Das ist nicht mehr aktuell. Inzwischen sind viele Fragen der ökonomischen Globalisierung Gegenstand von ATTAC Initiativen: Regulierung der Finanzmärkte, des Welthandels, der ökonomischen Nord-Süd-Beziehungen u.a.

Es können durchaus auch weitere Themen dazu kommen, sei es dadurch, dass bestehende Organisationen oder Netzwerke Mitglied bei ATTAC werden und dabei ihr Potential einbringen, sei es dass aus der Mitgliedschaft heraus neue Themen aufgegriffen werden. Allerdings sollte ATTAC sich nicht jedem beliebigen Thema zuwenden. Zum einen endet ein thematischer Supermarkt schnell in Wirkungslosigkeit, zum anderen gibt es in vielen Bereichen Organisationen, die wichtige Themen schon lange und erfolgreich bearbeiten. Es wäre falsch, amnesty, Pro Asyl oder Greenpeace Konkurrenz machen zu wollen.

Eine gewisse Konzentration auf die ökonomischen, international wirksamen Dimensionen der Globalisierung ist unerlässlich. Bei Verknüpfungen von Fragen ökonomischer Globalisierung mit innenpolitischen oder nicht-ökonomischen Problemen, die durch die politische Entwicklung unabhängig von uns auf die Tagesordnung kommen – z.B. gegenwärtig das Thema Krieg und Frieden sowie demokratische Rechte – wird ATTAC sich gewöhnlich darauf beschränken, die Perspektive ökonomischer Globalisierung einzubringen.

Auch innerhalb des Rahmens ökonomischer Globalisierungsfragen muss ATTAC Schwerpunkte bilden. Denn politische Durchschlagskraft hängt auch von der Fähigkeit ab, Positionen in einer einfachen und hegemoniefähigen Botschaft zuzuspitzen, wie dies z.B. im Falle der Tobin Tax gelungen ist. Diese Schwerpunkte können sich je nach politischer Lage verändern.

Bei allen Themen steht für ATTAC die Entwicklung von Alternativen im Vordergrund.

Risiken für die Demokratie in der Informationsgesellschaft

Beispiel: UN-Bericht: Internet polarisiert die Gesellschaft
Heise-Online-Ticker, 4.7.2000
http://www.heise.de/newsticker/data/chr-04.07.00-000/
Wir danken der Redaktion c't für die Abdruckgenehmigung

Für die, die "drin" sind, ist die Sache klar: Das Internet ist eine willkommene und gern genutze Möglichkeit, um mit anderen Benutzern in Kontakt zu treten und Informationen weltweit auszutauschen. Unternehmen integrieren die modernen Kommunikationsmittel zunehmend mehr in ihre Geschäftsabläufe, bauen gemeinsame Internet-Plattformen auf und kommunizieren mit ihren Partnern zunehmend stärker per E-Mail. Wer da nicht mithalten kann, kommt schnell ins Hintertreffen, verliert Reputation, Aufträge und Marktanteile.

Vor allem für Entwicklungsländer bedeuten die modernen Informations- und Kommunikationstechniken (IuK) große Chancen, den Anschluss an die Weltwirtschaft zu finden. Indien hat als eines der wenigen Länder diese Chance schon vor Jahren erkannt und entsprechend in den IT-Sektor investiert. Auch wenn der Anteil der gut ausgebildeten IT-Fachkräfte in Indien immer noch gemessen an der Gesamtzahl der Bevölkerung sehr gering ist – für das Land bedeutet IT eine Chance, den Anschluss an die Weltwirtschaft zu bekommen.

Für Länder, in denen aufgrund politischer und wirtschaftlicher Rahmenbedingungen bislang die Einführung moderner Kommunikationstechniken nur sehr schleppend vor sich ging, bedeutet die rasante Entwicklung dieser Techniken trotz der ihr inhärierenden Möglichkeiten auch die Gefahr, noch mehr ins wirtschaftliche Abseits zu geraten. Die Zahlen, die über den Stand der Intenet-Anbindung in den verschiedenen Kontinenten Auskunft geben, sind alarmierend: In Afrika haben nur etwa 0,3 Prozent der Bevölkerung einen Zugang zum Internet, im mittleren Osten sind es 0,8 Prozent, in Asien und dem pazifischen Raum 1,6 Prozent. Südamerika schneidet mit einer Quote von sogar 2,5 Prozent vergleichsweise gut ab. Doch hinter Europa, wo immerhin schon 9,9 Prozent online sind oder gar Nordamerika mit 44,3 Prozent Internet-Nutzern sind diese Regionen weit abgeschlagen. Europa und Nordamerika haben bei einem Anteil von 23,2 Prozent an der Weltbevölkerung den Zugriff auf 75,4 Prozent aller Internet-Anschlüsse weltweit.

In einem Bericht, der im Auftrag des UN-General-Sekretariats erarbeitet wurde, hat eine Expertengruppe unter Vorsitz des ehemaligen Costa-Ricanischen Präsidenten José Maria Figueres-Olsen zwar einerseits festgehalten, dass die Zahl der Internet-Nutzer beständig und schnell steigt, andererseits aber festgestellt, dass ein "Digital Divide" zu beobachten ist, also eine Spaltung der Gesellschaft in eine Gruppe von Menschen, die Zugang zu modernen Informations- und Kommunikationstechniken haben, und eine Gruppe von Menschen, denen dieser Zugang bislang verwehrt ist.

Die Probleme und Gefahren, die eine digitale Spaltung der Gesellschaft mit sich bringt und die der Bericht von Figueres-Olsen aufgezeigt hat, sind genauso Gegenstand der jährlichen Hauptversammlung des Wirtschafts- und Sozialausschusses ECOSOC der Vereinten Nationen mit dem Thema "Entwicklung und internationale Kooperation im 21. Jahrhundert: Die Bedeutung der Informationstechnik im Kontext einer wissensbasierten, globalen Wirtschaft", die morgen in New York beginnt, wie die Vorschläge, die in dem Bericht zum Umgang mit der gegenwärtigen Situation vorgeschlagen sind. Bis zum 7. Juli diskutieren Delegationen der 54 ECOSOC-Mitgliedsstaaten sowie Vertreter des Weltwährungsfonds, der Weltbank und der Welthandelsorganisation auf Leitungsebene, danach laufen die Beratungen bis zum 1. August auf Expertenebene weiter. Ehrgeiziges Ziel der internationalen Gemeinschaft: Bis zum Jahr 2004 soll für 80 Prozent der Bevölkerungsgruppen, die derzeit keinen Zugang zum Internet haben, ein solcher im eigenen Heim, an der Arbeitsstelle oder in öffentlichen Einrichtungen verfügbar gemacht werden.

Um das zu erreichen, schlagen die Autoren des ECOSOC-Berichts vor, eine Task Force einzusetzen, die die Einführung von IT in den Entwicklungsländern koordinieren soll. Diese Task Force soll einen speziell einzurichtenden Fonds verwalten, den man mit mehreren huntert Millionen US-Dollar ausgestatten will. Außerdem schlägt der Bericht ein Entschuldungsprogramm vor: Ein Prozent der Schulden eines Entwicklungslandes sollen abgeschrieben werden können, wenn das Land die gleiche Summe in den IT-Sektor investiert. Auf der UN-Generalversammlung im September, auf der man den IT-Bericht der ECOSOC ebenfalls diskutieren möchte, soll schließlich ein Recht auf den Zugang zu IT-Diensten in den Prinzipien und Konventionen der Vereinten Nationen verankert werden.

Diese Möglichkeiten werden aber vielfach nicht genutzt bzw. stark eingeschränkt, Zentralisierung und Kontrolle sind heute eher an der politischen Tagesordnung als umfassende Partizipation. Tatsächlich bestehen auch in Bezug auf das Internet mangelnde Partizipationsmöglichkeiten. So haben etwa nur wenige Prozent der Weltbevölkerung Zugang zum Internet, dies sind hauptsächlich weiße, männliche Amerikaner.

Der Partizipationsmangel resultiert in Ungleichheiten „

- in der Verfügung über die der Netzkommunikation vorausgesetzten Basisressourcen (Energie, Telephon usw.) - die nur ca. einem Fünftel der Weltbevölkerung vorliegt
- in der geographischen Verteilung der Standorte der Netzwerkcomputer weltweit und innergesellschaftlich - die Kontinente und geopolitische Großräume ausblendet und statt dessen im lokalen wie globalen Maßstab bereits vorhandene Knoten und Routen hoher Kommunikationsdichte untersetzt
- im Eigentum an Übertragungsnetzen, Servern, Operationssystemen, Routern usw. - das ganz analog zur historischen Entwicklung der politischen Ökonomie der Printmedien, des Radios und des Fernsehens den Weg von öffentlichen und privatem Kleineigentum zum monopolförmigen Großeigentum geht
- in der politischen Herrschaft über die institutionellen Arrangements der Netze - die, wie das Beispiel der Corporation- und Communitynetze zeigt, demokratisch kaum legitimiert sind
- in der Geschlechter-, Sozial- und Qualifikationsstruktur der NetznutzerInnen und individuellen Provider
- in den administrativen oder geldlichen Zugangskontrollen zu Netzen
- in den Zugängen zu Bandbreiten bzw. Übertragungsgeschwindigkeiten und damit in den Möglichkeiten, an neuen hochschwelligen Netzkreisläufen teilhaben zu können

- in der technischen, kulturellen, sozialen und kommunikativen Kompetenz und der Beherrschung der englischen Sprache
- in der Zeichenausstattung, d.h. Namensgebung und ihrer Beziehung zu Realnamen bzw. am Eigentum (Copyright) am Content: Bilder, Texte, Zeichen sind bekanntlich nicht frei, sondern in Eigentumsverhältnisse verwickelt, die sich auch auf dem Netz reproduzieren" (Rilling 1997).

Weitere Faktoren, die die neuen Medien eher zu einer elitären, als einer partizipativen Angelegenheit machen, lassen sich angeben:
- Das Netz ist heute weniger ein Raum der Politik, sondern vielmehr einer des Kommerzes
- Das Internet dient dort, wo es als politisches Kommunikationsmittel eingesetzt wird, eher zur Unterstützung bereits bestehender Zusammenhänge als zur Neuschaffung politischer Communities.
- Über das Internet vermittelte politische Kommunikation bleibt meist ein individualisierter Austausch zwischen Einzelnen, da sich kein öffentlicher Diskursraum mit Kommunikationsmöglichkeiten unter Anwesenden herausbilden kann
- Netzkommunikation unterliegt Restriktionen (keine Verbindlichkeiten, keine sozialen Bindeenergien, Mimik, Gestik; kommunikative Geltungsansprüche der Wahrhaftigkeit (Intentionsbezogenheit der Aussage) und der Richtigkeit (normativer Kontext) sind nicht gegeben; Normatives tritt hinter Expressives zurück).
- Entscheidungs- und Repräsentationsstrukturen im Netz selbst sind hochgradig monopolisiert. So besteht etwa die von der Internet Society (oberste entscheidungstreffende Organisation in Bezug auf das Internet) eingerichtete „Internet Research Task Force" (IRTF) vorwiegend aus Vertretern von US-Konzernen aus der Kommunikationsindustrie. Unbekannte Akteure, Bewegungen und Institutionen haben es viel schwieriger, im Netz „sichtbar" zu werden als etablierte und bekannte.

Überwachung und Kontrolle

Beispiel: Abhören im Jahr 2000 (von Christiane Schulzki-Haddouti und Armin Medosch)
Christiane Schulzki-Haddouti, Armin Medosch
Telepolis, 10.5.1999; http://www.heise.de/tp/deutsch/inhalt/te/2833/1.html
Wir danken der Redaktion Telepolis für die Abdruckgenehmigung

Ein neuer STOA-Bericht zu technischen Abhörfähigkeiten, ECHELON, Wirtschaftsspionage und Internetüberwachung ist erschienen. Vor wenigen Tagen nahm das Science and Technology Options Assessment Panel (STOA) des Europäischen Parlaments den Bericht "Interception Capabilities 2000" als Arbeitspapier an. Der Bericht untersucht den Stand der Dinge bezüglich des Abhörens und Überwachens von elektronischer Kommunikation für Geheimdienstzwecke ("communications intelligence") und kommt zu Ergebnissen, welche die schlimmsten Befürchtungen nähren.

Weltweit seien umfassende Systeme implementiert, die jede wichtige Form moderner Kommunikation abfangen und verarbeiten können. Im STOA-Bericht von 1997 war erstmals das System zum Abhören kommerzieller Telekommunikationssatelliten (ECHELON) in einem offiziellen EU-Papier erwähnt worden. Bei den darauf folgenden Diskussionen im Europa-Parlament hatte Martin Bangemann noch blauäugig behaupten können, von der Existenz von ECHELON nichts gewusst zu haben. Der neue Bericht legt nun umfassende Materialien vor, in denen Geschichte und Arbeitsweise des ECHELON-Systems aufgezeigt werden.

Rund 120 Abhörstationen sammeln im Simultanbetrieb Aufklärungsmaterial. U-Boote werden routinemäßig benutzt, um Kontinente verbindende Telefonkabel anzuzapfen. Der Bericht kommt zu der Schlußfolgerung, dass das Abhören internationaler Kommunikation seit langer Zeit routinemäßig benutzt wird, um heikle Daten über Individuen, Regierungen, Handelsorganisationen und internationale Institutionen zu sammeln. Europäische Wirtschaftsunternehmen seien demnach das Ziel von Abhöraktionen und Regierungen führender westlicher Nationen würden das von Geheimdiensten gewonnene Material benutzen, um eigenen Spitzenunternehmen Wettbewerbsvorteile zu verschaffen.

Auch für das Abhören des Internets seien die US-Geheimdienste, allen voran die NSA, bestens gerüstet. So würden die sogenannten UKUSA-Staaten (die traditionellen West-Alliierten USA, UK, Kandada, Australien) schon seit den achtziger Jahren ein auf dem Internet Protokoll beruhendes, geschlossenes Netz betreiben, das größer war als der gesamte Rest des Internets in dieser Phase. Seit 1995 habe die NSA "Sniffer-Software" an den neun wichtigsten Internetknoten in den USA installiert, allen voran an den von US-Regierungsbehörden betriebenen Knoten FIX East und Fix West, die wiederum mit den kommerziellen Knoten MAE East und MAE West eng verbunden sind. Da der Internet-Backbone immer noch US-dominiert ist, werden auch viele ausländische Datenpackete über diese Knoten geroutet.

Grenzen der Abhörmöglichkeiten

Der Bericht weist aber auch zugleich auf die Grenzen des grenzenlosen Abhörens hin. Entgegen anderslautenden Presseberichten und trotz 30 Jahren Forschung gäbe es noch keine effektiven Methoden, um Sprachtelefonie elektronisch und in Echtzeit nach Stichwörtern zu durchforsten. Allerdings sei es möglich, sogenannte Stimmprofile ("voiceprints") zu erstellen, diese in Datenbanken abzuspeichern und sie mit geführten Telefongesprächen abzugleichen, so dass Zielpersonen anhand ihrer Sprachcharakteristik erkannt werden können. Obwohl global jährlich 15 bis 20 Milliarden Euro für nachrichtendienstliches Abhören und verwandte Aktivitäten ausgegeben werden, stoßen die entsprechenden Behörden an ihre Kapazitätsgrenzen.

Der ehemalige NSA Direktor William Studeman bestätigt dies mit folgenden, im Bericht zitierten Aussagen: "Informationsmanagement wird zum größten, singulären Problem für die US-Geheimdienste. [...] Ein technisches System zur Informationssammlung allein generiert 1 Million Inputs pro halber Stunde. Filter reduzieren das auf 6500 Inputs, nur 1000 Inputs entsprechen den Kriterien zur Weiterleitung; 10 Inputs davon werden von Mitarbeitern analysiert und nur ein Bericht wird schließlich verfasst".

Auch verschlüsselte Internetkommunikation macht den Geheimdiensten zu schaffen, da immer aufwendigeres Equipment beschafft werden muss, um noch an die Nachrichten im Klartext zu kommen. Laut dem Bericht sind die jüngsten Bemühungen der US-Diplomatie, eine obligatorische Schlüsselhinterlegung (Key Escrow) in Europa durchzusetzen, ein Täuschungsmanöver. Für die Öffentlichkeit werden Argumente wie organisiertes Verbrechen, Drogenhandel und Kinderpornographie in die Waagschale geworfen. Das eigentliche Motiv der US-Regierung sei aber das flächendeckende Sammeln von nachrichtendienstlichem Aufklärungsmaterial.

Deshalb sei es, so der Bericht in seinen Schlussfolgerungen, für den Schutz der Menschen- und Grundrechte und der im guten Glauben geführten Wirtschaftstätigkeit unabdingbar, eine klare Unterscheidung zwischen inländischem Abhören zu Strafverfolgungszwecken und dem Abhören zu Zwecken der Geheimdienste zu treffen. Auch die ökonomischen Kosten würden einen Ansatzpunkt bieten, um das nicht-autorisierte Abhören von Kommunikation einzudämmen. Nicht zuletzt kann durch den Einsatz von Verschlüsselungsverfahren das Verarbeiten der Inhalte von Nachrichten ebenso wie das Analysieren von Verbindungsdaten eingeschränkt werden.

Verfasst wurde der Bericht vom schottischen Journalisten Duncan Campbell. Dieser arbeitet seit Ende der 70er Jahre über den Themenkomplex Überwachen und Abhören, hat 1988 als erster Journalist über die Existenz von ECHELON berichtet und in jüngster Zeit die Berichterstattung in Telepolis über ENFOPOL 98 bereichert. Sein Artikel über „ILETS, die geheime Hand hinter ENFOPOL" beruht auf im Rahmen des STOA-Berichts geführten Recherchen.

Die offizielle Version des Berichts INTERCEPTION CAPABILITIES 2000 kann beim Büro des Europäischen Parlaments in Luxemburg bestellt werden und wird in kürze auch auf einer Web-site der EU abrufbar sein.

Quantitativ gesehen, ist eine große Zahl der Menschen heute sicherlich mit einer Zunahme der verfügbaren Information konfrontiert. Dies bedeutet jedoch nicht automatisch einen qualitativen Sprung, denn viele dieser Informationen sind wertlose, einfach hergestellte, oberflächliche Masseninformation, die wenig dazu beiträgt, dass sich die Lebensbedingungen und die Zufriedenheit der Menschen verbessert. Viel Wissen ist nur sehr eingeschränkt bzw. privilegierten Schichten zugänglich. Diese Tendenz wird durch Erschwerungen zum Bildungszugang und Privatisierungen im Bildungsbereich verstärkt. Privilegierte haben nun zwar vielfach besseren Zugang zu qualitativ hochwertiger Information, Menschen in armen Ländern und aus unteren Schichten und Klassen werden hingegen vielfach lediglich mit Informationsmüll konfrontiert. Mehr Information über Massenmedien bedeutet also nicht automatisch eine Bereicherung des individuellen und sozialen Daseins.

Der heute bestehende Antagonismus zwischen Partizipation und zentralisierter Kontrolle äußert sich auch im Ausbau von Überwachungspotentialen, wobei die neuen Technologien einen spezifischen Beitrag leisten. Elektronische Fahndungs- und Überwachungssysteme, Schengen, Echelon, Lauschangriff, Rasterfahndung, Chipkarten, Videoüberwachung im öffentlichen Raum sind nur wenige Beispiele für den Prozess des Ausbaus von Überwachungs- und Kontrollsystemen. Gerade auch im Folge der Terroranschläge von New York werden neue Maßnahmen der Militarisierung der inneren Sicherheit diskutiert und umgesetzt, die vermitteln, durch umfassende Kontrolle und Überwachung sei eine Gesellschaft freizuhalten von Problemen und Gewalt. In Österreich wurde etwa ein Identifikationssystem mit Fingerabdrücken von allen BürgerInnen gefordert. Der britische Innenminister David Blunkett schlug Personalausweise vor, auf denen Fingerabdrücke, ein Abbild der Iris, Blutgruppe und DNS-Code gespeichert sind. In den USA wurde der „Mobilization against Terrorism Act" in den Kongress eingebracht, der es ermöglichen soll, dass E-Mail-Daten und Web-Browsing-Logfiles ohne gerichtliche Anordnung durch Überwachung eingeholt werden, dass Kontrollen von Abhöraktionen grundsätzlich entfallen, dass Behörden Informationen, die durch Überwachung gesammelt wurden, an andere Regierungsstellen ohne Einschränkung weitergegeben werden, dass Anklagejurys Informationen an den Geheimdienst weitergeben, dass der Präsident beliebige Gruppen und Personen als Überwachungsziel erklären kann und dass eine DNS-Datenbank von allen verurteilten Personen angelegt wird. Es wird auch wieder über den Clipper-Chip diskutiert, der es den US-Behörden ermöglichen soll, Zugriff auf Entschlüsselungsroutinen aller kryptographischen Algorithmen zu haben. Die meisten Internet-Großprovider in den USA erklärten sich nach den Anschlägen damit einverstanden, Carnivo-Rechner zu installieren, die den gesamten E-Mail-Verkehr scannen.

Resultat dieser Prozesse ist die Errichtung einer Sichtbarkeit über alle Lebensbereiche der Individuen, die Herstellung eines umfassenden Systems der panoptischen

Wahrnehmung im Sinn des von Foucault (1976) aufgegriffenen Benthamschen Panoptikums. Es setzen sich Disziplinen durch, die mit Blicken operieren, die „sehen, ohne gesehen zu werden" (Foucault 1976, S. 221). Die Systeme der modernen panoptischen Wahrnehmung bedienen sich der modernen Computer-, Informations- und Kommunikationssysteme, sie bleiben nahezu unsichtbar und errichten eine Sichtbarkeit. Die modernen Technologien sind Medium einer Kaleidoskopisierung (Steinhardt 1999) und einer Panoptisierung der Wahrnehmung. Der Einsatz moderner Technologien führt zur Entkontextualisierung und zum Übergang zu einer kaleidoskopischen Wahrnehmung, im Rahmen derer Symbole und Bilder außerhalb ihres ursprünglichen Kontexts angeordnet und neu zusammengesetzt werden, um spezielle neue Bedeutungen und pragmatische Reaktionen und Handlungsweisen zu erzeugen[83]

Cyber und Information Warfare

Beispiel: Ferngesteuerte Waffensysteme senken die Angriffsschwelle (von Florian Rötzer)
Telepolis. Florian Rötzer, 12.02.2002
http://www.heise.de/tp/deutsch/special/info/11821/1.html
Wir danken Florian Rötzer und der Redaktion Telepolis für die Abdruckgenehmigung

Die Höhe der Opfer des "genauesten Kriegs" aller Zeiten ist noch nicht bekannt, wohl aber lässt sich ein bedenklicher Trend künftiger Infowars erkennen Die Kombination von Hightech mit konventionellen oder gar archaischen Mitteln wie Pferden oder Säbeln, die von amerikanischen Spezialtruppen am Boden im Afghanistan-Krieg benutzt wurden, hat das Pentagon auch als erfolgreiches Modell für das Führen von künftigen militärischen Aktionen hervorgehoben. Premiere hatte vor allem auch der Einsatz von unbemannten Aufklärungsflugzeugen, die mit Raketen ausgestattet waren. Aus der Ferne gesteuert sollte damit die zeitliche Verzögerung zwischen der (Fern)Erkennung eines Gegners und dessen Vernichtung durch Beschuss minimiert werden. Wirklich bestätigte Erfolge kann das Pentagon jedoch im bislang "genauesten Krieg", so General Tommy Frank, der Oberkommandierende des afghanischen Feldzugs, nicht vorweisen., vielmehr weist der Einsatz der bewaffneten Drohnen auf eine bedenkliche Entwicklung hin, die aus dem Distanzkrieg im Informationszeitalter entsteht.

Die angeblichen Erfolge, die sich auch in größeren Rüstungsausgaben für unbemannte bewaffnete Drohnen (UCAVs) niederschlagen, haben natürlich eine Vorgeschichte. Angeblich soll bin Ladin schon im Herbst 2000 im Visier der Kameras einer Drohne deutlich zu sehen gewesen sein, aber der Blick aus der Ferne eröffnete noch nicht die Möglichkeit, unmittelbar zuzuschlagen. Bei den Drohnen handelt sich um die 3 Millionen Dollar teuren Predators. Das sind propellergetriebene UAVs (unmanned air vehicle), die über 7.000 Meter hoch, 700 km weit und bis zu 24 Stunden lang fliegen können und bislang mit Kameras für Tag- und Nachtsicht ausgestattet sind. Über eine Satellitenschüssel werden die Bilder zur Bodenstation übertragen.

Aber dann gab es eine erste "Erfolgsgeschichte", die zum Anlass wurde, vom Krieg der Zukunft und von einer Revolution der Kriegsführung zu sprechen. Auf der Flucht der Taliban vor den unter dem Schutz der amerikanischen Bombardements angreifenden Kämpfern der Nordallianz aus Kabul in den Süden sollen mit Nachtsichtkameras und erstmals auch mit Hellfire-Raketen ausgestattete Predators des CIA eine Gruppe von Fahrzeugen ununterbrochen verfolgt haben, in der sich al-Quaida-Mitglieder befunden haben sollen. Um der Verfolgung zu entgehen, benutzten die Fliehenden mit ihren Fahrzeu-

---

83. „Kennzeichen der neuen kaleidoskopischen Form der Wahrnehmung sind unablässig in schneller Folge wechselnde oder auch simultan angebotene Bilder und Eindrücke, die nicht mehr auf die Betrachtung einer Gesamtheit abzielen, sondern ständig neue Facetten und Ausschnitte in den Blick bringen. [...] es werden kurze Splitter an sich unklarer Bilder dargestellt – oft in Großaufnahme – und so, unter Verzicht auf und unter Vernachlässigung des Kontexts, eine neue Unmittelbarkeit erzeugt, die nicht auf Reflexion abstellt, sondern auf einen direkten Zugriff auf die Emotionalität der Zuschauer" (Steinhardt 1999, S. 87, 89).

gen nicht die Hauptstraße, sondern kleine Nebenstraßen und kamen nur langsam voran. Am zweiten Abend hatte der Konvoi in einem kleinen Städtchen gehalten. In einem Hotel fand offenbar ein Treffen statt. Der Predator lieferte über Satellitenverbindungen Echtzeit-Bilder vom Hotel, von den geparkten Wagen und den nervösen Fahrern an die Kommandozentrale in Tampa, Florida, von der aus Tom Franks, der Oberkommandierende der US-Truppen, den Einsatz aus der Ferne steuerte - was auch eine Premiere in der Kriegsgeschichte war. Von dort aus wurden die Bilder über sichere Netzwerke an das Hauptquertier der CIA in Langley, Virginia, sowie an das Pentagon weiter geschickt. Drei F-15-Kampfflugzeuge, die gerade über Kabul kreisten und immer wieder getankt wurden, um auf "emerging targets" Jagd zu machen, erhielten den Befehl, das Hotel zu bombardieren, in dem man hohe Al-Qaida-Mitglieder vermutete.

Sie warfen drei GBU-15-Präzisionsbomben ab, die ihr Ziel mit Infrarotkameras an der Spitze ansteuern. Danach wurden noch zwei Hellfire-Raketen von der Drohne abgeschossen. Angeblich seien an die 100 Menschen getötet worden. Anfangs hieß es auch noch, dass sich darunter Mohammed Atef befunden haben soll, der als militärischer Kommandeur von al-Qaida gilt. Die Taliban bestätigten zunächst dessen Tod, stritten diese Behauptung dann aber wieder ab. Mit den Kameras der Predators alleine ließ sich nicht feststellen, wie viele Menschen und vor allem wer den Tod gefunden hat. Auch später kam es zu keinen Präzisierungen, wer die Toten gewesen sein könnten.

Tatsächlich hüllt sich das Pentagon bei seinem Kampf gegen den internationalen Terrorismus obligatorisch in Stillschweigen, was die Zahl der möglichen Opfer unter der Zivilbevölkerung angeht. Nicht immer mag man glauben, dass dies der "genaueste Krieg" war, den die USA mit ihren Präzisionsbomben jemals geführt haben, denn zumindest das Abwerfen zahlreicher Streubomben wird man nicht gerade als präzise Treffer auslegen können. Schließlich waren auch "nur" 60 Prozent der Bomben und Raketen, die auf Ziele in Afghanistan hinuntergingen, Präzisionswaffen. Die Präzisionsbomben seien, so Verteidigungsminister Rumsfeld beschwichtigend und versichernd, zu "85-90 Prozent" genau.

Neben den möglichen Folgen einer Flächenbombardierung, bei der sich "Kollateralschäden" kaum vermeiden lassen, hat sich als ein Problem der "Präzisionsbomben" die Zieleinstellung erwiesen. Mehrmals wurden ganz offensichtlich zivile Einrichtungen und Dörfer bombardiert, die keine Stellungen der Taliban oder von al-Qaida waren. "Präzise" getroffen wurden auch Gebäude des Roten Kreuzes oder der UN und - wahrscheinlich am wenigsten unabsichtlich - das Redaktionsbüro des arabischen Senders al-Dschasira in Kabul.

Am 20.12.2001 hatten US-Bomber einen Fahrzeugkonvoi angegriffen und Dutzende von Menschen getötet, die angeblich Angehörige von al-Qaida gewesen sein und zuerst mit Luftabwehrraketen geschossen haben sollen. Überlebende des Angriffs haben dies nicht bestätigt, sondern behauptet, dass die Fahrzeuge mit lokalen Stammesführern nach Kabul unterwegs waren, um bei der Einführung des Interimspräsidenten anwesend zu sein. Am 24. Januar hatten amerikanische Spezialtruppen mehr als 20 Menschen getötet. Zwei der Leichen sollen gefesselt gewesen sein. Angeblich waren es wieder keine Taliban- oder al-Qaida-Mitglieder. Das Pentagon untersuchte die "unklare Situation" und kam zu dem Ergebnis, dass es sich um einen Irrtum gehandelt hatte. Das Pentagon spricht von 15 Toten, Afghanen von 21. Die Amerikaner nahmen überdies 27 Männer gefangen, von denen einige nach ihrer Freilassung behaupteten, von den amerikanischen Soldaten geschlagen und misshandelt worden zu sein. Ironischerweise handelte es sich bei den Afghanen um Polizisten und Mitglieder einer Kommission zur Entwaffnung. Überdies waren unter den Getöteten zwei hohe Kommandeure des afghanischen Präsidenten Karsai. In Afghanistan wird Kritik und die Forderung laut, die Bombardements und die Überfälle durch Spezialtruppen wegen der vielen "Irrtümer" einzustellen.

Neben anderen Vorfällen, bei denen das Pentagon zunächst immer die übliche Abwehrhaltung einnahm und darauf setzte, dass das Interesse wohl schnell erlahmt, kam es dann am Montag vor einer Woche wieder mit der Wunderwaffe einer UCAV zur Tötung von "einigen al-Qaida-Führern", wie das Pentagon mitteilte. Man habe allerdings wegen des schlechten Wetters nicht herausbekommen, wie viele Menschen getötet wurden und wer dies war. Nach Berichten in anderen Medien glaubte man bei der CIA offenbar, von der die Drohne ferngesteuert wurde, dass es sich womöglich nicht nur um hohe al-Qaida-Angehörige gehandelt habe, sondern dass der Topterrorist Usama bin Ladin unter ihnen gewesen sein soll (einen wirklichen Beweis für eine direkte Verantwortung von ihm für die Anschläge vom 11.9. gibt es übrigens noch immer nicht). Ein "US official", wer immer das gewesen sein mag, erzählte jedenfalls Reuters, dass mindestens ein Mensch getötet worden sei, man aber nicht wisse, wer es gewesen ist. Die bärtige Person sei groß und schlank gewesen, was auch auf Bin Ladin zutrifft. Neben diesem Gemunkel sagte aber ein anderer "US official", wer immer dies auch gewesen sein mag, dass leider einige hohe al-Qaida-Mitglieder wie al-Zawahri auch so aussehen.

Wie auch immer, geschossen wurde anscheinend aus der Ferne von der Drohne auf Jemanden oder auf Mehrere, nachdem man eine verdächtige Fahrzeugkolonne bemerkt und verfolgt hatte. In der Nähe von Zhawar Kili, einem al-Qaida-Trainingslager, parkte die Kolonne - und weil gerade keine Bomber da waren, beschloss man offenbar, sicherheitshalber einmal eine Hellfire-Rakete auf die Gruppe zu schießen. Auch hier soll es sich wieder um Afghanen gehandelt haben, die möglicherweise nur nach Waffen oder anderen Dingen gesucht haben, die sie verkaufen konnten. Der Gouverneur Mushfiq der Region sagte zu dem Vorfall, dass die Amerikaner "das falsche Spiel spielen" und am Boden über keine gute Aufklärung verfügen. Am Wochenende hatte das Pentagon Soldaten an die Stelle geschickt, um den Vorfall zu untersuchen.

Der Einsatz von Spezialtruppen, die heimlich agieren, und vor allem die Verwendung von ferngesteuerten Waffensystemen senken die Schwelle zur Ausübung von Gewalt aus zwei Gründen. Einmal gibt es bei gezielten Einsätzen und Bombardements weniger Opfer, auch wenn sie versehentlich angegriffene Ziele und damit "Kollateralschäden" sind, zum Zweiten sorgt beim Cyber-Fernkrieg die Sicherheit der Angreifenden, die etwa im CIA-Hauptquartier sitzen, für eine Sinken der Angriffsschwelle. Im Augenblick scheint das Pentagon von der Maxime auszugehen, lieber eher einmal irrtümlich Menschen zu töten, als al-Qaida-Mitglieder entwischen zu lassen.

Bedenklich ist auch, dass solche Aktionen einem Terroranschlag ziemlich nahe kommen, zumindest aber eine gezielte Ermordung einzelner Personen darstellen, wie dies auch die israelische Regierung schon des längeren macht. Vom Kongress hat der US-Präsident die Befugnis erhalten, gegen Staaten, Organisationen und Individuen als oberster Kriegsherr vorzugehen, die die Anschläge vom 11.9. geplant, befohlen, unterstützt oder ausgeführt haben. Das betrifft auch die weitere Prävention von Anschlägen. Ob die gezielte Ermordung von Einzelpersonen aber noch als militärische Aktion zu bezeichnen wäre, bleibt fraglich. Die Executive Order vom 13. November spricht nicht von der Tötung, sondern nur von der Ergreifung und der Einrichtung von Militärgerichten.

Eigenmächtig darf der CIA eigentlich nach der von Präsident Gerald Ford 1975 erlassenen "Executive Order" (11905) sich nicht mehr an Mordanschlägen beteiligen, nachdem es zu vielen Skandalen gekommen ist. Bestätigt wurde das Verbot auch durch weitere "Executive Orders" der Präsidenten Jimmy Carter und Ronald Reagan. Präsident Clinton ging noch weiter und untersagte den Geheimdiensten die Anwerbung von Mitarbeitern oder Informanten, die Verbrechen oder Menschenrechtsverletzungen begangen haben. Vizepräsident Cheney forderte denn auch kurz nach den Anschlägen vom 11.9., dass Geheimdienste wieder die Ermordung von Gegnern planen und auch selbst ausführen sowie Agenten anwerben dürfen sollen, die mit Terroristen verbunden sind oder Menschenrechtsverletzungen begangen haben. Und der rechte republikanische Kongressabgeordnete Bob Barr hatte vorausschauend bereits Anfang März 2001 den "Terrorist Elimination Act" (HR 19) eingebracht, der die Executive Orders aufhebt und es ermöglichen soll, gegen Einzelpersonen mit allen Mitteln vorzugehen, einschließlich der Lizenz zum Töten

Ein weiterer Aspekt der Kontrolle und Zerstörung ist gegeben durch den Einsatz von Nuklear-, Bio-, Computer-, Informations- und Kommunikationstechnologien in der Kriegsführung. Dadurch ist der Mensch zu seinem eigenen Feind geworden und sieht sich konfrontiert mit der Gefahr ultimativer Vernichtung. Die neuen Technologien haben vielfach ihren Ursprung im militärischen Bereich und ermöglichen qualitativ neue Formen der Kriegsführung. Viel ist in diesem Zusammenhang zu hören vom Cyberwarfare und vom Infowar. Ökonomische, politische und militärische Institutionen sind eng miteinander verwoben und Technikentwicklung ist in diesem Spannungsfeld von grundsätzlicher Bedeutung. Die Geschichte des Computers und der Netzwerktechnologien ist eng verbunden mit der militärischen Geschichte. So begann etwa Alan Turing mit der Umsetzung des Konzeptes der Turingmaschine, auf dem die Computertechnologie basiert, während des Zweiten Weltkrieges, als es darum ging, eine Maschine zu bauen, die die Enigma-Verschlüsselung der Nazis dekodieren kann. Das Internet hat seinen Ursprung in einem militärischen Netzwerk, dem ARPANet, das in den USA dezentral geplant wurde, um im Fall eines Angriffs der Sowjetunion oder eines Nuklearkriegs, bei dem Kommunikationswege abgeschnitten werden, alternative Routen für den Informationstransfer zur Verfügung zu haben. Die militärische Weiterentwicklung von Technologien hat deren Entwicklungsprozess oftmals beschleunigt. Wir gehen aber nicht davon aus, dass es ohne diese militärische Komponente nicht zur Entwicklung des Computers oder des Internets gekommen wäre, denn die Technikgenese ist ein komplexer Prozess, der sich nicht auf einem einzig möglichen Weg durchsetzen kann, sondern durch das Zusammenspiel vielfältiger Faktoren und Institutionen möglich wird. Möglicherweise hätten sich beide Technologien langsamer und auf andere

Weise durchgesetzt, der militärisch-ökonomische Komplex determiniert jedoch nicht die Technikentwicklung, obwohl er heute als ein wesentlicher Einflussfaktor betrachtet werden muss.

In der Diskussion über den Einfluss von Virtual Reality, Netzwerktechnologien, Cyberspace und Informatisierung auf die Kriegsführung gibt es eine Unzahl von Konzepten. Einige davon wollen wir nun vorstellen, da so einfacher vorstellbar wird, wie Kriegsführung in naher Zukunft aussehen könnte, falls kein grundsätzliches gesellschaftliches Umdenken stattfindet.

Unter einem Netwar verstehen Arquilla/Ronfeldt (1993) einen informationsbasierten Konflikt zwischen Nationen oder Gesellschaften im großen Ausmaß. Dieses Konzept umfasst den Versuch, die Informationen, die ein Gegner über sich und die Welt besitzt, zu stören und zu manipulieren. Beispiele dafür seien Propaganda, psychologische Kriegsführung, der Einfluss auf lokale Medien, die Infiltration von Computernetzwerken und Datenbanken sowie die Unterstützung der Tätigkeiten von oppositionellen Bewegungen in Computernetzen. Das Ziel eines Netwars seien vorwiegend Informationen und Kommunikationen. Ein Netwar beziehe sich auf gesellschaftliche Konflikte und Konfliktvermeidung wie Maßnahmen gegen Terror, Drogenhandel und Waffenschmuggel.

Das Konzept des Cyberwars ist mehr auf die traditionelle Kriegsführung orientiert und bezieht sich bei Arquilla und Ronfeldt auf die Vorbereitung und Durchführung von militärischen Operationen nach informationsbasierten Prinzipien. Dies umfasst die Außerkraftsetzung oder Zerstörung von Informations- und Kommunikationssystemen, die ein Gegner einsetzt, um zu wissen, wer er ist, wo er ist, was er wann effektiv unternehmen kann, warum er kämpft, welche Bedrohungen es abzuwehren gilt usw. Es geht darum, alles über den Gegner zu wissen und die Informationen, die der Gegner über sein Gegenüber hat, zu minimieren. Beispiele für Cyberwarfare sind C3I und Smart Bombs. Arnett (1992) versteht unter einem Cyberwar oder einem Hyperwar ein automatisiertes Schlachtfeld, auf dem zukünftige Kriege durch den Einsatz von intelligenten Waffensystemen, Robotern und autonomen Computern geführt werden. Bei einem solchen Krieg spiele der Mensch eine untergeordnete Rolle oder komme gar nicht mehr vor. Dieses Konzept bezieht sich auf Zukunftsszenarien, während Arquilla und Ronfeldt betonen, dass der Cyberwar längst existiere und auch nicht notwendigerweise den Einsatz moderner Technologien benötige.

Auch Martin Libicki betont, dass Information und Informationstechnologien in der Kriegsführung immer bedeutender werden; und unterscheidet dabei sieben Formen des Information Warfare:
1. Command and Control-Warfare (C2W):
Dabei geht es um die Zerstörung von Kommando- und Steuerungszentralen sowie von Kommunikationskanälen des Gegners
2. Intelligence-Based Warfare (IBW):
Einsatz von Informationssystemen, um Informationen über den Gegner und das Schlachtfeld zu erhalten und an Kämpfer weiterzuleiten. Es geht um die Erlangung von genügend Wissen, um Schlachten zu dominieren und zu gewinnen. Vor allem Systeme, die auf Künstlicher Intelligenz (KI) basieren, kommt dabei heute eine entscheidende Rolle zu. Ein Beispiel ist der Bereich der automatischen Zielfindung.
3. Electronic Warfare (EW):
Einsatz von Radarsystemen und Kryptographie als operationale Techniken, um den Informationsfluss des Gegners zu entschlüsseln oder zu stören und um einen möglichst sicheren Transfer von Information innerhalb eines Lagers zu ermöglichen. Es geht um die Unsichtbarmachung der eigenen Sichtweise und die Sichtbarmachung des Gegners.
4. Psychologische Kriegsführung:
Einsatz von Information gegen das Bewusstsein von Freunden, Gegnern und Neutralen, um die öffentliche Meinung in bestimmte Bahnen zu lenken.
5. Hacker Warfare:
Angriff auf Computersysteme und –netzwerke. Dies umfasst u.a. Datenklau, Zerstörung von Daten und Systemen durch Computerprogramme wie Viren, trojanische Pferde und logische Bomben; das Einschleusen gefälschter Nachrichten und Informationen, die Manipulation von Datenbeständen sowie die Überwachung von Systemen.
6. Economic Information Warfare:
Unterbindung von Informationsflusses, von denen der Gegner ökonomisch abhängig ist. Das Wirtschaftsembargo ist eine Form der ökonomischen Kriegsführung. Im informationsgesellschaftlichen Kapitalismus wird die Ökonomie immer stärker abhängig von Informationsflüssen. Daher kann die Blockade von

Informationsflüssen einer stark informatisierten Gesellschaft ökonomische Beeinträchtigungen mit sich bringen.

7. Cyberwarfare:

7a. Information Terrorism:
dabei geht es um den Angriff auf Personen durch Zerstörung oder Manipulation von sensitiven Daten, von denen diese Person abhängig ist oder die über sie gespeichert sind

7b. Semantic Attack:
Angriff auf Computersysteme, bei dem diese vorgeben, weiters korrekt zu arbeiten, tatsächlich aber im Hintergrund Schaden anrichten

7c. Simula-Warfare:
Simulation von militärischen Auseinandersetzungen. Durch Simulationen werden Waffensysteme getestet und in ihrer Destruktivität perfektioniert. Das Führen eines simulierten Krieges könnte Gegner davon überzeugen, dass sie in einer realen Auseinandersetzung verlieren könnten.

8c. Gibson-Warfare:
In Anlehnung an William Gibsons „Neuromancer" geht es dabei um virtuelle Schlachtfelder, auf denen sich Cyborg-Kämpfer oder rein virtuelle Kämpfer gegenüberstehen.

Konzepte wie Information Warfare, Cyberwar, Netwar, Simula-Warfare und Hyperwar verweisen nicht darauf, dass Auseinandersetzung zwischen Menschen in den virtuellen Raum verlagert werden würden und reale Zerstörungen damit vermeidbar wären. Vielmehr erhält der Krieg durch die Informatisierung neue Dimensionen: es geht darum, Informationen über den Gegner einzuholen, Informationsflüsse zu manipulieren, Informationssysteme zu zerstören, psychologische Kriegsführung zu betreiben und dabei moderne Technologien so effektiv wie möglich einzusetzen, nicht um die physische Vernichtung des Gegners und seines Umfelds zu vermeiden, sondern um diese Zerstörung möglichst effektiv durchzuführen.

Tatsächlich gibt es heute u.a. bereits die vorbereitende Simulation von Schlachten, Smart Bombs, die Mobilisierung der öffentlichen Meinung zu Gunsten bestimmter Seiten unter der Zuhilfenahme moderner Medien, Simulation von militärischen Flügen, Panzer- und U-Boot-Fahrten, die Entwicklung und Perfektionierung von nuklearen Sprengköpfen mit Hilfe von Computersimulationen und die Simulation von Atombombenexplosionen. Ein wesentliches Ziel des Einsatzes von Virtual Reality im militärischen Bereich stellt heute ein VR-Cockpit dar, in dem den Piloten die Außenwelt über eine 3D-VR-Anwendung exakt simuliert wird. Präzisionsgesteuerte Waffen würden dabei automatisch oder auf ein bestimmtes Auslösesignal hin reagieren.

Donna Haraway (1995) verweist mit ihrer Kategorie des Cyborgs darauf, dass die Grenzen zwischen Mensch und Maschine immer stärker verschwimmen. Der moderne Krieg sei bereits eine „Cyberorgie" (Haraway 1995, S. 34). Dies zeige sich z.B. an Hand von C3I (Command-Control-Communication-Intelligence). Haraways Cyborg-Manifest ist in englischer Originalfassung 1985 entstanden. Inzwischen wird von C4I (Command-Control-Communication-Computers-Intelligence) gesprochen. Command and control (C2) meint dabei Mechanismen der Führung und Kontrolle, die den Einsatz des Militärs im Kriegsfall steuern. Dazu gehört z.B. eine hierarchische Organisation, um Befehle weiterzuleiten. Communication (C3) bezeichnet die Nachrichtenübertragung zwischen Kommandozentralen und Einheiten. Es wird versucht, möglichst genaue Informationen über gegnerische Ziele, Organisation, Ausrüstung, Geographie des Kriegsschauplatzes, Ziele der Zerstörung, usw. zu erheben. Diese Aufgabe erfüllt die Nachrichtenbeschaffung (Intelligence) – C3I. Mit Computereinsatz (Computers, C^4I) wird versucht, die militärische Zerstörungskraft und Kommunikation so effizient wie möglich zu gestalten.

Der Golfkrieg 1991, also die Aktion „Desert Storm", wird allgemein als der erste virtuelle Krieg gesehen, da „die US-amerikanischen Piloten zuvor an dreidimensionalen Computergrafiken übten, die das zu überfliegende Gelände wiedergaben. Die Computergrafiken wurden anhand von Satellitenbildern erstellt und bei Nachtflügen auf Sichtgeräten eingeblendet" (Bühl 1997, S. 168). Der Welt wurden per CNN Radaraufnahmen und feuerwerksartig anmutende Luftaufnahmen gezeigt, die den Eindruck erwecken sollten, es handle sich hier um einen Hochtechnologiekrieg, in dem es keine zivilen Opfer mehr gibt. Bilder der Zerstörung und des Leides wurden konsequent negiert. Erst einige Zeit später wurde klar, dass dies bewusste Täuschungsmanöver waren und dass die Zerstörungskraft des virtuellen Krieges zahllose zivile Opfer zu Folge hatte. Vom „Kollateralschaden" war im Kosovokrieg die Rede, als ein NATO-Bomber einen Flüchtlingskonvoi bombardierte und etliche Menschen dabei ums Leben kamen. All dies wirft die Frage auf, ob der virtuelle Krieg, der sich immer mehr an die Situation annähert, dass der Pilot in seinem Kampfjet eine Virtual Reality-Situation simuliert bekommt, die der Außenwelt exakt gleicht, zur Vermeidung ziviler Opfer und Zerstörungen beiträgt oder ob jeder Krieg nicht derart zu qualifizieren ist, dass Zerstörung ohne Rücksichtnahme das Hauptziel ist und daher C^4I und Cyberwarfare genutzt werden, um das Zerstörungsausmaß zu maximieren.

Cyberwar im Sinn eines automatisierten Schlachtfeldes oder von Gibson-Warfare ist heute noch Fiktion. Im Sinn von Netwar und der Zerstörung und Manipulation von Informations- und Kommunikationskanälen ist der Cyberwar allerdings heute in vollem Gange. Er bedient sich dabei vor allem auch der Eigenschaft der neuen Informations- und Kommunikationssysteme, dass diese Reales und Fiktives immer ununterscheidbarer machen. Peter Lamborn Wilson (1995) spricht vom hyperrealen Krieg, der in Vietnam durch die Einbeziehung des Fernsehens als Propagandamaschine begann und seine volle Entfaltung 1991 im Golfkrieg fand. Nach den Terroranschlägen auf das World Trade Center zeigte CNN jubelnde PalästinenserInnen. Es ist bis heute nicht klar, ob das Gerücht, dass diese Aufnahmen bereits aus dem Jahr 1991 stammen, richtig oder falsch ist. Unabhängig davon zeigt diese Diskussion, wie die Hyperrealität des Krieges funktioniert, dass Medien einen großen Einfluss auf die ideologische Herstellung und Mobilisierung der öffentlichen Meinung in militärischen Konflikten haben und dass Bilder und Symbole leicht aus ihrem Kontext gerissen werden können, um in anderen Kontexten simulativ Hyperrealitäten zu erzeugen.

Steven Best und Douglas Kellner (2001) sprechen in diesem Zusammenhang von einer Tendenz der postmodernen Kriegsführung. Im Gegensatz zu Vietnam sei den Medien beim Krieg gegen den Irak eine besondere Bedeutung zugekommen, durch die Inszenierung eines Medienspektakels sei versucht worden, die militärische Macht auszuweiten. „The Gulf spectacle was ‚postmodern' in that, first, it was a media event that was experienced as a live occurence for the whole global village. Second, it managed to blur the distinction between truth and reality in a triumph of the orchestrated image and spectacle. Third, the conflict exhibited a heightened merging of individuals and technology, previewing a new type of cyberwar that featured information technology and 'smart' weapons" (Best/Kellner 2001, S. 73). Krieg sei über die Massenmedien zum unterhaltenden Event geworden[84]. Die Grenzen zwischen Wahrheit und Lüge, Realität und Simulation seien immer schwerer zu ziehen geworden. Die Bilder aus Vietnam seien brutal gewesen, was auch zur ablehnenden Haltung gegenüber dem Krieg beigetragen habe, jene aus dem Irak wurden in Echtzeit übertragen, was den Anschein verstärkt hätte, bei der fiktiven Inszenierung handle es sich um Realität. In der postmodernen Kriegsführung finde eine immer stärkere Ersetzung von

---

84. „These representations were intended to change the public perception of war itself, suggesting that the new postmodern technowar was clean, precise and surgical, and that the very nature of war had changed. War was thus something that one could enjoy, admire, and cheer" (Best/Kellner 2001, S. 77).

Menschen durch Maschinen statt. Im Krieg der NATO gegen Serbien wurden z.B. erstmals großflächig unbemannte Flugzeuge zu Spionage- und Überwachungstätigkeiten eingesetzt. Der postmoderne Krieg habe trotz aller virtuellen Unterstützung aber noch immer sehr reale,
zerstörerische materielle Ergebnisse.

Die durch die neuen Medien vermittelte Dekontextualisierung der Bilder und Symbole kann im Extremfall zur ideologischen Manipulation der öffentlichen Meinung eingesetzt werden. CNN präsentierte den Menschen nach den Anschlägen auf das World Trade Center ein Kaleidoskop von Bildern und Symbolen: Interviews mit trauernden Angehörigen, Analysen, Amateurvideoaufnahmen, Archivbilder, ein entschlossener und Rache verlangender Präsident Bush, God Bless America und immer wieder die Schreckensbilder des Einschlags der beiden Flugzeuge in die Türme des WTC. Ein Kaleidoskop, das mehr ist als die Summe der einzelnen Teile und neue Bedeutungen generiert: Rache und Kriegslust. Terror und Massenmedien stehen in einem wechselseitigen Verhältnis: Terroristen können sich sicher sein, dass die Verbreitung der Bilder ihrer Anschläge globale Dimensionen erreicht und die Massenmedien profitieren von der medialen Inszenierung des Terrors und des Unglücks, das er verbreitet. Um das Mitgefühl mit den Verwandten und FreundInnen der Opfer geht es dabei höchstens am Rande, denn die Medien erfüllen hierbei eine spezifische Propagandafunktion. Es geht weniger darum, zu analysieren, warum es zu solchen Schreckenstaten kommen kann, als um Kriegspropaganda und die ideologische Zurechtbiegung der öffentlichen Meinung zu Gunsten eines Racheaktes. Symptomatisch dafür die Dauereinblendung des Titels „America Under Attack", der bald zu „War against the USA" wurde und sich schon bald zu „America's New War" und „War against Terror" verwandelte. Dass es sich hier nicht um Krieg, sondern Terror handelt, interessiert nicht. Auch nicht, wie darauf am angebrachtesten zu reagieren wäre, um eine Eskalation zu vermeiden und globale Verständigung und Weltfrieden als Ziel im Kopf zu behalten. Es geht vielmehr um Kriegspropaganda und die Rechtfertigung eines Vergeltungsschlages, der sich nach der allzu einfachen Logik präsentiert: Ein Terroranschlag dieser Art bedeutet eine Kriegserklärung, auf die mit einem ultimativen Kriegsschlag geantwortet werden muss. Selbst wenn die Hinterleute noch nicht klar auszumachen waren, wurde die komplexe Situation auf medial aufbereitete Symbole reduziert: Osama Bin Laden und die Taliban. Das, was als angebrachte Reaktion zu gelten hat, wird genau vorgezeichnet. Andere Alternativen als Krieg sollen nicht gedacht werden, Bilder von Antikriegsdemonstrationen werden konsequent vermieden. Die hyperreale Kriegsmaschine benötigt die Massenmedien als ihr Propagandainstrument, um Krieg zu rechtfertigen. Es ging um einen Racheakt.

Insgesamt gesehen zeigt sich durch diese Ausführungen, dass sich durch die Informatisierung der Gesellschaft neue Chancen ergeben, die Partizipation und Demokratie wesentlich stärken könnten. Tatsächlich werden diese Potentiale jedoch nicht genutzt, sondern durch den Ausbau von Zerstörungs-, Kontroll- und Überwachungsmöglichkeiten unterminiert.

8.3.3. Kultur: Falsches Bewusstsein VS. Noosphäre

8.3.3.1. Medienoptimismus, Medienpessimismus, Mediendialektik

Bei der Diskussion kultureller Aspekte der Informatisierung stellt sich die Frage, wie neue Medien das Denken, die Normen und Werte der Menschen beeinflussen. Dies ist die Frage nach Manipulation oder Emanzipation durch neue Medien. Besonders intensiv wurde dieser Diskurs in der Kritischen Theorie geführt. Der gemeinsame Ausgangspunkt dabei ist die Analyse, dass Medien Bewusstseinstechnologien sind, die das Verhalten des Menschen im Kapitalismus verändern und dass Medien kapitalistisch geformt sind. Der Unterschied besteht in der genauen Bewertung dieser Wirkungen. Vertreter der Manipulationsthese argumentieren eher medienpessimistisch, Vertreter der Emanzipationsthese eher medienoptimistisch.

Medienpessimismus: Die Manipulationsthese

In der „Dialektik der Aufklärung" widmen Theodor W. Adorno und Max Horkheimer der Medienindustrie unter dem Titel „Kulturindustrie, Aufklärung als Massenbetrug" ein eigenes Kapitel: Die Kultur im Kapitalismus werde immer mehr Massenkultur und zeichne sich durch Eindimensionalität aus. Alle Kultur sei unter dem Monopol des Kapitals identisch (Horkheimer/Adorno 1969, S. 128). Fernsehen, Rundfunk, Kino und Unterhaltungsmusik seien nichts als „Schund", „nichts [...] als Geschäft" (Horkheimer/Adorno 1969, S. 129).

Durch die so aufgebauten Kanäle der Herrschaft würde nichts durchgelassen, das dem Begriff des Konsumenten widerspreche. Adorno und Horkheimer sehen also die Kulturindustrie als ein Medium für die Herstellung der Einschränkung des Bewusstseins der Menschen, für die Degradierung der Individuen zu Personen durch Manipulation und für die Zerstörung des Selbst. Die Kulturindustrie halte die Menschen ohnmächtig. Bei diesem Verfahren sei für jeden etwas vorgesehen, das ihn begeistern kann. Die kulturindustriellen Erzeugnisse, so Adorno und Horkheimer, erscheinen dadurch differenziert, seien aber immer das ewig Gleiche in Form von Waren.
In Anspielung auf den Akkumulationsprozess des Kapitals bei Marx beschreiben Adorno und Horkheimer die Herstellung von Ohnmacht der Personen folgendermaßen: „Unweigerlich reproduziert jede einzelne Manifestation der Kulturindustrie die Menschen als das, wozu die ganze sie gemacht hat. Darüber, dass der Prozess der einfachen Reproduktion des Geistes [=Ohnmacht; Anm. CF] ja nicht in die erweiterte [=das reflexive, kritische Denken; Anm. CF] hineinführe, wachen all seine Agenten, vom producer bis zu den Frauenvereinen" (Horkheimer/Adorno 1969, S. 135). Anderswo: „Der Zuschauer soll keiner eigenen Gedanken bedürfen: das Produkt zeichnet jede Reaktion vor [...] Jede logische Verbindung, die geistigen Atem voraussetzt, wird peinlich vermieden" (Horkheimer/Adorno, 1969, S. 145).

Die Kulturindustrie konfrontiere die Arbeitenden in ihrer Freizeit mit den von ihnen selbst hergestellten Waren, um geistige Tätigkeiten zu besetzen, d.h. zu bestimmen. Die Kulturindustrie verfüge über ihre Konsumenten. Die Vergnügungsindustrie verordne Lachen. Dies sei ein Betrug am Glück, eine Befriedung, denn wahres Glück sei im Kapitalismus nicht möglich, dieser sei immer mit Unfreiheit verbunden. Die Kulturindustrie verspreche, alle Bedürfnisse zu befriedigen, tatsächlich unterbinde sie jedoch die Möglichkeit der Regung von Widerstand. „Vergnügen heißt allemal: nicht daran denken müssen, das Leiden vergessen, noch wo es gezeigt wird. Ohnmacht liegt ihm zu Grunde. Es ist in der Tat Flucht, aber nicht, wie es behauptet, Flucht vor der schlechten Realität, sondern vor dem letzten Gedanken an Widerstand, den jene noch übriggelassen hat" (Horkheimer/Adorno 1969, S. 153). Der Mensch werde so umfassend ins System als permanenter Konsument eingeschlossen, dass ihm keinen Augenblick die Ahnung von der Möglichkeit des Widerstands gegeben sei (S. 150). Dieser Einschluss finde nicht nur durch die Medien statt, sondern auch durch ein System von Kirchen, Klubs, Berufsvereinen, betriebswirtschaftlicher Kameradschaftspflege etc. (S. 158f). In ähnlicher Weise sprach Michel Foucault in den 1970ern davon, dass die moderne Gesellschaft eine Disziplinargesellschaft sei, in der der Mensch durch verschiedene Milieus eingeschlossen werde.

Das Radio ermögliche dem Menschen keine Antwort auf das Gehörte, getarnt als demokratischer Anspruch werden alle gleichermaßen zu Hörern, „um sie autoritär den unter sich gleichen Programmen der Stationen auszuliefern. Keine Apparatur der Replik hat sich entfaltet, und die privaten Sendungen werden zur Unfreiheit verhalten" (ebd., S. 130). Der Film setze die denkende Aktivität des Betrachters außer Kraft und verdränge die Einbildungskraft (S. 134f). So sei Donald Duck ein Pechvogel, der ständig Prügel erhält, damit die Zuschauer sich an die eigenen gewöhnen (S. 147). Der Widerpart der Massenkultur sei die hohe, avancierte Kunst. Die „betrogenen Massen" seien von der kapitalistischen Produktion so eingeschlossen, das sie dem, was ihnen in der Freizeit geboten wird, widerstandslos verfallen. Ernste Kunst verweigere sich diesen Menschen schon dadurch, dass sie keine Zeit zur Auseinandersetzung finden können (S. 141-143).

Durch den Rundfunk würden alle erreicht, der Inhalt werde unbedeutend in dem Sinn, dass er immer nur dieselbe einförmige Massenideologie verbreite. Auch für Horkheimer und Adorno ist wie für McLuhan das Medium die Botschaft, allerdings keine positive, sondern eine der absoluten Gleichschaltung. „Das gigantische Faktum, dass die Rede überall hindringt, ersetzt ihren Inhalt" (S. 168).

Max Horkheimer (1947) argumentiert, dass durch die kapitalistische Entwicklung Vernunft zum Instrument werde, das kapitalistischen Interessen dient. „Um zu überleben, verwandelt der Mensch sich in einen Apparat, der in jedem Augenblick mit genau der passenden Reaktion die verwirrenden und schwierigen Situationen beantwortet, die sein Leben ausmachen...Der Prozess der Anpassung ist jetzt vollständig und deshalb total geworden" (Horkheimer 1947, S. 95f). Die Menschen würden vorgeschriebene Reaktionen internalisieren, über ihr Handeln nicht mehr nachdenken und automatisch reagieren. „Immer weniger wird etwas um seiner selbst willen getan...Nach Ansicht der formalisierten Vernunft ist eine Tätigkeit nur dann vernünftig, wenn sie einem anderen Zweck dient, zum Beispiel der Gesundheit oder der Entspannung, die hilft, die Arbeitskraft wieder aufzufrischen. Mit anderen Worten die Tätigkeit ist bloß ein Werkzeug; denn sie gewinnt ihren Sinn nur durch ihre Verbindung mit anderen Zwecken" (Horkheimer 1947, S. 44). Die Vernunft werde neutralisiert und in ein ausführendes Vermögen verwandelt, einem stumpfsinnigen Apparat zum Registrieren von Fakten (S. 60f). Dies führe zur Idiotie allen Lebensinhalts und subjektiver Dummheit. Die instrumentelle Vernunft inkludiere eine Vorliebe für unkomplizierte Worte und Sätze. Ein Kind ahme Verhalten nach, um zu Lernen (mimetischer Impuls), später werde dieser Impuls durch rationale Lernmethoden ersetzt. Die beherrschten Massen würden sich heute ebenfalls mimetisch verhalten, sie identifizieren sich mit den repressiven Kräften und machen sie nach (S. 112-114). „Von Kindesbeinen an wird das Individuum zu der Ansicht gebracht, dass es nur einen Weg gibt, mit dieser Welt auszukommen – den, seine Hoffnung auf höchste Selbstverwirklichung aufzugeben...Wie das Kind die Worte seiner Mutter wiederholt und der Junge das brutale Verhalten der Älteren, unter deren Hände er leidet, so verdoppelt der gigantische Lautsprecher der Kulturindustrie endlos die Oberfläche der Realität, indem er in kommerzialisierter Unterhaltung und populärer Reklame erdröhnt, die immer ununterscheidbarer voneinander werden...Die moderne Massenkultur glorifiziert die Welt, wie sie ist, obgleich sie sich stark an abgestandenen Kulturwerten orientiert" (S. 135f).

Raymond Williams (1974) nennt die herrschende Form des Fernsehens als Beispiel für instrumentelle Vernunft: Nicht nur öffentliche Prozesse und Ereignisse würden im Fernsehen repräsentiert, sondern auch die intendierten Reaktionen darauf würden durch das Medium vorbereitet.

Für Günther Anders (1956, 1980) ist der Mensch der Spätmoderne antiquiert, das Vorstellen des antiquierten Mensch bleibe hinter dem Machen zurück, es gebe eine Diskrepanz zwischen der wachsenden Zerstörungskapazität der Technik und dem menschlichen Unvermögen, sich die Gefahren und katastrophalen Folgen vorzustellen. Anders ging davon aus, dass Bedürfnisse heute künstlich produziert (1980, S. 16) und dem Menschen aufgeprägt werden (1956, S. 171f): „Unsere Bedürfnisse sind nun nichts anderes mehr als die Abdrücke oder die Reproduktionen der Bedürfnisse der Waren selbst" (1956, S. 178). Die Seele, so Anders, werde derart bearbeitet, dass sich die Sinne weigern, Tatsachen wahrzunehmen (1980, S. 62f), die Lust zum Widerstand schwindet, ehe sie aufkeimt – der Widerstand der Welt werde unspürbar (1956, S. 194). Unterhaltung sei Terror und das subtile Mittel der Manipulation, diktatorische Systeme könnten damit nicht in Konkurrenz treten, seien bereits veraltet (1980, S. 136f). Gleichgeschaltet werden und sich gleichschalten würden immer einhergehen (1980, S. 146f), der Mensch entbehre aber bereits immer stärker jedem aktiven „sich-gleichschalten" (1980, S. 193, 204). Der Mensch im Spätkapitalismus ist für Anders kein Konformist mehr, sondern ein Kongruist, bei dem sich der Inhalt seines Seelenlebens mit den ihm zugedachten Inhalten deckt (1980, S. 149, 186, 193ff). Durch den Erwerb werde der Konsument „mit dem Erworbenen ... kongruent" (1980, S. 171).

Anders hat seine zeitweise vertretene Ansicht, dass Medien nur repressiv wirken, zum Teil revidiert. Er sprach davon, dass die vom Fernsehen erzeugte Welt gleichzeitig Phantom und Matrize ist: Sie sei weder die Realität, noch ein Abbild davon, weder an- noch abwesend (Phantom, 1956, S. 105, 111, 131) und das Pseudo-Abbild werde zu einer neuen Wirklichkeit, in der sich das originale Ereignis nach seiner Reproduktion zu richten habe (Matrize, 1956, S. 111). Die von den Medien präsentierte Wirklichkeit liege zwischen Sein und Schein, die der Mensch verwechsle (1956, S. 141ff).
„Was hergestellt werden soll, ist *unernster Ernst* oder *ernster Unernst*, d.h. ein Oszillations- und Schwebezustand, in dem die Unterscheidung zwischen Ernst und Unernst nicht mehr gilt, und in dem der Hörer die Fragen: in welcher Weise das Gesendete ihn angehe (ob als Sein oder Schein, ob als Information oder als 'fun') oder als wer er die ihm eingehändigte Lieferung in Empfang nehmen solle (ob als moralisch-politisches Wesen oder als Musenkonsument) nicht mehr beantworten, ja sich nicht einmal mehr vorlegen kann" (1956, §14).

Als Beispiel für die Verwechslung von Sein und Schein nennt Anders die Radioübertragung von Orson Welles „Krieg der Welten" in den 30ern, bei der die ZuhörerInnen an ein tatsächliches Kommen von „Marsmenschen" glaubten. Als ein weiteres Beispiel geht er auf die Fortsetzungsserien im Fernsehen ein:
„Ich spreche von jenen, gewiss nicht blutrünstigen, oft sogar larmoyanten, Fortsetzungssendungen, in denen sich Jahre hindurch das gespielte Alltagsleben fingierter Familien abrollt, und die alles andere als harmlos sind. Mir sind in den Vereinigten Staaten eine Anzahl vereinsamter alter Damen bekannt, deren Kreis, also deren "Welt", sich ausschließlich aus solchen nicht existenten Wesen zusammensetzt. [...] Nun kommen diese betriebsamen alten Damen manchem vielleicht nur komisch oder rührend vor. Mir erscheinen sie gespensterhaft; mir erscheinen sie als die parzenhaften Häklerinnen unserer Phantomwelt" (ebd.). Das Fernsehen, so Anders, ist eine Maschine zur Produktion von Analogien zur Wirklichkeit. Diese sind für Anders wirklicher als die Wirklichkeit. Fernsehen führe zum Sprachverlust, zum Analphabetentum und die Subjektivität der Menschen würde zerstört. Das Fernsehen mache sie zu Objekten und "passiviere" sie.

Im Vorwort zur 5. Auflage des 1. Bandes des Antiquierten Menschen zeigte sich Anders unzufrieden mit diesen Bestimmungen, denn die Fernsehbilder über den Vietnamkrieg hätten viele zu Protest ermutigt. Dies zeige, dass bestimmte Techniken in gewissen Situationen „zu geschichtlich wichtigen Schritten motivieren können" (1956, S. VIII).

Medienoptimismus: Die Emanzipationsthese

Vertreter der Kritischen Theorie wie Walter Benjamin und Hans Magnus Enzensberger vertreten die Ansicht, dass Medien nicht ausschließlich Eindimensionalität, Selbstzerstörung, Manipulation und Ohnmacht bewirken, sondern dass sie auch ein Mittel zur Befreiung des Menschen aus den als unterdrückerisch begriffenen kapitalistischen Strukturen sein können.

Walter Benjamin hat sich mit den Veränderungen in der Kunst beschäftigt, die durch die Medien Photographie und Film bewirkt werden. Durch diese Medien sei eine detaillierte Kopie eines Kunstwerks möglich, die wesentlich effizienter als eine Fälschung sei. Durch die technische Reproduktion werde Kunst zum Massenphänomen. Die technische Reproduzierbarkeit führe zum Verfall der Aura eines Kunstwerks Darunter ist ein „sonderbares Gespinst aus Raum und Zeit: einmalige Erscheinung einer Ferne, so nah sie sein mag" (Benjamin 1935, S. 355) zu verstehen. Man hätte bisher angenommen, ein Kunstwerk zeichne sich durch eine Ferne zum Betrachter, Unnahbarkeit und Einmaligkeit aus. Durch die technische Reproduzierbarkeit werde Ferne durch Nähe, Unnahbarkeit durch Entgegenkommen, Einmaligkeit durch Masse, Dauer durch Flüchtigkeit und Tradition durch Aktualität ersetzt. Durch die Medien zeige sich, dass die Kunst kein abgehobener, autonomer Gesellschaftsbereich sei, wie jedoch häufig angenommen wurde. Die medialen Techniken würden den elitären Charakter der Kunst auflösen und ihre Logik würde zur Aneignung durch die Massen drängen. Benjamin sieht diese Entwicklungen also als etwas sehr positives. Er suchte nach emanzipatorischen Potentialen der Medien und kam zur Ansicht, dass diese in deren immanenten Logik zu finden sind, obwohl sie kapitalistisch eingesetzt werden und durch kapitalistische Interessen entstanden sind. Der Kapitalismus führe nicht nur zu einer immer intensiveren Ausbeutung der Arbeitenden, sondern schaffe auch die Bedingungen, durch die er abgeschafft werden könne.

Beim Theater könne und müsse der Schauspieler auf das Publikum reagieren, beim Film „kommt der Mensch in die Lage, zwar mit seiner gesamten lebendigen Person, aber unter Verzicht auf deren Aura wirken zu müssen" (Benjamin 1935, S. 366). Die Aura sei an das Hier und Jetzt des Schauspielers auf der Bühne gebunden. Die traditionelle Kunst basiere auf einer Trennung von Produzent und Konsument (auch im Theater) und einer Trennung der Kunstgattungen. Neue Medien wie Rundfunk und Film seien Schritte zu einer Aufhebung dieser Trennungen hin zum Ziel der Vergesellschaftung der geistigen Produktionsmittel. Als positives Beispiel nennt Benjamin die russische Praxis, die Darsteller im alltäglichen Leben zu suchen und Menschen bei ihrer alltäglichen Arbeit im Film zu zeigen. Im Leben in der Großstadt und bei der Arbeit in der Fabrik würden technische Apparaturen zunehmend die Führung übernehmen. Im Film bewirke die Führung durch die Technik einen schnellen Wechsel der Bilder, der Assoziationen aufkommen ließe und die Zuseher an die technisch vermittelte Prozesshaftigkeit ihres eigenen Lebens und ihrer eigenen Arbeit erinnere. Als Beispiel dafür nennt Benjamin die Filme von Charlie Chaplin. Im Film wie in der Großstadt und in der Fabrik würden die Sinne einem permanenten Ansturm äußerer Reize ausgesetzt. Die Verbindung visueller und emotionaler Unterhaltung führe zu progressiven Reaktionen und zu Sachverständis bei den Zuschauern. Der Film konfrontiere die Menschen mit ihrer Entfremdung, er schärfe und vertiefe die Wahrnehmung. „In der Repräsentation des Menschen durch die Apparatur hat dessen Selbstentfremdung eine höchst produktive Verwertung erfahren" (Benjamin 1935, S. 369).

Ähnlich optimistisch wie Walter Benjamin ist Hans Magnus Enzensberger (1970), der die Wirkungen von Film, Funk und Computertechnologie untersuchte. Wie die Vertreter der Manipulationsthese geht er zunächst davon aus, dass der Monopolkapitalismus die Bewusstseinsindustrie entfalte. In der Entwicklung der Produktivkräfte des Kapitalismus würden aber auch emanzipatorische Möglichkeiten, „potentielle Sprengkräfte" (S. 98) entstehen. Die elektronischen Medien hätten grundsätzlich eine mobilisierende Kraft, sie könnten die Menschen beweglicher machen. Sie würden eine massenhafte Partizipation der Menschen und ihre Vernetzung ermöglichen. Unter kapitalistischen Bedingungen sei dies aber nicht möglich. „In ihrer heutigen Gestalt dienen Apparate wie das Fernsehen oder der Film nämlich nicht der Kommunikation, sondern ihrer Verhinderung. Sie lassen keine Wechselwirkung zwischen Sender und Empfänger zu" (S. 99).

Enzensberger meint, dass eine verabsolutierte Manipulationsthese undialektisch und obsolet sei. Die dezentralen elektronischen Netze seien nicht mehr zentral kontrollierbar. „Die Manipulations-These der Linken ist in ihrem Kern defensiv, in ihren Auswirkungen kann sie zum Defätismus führen. Der Wendung ins Defensive liegt subjektiv ein Erlebnis der Ohnmacht zugrund. Objektiv entspricht ihr die vollkommen richtige Einsicht, dass die entscheidenden Produktionsmittel in der Hand des Gegners sind. Diesem Sachverhalt mit moralischer Empörung zu begegnen ist allerdings naiv" (S.

103). Die Linken seien weitgehend medienfeindlich. Medieneinsatz bedeute immer Manipulation im Sinn eines zielbewussten technischen Eingreifens in gegebenes Material. Die Frage sei daher nicht, ob die Medien manipulieren, sondern wer sie manipuliert. Ein revolutionärer Gebrauch der Medien sei möglich, dabei würde jeder zum Manipulateur.

Die neuen Medien seien ihrer Struktur nach egalitär, durch einfache Schaltvorgänge könnte jeder daran teilnehmen. Sie würden tendenziell das Bildungsprivileg und das kulturelle Monopol des Bürgertums aufheben und den Klassencharakter der älteren Medien strukturell abschwächen. Ein Gegensatz zwischen Produzenten und Konsumenten sei elektronischen Medien nicht inhärent, er werde heute nur künstlich behauptet und durchgesetzt. Enzensberger spricht sich für die Selbstorganisation progressiver Bewegungen aus, die sich neue Medien aneignen und nutzen sollten, um sozialistische Ziele zu erreichen. „Dagegen muss jede sozialistische Strategie der Medien die Isolation der einzelnen Teilnehmer am gesellschaftlichen Lern- und Produktionsprozess aufzuheben trachten. Das ist ohne Selbstorganisation der Beteiligten nicht möglich" (S. 111). Die Menschen hätten Bedürfnisse nach Interaktion und Selbstbestimmung, das Kapital würde dies jedoch früher erkennen als die Linken und sich dies zu Manipulationszwecken zu nutze machen, wenn es dem Menschen vortäusche, er könne über die Massenmedien heute bereits überall dabei sein. Enzensberger unterscheidet einen repressiven von einem emanzipatorischen Mediengebrauch (vgl. Tab. 3).

Repressiver Mediengebrauch	**Emanzipatorischer Mediengebrauch**
Zentral gesteuertes Programm	Dezentralisierte Programme
Ein Sender, viele Empfänger	Jeder Empfänger ein Sender
Immobilisierung isolierter Individuen	Mobilisierung der Massen
Passive Konsumenthaltung	Interaktion der Teilnehmer, Feedback
Entpolitisierungsprozess	Politischer Lernprozess
Produktion durch Spezialisten	Kollektive Produktion
Kontrolle durch Eigentümer oder Bürokraten	Gesellschaftliche Kontrolle durch Selbstorganisation

Tab. 8.3.: Formen des Mediengebrauchs bei Enzensberger

John Fiske: Populärkultur und progressive Politik
Der amerikanische Cultural Studies-Theoretiker John Fiske (1989, 1996) argumentiert, dass es die Linken verabsäumt haben, das Alltagsleben und das Vergnügen adäquat in Theorie und politische Praxis einzubinden. Die Leute würden durch die Kritische Theorie zu „Kulturtrotteln" erklärt, da sie sich vergnügen. Vergnügen könne jedoch auch produktiv sein und eine progressive mikropolitische Widerstandstaktik darstellen. In der Populärkultur würden sich die Widerstands- und Vermeidungsstrategien der Subjekte äußern, die in einem System leben, das Wünsche und Bedürfnisse kontrollieren möchte. „Die unter der Herrschaft des weißen, patriarchalen Kapitalismus stehenden Menschen sind nicht einfach wehrlose

Gefangene ihrer Situation" (Fiske 1989, S. 249). Populärkultur sei keine Massenkultur. Der Begriff Massenkultur werde von denen (Adorno etc.) benutzt, die glauben, dass die von der Kulturindustrie produzierten und distribuierten Waren der Bevölkerung so aufgezwungen werden, dass eine Einheitskultur für ein passives, entfremdetes Massenpublikum entsteht. Populärkultur bedeute aber die Produktion und Zirkulation von Bedeutungen und Vergnügen, sie sei ein aktiver, kein passiver Prozess, eine unbeugsame, oppositionelle und skandalträchtige Ansammlung von Kräften. „Es gibt keine Massenkultur, sondern nur pessimistische und schwarzseherische Theorien der Massenkultur [...] Das gesellschaftliche Individuum ist nicht so passiv überdeterminiert, wie die extremeren Versionen der Subjektivitätstheorie es uns glauben machen wollen. Unser Bewusstsein ist nicht einfach das Produkt unserer sozialen Beziehungen und der darin operierenden Ideologie: Die diskursiven und kulturellen Ressourcen, mit Hilfe derer wir unseren sozialen Beziehungen und unserer Erfahrung Sinn verleihen, sind mehrsprachig und nicht darauf angelegt, nur eine Geschichte zu erzählen oder nur ein Raster an ideologisch determinieren Bedeutungen zuzulassen. Es sind Ressourcen, von denen wir so Gebrauch machen wie sie von uns: Wir sind gesellschaftliche Handlungsträger und keine passiven Subjekte" (Fiske 1989, S. 258+261f). Fiske interessiert sich für die Momente, wo die Ideologie versagt und Widerstand sowie Entdisziplinierung entstehen. Hier würden sich die Interessen der Menschen artikulieren. Populärkultur besitze progressive Potentiale, bestimmte Formen würden unter bestimmten Bedingungen jedoch reaktionäre Auswirkungen haben.

Sehr früh stand auch Raymond Williams (1958) dem Begriff der „Massen" kritisch gegenüber. Dieser Terminus sei während der Industrialisierung eingeführt worden, um die Arbeiterklasse negativ als Mob zu charakterisieren. Daher seien mit diesem Begriff Assoziationen wie Leichtgläubigkeit, Wankelmut, Vorurteile und Niedrigkeit von Geschmack und Habitus verbunden. In der Realität würde man andere, anonyme Menschen wahrnehmen. Massen würden nicht existieren, nur Wege, andere Menschen als Massen aufzufassen und sie nach gebräuchlichen Formeln zu bewerten. Der Ausdruck „Massenkommunikation" (Telegraph, Telefon, Radio, Kino, Fernsehen) ziele darauf ab, moderne Technologien herrschaftsförmig und manipulativ einzusetzen und diesen Einsatz als selbstverständlich darzustellen. Der Begriff entspreche also dem herrschenden Verständnis der Medien. Im Konzept der Massenkommunikation würde die Mehrheit der Menschen als Mob aufgefasst. Die etablierten Medien seien eigentlich keine Kommunikationsmedien, denn Kommunikation bedeute immer einen wechselseitigen Prozess. Heute finde jedoch vorwiegend eine vielfache Ein-Weg-Übertragung statt. Das herrschende Medienverständis gehe davon aus, dass Antworten auf Probleme bereits gefunden sind und nur noch angewendet werden müssen. Der Mensch als lernendes Wesen bleibe unberücksichtigt. Den Menschen würde permanent misstraut und aktive Kommunikation nicht zugetraut. Notwendig sei eine andere Herangehensweise an Medien, „one which will ensure that its origins are genuinely multiple, that all the sources have acces to the common channels. This is not possible until it is realized that a transmission is always an offering, and that this fact must determine ist mood: it is not an attempt to dominate, but to communicate, to achieve receotion and response. Active reception, and living response, depend in their turn on an effective community of experience, and their quality, as certainly, depends on a recognition of practical equality. The inequalities of many kinds which still divide our community make effecitve communication difficult or impossible" (Williams 1958, S. 53).

Populärkultur habe progressive politische Potentiale, es gebe jedoch keine Garantie, dass die politische Wirkung einer bestimmten kulturellen Form tatsächlich zum Tragen kommt. Die politische Wirksamkeit einer populären Form liege weniger in ihrem Text, sondern mehr in den Bedingungen ihrer Rezeption. Ein und dieselbe Form könne sowohl reaktionäre als auch progressive Wirkungen entfalten, es seien sogar beide Betrachtungsarten gleichzeitig möglich. Normalerweise werde die Populärkultur nur auf einer mikropolitischen Ebene politisiert. „Das junge Mädchen, das sich mit [dem Popstar] Madonna identifiziert und in der Phantasie ein entsprechendes Selbstbewusstsein entwickelt, kann diese Phantasie in konkretes Verhalten übersetzen und dann auf der sozialen Ebene tatsächlich selbstbewusster auftreten, um schließlich größere Handlungsspielräume zu gewinnen. Wenn sie andere Mädchen trifft, die ihre Phantasien und ihre Freiheit teilen, entspringt dieser Gemeinsamkeit ein Gefühl der Solidarität, das auf der mikrosozialen Ebene progressive Handlungsformen initiieren und unterstützen kann" (Fiske 1989, S. 253). Widerstandsformen auf der Mikroebene seien notwendig, damit die Bedingungen für erfolgreiche politische Handlungen auf der Makroebene geschaffen werden können. Sie seien allerdings keine hinreichende Bedingung für solche Aktivitäten auf der makropolitischen Ebene.

Die Populärkultur schaffe Dialoge in Situationen, wo Menschen sich begegnen, die Rezipienten der Populärkultur produzieren diskursiv Bedeutungen. Die Menschen seien häufig auch skeptisch gegenüber den Medien, da es Kräfte gebe, die den Handlungsspielraum der Beherrschten einengen möchten, würden als Reaktion immer wieder Kräfte entstehen, die diesen Spielraum erweitern möchten. Populärkultur könne eine solche Erweiterung kanalisieren, es würden von den Rezipienten immer wieder Bedeutungen generiert, die nicht der Intention der Beherrscher der Medien entsprechen. Das Vergnügen liege in der Verweigerung der offiziellen Wahrheit.

Von Populärkultur dürfe man nicht Radikalität erwarten, sie könne aber zu kleinen Gewinnen und Machterweiterungen für die Schwachen führen. Daher sei sie progressiv, aber nicht radikal. Man dürfe nicht von symbolischen oder kulturellen Systemen allein erwarten, dass sie eine tiefgreifende Gesellschaftskrise herbeiführen, in der grundlegender sozialer Wandel möglich ist. Medien könnten dazu einen Beitrag liefern, entscheidend sei jedoch das politische Handeln. Populärkultur könne dazu beitragen, dass sich die Menschen von sich selbst und ihren sozialen Verhältnissen ein anderes Bild als das der herrschenden Ideologie machen. Wenn privater Widerstand eine gesellschaftliche Dimension bekomme, könne progressives Potential wachsen. Radikale Theorien und politische Strategien seien zum Scheitern verurteilt, wenn sie sich nicht auf die potentiellen Wirkungen populärer Kultur und Politik beziehen. Fiske plädiert für eine positive und optimistische Sichtweise der Populärkultur. Es sei reduktionistisch, jedes Vergnügen als Vereinnahmung durch das System zu betrachten.

Der Begriff „Medienereignis" (media event) bringe zum Ausdruck, dass heute keine klare Unterscheidung zwischen wirklichen Ereignissen und ihrer medialen Repräsentation möglich sei (Fiske 1996). Ein Medienereignis habe seine eigene Realität. Baudrillards erfasst dieses Phänomen in seiner Theorie der Hyperrealität, es fehle darin jedoch die Dimension der gesellschaftlichen Konflikte und Kämpfe. Bei Diskursen handle es sich um Sprache in Verwendung, in denen sich Herrschaft, Unterdrückung und Widerstand widerspiegeln. Die dominanten Diskurse würden herrschenden Interessen folgen. Ein Medienereignis sei ein Punkt maximaler diskursiver Sichtbarkeit und Turbulenz sowie ein populärer Ort des Engagements. Medienkultur sei ein Ausdruck der Gefühlsstruktur einer Gesellschaft, ihre Untersuchung könne daher wichtige Aufschlüsse über gesellschaftliche Phänomene geben. An Hand einiger Beispiele (Debatte über Familienwerte zwischen Murphy Brown und Dan Quayle, Clarence Thomas und Anita Hill, die Rezeption dreier Videos zur Zeit der Los Angeles-Riots, afro-amerikanische Alternativmedien wie Black Liberation Radio, der Fall O.J. Simpson) zeigt Fiske (1996) eindrucksvoll, dass gesellschaftliche Konflikte, die sich entlang von Unterscheidungen und Machtlinien wie Klasse, Geschlecht, Ethnizität und Sexualität abspielen[85], u.a. über Medien ausgetragen werden und dass Medien einerseits herrschende Interessen unterstützen, andererseits aber auch politisch progressive Diskurse fördern können. Das Fernsehen mache Themen, die von öffentlichem Interesse sind, sichtbar.

Informationstechnologie ermögliche effizientere staatliche Überwachung. Bei der Verwendungsweise der Technologien seien nicht technische, sondern gesellschaftliche und politische Faktoren ausschlaggebend. Es sei zwar technisch möglich, durch Überwachungskameras die Ethnizität eines Menschen zu identifizieren, die Transformation dieser Information in Wissen geschehe jedoch in einer rassistischen Gesellschaft. Rassismus sei also das ausschlaggebende Phänomen einer rassistischen Verwendungsweise neuer Medien. "Surveillance technology enhances the construction of whiteness as the space from which the other is viewed, and ist development is so significant because it technologizes and thus extends power application that is already widespread. A new technology does not, of itself, determine that it will be used or how it will. Similarly, technology may limit what can or cannot be seen but it does not dictate the way it is watched. Technology may determine what is shown, but society determines what is seen" (Fiske 1996, S. 221). Die Mächtigen hätten zwar einen privilegierten, aber keinen exklusiven Zugang zu Medien. Technologien seien heute niemals unpolitisch oder gleichverteilt, da sie Kapital benötigen. Audio und Video würden nicht nur herrschaftsförmige Verwendung und Überwachung erlauben, sondern auch politische Intervention der Schwachen mit einfachen Hilfsmitteln erlauben. In Berkley verwendet beispielsweise eine Gruppe namens „Copwatch" Video, um die Behandlung von Schwarzen und Obdachlosen durch die Polizei zu dokumentieren und zu kontrollieren. Mbanna Kantako betreibt in

---

85. "Class, race, and gender, then are not so much stable social categories as axes of power along which strategies are deployed and tactics practiced: they are terrains of struggle. [...] Multiaxiality means that the social order needs to be conceptualized as in constant process, as a constant interplay of power, not as a stable categorical structure" (Fiske 1996, S. 67).

Springfield (Illionos) mit einfachen technischen Mitteln Black Liberation Radio, um antirassistische Politik zu fördern.

Dieter Prokop (2002) geht davon aus, dass Medien die Menschen nicht verdummen, sondern dass Menschen kreativ und produktiv mit Medien umgehen. „Das Problem ist nicht ein in Regression, Gefühlen, Dummheit befangenes Publikum, das Problem sind die Manager in den Medienkonzernen und Werbeagenturen, die das Publikum für gefühlsbetont und dumm halten" (Prokop 2002, S. 170). Schlechte Qualität der Inhalte sei eine Einschätzung der Medienkonzerne, dass sich Menschen durch schlechte Qualität einfach unterhalten lassen, zurückzuführen. Die Konsumenten seien jedoch mündig und rational, sie könnten zwischen guter und schlechter Qualität unterscheiden. Rational handeln bedeute Interessen nachzugehen, dabei die besten Mittel einzusetzen und die eigenen Möglichkeiten und ihre Grenzen zu kennen (S. 207). Das Publikum verfolge rationale Interessen, auch das Wählen einer rechtsradikalen Partei sei rationales Handeln, rational handeln heiße, Interessen nachzugehen, Rationalität könne daher auch gefährlich sein. Erfolgreiche medienkulturelle Muster könnten ichstarke Subjekte schaffen und zur Identitätsbildung beitragen. „Wieso muss man denn annehmen, dass das Publikum so dumm ist, einen falschen Schein, eine inhaltsleere Simulation nicht zu erkennen? [...] Jedes kulturelle Produkt, jede Ware ist immer ein Ergebnis von gesellschaftlichen Widersprüchen und Auseinandersetzungen und enthält damit viele produktive Aspekte" (Prokop 2002, S. 270). „Neue kritische Medienforschung sieht die Menschen, die sich für Massenmedien interessieren, als Personen an, denen Rationalität, Vernunft, politisches Interesse und Kreativität nicht abzusprechen ist. [...] Man sollte nicht Bevölkerungsmehrheiten mittels Psychoanalyse als irrational darstellen und diffamieren. Auch in der Fantasietätigkeit des Massenpublikums sollte man nicht nur „Regression" wahrnehmen. [...] Neue kritische Medienforschung sieht die Medienindustrie als eine Konfliktzone an, in der sich neben allem Unproduktiven auch produktive Kräfte entwickeln: Formen der Spezialisierung und der Kooperation von Spezialisten, kreative Kräfte, die die Qualität der Produkte steigern; Infrastrukturen, in denen Künstler und Journalisten ihre Fähigkeiten entwickeln. [...] Die Massenmedien sind nie ein total geschlossenes Ganzes, an dem alles „falsch" ist. Darin toben Tag für Tag Konflikte, immer wieder werden Kompromisse neu geschlossen, und immer wieder brechen Kompromisse zusammen. Es gibt einen Widerstand gegenüber dem, was in die Produkte zwecks Verkäuflichkeit eingebaut werden muss. Oft ist der Widerstand erfolgreich. Kreative Kräfte nennt man auch ‚Produktivkräfte'" (S. 203, 297f)

Mediendialektik: Die Einheit von Manipulations- und Emanzipationsthese

Sowohl die Medienpessimisten als auch die -optimisten der Kritischen Theorie haben zu einem gewissen Grad recht. Je nach Gestaltung und Einsatz können Medien sowohl repressive als auch emanzipatorische Auswirkungen haben. Tatsächlich zeigt sich in der Mediengeschichte, dass sich für beide Fälle parallel Beispiele finden lassen. Durch die kapitalistische Formung und Prägung der Massenmedien sind diese tatsächlich Mittel der Manipulation und Gleichschaltung. Parallel dazu gibt es Bewegungen, die sich diese Mittel aneignen, um emanzipatorische Ziele und Praktiken besser organisieren zu können. Radio und Fernsehen führen weder automatisch zur Verdummung, noch zur Verstärkung der kritischen Reflexionsfähigkeit. Sowohl Horkheimer, Adorno und Anders einerseits, als auch Benjamin andererseits, übersehen dies bis zu einem bestimmten Grad. Bereits Bertolt Brecht hat darauf hingewiesen, dass diese Medien auch technisch so gestaltet werden können, dass sie nicht nach dem zentralistischen Prinzip one-to-many, sondern nach den vernetzenden Prinzipien many-to-many und all-to-all eingesetzt werden können. Dazu bedarf es aber eines entsprechenden Willens und politischer Gestaltung. Unter den herrschenden Bedingungen stehen immer noch ökonomische Interessen im Vordergrund. Demokratische und emanzipatorische Mediengestaltung und eine progressive Mediennutzung setzen eine basisdemokratische Gesellschaftsform und eine Emanzipation des Menschen von Unfreiheit voraus. Bertolt Brecht argumentierte, dass man den Rundfunk von einem reinen Distributions- in einen demokratischen Kommunikationsapparat verwandeln könne. „Der Rundfunk wäre der denkbar großartigste Kommunikationsapparat des öffentlichen Lebens, ein ungeheures Kanalsystem, das heißt, er wäre es, wenn er es verstünde, nicht nur auszusenden, sondern auch zu empfangen, also den Zuhörer nicht nur hören, sondern auch sprechen zu machen und ihn nicht zu isolieren, sondern ihn in Beziehung zu setzen" (Brecht 1932, S. 129f). Dies sei undurchführbar in der bestehenden Gesellschaftsordnung, durchführbar aber in einer anderen. Auch das Fernsehen ist nicht notwendigerweise ein passivierendes Medium, da auch offene Kanäle möglich sind, die jedem für kritische politische Auseinandersetzung und Aktivitäten zur Verfügung stehen.

Enzensberger hat Recht mit dem Hinweis, dass Radio, Funk, Fernsehen und Computertechnologie auf technischer Vernetzung und Dezentralisierung basieren. Das heißt aber nicht automatisch, dass dadurch Manipulation und Zensur unmöglich werden, denn tatsächlich werden heute immer ausgefeiltere technische Mechanismen entwickelt, um dies durchzusetzen. In einer wirklich demokratischen Gesellschaft müsste jeder die Möglichkeit haben, vernetzt mit anderen zu kooperieren und seine Interessen anderen zu kommunizieren. Technische Vernetzung könnte partizipative Prozesse unterstützen. Damit dies möglich wird, müsste sich aber auch die ökonomische Eigentumsstruktur der Gesellschaft verändern, an Stelle des Eigentumsmonopols and Produktionsmitteln müsste das Prinzip kollektiver Nutzung treten. Enzensbergers Ausführungen sind visionär, da er bereits 1970 erkannte, dass elektronische Netze wie das Internet auf Dezentralisierung basieren und wechselseitige Interaktionen ermöglichen. Computernetzwerke sind aufgrund ihrer technischen Struktur in der Tat zur Unterstützung einer basisdemokratischen Vernetzung der Menschen besser geeignet als traditionelle Medien. Wir sind heute aber noch weit von einer Mediendemokratie entfernt: Die bestehenden gesellschaftlichen Macht-, Herrschafts- und Besitzverhältnisse spiegeln sich in den neuen Informations- und Kommunikationstechnologien sowie in der Computertechnologie wider. Der Zugang zu diesen Technologien kostet Geld für Telefon, Modem, Computer, Provider usw., Geld, das im Zeitalter der globalen Massenarmut und der globalen Massenarbeitslosigkeit Menschen in einem ausreichenden Ausmaß immer weniger zur Verfügung steht und einer kleinen privilegierten Klasse in einem immer höheren Ausmaß.

Nur wenige Prozent der Weltbevölkerung haben Zugang zum Internet, dies sind hauptsächlich weiße, männliche Amerikaner. Der Cyberspace sowie die Computertechnologie unterliegen virtuellen bzw. computerisierten Segmentierungen nach Klasse, Geschlecht, Herkunft, Alter und Qualifikationsniveau. Eine Schätzung aus dem Oktober 2002 beziffert die weltweite Anzahl der Internetnutzer auf 580,78 Millionen, wobei die geographische Verteilung folgendermaßen aussieht: Afrika: 6,31 Millionen (1,1%, in Afrika leben 13,5% der Weltbevölkerung); Asien, Mittlerer Osten, Pazifik (61,1% der Weltbev.): 172,89 Millionen (34,0 %), Europa (11,7% der Weltbev.): 185,83 Millionen (31,2%), Kanada/USA (5,1% der Weltbev.): 182,67 Millionen (31,5%) und Lateinamerika (8,5% der Weltbev.): 32,99 (5,7%) Millionen (Zahlen nach www.dsw-online.de und http://www.nua.com/surveys/how_many_online/index.html, Oktober 2002). Zahlen aus dem Jahr 1997 geben das Verhältnis von männlichen und weiblichen UserInnen mit 89.5% : 10.5% an. Es wird geschätzt, dass etwa eine von 6 Personen in Nordamerika das Internet benützt, während dies in Afrika für eine von 5000 Personen gilt. Afrika hat 12 Prozent der Weltbevölkerung, verfügt aber nur über 2 Prozent der Telefonanschlüsse. Auf 1000 EinwohnerInnen kommen nicht einmal zwei Telefonverbindungen. In ganz Afrika gibt es 14 Millionen Telefonanschlüsse, allein in Metropolen wie New York oder Tokio viel mehr. Im südlichen Afrika haben nur 3,5 Prozent der Menschen Zugang zu einem Telefon und nur ein Prozent Zugang zu einem Computer, im nördlichen Afrika sieht es noch schlimmer aus.

Noch gibt es keinen demokratischen und freien Zugang zu den Medien. Aber „access for all" alleine würde auch nicht ausreichen, um eine partizipative Gesellschaft zu ermöglichen. Es bedarf dazu tiefgreifender gesellschaftlicher Veränderungen. Das Internet ist heute kein partizipatives Medium, sondern eines, das von Kommerz regiert wird: Die Suchmaschine google.de liefert beispielsweise zum Stichwort „Sex" 62,3 Millionen Ergebnisse, zum Stichwort „politics" nur 257 Tausend. Das Internet ist Vermarktungsplatz, Reklamefläche, Objekt der ökonomischen Aneignung durch geistige Eigentumsrechte und unterliegt hierarchischen Entscheidungsstrukturen.

Die pessimistische Manipulationsthese hat also in bezug auf das Internet recht, da Medieninhalte und -struktur durch kapitalistisch dominiert und geprägt werden. Als weitere Beispiele für repressiven Medieneinsatz sei auf die Boulevardpresse und die Kriegsberichterstattung verwiesen. Andererseits gibt es auch Beispiele für alternative Netznutzung. So verwendet etwa die sogenannte „Anti-Globalisierungsbewegung" neue Medien, um sich im globalen Rahmen selbst zu organisieren, und es gibt Bewegungen, die sich für eine freie Nutzung von Technik und Wissen aussprechen und versuchen, geistige Eigentumsrechte auf Wissen zu unterlaufen (Linux-, Open Source- und MP3-Bewegung). Emanzipatorische Bewegungen haben heute Enzensbergers Ratschlag verstanden, sich die neuen Medien für eigene Zwecke anzueignen. Manipulation durch die Medien, wie eine alternative Nutzung der Medien durch Bewegungen, die den elitären Charakter der kapitalistischen Gesellschaft und ihrer Medien in Frage stellen und sich für eine Gesellschaft aussprechen, in der die Menschen kollektiv besitzen, sich vernetzt und kooperativ auseinandersetzen und in der die Eigentums- und Entscheidungs-Monopole, die die heutigen Medien prägen, dem Prinzip umfassender Partizipation gewichen sind, sind parallele Erscheinungen.

Medienprodukte sind Waren, sie haben einerseits sehr häufig manipulierende Wirkungen, andererseits können sie das Leben der Menschen auch angenehmer und emanzipatorischer gestalten helfen. Medienprodukte manipulieren einerseits, bestimmte Waren können aber trotz ihres Warencharakters kritische Wirkungen entfalten helfen, die entweder intendiert sind oder sich durch alternative, vom Produzenten nicht intendierte Medien- und Produktnutzung ergeben. Die Waren der Medienwelt sind geprägt durch einen Fetischcharakter. Der Fetischcharakter der Ware besteht darin, dass die gesellschaftlichen Verhältnisse der Individuen als Eigenschaften der Waren und als Allgemeinheit des Geldes erscheinen. „Das Geheimnisvolle der Warenform besteht also einfach darin, dass sie den Menschen die gesellschaftlichen Charaktere ihrer eignen Arbeit als gegenständliche Charaktere der Arbeitsprodukte selbst, als gesellschaftliche Natureigenschaften dieser Dinge zurückspiegelt, daher auch das gesellschaftliche Verhältnis der Produzenten zur Gesamtarbeit als ein außer ihnen existierendes gesellschaftliches Verhältnis von Gegenständen. [...] Dagegen hat die Warenform und das Wertverhältnis der Arbeitsprodukte, worin sie sich darstellt, mit ihrer physischen Natur und den daraus entspringenden dinglichen Beziehungen absolut nichts zu schaffen. Es ist nur das bestimmte gesellschaftliche Verhältnis der Menschen selbst, welches hier für sie die phantasmagorische Form eines Verhältnisses von Dingen annimmt. Um daher eine Analogie zu finden, müssen wir in die Nebelregion der religiösen Welt flüchten. Hier scheinen die Produkte des menschlichen Kopfes mit eignem Leben begabte, untereinander und mit den Menschen in Verhältnis stehende selbständige Gestalten. So in der Warenwelt die Produkte der menschlichen Hand. Dies nenne ich den Fetischismus, der den Arbeitsprodukten anklebt, sobald sie als Waren produziert werden, und der daher von der Warenproduktion unzertrennlich ist" (Marx 1867, S. 283).

Marx meint damit, dass die Menschen durch die Warenwelt verblendet und getäuscht werden und nicht hinter den Schein der Dinge und Waren blicken. Sie würden Sein und Schein verwechseln, die ökonomische Profitlogik würde nicht erkannt. Marx hat damit ein wichtiges ideologisches Moment der modernen Gesellschaftsformation theoretisiert. Es wäre jedoch ebenso falsch anzunehmen, dass die Menschen derart verblendet sind, dass das Erkennen der Warenlogik unmöglich ist, wie es falsch ist, davon auszugehen, dass es keinerlei Manipulation gibt. Vielmehr findet Täuschung und Manipulation durch die Medien tatsächlich statt, Menschen durchschauen aber auch öfter als man häufig annimmt den Fetischcharakter der Ware und handeln auf Basis der durch die Medienprodukte vermittelten Inhalte kritisch. Der Fetischcharakter der Ware bedeutet nicht, dass alle Menschen dumm sind und dass Spaß und Medienprodukte grundsätzlich schlecht und verdorben sind. Medien können trotz ihres Warencharakters kritische Inhalte transportieren oder zum kritischen Denken und Handeln anregen, sie tun dies jedoch nicht automatisch. Spaß, Unterhaltung, Medien, Medienkonsum, Medienrezeption und Medienprodukte sind zugleich regressiv und progressiv, destruktiv und produktiv, manipulatorisch und emanzipatorisch, unkreativ und kreativ. Entscheidend ist, welche Tendenzen dominieren und sich durchsetzen, welche verhindert oder aber gefördert werden. Medien sind daher auch ein Ort und ein Kristallisationspunkt gesellschaftlicher Auseinandersetzungen und Konflikte.

Einen dialektischen Medienbegriff vertritt auch Herbert Marcuse (1967). Er argumentiert, dass die Massenmedien partikulare Interessen als die aller einsichtigen Leute verkaufen (S. 11) (vgl. zum Technik- und Medienbegriff von Marcuse Fuchs 2002c). Die Manipulation des Bewusstseins beginne nicht mit den Massenmedien Rundfunk und Fernsehen, die Menschen seien schon längst davor präpariert worden. Durch die Massenmedien würden alle Bedürfnisse als sofort befriedigbar erscheinen, der Unterschied zwischen Gegebenem und Möglichem, befriedigten und nicht befriedigten Bedürfnissen werde eingeebnet (S. 28). Man könne nicht zwischen den Massenmedien als Instrumenten der Information und Unterhaltung und als Agenturen der Manipulation und Schulung unterscheiden (ebd.). Das Denken und Handeln des Menschen werde eindimensional. „Die Menschen erkennen sich in ihren Waren wieder; sie finden ihre Seele in ihrem Auto, ihrem Hi-Fi-Empfänger, ihrem Küchengerät…Die mannigfachen Introjektionsprozesse scheinen zu fast mechanischen Reaktionen verknöchert. Das Ergebnis ist nicht Anpassung, sondern *Mimesis*: eine unmittelbare Identifikation des Individuums mit *seiner* Gesellschaft und dadurch mit der Gesellschaft als einem Ganzen" (S. 29f). Es finde eine „totale Mobilisation aller Medien zur Verteidigung der bestehenden Wirklichkeit statt" (S. 87f). Die Medien würden zwischen den Herren und ihren Dienern vermitteln (S. 104). „Indem sie ihre eigene Sprache sprechen, sprechen die Menschen auch die Sprache ihrer Herren, Wohltäter und Werbetexter. Daher drücken sie nicht nur sich *selbst* aus, ihre eigene Erkenntnis, ihre Gefühle und Bestrebungen, sondern auch etwas anderes als sich selbst. Indem sie „von sich aus" die politische Lage sei's ihrer Heimatstadt, sei's die internationale, beschreiben, beschreiben sie (und „sie" schließt *uns* ein, die Intellektuellen, die es wissen und kritisieren), was „ihre" Medien der Massenkommunikation ihnen erzählen – und das verschmilzt mit dem, was sie wirklich denken, sehen und fühlen" (S. 208).

Marcuse geht wie Horkheimer, Adorno und Anders davon aus, dass die Massenmedien den Menschen im Kapitalismus ohnmächtig halten und falsches Bewusstsein herstellen. Der Unterschied besteht nun aber darin, dass Marcuse kein Technik- und Medienpessimist ist, da er auch die positiven Seiten neuer Technologien sah. Er betonte vor allem, dass die Automation den Menschen von harter Arbeit befreien könne, dies sei Vorbedingung einer freien Gesellschaft. Kapitalistisch angewandt würden Medien und Technologien den Menschen jedoch versklaven, eine grundlegende Veränderung der Gesellschaft müsse auch zu einer qualitativen Veränderung der Medien und Technologien führen, und nicht zu deren Abschaffung. Marcuse sprach sich für eine andere Technik und andere Medien in einer anderen Gesellschaft aus (vgl. Fuchs 2002c). „Es ist gut, dass heute fast jeder die schönen Künste in den Fingerspitzen haben kann, indem er einfach an einem Knopf seines Radios dreht oder ins nächste Kaufhaus geht. Bei dieser Verbreitung werden sie jedoch zu Zahnrädern einer Kulturmaschine, die ihren Inhalt ummodelt" (Marcuse 1967, S. 85).

8.3.3.2. Medienkultur und Politik

Die Frage, ob neue Medien Kritikfähigkeit oder falsches Bewusstsein fördern, hat auch mit der Darstellung von politischen Inhalten in diesen Medien zu tun. Daher ist die Frage nach dem Zusammenhang von Medienkultur und Politik in diesem Kontext von Bedeutung.

Die Grenzen zwischen Medien, Politik und Ökonomie verschwimmen heute immer stärker. Politik wird immer stärker an einer medialen und einer ökonomischen Logik ausgerichtet. Moderne Demokratien entstanden in Ko-Evolution mit der modernen Ökonomie, beide Logiken entwickelten sich niemals unabhängig voneinander. So ist etwa das Konkurrenzprinzip nicht auf den Bereich der ökonomischen Zirkulation beschränkt, ihm unterliegen auch die politische Meinungsbildung, der politische Bezug der Parteien aufeinander und die Prozesse der Erlangung und Durchsetzung politischer Macht- und Entscheidungsfaktoren. Während die Entscheidungsprozeduren also grundsätzlich durch ökonomische Logik in einem bestimmten Ausmaß beeinflusst sind, war dieser Grad bisher in Bezug auf den politischen Präsentationsmodus wesentlich geringer. Durch die Mediatisierung der Gesellschaft wird auch dieser Bereich der Politik immer stärker durch die mediale, und damit vor allem auch durch ökonomische Logik geprägt.

Tendenzen in der mediatisierten Politik
- *Inszenierung:* Politik ist heute vielfach Inszenierung ohne Inhalte (issueless politics), konkretes politisches Handeln und politische Programme werden davon entkoppelt. Es entsteht ein Inszenierungsdruck auf die Politik, den diese mit Selbstinszenierungen beantwortet. Persönliche Inszenierungs- und Unterhaltungskompetenz wird zu einer wesentlichen Qualität des Politikers. Politiker werden durch Medien und Werbestrategien mit bestimmten Images belegt. Kommunikationsfachleute, Werbe- und PR-Experten, sogenannte „Spin Doctors", planen Auftreten, Strategien und Images von Politikern.
- *Personifizierte Politik an Stelle von Parteipolitik:* Es verändert sich die Rolle der Parteien, diese definieren und präsentieren sich über medial inszenierte Führungsfiguren. Interessant sind nicht langfristige Strategien, da diese medial nicht interessant genug sind. Es kommt zu einem Bedeutungsverlust der Parteien in der Politik.
- *Aktualitätsdruck:* Die politische Prozesszeit ist wesentliche länger als die mediale, Nachrichten sind im Medienbusiness nur sehr kurz wertvoll. Politische Parteien orientieren ihre Politik an der Medienzeit, daraus resultiert eine Orientierung auf kurzfristige politische Strategien. Politik wird durch die Medien heute wie ein schnelllebiger Fluss präsentiert, in dem es keine dauerhaften Prozesse mehr gibt, sondern ein schnelles Nebeneinander relativ unabhängiger und schnell vergessener Einzelereignisse ausschlaggebend ist.

- *Politische Events*: Die Politik erhält einen Eventcharakter, Wahlveranstaltungen und der Kontakt zwischen Politiker und BürgerInnen werden als Großveranstaltungen und bedeutende Ereignisse inszeniert. Für die politische Medienberichterstattung sind vorwiegend derartige Events von Bedeutung. Parteitage werden (vor allem in den USA) zur Selbstinszenierung der Partei durch die Medien genutzt und dienen zur Herstellung öffentlicher Aufmerksamkeit.
- *Politische Berichterstattung*: In der medialen Berichterstattung setzt man immer stärker auf die Vereinfachung komplexer politischer Zusammenhänge, Visualisierung, Personifizierung, Kurzbeiträge, Kurzstatements, Steigerung des Unterhaltungsfaktors durch das Einbinden von Boulevardthemen, Dramatisierung, Skandalisierung, Intimisierung, Problematisierung und Skandalisierung des Unproblematischen, Emotionalisierung, Konzentration auf Einzelschicksale und Privatpersonen, kurze Dauer des Geschehens, Konzentration auf Konflikthaftigkeit, Prominenz, Einzelpersonen und Überraschungseffekte. Es gibt eine Tendenz dazu, dass anspruchsvolle und komplexe Inhalte durch Kommerz, Sex und Skandale ersetzt werden. Es kommt zur Marginalisierung des Politischen in den Medien und zu einer vereinfachenden, verflachenden Darstellung der Politik. In der politischen Öffentlichkeit und der Medienberichterstattung über Politik kommt es zu einer Dominanz des Visuellen gegenüber dem Geschriebenen und Gesprochenen. Jean Baudrillard spricht in diesem Zusammenhang von der Simulation, der Ersetzung von Realem durch Fiktives, wodurch selbstreferentielle Zeichensysteme entstehen, die über keine festen, sondern über beliebig semantisierbare Inhalt verfügen. Bilder bestehen aus ikonischen Zeichen, diese sind dem Bezeichneten unmittelbar ähnlich. Bei symbolischen Zeichen, aus denen sich gesprochene und geschriebene Sprache aufbaut, ist dies nicht der Fall. Daher erscheinen mediale Bilder vielfach unmittelbar einsichtig, obwohl sie mit der Realität vielfach nicht übereinstimmen. Es entsteht ein Anschein von Authentizität und Unmittelbarkeit. Politik wird heute immer stärker als Abfolge von Bildern, Symbolen, Images und Scheinereignissen in den Medien dargestellt. Die Konzentration auf schnelle Abfolgen der Bilder und Statements führt zu einem tendenziellen Antiintellektualismus. Dieter Prokop (2002, S. 59ff) identifiziert Vorgangsweisen von schlechtem Journalismus, die als „praktischer Positivismus" kritisches Denken ausschalten wollen: mutwillige Konzentration auf das Tatsächliche (äußere Phänomene werden dargestellt, tiefere Hintergründe und Kontexte sowie größere Zusammenhänge werden ausgeblendet), mutwillige Beschrämkung auf das Methodische (Journalisten konzentrieren sich auf die Suche nach und Darstellung von Beweisen für ihre Behauptungen, der Stellenwert und die Sinnhaftigkeit des Vorgehens und der Inhalte werden nicht reflektiert), demonstrative Harmlosigkeit (Harmvolles und Gefährliches wird als harmlos dargestellt, der Sinn des Harmlosen wird nicht hinterfragt, Harmloses soll für Harmvolles kompensieren oder darüber hinwegtäuschen), klassifikatorisches Denken (gesellschaftliche Tatbestände werden als selbstverständlich dargestellt, nicht differenziert dargestellt und hinterfragt, Festlegung auf die bestehende Ordnung und Klassifikation ihrer Phänomene, Darstellung von Phänomenen als alternativenlos).
- *Politik und Unterhaltung*: Politiker greifen auf Unterhaltungsstrategien zurück, um Wähler zu erreichen und sie für sich zu gewinnen. Auch in der Unterhaltungsindustrie werden teilweise bewusst politische Themen und Figuren in Serien und Filme

eingebaut, um Interesse zu erwecken. Politik spielt in Film und Fernsehen bei Figuren, Handlungsweisen und Themen eine Rolle.
- *Interaktivität:* Die Politische Berichterstattung setzt verstärkt auf interaktive Elemente wie Internet-Diskussionsforen, Live-Chats mit Politikern usw.

Politainment
Andreas Dörner bezeichnet mit Politainment die heute gegebene „enge Kopplung zwischen Politik und Entertainment" (Dörner 2001, S. 31). „Politainment bezeichnet eine bestimmte Form der öffentlichen, massenmedial vermittelten Kommunikation, in der politische Themen, Akteure, Prozesse, Deutungsmuster, Identitäten und Sinnentwürfe im Modus der Unterhaltung zu einer neuen Realität des Politischen montiert werden" (ebd.). Politainment mache Politik wieder sichtbar und sinnlich erfahrbar, es popularisiere und verstärke politische Werte, biete unterhaltende Vermittlung von Politik und einen emotionalen Zugang zur politischen Welt. Dies ist eine sehr optimistische Sichtweise der Mediatisierung der Politik.

Mediokratie
Wesentlich pessimistischer argumentiert Thomas Meyer (2001). Er greift die Habermas'sche Kolonialisierungsthese auf und wendet sie auf das Verhältnis von Politik und Medien an. Medienlogik dringe immer stärker in die Politik ein, von einer Kolonialisierung der Politik durch die Medien könne gesprochen werden, wenn die Regeln der Medien die Politik dominieren. Politik werde so zunehmend banal, infantil, verdummend, qualitätslos und mittelmäßig. Die Durchdringung der Politik mit Medienlogik bezeichnet Meyer als „Mediokratie". „Der kritische Punkt, um den es aus demokratiepolitischer Sicht dabei allein geht, ist, ob das Thema in dem die Aufmerksamkeit bannenden Medienprodukt noch in ausreichendem Maße als das, was es selber ist, erkennbar bleibt oder ob es sich im Schein der medialen Inszenierung auflöst" (Meyer 2001, S. 195). „Konzentration und Kommerzialisierung auf dem jederzeit heiß umkämpften Medienmarkt machen *alle* publizistischen Produkte immer ausschließlicher zu Waren, die in ausschlaggebender Weise nach den Kriterien der Gewinnmaximierung hergestellt und verbreitet werden. Der *Content* wird zum beliebigen und jederzeit austauschbaren Vehikel für die Gewinnsicherung" (ebd., S. 59).

Fernsehen und symbolische Unterdrückung
Pierre Bourdieu (1998) bezeichnet in seiner Untersuchung des Fernsehens dieses als „ein Mittel symbolischer Unterdrückung" (Bourdieu 1998, S. 13). Durch den Einbau leichter Unterhaltung in die Fernsehnachrichten (wie in den „vermischten Meldungen") werde die Zeit mit Leere gefüllt und relevante Informationen ausgeklammert, über die der Staatsbürger zur Wahrnehmung demokratischer Rechte jedoch verfügen sollte. Die Welt werde auf Anekdoten und Klatsch reduziert. Das Fernsehen verstecke durch Zeigen. Und wenn es zeige, was gezeigt werden müsste, werde dies oft so konstruiert, dass es einen anderen Sinn annimmt, der mit der Wirklichkeit nichts zu tun hat. Das Fernsehen sei nur an Sensationellem und Spektakulärem interessiert und bediene sich der Dramatisierung. Die Berichterstattung werde so aufgeladen, dass starke negative Gefühle wie Rassismus, Fremdenhass und Ausländerfeindlichkeit bei den Zuschauern entstehen. Die Welt des Journalismus sei durch ökonomische

Zwänge, Konflikte, Konkurrenz und Feindseligkeiten geprägt. Die Einschaltquote sei eine Zensurinstanz, der Maßstab sei der Verkaufserfolg. Der Kampf der Journalisten um berufliches Ansehen führe zu einer rücksichtslosen Berichterstattung. Journalisten hätten ein faktisches Monopol über die Produktions- und Verbreitungsinstrumente von Information. „Sie haben die Verfügungsgewalt über die Mittel, sich öffentlich zu äußern, öffentlich zu existieren, gekannt zu werden, zu öffentlicher Bekanntheit zu gelangen" (Bourdieu 1998, S. 65).

Auch Wissenschaftler würden mit den Medien kollaborieren, um ihren Bekanntheitsgrad zu steigern. Wissenschaft benötige komplexe Methoden des Diskurses, um autonom zu bleiben. Mediale Vermittlung würde auf Vereinfachung setzen und daher die Autonomie wissenschaftlicher, politischer und literarischer Felder zerstören. Dies sei dann der Fall, wenn die Gesetze des Kommerzes und der Ökonomie Einzug in das Feld halten. Kollaboration bedeute die „bedingungslose Unterordnung unter Zwänge, die die Normen der autonomen Felder zerstören" (Bourdieu 1998, S. 90).

Es stellt sich also die Frage, ob Fernsehen und Printmedien politisches Edutainment oder manipulative Unterhaltung fördern? Die Ambivalenz und Komplexität dieses Sachverhalts sei an Hand einiger Beispiele erläutert.

Beispiel: ORF
Der österreichische Rundfunk (ORF) setzt im Zuge von Programmreformen auf einfache Unterhaltungsformen. Anspruchsvolle Sendungen werden aus dem Programm genommen, kommerzielle Massenunterhaltung an ihre Stelle gesetzt. So wurde etwa Anfang der 90er-Jahre die politische Diskussionssendung Club 2 aus dem Programm genommen. Mit dieser Sendung gab es eine mediale Fläche, innerhalb derer komplexe Sachverhalte intensiv und ohne strikte Zeitvorgaben diskutiert werden konnten. Dieses Format passte jedoch offensichtlich nicht in eine Medienwelt, die immer mehr auf Geschwindigkeit, Verkürzung und Vereinfachung setzt. 2002 wurden die „Kunststücke" – eine Sendung für anspruchsvolle, moderne Kunst und Kultur, die traditionellerweise relativ lange Sendezeiten beanspruchen durfte – eingestellt. Der ORF setzt auf einfache Unterhaltung wie die Barbara Karlich Show, Schiejok täglich, Vera, Millionenshow, Taxi Orange und Starmania. In politischen Talkrunden werden die Gäste angehalten, sich möglichst kurz zu fassen und das Format ermöglicht keine Erläuterung komplexerer Zusammenhänge.

Beispiel: Politische und mediale Demagogie
Massenmedien bemühen sich häufig um das Sensationelle, also um kommerziellen Erfolg, dies führt auch zu Meldungen, „die, den wilden Konstruktionen Demagogie überlassen, durch das Appellieren an elementare Instinkte und Leidenschaften ungeheures Interesse hervorrufen können und Formen rein sentimentaler und karitativer Mobilisierung auslösen oder ebenso leidenschaftliche, aber aggressive, dem symbolischen Lynchen verwandte Reaktionen, etwa bei Kindesentführungen oder Vorfällen, die mit stigmatisierten Gruppen in Verbindung gebracht werden" (Bourdieu 1998, S. 74).
Der Boulevardjournalismus und politische Demagogen bedienen sich solcher Stilmittel wie Vereinfachung, Angstmache, Emotionalisierung, Verunglimpfung, Aufbau von Feindbildern, Stigmatisierung, abwertende Vergleiche, Verallgemeinerung, Dekontextualisierung. Als Beispiel sei die mediale Inszenierungsstrategie des österreichischen Rechtspopulisten Jörg Haider angesprochen. Haider bedient sich einer radikalen Sprache, spricht die niederen Instinkte und Ängste der Menschen an und hat vor biologisierenden, verunglimpfenden Vergleichen nicht zurückgescheut. Ziel dieser Strategie ist, den Wähler durch politische Reden zu unterhalten und so seine Zustimmung zu erlangen. 1990 meinte Haider: „Nicht die Freiheitlichen sind die Schädlinge, sondern wir sind das ideale Schädlingsbekämpfungsmittel" (Neue Freie Zeitung, 30.8.1990). Über sozialdemokratische und konservative Gegner meinte Haider, „die roten und schwarzen Filzläuse" müssten „mit Blausäure bekämpft werden" (Profil, 25.4.1994). „Bei uns regieren die Rothäute und die Schwarzen – und nicht, wie üblich, dass sie in den Reservaten leben" (Jörg Haider, Die Presse, 10.9.1990). Österreichische Künstler wie Peter Turrini

und Elfriede Jelinek diffamierte Haider als „Terroristenfreunde". Der ÖVP-Vorsitzende Wolfgang Schüssel trage „die Masche nicht am Hals, sondern vorm Hirn" (Neujahrsrede, 10.1.1999).
Jörg Haider instrumentalisiert die Ängste der Menschen vor sozialem Abstieg und suggeriert, MigrantInnen seien an gesellschaftlichen Problemen Schuld. In Reden wird u.a. von Asylantenfamilien gesprochen, die 30.000 Schilling pro Monat Sozialhilfe bekommen, von einem Libanesen, der 33mal wegen Einbrüchen und 27mal wegen Drogenhandels vorbestraft ist, mit Aufenthaltsverbot belegt wurde und nicht abgeschoben wurde etc. Im Mai 1995 hieß es in einer Aussendung der FPÖ Wien: „Es leben hier in Wien bereits 470.000 Ausländer, das sind 29 % der Gesamtbevölkerung. In manchen Bezirksteilen stellen sie schon die Mehrheit. Daher ist ein Einwanderungsstop notwendig. 100.000 Ausländer sind illegal in unserer Stadt". Ähnliches war schon 1993 in einer Aussendung „Österreich zuerst" zum FPÖ-Volksbegehren zu lesen. Haider sprach im Vorwort von einem „Ausländeranteil von 12 %" in Österreich, aus den ca. 100.000 in Österreich illegal lebenden „AusländerInnen" machte er „100.000 illegal in Wien lebende Ausländer", um so auf einen Ausländeranteil von 24 % in Wien zu kommen. Offiziell lebten 1994 6,6 % ImigrantInnen in Österreich und 12,7 % in Wien.
Jörg Haider über den bei seiner Abschiebung aus Österreich in Folge von Mundverkleben erstickten Marcus Omofuma: „Und ich frage mich amal wirklich, was wiegt denn mehr für jene, die Krokodilstränen zerdrückt haben für den zu Tode gekommenen Schubhäftling [...] Das Risiko beim Abschub oder die Vernichtung von jungen Menschen, deren Leben vernichtet wird, durch den Drogenkonsum, der von jenen kommt, die hier illegal in Österreich ihr schmutziges Geschäft treiben [...] Mörder unserer Kinder haben hier in Österreich nichts verloren!" (FPÖ-Bundesparteitag, 28.5.1999). FPÖ-Nationalratsabgeordnete Helene Parik-Pablé: „Erkundigen Sie sich doch einmal bei den Beamten über die Art der Schwarzafrikaner! Sie schauen nicht nur anders aus, wie Sie heute gesagt haben, sondern sie sind auch anders, und zwar sind sie ganz besonders aggressiv. Das liegt offensichtlich in der Natur dieser Menschen!" (Stenographisches Protokoll vom 10. Mai 1999, 168. Sitzung des Nationalrates der Republik Österreich).

Beispiel: Verallgemeinerung und Vereinfachung
Mitte der 1990er wurde in Südfrankreich ein Mädchen ermordet. Eine Lokalzeitung berichtete über die Proteste der Familie, die eine Demonstration organisierte. Politiker des Front National mischten sich ein, ein Einzelfall wurde politisch und mit medialer Unterstützung instrumentalisiert, um die Einführung der Todesstrafe zu fordern. Die Komplexität gesellschaftlicher Probleme wurde vereinfacht und Law- and Order-Politik und Rache als einfache Lösungen komplexer Sachverhalte präsentiert. Am Ende stand die Wiedereinführung der lebenslangen Haftstrafe.

Beispiel: Medien-Präsident Clinton
Bill Clinton setzte im Präsidentschaftswahlkampf 1992 auf mediale Präsenz, so trat er in Talkshows wie Donahue, Larry King und MTV Choose or Loose auf.

Beispiel: Kronen Zeitung
Die österreichische Kronen Zeitung manipulierte ein Bild eines Demonstranten derart, dass der Eindruck entstand, der Demonstrant attackiere einen Polizisten. Dazu wurde der Demonstrant im manipulierten Bild weiter nach vorne gerückt. Als Kritik laut wurde, diese Taktik ziele auf eine Verunglimpfung politischer Demonstrationen und die Pauschalierung, Demonstranten seien Gewalttäter, ab, rechtfertigte sich die Krone: „Durch ein äußerst bedauerliches Missverständnis wurde das ursprünglich querformatige Bild spätnachts reprotechnisch so verzerrt, dass der Demonstrant etwas näher bei der Polizei zu stehen schien, als dies tatsächlich der Fall war. Diese Montage geschah ohne Wissen der Chefredaktion. Wir bedauern diese technische Panne außerordentlich" (Neue Kronen Zeitung, 12. Februar 2000)

Die Kronen Zeitung kommt mit etwa 3 Millionen LeserInnen auf ca. 45 Prozent Reichweite, dies ist eine der höchsten relativen Medienkonzentrationen weltweit. Qualitätszeitungen erzielen parallel dazu eine Reichweite von lediglich 5 Prozent. Die Kronen Zeitung ist auf Grund ihres hohen Verbreitungsgrades ein wichtiger politischer Faktor in Österreich. Politik- und Medienwissenschaftler weisen darauf hin, dass sie durch ihre Unterstützung des FPÖ-Anti-Ausländer-Volksbegehrens und der Politik Jörg Haiders wesentlich zum Aufstieg dieser rechtspopulistischen Partei beigetragen habe. Kolumnisten wie Staberl oder der Dichter Wolf Martin sind charakteristisch für die Blattlinie und setzen auf Propaganda niedrigen Niveaus. Richard Nimmerrichter („Staberl") wurde wegen des von ihm verfassten, in der Kronen Zeitung veröffentlichten Kommentars „Methoden eines Massenmordes", wegen NS-Wiederbetätigung angeklagt. In diesem Artikel heißt es unter anderem: „Seither haben so manche Fachleute nachweisen können, dass das Töten so vieler Menschen mit Gas rein technisch eine Unmöglichkeit gewesen wäre [...] Nur verhältnismäßig wenige der jüdischen Opfer sind vergast worden. Die anderen sind verhungert oder erschlagen worden; durch Fleckfieber, Ruhr und Typhus umgekommen [...] Märtyrer-Saga der so barbarisch vergasten Opfer Hitlers" (Neue Kronen Zeitung, 10.5.1992)

Beispiel: Feindbildpropaganda im Film

Die Darstellung der Sowjetunion in Hollywood- und europäischen Filmen war während des Kalten Krieges geprägt von anti-sowjetischer Propaganda, die den amerikanischen Feind als Verkörperung des absolut Bösen darstellt. Charakteristisch dafür waren Filme wie Dr. Schiwago (USA 1965, Regie: David Lean), Night Crossing (UK 1981, Regie: Delbert Mann), Rambo (USA 1982, 1985, 1988, Regie: Ted Kotcheff, George P. Cosmatos, Peter MacDonald), Die rote Flut (USA 1984, Regie: John Milius) oder Jagd auf Roter Oktober (USA 1990, Regie: John McTiernan). In „Die rote Flut" marschiert die UdSSR in den USA ein, eine Gruppe Jugendlicher wehrt sich erfolgreich gegen den monströs portraitierten Feind. In „Jagd auf Roter Oktober" nimmt ein russisches Atom-U-Boot Kurs auf die USA und ein atomarer Erstschlag wird befürchtet. Es beginnt eine „Jagd" auf das Boot, für die nur wenig Zeit verbleibt.

Nach dem Umbruch im Ostblock war der ideologische Feind militärisch und medial gebannt, durch Politik und Medien wurden neue Bedrohungsbilder aufgebaut. In Filmen wie Aliens (USA 1986, Regie: James Cameron), Stargate (USA 1994, Regie: Roland Emmerich), Independence Day (USA 1996, Regie: Roland Emmerich), Mars Attacks (USA 1996, Regie: Tim Burton), Starship Troopers (USA 1997, Regie: Paul Verhoeven) kommt der übermächtige Gegner, der die Menschheit bedroht, aus dem All. Die Feinde können zumeist unter Führung der USA besiegt werden. In einer destabilisierten Weltgesellschaft wird ein anonymes, fremdes Feindbild stilisiert. An gesellschaftlichen Problemen sind dabei andere, Eindringlinge von außen, schuld. Parallel dazu findet eine gesellschaftspolitische Entwicklung statt, bei der die Ursachen komplexer gesellschaftliche Probleme nicht erforscht werden, sondern für die Aliens und Outsider in der Gesellschaft verantwortlich gemacht werden: MigrantInnen, Obdachlose, Drogensüchtige, Sozialhilfeempfänger etc. Science Fiction-Filme sensibilisieren die Zuseher für politische und ideologische Beschwörungen anonymer Gefahren und Mächte.

Durch die Kriege gegen den Irak in den 1990er-Jahren und die Terroranschläge auf das World Trade Center 2001 wurden arabische Staaten und islamische Terroristen zu einem neuen amerikanischen Feindbild. Präsident George Bush jr. erklärte, dass die USA den Terrorismus ausrotten würden („Kreuzzug gegen den Terrorismus" etc.). Auch medial wird dieses Feindbild reflektiert. Im Terroristen-Thriller „The Sum of All Fears" (USA 2002, Regie: Phil Alden Robinson) findet ein atomarer Terroranschlag auf ein ausverkauftes Footballstadion in Baltimore statt. Krieg und Terror sind dabei Unterhaltungsstoff, Terroristen werden als die Ursache gesellschaftlicher Probleme dargestellt. In Collateral Damage (USA 2002, Regie: Andrew Davis) muss der Feuerwehrmann Gordon Bewer mitansehen, wie seine Frau und sein Sohn bei einem Terroranschlag auf die kolumbianische Botschaft getötet werden. Polizei und FBI versagen bei der Aufklärung des Verbrechens, daher macht sich Brewer auf in den kolumbianischen Urwald, um die Attentäter zu finden und seine Familie zu rächen. Rache ist das entscheidende und als legitim dargestellte Motiv, auch in der politischen Rhetorik nach den Terroranschlägen vom September 2001 war sehr viel von Rache die Rede. Der Kanal FX, der zum Medienimperium von Rupert Murdoch gehört, dreht einen Film über den „American Taliban" John Walker Lindh, der 2003 ausgestrahlt werden soll. Der Amerikaner war in Afghanistan für das Taliban-Regime im Einsatz und wurde von US-Soldaten festgenommen und in den USA vor Gericht gestellt.

Beispiel: Fernsehkommissare

Der Fernsehkommissar ist häufig der Inbegriff von Verlässlichkeit, Einfühlungsvermögen und Verständnis. Als in den 1970er und 1980er Jahren auf Grund der Anschläge der Roten Armee Fraktion (RAF) die innere Sicherheit in der BRD technisch hochgerüstet wurde und die Polizei immer mehr Fahndungsmöglichkeiten erhielt, die das Alltags- und Privatleben der BürgerInnen rigoros kontrollieren und überwachen halfen, wurden in Fernsehkrimis wie „Der Kommissar", „Der Alte" und „Derrick" veraltete Methoden der Fahndung und Spurensicherung als selbstverständlich dargestellt. Kein Anzeichen war von Rasterfahndungen, Abhörtechniken und Sondereinsatzkommandos, die in die bundesdeutsche Realität zu dieser Zeit jedoch tatsächlich Einzug hielten. Der Fernsehkommissar erfüllte damit eine Propagandafunktion, Vertrauen in den Staatsschutz und die Harmlosigkeit der verwendeten Methoden wurden vermitteln.

In Fernsehkrimis werden die gesellschaftlichen Ursachen von Kriminalität häufig ausgeblendet, Schuld wird individualisiert. Fälle sind mit der Verhaftung abgeschlossen, ob sich Beweise vor Gericht als stichhaltig erweisen und ob es auch inkorrektes oder illegales Verhalten von Kriminalbeamten gibt, wird kaum thematisiert. Fernsehkommissare agieren moralisch integer, das Polizeiverhör wird als tiefsinniges, manchmal fast freundschaftliches Gespräch dargestellt. Staatliche und Polizei-Gewalt existiert in der Welt des Fernsehkommissars nicht, die Gegenseite wird hingegen stark überzeichnet dargestellt. Mit Kommissar Schimansky (Götz George) hielt der Typ des rebellischen, aufbegehrenden, aber stets innerhalb der moralischen Grenzen verbleibenden Fernsehkommissars Einzug. Kleine Vergehen gegen des Dienstrecht waren dabei angebracht, um der Gerechtigkeit Genugtuung zu verschaffen. In Fernsehkrimis und Fahndungssendungen („Aktenzeichen XY" etc.) findet häufig eine Beschwörung von Geisteskranken und MigrantInnen als öffentliche und kriminelle Gefahr statt, sozialer Abstieg wird als selbstverschuldetes Unglück dargestellt.

Beispiel: Talkshows und Reality TV

Talkshows und Reality TV sind ein Ausdruck der gesellschaftlichen Installation des Prinzips des Benthamschen Panoptikums („sehen, ohne gesehen zu werden"), jede Intimität wird zu Öffentlichkeit, private Themen werden öffentlich debattiert und skandalisiert. Outsiderfiguren wie Übergewichtige, Arbeitslose, Punks und Menschen, die vorgegebenen Idealen nicht entsprechen, werden als abnormal und verachtenswert vorgeführt.

Big Brother und andere „Reality TV"-Shows sind Ausdruck dafür, dass permanente Überwachung immer stärker zu einem allgemein akzeptierten Phänomen wird. Die Menschen beobachten über ihren Bildschirm andere, ohne beobachtet zu werden (Foucault beschrieb Überwachung als ein „Sehen ohne gesehen zu werden"), und damit sinkt auch die Angst davor, dass der Staat durch neue Fahndungs- und Überwachungstechnologien immer stärker die Möglichkeit hat, Daten über das Leben der Bürgern umfassend zu sammeln und auszuwerten. Reality TV ist Ausdruck panoptischer Wahrnehmungsmechanismen in der Gesellschaft, die durch neue Technologien und Medien ermöglicht und durch staatliche Aktivitäten zunehmend umgesetzt werden.

Talkshows, Reality TV, Serien und Daily Soaps sind so erfolgreich, da sie ein Bedürfnis und eine

Sehnsucht nach Kontinuität, Vertrautheit und Stabilität ansprechen, die die Menschen in der kapitalistischen Hochrisikogesellschaft in ihrem Alltags- und Privatleben immer weniger finden.

Sehen wir uns zwei Beispiele an, wie Außenseiter in Talkshows stigmatisiert werden und damit politische Ausgrenzung medial verstärkt wird:

Talk-TV: Bianca ekelt sich vor Thomas

Sprecher: 12 Jahre liiert, 4 Kinder, scheinbar eine glückliche Ehe. Aber jetzt ist alles anders: Bianca ekelt sich vor Thomas.
Bianca: Er hat tierisch verfaulte Zähne, dadurch auch tierischen Mundgeruch. Er putzt sich nicht die Zähne, er geht nicht zum Zahnarzt, er macht gar nichts.
Moderatorin: Ich glaube, er ist ja generell einer, der nicht so auf sein Äußeres achtet. Das mit dem Sex muss ja mal ganz gut funktioniert haben? Wie lang habt ihr jetzt schon nicht mehr Sex gehabt?
Bianca: Es macht keinen richtigen Spaß mehr.
Moderatorin: Herzlich willkommen, Thomas.
Thomas betritt das Studio.
Moderatorin: Ich halte einen Sicherheitsabstand, damit ich nicht mit Geruchsbelästigung in Berührung komme. Jeder Mensch muss sich die Zähne putzen!
Studiogast: Das ist abstoßend!
Moderatorin: Aber warum putzt du dir nicht die Zähne?
Thomas: Faulheit. Ich hab' Angst vorm Zahnarzt.
Moderatorin: Dir werden noch alle Zähne im Mund wegfaulen, so viele sind es ja eh nicht mehr. Zeig doch mal! Mein Tipp: Wenn du wieder Sex haben willst, Zähne putzen und Zahnarzt besuchen!
(Arabella, PRO 7, 15.11.2002)

Talk-TV: „Asozial, was heißt das schon?"

Jörg (Studiogast): Zur Weißglut treiben mich die Leute, die sich am Busen der Gesellschaft nähren und sich auf der sozialen Hängematte ausruhen.[...] Was nicht in Ordnung ist, ist, dass ein 20jähriger Stütze bekommt, der sich selbst ernähren könnte.
Moderatorin: Glaubst du, dass der Grossteil der Leute, die Sozialstütze *kassieren*, arbeiten könnten?
Jörg: Genauso is' es.
Moderatorin: D.h., es gibt eigentlich genug Arbeit, *wer arbeiten will, kann arbeiten.* [..]
Moderatorin (zu StudiogastErich, arbeitslos): Jörg, der als Depp vom Dienst, neben dir steht, arbeiten geht, mit *seinen* Steuergeldern dann z.B. *dich* unterstützt. Und das findest du gut?
Jörg: Du greifst den Leuten, die arbeiten gehen, reichlich in die Tasche und bist der Meinung: Jetzt geh mal schuften für mich, ich setz' mich in die Kneipe, verjucke die Steuergelder [...]
Erich: Ich bin der Meinung, dass es gar nicht mehr genug Arbeit gibt. [...] Ich weiß sehr wohl, dass 4 Millionen Arbeitslose da sind.
Moderatorin (unterbricht): Erich, wir *sprechen jetzt aber nicht über die 4 Millionen* Arbeitslosen, sondern wir sprechen über *dich*. [...]
Studiogast Johannes: Was machst du, wenn der Staat für so *Parasiten wie dich* nichts mehr zahlt?
Erich: Ja, dann zahlt er nichts mehr.
Jörg: Steuergelder verjucken! Du läufst wohl nicht mehr ganz rund!
[...]
Moderatorin: Was sollte man denn machen mit Leuten wie Erich?
Johannes (Yuppie): Punkt Nr. 1: Sofort Sozialhilfe kürzen, der muss gezwungen werden zu seinem Glück.
Jörg: Sämtliche Gelder streichen, alles, egal, was es ist.
Erich: Die Leute, die keinen Beitrag zum System leisten, werden mit bitterster Armut bestraft. Du bist ein Leistungsfaschist! Die, die jetzt keine Arbeit haben, werden auch nie mehr eine finden. [...]
Jörg: *Sozialschmarotzer*! *Parasit* der Gesellschaft! [...]
Erich: Nur weil ich sage, Arbeit ist scheiße, heißt das noch lange nicht, dass ich den ganzen Tag auf dem Sofa sinnlos rumhänge. Ich hab' gar keine Zeit für Arbeit, so viel hab ich zu tun. Wenn ich arbeiten geh', wird mir die Hälfte der Gage abgezogen, dann muss ich mich noch von meinem Chef zusam-

menscheißen lassen und werd' einen schlechten Menschen geschimpft, weil ich nicht genug arbeite.
[...]
Jörg: *Sozialschmarotzer!*
(Arabella, PRO 7, Asozial – was heißt das schon?, 29.8.1998)

Beispiel: Die Simpsons

In der amerikanischen Fernsehserie „Die Simpsons" werden Elemente der realen Welt in einer fiktiven Welt kritisch reflektiert. In den zahlreichen Anspielungen geht es um die Dekonstruktion amerikanischer Mythen. „Alle diese Verknüpfungen geschehen durchaus im Lichte politischer, ethnischer, generationeller, kultureller, klassenspezifischer Interessen und Kämpfe. Bullen sind rechts, zivile Bürgermeister liberal, sehr korrupt, ganz nett und sexbesessen, Kapitalisten böse, Migranten müssen sehen, wie sie sich helfen (Apu!), alle müssen ständig verschiedene Fiktionen miteinander abgleichen. Die Simpsons waren die erste Fernsehsendung, die seit den mittleren 70ern das Wort „Working Class" wieder ins Hauptabendprogramm der USA brachte" (Diederichsen 2002, S. 19). In Form der Simpsons eroberte die Arbeiterklasse weltweit die Bildschirme. Homer Simpson ist der Inbegriff eines medial manipulierten Menschen, dies wird in einer extrem übertriebenen, satirischen Weise dargestellt. Homer reagiert auf jede Werbung so, wie dies von den Unternehmen gewünscht wird, er hat einen zwanghaften Konsum-, Fernseh- und Essdrang. Homer ist ein klassischer Losertyp, ähnlich wie Donald Duck hasst er seine Arbeit (im Atomkraftwerk) und versucht über Medien und Duff-Bier aus der schlechten Realität auszubrechen.

Die Folge „Panik-Amok-Horror-Show" ist eine Satire auf die Werbewelt. Ein Riesendonut wird Objekt von Homers Heißhunger. Das überdimensionale Werbemaskottchen, das diesen Donut in der Hand hielt, erwacht überraschend zum Leben und startet gemeinsam mit anderen Reklamefiguren einen Angriff auf Springfield. Lösung kann nur das Ignorieren der Werbemonster bieten. Lisa Simpson organisiert dazu mit einer Werbeagentur eine Anti-Werbe-Werbekampagne. Am Ende der Episode warnt Reporter Kent Brockman: „Schließen Sie ihre Türen ab, verbarrikadieren Sie ihre Fenster, möglicherweise zerstört die nächste Werbung, die Sie sehen, Ihr Haus und frisst Ihre Familie". Die Simpsons als massenmediales, kommerzielles Phänomen bedienen sich eben dieser Popularität, um Kommerzialität und Kulturindustrie zu hinterfragen. In der Folge „Hinter den Lachern" erzählen die Simpsons ihren eigenen Ausverkauf als Fernsehfamilie.

Stars aus Medien und Politik (Michael Jackson, George Harrison, Ringo Starr, Sonic Youth, Cypress Hill, Smashing Pumpkins, Präsident Nixon, Präsident Clinton, Leonard Nimoy, Scully und Mulder aus Akte X etc.) tauchen bei den Simpsons immer wieder als Figuren auf. „Standardsituationen der Film- und Popgeschichte wiederholen sich in Springfield unter veränderten Vorzeichen. Sie werden mit dem Alltag der Simpsons kurzgeschlossen und changieren dabei zwischen Parodie und Hommage" (Rauscher 2002, S. 113).

Amerikanische Präsidenten werden bei den Simpsons immer wieder als Figuren dargestellt, denen man nicht trauen kann. In „Die bösen Nachbarn" zieht der ehemalige Präsident Bush in die Simpsons-Nachbarschaft. Alle fühlen sich geehrt. Nur Homer ist empört: Er fühlt sich gestört. Als der Präsident Bart verprügelt, weil der im Hause Bush ein totales Chaos angerichtet hat, ist Homers Geduld zu Ende. Zwischen den beiden Streithähnen kommt es zu einer wüsten Schlägerei. Richard Nixon taucht immer wieder als Übeltäter auf (z.B. in den Folgen „Das Schlangennest" und „Keine Experimente"). In „Namen machen Leute" möchte Bill Clintion Marge Simpson verführen. In „Ein Pferd für die Familie" läutet es an der Haustür der Simpsons, Bill Clinton tritt ein und verleiht Lisa Simpson den ersten Preis eines Saxophonwettbewerbs. Er erklärt, Lisa sei der Beweis dafür, dass es jedes Kind zu etwas bringen kann, wenn es sich dauerhaft oft beschwert. Marge Simpson meint darauf, dies sei eine dämliche Einstellung, worauf Clinton entgegnet: „Ich bin ja auch ein ziemlich dämlicher Präsident". George Bush Sr. erklärte in einer Ansprache, er wünsche sich eine Nation, die den Waltons näher ist als den Simpsons. Die Retourkutsche der Simpsons kam bald darauf, als Bart Simpson in der Folge „Die Geburtstagsüberraschung" meinte: „Hey, wir sind wie die Waltons. Wir beten auch für ein Ende der Depression".

Bei den Simpsons werden Phänomene und Probleme der realen Gesellschaft satirisch reflektiert. Amerikanische Mythen und Ideologien werden überzeichnet und ins Lächerliche gesteigert (Tuncel/ Rauscher 2002). Besonders schlecht kommen dabei die Republikaner weg. In der Folge „Tingeltangel Bob" findet eine Bürgermeisterwahl in Springfield statt. Bürgermeister Quimby will seinen Großmut beweisen: Er erlässt dem Schwerverbrecher Tingeltangel Bob die restliche Haftzeit. Womit Quimby allerdings kaum gerechnet haben dürfte: Tingeltangel Bob stellt sich anschließend selbst zur Wahl –

und gewinnt. Er wird der neue Bürgermeister. Bart und Lisa kommt dies nicht ganz geheuer vor. Sie entdecken, dass alle Stimmen für Tingeltangel-Bob von Bürgern stammen, die schon lange tot sind. Als Anspielung auf rechtsradikale Talkshowmoderatoren wie Rush Limbaugh tritt in dieser Folge der Radiosprecher Barlow als politischer Förderer von Tingeltangel Bob auf. Zur Planung des Wahlkampfs treffen sich die Republikaner bei dem geizigen, geldgierigen und rücksichtslosen Atomkraftwerksbesitzer Monty Burns, auch Graf Dracula und ein Action-Star (Anspielung auf das Engagement Arnold Schwarzeneggers bei den Republikanern) sind anwesend. Der Wahlkampfsong zu Quimbys Kampagne hat den Text: „Ohne Bürgermeister Quimby ist Chaos angesagt, keine Reifensammelstellen und keine Rollschuhbahn. Keine hübschen, netten Galgen. Und versteckte Bärenfallen. Der Bürgermeister ist nicht schuld, dass das Stadion zusammengefallen ist".

In „Volksabstimmung in Springfield" wird MigrantInnen die Zugehörigkeit zur Community abgesprochen, Quick-E-Markt-Besitzer Apu soll nach Indien abgeschoben werden. Das entsprechende Gesetz war Resultat einer Volksabstimmung, die initiiert wurde, da Bürgermeister Quimby behauptet, die illegalen Einwanderer würden für die hohen Steuern verantwortlich sein, um von seiner misslungenen Steuerpolitik abzulenken. Hier werden reale Ereignisse kritisch aufgegriffen: 1994 sprach sich der kalifornische Gouverneur Pete Wilson für ein Gesetz (Proposition 187) aus, das Einwanderer von Sozialleistungen ausschließen sollte, um seine mangelnde Popularität zu verbessern und Vorteile im Wahlkampf zu erzielen.

Beispiel: Wag the Dog und Truman Show

Filme wie „Wag the Dog" (USA 1997, Regie: Barry Levinson) und „The Truman Show" (USA 1998, Regie: Peter Weir) thematisieren Überwachung und Manipulation reflexiv und warnen vor den möglichen Wirkungen des Medieneinsatzes. In der Truman Show entdeckt die Hauptfigur Truman Burbank, dass sein gesamtes Leben eine einzige Inszenierung ist und 24 Stunden live im Fernsehen übertragen wird. Die Umwelt, in der Truman lebt, ist nicht real, sondern rein künstlich, seine Freunde und seine Familie sind Schauspieler, sein Tagesablauf wird in Drehbüchern geplant. Thematisiert wird u.a. die Verschmelzung von Fiktion und Realität und die Bedeutung fiktiver, konstruierter, virtueller Realitäten in der realen Welt. Realität wird heute als das begriffen, was die Massenmedien als Realität ausgeben. Dies bringt die Figur Christof – der Regisseur des Films im Film – in der Truman Show folgendermaßen auf den Punkt: „Wir akzeptieren die Welt der Realität, die uns dargeboten wird". Und zu Truman: „War gar nichts echt? Du warst echt. Deshalb hat man dir so gern zugesehen".

In Wag the Dog droht ein Wahl- und Popularitätsverlust eines durch Sexskandale geplagten US-Präsidenten. Ein in der Realität nicht stattfindender Krieg wird medial inszeniert, um von den Skandalen abzulenken. Während der Clinton-Lewinsky-Affäre ließ Clinton kurzfristig den Irak bombardieren und trieb den Einsatz der USA im Kosovokonflikt voran. Serbische Demonstranten hielten bezeichnenderweise Schilder mit der Aufschrift „Wag the Dog" in die westlichen Fernsehkameras.

U.a. an Hand der Clinton-Lewinsky-Affäre zeigt Zillah Eisenstein (1998), wie sich Öffentlichkeit durch den Cyber-Medien-Business-Komplex derart verändert, dass Skandale – zumeist in durch die medialen Konstruktionen extrem sexualisierter und rassifizierter Form – zu den eigentlichen Inhalten von Berichterstattung werden. Gleichzeitig wirkt dies desinformierend und manipulativ. Es sei aber eben auch möglich, die neuen Medien einzusetzen, um kritische Öffentlichkeit zu schaffen. Der Medienkomplex und die Neuen Rechten würden heute vermitteln, dass die größte Gefahr für die Gesellschaft Pornographie im Internet darstellt. Die eigentliche Obszönität ist für Eisenstein das kapitalische Patriarchat, das Armut, sexuelle Gewalt und prekäre Verhältnisse produziert. Die Diskussion um Zensur pornographischer Inhalte im Internet trage nicht dazu bei, dass die Ausbeutung von und Gewalt gegen Frauen und Mädchen verringert werde, sondern könne sehr schnell auf kritische Inhalte übergreifen. Einerseits würden bestehende Geschlechterhierarchien im Cyberspace widergespiegelt und durch ihn verstärkt, andererseits biete das Internet auch Möglichkeiten des Aufbruchs tradierter Geschlechterrollen und –identitäten (z.B. Gender Swapping, multiple Identitäten) und positive Formen der kommunikativen Vernetzung. Die neuen Technologien würden die Kontrolle in allen Lebensbereichen verstärken und patriarchale, rassistische und kapitalistische Ungleichheiten widerspiegeln. Die Globalisierung des Kapitalismus würde zu einer weiteren Überausbeutung von Frauen (in Weltmarktfabriken, Sweatshops, prekären Beschäftigungsverhältnissen, durch Mehrfachbelastungen etc.) und zur globalen Zunahme der Armut führen. Der Neoliberalismus führe zu einer Individualisierung und Familialisierung der sozialen Verantwortung. Dadurch würden wiederum neue Belastungen für Frauen entstehen. Andererseits würden die neuen Technologien auch das Unterlaufen autoritärer Regime und neue Formen oppositioneller Kommunikation ermöglichen.

Beispiel: Hip Hop

Hip Hop ist eine kulturelle Bewegung, die als Reaktion auf die schlechten Lebensbedingungen von Afroamerikanern in US-Ghettos entstand. Immer wieder wird in den Texten, die als Sprechgesang zu elektronischen Beats vorgetragen werden, auf Phänomene wie Armut, Rassismus, Polizeibrutalität, Bandenkriege, durch Armut verursachte Kriminalität etc. hingewiesen. Grandmaster Flash wies 1982 im Lied „The Message" auf die Zustände im amerikanischen Großstadtdschungel hin: „Broken glass everywhere; People pissing on the stairs, you know they just don't care; I can't take the smell, I can't take the noise; got no money to move out, I guess I got no choice; rats in the front room, roaches in the back; junkies in the alley with a baseball bat; I tried to get away, but I couldn't get far cause the man with the tow-truck repossessed my car; don't push me, cause I'm close to the edge; I'm trying not to loose my head; it's like a jungle sometimes, it makes me wonder how I keep from going under".

Auch die Rolle der Medien wurde immer wieder kritisch und reflexiv über das Medium Rap thematisiert. Gill Scott Heron, ein Vorläufer des modernen Sprechgesangs, thematisierte Anfang der 1970er Jahre in seinem Lied „The Revolution Will Not Be Televised" die passivierende Wirkung der Massenmedien und setzte dagegen eine politische Perspektive: „You will not be able to stay home, brother. You will not be able to plug in, turn on and cop out. You will not be able to lose yourself on skag and skip, skip out for beer during commercials, because the revolution will not be televised. The revolution will not be televised. The revolution will not be brought to you by Xerox in 4 parts without commercial interruptions. [...] NBC will not be able predict the winner at 8:32 or report from 29 districts. The revolution will not be televised. There will be no pictures of pigs shooting down brothers in the instant replay. [...] There will be no highlights on the eleven o'clock news and no pictures of hairy armed women liberationists and Jackie Onassis blowing her nose. [...] The revolution will not be right back after a message about a white tornado, white lightning, or white people. [...] The revolution will not go better with Coke. [...] The revolution will put you in the driver's seat. [...] The revolution will not be televised, will not be televised, will not be televised, will not be televised. The revolution will be no re-run brothers; the revolution will be live".

Chuck D, Frontmann der Hip Hop-Band Public Enemy, spricht von Rap als „schwarzem CNN", eine Reflexion des Überlebenskampfes Schwarzer in den USA. In Songs wie „Letter to the New York Post" (1991; „Here's a letter to the New York Post, The worst piece of paper on the east coast, ... Founded in 1801 by Alexander Hamilton; that is 190 years continuous of fucked up news") und „Don't Believe the Hype" warnten Public Enemy vor Lügen in den Medien: „Some claim that I'm a smuggler; Some say I never heard of 'ya; A rap burgler, false media; We don't need it do we?; It's fake that's what it be to 'ya, dig me?; Don't believe the hype...The meaning of all of that: Some media is the whack; You believe it's true, it blows me through the roof; Suckers, liars get me a shovel; Some writers I know are damn devils; For them I say don't believe the hype".

Der New Yorker Rapper KRS One (Kris Parker) sieht Hip Hop als ein Medium zur Verbreitung kritischer politischer Bildung („educational rap"). Seine Texte zeichnen sich durch kritische Statements zur kapitalistischen Entwicklung aus. Aufklärung sei als Mischung aus Unterhaltung und Politik möglich, Parker verwendet dafür den Begriff „Edutainment" (Education + Entertainment). „I believe it is good to have people in communication communicating, upflifting messages to the masses of people. [...] The true revolution will unite humanity not Black or White or Asian or Indian, all races" (Liner Notes zum Album „Edutainment", 1990)

„What I would like to bring out today is rap music as a revolutionary tool in changing the structure of racist america" (Exhibit A, Album: "Edutainment", 1990)

„Take the word "overseer," like a sample; Repeat it very quickly in a crew for example; Overseer, Overseer, Overseer, Overseer; Officer, Officer, Officer, Officer; Yeah, officer from overseer; You need a little clarity? Check the similarity! The overseer rode around the plantation; The officer is off patroling all the nation; The overseer could stop you what you're doing; The officer will pull you over just when he's pursuing; The overseer had the right to get ill; And if you fought back, the overseer had the right to kill; The officer has the right to arrest; And if you fight back they put a hole in your chest! They both ride horses; After 400 years, I've got no choices!" (The Sound of Da Police, Album: Return of the Boom Bap, 1993)

„When you go to school, they give the answer to all your questions. Two or three months later they test you on if you remember the answer or not; this is not thinking, this is memorizing. And when you go through your entire life using memory and not intellect, any problem that you're confronted with that you don't remember how to deal with, you can't deal with. [...] The human being gets worked on in three ways; politically, educationally and religiously. Keep in mind, the religious system and the educational system come out of the political system. First they take your land, then they take your mind, then they take your soul and the human being is made a slave. [...] The educational system presently teaches students how to be American, not Human" (Parker/Zizwe 1992).

Beispiel: Indymedia
Im Rahmen der Anti-Globalisierung-Bewegung enstand das alternative globale Medienprojekt Indymedia, das nach dem Prinzip "Don't hate the media, become the media" operiert. „Seit dem Ende des Kalten Krieges ist es zu einer nie dagewesenen Zusammenballung etablierter Medienmacht gekommen; Medienkonzerne verbreiten über unzählige Kanäle ihre vielfach durch politische u./o. wirtschaftliche Interessen gefärbten Informationen und konstruieren somit Kraft ihrer Definitionsmacht ein Bild der Realität, das teilweise in krassem Gegensatz zu einer von vielen Menschen ganz anders erlebten Wirklichkeit steht. Dies erschwert weltweit die Arbeit verschiedenster AktivistInnengruppen, deren Einsatz für mehr Gerechtigkeit von den großen Medien systematisch übersehen und deren Anliegen u. Aktivitäten gefiltert, verzerrt oder gar nicht dargestellt werden - solange es nicht 'ins Bild passt'. Um solch massive 'Lücken', die jede komplexere Wahrheitsfindung verhindern, auszufüllen, begannen Menschen in den verschiedensten Teilen der erde alternative Informationskanäle u. Verbreitungswege aufzubauen wie z.B. Untergrundmagazine, freie Radio- u. Fernsehsender, unabhängige Filmproduktionen etc. Diese Ansätze zu vernetzen und dadurch auch in ihrer globalen Gegenpräsenz zu verstärken war dann einer der Hauptgedanken, die zur Entstehung von Indymedia führten. Indymedia Deutschland versteht sich als ein emanzipatorisches, unabhängiges Medienwerk ohne kommerzielle Interessen (hier ist die Information kein Modethema, keine 'Handelsware' mit Marktwert), mit dem zentralen Ansatz, Gegenöffentlichkeit zu schaffen, indem die Menschen an der gesellschaftlichen Basis DIREKT zu Wort kommen; darum ist auch das Open Posting ein so wichtiger Bestandteil der Idee. Alle Beteiligten handeln eigenverantwortlich, Mitgliedschaften oder interne Hierarchien/Führungsstrukturen wie in anderen Organisationen widersprächen massiv dem Grundprinzip des Projekts. Alle, die sich einbringen, SIND dadurch gleichzeitig (und von daher gleichberechtigt) Indymedia. Indymedia ist immer auch Teil der Bewegung, von der es berichtet" (aus: Grundsatzerklärung Indymedia Deutschland, http://www.indymedia.de)

Beispiel: Dead Kennedys
Die kalifornische Punkband Dead Kennedys reflektierte in ihren Songtexten in den 1980ern kritisch die amerikanische Realität und äußerte sich radikal und provokant zu Themen wie Arbeitslosigkeit, Armut, Korruption, Ausbeutung, Krieg, Medienmanipulation.
„My job is to help destroy what's left of your imagination, By feeding you endless doses of sugar-coated mindless garbage" (MTV – Get Off The Air, Album: Frankenchrist).
„I am Emperor Ronald Reagan; Born again with fascist cravings; Still, you made me president; Human rights will soon go 'way; I am now your Shah today; Now I command all of you; Now you're going to pray in school; I'll make sure they're Christian too; Die on our brand new poison gas; El Salvador or Afghanista; Making money for President Reagan; And all the friends of President Reagan" (We've Got A Bigger Problem Now, Album: In God We Trust, Inc.).

Beispiel: Christoph Schlingensief
Bei den deutschen Bundestagswahlen 2000 kandidierte die Partei Chance 2000 des Künstlers und Aktivisten Christoph Schlingensief. Ziel war die Kritik an Inszenierungen und Lügen in der Politik, an Stelle politischer Fremdorganisation sollte die Selbstorganisation Betroffener gesetzt werden. Es wurden Gegenveranstaltungen zu CDU-Veranstaltungen organisiert, wie etwa ein Protestschwimmen im Wolfgangsee, um Bundeskanzler Helmut Kohl in seiner Urlaubsruhe zu stören. Chance 2000 war eine radikale Gegeninszenierung, die die Medien nutzte, um gesellschaftskritische Inhalte zu vermitteln. In einer Werbekampagne versuchte Chance 2000, Arbeitslosen zur Bundestagskandidatur zu verhelfen. Unter dem Schlagwort „Wahlkampfzirkus 2000" wurden Theateraufführungen veranstaltet, die den realen Wahlkampf satirsch reflektierten. In der „Talkshow 2000" auf SAT 1 rief Schlingesief auf: „Tötet Helmut Kohl!". Ziele waren u.a. das Engagement von und für Arbeitslose(n), Obdachlose(n) und Behinderte(n). Die Sprache des Programms der „Chance 2000" war eine einzige Satire auf die Sprache der Medien, Parteiberater, Spindoctors und PR-Experten.
Bei den Wiener Festwochen 2000 startete Schlingensief eine künstlerische Protestaktion gegen die FPÖ/ÖVP-Regierung, Rassismus und Reality-TV, die auf breites Medienecho stieß. Ein Container à

la Big Brother wurde aufgestellt, in dem sich 12 Asylanten aufhielten, die über das Internet 24 Stunden live beobachtet werden konnten. Das Publikum durfte entscheiden, welcher Migrant den Container verlassen muss und abgeschoben wird. Der Aufruf zu dieser Aktion lautete: „Wählen Sie Ihren Ausländer! Geben Sie ihm Ihre Stimme! Werfen Sie täglich zwei aus dem Land! Die Abschiebung läuft! Sie haben die Möglichkeit Ihre jederzeit und mehrfach wahlberechtigte Stimme online oder per Ted-Telefonnummer zu verlautbaren. Täglich werden die zwei Punkthöchsten entfernt". Aus der Presseaussendung zu dieser Aktion: „Diese Woche darf dort die österreichische Bevölkerung (und durch das Internet die ganze Welt) an einem öffentlichen Prozess der Abschiebung teilhaben. Zwölf werden Einkehr in würdigem Lagerkomfort erhalten, Ess- Wasch,- und Schlafstätten aus bestem heimatlichem Hartmaterial. Durch sechs Kameras bekommen sie aus sicherer Distanz permanente Einsicht auf deren Existenzen. Doch täglich müssen auch zwei ihrer vorbestimmten Wege gehen. Und Sie, meine sehr verehrten Zuseher und Mitmacher, bestimmen diese. Ausländer raus! Nicht umsonst manifestierte sich dieser Spruch hier auf prominentester Ebene, spricht Österreich das aus was sich der Rest nur denkt. Und Sie sind ein Teil davon. Machen Sie sich laut! Unser Freund Christoph holte das unglückliche Dutzend Illegaler aus dem Schattendasein für einen kurzen Moment in der Öffentlichkeit. Wenn die Sonne am 17. sinkt, wird einer übrigbleiben der unseren Boden nicht verlässt. Einer, der hier sein Leben und Werk verrichten darf mit 35.000 Schillingen Startkapital in der Tasche und einem Inländer, der sich zur Hochzeit bereitstellt. Oder ein Heimflugticket zum selben Preis, denn jeder ist seines eigenes Glückes Schmied und unsere Grenzen sind überfüllt genug. Christophs Container wünscht vor allem eins: Aufmerksamkeit und Konsequenz. Bilder zu allem, was schon lange ansteht und sich breitmacht. Also zeigen Sie sich uns. Wählen Sie mit! Schieben Sie ab! Dieses Österreich, das wir meinen, kann überall sein. In diesem Sinne. Tötet Europa! Bitte liebt Österreich!"

8.3.3.3. Die Globalisierung der Kultur im Spannungsfeld von Einheit und Vielfalt

Der Kulturbegriff
Kulturen bezeichnen Lebensformen menschlicher Gemeinschaften, die für die an ihnen teilhabenden Individuen Sinn stiften und an einem unverwechselbaren Amalgam von Werten, Ideen, Einstellungen, Meinungen usw. deutlich werden. Diese Lebensformen bestehen im Stil, wie mit der Kreation eigener Ideen in den schöpferischen Meinungsstreit der Gesellschaft über das Gute, das Schöne, das Gerechte, über das Wahre und über das Nützliche eingegriffen wird, ein Stil, der dann in materiellen Werten – den sogenannten Kulturgütern – sein Resultat findet, vergegenständlicht wird und zum Ausdruck kommt. Genauso wie die Bereiche Ökonomie und Politik entwickelt der Bereich der Kultur im Lauf der Entwicklungsgeschichte der Gesellschaften eine globale Dimension. Kulturen bestehen nicht, indem sie sich dauerhaft isolieren, sondern indem sie sich aufeinander beziehen. Dabei müssen diese Bezugnahmen nicht notwendigerweise positiven Charakter tragen, es kann sich auch um negative handeln.

Eine Auffassung von der Einheit der Weltgesellschaft in der Vielfalt menschlicher Selbstverwirklichung, die jenseits des Modells der Moderne und jenseits der Gegenmodelle zur Moderne angesiedelt ist, reflektiert gleichwohl die Moderne, indem sie nach dem sucht, was fortsetzbar und fortsetzungsbedürftig ist, und nach dem, was unterbrechbar und unterbrechungsbedürftig ist. Damit entwirft sie das Bild einer anderen, einer zweiten Moderne, die sich von der ersten durch gewisse Merkmale unterscheidet, die mit der ersten aber auch über gewisse andere Merkmale verbunden ist. Reichen die Wurzeln kosmopolitischen Denkens, das die ganze Welt als Heimstatt des Menschen betrachtet, bis ins antike Griechenland zurück - "der Kyniker Diogenes gilt als der erste, der auf die Frage, woher er stamme, die Antwort gab, er sei Kosmopolit, ein Bürger der Welt, um sich von den engstirnig-kleinräumigen Streitereien der

Poleis zu distanzieren" -, so scheint heute die Stunde gekommen, in der das Denken von der Wirklichkeit eingeholt wird. "Transnationale Ortspolygamie, das Verheiratetsein mit mehreren Orten, die verschiedenen Welten zugehören: das ist das Einfallstor der Globalität im eigenen Leben, führt zur Globalisierung der Biographie", wie Ulrich Beck am Beispiel einer 84jährigen Dame ausführt, die in Tutzung am Starnberger See wohnt, aber auch in Kenia zu Hause ist, wo sie mehrere Monate des Jahres zubringt (Beck 1997, S. 129).

Kulturelle Globalisierung als Einheit in der Vielfalt
Die Einheit ohne Vielfalt wie im Universalismus und wie im Partikularismus und die Vielfalt ohne Einheit wie im Pluralismus sind Bilder der kulturellen Weltordnung, die weder mit der Realität übereinstimmen noch wünschenswerte Zukünfte ausmalen. Ökonomen wie Ethnologinnen, Soziologen wie Anthropologinnen halten den beschworenen Tendenzen zur weltweiten Verflachung durch Homogenisierung wie zur Auflösung ins Hier und Jetzt durch Fragmentierung das Faktum entgegen, dass Globalisierung unterschiedlich wirkt, nämlich je nach Kontext, in den sie eingebettet wird, unterschiedliche Wirkungen hervorruft, jedenfalls aber zu Mischformen führen kann, zu Hybriden, Melangen, Kreolisierungen - von "Hybridization" und vom "Melange-Effekt" spricht z.B. Pieterse (1993), "Kreolisierung" ist vom Ethnologen Ulf Hannerz (1992) in die Debatte eingeworfen worden (siehe auch Joana Breidenbach und Ina Zukrigl 1998) -, in denen das Allgemeine und das Besondere neue Verbindungen eingehen. (Kulturelle) Globalisierung erweise sich damit als ein hochgradig dialektischer Prozess (Breidenbach/Zukrigl 1998), in dem die folgenden Dialektiken erkannt werden können (Beck 1997, S. 92-95): die zwischen Standardisierung auf globaler Ebene und der Betonung der lokalen Identität, die zwischen erzwungener Einbindung in neu entstehende transnationale Gemeinschaften und der Herauslösung aus überkommenen, durch die geographische Nähe bestimmten sozialen Zusammenhängen; die zwischen Konzentration und Zentralisierung und Dezentralisierung auf allen Ebenen des Sozialen, die zwischen Konflikt durch Spaltungen und Ausgleich durch das Erzeugen neuer Gemeinsamkeiten. Das Lokale und das Globale schlössen einander nicht aus. Deshalb hat Robertson die Wortverbindung von "Globalisierung" und "Lokalisierung" zur Charakterisierung dieses Prozesses vorgeschlagen: "Glokalisierung" (Robertson 1992).

Der Denkfigur nach vertreten diese Positionen eine faktische "Einheit in der Vielfalt", die als mögliche auch gesollt werden kann. Im Unterschied zum kulturellen Universalismus, der das Universale in den Überlappungen verschiedener Kulturen sieht (Kulturschmelze), und im Unterschied zum Kulturrelativismus, für den es kein einigendes Band zwischen einander fremden, aber entweder einander über- und unterlegenen und daher vereinnahmenden und vereinnahmten oder miteinander sich als gleichberechtigt behaupten wollenden Kulturen gibt (Kulturkampf), ist es eine Dialektik von Allgemeinem und Besonderem, die in diesem Denken das Verhältnis des Einen zum Vielen bestimmt. Das Eine ist das Allgemeine, das im Besonderen existiert, aber im Besonderen nicht aufgeht. Das Viele ist das Besondere des Allgemeinen, das aber im Allgemeinen nicht aufgeht. Allgemeines und Besonderes haben einander wechselseitig zur Voraussetzung, und doch können sie nicht aufeinander zurückgeführt werden. Jedes von ihnen bewahrt eine gewisse Eigenständigkeit. Der Prozess ihrer gegenseitigen Beeinflussung ist ein Wechselspiel von Integration und Differenzierung. Die Integration ist die Herausbildung des Einen, ein Prozess, der vom Besonderen zum Allgemeinen verläuft, eine Verallgemeinerung, die ein neues Allgemeines erzeugt, das in sich das Viele zusammenfasst. Die Differenzierung ist die Erweiterung des Vielen, ein Prozess, der vom Allgemeinen zum Besonderen gerichtet ist, eine Besonderung, die ein neues Besonderes produziert, das aus dem Einen heraus sich auffächert. Das neue Allgemeine wie das neue Besondere sind Qualitätssprünge, die auf Emergenz und Dominanz in einem selbstorganisierenden Zyklus verweisen.

Die Glokalisierung ist demnach sowohl ein Prozess der Integration als auch ein Prozess der Differenzierung, das Entstehen einer einzigen Allgemeinheit und das Entstehen vieler Besonderheiten zugleich. Das eine Allgemeine, das Universale, entsteht durch das Aufeinandertreffen und Miteinander-in-Beziehung-Treten der vielen Besonderen, des Partikularen im Plural, die ihrerseits aus den Ermöglichungen und Einschränkungen hervorgehen, die das Allgemeine bereithält. Die Weltgesellschaft emergiert aus der Interaktion der Kulturen der Welt, eine Kultur wird unter der Dominanz der Weltgesellschaft zur Geburt von Neuem. Es ist dieser letzte Prozess der Beeinflussung der lokalen Kulturen vom Globalen und der Hervorbringung von vorher nicht Dagewesenem, der in der ethnographischen Diskussion betont wird. Die indigenen Kulturen müssen nicht einfach willenlos okzidentale Kulturelemente rezipieren, sondern können sie höchst unterschiedlich interpretieren und mit ihnen auf vielfältige Weise umgehen. "Das Spektrum reicht von Widerstand über kreative Aneignung bis hin zu unkritischer Übernahme" (Breidenbach/Zukrigl 1998, S. 15). Betten sie sie in ihren Kontext ein, gestalten sie sie um, dann kommt es eben zu etwas Drittem. Beispiele gibt es genug. Auf das Verhältnis von Kultur und Gesellschaft, das durch ein Aufeinandereingehen, ein gegenseitiges Respektieren, ein wechselweises Geben und Nehmen auch normativ gefasst werden kann, passt der Term "Aushandeln", um diesen neuen Umgang zu bezeichnen. Dadurch ändert sich auch der erhoffte Charakter der Weltgesellschaft. Sie soll nicht bloß multikulturell sein, auch nicht bloß mit mehr und mehr interkulturellen Beziehungen ausgestattet werden. Der Philosoph Wolfgang Welsch prägte den Ausdruck "*Transkulturalität*", womit er meint (Pongs 1999, 243), "dass die kulturelle Formation der Individuen und damit auch die Struktur der Gesellschaft weltweit immer mehr von nationalen Formationen unabhängig wird."

Globalisierungsprozesse bewegen sich im Spannungsfeld von Einheit und Vielfalt. Die ideale Form der Einheit in der Vielfalt ist heute nicht erreicht, Einheit und Vielfalt scheinen im Antagonismus zueinander zu stehen, es dominieren eine Einheit ohne Vielfalt und eine Vielfalt ohne Einheit. Dabei spielen auch die modernen Technologien eine wesentliche Rolle.

8.3.3.4. Neue Technologien und die Globalisierung der Kultur

Technisierung und Globalisierung
Auch hier unterliegen die neuen Technologien einer Ambivalenz von Chancen und Risiken. Einerseits kann die Herausbildung einer globalen Weltkultur, die auf umfassender Kommunikation und Verständigung der Menschen miteinander basiert, als

äußerst wünschenswert angesehen werden. Neue Technologien könnten hier eine vermittelnde Rolle spielen. Andererseits sind diese aber auch in die bestehenden gesellschaftlichen Antagonismen eingebunden, was dazu führt, dass sie die Tendenzen einer Einheit ohne
Vielfalt und einer Vielfalt ohne Einheit verstärken.

Globale Prozesse und die Veränderung von Raum und Zeit durch I&K-Systeme stehen offensichtlich in einem Zusammenhang. Das Verhältnis von Technik und Globalisierung spielt sich im wechselseitigen Verhältnis zwischen Technik und Gesellschaft ab. Die wesentliche Frage dabei ist, ob die moderne Technik Ursache oder Folge der Globalisierung ist. Die Einnahme einer dialektischen Position hilft dabei, monokausale Erklärungsweisen wie die des Technikdeterminismus und des Sozialkonstruktivismus zu vermeiden. Unsere Grundthese lautet diesbezüglich, dass Computer- und I&K-Systeme sowohl Medium als auch Resultat der ökonomischen, politischen und kulturellen Globalisierung sind.

Neue Technologien: Medium der Globalisierung
Typisch für unsere heutige moderne Gesellschaft ist, dass die neuen Medien und Technologien eine Beschleunigung sozialer Prozesse und der Restrukturierung des Weltsystems in neuen Qualitäten ermöglichen. Verkehrs-, Transport- und I&K-Systeme sind Medium und Resultat der ökonomischen Globalisierung. Für den Bereich der modernen Informations- und Kommunikationssysteme gehen wir nun auf diesen Aspekt näher ein.
Auf der einen Seite ermöglichen I&K-Systeme durch die Herstellung von raum-zeitlicher Entfernung den Einfluss lokaler Prozesse auf das weltweite Geschehen und umgekehrt. Dadurch stellen sich sowohl eine räumliche als auch eine zeitliche Unabhängigkeit ein. Daher können die modernen Informations- und Kommunikationssysteme als Medium der Globalisierung bezeichnet werden. Sie ermöglichen und vereinfachen durch die Beschleunigung der globalen Kommunikation die Vernetzung in und von Weltwirtschaft, Weltpolitik und Weltkultur. Die schnelle und weltweite Übertragung von Daten wird durch I&K-Systeme effizient gestaltet, und eine rasche und unmittelbare globale Kommunikation kann durch sie stattfinden. Sie sind also nicht ausschließlich Medium der ökonomischen Globalisierung, sondern auch eines der politischen und kulturellen.

Gérard Raulet (1988) bezeichnet in diesem Zusammenhang die Schaffung räumlicher Unabhängigkeit als Delokalisierung. Dies hat zur Folge, dass alle Orte von jedem anderen gleichermaßen erreichbar sind. Die Delokalisierung schaffe auch eine zeitliche Unabhängigkeit, bei der es kein Vorher und Nachher mehr gibt: "In den neuen Kommunikationsnetzen gleichen sich alle Orte einander an und werden insofern austauschbar, als sie im Prinzip alle von jedem x-beliebigen unter ihnen aus gleichermaßen erreichbar sind, der seinerseits weder einen Ausgangs-, noch einen bevorzugten Endpunkt darstellt. [...] Die Delokalisierung betrifft jedoch nicht nur die Position im Raum, sondern auch die *in der Zeit*. So gibt es im Falle der digitalen Bilder kein Vorher und Nachher mehr" (Raulet 1988, S. 286f).

In ähnlicher Weise betont Paul Virilio (1992), dass es das wesentliche Moment des Computers ist, dass er eine Zeit- und Ortsunabhängigkeit herstellt. Durch die Annäherung an die Lichtgeschwindigkeit werde der Ort unbedeutend. Dadurch gehe auch die Zeitdifferenz zwischen dem Auftauchen eines Bedürfnisses und dessen Befriedigung gegen Null. Damit werde der Stillstand zur ultimativen Beschleunigung, zum rasenden Stillstand (Virilio 1992). Es wird dabei zum Ausdruck gebracht, dass durch moderne I&K-Systeme die Körper prinzipiell stillstehen könnten und durch den vernetzten Datentransport trotzdem jeden Punkt und jede Bewegung im Raum wahrnehmen können: Die "neuesten Techniken der häuslichen Interaktivität[86] und der Telepräsenz [...] [fixieren] die Persönlichkeit eines Individuums [...] [Dies führt zur] Erfindung eines Bewegungsvermögens auf der Stelle, die die Mobilität im Raum ersetzt; [...] [So entsteht] eine letzte Bewegungslosigkeit [...], eine durch und durch relativistische Bewegungslosigkeit" (Virilio 1992, S. 150f).

Anthony Giddens: Globalisierung als raum-zeitliche Entbettung sozialer Beziehungen
Anthony Giddens spricht von der Entbettung (Disembedding) als einem wesentlichen Prozess der Moderne. Unter Entbettung versteht er die raum-zeitliche Entfernung von sozialen Beziehungen. Sie gehe einher mit einem Prozess der Wiedereinbettung (Reembedding), bei dem die ausgelagerten sozialen Beziehungen wieder an die lokalen (zeitlichen und örtlichen) Gegebenheiten angepasst werden. Die Entbettung versteht Giddens als "Herausheben sozialer Beziehungen aus ortsgebundenen Interaktionszusammenhängen und ihre unbegrenzte Raum-Zeit-Spannen übergreifende Umstrukturierung" (Giddens 1995, S. 33). Als ein Beispiel dafür nennt Giddens, dass Verwandte in der Moderne oft durch die Entbettung örtlich voneinander weit entfernt leben. Moderne Transport- und Kommunikationsmittel ermöglichen aber die Wiedereinbettung in dem Sinn, dass der kommunikative Kontakt und Besuche jederzeit möglich sind. Ein anderes Beispiel für das Verhältnis von Dis- und Reembedding ist der Zusammenhang von Globalem und Lokalem. Durch die Entbettung werden lokale Angelegenheiten global erfahrbar. Andererseits drückt sich Globales im Lokalen in dem Sinn aus, dass globale Geschehnisse auf lokale Prozesse zurückwirken und diese beeinflussen. Über das Fernsehen oder heute auch über das Internet beeinflusst das Weltgeschehen das alltägliche Handeln der Menschen. Medien, Fernsehen und Zeitungen machen uns mit weit entfernten Sachverhalten vertraut. Damit ist auch der Zusammenhang von Globalisierung, I&K-Systemen und Entbettung verdeutlicht: I&K-Systeme ermöglichen die Herstellung raum-zeitlicher Entfernung (z.B. von Produktionsstandorten, FreundInnen, verwandtschaftlichen oder Liebes-Beziehungen usw.). Sie stellen also einerseits Entfernung her, andererseits helfen sie mit, den Prozess der Wiedereinbettung in dem Sinn zu ermöglichen, dass sie die hergestellte raum-zeitliche Entfernung durch die kommunikative Verbindung über Raum und Zeit hinweg aufheben.

Als Beispiel für technisch vermittelte Entbettungs- und Delokalisierungsprozesse sei die Herstellung der raum-zeitlichen Entfernung von Produktionsstandorten und Teilprozessen der Produktion erwähnt. Eine Zerlegung des Produktionsprozesses in

---

86. Unter häuslicher Interaktivität ist "der zunehmende Verlust der Beziehung zur äußeren Welt" (Virilio 1992, S. 122) zu verstehen.

kleine Einheiten, die jeweils von Subunternehmen oder Zulieferern in jenen Regionen ausgeführt werden können, in denen die ökonomischen Rahmenbedingungen möglichst optimal sind, wird möglich. Moderne Informations- und Kommunikationssysteme sind also auch ein Medium der ökonomischen Globalisierung, sie sind die Basis für die Restrukturierung von Betrieben hin zu dezentralen und vernetzten Einheiten. Sie beschleunigen die diversifizierte Qualitätsproduktion, die sich nach individuellen Kundenwünschen ausrichtet. Eine Produktion zum Zeitpunkt der Nachfrage wird tendenziell durch die Vermittlung des Bedürfnisses in Echtzeit an die Produktionseinheiten möglich. Durch das Internet wird auch der Einkauf beschleunigt. Der Boom des E-Commerce ist nicht zuletzt darauf zurückzuführen, dass durch die Zwischenschaltung eines technischen Mediums der Einkauf bequem und schnell von zu Hause aus erfolgen kann.

Neue Technologien: Resultat der Globalisierung
Andererseits sind I&K-Systeme nicht nur Medium der Globalisierung, sondern auch deren Resultat. Es liegt in der Logik der modernen Gesellschaft begründet, die Produktivität permanent zu steigern, um Profite zu erhöhen. Ständig neue Automatisierungsschübe sind daher eine logische Konsequenz. Es sind ständig produktivere Maschinen und neue Technologien notwendig. Daher kann auch argumentiert werden, dass I&K-Systeme und die vernetzenden Technologien nicht zufällig entstanden sind, sondern sich nur durchsetzen konnten, da sie sich auf die Organisation der modernen Gesellschaft positiv auswirken und diese in dem Sinn bereichern, dass sie Internationalisierungsprozesse vereinfachen. In diesem Sinn können die neuen Technologien auch als Resultat der Globalisierung verstanden werden. Sie bedingen als Medium einerseits die Globalisierung, sind also eine von deren Voraussetzungen. Andererseits ist die Globalisierung ein der modernen Gesellschaft innewohnender Prozess. Die Internationalisierung sozialer Prozesse benötigt für ihre effiziente Gestaltung entsprechende Verkehrsformen. Die Entwicklung und vor allem die globale Durchsetzung von Schifffahrt, Eisenbahn, Telegraf, Telefon, Funk und Fernsehen, Auto, Flugzeug, Computer und letzten Endes von I&K-Systemen erscheint daher logisch als das Resultat der internationalen Dimension der Moderne.

Diese Zusammenhänge von Globalisierungsprozessen und der beschleunigenden Wirkung von Technologien erkannte bereits Marx. "Wenn einerseits mit dem Fortschritt der kapitalistischen Produktion die Entwicklung der Transport- und Kommunikationsmittel die Umlaufzeit für ein gegebenes Quantum Waren abkürzt, so führt derselbe Fortschritt und die mit der Entwicklung der Transport- und Kommunikationsmittel gegbne Möglichkeit umgekehrt die Notwendigkeit herbei, für immer entferntere Märkte, mit einem Wort, für den Weltmarkt zu arbeiten" (Marx 1885, S. 254). Transport- und Kommunikationswesen seien „Waffen zur Eroberung fremder Märkte" (Marx 1867, S. 475). Wenn heute davon gesprochen wird, dass das Internet die ökonomische Globalisierung vorantreibe, so verweist dies auf nichts anderes als auf die grundsätzliche Funktion von Technologien im Kapitalismus, die Marx bereits im 19. Jahrhundert erkannte.

Die Globalisierung der Gesellschaft könnte im Prinzip zu einer Weltgesellschaft führen, die auf globalem Wohlstand, umfassender Partizipation und der Vereinfachung der Lebensbedingungen aller Menschen basiert. Globalisierung funktioniert jedoch heute antagonistisch, sie orientiert sich an ökonomischen Interessen und führt daher eher zu einer globalen Zunahme von Ungleichheiten und der Monopolisierung von Macht. Auch Globalisierungsprozesse zeichnen sich somit durch eine Ambivalenz von Chancen und Risiken aus. Es kann von einer heute vorherrschenden antagonistischen Form der Globalisierung ausgegangen werden, es besteht aber auch die Möglichkeit einer alternativen, progressiven und demokratischen Form der Globalisierung.

Beispiel: Wie im richtigen Leben so auch im Internet (von Peter Nowak)
Telepolis, *Peter Nowak,* 01.12.2001
http://www.heise.de/tp/deutsch/inhalt/konf/11248/1.html
Wir danken Peter Nowak und der Redaktion Telepolis für die Abdruckgenehmigung

Eine Konferenz über epolitics ohne große Kontroversen. Nach eMail und eCommerce ist auch der Begriff ePolitics aus unserem Wortschatz bald nicht mehr wegzudenken. Ist das Internet für die politische Arbeit heute unentbehrlich? Dieser Frage widmete sich am Donnerstag in Berlin eine vom August-Bebel-Institut ausgerichtete Konferenz.

Gerade der Antiglobalisierungsbewegung wird oft nachgesagt, dass sie ein Internetprodukt ist. Wohl nicht ganz zu Unrecht, wenn man den Ausführungen des Attac-Webmasters Oliver Moldenhauer folgt: "Der schnelle Aufbau von Attac wäre ohne die massive Nutzung des Internet nicht möglich gewesen." Täglich werden die ca. 700 Attac-Webseiten von mehr als 1.500 Besuchern angeklickt. Informationen über Ortsgruppen und Veranstaltungen werden abgerufen, aber zunehmend wird auch per Mausklick demonstriert. So lässt das Protestmail die gute, alte Unterschriftenliste zunehmend anachronistisch werden. Moldenhauer warnt allerdings davor, ePolitics pauschal als hierarchiefrei und demokratisch anzusehen.
Dem schloss sich der an der freien Universität tätige Politologe Johannes Moes an. Der Begriff E-Democracy werde häufig mit e-voting und electronic-goverment identifiziert. Soziale Bewegungen mit ihren gesellschaftsverändernden Anspruch sollten vielmehr über e-movement diskutieren. Moes bemängelte das Fehlen einer kritischen Diskussion über den Gebrauch der Computermedien, obwohl sie gerade von den Protestbewegungen ausgiebig genutzt werden. Mit Moldenhauer war sich Moes einig, dass das Internet andere Kommunikationsformen lediglich ergänzt aber keinesfalls ersetzt. Außerdem sei das Internet nur so demokratisch wie die Gesellschaft, in der es benutzt wird.
Mit dem Internet neue Akzente setzten, will auch das Projekt connexx.av, das vor knapp 2 Jahren von der Deutschen Angestelltengewerkschaft (DAG) und der IG Medien ins Leben gerufen und jetzt von der Dienstleistungsgewerkschaft ver.di betreut wird. Damit sollen in der New Economy Beschäftigte gezielt angesprochen werden. Mit Erfolg. Die Hamburger Projektbetreuerin Maike Jaeger sieht die Einrichtung eines Betriebsrates bei Pixelpark als ein Ergebnis des Internetprojekts an. Die Beschäftigten wurden per Email gezielt über die Möglichkeiten ihrer eigenen Interessenvertretung informiert. "Hätten wir vor dem Tor Flugblätter verteilt, wären wir ignoriert worden", so Jaeger.
Während sie für ihre Arbeit von der Gewerkschaft entlohnt wird, arbeiten die Indymedia-Mitglieder unentgeltlich. Die beiden von dem Projekt delegierten Podiumsteilnehmer wollten ihre Namen nicht nennen, weil es den Grundsätzen des basisdemokratisch organisierten Medienprojekts widersprechen würde. Indymedia will die Hierarchie von Sender und Empfänger aufheben. Nicht professionelle Journalisten, sondern an sozialen Kämpfen Partizipierende sollen idealtypisch die Berichte schreiben. Doch es wurde auch eingeräumt, dass auch die Nutzer des noch recht jungen Mediums nicht frei von der Konsumhaltung sind. "Natürlich sehen sich viele im Netz die Berichte über Aktionen an, an denen sie nicht teilgenommen haben."
In welcher Form die Grundideen von Indymedia weiterentwickelt werden können, war für die beiden Aktivisten nicht abzusehen. Intern wird zur Zeit heftig über die Frage debattiert, wie mit den Beiträgen rechtslastiger russischer Indymedia-Aktivisten umzugehen ist, ohne den basisdemokratischen Grundsatz "Alle können alles publizieren" allzu stark zu verbiegen.
Auch der SPD-Abgeordnete Jörg Tauss, der von Moderator Burkhard Schröder als einer der wenigen Parlamentarier, der etwas vom Internet versteht, vorgestellt wurde, lobte die Partizipationschancen der ePolitics, die er als Ergänzung der Parlamentsarbeit begreift. Trotz der unterschiedlichen Spektren auf dem Podium und des sachkundigen Moderators wollte eine kontroverse Debatte nicht aufkommen. Das war im Netz allerdings nicht anders. Die Konferenzthesen sollten Wochen zuvor im Internet erarbeitet und diskutiert werden. Doch wie im richtigen Leben waren auch im Internet nur wenige Interessierte dazu bereit.

Literatur:

Adorno, Theodor W./Horkheimer, Max (1969) *Dialektik der Aufklärung. Philosophische Fragmente.* Frankfurt/Main. Fischer. Neuauflage 1997

Aglietta, Michel (1979) *A Theory of Capitalist Regulation. The US Experience.* London. NLB

Anders, Günther (1956/1980) *Der antiquierte Mensch.* Band 1+2. München. Beck (AM).

Arnett, Eric H. (1992) *Welcome to Hyperwar.* In: The Bulletin of the Atomic Scientists, Vol. 48, No. 7. S. 14-21

Arquilla, John/Ronfeldt, David (1993) *Cyberwar is Coming!* In: Journal Cmparative Strategy, Vol. 12, no. 2. S. 141-165

Bauman, Zygmunt (1997) *Schwache Staaten. Globalisierung und die Spaltung der Weltgesellschaft.* In: Beck, Ulrich (Hrsg.) (1997) *Kinder der Freiheit.* Frankfurt/Main. Suhrkamp. S. 323-331

Bauman, Zygmunt (1998) *Globalization. The human consequences.* Cymbridge. Polity Press

Beck, Ulrich (1997) *Was ist Globalisierung? Irrtümer des Globalismus - Antworten auf Globalisierung.* Frankfurt/Main. Suhrkamp

Bell, Daniel (1976) *Die nachindustrielle Gesellschaft.* Frankfurt/Main. Suhrkamp.

Benjamin, Walter (1935) *Das Kunstwerk im Zeitalter seiner technischen Reproduzierbarkeit.* In: Gesammelte Schriften, Band 7. Frankfurt/Main. Suhrkamp.

Best, Steven/Kellner, Douglas (1997) *The Postmodern Turn.* New York/London. Guilford Press

Best, Steven/Kellner, Douglas (2001) *The Postmodern Adventure.* New York/London. Guilford Press

BLS (U.S. Department of Labor, Bureau of Labor Statistics) (2002a) *International comparisons of labor productivity and unit labor costs in manufacturing, 2000.* Report No. 962.

BLS (U.S. Department of Labor, Bureau of Labor Statistics) (2002a) *Comparative Civilian Labor Force Statistics. Ten Countries, 1959-2001.*

Bourdieu, Pierre (1998) *Über das Fernsehen.* Frankfurt/Main. Edition Suhrkamp.

Bourdieu, Pierre (1999) *Neoliberalismus.* In: Die Tageszeitung. Nr. 6008 vom 4/12/1999

Bourdieu, Pierre (2000) *Der Neoliberalismus ist konservativ. Will Gegenfeuer legen: Pierre Bourdieu sieht im Neoliberalismus eine Gefahr für Europa. Interview mit Pierre Bourdieu.* In: Tagesanzeiger. 20/05/2000

Brecht, Bertolt (1932) *Radiotheorie.* In: Gesammelte Werke in acht Bänden, Bd. 8. Frankfurt/Main. Suhrkamp.

Breidenbach, Joana/Zukrigl, Ina (1998) *Tanz der Kulturen. Kulturelle Identität in einer globalisierten Welt.* München. Kunstmann.

Bromley, Roger et al. (Hrsg.) (1999) *Cultural Studies.* Lüneburg. zu Klampen.

Bühl, Achim (1997) *Die virtuelle Gesellschaft: Ökonomie, Politik und Kultur im Zeichen des Cyberspace.* Opladen/Wiesbaden. Westdeutscher Verlag.

Castel, Robert (1997) *The Model of the „Employment Society" as a Principle of Comparison between Systems of Social Protection in Northern and Southern Europe.* In: Palier, Bruno (Hrsg.) (1997) *Comparing Social Welfare Systems in Europe.* Paris. SICOM. Band 3. S. 27-46.

Castells, Manuel (1989) *The Informational City. Information Technology, Economic Restructuring and the Urban Regional Process.* Cambridge, Mass./Oxford. Blackwell

Chomsky, Noam/Dieterich, Heinz (1999) *Globalisierung im Cyberspace.* Globale Gesellschaft, Märkte, Demokratie und Erziehung. Bad Honnef. Horlemann. 2. Auflage

Coriat, Benjamin (1979) *L'atelier et le chronomètre. Essai sur le taylorisme, le fordisme et la production de masse.* Paris.

Daum, Matthias/Piepel, Ulrich (1992) *Lean Prodcution. Philosophie und Realität.* In: io Management. 1/92

Debord, Guy (1978) *Die Gesellschaft des Spektakels.* Hamburg. Edition Nautilus

Deleuze, Gilles (1993) *Postskriptum über die Kontrollgesellschaften.* In: Deleuze, Gilles (1993) *Unterhandlungen. 1972-1990.* Frankfurt/Main. Suhrkamp.

Deleuze, Gilles/Guattari, Félix (1977) *Rhizom.* Berlin. Merve

Destanne de Bernis, Gérard (1988) *Propositions for analysing the crisis.* In: International Journal of Political Economy. Sommer 1988

Diederichsen, Diedrich (2002) *Die Simpsons der Gesellschaft.* In: Gruteser et al. (2002), S. 18-24.

Dörner, Andreas (2001) *Politainment. Politik in der medialen Erlebnisgesellschaft.* Frankfurt/Main. Suhrkamp.

Economic Report of the President (2001). Washington, DC. US Government Printing Office.

Eisenstein, Zillah (1998) *Global Obscenities. Patriarchy, Capitalism and the Lure of Cyberfantasy.* New York/London. New York University Press.

Enzensberger, Hans Magnus (1970) *Baukasten zu einer Theorie der Medien.* In: ders. (1997) *Baukasten zu einer Theorie der Medien. Kritische Diskurse zur Pressefreiheit.* Münch en. Fischer. S. 97-132

Europäische Kommission (1998) Europäische Wirtschaft Nr. 65, S. 296f.

Fiske, John (1989) *Politik. Die Linke und der Populismus.* In: Bromley et al. (1999), S. 237-278.

Fiske, John (1996) *Media Matters. Everyday Culture and Political Change.* Minneapolis/London. University of Minnesota Press.

Flusser, Vilém (1996) *Ins Universum der technischen Bilder.* Göttingen. European Photography.

Foucault, Michel (1976) *Überwachen und Strafen: Die Geburt des Gefängnisses.* Frankfurt/Main. Suhrkamp. Neuauflage 1994

Free Software Foundation (FSF)/Stallman, Richard:
Categories of Free and Non-Free Software. www.gnu.org/philosophy/categories.html
GNU General Public License. Deutsche Übersetzung. www.gnu.de/gpl-ger.html
Selling Free Software. www.gnu.org/philosophy/selling.html
The Microsoft Antitrust Trial and Free Software. www.gnu.org/philosophy/microsoft-antitrust.html

What is Copyleft? www.gnu.org/copyleft/copyleft.html
What is Free Software? www.gnu.org/philosophy/free-sw.html
Why Software Should Be Free. www.gnu.org/philosophy/shouldbefree.html

Fuchs, Christian (2001) *Soziale Selbstorganisation im informationsgesellschaftlichen Kapitalismus*. Norderstedt. Libri

Fuchs, Christian (2001b) *Die IdiotInnen des Kapitals: „Freie Softwareproduktion" – Antizipation des Postkapitalismus?* In: Streifzüge, 1/2001. S. 13-18
http://stud4.tuwien.ac.at/~e9426503/infogestechn/fsw.html

Fuchs, Christian (2002a) *Concepts of Social Self-Organisation*. INTAS Project "Human Strategies in Complexity" Report (HSIC-Paper No. 4). 69 pages. Vienna. Vienna University of Technology. http://www.self-organization.org/results/papers/pdf/hsicpaper4.pdf

Fuchs, Christian (2002b) *Some Aspects of Anthony Giddens' Works for a Theory of Social Self-Organisation.* In: Emergence, Vol. 4, No. 3.

Fuchs, Christian (2002c) *Zur Aktualität ausgewählter Aspekte des Werks Herbert Marcuses.* In: ders. (2002) *Krise und Kritik in der Informationsgesellschaft.* Norderstedt. Libri BOD. S. 20-67.

Fuchs, Christian (2002d) *Krise und Kritik in der Informationsgesellschaft.* Norderstedt/Wien. Libri BOD.

Fuchs, Christian/Hofkirchner, Wolfgang (2000) *Die Dialektik der Globalisierung in Technik, Politik, Ökonomie und Kultur.* Beitrag beim Jubiläumskongreß der Österreichischen Gesellschaft für Soziologie. Wien. 21-23.09.2000. Online unter: http://stud4.tuwien.ac.at/~e9426503/infogestechn/glob.html

Fuchs, Christian/Hofkirchner, Wolfgang (2001a) *Ein einheitlicher Informationsbegriff für eine einheitliche Informationswissenschaft.* In: Floyd, Christiane/Fuchs, Christian/Hofkirchner, Wolfgang (im Erscheinen) *Stufen zur Informationsgesellschaft für alle.* Wien/London/New York. Peter Lang Verlag

Fuchs, Christian/Hofkirchner, Wolfgang (2001b) Theorien der Globalisierung. In: Z – Zeitschrift Marxistische Erneuerung, Nr. 48. S. 21-34

Giddens, Anthony (1985) *A Contemporary Critique of Historical Materialism. Vol. 2: The Nation-State and Violence.* Cambridge. Polity Press.

Giddens, Anthony (1995) *Konsequenzen der Moderne.* Frankfurt/Main. Suhrkamp

Gottschall, Dietmar (1994) *Von 152 auf 110 Sekunden.* In: Manager Magazin. 4/92

Gottl-Ottililienfeld, Friedrich von (1926) *Fordismus. Über Industrie und Technische Vernunft.* Jena. Verlag Gustav Fischer

Gramsci, Antonio (1971) *Americanism and Fordism.* in: ders. *Selections from the Prison Notebooks.* New York. International Publishers. S. 277-318

Grote, Andreas (1994) *Grüne Rechnung – Das Produkt Computer in der Ökobilanz.* In: CT, 12/1994

Grote, Andreas (1996) *Punktgenau – Schweizer Studie präzisiert die Ökobilanz des PC.* In: CT, 10/1996

Gruteser, Michael et al. (2002) *Subversion zur Prime-Time. Die Simpsons und die Mythen der Gesellschaft.* Marburg. Schüren

Habich, R/Krause, P. (1995) *Probleme der Messung und Reichweite empirischer Untersuchungen.* In: Barlösius, E./Feichtinger, E./Köhler, B.M. (Hrsg.) (1995) *Ernährung in der Armut. Gesundheitliche, soziale und kulturelle Folgen in der Bundesrepublik Deutschland. Der Armutsbericht des DGB und des Paritätischen Wohlfahrtsverbands.* Reinbek. Rororo

Hannerz, Ulf (1992) *Cultural Complexity*. New York. Columbia University Press

Haraway, Donna (1995) *Ein Manifest für Cyborgs*. In: Haraway, Donna (1995) *Die Neuerfindung der Natur: Primaten, Cyborgs und Frauen*. Frankfurt/New York. Campus. S. 33-72

Haraway, Donna (1996) *Anspruchsloser Zeuge@Zweites Jahrtausend. FrauMann© trifft OncoMouse^{TM}. Leviathan und die vier Jots: Die Tatsachen verdrehen*. In: Scheich (1996). S. 347-389

Hegedus, Szusza (1990) *Social Movements and Social Change in Self-Creative Society. New Civil Initiatives in the International Arena*. In: Albrow, Martin/King, Elizabeth (Hrsg.) (1990) *Globalization, Knowledge and Society. Readings from International Sociology*. London. Sage. S. 263-279

Hirsch, Joachim (1980) *Der Sicherheitsstaat. Das „Modell Deutschland", seine Krise und die neuen sozialen Bewegungen*. Frankfurt/Main. Europ. Verl.-Anst
Hirsch, Joachim (1991) *The Fordist Security State and New Social Movements*. In: Clarke, Simon (Hrsg.) (1991) *The State Debate*. London. Macmillan. S. 142-156

Hirsch, Joachim (1995) *Der nationale Wettbewerbsstaat*. Berlin. Edition ID Archiv.

Hirsch Joachim/Roth, Roland (1986) *Das neue Gesicht des Kapitalismus. Vom Fordismus zum Post-Fordismus*. Hamburg. VSA

Hirsch-Kreinsen, Hartmut (1996) *Internationalisierung der Produktion. Strategien, Organisationsformen und Folgen für die Industriearbeit*. In: WSI-Mitteilungen. 1/1996. S. 11-18

Hofkirchner, Wolfgang (1999) *Die halbierte Informationsgesellschaft*
http://igw.tuwien.ac.at/igw/menschen/hofkirchner/papers/InfoSociety/Halbierte_Infoges/infoges.html

Holzinger, Elisabeth (2001) *Atypische Beschäftigung in Österreich. Trends und Handlungsoptionen vor dem Hintergrund internationaler Entwicklungen*. AMS Report 19. Wien. Hofstätter.

Horatschek, Heinrich (1939) *Fordismus und die Selbstversorgung des Betriebes*. Wien. Eigenverlag.

Horkheimer, Max (1947) *Zur Kritik der instrumentellen Vernunft*. In: ders. (1997) *Zur Kritik der instrumentellen Vernunft*. Frankfurt am Main. Fischer. S. 11-174.

Horkheimer, Max/Adorno, Theodor W. (1969) *Dialektik der Aufklärung. Philosophische Fragmente*. Frankfurt/Main. Fischer. Neuauflage 1997

Huws, Ursula (2000) *Der Mythos der „Weightless Economy"*. In: Das Argument, Nr. 238. S. 646-660

Imai, Masaaki (1992) *Kaizen. Der Schlüssel zum Erfolg der Japaner im Wettbewerb*. München. Wirtschaftsverl. Langen Müller. 2. Auflage

Jessop, Bob (1986) *Der Wohlfahrtsstaat im Übergang vom Fordismus zum Postfordismus*. In: Prokla 65

Junker, Horst/Lang, Corinna V. (2002) *Betriebliche Umweltinformatik (BUI), Nachhaltigkeit und Informationsgesellschaft*. In. Floyd, Christiane/Fuchs, Christian/Hofkirchner, Wolfgang (Hrsg.) (2002) *Stufen zur Informationsgesellschaft. Festschrift zum 65. Geburtstag von Klaus Fuchs-Kittowski*. Wien. Peter Lang Verlag

Keynes, John Maynard (1936) *Allgemeine Theorie der Beschäftigung, des Zinses und des Geldes*. Berlin.

Kössler, Reinhard/Melber, Henning (1993) *Chancen internationaler Zivilgesellschaft*. Frankfurt/Main. Suhrkamp,

Krätke, Stefan (1991) *Strukturwandel der Städte. Städtesystem und Grundstücksmarkt in der „post-fordistischen„ Ära*. Frankfurt am Main/New York. Campus

Kurz, Robert (1999) *Schwarzbuch Kapitalismus. Ein Abgesang auch die Marktwirtschaft*. Frankfurt/Main. Eichborn

Latzer, Michael (1997) *Mediamatik: Die Konvergenz von Telekommunikation, Computer und Rundfunk*. Opladen. Westdeutscher Verlag.

Latzer, Michael (Hrsg.) (2000) *Mediamatikpolitik für die Digitale Ökonomie. eCommerce, Qualifikation und Marktmacht in der Informationsgesellschaft*. Innsbruck/Wien. Studien-Verlag.

Libicki, Martin *What is Information Warfare?* http://www.ndu.edu/inss/act003/a003cont.html

Lipietz, Alain (1987) *Mirages and Miracles. The Crises of Global Fordism*. London. Verso

Lipietz, Alain (1992) *Towards a New Economic Order. Postfordism, Ecology and Democracy*. Cambridge/Oxford. Polity Press/Blackwell Publishers

Marcuse, Herbert (1941) *Einige gesellschaftliche Folgen moderner Technologien*. In: Herbert Marcuse Schriften Band 3: *Aufsätze aus der „Zeitschrift für Sozialforschung"*. 1979. Frankfurt am Main. Suhrkamp. S. 286-319

Marcuse, Herbert (1967) *Der eindimensionale Mensch: Studien zur Ideologie der fortgeschrittenen Industriegesellschaft*. München. dtv. Neuauflage 1994

Martin, Hans-Peter/Schumann, Harald (1996) *Die Globalisierungsfalle. Der Angriff auf Demokratie und Wohlstand*. Reinbek. Rowohlt.

Marx, Karl (1857/58) *Grundrisse der Kritik der politischen Ökonomie*. Berlin. Dietz. MEW, Band 42

Marx, Karl (1867) *Das Kapital. Band 1: Der Produktionsprozeß des Kapitals*. Berlin. Dietz. MEW, Band 23

Marx, Karl (1885) *Das Kapital. Band 2: Der Zirkulationsprozeß des Kapitals*. Berlin. Dietz. MEW, Band 24

Marx, Karl (1894) *Das Kapital. Kritik der politischen Ökonomie. Band 3: Der Gesamtprozess der kapitalistischen Produktion*. Berlin. Dietz. MEW, Band 25

Marx, Karl/Engels Friedrich (1846) *Die deutsche Ideologie*. Berlin. Dietz. MEW, Band 3. S. 5-530.

McLuhan, Herbert Marshall (1992) *Die magischen Kanäle. Understanding Media*. Düsseldorf etc. ECON

McLuhan, Herbert Marshall (1995) *Die Gutenberg Galaxis. Das Ende des Buchzeitalters*. Düsseldorf etc. ECON

Meretz, Stefan (1999) *Die doppelt algorithmische Revolution des Kapitalismus*. www.kritische-informatik.de/algorevl.htm

Meretz, Stefan (2000) *LINUX&CO. Freie Software - Ideen für eine andere Gesellschaft*. AG Spak. www.kritische-informatik.de/fsrevol.htm

Meretz, Stefan/Schlemm, Annette (2000) *Subjektivität, Selbstentfaltung und Selbstorganisation*. www.kritische-informatik.de/selbstl.htm

Meyer, Thomas (2001) *Mediokratie. Die Kolonialisierung der Politik durch die Medien*. Frankfurt/Main. Suhrkamp

Monden, Yasuhiro (1983) *Toyota Production System*. Norcoss. Industrial Engineering and Management Press

Moulaert, Frank./Swyngedouw, Erik (1990) *Regional Development and the Geography of the Flexible Production System. Theoretical Arguments and Empirical Evidence from Western Europe and the U.S.* In: Borst, Renate et al. (1990) (Hrsg,) *Das neue Gesicht der Städte. Theoretische Ansätze und empirische Befunde aus der internationalen Debatte.* Basel/Boston/Berlin. Birkhäuser

Open Source Initiative: *The Business Case for Open Source.* www.opensource.org/advocacy/case_for_business.html

Open Source Initiative: *The Open Source Definition.* www.opensource.org/docs/definition.html

Parker, Kris/Zizwe, Prof. (1992) *H.E.A.L.: Human Education Against Lies.* New York. http://www.graffiti.org/ups/heal/

Pieterse, Jan P. Nederveen (1993) *Globalization as Hybridization.* The Hague. Institute of Social Studies

Pongs, Armin (1999) *In welcher Gesellschaft leben wir eigentlich? Gesellschaftskonzepte im Vergleich.* München. Dilemma

Postman, Neil (1992) *Wir amüsieren uns zu Tode.* Frankfurt/Main. Fischer

Postman, Neil (1995) *Keine Götter mehr. Das Ende der Erziehung.* Berlin. Berlin-Verlag

Prokop, Dieter (2002) *Der Medien-Kapitalismus. Das Lexikon der neuen kritischen Medienforschung.* Hamburg. VSA.

Raulet, Gérard (1988) *Die neue Utopie. Die soziologische und philosophische Bedeutung der neuen Kommunikationstechnologien.* In: Frank, Manfred et al (Hrsg.) (1988) Die Frage nach dem Subjekt. Frankfurt/Main. Suhrkamp. S. 283-317

Rauscher, Andreas (2002) *Method Acting im Kwik-E-Mart. Die Medientheorien der Simpsons.* In: Gruteser et al. (2002), S. 104-141.

Raymond, Eric (1997) *The Cathedral and the Bazaar.* www.tuxedo.org/~esr/writings/cathedral-bazaar/cathedral-bazaar

Revelli, Marco (1999) *Die gesellschaftliche Linke: Jenseits der Zivilisation der Arbeit.* Münster. Westfälisches Dampfboot

Ribolits, Erich (1995) *Die Arbeit hoch? Berufspädagogische Streitschrift wider die Totalverzweckung des Menschen im Post-Fordismus.* Wien. Profil Verlag

Rifkin, Jeremy (1995) *Das Ende der Arbeit und ihre Zukunft.* Frankfurt am Main/New York. Campus

Rilling, Rainer (1997) *Internet und Demokratie.* In: WSI-Mitteilungen 3/1997. S.194-205.

Robertson, Roland (1992) *Globalization. Social Theory and Global Culture.* London. Sage

Rosenau, James N. (1990) *Turbulence in World Politics. A Theory of Change and Continuity.* New York. Harvester Wheatsheaf.

Sassen, Saskia (1991) *The Global City.* Princetion, New York. Princetion University Press.

Sassen, Saskia (1998) *Globalization and its Discontents.* New York. New Press

Scheich, Elvira (Hrsg.) (1996) *Vermittelte Weiblichkeit: feministische Wissenschafts- und Gesellschaftstheorie.* Hamburg. Hamburger Edition

Scherrer, Christoph (1992) *Im Bann des Fordismus. Die Auto- und Stahlindustrie der USA im internationalen Konkurrenzkampf.* Berlin. Edition Sigma Bohn

Searls, Doc (1998) *Betting on Darwin, Part 1 and 2: Releasing the Source/Watching the Muck. Marc Andreessen and Tom Paquin on Netscape's Open Source Strategy.* Linux Journal. April/Mai 1998

Sombart, Werner (1927) *Das Wirtschaftsleben im Zeitalter des Hochkapitalismus.* München/Leipzig.

Steinhardt, Gerald (1999) *Auf dem Weg zur kaleidoskopischen Wahrnehmung. Überlegungen zur Subjekt-Konstitution und Welt-Erfahrung im Zeitalter der neuen Informations- und Kommunikationstechnologien.* In: psychosozial 22. Jg. (1999), Heft 1 (Nr. 75). S. 81-98

Taylor, Frederick Winslow (1919) *Die Grundsätze wissenschaftlicher Betriebsführung.* München. Oldenbourg

Tuncel, N. Devrim/Rauscher, Andreas (2002) *Die Mythen des Springfield-Alltags. Simpsons als Politsatire.* In: Gruteser et al. (2002), S. 154-166.

Turkle, Sherry (1996) *Parallel Lives: Working on Identity in Virtual Space.* In: Grodin, Debra (Hrsg.) (1996) *Constructing the Self in a Mediated World.* Thousand Oaks, Calif. Sage Publications. S. 156-175

Turkle, Sherry (1998) *Leben im Netz.* Reinbek bei Hamburg. Rowohlt

Unger, Brigitte (2001) Österreichs Beschäftigungs- und Sozialpolitik von 1970 bis 2000. In: Zeitschrift für Sozialreform, 47 Jahrgang, H. 4. S. 340-361

UNDP: United Nations Development Programme (2002) *Human Development Report 2002.* New York/Oxford. Oxford University Press

United States Department of Commerce/Bureau of the Census (1990) *Statistical Abstract of the United States 1990.* Washington, D.C. United States Government Printing Office

Verzola, Roberto (o.J.) *Globalization: The Third Wave.* http://www.yorku.ca/ research/dkproj/crit-ict/rv1.htm

Virilio, Paul (1978) *Fahren, fahren, fahren.* Berlin. Merve.

Virilio, Paul (1986) *Ästhetik des Verschwindens.* Berlin. Merve.

Virilio, Paul (1992) *Rasender Stillstand.* München/Wien. Hanser.

Virilio, Paul (1993) *Revolutionen der Geschwindigkeit.* Berlin. Merve.

Walton, Richard (2000) *International Comparisons of Company Profitability.* London. UK Office for National Statistics

Williams, Raymond (1958) *The Masses.* In: Higgins. John O. (Hrsg.) (2001) *The Raymond Williams Reader.* Oxford/Malden. Blackwell. S. 42-64.

Williams, Raymond (1974) *Television and Representation.* In: Higgins. John O. (Hrsg.) (2001) *The Raymond Williams Reader.* Oxford/Malden. Blackwell. S. 179-187

Wilson, Peter Lamborn (1995) *The Information War.* Speech at the opening of Public Netbase t0 on 17th March, 1995. http://www.t0.or.at/hakimbey/infowar.htm

Wirtschaftskammer Österreich (2002) *Statistisches Jahrbuch 2002.*

III. Absichten

Die Informationsgesellschaft ist eine widersprüchliche Formation, die Informatisierung der Gesellschaft bringt zugleich große Chancen als auch große Risiken mit sich. Technisch zeigt sich ein Widerspruch zwischen Mensch und „Megamaschine", ökologisch ein Widerspruch zwischen Mensch und „Gaia", ökonomisch ein Widerspruch zwischen Wissen als kollektiver Ressource und als Ware, politisch ein Widerspruch zwischen E-Democracy und Big Brother und kulturell ein Widerspruch zwischen Noosphäre und falschem Bewusstsein. Der Charakter der Informatisierung ist offen, es ist daher nicht determiniert, ob eher die Chancen oder die Risiken überwiegen. Dies ist abhängig von der menschlichen Praxis.

Wir leben heute in einer Gesellschaft, in der es schnelle und tiefgreifende Umwälzungen gibt. Wie diese Gesellschaft in 20, 30 oder 50 Jahren aussehen wird, ist relativ offen. Es kann aber gesagt werden, dass sich weitere Verschärfungen der globalen Probleme ergeben werden, wenn der derzeitigen Entwicklung nicht Einhalt geboten wird. Auf Grund dieser Probleme, die das Überleben der Menschheit gefährden, kann von einer globalen Gesellschaftskrise gesprochen werden.

Das Verb „informare" bedeutet im Lateinischen u.a. formen, gestalten. Information hat immer mit der Gestaltung von selbstorganisierenden Systemen zu tun. Es bedarf heute der bewussten Gestaltung der Gesellschaft, um eine Informationsgesellschaft im vollen Sinne des Wortes zu schaffen: nämlich nicht nur eine Gesellschaft, die von Datentechnik durchdrungen ist, und nicht nur eine Gesellschaft, die auf Wissen in allen gesellschaftlichen Bereichen zurückgreift, sondern eine weise Gesellschaft, die imstande ist, die Datentechnik und das Wissen zu nutzen, um die globalen Probleme anzupacken und eine sozial-ökologische Zukunft einzuläuten.

Die heute dominierende neokonservative Politik basiert auf der Annahme, dass der Mensch nicht in die Wirtschaft eingreifen sollte, da sich diese selbst steuern könne. Jeder Eingriff sei schädlich und verursache gesellschaftliche Probleme. Dies wird mit Begriffen wie Selbststeuerung, Selbstregulation oder spontane Ordnungsbildung bezeichnet. Gemeint ist damit in Wirklichkeit: die Mitbestimmungsmöglichkeiten der Menschen sollen minimiert werden, ökonomische Interessen sollen allbestimmend werden. Ist es wirklich einsichtig, dass sich ein System wie unsere Gesellschaft dann am besten verhält, wenn umfassendes, entscheidungsorientiertes, verantwortliches Handeln der Menschen ausbleibt? Nein, denn die Vertreter dieses Standpunktes übersehen, dass der Mensch ein aktiv handelndes Wesen ist, das die Fähigkeit besitzt, die Wirklichkeit vernünftig zu verändern und seine soziale und natürliche Umwelt so zu gestalten, dass sich Vorteile für alle ergeben. Unsere großen gesellschaftlichen Probleme sind nicht darauf zurückzuführen, dass der Mensch zu viel handelt und zu wenig den Kräften des „freien Marktes" überlässt, sondern darauf, dass herrschaftsförmig organisierte Strukturen die Weltgesellschaft in einem immer globaleren Ausmaß durchdringen und die Möglichkeiten für aktives, verantwortungsvolles Handeln der Menschen unterbinden. Sollen die globalen Probleme der Menschheit gelöst werden, so bedarf es neuer aktiver Handlungsweisen.

Jede Gesellschaft benötigt Mechanismen, die Kohäsion sozialer Beziehungen ermöglichen. Eine Regulationsweise bezeichnet die institutionellen Rahmenbedingungen der zentralen gesellschaftlichen Prozesse (Fuchs 2002). Diese Institutionen haben öffentlichen, halböffentlichen oder privaten Charakter. Institutionelle Formen der heutigen (kapitalistischen) Regulationsweise sind z.B. staatliche Institutionen, Gesetzgebung, allgemeine Wohlfahrt, Sozialsystem, Verbände, Gewerkschaften, Wissenschaft, Bildung, Medien, das politische System, Familie, Lebensweisen, Parteien, Kirchen, Interessensgemeinschaften, Medien, Vereine, Justiz, Polizei, Beratungsinstitute. Durch die vorherrschende Spielart der Globalisierung werden Regulationsformen zurückgedrängt, die nicht marktbasiert sind. Die Lösung der globalen Probleme benötigt neue, solidarische, globale Regulationsformen. Die Informationsgesellschaft braucht weise Gestaltung, d.h. die (reale) Globalisierung von Menschenrechten, Gerechtigkeit und Solidarität, die nur durch aktives Handeln erreicht werden kann.

Eine solidarische Weltgesellschaft (im Ergebnis einer alternativen, demokratischen und humanistischen Variante der Globalisierung) benötigt solidarische Regulationsmechanismen, die mehrere Dimensionen umfassen:
- eine menschengerechte Technologie (konviviale Technik, Allianztechnologie),
- ein verändertes, nachhaltiges Mensch-Natur-Verhältnis und
- eine kooperative und partizipative Gestaltung der Soziosphäre.

Letztere basiert
- ökonomisch auf einer gemeinsamen Verfügung über die Ressourcen der Gesellschaft und einer gerechten Verteilung des gesellschaftlichen Reichtums. Da Wissen ein kollektiv produziertes Gut ist und zu einem immer bedeutenderen ökonomischem Faktor wird, legt die Entwicklung der Produktionsfaktoren eine derartige Wirtschaftsdemokratie nahe.
- Politisch basiert eine weise Gestaltung der Informationsgesellschaft auf einer umfassenden, basisdemokratischen Inklusion und Partizipation der Menschen in jene(n) Entscheidungszusammenhänge, von denen sie betroffen sind.
- Kulturell basiert sie auf Möglichkeiten zur selbstbestimmten Formierung von Wissen, Normen und Werten und kollektiven Teilhabe- und Produktionsformen in Medien, Bildung, Unterhaltung, Kunst.

Der Jesuitenpater Pierre Teilhard de Chardin (1964, S. 61) zeigte sich in den ersten Jahrzehnten des 20. Jahrhunderts beeindruckt vom „erstaunlichen System der Land-, See- und Luftwege, der Postverbindungen, Drähte, Kabel und Ätherschwingungen, die mit jedem Tag mehr das Angesicht der Erde umspannen"[87] und assoziierte damit das Bild der Entwicklung der Soziosphäre zur Noosphäre, einer globalen Sphäre der Vernunft, Kooperation und Verantwortung. Die Noosphäre hat zu tun mit „kollektivem Fortschritt" (Teilhard 1965), „gegenseitiger Durchdringung und Verkittung der menschlichen Masse in sich selbst" (Teilhard 1966) und „Erarbeitung eines gemeinsamen

---

87. Anderswo: „Früher teilte eine Menge Scheidewände (Langsamkeit und Schwierigkeit der Verbindungsmittel, ethnische, politische und wirtschaftliche Schranken...) die menschliche Masse in Abteile [...] Doch ist nicht gegenwärtig bei der erstaunlichen Beschleunigung der Transportmittel (des Luftverkehrs vor allem) mit dem Radio und dem Fernsehen bereits virtuell jeder von uns einige Stunden von dem physischen Gegenüber [...] entfernt?" (Teilhard 1966, S. 88f)

Bewusstseins" (Teilhard 1964). Die technische Vernetzung der Gesellschaft über neue Medien gibt uns einen Eindruck vom Reichtum und den wundervollen Möglichkeiten, die heute bereits bestehen. Die menschliche Vernunft bleibt jedoch hinter den materiellen Möglichkeiten zurück. Während ein Leben in Wohlstand und Selbstbestimmung für alle Menschen heute bereits materiell möglich ist, prägt das menschliche Handeln immer noch ökonomische, instrumentelle Rationalität. Das hat heute bedenkliche und höchst gefährliche Auswirkungen.

Die globale Gesellschaft ist heute (noch?) keine Noosphäre, sondern eine Sphäre des ökonomischen, politischen und kulturellen Profit-, Vormacht- und Hegemoniestrebens. Der technologische Fortschritt wird heute (noch?) nicht von soziokultureller Intelligenz und Weisheit sekundiert. Heute wird (noch?) keine Verantwortung für die Systeme übernommen, in denen wir leben. Mit Bela H. Banathy (1996) muss gesagt werden: Der Weg in eine solidarische, vernetzte, kooperative Weltgesellschaft bedarf der Herstellung einer umfassenden partizipatorischen Demokratie, die nicht an der Wahlurne halt macht. „The notion of ‚empowering' people to make decisions that affect their lives and their systems is a core idea of true democracy. Much of this power today is delegated to others" (Banathy 1996, S. 344).

„Participative democracy comes to life when we individually and collectively develop a design culture that empowers us to create, govern, and constantly reinvent our systems" (Banathy 1996, S. 37). Erst dann kann von einer bewussten Gestaltung der Evolution, für die wir alle verantwortlich sind, die Rede sein.

Literatur:

Banathy, Bela H. (1996) *Designing Social Systems in a Changing World.* New York/London. Plenum Press.

Fuchs, Christian (2002) *Krise und Kritik in der Informationsgesellschaft.* Norderstedt. Libri.

Teilhard de Chardin, Pierre (1961) *Die Entstehung des Menschen.* München. Beck

Teilhard de Chardin, Pierre (1965) *Building the Earth.* Denville, N. J. Dimension Books

Teilhard de Chardin, Pierre (1966) *Die lebendige Macht der Evolution.* Olten. Walter.

Christian Fuchs.

Soziale Selbstorganisation im informationsgesellschaftlichen Kapitalismus.
Gesellschaftliche Verhältnisse heute und Möglichkeiten zukünftiger Transformationen.

Wien/Norderstedt. Libri Books on Demand (BOD). 248 Seiten. 18,90 €. ISBN 3-8311-1601-6

Die Theorie der Selbstorganisation bietet eine Möglichkeit, gesellschaftliche Entwicklung dialektisch und nichtdeterministisch zu fassen. Dieses neue wissenschaftliche Paradigma ist auch für aktuelle politische, ökonomische und soziale Diskussionen und Probleme von konkreter Bedeutung.
Der vorliegende Band untersucht die Bedeutung von Selbstorganisation in der heutigen Gesellschaft. Diskutiert werden gesellschaftliche Veränderungen in Ökonomie, Politik, Technologie, Kultur und Ideologie, die Verschärfung der globalen Probleme, die postfordistische Phase des Kapitalismus, der Zusammenhang von Demokratie und Selbstorganisation, die Selbstorganisationsmöglichkeiten emanzipatorischer Subjekte und potentielle zukünftige Formen sozialer Selbstorganisation in einer anderen Gesellschaftsformation. Neben Aspekten der Selbstorganisationstheorie stellen u.a die Marxsche Wertkritik, die Regulationstheorie sowie die Arbeiten von Gilles Deleuze/Félix Guattari und Hakim Bey wesentliche Bezugspunkte in dieser Arbeit dar.

Krise und Kritik in der Informationsgesellschaft.
Arbeiten über Herbert Marcuse, kapitalistische Entwicklung und Selbstorganisation
Soziale Selbstorganisation im informationsgesellschaftlichen Kapitalismus, Teil 2
ISBN 3–8311–3332–8. Libri Books on Demand (BOD). 408 Seiten. 27 €.

Teil 1 dieses Buches beschäftigt sich in einigen Aufsätzen mit der Aktualität des Denken des Philosophen und Gesellschaftskritikers Herbert Marcuse. Insbesondere Visionen einer besseren Gesellschaft und die Betonung der Notwendigkeit des aktiven, selbstorganisierten Handelns der Menschen gegen alle Formen der Unterdrückung sind Ideen Marcuses, denen heute für die Lösung der großen gesellschaftlichen Probleme besondere Bedeutung zukommt.

Teil 2 diskutiert aktuelle gesellschaftliche Veränderungen und die Krise der bestehenden Gesellschaftsformation. Dazu werden verschiedene krisentheoretische Ansätze vorgestellt (Regulationstheorie, marxistische Krisentheorie, Neoschumpterismus) und ihre Erklärungen geprüft. Es wird ein allgemeines Modell entwickelt, das die heutige Gesellschaftsformation als antagonistisches, krisenhaftes, komplexes System begreift.

„Analyse, Diagnose und Alternativvorschläge erinnern zum Teil frappierend an »Empire« von Negri/Hardt - und dies, obwohl Christian Fuchs' Arbeiten unabhängig davon zur etwa selben Zeit entstanden sind" (Junge Welt)

Wolfgang Hofkirchner

Projekt Eine Welt: Kognition - Kommunikation - Kooperation

Versuch über die Selbstorganisation der Informationsgesellschaft, LIT Verlag, Reihe: *Technikphilosophie* Bd. 9, 2002, 344 S., 25.90 EUR, br., ISBN 3-8258-6025-6

Thematisch beginnt der Autor mit der Unterstellung, dass die menschliche Erkenntnisfähigkeit die Anlage zu einer ganzheitlichen Weltanschauung in sich trage, er diskutiert dann die Frage nach einem universellen Zusammenhang der Erscheinungen mit der Wirklichkeit, zu dessen Erfassung in einem einheitlichen Weltbild immer mehr wissenschaftliche Programme konvergierten, und er endet mit der Behandlung des Verhältnisses von individuellem Handeln und gesellschaftlichen Strukturen, aus dem allein eine neue Weltordnung erwachsen könne, die einer sich in Grundfragen des Überlebens und guten Lebens einig wissenden Menschheit angepasst sei.

Prof. Dr. Wolfgang Hofkirchner, Jahrgang 1953; studierte Politikwissenschaft und Psychologie an der Universität Salzburg. 1980 - 1990 wissenschaftlicher Mitarbeiter am Institut für sozio-ökonomische Entwicklungsforschung der Österreichischen Akademie der Wissenschaften. 1991 - 2001 Univ. Ass. am Institut für Gestaltungs- und Wirkungsforschung der TU Wien, seit 2001 Ao. Univ. Prof. für Technology Assessment. Arbeitsgebiete: Wissenschafts- und Technikforschung, Gesellschaftstheorie, Grundlagen der Information Science.

Wolfgang Hofkirchner ist ao. Univ. Prof. für Technology Assessment an der TU Wien.

Neuerscheinung Informatik

Stufen zur Informationsgesellschaft

Festschrift zum 65. Geburtstag von Klaus Fuchs-Kittowski
Herausgegeben von Christiane Floyd, Christian Fuchs, Wolfgang Hofkirchner

Frankfurt/M., Berlin, Bern, Bruxelles, New York, Oxford, Wien, 2002. 433 S., 1 Abb., zahlr. Graf.
ISBN 3-631-37642-1 · br. € 60.30* / US-$ 53.95 / £ 37.–

„Es gibt keine eindeutige Determination der sozialen und gesellschaftlichen Entwicklung durch die wissenschaftlich-technische Entwicklung, wie dies aus technokratischer bzw. scientistischer Sicht gerne angenommen wird. Es gibt aber sicher keine soziale und gesellschaftliche Entwicklung ohne wissenschaftlich-technische Entwicklung. Es wird höchst wahrscheinlich auch keinen weiteren wissenschaftlich-technischen Fortschritt ohne sozialen Fortschritt geben, beide Entwicklungsprozesse müssen durch bewußte Gestaltung miteinander vermittelt werden."
„Die modernen Informations- und Kommunikationstechnologien müssen mit den Erfordernissen einer am Humanismus orientierten gesellschaftlichen, sozialen und persönlichen Entwicklung in Einklang gebracht werden."
Klaus Fuchs-Kittowski

Aus dem Inhalt: Informationswissenschaft und Informationstechnik für eine bessere Gesellschaft · Wissens-Ko-Produktion · Information als Herausforderung für die Wissenschaften · Der Informationsbegriff · Wissensprozesse in der Informationsgesellschaft

Telefon ++49/69/78 07 05-0
Telefax ++49/69/78 07 05-50
e-mail: zentrale.frankfurt@peterlang.com
www.peterlang.de

Bitte liefern Sie ____ Expl.
Floyd u.a. (37642), br. € 60.30*

☐ Rechnung
☐ Visa
☐ Eurocard/MasterCard

PETER LANG GMBH
Europäischer Verlag der Wissenschaften
Eschborner Landstr. 42-50

D - 60489 Frankfurt/M.

* Unsere Preise verstehen sich zzgl. Versandspesen sowie inkl. Mehrwertsteuer. Preisänderungen bleiben vorbehalten. Die Auslieferung erfolgt durch die Peter Lang AG, Bern/Schweiz